Essentials of
International Economics

国际经济学精要

程祖伟 师求恩 ◎著

中国经济出版社
CHINA ECONOMIC PUBLISHING HOUSE

·北京·

图书在版编目（CIP）数据

国际经济学精要／程祖伟，师求恩著．
北京：中国经济出版社，2017.8
ISBN 978-7-5136-4499-0

Ⅰ.①国… Ⅱ.①程…②师… Ⅲ.①国际经济学 Ⅳ.①F11-0

中国版本图书馆CIP数据核字（2016）第290211号

责任编辑　宋庆万
责任印制　巢新强
封面设计　任燕飞装帧设计工作室

出版发行	中国经济出版社
印 刷 者	北京力信诚印刷有限公司
经 销 者	各地新华书店
开　　本	787mm×1092mm　1/16
印　　张	27.25
字　　数	562千字
版　　次	2017年8月第1版
印　　次	2017年8月第1次
定　　价	58.00元

广告经营许可证　京西工商广字第8179号

中国经济出版社 网址 www.economyph.com 社址 北京市西城区百万庄北街3号 邮编 100037
本版图书如存在印装质量问题，请与本社发行中心联系调换（联系电话:010-68330607）

版权所有　盗版必究（举报电话：010-68355416　010-68319282）
国家版权局反盗版举报中心（举报电话：12390）　　服务热线：010-88386794

前　言

这是国内一部高水平的国际经济学精要理论的中级⁺读本,有以下三个方面的总体特色:

第一,本书是以克鲁格曼著《国际经济学》(中译本第八版上、下册)、萨尔瓦多著《国际经济学》(中译本第十版)和甘道尔夫著《国际经济学》(中译本第一、二卷)三部专著作为基础读本,在对上述三部专著做了深刻研究的基础上,再经过深入浅出地系统化和精要化梳理之后,最终提炼出的一部关于国际经济学理论的系统化简明读本;而且为了保证内容的深入和完善及避免挂一漏万,本书在依据上述三部专著系统精要地梳理国际经济学理论脉络的同时,还直接参考和引用了大量的原著文献(在书末的参考文献中详列了所有原著文献的出处)。不过,为了保持内容的精要和完善及避免过于冗繁,本书没有再对国际经济学做应用方面的发挥,同时又采用附录形式对一些较为重要的理论做了较为深入的探讨和阐释。

第二,本书对国际经济学理论体系和内容结构的安排别具匠心,没有一味拘泥于理论体系的时间发展顺序,而是特别注重理论体系和内容结构安排在逻辑上的简明易懂且不失严谨性和系统性,而且注意突出各理论的重点及要点并融会贯通。

第三,本书在正文中一以贯之地统一分别使用大、小写英文字母来区别代表名义变量和实际变量或者是区别代表绝对变量和相对变量(但在个别附录中,比如附录 9·2·3 中,也有例外),比如书中统一分别用大写 R 代表名义利率和小写 r 代表实际利率,统一地分别用大写 P 代表绝对价格和小写 p 代表相对价格,等等。这样做有利于避免读者在名义变量和实际变量之间或者是在绝对变量和相对变量之间发生混淆的可能性。

本书的最大亮点是指出并纠正了国内现有国际经济学读物中普遍存在的一些重要的不足甚至是错误,具体有以下一系列亮点:

第一章:

1. 对李嘉图原创的比较优势贸易原理做了一个形式化表述,这对于读者的正确理解有很大好处。(第一章第二节)

2. 把古典的李嘉图比较优势贸易理论及其新古典阐释分别做了介绍,这样可以避免读者的混淆和误解。(第一章第二节、第三节)

3. 全面介绍了新古典比较优势贸易模型确定均衡贸易条件的三种不同分析方法。(第一章第三节)

第二章：

4. 对新古典贸易学说理论体系结构的安排，没有拘泥于时间顺序，而是注重逻辑体系上的简明与合理，以及理论体系自身的完美。(第二章)

5. 对特定要素贸易理论做了更为严谨、科学的阐释，纠正了国内现有读物在介绍该理论时的一个通病(国内现有读物为简化问题都做了如下一个不当假设：假定贸易后，一国出口品的价格上升而进口替代品的价格则保持不变)，本书则是假定贸易后，一国出口品对于进口替代品的相对价格上升，并做了更为科学、严谨的论证。(第二章第三节)

6. 尝试将要素供给增长或技术进步对一国生产和经济的影响做了一种较为简明的论证(比国内现有读物中的论证方法更为简明且又不失必要的严谨性)。(第二章第四节)

第三章：

7. 将国内教科书中关于外部经济性贸易模型的生产—消费—贸易的一般均衡分析做了改进，摒弃了通常读物中关于两国均享分工贸易利益的不合理假设，尝试做了更为合理的分析。(第三章第一节)

8. 分别介绍了弗农的新技术产品生命周期贸易理论和赫希的新技术产品净出口演变周期贸易理论(国内通常读物中往往是只选择介绍其中的某一个，而这两个理论其实是有互补性的)。(第三章第三节)

第四章：

9. 对国际贸易的政策工具做了较为全面和系统的介绍。(第四章)

10. 特意在附录中介绍了对完全垄断型进口替代市场进口关税的局部经济效应分析，以及对完全垄断型进口替代市场进口配额的局部经济效应分析，这些知识可以为后面进行关税政策和配额政策的比较分析提供更全面的理论支持。(第四章的附录4·1·1、附录4·1·2、附录4·2·1、附录4·2·2)

第五章：

11. 对市场失灵的贸易保护理论(或称贸易扭曲理论)做了更为全面系统的探讨，分别探讨了内部"扭曲性"市场失灵和"外部性"市场失灵的不同情形。(第五章第二节)

第六章：

12. 对各种外汇套利活动做了较为全面系统的介绍，尤其是针对国内一般文献中对空间套汇的条件缺乏深入严谨的讨论和分析这一缺憾，特意在附录中对此做了阐发，消除了一般文献中简化讨论可能给人造成的对空间套汇条件的误解。(第六章第

二节)

13. 国内通常读物对国际收支平衡表簿记惯例的介绍过于烦琐,常使读者感到困惑和不得要领。本书则特别总结了四条简明扼要、易于掌握的簿记惯例,尤其是引入了一个十分简明扼要的"借记入,贷记出"的簿记惯例,有利于读者的正确理解和掌握。(第六章第三节)

14. 国内通常读物对开放经济下国民收入核算中的GDP和GNP之间的不同,缺乏明确的区别和说明,本书则对此做了较为明确的区分。(第六章第四节)

第七章:

15. 尝试在附录中对弹性价格和黏性价格的货币主义汇率理论模型分别做出较为简明的推导。(第七章第四节附录)

16. 对于资产组合汇率理论做了较为系统深入的分析(国内通常读物对资产组合汇率理论的介绍大多不够系统深入)。(第七章第五节)

第八章:

17. 尝试在附录中对马歇尔-勒纳条件的充分性、必要性和充分必要性分别做出较为全面系统的深入分析。(第八章第一节附录)

18. 尝试对国际收支的吸收分析理论做较为科学合理的通俗诠释。(第八章第二节)

19. 国际收支的资产组合分析理论具有较大难度,所以尽管它是一个重要的现代国际收支理论,国内通常读物却一概回避了对该理论的介绍,本书则尝试对该理论做出一个较为简明易懂的阐释。(第八章第四节及其附录8·4·1和附录8·4·2)

第九章:

20. 先在正文中对三代货币危机理论及货币危机传染理论做了简明扼要的通俗介绍,然后又在附录中对三代货币危机模型各选一个较有代表性的具体模型进行深入探讨。(第九章第二节)

第十章:

21. 人们在学习中常常会迷惘于本章中的某个具体理论究竟是在固定价格条件下还是在浮动价格条件下来进行讨论的,所以我们别具匠心地把固定价格和浮动价格的情况严格区分开来分节进行讨论,彻底避免了读者可能产生的种种混淆和误解。(第十章第一节、第二节)

22. 国内通常读物对蒙代尔-弗莱明模型,尤其是对克鲁格曼关于汇率制度安排的"三元悖论"的探讨普遍略显肤浅以及存在诸多含糊不清之处,本书则对蒙代尔-弗莱明模型做了较为系统深入的分析,并在此基础上对克鲁格曼的"三元悖论"理论进行了较为明确和透彻的阐释。(第十章第一节)

第十一章：

23.本书分别对蒙代尔国际资本流动替代贸易定理以及间接跟技术有关的国际要素流动与贸易的互补及促进作用机理等做了较为全面和简明易懂的诠释。（第十一章第四节）

第十二章：

24.笔者分别对关税同盟的贸易创造效应和贸易转移效应、贸易条件效应和贸易修正效应、利润转移效应和利润创造效应，以及区域经济一体化的投资创造效应和投资转移效应等一系列重要经济效应做了较为系统且简明易懂的探讨。（第十二章第二节、第三节）

程祖伟　师求恩
2017 年 3 月

目 录

上篇 国际贸易—国际微观经济学理论

第一章 古典贸易学说 ·········· 2

第一节 斯密的绝对成本优势贸易理论 ·········· 3
一、工业经济社会的财富观 ·········· 3
二、斯密的社会分工学说 ·········· 3
三、斯密的绝对成本优势贸易理论 ·········· 4

第二节 李嘉图的相对成本优势贸易理论 ·········· 5
一、商品的价格与相对价格 ·········· 6
二、李嘉图的相对成本优势贸易理论 ·········· 6
三、穆勒的相互需求贸易条件理论 ·········· 10

第三节 李嘉图相对成本优势贸易理论的新古典阐释 ·········· 11
一、李嘉图相对成本优势贸易原理的机会成本表述法 ·········· 12
二、一国在封闭经济下生产—消费的一般均衡分析 ·········· 12
三、两国分工贸易的生产—消费—贸易一般均衡分析及福利分析 ·········· 13
四、两国在各种分工贸易可能性下的总收入分析 ·········· 16
五、李嘉图贸易模型确定均衡贸易条件的几种新古典分析方法 ·········· 16

第二章 新古典贸易学说 ·········· 22

第一节 新古典的标准比较优势贸易理论 ·········· 22
一、产品生产的要素密集度与要素密集型 ·········· 22
二、生产机会成本递增情况下一国的生产可能性边界线和生产—消费均衡分析 ·········· 23
三、新古典的标准比较优势贸易模型——比较价格优势贸易模型 ·········· 24

四、生产可能性差异贸易模型 …………………………………………… 26
　　五、消费偏好差异贸易模型 …………………………………………… 32
第二节　赫克歇尔-俄林的要素禀赋贸易理论 ………………………………… 33
　　一、国家的要素丰裕度与要素禀赋 …………………………………… 34
　　二、H-O 要素禀赋贸易定理 …………………………………………… 35
　　三、里昂惕夫之谜 ……………………………………………………… 37
第三节　国际贸易的局部福利分析和收入分配分析 ………………………… 38
　　一、贸易对于贸易国福利的局部影响分析 …………………………… 38
　　二、贸易对于收入分配的长期影响——S-S 定理和 H-O-S 定理 …… 40
　　三、贸易对收入分配的短期影响——S-J 定理 ……………………… 43
　　四、贸易对一国不同利益集团实际收入影响的长短期综合分析 …… 47
第四节　国际贸易与经济增长 ………………………………………………… 47
　　一、经济增长概述 ……………………………………………………… 47
　　二、偏向性要素供给增长对一国经济的影响 ………………………… 48
　　三、偏向性技术进步对一国经济的影响 ……………………………… 51
　　四、经济增长与国际贸易的关系 ……………………………………… 54
　　五、存在特定要素情况下的经济增长—贸易问题 …………………… 58

第三章　新贸易理论 …………………………………………………………… 61

第一节　外部经济性贸易理论 ………………………………………………… 61
　　一、规模经济的概念 …………………………………………………… 61
　　二、肯普的外部经济性贸易模型 ……………………………………… 62
　　三、具有外部经济性行业的国际分工格局问题 ……………………… 64
第二节　产业内贸易理论 ……………………………………………………… 64
　　一、关于产业的界定和类型 …………………………………………… 65
　　二、完全竞争的产业内贸易理论 ……………………………………… 66
　　三、垄断竞争的产业内贸易理论 ……………………………………… 68
　　四、寡头垄断与产业内贸易 …………………………………………… 71
　　五、重叠需求贸易理论 ………………………………………………… 74
　　六、行业内贸易指数 …………………………………………………… 76
第三节　新技术贸易理论 ……………………………………………………… 77
　　一、波斯纳的技术差距贸易理论 ……………………………………… 77
　　二、弗农的新技术产品生命周期贸易理论 …………………………… 78
　　三、赫希的新技术产品净出口演变周期贸易理论 …………………… 79

第四章　国际贸易的政策工具 …… 82

第一节　关税壁垒 …… 82
一、关税的概念 …… 82
二、进口关税的局部经济效应分析 …… 84
三、进口关税的一般经济效应分析 …… 87
四、关税的有效保护率和关税结构问题 …… 89
五、最优关税和报复性关税战 …… 91

第二节　非关税贸易壁垒 …… 93
一、非关税贸易壁垒概述 …… 93
二、进口配额的局部经济效应分析 …… 98
三、进口配额政策与关税政策的比较 …… 101

第三节　出口补贴和反倾销 …… 102
一、出口补贴与反补贴关税 …… 102
二、倾销与反倾销 …… 107

第四节　贸易保护的产业政策和消费政策措施 …… 111
一、生产补贴 …… 111
二、价格支持（小国情形） …… 115
三、消费税（小国情形） …… 117

第五节　限制出口、鼓励进口和贸易制裁 …… 119
一、限制出口（小国情形） …… 119
二、鼓励进口（小国情形） …… 122
三、贸易制裁 …… 124

第五章　各种贸易保护理论 …… 128

第一节　传统的和新重商主义的贸易保护理论 …… 128
一、传统的幼稚产业保护理论 …… 128
二、新重商主义的宏观贸易保护理论 …… 130

第二节　市场失灵和非完全竞争的贸易保护理论 …… 132
一、完全竞争市场失灵的贸易保护理论 …… 132
二、非完全竞争市场的战略性贸易保护理论 …… 136

第三节　贸易政策制定的政治经济学及其他一些贸易保护论调 …… 138
一、贸易政策制定的政治经济学分析理论 …… 138
二、主要流行于发展中国家的其他一些贸易保护论调 …… 141
三、主要流行于发达国家的其他一些贸易保护论调 …… 144

下篇 国际金融—国际宏观经济学理论、国际要素流动及经济一体化理论

第六章 外汇市场和国际收支 ……………………………………………… 148

第一节 外汇和汇率 …………………………………………………… 148
一、外汇的概念 …………………………………………………… 148
二、汇率的概念 …………………………………………………… 149

第二节 外汇市场 ……………………………………………………… 151
一、外汇市场概述 ………………………………………………… 151
二、外汇交易业务的基本类型 …………………………………… 152
三、外汇市场的功能 ……………………………………………… 153

第三节 国际收支与国际收支平衡表 ………………………………… 157
一、国际收支 ……………………………………………………… 158
二、国际收支平衡表 ……………………………………………… 159

第四节 国际收支的宏观经济分析 …………………………………… 169
一、国际收支的盈余、赤字和平衡 ……………………………… 169
二、开放经济下的国民收入核算 ………………………………… 172
三、经常账户差额分析 …………………………………………… 174
四、国际收支失衡性质分析 ……………………………………… 175
五、国际收支失衡对一国经济的不良影响 ……………………… 177

第七章 汇率理论和汇率制度体系 ……………………………………… 179

第一节 购买力平价汇率理论 ………………………………………… 179
一、绝对购买力平价汇率理论 …………………………………… 180
二、相对购买力平价汇率理论 …………………………………… 182
三、对于购买力平价学说的实证检验 …………………………… 184

第二节 利率平价汇率理论 …………………………………………… 185
一、套补的利率平价汇率理论 …………………………………… 186
二、无套补的利率平价汇率理论 ………………………………… 187
三、国际费雪效应 ………………………………………………… 190

第三节 国际收支汇率理论 …………………………………………… 191
一、古典的国际借贷汇率决定理论 ……………………………… 191

二、现代的国际收支汇率决定模型 ………………………………… 191

第四节　货币分析汇率理论 …………………………………………… 193
　　一、弹性价格汇率理论——货币分析汇率模型Ⅰ ………………… 194
　　二、黏性价格汇率理论——货币分析汇率模型Ⅱ ………………… 196

第五节　资产组合分析汇率理论 ………………………………………… 198
　　一、金融资产市场短期一致均衡的静态分析问题 ………………… 199
　　二、金融资产市场短期一致均衡的比较静态分析问题 …………… 201
　　三、金融资产市场存量—经常账户收支的长期一般均衡分析问题 … 204

第六节　汇率制度体系 …………………………………………………… 206
　　一、汇率制度 ………………………………………………………… 206
　　二、国际汇率体系 …………………………………………………… 208
　　三、固定汇率制和浮动汇率制各自优缺点的比较 ………………… 209
　　四、影响汇率制度选择的一些重要因素 …………………………… 210

第八章　国际收支理论和调节政策体系 ……………………………… 212

第一节　弹性分析理论 …………………………………………………… 213
　　一、马歇尔-勒纳条件 ………………………………………………… 213
　　二、J曲线效应 ……………………………………………………… 214

第二节　收入和吸收分析理论 …………………………………………… 216
　　一、乘数分析理论 …………………………………………………… 216
　　二、吸收分析理论 …………………………………………………… 218

第三节　货币分析理论 …………………………………………………… 224
　　一、固定汇率制下的货币政策分析 ………………………………… 225
　　二、固定汇率制下的公开贬值政策分析 …………………………… 226
　　三、浮动汇率制下的货币政策分析 ………………………………… 226

第四节　资产组合分析理论 ……………………………………………… 228
　　一、金融资产市场短期一致均衡的静态分析 ……………………… 229
　　二、金融资产市场短期一致均衡的比较静态分析 ………………… 230

第五节　国际收支的调节政策体系 ……………………………………… 234
　　一、弥补政策 ………………………………………………………… 234
　　二、经济调整政策 …………………………………………………… 235
　　三、管制政策 ………………………………………………………… 236

第九章　国际货币体系和货币危机理论 ……………………………… 238

第一节　国际货币体系 …………………………………………………… 238
　　一、国际货币体系概述 ……………………………………………… 238

二、早期典型的国际金本位体系 ………………………………………… 240
　　三、两次世界大战之间的畸形国际金本位体系 ………………………… 241
　　四、第二次世界大战后的布雷顿森林体系 ……………………………… 243
　　五、现在的牙买加协议体系 ……………………………………………… 248
第二节　货币危机理论 ………………………………………………………… 251
　　一、第一代货币危机理论 ………………………………………………… 252
　　二、第二代货币危机理论 ………………………………………………… 253
　　三、第三代货币危机理论 ………………………………………………… 256
　　四、货币危机的传染理论 ………………………………………………… 258

第十章　开放经济的宏观经济学 …………………………………………… 264

第一节　固定价格:开放经济的宏观经济学Ⅰ ……………………………… 265
　　一、开放经济的 $IS-LM-BP$ 宏观经济模型 …………………………… 265
　　二、固定价格下国际收支失衡的自我调节机制 ………………………… 269
　　三、财政政策和货币政策的经济效应分析——M-F 模型分析Ⅰ …… 271
　　四、调节内、外一致均衡的政策搭配问题 ……………………………… 279
　　五、促进充分就业的宏观经济政策搭配——M-F 模型分析Ⅱ ……… 284
第二节　浮动价格:开放经济的宏观经济学Ⅱ ……………………………… 286
　　一、浮动价格水平下的 $IS-LM-BP$ 分析 ……………………………… 286
　　二、自然产出水平固定不变条件下总需求扩张的经济效果分析 ……… 291
　　三、促进经济增长和调节经济滞胀的宏观经济政策效果分析 ………… 293

第十一章　国际要素流动 …………………………………………………… 296

第一节　国际间接投资理论 …………………………………………………… 296
　　一、国际间接投资的跨期比较优势分析理论 …………………………… 296
　　二、费雪关于均衡利率决定的储蓄—投资分析理论 …………………… 299
　　三、国际间接投资的麦克道格尔福利分析理论 ………………………… 301
　　四、马科维茨的资产组合收益—风险分析理论 ………………………… 303
第二节　国际直接投资理论 …………………………………………………… 305
　　一、国际直接投资的垄断优势理论 ……………………………………… 305
　　二、国际直接投资的内部化优势理论 …………………………………… 307
　　三、国际直接投资的国际生产折中理论 ………………………………… 309
　　四、国际直接投资的其他一些重要理论 ………………………………… 311
第三节　国际劳动力流动理论 ………………………………………………… 313
　　一、国际劳动力流动福利影响的边际均衡分析 ………………………… 313
　　二、国际移民供需福利影响一般均衡分析 ……………………………… 315

三、国际移民的其他一些外在社会成本和收益问题 …………………… 317

第四节　国际要素流动与国际贸易的关系 …………………………… 319
一、国际要素流动与国际贸易的替代关系 …………………………… 319
二、国际要素流动与国际贸易的互补及促进作用 …………………… 323

第十二章　国际区域经济一体化理论 …………………………… 327

第一节　国际区域经济一体化理论概述 ……………………………… 327
一、国际经济一体化的概念 …………………………………………… 327
二、国际区域经济一体化的六种不同形态 …………………………… 328

第二节　关税同盟理论 ………………………………………………… 330
一、关税同盟的贸易创造效应和贸易转移效应的经典理论 ………… 330
二、关税同盟理论的种种拓展 ………………………………………… 335

第三节　自由贸易区理论和共同市场理论 …………………………… 340
一、自由贸易区理论 …………………………………………………… 340
二、共同市场理论 ……………………………………………………… 340

第四节　最优货币区理论 ……………………………………………… 346
一、传统的最优货币区理论 …………………………………………… 346
二、现代最优货币区理论 ……………………………………………… 349
三、关于经货联盟的财政一体化理论 ………………………………… 356

第五节　国际区域经济一体化理论的新发展 ………………………… 358
一、新经济地理学理论 ………………………………………………… 358
二、新区域主义理论 …………………………………………………… 359

附录 ……………………………………………………………………… 363

上篇附录 ………………………………………………………………… 364

下篇附录 ………………………………………………………………… 374

参考文献 ………………………………………………………………… 401

中英文对照人名索引表 ………………………………………………… 402

重要术语索引表 ………………………………………………………… 405

上 篇

国际贸易—国际微观经济学理论

上篇主要介绍和探讨国际贸易（international trade）和国际微观经济学（international microeconomics）范畴的理论问题，主要研究一国如何通过国际贸易来优化资源配置以提高社会经济效益的问题。作为国际微观经济学的研究范畴，它侧重于国际实体经济学（international entity economics）方面，基本不涉及货币经济，着重研究国际贸易理论和政策方面的问题，包括各种古典的（主要是李嘉图的比较成本优势）贸易学说（第一章），建立在边际分析基础上的现代严格规范分析模式下的各种新古典贸易学说（第二章），产业内贸易理论和新技术贸易理论等各种新贸易理论（第三章），各种关税的和非关税的国际贸易政策工具（第四章），以及一些贸易保护理论（第五章）。

第一章　古典贸易学说

在国际贸易学说的发展史上,15世纪初至18世纪中叶是由所谓重商主义贸易学说占据着主导地位的,而重商主义贸易学说的主要特征是其"重金主义"(bullionism)的财富观(view of wealth):只有金银货币等贵金属才是财富的唯一形态,衡量一国富裕程度的主要标志则是看其国库和国民所拥有贵金属的多寡。实质上,这一观点反映的是资本主义原始积累时期占主导地位的商业资本家们对财富的认识——由于他们重视金银货币在贸易中所起的重要作用而将其视为财富的唯一形态。因而其贸易学说的基本理念是认为国际贸易的功能只是互通有无(supply each other's needs)和赚取金钱(to earn money),一国应当鼓励出口和限制进口,以争取货币的净流入(增加该国金银财富的积累)为根本要义。尤其是早期的重商主义贸易理论还过分强调了对于进口的限制,主张在对外贸易中应绝对地多卖少买,甚至不买。尽管后期的重商主义贸易理论对进口的限制有所放松,认为只要一国从总体上和长期来看能实现对外贸易顺差就可以了,但重金主义财富观的胎带劣根性毕竟天生铸就了重商主义贸易理论的一个致命伤:国际贸易只不过是一种互通有无的"零和游戏"(zero-sum game,出口方从贸易中赢得财富,进口方则从贸易中损失财富,而且前者所得总是恰好等于后者所失),而完全看不到国际贸易的另一重要功能——还可以通过国家间的优势互补而使贸易成为一种进出口双方同时受益的"双赢交易"(win-win transaction)。

18世纪后半叶,随着工业革命(Industrial Revolution,又称产业革命)和工业经济(Industrial Economy)时代的到来,被尊为古典经济学说创始人和奠基人的英国经济学家亚当·斯密(Adam Smith)对建立在重金主义财富观基础上的重商主义(mercantilism)贸易学说进行了无情的批判,提出了他的绝对成本优势贸易理论,开创了科学贸易学说的先河。不过,斯密的绝对成本优势贸易理论的前提假设却过于苛刻,因而限制了其对于现实的解释力。后来,19世纪前半叶,另一位英国经济学家大卫·李嘉图(David Ricardo)对斯密的贸易理论进行了改进,提出了著名的相对成本优势贸易理论,进一步提高了理论的解释力,更为科学和全面地解释了贸易产生的基础,从此奠定了科学贸易理论发展的基石。只是,李嘉图的相对成本优势贸易理论中没有探讨贸易条件(term-of-trade)的具体决定问题,于是,19世纪中叶,又一位英国经济学家约翰·穆勒(John S. Mill)更进一步地引入了需求因素分析,对李嘉图贸易理论进行了必要的补充,提出了决定贸易条件的相互需求说,更进一步完善了古典贸易学说。到19世纪后半叶新古典经济学(Neoclassical Economics)兴起以后,在20世纪上半叶,人们又用现代的机会成本理论和边际分析法对李嘉图和穆勒等人的古典贸易学说(classical trade theory)进行了更为规范和更具一般性的重新阐释。

第一节 斯密的绝对成本优势贸易理论

一、工业经济社会的财富观

18世纪中叶,资本主义初期的商业革命基本完成之后,英国又发生了一场对世界经济发展意义重大的产业革命,率先进入了工业经济时代(industrial economy era)。机器大工业使英国的社会生产力大幅度提高,并且工业资本家(industrial capitalist)也取代传统的商业资本家(commercial capitalist)占据了经济的主导地位,从而人们的财富观也跟着发生了革新,新的财富观反映了工业经济社会对财富的新认识:能够供人们利用或享用的工农业产品才是真正的社会财富(而贵金属的价值也须表现在其所能购买商品的数量),衡量一国富裕程度的主要标志则是要看其拥有的社会生产力(social productive forces)和社会财富(social wealth,按照工业经济社会的财富观,工农业产品在社会财富中占据着主体地位)水平的高低,而增加一国社会财富供给的根本途径则在于提高其社会生产力和实际收入。与此同时,由于英国工业革命所带来纺织品生产能力(production ability)的大幅度提高,使其国内市场日益饱和,难以满足迅速发展的生产能力的扩张要求,因此英国的工业资本家自然产生了自由贸易(free trade)的要求,企望能进入范围更大的国际市场。正是与这一要求相适应,在经济学说上产生了以亚当·斯密为代表的自由贸易理论(free trade of theory)。

二、斯密的社会分工学说

斯密(1776)在其划时代巨著《国民财富的性质和原因的研究》一书中提出了他的国际分工(international division)和绝对成本优势贸易理论(trade theory of absolute cost superiority),其理论基础是以生产力论(productive forces theory)为基础的财富论(wealth theory)和以劳动价值论(labor theory of value)为基础的财富价值论(wealth theory of value,认为财富的价值取决于其所物化的劳动量)——这反映了工业经济社会的财富观和财富价值观。我们知道,根据生产力财富论(productive forces theory of value),增加一国社会财富的根本途径在于提高其社会的总体生产力。而一般来说,在社会经济体制(social economy system)和经济资源(economic resource)保持不变的情况下,提高社会总体生产力的主要途径有两个,即依靠技术进步(technological progress)和通过社会分工的深化(deepening of social division)来提高生产效率(production efficiency)。尤其是后者其实更为重要,因为社会分工的深化对提高生产效率的作用要比单纯技术进步的作用大得多。另外,这两个因素又是相辅相成的。首先,专业化分工的深化有利于促进技术进步和创新的发生;其次,技术进步又能反过来促进分工的深化。据此,斯密提出了他的社会分工学说,他阐释道:如果一件东西在购买时所费的代价比在家里生产时所花费的小,就永远不会想要在家里生产,这是每一个精明的家长都知道的格言。裁缝不想制作他自己的鞋子,而是向鞋匠购买。鞋匠不想做他自己的衣服,而雇裁缝裁制……他们都感到,为了他们自身的利益,应当把他们的全部精力集中使用到比邻人处于某种有利地位的方面,而以劳动生产物的一部分或同样的东西,即其一部分的价格,购买他们所需的任何其他物品。

我们举例来说,设有甲、乙两人,其中甲制作一顶帽子需要1天,制作一双鞋则需要3天;乙制作一顶帽子需要2天,但制作一双鞋也只需要2天。两人相比,甲在制作帽子方面具有绝对成本优势,而乙则在制作鞋子方面具有绝对成本优势。如果甲、乙分别制作1顶帽子和1双鞋,各需劳动4天,合计制作了2顶帽子和2双鞋。而如果两者分工,由甲专门制作其具有生产成本优势的帽子,乙专门制作其具有生产成本优势的鞋子,两人同样各用4天时间,则甲可制作4顶帽子,乙也可制作2双鞋,这比分工前多生产出2顶帽子。如果甲用2顶帽子向乙交换1双鞋的话(在这里,这相当于甲用自己的2天劳动去交换乙的2天劳动,属于等价交换),则两人最终的收入是每人可得到2顶帽子和1双鞋,两人都比分工之前各多收入了1顶帽子。可见,合理分工可以优化资源配置,大幅度提高经济效率。

三、斯密的绝对成本优势贸易理论

进而,斯密又将其社会分工说推广到了国际分工领域(推广得出了国际分工说),他进一步阐释道:在每一个私人家庭的行为中是精明的事情,在一个大国的行为中就很少是荒唐的。如果外国能以比我们自己制造还便宜的商品供应我们,我们最好就用我们有利地使用自己的产业生产出来的物品的一部分向他们购买。

而贸易则是实现国际分工的必要途径。据此,斯密提出了他的绝对优势贸易理论,阐释了国际分工和贸易产生的基础和理由:为简化问题,这里不妨假定有A、B两个国家,分别都有X、Y两个生产部门,但在X部门A国的生产成本比B国低,在Y部门A国的生产成本比B国高,也就是说,A、B两国各自在X、Y产品的生产成本上分别具有绝对优势,并且产品的国内交换价格取决于相对生产成本。这时,A、B两国就存在着进行国际分工和互惠贸易的基础——其合理分工是,A国专业生产X产品,B国专业生产Y产品,然后进行互惠贸易,即可使两国同时受益(这比A、B两国各自分别同时生产X产品和Y产品能得到更多的实际收入)。

再举例来说,我们不妨把前述的关于甲、乙两人的例子推广到A(对应甲)、B(对应乙)两个国家,但为了简化问题并突出要点,我们这里不妨假定A、B两国的劳动力人数相同,并且A国所有劳动者的素质都相同(都和甲一样),B国所有劳动者的素质也都相同

（都和乙一样），这相当于假定了A国的制帽业具有绝对的生产成本优势，而B国的制鞋业具有绝对的生产成本优势。通过前述的例子，我们容易明白，与两国都分别生产帽子和鞋子相比，如果A、B两国分工，由A国专门生产其具有生产成本优势的帽子，B国专门生产其具有生产成本优势的鞋子，然后再按照2顶帽子换1双鞋的相对价格进行国际贸易，则显然可以大幅度地同时提高两国的实际收入（平均来看，两国的每个劳动者都可以多收入1顶帽子），这相当于两国通过分工和贸易在国际范围内优化了资源配置，从而大幅度提高了总体的生产效率。

斯密的国际分工贸易学说首次以市场经济理论（market economy theory）为依据，较为科学地解释和论证了国际贸易的基础和好处——国际贸易并不是一个"零和游戏"，而是可以使贸易双方实现"双赢"（win-win）的资源优化配置（optimum allocation of resource）。斯密的贸易理论为自由贸易思想提供了理论根据，并有力地抨击了传统重商主义的谬误，结束了后者对于贸易学说的长期统治地位，其贡献和意义都十分重大。但是，斯密的绝对成本优势贸易理论自身却仍存在很大的局限性——他所主张的互惠贸易前提条件（要求各国都必须有自己的在生产成本上占据绝对优势的产业部门）过于苛刻，从而尚不具有一般性，只能解释现实中的一部分国际贸易现象，而不能解释现实中还存在的，当一个国家在所有生产部门都处于绝对劣势的情况下，仍然可以进行国际贸易并可使贸易双方都同时受益的现象。因而后来，李嘉图进一步发展了斯密的这一国际分工贸易理论，提出了一个更为科学也更具一般性的相对成本优势贸易学说（trade theory of relative cost superiority，又称相对成本优势贸易理论）。

第二节 李嘉图的相对成本优势贸易理论

李嘉图（1817）在其《政治经济学及赋税原理》一书中，发展了斯密的绝对成本优势贸易理论，提出了一个更为一般化的相对成本优势贸易理论，认为两国间开展国际分工（international division）和互惠贸易（fair-trade），未必需要每一国各自在不同生产部门具有生产成本（production cost）的绝对优势（absolute superiority），而只需要两国各自在不同生产部门具有生产成本的相对优势（relative superiority）就可以了。这大大放宽了斯密的绝对成本优势贸易理论关于开展国际分工和互惠贸易的必要条件，也更为科学和更具一般性，从而成为一个著名的经典贸易学说，并且也为日后进一步的贸易理论研究奠定了科学的理论基础。

在介绍李嘉图这一重要贸易理论的教材和教学中，人们通常采用描述性的方式以举例说明来加以诠释和论证。这样来介绍李嘉图贸易理论，虽然具有尊重原著和较为通俗、生动等优点，但同时也存在令学习者在分析具体问题时缺乏形式化的分析方法，从而分析起来感到不易把握的困难和缺陷。以下，我们特意给出李嘉图贸易理论的一个形式化表述,以求更加简明、严谨和便于把握。

一、商品的价格与相对价格

李嘉图的贸易理论依据劳动价值论认为,一种商品的价格(price)取决于它的劳动价值(labor value)——它所包含的劳动成本(labor cost,它所物化的社会必要劳动时间)。因而,在国内贸易(domestic trade)中,两种商品之间的相对价格(relative price)取决于它们的相对劳动成本(relative labor cost)。这里,所谓 X 产品交换 Y 产品的相对价格,是指单位 X 产品所能交换 Y 产品的数量——它等于 X 产品的价格(劳动成本)与 Y 产品的价格(劳动成本)之比。下面,为了进行形式化表述,我们假定 X、Y 两种产品单位产量的劳动成本(简称"工时")分别为小写 l_x、l_y,价格分别为大写 P_x、P_y,X 产品交换 Y 产品的相对价格(单位 X 产品能换得 Y 产品的数量)为小写 p_x,Y 产品交换 X 产品的相对价格(单位 Y 产品能换得 X 产品的数量)为小写 p_y,则有

$$P_x = l_x, P_y = l_y$$
$$p_x = P_x / P_y = l_x / l_y$$
$$p_y = P_y / P_x = l_y / l_x$$

注:为方便起见,在不致发生混淆的前提下,我们以下常将 A 国 X 产品的相对价格简记成 $p_A (= p_x^A = P_x^A / P_y^A)$,而将 B 国 X 产品的相对价格简记成 $p_B (= p_x^B = P_x^B / P_y^B)$。

二、李嘉图的相对成本优势贸易理论

(一)李嘉图贸易理论 $1 \times 2 \times 2$ 模型的前提假设

①假定有劳动一种生产要素(factor of production)、两种商品(goods)以及两个规模既定的国家;

②两种产品生产的劳动成本均固定不变,每种产品的国内价格取决于劳动成本;

③国内劳动要素(labour-factor)具有同质性(homogeneity),可以在两个生产部门间自由流动并得到充分就业(full employment),但劳动要素不能跨国流动;

④两国的同类产品具有同质性,可以自由贸易,并且不考虑运输成本(transportation cost)等任何贸易费用(trade cost,又称贸易成本)。

(二)李嘉图的相对成本优势贸易原理

因为同一种产品在不同国家的劳动生产成本往往并不相同,所以并不能简单地把以劳动价值论为基础的等价交换原理(principle of equivalent exchange)外推到国际贸易领域,但也正因如此,才奠定了可以通过国际分工进行互惠贸易的客观基础。李嘉图通过比较两种产品在两国相对劳动成本优势的不同,科学地阐释了开展国际贸易的基础和起因。李嘉图认为,两国之间存在互惠贸易基础的必要条件是,两种产品在两国的相对劳动成本存在差异,从而两种产品在两国的相对价格不相等,于是两国可以分工各自生产

其具有相对成本优势(相对劳动成本较低亦即相对价格较低)的产品,并通过互惠贸易而使两国的实际收入都得到增加。

下面,我们采用一种形式化的语言来表述和论证李嘉图的相对成本优势贸易原理。

假定 A 国 X、Y 两种产品的工时分别为 l_x^A、l_y^A,价格分别为 P_x^A、P_y^A,X 产品交换 Y 产品的相对价格为 p_A;B 国 X、Y 两种产品的工时分别为 l_x^B、l_y^B,价格分别为 P_x^B、P_y^B,X 产品交换 Y 产品的相对价格为 p_B。当两种产品在 A、B 两国的相对劳动成本不相等($l_x^A/l_y^A \neq l_x^B/l_y^B$)时,这两种产品在两国就必有不同的相对价格:

$$p_A = P_x^A/P_y^A = l_x^A/l_y^A \neq l_x^B/l_y^B = P_x^B/P_y^B = p_B$$

此时两国之间就存在着进行国际分工和互惠贸易的基础:

① 若 $p_A < p_B$,则 A 国(B 国)生产 X 产品(Y 产品)具有相对成本优势,此时两国间进行互惠贸易的相对价格 p_w(p_w 代表互惠贸易中单位 X 产品可交换 Y 产品的数量)的合理范畴是

$$p_A \leqslant p_w \leqslant p_B$$

② 若 $p_A > p_B$,则 A 国(B 国)生产 Y 产品(X 产品)具有相对成本优势,此时两国间进行互惠贸易的相对价格 p_w 的合理范畴是

$$p_B \leqslant p_w \leqslant p_A。$$

论证:

① 若 $p_A < p_B$,则意味着生产 X 产品的相对劳动成本在 A 国较低、B 国较高,而生产 Y 产品的相对劳动成本在 A 国较高、B 国较低。此时,显然 A 国生产 X 产品具有相对成本优势,而 B 国生产 Y 产品具有相对成本优势,并且只要两国贸易的相对价格满足条件 $p_A < p_w < p_B$,就必有:

A 国可以从出口 X 产品来换取 Y 产品进口的贸易中获益:A 国每出口单位 X 产品可换回 Y 产品的数量比其国内要多得到($p_w - p_A$)单位 Y 产品,这里可节省劳动成本($p_w - p_A$)·l_y^A(工时);或者说是,A 国每进口单位 Y 产品所需付出 X 产品的数量比其国内要少付出($1/p_A - 1/p_w$)单位 X 产品,这里可节省劳动成本($1/p_A - 1/p_w$)·l_x^A(工时)。

B 国则可以从出口 Y 产品来换取 X 产品进口的贸易中获益:B 国每出口单位 Y 产品可换回 X 产品的数量比其国内要多得到($1/p_w - 1/p_B$)单位 X 产品,这里可节省劳动成本($1/p_w - 1/p_B$)·l_x^B(工时);或者说是,B 国每进口单位 X 产品所需付出 Y 产品的数量比其国内要少付出($p_B - p_w$)单位 Y 产品,这里可节省劳动成本($p_B - p_w$)·l_y^B(工时)。

而当 $p_w = p_A$ 或 $p_w = p_B$ 时,则会有一国获得了全部的贸易利益,而另一国虽然不能从贸易中受益但也没有受损。只是,p_w 绝不能超出上述的合理比价范畴,否则就会有一国因贸易而受损——显然不会发生这样的贸易。

② 若 $p_A > p_B$,则意味着生产 X 产品的相对劳动成本在 A 国较高、B 国较低,而生产 Y 产品的相对劳动成本在 A 国较低、B 国较高。此时,显然 A 国生产 Y 产品具有相对成本

优势,而 B 国生产 X 产品具有相对成本优势,并且只要两国贸易的相对价格满足条件 $p_A > p_w > p_B$,就必有:

A 国可以从出口 Y 产品来换取 X 产品进口的贸易中获益:A 国每出口单位 Y 产品可换回 X 产品的数量比其国内要多得到 $(1/p_w - 1/p_A)$ 单位 X 产品,这里可节省劳动成本 $(1/p_w - 1/p_A) \cdot l_x^A$(工时);或者说是,A 国每进口单位 X 产品所需付出 Y 产品的数量比其国内要少付出 $(p_A - p_w)$ 单位 Y 产品,这里可节省劳动成本 $(p_A - p_w) \cdot l_y^A$(工时)。

B 国则可以从出口 X 产品来换取 Y 产品进口的贸易中获益:B 国每出口单位 X 产品可换回 Y 产品的数量比其国内要多得到 $(p_w - p_B)$ 单位 Y 产品,这里可节省劳动成本 $(p_w - p_B) \cdot l_y^B$(工时);或者说是,B 国每进口单位 Y 产品所需付出 X 产品的数量比其国内要少付出 $(1/p_B - 1/p_w)$ 单位 X 产品,这里可节省劳动成本 $(1/p_B - 1/p_w) \cdot l_x^B$(工时)。

而当 $p_w = p_A$ 或 $p_w = p_B$ 时,则也会有一国获得了全部的贸易利益,而另一国虽然不能从贸易中受益但也没有受损。同样,p_w 也绝不能超出上述的合理比价范畴,否则就会有一国因贸易而受损——显然也不会发生这样的贸易。

以上所述,是按照李嘉图采用的"比较劳动成本优势"分析法进行的讨论;其实,这里也完全可以采用"比较劳动效率优势"分析法进行讨论:

假定 $a_x = 1/l_x^A$、$a_y = 1/l_y^A$ 分别为 A 国 X、Y 两种产品的劳动生产率(labor productivity),$b_x = 1/l_x^B$、$b_y = 1/l_y^B$ 分别为 B 国 X、Y 两种产品的劳动生产率,则显然有

$$P_x^A = 1/a_x, P_y^A = 1/a_y$$
$$P_x^B = 1/b_x, P_y^B = 1/b_y$$

从而有

$$p_A = a_y/a_x, p_B = b_y/b_x$$

这样,我们可以很方便地在"比较劳动成本优势"分析法和"比较劳动效率优势"分析法之间进行转换,对于李嘉图相对成本优势贸易原理来说,两者是完全等价的。

另外还要注意,一方面,一国在某种产品的生产上具有相对优势时未必就有绝对优势;另一方面,一国在某种产品的生产上具有绝对优势时也未必就有相对优势。

(三)举例

[例1] 设 A、B 两国生产 X、Y 两种产品的劳动成本如表 1·2-1 所示。

表 1·2-1 A、B 两国生产 X、Y 两种产品的劳动成本

	A 国	B 国
单位 X 产品的工时	6	4
单位 Y 产品的工时	9	5

(1)A、B 两国间为何存在互惠贸易的基础?

①A、B 两国各在生产什么产品上具有比较优势?

②互惠贸易相对价格的合理范畴是什么?

(2)如果两国将互惠贸易的相对价格确定为 $p_w = 3/4$,则 100 万单位 X 产品可交换多少单位 Y 产品?

①A 国从这桩贸易中可获得多少贸易利益?从中可节省多少劳动成本?

②B 国从这桩贸易中可获得多少贸易利益?从中可节省多少劳动成本?

(显然,此例中 A 国在 X、Y 两种产品的生产上都处于绝对劣势地位。)

解:(1)因为,$p_A = l_x^A / l_y^A = 6/9 = 2/3 < 4/5 = l_x^B / l_y^B = p_B$,故两国存在互惠贸易的基础。

①由于 $p_A < p_B$,所以 A 国生产 X 产品具有比较优势,B 国生产 Y 产品具有比较优势;

②互惠贸易相对价格 p_w 的合理范畴是:$2/3 = p_A \leq p_w \leq p_B = 4/5$。

(2)如果两国将互惠贸易的相对价格确定为 $p_w = 3/4$,则 100 万单位 X 产品可交换 $100 \times 3/4 = 75$(万单位)Y 产品。

① A 国从出口 100 万单位 X 产品的贸易中可多换回 $100 \times (p_w - p_A) = 100 \times (3/4 - 2/3) = 25/3$(万单位)Y 产品,从而节省劳动成本 $100 \times (p_w - p_A) \cdot l_x^A = 100 \times (3/4 - 2/3) \times 9 = 75$(万工时);

②B 国从进口 100 万单位 X 产品的贸易中可少付出 $100 \times (p_B - p_w) = 100 \times (4/5 - 3/4) = 5$(万单位)Y 产品,从而节省劳动成本 $100 \times (p_B - p_w) \cdot l_y^B = 100 \times (4/5 - 3/4) \times 5 = 25$(万工时)。

[**例 2**] 设 A、B 两国生产 X、Y 两种产品的劳动成本如表 1·2-2 所示。

表 1·2-2　A、B 两国生产 X、Y 两种产品的劳动成本

	A 国	B 国
单位 X 产品的工时	9	4
单位 Y 产品的工时	6	5

(1)A、B 两国间为何存在互惠贸易的基础?并且 A、B 两国各在生产什么产品上具有比较优势?两国间贸易条件的合理范畴是什么?

(2)如果两国将互惠贸易的相对价格确定为 $p_w = 1$,则两国间每交易单位 X 产品各能节省多少劳动成本?

(显然,此例中 A 国在 X、Y 两种产品的生产上都处于绝对劣势地位。)

解:(1)因为,$p_A = P_x^A / P_y^A = 9/6 = 3/2 > 4/5 = P_x^B / P_y^B = p_B$,故两国间存在互惠贸易的基础;A 国生产 Y 产品有比较优势,B 国生产 X 产品有比较优势;两国间贸易条件 p_w 的合理范畴是:$3/2 \geq p_w \geq 4/5$。

(2)当 $p_w = 1$ 时,A 国每进口单位 X 产品可节省劳动成本为

$$(p_A - p_w) \cdot l_y^A = (3/2 - 1) \times 6 = 3 \text{(工时)};$$

B 国每出口单位 X 产品可节省劳动成本为

$(p_w - p_B) \cdot l_y^B = (1 - 4/5) \times 5 = 1$（工时）。

李嘉图科学地发展了斯密的绝对成本优势贸易理论,指出两国只需在不同生产部门分别具有劳动生产成本上的相对优势,而不必是绝对优势,就可以通过国际分工和互惠贸易而使双方获益。这大大放宽了斯密贸易学说的苛刻前提条件,为世界更大范围地开展国际贸易奠定了理论基础,也是世界上第一个较具一般性的科学贸易学说;而且其思想还为现代贸易学说的进一步发展开辟了一条通衢大道,迄今仍具有十分重要的理论意义和现实意义,被人们不断引用。但李嘉图的比较优势贸易理论只考虑了劳动一种生产要素,假定只有两种产品和两个国家,并且未考虑运输成本等贸易费用问题,没有深入研究具体贸易条件的确定问题(这一问题涉及需求因素,后来由穆勒率先在古典经济学的框架内采用相互需求分析法进行了研究),更没有深入分析相对价格优势产生的根源和形成机制……后来的新古典经济学对这些问题进行了补充和深入研究。

三、穆勒的相互需求贸易条件理论

如前所述,李嘉图的相对成本优势贸易理论只是确定了国际贸易相对价格的一个合理范畴,而没有解决具体贸易条件的确定问题,这后一问题直到 19 世纪中叶,才由英国经济学家穆勒(J. S. Mill,1848)首次在其《政治经济学原理及其在社会哲学的一些应用》一书中提出了一种相互需求均衡分析法予以解决。穆勒在书中采用比较劳动效率优势分析法重新表述了李嘉图的比较成本优势贸易原理之后,进一步探讨了具体贸易相对价格的确定问题。穆勒认为,"一个国家的生产物总是按照该国的全部出口商品恰好抵偿它的全部进口商品所必需的价值,与其他国家的生产物相交换…… 所有的贸易,不论是国家之间的,还是个人之间的,都是商品的相互交换,在此互换的过程中,各个国家或个人所需出售的商品也就构成了他们的购买手段:一方的供给构成了其对另一方所提供商品的需求。因此,供给和需求不过是相互需求的另一种表述。从而,所谓价值将自行调整以使得供给与需求相等,实际上是说,相互需求价值(demand value each other)将自行调整,以使一方的需求等于另一方的需求"。简言之,在国际贸易市场(international trade market)里其实是有一个所谓"相互需求价值均衡方程"(the equilibrium equation of the demand value each other)的。

在李嘉图贸易模型的前提假设下,当两国存在互惠贸易的基础时,如果两国规模相当,并且消费结构(consumer structure)和消费偏好(consumer preference)相同,则在自由贸易的情况下,两国应当进行完全分工(full division),这里是指 A 国完全专业生产 X 产品,B 国完全专业生产 Y 产品。这样可以把两国的"总蛋糕"做到最大,然后在合理的贸易条件范畴内进行互惠贸易,以使两国从分工贸易(division of labour and trade)中的总得益达到最大。至于两国各自能从中分享到多少分工贸易利益(interets from division of labour and trade),则又取决于具体的贸易条件。问题是,在这种完全分工情况下,具体的贸易条件究竟是怎样确定的呢?穆勒认为,在自由贸易条件下,这取决于两国各自的生产能力及其对于另一国产品的"需求强度"(demand intensity),并最终取决于两国相互需求价值的均衡(equilibrium of demand value each other,本章第三节第五目中,将对相互需求曲线及其均衡分析等问题做进一步的深入介绍)。

我们不妨假定 X 产品在 A 国和 B 国的相对价格分别为 p_A 和 p_B,并且 $p_A < p_B$,从而最优分工是 A 国专业生产 X 产品,B 国专业生产 Y 产品,国际贸易条件(这里是指国际贸易中单位 X 产品能换得 Y 产品的数量)$p_w = P_x^w/P_y^w$ 的合理范畴是 $p_A \leqslant p_w \leqslant p_B$,而穆勒的问题则是,在自由贸易情况下,一个能够使贸易平衡的均衡贸易条件 p_w^* 究竟是如何确定的?

按照穆勒的分析,对应于每一个可能的"开价"$p_w \in [p_A, p_B]$,A、B 两国根据其各自的生产能力和对另一国产品的需求强度,都会分别有一个对己最优的能够实现收支平衡的意愿进出口量。比如,针对某一开价 p_w,A 国愿意出口 $Q_x^A(p_w)$ 单位的 X 产品以换取进口 $Q_y^A(p_w) = p_w Q_x^A(p_w)$ 单位的 Y 产品;而 B 国则愿意出口 $Q_y^B(p_w)$ 单位的 Y 产品以换取进口 $Q_x^B(p_w) = Q_y^B(p_w)/p_w$ 单位的 X 产品。

如果这一开价 p_w 偏低,则会导致 A 国的贸易热情过低而 B 国的贸易热情过高,从而会使 $Q_x^A(p_w) < Q_x^B(p_w)$ 和 $Q_y^A(p_w) = p_w Q_x^A(p_w) < p_w Q_x^B(p_w) = Q_y^B(p_w)$。两国的贸易愿望不能达到平衡,为实现贸易平衡 B 国会同意(而 A 国更愿意)适当提高 p_w……

而如果这一开价 p_w 偏高,则会导致 A 国的贸易热情过高而 B 国的贸易热情过低,从而会使 $Q_x^A(p_w) > Q_x^B(p_w)$ 和 $Q_y^A(p_w) = p_w Q_x^A(p_w) > p_w Q_x^B(p_w) = Q_y^B(p_w)$。两国的贸易愿望也不能达到平衡,为实现贸易平衡 A 国会同意(而 B 国更愿意)适当降低 p_w……

一般来说,经过一个讨价还价的过程之后,最终应当能够寻觅到一个令双方满意的均衡贸易条件 $p_w = p_w^*$ 恰好使两国的贸易愿望实现平衡:$Q_x^A(p_w^*) = Q_x^* = Q_x^B(p_w^*)$ 和 $Q_y^A(p_w^*) = Q_y^* = Q_y^B(p_w^*)$。

第三节 李嘉图相对成本优势贸易理论的新古典阐释

19 世纪后期,新古典经济学兴起。近代英国最著名的经济学家,新古典经济学派(neoclassic economical school of thought)的创始人,剑桥大学经济学教授马歇尔(A. Marshall)于 1920 年出版了他著名的《经济学原理》一书。该书的核心思想是其"供需均衡价格论"(price approach of supply-demand equilibrium,认为市场价格决定于供、需双方的力量均衡)和供给—需求曲线一般均衡分析法(general-equilibrium approach of supply-demand curve)——借助于数学分析工具开创了边际分析法(marginal analysis approach)和现代的经济分析规范(standard of economic analysis)。该书的出版,成为新古典经济学开始进入成熟期的标志,在以后长达 40 年的时间里成为以马歇尔为核心形成的新古典经济学派手中的利器,在西方经济学中一直占据着支配地位。属于新古典经济学派一个重要分支的奥地利边际分析学派的经济学家哈伯勒(G. V. Haberler,1936)在其《国际贸易理论》一书中,率先采用机会成本理论(opportunity cost theory)和边际分析法对古典的相对成本优势贸易学说重新进行了更为规范、严谨和形式化的现代阐释。

为了便于对均衡贸易条件(equilibrium of trade-term)的确定进行规范的一般均衡分析(general-equilibrium analysis),哈伯勒对于李嘉图的 $1 \times 2 \times 2$ 贸易模型(在其前述的4条前提假设之外)又增补了以下一条前提假设:

⑤国际贸易市场是完全竞争(perfect competition)的,贸易的相对价格取决于国内外市场的供需平衡,并且两国具有完全相同的消费结构和消费偏好。

一、李嘉图相对成本优势贸易原理的机会成本表述法

(一)机会成本的概念

生产(或消费)一种产品的机会成本(opportunity cost)是指再生产(或再消费)一单位此种产品所需付出的代价。这意味着在只有两种产品的情况下,生产(或消费)一种产品的机会成本就是其为再生产(或再消费)一单位此种产品而需放弃的另一种产品的生产量(或消费量)。因此,在只有两种产品并且其生产成本均固定不变的条件下,一国的生产可能性边界线是一条直线段。

(二)用机会成本来表述李嘉图的古典相对成本优势贸易原理

假定有 A、B 两个国家和 X、Y 两种产品,A、B 国内生产 X 产品的机会成本分别为 MC_A 和 MC_B,X 产品的相对成本价格分别为 p_A 和 p_B,当 A、B 两国各自生产 X 产品的机会成本不相等($MC_A \neq MC_B$)时,这两种产品在两国就必有不同的相对成本价格:

$$p_A = MC_A (= a_y/a_x) \neq (b_y/b_x =) MC_B = p_B$$

从而两国就存在进行国际分工和互惠贸易的基础。

二、一国在封闭经济下生产—消费的一般均衡分析

(一)一国在只考虑劳动一种生产要素和固定生产成本条件下的生产可能性边界线

1. A 国

此时,A 国的生产可能性边界线(boundary line of production possibility)由下列的三个线性表达式所共同决定(其中,前两个表达式分别为 X、Y 产品的生产函数方程式,而第三个表达式则为充分就业的约束条件恒等式):

$$Q_x = a_x \cdot L_x, (0 \leq L_x \leq \bar{L}_A) \quad (1 \cdot 3 - 1)$$

$$Q_y = a_y \cdot L_y, (0 \leq L_y \leq \bar{L}_A) \quad (1 \cdot 3 - 2)$$

$$L_x + L_y = \bar{L}_A \quad (1 \cdot 3 - 3)$$

其中,a_x、L_x 和 Q_x(a_y、L_y 和 Q_y)分别代表 A 国 X 产品(Y 产品)的劳动生产率、劳动投入

量和产量，$\bar{L}_A$ 代表 A 国的劳动总供给量。容易由这三个表达式导出 A 国的生产可能性边界线（见图 1·3-1 中的 AA' 线）方程为

$$\frac{1}{a_x}Q_x + \frac{1}{a_y}Q_y = \bar{L}_A, (0 \leq Q_x \leq a_x\bar{L}_A, 0 \leq Q_y \leq a_y\bar{L}_A) \quad (1\cdot3-4)$$

2. B 国

同样可以导出 B 国的生产可能性边界线（见图 1·3-1 中的 BB' 线）方程为

$$\frac{1}{b_x}Q_x + \frac{1}{b_y}Q_y = \bar{L}_B, (0 \leq Q_x \leq b_x\bar{L}_B, 0 \leq Q_y \leq b_y\bar{L}_B) \quad (1\cdot3-5)$$

其中，b_x 和 Q_x（b_y 和 Q_y）分别代表 B 国 X 产品（Y 产品）的劳动生产率和产量，$\bar{L}_B$ 代表 B 国的劳动总供给量。

注意，图 1·3-1 中两国的生产可能性边界线为直线段，意味着生产的机会成本均固定不变；其斜率为负，则又意味着在保持充分就业的条件下，一种产品产量的增加需要以另一种产品产量的减少为代价。一国生产

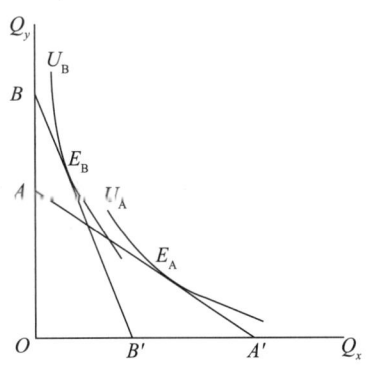

图 1·3-1　李嘉图模型 A、B 两国在贸易前的生产—消费均衡

可能性边界线上点的坐标代表该国充分就业时各种可能的产出组合；该边界线与两坐标轴所围内部区域为该国非充分就业时所有可能的产出组合，而该边界线外部的区域则为该国不可能的产出区域。

（二）一国在封闭经济下生产—消费的一般均衡分析

见图 1·3-1，一国在封闭经济（closed economy）下的生产—消费均衡点（equilibrium point to production-consumption）可由其生产可能性边界线与某条消费等效用曲线（equivalent curve of consumption utility）的切点确定，在此切点处，该国的消费效用达到最大。在图 1·3-1 中，U_A 点与 U_B 点分别为 A 国与 B 国的跟生产可能性边界线相切的消费等效用曲线，而 E_A 点与 E_B 点则分别为 A 国与 B 国的生产—消费均衡点。

因为在李嘉图模型中，只考虑两种产品和劳动一种生产要素并且其生产成本固定不变，所以在此模型下，一国（如 A 国）X 产品对于 Y 产品的相对成本价格 p_A 就等于其生产 X 产品的固定不变的机会成本 MC_A（也就是其生产可能性边界线斜率的绝对值 a_y/a_x），即有 $p_A = MC_A (=a_y/a_x)$，此为 AA' 斜率的绝对值。

另需注意，在图 1·3-1 中，我们假定了 A 国生产 X 产品有比较优势，B 国生产 Y 产品有比较优势（即假定了 $p_A = a_y/a_x < b_y/b_x = p_B$，从而图中的 AA' 线段比 BB' 线段平缓）。

三、两国分工贸易的生产—消费—贸易一般均衡分析及福利分析

下面，一律假定 A、B 两国各自 X 产品的相对价格分别为 p_A、p_B，并且 $p_A < p_B$。

(一)A、B两国在完全分工情况下的生产—消费—贸易一般均衡分析

1. 两国在任意给定贸易条件下的生产均衡点、消费均衡点和贸易三角形

(1) 贸易后的生产均衡点和消费可能性边界线

在贸易前,A、B 两国各自的消费可能性边界线与生产可能性边界线分别是完全重合的,从而两国各自的消费均衡点(equilibrium point to consumption)与生产均衡点(equilibrium point to production)也分别是重合的

而在贸易后,见图 $1 \cdot 3 - 2$,如果 A、B 两国完全分工分别专业生产 X 产品和 Y 产品,在任意给定的贸易条件 $p_w = P_x/P_y(p_A < p_w < p_B)$ 下,A 国(B 国)的生产均衡点将分别沿其生产可能性边界线下移(上移)到图中 A' 点(B 点)的位置,而它们的消费可能性边界线也将分别以 A' 点(B 点)为中心"外旋"到图中 p_w 线的位置——两国各自消费可能性边界线斜率的绝对值将相同(同为 p_w)。

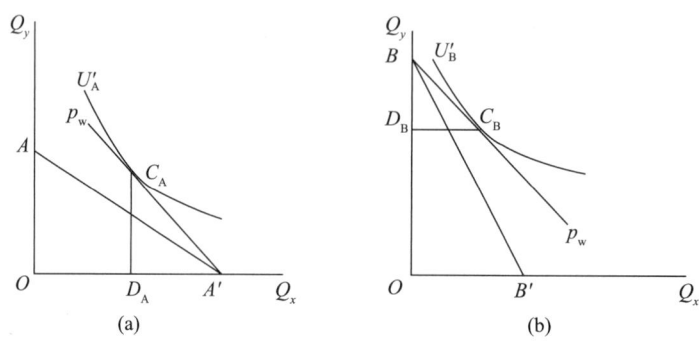

图 $1 \cdot 3 - 2$ A、B 两国在完全分工和任意给定贸易条件下的生产—消费分析

(2) 贸易后的消费均衡点和意愿贸易三角形

见图 $1 \cdot 3 - 2$,在贸易后,A 国新的消费均衡点是由其新的消费可能性边界线 p_w 与另一条消费等效用曲线 U'_A 之间的切点 C_A 所确定;B 国新的消费均衡点也是由其新的消费可能性边界线 p_w 与另一条消费等效用曲线 U'_B 之间的切点 C_B 所确定。这时,由 A、B 两国各自新的生产均衡点与消费均衡点分别可以确定两个直角三角形 $C_A D_A A'$ 和 $BD_B C_B$——它们分别被称为 A 国和 B 国的意愿贸易三角形(trade triangle of willingness)。当 p_w 并非均衡的贸易条件时,这两个意愿贸易三角形就不全等,两国间贸易市场供需的不平衡,必将引起贸易条件的进一步调整——这时将会有一个讨价还价的"觅价"过程,直至找到一个均衡贸易条件为止。

2. 两国生产—消费—贸易的一般均衡分析

见图 $1 \cdot 3 - 3$,当 $p_w = p_w^*$ 达到均衡贸易条件时,两国的意愿贸易三角形将会达到全等,即有

$$\triangle C_A^* D_A^* A' \cong \triangle BD_B^* C_B^*$$

称为均衡贸易三角形(trade triangle of equilibrium),其中,

$D_A^* A' = D_B^* C_B^* = Q_x^*$ 为 X 产品的均衡进出口量；

$C_A^* D_A^* = BD_B^* = Q_y^*$ 为 Y 产品的均衡进出口量。

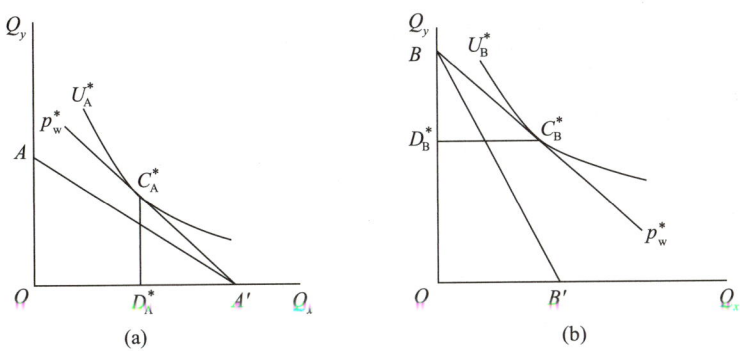

图 1·3-3　A、B 两国在完全分工情况下生产—消费—贸易的一般均衡分析

（二）A、B 两国完全分工与贸易福利的一般均衡分析

见图 1·3-4，图中 E_A 和 E_B 分别代表 A、B 国在封闭经济下的生产—消费均衡点，A' 和 C_A^* 分别代表 A 国在完全分工—贸易后的生产均衡点和消费均衡点，B 和 C_B^* 分别代表 B 国在完全分工—贸易后的生产均衡点和消费均衡点。

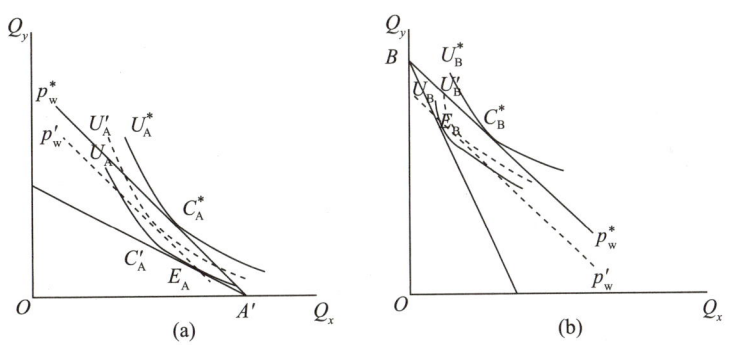

图 1·3-4　A、B 两国完全分工—贸易的一般福利分析

A 国通过完全分工与贸易得到的额外福利 = U_A^* 曲线所代表的效用 − U_A 曲线所代表的效用。这一额外福利可以分解为来自贸易的额外福利和来自分工的额外福利：过 E_A 点作 p_w^* 线的平行线 p_w'，而与 p_w' 线相切的等效用曲线 U_A' 所代表的效用 − U_A 曲线所代表的效用，即为来自贸易的额外福利（这是产品在消费领域更有效配置得到的额外福利），U_A^* 曲线所代表的效用 − U_A' 所代表的效用，则为来自分工的额外福利（这是资源在生产领域更有效配置得到的额外福利）。人们将这两种额外福利统称为"配置得益"（gain from allocation）。

B 国通过完全分工与贸易得到的额外福利 = U_B^* 曲线所代表的效用 − U_B 曲线所代表的效用。这一总得益也可以分解为来自贸易的额外福利和来自分工的额外福利，同样可以在图1.3-4(b)中借助一条经过 E_B 点的与 p_w^* 线平行的辅助线 p_w' 来进行分析。

四、两国在各种分工贸易可能性下的总收入分析

这里仍然假定 A、B 两国各自 X 产品的相对价格分别为 p_A、p_B，并且 $p_A < p_B$。下面我们来分析一下分工贸易对两国总收入的影响，见图1.3-5。AA' 线段代表 A 国的生产可能性边界线，BB' 线段代表 B 国的生产可能性边界线，$A'N = OB'$，而 $AM = OB$，并且 $MC \parallel DN \parallel AA'$，而 $CN \parallel MD \parallel BB'$。

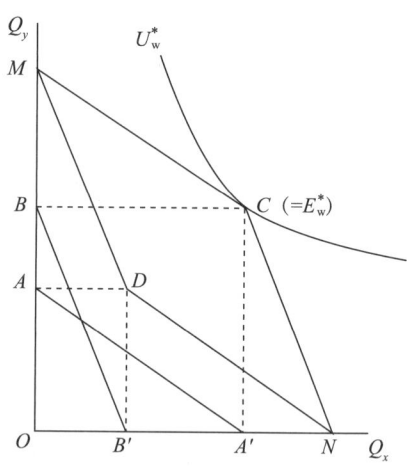

图1.3-5 分工—贸易与世界生产—消费可能性分析

于是，在两国均充分就业的情况下：① C 点代表两国的完全分工（A 国完全分工生产 X 产品而 B 国完全分工生产 Y 产品）时的总产出组合——C 点是两国总福利达到最大化的生产—消费均衡点 E_w^*，被称为"李嘉图点"（Ricardo Point）；② CM 线段代表 A 国不完全分工而 B 国完全分工生产 Y 产品时所有可能的总产出组合，CN 线段则代表 A 国完全分工生产 X 产品而 B 国不完全分工时所有可能的总产出组合；③ D 点代表两国的完全反分工（A 国完全反分工生产 Y 产品而 B 国完全反分工生产 X 产品）时的总产出组合——D 点处的两国总福利达到最小；④ DM 线段代表 A 国完全反分工生产 Y 产品而 B 国不完全分工时所有可能的总产出组合，DN 线段则代表 A 国不完全分工而 B 国完全反分工生产 X 产品时所有可能的总产出组合；⑤ 平行四边形 $MDNC$ 所围区域内部的点则代表两国均不完全分工时所有可能的总产出组合。

五、李嘉图贸易模型确定均衡贸易条件的几种新古典分析方法

对于李嘉图贸易模型而言，关于均衡贸易条件的决定，可以有三种不同的新古典分析方法，首先是英国经济学家马歇尔（1879）在其《纯粹贸易理论》一书中，提出了一种利用贸易提供曲线均衡分析法（equilibrium approach of trade offer curve）来确定均衡贸易条件的一般均衡分析方法。提供曲线（offer curve）实质上就是一条相互需求曲线（reciprocal demand curve），表明一个国家为进口一定数量的商品而愿意承担的贸易条件（而愿意向其他国家出口商品的数量），所以提供曲线均衡分析法（equilibrium approach of offer curve）也可以称作相互需求曲线均衡分析法（equilibrium approach of reciprocal demand curve）。利用提供曲线均衡分析法来进行一般均衡分析，其实是新古典经济学在其早期

阶段尝试采用的一种并不太简便的一般均衡分析方法。① 后来,在新古典经济学成熟之后(即在马歇尔于1920年发表其《经济学原理》一书之后),就又有了另外一种更受学界认可的供给—需求曲线一般均衡分析法。后人很自然地又提出利用这种新的分析方法来确定均衡贸易条件(详见下文)——需要特别提醒读者的是,这里需要使用适用于一般均衡分析(general-equilibrium analysis)的关于两种产品之相对价格的供给曲线(supply curve)和需求曲线(demand curve)来进行均衡分析,这跟使用适用于局部均衡分析(partial-equilibrium analysis)的关于一种产品之绝对价格的供给曲线和需求曲线来进行均衡分析是截然不同的,两者之间有着实质性的差别(前者是在做一般均衡分析,而后者则是在做局部均衡分析)。

在以下分析中我们一概假定,在贸易前,A、B两国国内X产品的相对价格分别为p_A、p_B,并且$p_A < p_B$。

(一)确定贸易条件——两国的贸易提供曲线一般均衡分析法

所谓贸易提供曲线,是指一国在其给定的生产可能性边界线和消费等效用曲线下考虑到进出口收支平衡的最优贸易曲线(optimal trade curve):用横坐标和纵坐标(纵坐标和横坐标)分别代表一国出口商品数量和进口商品数量时,该国贸易提供曲线上的每一点跟坐标系原点所连射线的斜率(斜率的倒数)对应着一定的贸易条件,而该点的横坐标和纵坐标(纵坐标和横坐标)则代表着在这一贸易条件下该国所愿意提供的对己最优的能够达到进出口收支平衡的一对出口商品数量和进口商品数量组合。

一国的贸易提供曲线可以根据其生产可能性边界线和消费等效用曲线推导出来。前面已经假定A国(B国)生产X产品(Y产品)具有比较优势,以下进一步假定A国(B国)在贸易后完全分工生产X产品(Y产品)。由于这一分析方法首先要涉及两国各自提供曲线的推导问题,并且两国各自提供曲线的推导方法略有不同,所以我们需要分别讨论之。

1. A国贸易提供曲线的推导

见图1·3-6(a),图左方的OQ_x坐标轴代表A国X产品的产量或消费量,图右方的OQ_x坐标轴代表A国X产品的出口供给量,图中的纵坐标轴OQ_y则代表A国Y产品的产量或消费量或进口需求量。左方图中的$A'A$线段代表A国的生产可能性边界线,在贸易后A国的生产均衡点是A'点。当A国出口X商品的相对贸易价格$p_w = p_A$时,A国的最优消费均衡点是消费等效用曲线U_0在$A'A$线上的切点C_0,此时A国愿意提供的(对己最优的)贸易三角形为$A'D_0C_0$;而当A国出口X商品的相对贸易价格$p_w = p_w^1 > p_A$时,A

---

① 提供曲线及其均衡分析法,其实是在新古典经济学派的早期发展阶段,由马歇尔和当时英国另一位统计学家兼经济学家埃奇沃思(F. Y. Edgeworth)分别提出的,是当时进行一般均衡分析的一种重要方法。马歇尔通过对穆勒的相互需求均衡分析法进行改进后,提出了确定均衡贸易条件的提供曲线均衡分析法;埃奇沃思则是率先将提供曲线及其均衡分析法用在了分析和阐释所谓"最优税收"等经济学问题。

国的最优消费均衡点是消费等效用曲线 U_1 在 $A'A$ 线上的切点 C_1，此时 A 国愿意提供的（对己最优的）贸易三角形成为 $A'D_1C_1$；再当 A 国出口 X 商品的相对贸易价格 $p_w = p_w^2 > p_w^1$ 时，A 国的最优消费均衡点是消费等效用曲线 U_2 在 $A'A$ 线上的切点 C_2，此时 A 国愿意提供的（对己最优的）贸易三角形又成为 $A'D_2C_2$……

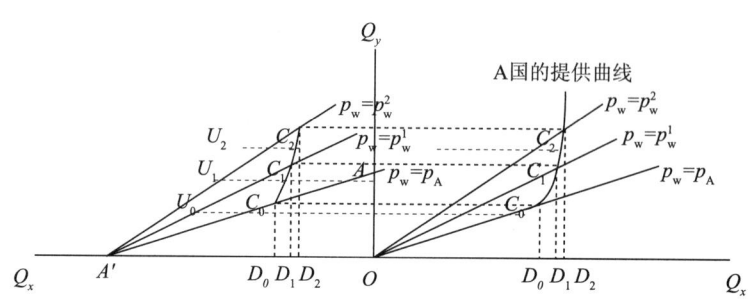

图 1·3-6(a)　A 国贸易提供曲线的推导

将左方图中的各贸易三角形依次水平平移到右方图中去——令 A' 点与 O 点重合，即可由 C_0、C_1、C_2……逐点描出 A 国的贸易提供曲线。

2. B 国贸易提供曲线的推导

见图 1·3-6(b)，图下方的 OQ_y 坐标轴代表 B 国 Y 产品的产量或消费量，图上方的 OQ_y 坐标轴代表 B 国 Y 产品的出口供给量，图中的横坐标轴 OQ_x 则代表 B 国 X 产品的产量或消费量或进口需求量。下方图中的 BB' 线段代表 B 国的生产可能性边界线，在贸易后 B 国的生产均衡点是 B 点。当 B 国进口 X 商品的相对贸易价格 $p_w = p_B$ 时，B 国的最优消费均衡点是消费等效用曲线 U_0 在 BB' 线上的切点 C_0，此时 B 国愿意提供的（对己最优的）贸易三角形为 BC_0D_0；而当 B 国进口 X 商品的相对贸易价格 $p_w = p_w^1 < p_B$ 时，B 国的最优消费均衡点是消费等效用曲线 U_1 在 BB' 线上的切点 C_1，此时 B 国愿意提供的（对己最优的）贸易

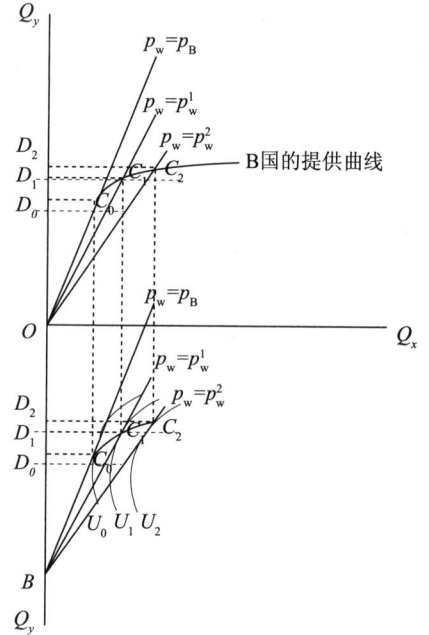

图 1·3-6(b)　B 国贸易提供曲线的推导

三角形成为 BC_1D_1；再当 B 国进口 X 商品的相对贸易价格 $p_w = p_w^2 < p_w^1$ 时，B 国的最优消费均衡点是消费等效用曲线 U_2 在 BB' 线上的切点 C_2，此时 B 国愿意提供的（对己最优的）贸易三角形又成为 BC_2D_2……

将下方图中的各贸易三角形依次平移到上方图中去——令 B 点与 O 点重合，即可由 C_0、C_1、C_2……逐点描出 B 国的贸易提供曲线。

3.两国均衡贸易条件的确定

见图1·3-6(c),图中的OQ_x坐标轴代表A国对X产品的出口供给量或B国对X产品的进口需求量,OQ_y坐标轴则代表A国对Y产品的进口需求量或B国对Y产品的出口供给量。A、B两国各自贸易提供曲线的交点$E^*(Q_x^*, Q_y^*)$决定了两国对于两种商品均衡的进出口量——该交点处的横坐标Q_x^*代表A国对X产品的均衡出口量和B国对X产品的均衡进口量,纵坐标Q_y^*代表B国对Y产品的均衡出口量和A国对Y产品的均衡进口量。而过E^*点的射线OE^*的斜率$p_w^* = Q_y^*/Q_x^*$则为X产品对Y产品的均衡贸易相对价格。

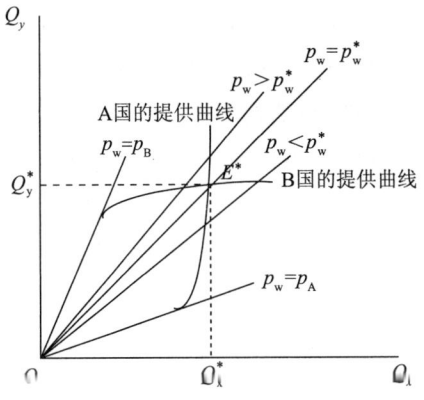

图1·3-6(c) 确定贸易条件的两国提供曲线一般均衡分析

显然,当$p_w < p_w^* = Q_y^*/Q_x^*$时,A国愿意出口X产品的数量$Q_x^A$将会小于B国愿意进口X产品的数量$Q_x^B$(而同时A国愿意进口Y产品的数量$Q_y^A$也会小于B国愿意出口Y产品的数量$Q_y^B$),这意味着X产品的供不应求和Y产品的供大于求,从而X产品相对于Y产品的贸易价格就会上升;而当$p_w > p_w^* = Q_y^*/Q_x^*$时,A国愿意出口X产品的数量$Q_x^A$则会大于B国愿意进口X产品的数量$Q_x^B$(而同时A国愿意进口Y产品的数量$Q_y^A$也会大于B国愿意出口Y产品的数量$Q_y^B$),这又意味着X产品的供大于求和Y产品的供不应求,从而X产品相对于Y产品的贸易价格就会下降。只有最终实现了$p_w = p_w^* = Q_y^*/Q_x^*$时,A、B两国才能实现生产—消费和贸易的一般均衡。

(二)确定贸易条件——两国的相对价格供给—需求曲线一般均衡分析法

这里又有两种不同的供给—需求曲线一般均衡分析法,一种是关于两国之间的出口供给—进口需求曲线一般均衡分析法(general-equilibrium approach of export-supply-import-demand curve),另一种是关于两国合计的总供给—总需求曲线一般均衡分析法(general-equilibrium approach of aggregate-supply-aggregate-demand curve both countries sum total)。

1.确定贸易条件的两国之间出口供给—进口需求曲线一般均衡分析法

这里针对A、B两国完全分工——A国完全生产X产品(其最大产量为$\bar{Q}_A$),B国完全生产Y产品(其最大产量为$\bar{Q}_B$)——的情况来进行讨论。见图1·3-7,我们可以先分别画出其中的(a)图和(b)图,得到两国各自的供给和需求曲线及其交点E_A和E_B,得知两国各自X产品的国内均衡相对价格p_A和p_B;然后再由(a)图和(b)图导出(c)图。

在(a)图中,X产品的供给曲线S_A:

当$0 < p < p_A$时,$Q_x = 0$(这意味着A国完全不生产X产品);

当$p = p_A$时,$0 < Q_x < \bar{Q}_A$(这意味着A国不完全生产X产品);

当 $p>p_A$ 时，$Q_x=\overline{Q}_A$（这意味着 A 国完全生产 X 产品）。

在(a)图中，X 产品的需求曲线 D_A：我们可以在假定 A 国完全分工生产 X 产品的情况下，逐一利用 A 国的所有消费可能性边界线（该射线斜率的绝对值代表着 X 产品的相对价格）与消费等效用曲线的切点（该切点的横坐标代表着 A 国对 X 产品的总需求量），逐点描出 A 国对 X 产品的总需求曲线 D_A。

而需求曲线 D_A 与供给曲线 S_A 的交点 $E_A(Q_A,p_A)$ 则代表着 A 国在封闭情况下的生产—消费均衡点（其中 Q_A 和 p_A 分别代表 A 国在封闭情况下 X 产品的均衡生产—消费量和相对价格）。

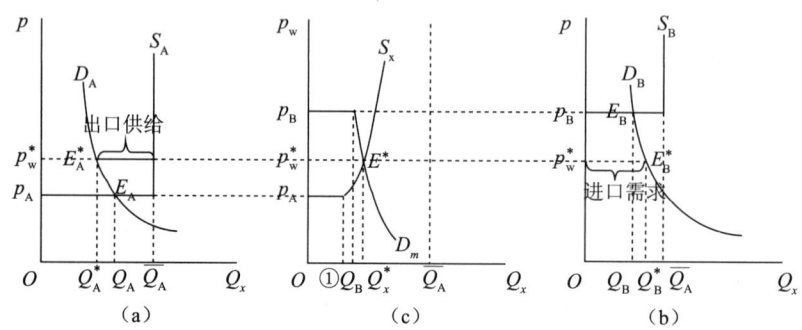

图 1·3-7　确定贸易条件的两国出口供给—进口需求曲线一般均衡分析

在(b)图中，X 产品的供给曲线 S_B：

当 $0<p<p_B$ 时，$Q_x=0$（这意味着 B 国完全不生产 X 产品）；

当 $p=p_B$ 时，$0<Q_x<\overline{Q}_B$（这意味着 B 国不完全生产 X 产品）；

当 $p>p_B$ 时，$Q_x=\overline{Q}_B$（这意味着 B 国完全生产 X 产品）。

与前类似地，也可以导出在(b)图中 B 国对 X 产品的需求曲线 D_B。

而需求曲线 D_B 与供给曲线 S_B 的交点 $E_B(Q_B,p_B)$ 则代表着 B 国在没有贸易时的生产—消费均衡点（其中 Q_B 和 p_B 分别代表 B 国在没有贸易时 X 产品的均衡生产—消费量和相对价格）。

在(c)图中，X 产品的出口供给曲线 S_x：

当 $0<p_w<p_A$ 时，$Q_x=0$（这意味着 A 国完全不出口 X 产品）；

当 $p_w=p_A$ 时，$0<Q_x\leqslant\overline{Q}_A-Q_A$（这意味着 A 国不完全生产和少量出口 X 产品）；

当 $p_A<p_w\to+\infty$ 时，$\overline{Q}_A-Q_A<Q_x\to\overline{Q}_A$（这意味着 A 国完全生产并大量出口 X 产品）。

在(c)图中，X 产品的进口需求曲线 D_m：

当 $p_w>p_B$ 时，$Q_x=0$（这意味着 B 国完全不进口 X 产品）；

当 $p_w=p_B$ 时，$0<Q_x\leqslant Q_B$（这意味着 B 国部分生产和少量进口 X 产品）；

当 $p_B>p_w\to 0$ 时，$Q_B<Q_x\to+\infty$（这意味着 B 国完全不生产并大量进口 X 产品）。

最后，关于均衡贸易条件的决定：

在 A、B 两国规模相当的情形下,A 国将完全分工生产 X 产品,B 国将完全分工生产 Y 产品,此时 A 国的 X 产品出口供给曲线 S_x 与 B 国的 X 产品进口需求曲线 D_m 将会相交于各自的第三段(如图 1·3-7 所示)——其交点 E^* 的纵坐标 p_w^*($p_A<p_w^*<p_B$)即为均衡的 X 产品贸易条件,横坐标 Q_x^* 则为均衡的 X 产品贸易量,而 Q_A^* 和 Q_B^* 则又分别代表贸易均衡时 A 国和 B 国的 X 产品消费量。而在大—小国情形下,A、B 两国 X 产品进出口供需曲线交点的位置则会有所不同(见附录 1·3·1)。

2. 确定贸易条件的两国合计的总供给—总需求曲线一般均衡分析法

见图 1·3-8,纵坐标 p_w 代表 X 产品的贸易条件,横坐标 Q_x 代表 A、B 两国对于 X 产品的总供给量或总需求量,S_w 曲线代表 A、B 两国对于 X 产品的总供给曲线,D_w 曲线代表 A、B 两国对于 X 产品的总需求曲线。

关于 X 产品的两国总供给曲线 S_w:

当 $0<p_w<p_A$ 时,$Q_x\equiv 0$(这意味着两国都完全不生产 X 产品);

当 $p_w=p_A$ 时,$0<Q_x<\overline{Q}_A$(这意味着 A 国不完全生产 X 产品,而 B 国完全不生产 X 产品);

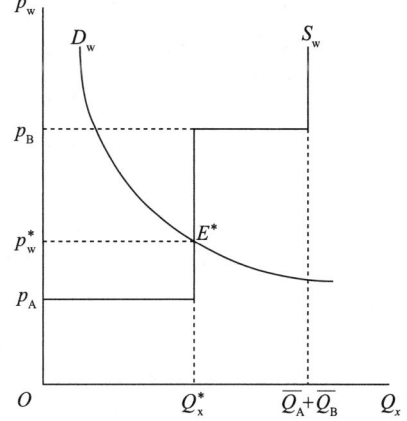

图 1·3-8 确定贸易条件的两国总供需一般均衡分析

当 $p_A<p_w<p_B$ 时,$Q_x\equiv\overline{Q}_A$(这意味着 A 国完全生产 X 产品,而 B 国完全不生产 X 产品);

当 $p_w=p_B$ 时,$\overline{Q}_A<Q_x<\overline{Q}_A+\overline{Q}_B$(这意味着 A 国完全生产 X 产品,而 B 国不完全生产 X 产品);

当 $p_w>p_B$ 时,$Q_x\equiv\overline{Q}_A+\overline{Q}_B$(这意味着两国都完全生产 X 产品)。

而两国对 X 产品的总需求曲线 D_w 则可通过将两国各自的需求曲线叠加后得到。

最后,关于均衡贸易条件的决定:

在 A、B 两国规模相当的情形下,A 国将完全分工生产 X 产品,B 国将完全分工生产 Y 产品,此时两国 X 产品的总供给曲线 S_w 与总需求曲线 D_w 将会相交于前者的中段(如图 1·3-8 所示)——其交点 E^* 的纵坐标 p_w^*($p_A<p_w^*<p_B$)即为均衡的 X 产品贸易条件,横坐标 $Q_x^*=\overline{Q}_A$ 则为均衡的 X 产品总产量;而在大—小国情形下两国 X 产品总供需曲线交点的位置则会有所不同(见附录 1·3·2)。

第二章 新古典贸易学说

本章介绍各种新古典贸易学说,第一节介绍新古典的标准比较优势贸易理论(standard trade theory of comparative superiority);第二节在新古典标准贸易理论的基础上进一步介绍赫克歇尔-俄林的要素禀赋贸易理论(trade theory of factor endowment)及其两个重要推论;第三节分析国际贸易对社会福利(social welfare)和收入分配(income distribution)的影响;第四节讨论国际贸易与经济增长(economic growth)的关系。

第一节 新古典的标准比较优势贸易理论

第一章讲述的古典比较成本优势贸易理论都是只考虑劳动一种生产要素,并且认为商品在国内交易的价格完全取决于它们的生产成本或相对生产成本(忽略了需求的消费偏好因素对交易价格的影响),从而将国际贸易的起因主要归结于生产成本因素(忽略了需求的消费偏好因素对贸易的影响问题)。本章我们将进一步考虑有劳动和资本(或土地)两种生产要素的情况,并且在讨论交易价格时把需求因素也考虑在内。第一节我们将首先提出一个更具一般性的新古典标准比较优势贸易理论,以拓宽比较优势贸易理论的适用范畴。

一、产品生产的要素密集度与要素密集型

(一)产品生产的要素密集度

在考虑两种生产要素的情况下〔在新古典贸易理论中,通常是考虑劳动与资本两种生产要素),假定一个生产部门的生产函数(production function)为 $Q = f(L,K)$,f 满足边际产出递减(decreasing marginal output)条件(即有 $\partial f/\partial L > 0, \partial^2 f/\partial^2 L < 0; \partial f/\partial K > 0, \partial^2 f/\partial^2 K < 0$),此时其等产量曲线(isoquant curve)是凸向原点的〕。则该生产部门对于任一给定产量 Q 下生产要素的最优投入(最小成本投入),取决于等产量曲线 $Q = f(L,K)$ 与给定要素价格(给定资本利息率 R 和劳动工资率 W)下的某条等成本线 $C = R \cdot K + W \cdot L$ 的切点 $E(L_E, K_E)$,见图 2·1-1(a)(图中坐标系的横坐标 L 代表劳动投入量,纵坐标 K 代表资本投入量),而 $k = K_E/L_E$ 则为该产量下的最优资本—劳动投入比例。

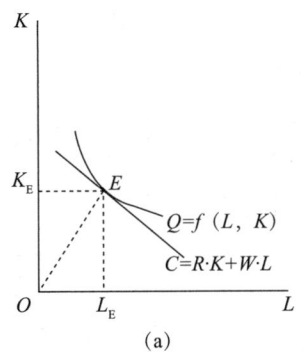
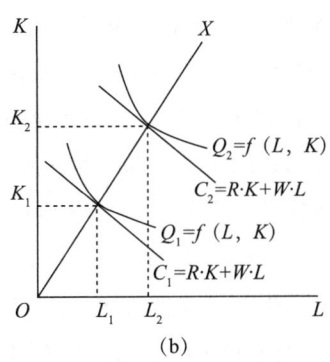

图 2·1-1 产品生产的要素密集度与生产扩张线

短期来看,可以假定两种要素的相对价格固定不变,此时生产一种产品所需两种要素的最优投入比例是固定不变的,称为生产该产品的要素密集度(factor intensity),人们通常用产品的资本密集度(capital-intensity)来代表:所谓某产品的资本密集度(k),是指在要素相对价格保持不变的条件下,生产该产品时所需投入资本与劳动的最优比例(K/L),即 $k = K/L$——此为生产该产品时,每单位劳动投入所需要的资本投入。

从而在两种要素的相对价格固定不变的条件下,一产品部门会有一条固定不变的生产扩张射线 OX,见图 2·1-1(b),射线 OX 的斜率 $k = K_1/L_1 = K_2/L_2$ 为该产品生产的固定不变的资本密集度。

(二)产品生产的要素密集型

引入产品的要素密集型(factor-intensive type)的概念是为了比较不同产品生产所使用要素密集度的不同。

短期来看,在考虑 X 和 Y 两种产品的情况下,对给定固定不变的要素相对价格下,如果有 $k_x < k_y$,即可称 X 为给定要素价格下的劳动密集型(labor-intensive,又称劳动密集性)产品,Y 为给定要素价格下的资本密集型(capital-intensive,又称资本密集性)产品。

但长期来看,每种产品生产使用要素的密集度是会受到要素相对价格变动影响的——产品生产的资本密集度($k = K/L$)会随着劳动相对于资本的相对价格($\omega = W/R$)的上升(下降)而上升(下降)。为此,人们又定义:在考虑 X 和 Y 两种产品的情况下,如果不会发生要素密集度逆转(factor-intensity reversal)的情况,即对于要素的任何相对价格,恒有 $k_x < k_y$,则可称 X 为劳动密集型产品,Y 为资本密集型产品。

注意,所谓一种产品的要素密集型,是跟其他给定产品相比较而言的。

二、生产机会成本递增情况下一国的生产可能性边界线和生产—消费均衡分析

(一)生产机会成本递增与一国的生产可能性边界线

在两种产品生产的要素密集度不同并且充分就业的情况下,一种产品生产的机会成本是递增的——随着 X 产品(Y 产品)产量的增加,一国再多生产 1 单位 X 产品(Y 产

品)所需放弃的Y产品(X产品)的产量会越来越多:由于要素的边际生产力递减(decreasing marginal productivity),所以在较高的X(Y)产出水平从而较低的Y(X)产出水平上,一方面再增加一单位X(Y)所需要的要素较多,另一方面所转移过来的每一要素生产Y(X)的边际生产力也较高,所以生产X(Y)产品的机会成本是递增的。这时,一国的生产可能性边界线是凹向原点的曲线,见图2·1-2中的AA'曲线。此时,在AA'曲线上任意一点处,X产品的生产机会成本等于经过该点的AA'

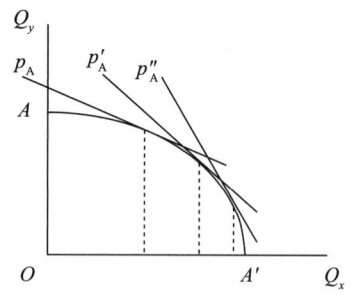

图2·1-2 生产机会成本递增情况下凹向原点的生产可能性曲线

曲线切线斜率的绝对值;并且,沿着AA'曲线从左向右(X的产量不断增加),其切线斜率的绝对值将不断上升(生产X的机会成本递增),见p_A线、p'_A线和p''_A线。

在生产机会成本递增的情况下,确定一国凹向原点的生产可能性边界线大致位置及轮廓的一个简易方法是,先确定其两个端点(如图2·1-2中的A点与A'点)的相对位置,然后再将这两个端点用一条凹向原点的光滑曲线连接起来即可。

(二)一国在生产机会成本递增情况下的生产—消费均衡分析

见图2·1-3,在封闭经济下,一国的消费可能性边界线(expense possible boundary line)跟其生产可能性边界线(production possible boundary line)完全重合。而一国(如A国)的生产—消费均衡点则取决于该生产—消费可能性边界线(AA')跟其某条消费等效用曲线(U_A)的切点(E_A),此时该国X产品的均衡相对价格(p_A)则取决于其生产和消费的均衡机会成本——等于经过切点E_A的消费等效用曲线(equivalent utility curve of consumption)和生产—消费可能性

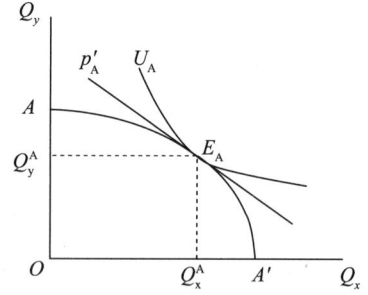

图2·1-3 一国在生产机会成本递增情况下的生产—消费均衡分析

边界线(expense-production possible boundary line)的公切线斜率的绝对值。

三、新古典的标准比较优势贸易模型——比较价格优势贸易模型

(一)2×2×2标准贸易模型的前提假设

①假定有劳动和资本两种生产要素、两种产品以及两个规模既定的国家;
②两种产品生产的要素密集度不同,并且不会发生要素密集度逆转;
③两种产品生产的规模报酬(scale reward)均固定不变(在考虑两种以上生产要素并且两个生产部门的要素密集度不同时,这意味着每种产品生产的边际成本递增),其产品市场都是完全竞争的;
④国内同类生产要素具有同质性,可以在产业间自由流动并得到充分利用(即国内

的生产要素市场也都是完全竞争的),但生产要素不能跨国流动;

⑤两国同类产品具有同质性,可以自由贸易进行完全竞争(不考虑运输成本等任何贸易费用)。

(二)2×2×2 标准贸易模型下的比较优势贸易原理

假定有 A、B 两个国家和 X、Y 两种产品,A、B 国内 X 产品的均衡相对价格分别为 p_A、p_B,则当两种产品在两国国内的均衡相对价格不相等时,即有

$$p_A = P_x^A/P_y^A \neq P_x^B/P_y^B = p_B$$

两国之间就存在着进行国际分工和互惠贸易的基础。

① 若 $p_A < p_B$,则 A 国(B 国)生产 X 产品(Y 产品)具有相对优势,并且两国间进行互惠贸易的贸易条件 p_w 的合理范畴是:$p_A < p_w < p_B$;

② 若 $p_A > p_B$,则 A 国(B 国)生产 Y 产品(X 产品)具有相对优势,并且两国间进行互惠贸易的贸易条件 p_w 的合理范畴是:$p_B < p_w < p_A$。

这里的比较价格优势贸易模型(trade model of comparative price superiority)比第一章的比较成本优势贸易模型(trade model of comparative cost superiority)具有更为广泛的适用性,前者所采用的"相对价格优势分析法"(relative price superiority approach)要比后者的"相对成本优势分析法"(relative cost superiority approach)更具一般性:这里的比较价格优势贸易模型不仅可用于分析由于生产成本差异所引起的贸易——可以在其下细分出一个生产可能性差异贸易模型(trade model of different production possibility),而且还可用于分析由消费偏好差异所引起的贸易——还可以再在其下细分出一个消费偏好差异贸易模型(trade model of different consumer preference)。

在这里的 2×2×2 标准贸易模型的前提假设下,造成两国国内产品均衡相对价格差异的各种可能原因有(见图 2·1-4):

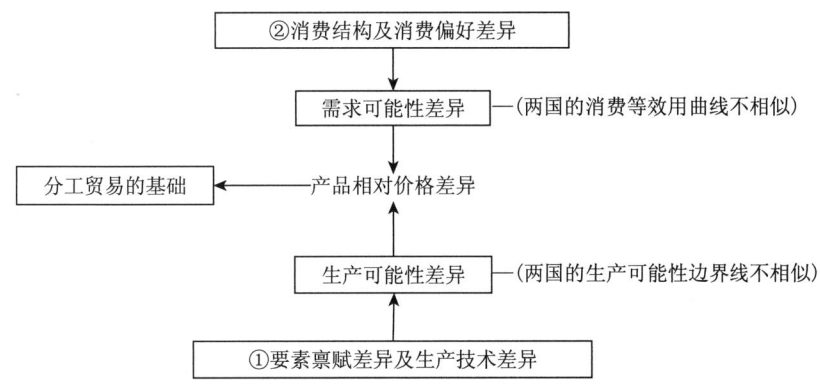

图 2·1-4 标准贸易模型下分工贸易的基础分析

(1)两国的生产可能性边界线存在不相似性差异(即两国的生产可能性存在实质性差异)。

(2) 两国的消费等效用曲线存在不相似性差异(即两国的需求可能性存在实质性差异)。

四、生产可能性差异贸易模型

在前述标准贸易模型的所有前提假设下,再增补以下两条前提假设:

⑥两国的要素禀赋(factor endowment)及生产函数有所不同;

⑦两国的规模、消费结构和偏好都相同。

这属于生产可能性差异贸易模型——由于两国生产可能性差异而造成两国均衡相对价格出现差异,从而根据前述新古典标准比较价格优势贸易原理可知,此时两国间将存在分工贸易的基础:关于两国生产可能性差异导致两国国内均衡相对价格差异的阐释可参见附录2·1·1。

在以下的分析中我们一概假定,在封闭经济条件下,A、B两国国内X产品的相对价格分别为p_A、p_B,并且$p_A < p_B$。

(一) 两国在分工贸易后的生产—消费—贸易一般均衡分析

1. 两国在贸易后的生产均衡点、消费均衡点和贸易三角形

(1) 贸易后的生产均衡点和消费可能性边界线

见图2·1-5,在贸易前,A、B两国各自的消费可能性边界线与生产可能性边界线分别是完全重合的,从而A国的生产—消费均衡点为其生产可能性边界线与其一条消费等效用曲线U_A的切点E_A,过该切点的切线p_A则为A国X产品的封闭均衡相对价格线[见图2·1-5(a)];B国的生产—消费均衡点为其生产可能性边界线与其一条消费等效用曲线U_B的切点E_B,过该切点的切线p_B则为B国X产品的封闭均衡相对价格线[见图2·1-5(b)]。这里不妨假定$p_A < p_B$,即X产品在A国内的相对价格低于B国,也就是说,A国(B国)分工生产X产品(Y产品)具有比较优势。

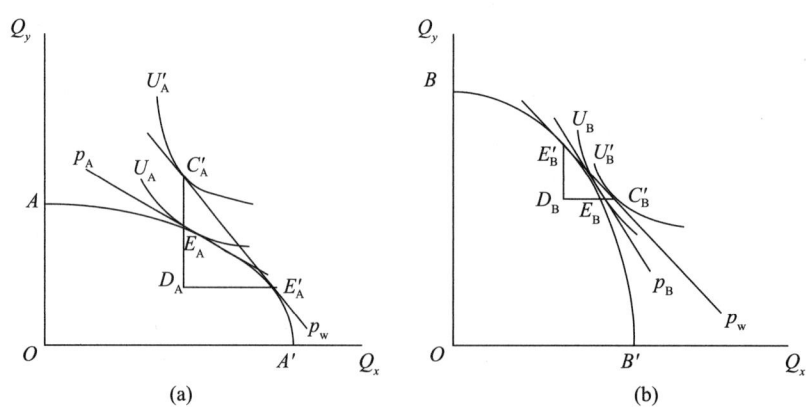

图2·1-5 两国在任意给定贸易条件下的生产—消费分析

而分工贸易后,对任意给定的贸易条件 $p_w(p_A<p_w<p_B)$ 下,A 国新的生产均衡点取决于其生产可能性边界线与一条斜率为 $-p_w$ 的直线的切点 E'_A,而过该切点的切线 p_w 则成为 A 国新的消费可能性边界线[见图 2·1-5(a)];B 国新的生产均衡点也取决于其生产可能性边界线与一条斜率为 $-p_w$ 的直线的切点 E'_B,而过该切点的切线 p_w 也成为 B 国新的消费可能性边界线[见图 2·1-5(b)]。

(2) 贸易后的消费均衡点和意愿贸易三角形

见图 2·1-5,在贸易后,A 国新的消费均衡点是由其新的消费可能性边界线 p_w 与其另一条消费等效用曲线 U'_A 之间的切点 C'_A 所确定[见图 2·1-5(a)];B 国新的消费均衡点也是由其新的消费可能性边界线 p_w 与其另一条消费等效用曲线 U'_B 之间的切点 C'_B 所确定[见图 2·1-5(b)]。这时,由 A、B 两国各自新的生产均衡点与消费均衡点分别可以确定两个直角三角形 $C'_A D_A E'_A$ 和 $E'_B D_B C'_B$——它们分别被称为 A 国和 B 国的意愿贸易三角形。当 p_w 并非均衡的国际贸易条件时,这两个意愿贸易三角形就不全等,两国间市场不能达到均衡,必将引起贸易条件的调整——这时将会有一个讨价还价的"觅价"过程,直到找到一个均衡贸易条件为止。

2. 两国生产—消费—贸易的一般均衡分析

见图 2·1-6,当 $p_w = p_w^*$ 达到均衡国际贸易条件时,两国的意愿贸易三角形必定全等,即有 $\triangle C_A^* D_A^* E_A^* \cong \triangle E_B^* D_B^* C_B^*$,称之为均衡贸易三角形,其中:

$D_A^* E_A^*$(代表 A 国对 X 产品的出口量)= $D_B^* C_B^*$(代表 B 国对 X 产品的进口量);

$C_A^* D_A^*$(代表 A 国对 Y 产品的进口量)= $E_B^* D_B^*$(代表 B 国对 Y 产品的出口量)。

(二)两国分工贸易的一般福利分析

见图 2·1-6(a),A 国通过分工—贸易得到的额外总福利为:U_A^* 曲线所代表的效用减去 U_A 曲线所代表的效用。这一总得益还可以分解为来自贸易的额外福利和来自分工的额外福利:过 E_A 点作 p_w^* 线的平行线 p'_w,而与 p'_w 线相切的等效用曲线 U'_A 所代表的效用减去 U_A 曲线所代表的效用即为来自贸易的额外福利(这是产品在消费领域更有效

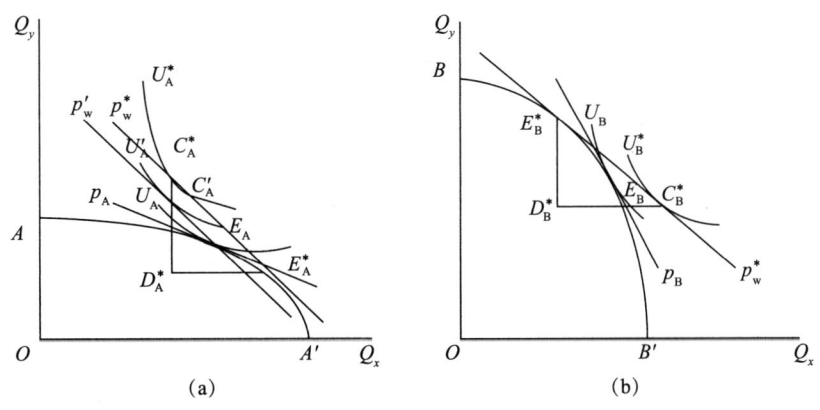

图 2·1-6 生产可能性差异贸易模型的生产—消费—贸易一般均衡分析

配置得到的额外福利),U_A^* 曲线所代表的效用减去 U_A' 所代表的效用则为来自分工的额外福利(这是资源在生产领域更有效配置得到的额外福利)。

B 国通过分工—贸易得到的额外总福利为:U_B^* 曲线所代表的效用减去 U_B 曲线所代表的效用。这一总得益也可以分解为来自贸易的额外福利和来自分工的额外福利[同样可以在图 2·1-6(b)中借助一条经过 E_B 点的与 p_w^* 线平行的辅助线来进行分析,这里从略]。

(三)确定均衡贸易条件的几种不同的分析方法

在标准比较成本优势贸易模型下关于均衡贸易条件的确定,也可以有三种不同的分析方法:一种是贸易提供曲线一般均衡分析法,还有两种不同的供给—需求曲线一般均衡分析法。

在下面分析中我们一概假定,在贸易前,A、B 两国国内 X 产品的相对价格分别为 p_A、p_B,并且 $p_A < p_B$。

1. 确定贸易条件——两国的贸易提供曲线一般均衡分析法

在第一章中我们已经介绍过,所谓贸易提供曲线,是指一国在其给定的生产可能性边界线和消费等效用曲线下考虑到进出口收支平衡的最优贸易曲线——一国贸易提供曲线上的每一点跟坐标系原点所连射线的斜率(当用横/纵坐标分别代表该国的出/进口量时)或斜率的倒数(当用纵/横坐标分别代表该国的出/进口量时)对应着一定的贸易条件,而该点的横坐标和纵坐标则分别代表着在这一贸易条件下该国所愿意提供的(对己最优的)能够达到进出口收支平衡的一对出口商品数量和进口商品数量组合。

这一分析方法首先要涉及两国各自提供曲线的推导问题,并且两国各自提供曲线的推导方法略有不同,所以我们需要分别讨论。

(1) A 国贸易提供曲线的推导

见图 2·1-7(a),图左方的 OQ_x 坐标轴代表 A 国 X 产品的产量或消费量,图右方的 OQ_x 坐标轴代表 A 国 X 产品的出口供给量,图中的纵坐标轴 OQ_y 则代表 A 国 Y 产品的

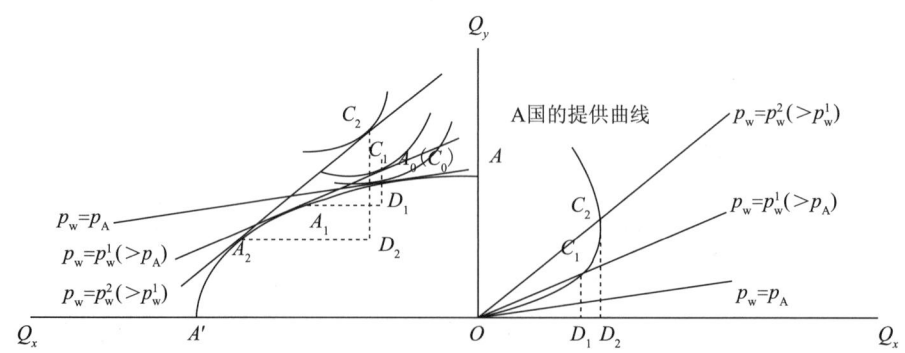

图 2·1-7(a) A 国贸易提供曲线的推导

产量或消费量或进口需求量。左方图中的 $A'A$ 曲线代表 A 国的生产可能性边界线。在封闭经济下，A 国的生产—消费均衡点是 $A_0(C_0)$ 点，图中过该点的生产可能性曲线和消费等效用曲线的公切线的斜率 p_A 为 A 国内 X 产品的相对价格。当 A 国出口 X 商品的贸易相对价格 $p_w = p_A$ 时，A 国的贸易三角形缩成一点 $A_0(C_0)$——此时 A 国愿意提供的（对己最优的）进出口量同时为 0；而当 A 国出口 X 商品的贸易相对价格 $p_w = p_w^1 > p_A$ 时，A 国愿意提供的（对己最优的）贸易三角形成为 $A_1D_1C_1$；再当 A 国出口 X 商品的贸易相对价格 $p_w = p_w^2 > p_w^1$ 时，A 国愿意提供的（对己最优的）贸易三角形又成为 $A_2D_2C_2$……而且由此不难看出，应有 $p_w > p_A$。

将左方图中的各贸易三角形依次平移到右方图中去（并令各个 A_i 点分别与 O 点重合），即可由 C_1、C_2……逐点描出 A 国的贸易提供曲线。

（2）B 国贸易提供曲线的推导

见图 2·1-7(b)，图下方的 OQ_y 坐标轴代表 B 国 Y 产品的产量或消费量，图上方的 OQ_y 坐标轴代表 B 国 Y 产品的出口供给量，图中的横坐标轴 OQ_x 则代表 B 国 X 产品的产量或消费量或进口需求量。下方图中的 BB' 曲线代表 B 国的生产可能性边界线。在封闭经济下，B 国的生产—消费均衡点是 $B_0(C_0)$ 点，图中过该点的生产可能性曲线和消费等效用曲线的公切线的斜率 p_B 为 B 国内 X 产品的相对价格。当 B 国进口 X 商品的贸易相对价格 $p_w = p_B$ 时，B 国的贸易三角形缩成一点 $B_0(C_0)$——此时 B 国愿意提供的（对己最优的）进出口量同时为 0；而当 B 国进口 X 商品的相对贸易价格 $p_w = p_w^1 < p_B$ 时，B 国愿意提供的（对己最优的）贸易

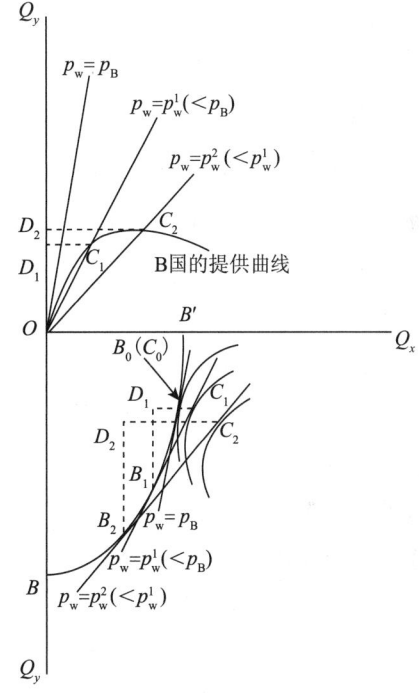

图 2·1-7(b)　B 国贸易提供曲线的推导

三角形成为 $B_1C_1D_1$；再当 B 国进口 X 商品的相对贸易价格 $p_w = p_w^2 < p_w^1$ 时，B 国愿意接受的（对己最优的）贸易三角形又成为 $B_2C_2D_2$……而且由此也不难看出，应有 $p_w < p_B$。

将下方图中的各贸易三角形依次平移到上方图中去（并令各个 B_i 点分别与 O 点重合），即可由 C_1、C_2……逐点描出 B 国的贸易提供曲线。

（3）两国均衡贸易条件的确定

见图 2·1-7(c)，OQ_x 坐标轴代表 A 国对 X 产品的出口供给量或 B 国对 X 产品的进口需求量，OQ_y 坐标轴则代表 A 国对 Y 产品的进口需求量或 B 国对 Y 产品的出口供给量。A、B 两国各自贸易提供曲线的交点 $E^*(Q_x^*, Q_y^*)$ 决定了两国对于两种商品均衡的进出口量——该交点处的横坐标 Q_x^* 代表 A 国对 X 产品的均衡出口量和 B 国对 X 产

品的均衡进口量,纵坐标 Q_y^* 代表 B 国对 Y 产品的均衡出口量和 A 国对 Y 产品的均衡进口量。而过 E^* 点的射线 OE^* 的斜率 $p_w^* = Q_y^*/Q_x^*$ 则为 X 商品对 Y 商品的均衡贸易相对价格。

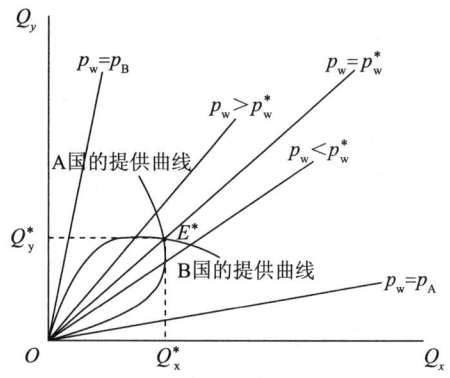

图 2·1-7(c) 生产可能性差异贸易模型确定贸易条件的两国提供曲线一般均衡分析

显然,当 $p_w < p_w^* = Q_y^*/Q_x^*$ 时,A 国愿意出口 X 商品的数量 Q_x^A 将会小于 B 国愿意进口 X 商品的数量 Q_x^B,而同时 A 国愿意进口 Y 商品的数量 Q_y^A 也会小于 B 国愿意出口 Y 商品的数量 Q_y^B,这意味着 X 商品的供不应求和 Y 商品的供大于求,从而 X 商品相对于 Y 商品的贸易价格就会上升;而当 $p_w > p_w^* = Q_y^*/Q_x^*$ 时,A 国愿意出口 X 商品的数量 Q_x^A 将会大于 B 国愿意进口 X 商品的数量 Q_x^B,而同时 A 国愿意进口 Y 商品的数量 Q_y^A 也会大于 B 国愿意出口 Y 商品的数量 Q_y^B,这意味着 X 商品的供大于求和 Y 商品的供不应求,从而 X 商品相对于 Y 商品的贸易价格就会下降;只有最终实现了 $p_w = p_w^* = Q_y^*/Q_x^*$ 时,A、B 两国才能实现生产—消费和贸易的一般均衡。

英国经济学家米德(Meade)曾给出提供曲线的另一种更为严格的推导,这里从略。

2. 确定贸易条件——两国的相对价格供给—需求曲线一般均衡分析法

这里有两种有所不同的供给—需求曲线一般均衡分析法:一种是两国的出口供给—进口需求曲线一般均衡分析法,另一种是两国合计的总供给—总需求曲线一般均衡分析法。关于一国开放经济下一般均衡分析的供给曲线和需求曲线的推导问题可参见附录2·1·2。

(1) 确定贸易条件的两国出口供给—进口需求曲线一般均衡分析法

见图 2·1-8,纵坐标 p 都代表 X 产品的相对价格,横坐标 Q_x 都代表对 X 产品的供需量,其中,(a)图中的 S_A 曲线代表 A 国对 X 产品的供给曲线 [$\bar{Q}_A = f_A(\bar{K}_A, \bar{L}_A)$ 代表着 A 国生产 X 产品的最大可能产量],D_A 曲线代表 A 国对 X 产品的需求曲线,E_A 为 A 国在封闭情况下对于 X 产品的供需均衡点——其相应的纵坐标 p_A 即 A 国内 X 产品的均衡相对价格;同样,(b)图中的 S_B 曲线代表 B 国对 X 产品的供给曲线 [$\bar{Q}_B = f_B(\bar{K}_B, \bar{L}_A)$ 代表着 B 国生产 X 产品的最大可能产量],D_B 曲线代表 B 国对 X 产品的需求曲线,E_B 为 B 国在封闭情况下对于 X 产品的供需均衡点——其相应的纵坐标 p_B 即 B 国内 X 产品的均衡相对价格。注意,根据模型假设,这里 A、B 两国的国内需求曲线的形状完全相似(因为两国的消费偏好完全相同),但位置未必相同(因为两国消费人口的规模未必相同);而国内供给曲线的形状不同(因为两国的生产可能性边界线不相似),位置也未必相同(因为两国生产要素的规模也未必相同)。然后,我们可以由(a)图和(b)图导出(c)图。(c)图中的 S_x 曲线代表 A 国对 X 产品的出口供给曲线,D_m 曲线代表 B 国对 X 产品的进口需求曲线,而

二者的交点 E^* 则决定了 X 产品的均衡贸易条件 p^* 和贸易量 Q_x^*。

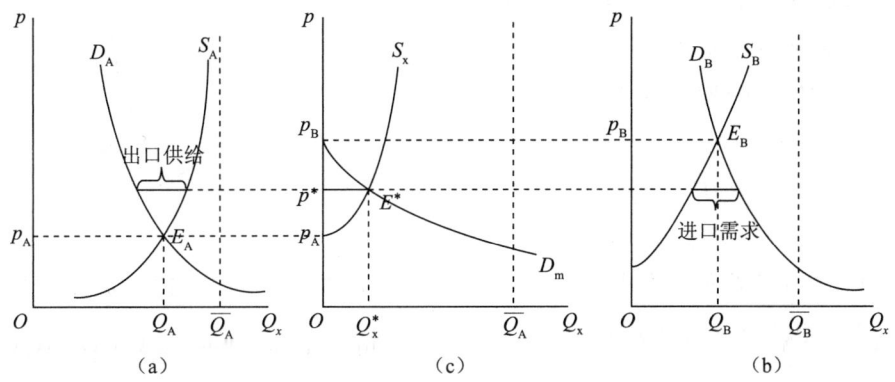

图 2·1-8 生产可能性差异贸易模型的两国出口供给—进口需求曲线一般均衡分析

设(a)图中 A 国对于 X 产品供给曲线和需求曲线的方程分别为

$$S_A: Q_x = Q_A^S(p), p > 0 (p \to 0 \text{ 时}, Q_A^S \to 0; p \to +\infty \text{ 时}, Q_A^S \to \overline{Q}_A) \quad (2·1-1)$$

$$D_A: Q_x = Q_A^D(p), p > 0 (p \to 0 \text{ 时}, Q_A^D \to +\infty; p \to +\infty \text{ 时}, Q_A^D \to 0) \quad (2·1-2)$$

将(2·1-1)式与(2·1-2)式联立,解之即可求得 A 国在封闭情况下对于 X 产品的供需均衡点 E_A 的纵坐标 p_A 和横坐标 $Q_A = Q_A^S(p_A) = Q_A^D(p_A)$。

又设(b)图中 B 国对于 X 产品供给曲线和需求曲线的方程分别为

$$S_B: Q_x = Q_B^S(p), p > 0 (p \to 0 \text{ 时}, Q_B^S \to 0; p \to +\infty \text{ 时}, Q_B^S \to \overline{Q}_B) \quad (2·1-3)$$

$$D_B: Q_x = Q_B^D(p), p > 0 (p \to 0 \text{ 时}, Q_B^D \to +\infty; p \to +\infty \text{ 时}, Q_B^D \to 0) \quad (2·1-4)$$

将(2·1-3)式与(2·1-4)式联立,解之可求得 B 国在封闭情况下对于 X 产品的供需均衡点 E_B 的纵坐标 p_B 和横坐标 $Q_B = Q_B^S(p_B) = Q_B^D(p_B)$。

(c)图中的出口供给曲线 S_x 可以由 A 国对于 X 产品的供给曲线 S_A 和需求曲线 D_A 导出：

$$S_x: Q_x = \begin{cases} 0, 0 < p \leq p_A \\ Q_A^S(p) - Q_A^D(p), p > p_A (p \to +\infty \text{ 时}, Q_A^S - Q_A^D \to \overline{Q}_A) \end{cases} \quad (2·1-5)$$

(c)图中的进口需求曲线 D_m 则可以由 B 国对于 X 产品的供给曲线 S_B 和需求曲线 D_B 导出：

$$D_m: Q_x = \begin{cases} 0, p \geq p_B \\ Q_B^D(p) - Q_B^S(p), p < p_B (p \to 0 \text{ 时}, Q_B^D - Q_B^S \to +\infty) \end{cases} \quad (2·1-6)$$

将(2·1-5)式与(2·1-6)式联立,解之即可求得两国均衡贸易点 E^* 的纵坐标 p^* 和横坐标 $Q_x^* = Q_A^S(p^*) - Q_A^D(p^*) = Q_B^D(p^*) - Q_B^S(p^*)$。

(2)确定贸易条件的两国合计的总供给—总需求曲线一般均衡分析法

见图 2·1-9,纵坐标 p 代表 X 产品的相对价格,横坐标 Q_x 代表两国加总的对 X 产品的总供需量。假定 A、B 两国各自对于 X 产品的供给曲线方程和需求曲线方程仍如前

(2·1-1)式、(2·1-2)式、(2·1-3)式和(2·1-4)式所设,则由(2·1-1)式和(2·1-3)式可导出两国加总的对于 X 产品的总供给曲线:

$S_w: Q_x = Q_A^S(p) + Q_B^S(p), p > 0$

($p \to 0$ 时, $Q_A^S(p) + Q_B^S(p) \to 0$;

$p \to +\infty$ 时, $Q_A^S + Q_B^S \to \overline{Q}_A + \overline{Q}_B$) (2·1-7)

再由(2·1-2)式和(2·1-4)式可导出两国加总的对于 X 产品的总需求曲线:

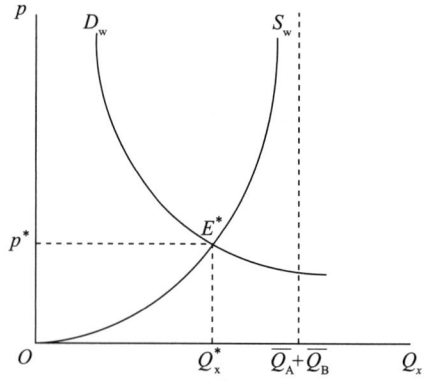

图 2·1-9 生产可能性差异贸易模型的两国总供需一般均衡分析

$D_w: Q_x = Q_A^D(p) + Q_B^D(p), p > 0$

($p \to 0$ 时, $Q_A^D + Q_B^D \to +\infty$;

$p \to +\infty$ 时, $Q_A^D + Q_B^D \to 0$) (2·1-8)

将(2·1-7)式与(2·1-8)式联立,解之即可求得两国均衡贸易点 E^* 的纵坐标 p^* 和横坐标 $Q_x^* = Q_A^S(p^*) + Q_B^S(p^*) = Q_A^D(p^*) + Q_B^D(p^*)$。

五、消费偏好差异贸易模型

在前述标准贸易模型的所有前提假设下,再增补以下两条前提假设:

⑥两国的要素禀赋和生产函数都相同;

⑦两国的规模和消费结构也相同,但消费偏好有所不同。

这属于消费偏好差异贸易模型。由于两国消费偏好差异而造成两国均衡相对价格出现差异,根据前述新古典标准比较价格优势贸易原理可知,此时两国间也将存在分工贸易的基础——从消费偏好差异贸易模型增补的两条新假设出发,我们也可以导出此时两种产品在两国的均衡相对价格必不相等的结论,再根据前述的新古典标准比较价格优势贸易原理可知,此时两国间也存在着进行分工贸易的基础:

因为我们已经假定两国的生产可能性边界线相同,所以消费偏好的差异会引起两国均衡相对价格的不同,如 A 国比 B 国更偏好消费 Y 产品(对于 A 国比 B 国更偏好消费 X 产品的情况,则留给读者自己思考),见图 2·1-10。此时 A 国的消费等效用曲线将比 B 国更偏向 Q_y 轴(因为 A 国消费 X 产品的机会成本比 B 国低),在两国有相同生产可能性边界线的情况下,A 国 X 产品的相对价格也将比 B 国低,即必有 $p_A < p_B$。从而 A 国生产 X 产品具有比较优势,B 国生产 Y 产品具有比较优势。

在以下分析中我们一概假定,在封闭经济条件下,A、B 两国国内 X 产品的相对价格分别为 p_A、p_B,并且 $p_A < p_B$。

(一)两国在分工贸易下生产—消费—贸易的一般均衡分析

见图 2·1-10,根据前提假设,两国有着完全相同的生产可能边界线(AA'曲线)。设若在贸易前,A 国的生产—消费均衡点为(其生产可能性曲线与其一条消费等效用曲线 U_A 的切点)E_A,A 国 X 产品的国内相对价格为(过 E_A 点切线斜率的绝对值)p_A;B 国的生产—消费均衡点为(其生产可能性曲线与其一条消费等效用曲线 U_B 的切点)E_B,B 国 X 产品的国内相对价格为(过 E_B 点切线斜率的绝对值)p_B。这里有 $p_A < p_B$,即 X 产品在 A 国内的相对价格低于 B 国,也就是说,A 国(B 国)分工生产 X 产品(Y 产品)具有比较优势。

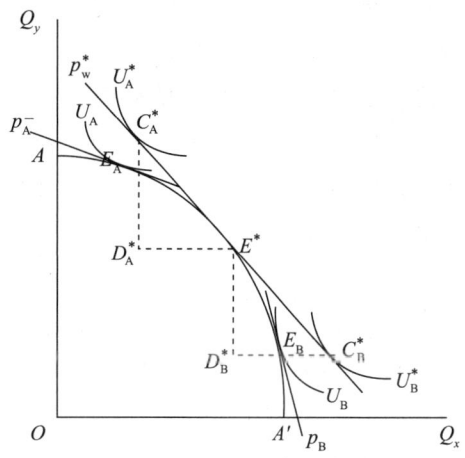

图 2·1-10 消费偏好差异贸易模型的生产—消费—贸易一般均衡分析

在分工贸易后,任意给定一个贸易条件 p_w($p_A < p_w < p_B$),都可决定一个两国重合的生产均衡点 E。而能够使两国贸易三角形达到全等(即 $\triangle C_A^* D_A^* E^* \cong \triangle E^* D_B^* C_B^*$)的均衡贸易条件 p_w^* 则决定着一个两国重合的生产均衡点 E^*。

(二)两国分工贸易的福利分析

见图 2·1-10,此时,A 国通过分工贸易得到的额外总福利为:U_A^* 曲线所代表的效用减去 U_A 曲线所代表的效用(这里,也可以借助一条经过 E_A 点的与 p_w^* 线平行的辅助线来将这一总得益进一步分解为来自贸易差价的福利和来自分工的福利);B 国通过分工贸易得到的额外总福利为:U_B^* 曲线所代表的效用减去 U_B 曲线所代表的效用(同样,这里也可以借助一条经过 E_B 点的与 p_w^* 线平行的辅助线来将这一总得益进一步分解为来自贸易差价的福利和来自分工的福利)。

(三)确定均衡贸易条件的几种不同分析方法

这与生产可能性差异贸易模型下均衡贸易条件的决定非常类似,同样可以有三种不同的分析方法,但在具体分析时又与生产可能性差异贸易模型下略有一些不同之处——在生产可能性差异贸易模型下,A、B 两国国内对于 X 产品的需求曲线形状和位置完全相同,而两国的供给曲线则有所不同;在消费偏好差异贸易模型下,A、B 两国国内对于 X 产品的供给曲线形状和位置完全相同,而两国的需求曲线则有所不同(留给读者自己思考,这里不再赘述)。

第二节 赫克歇尔-俄林的要素禀赋贸易理论

在经济学说史上,第一节介绍的新古典标准贸易理论其实是从要素禀赋贸易理论的基础上发展而来的,所谓要素禀赋贸易理论,最早是由瑞典经济学家赫克歇尔(E. F. Heckscher,原著最初是1919年用瑞典文发表的,1949年则是其英文译本的出版时间)和俄林(B. Ohlin,1933)师生二人先后于1919年和1933年共同提出,之后,萨缪尔森等又做了进一步的开拓和发展(见本章第三节)。本书特意将要素禀赋贸易理论放在新古典标准贸易理论后来讲,是为了理论体系上的完善和逻辑体系上的简明——为此,我们把要素禀赋贸易理论看作第一节生产可能性差异贸易理论的进一步深化,是进一步从要素禀赋差异来解释生产成本差异及国际贸易的起因。

需要说明的是,新古典的赫克歇尔-俄林贸易理论(Heckscher-Ohlin Trade Theory,H-O理论)受到完全竞争假设的桎梏,存在着把技术差异也归结为要素禀赋差异来处理的缺陷,如俄林曾经在其著作的结尾处把技术进步看作"技术劳动"要素供给的增加,并将其作为要素禀赋理论的一个补充来对待(他通过在传统要素禀赋贸易理论中新引入一个技术劳动要素来处理这一问题)。

但实际上,技术差异或进步所产生的贸易激励和要素禀赋差异或变动其实是有着重要实质性不同的。前者可以有两个方面的效应,一方面的效应是可以产生比较成本优势(这是与要素禀赋差异或变动相同的局限于传统新古典完全竞争贸易理论框架内的一个方面);另一方面的效应则是还可以产生短期的技术垄断优势(这一方面的效应显然要求突破传统新古典贸易理论的完全竞争框架才能予以处理)。而且,对于技术差异或进步来说,后一方面效应对贸易的激励作用其实更重要。但在完全竞争的新古典贸易理论框架中,通常认为厂商们对新技术的模仿是相当迅速的,从而在这样的环境假设下,技术的差异和变化所产生的贸易激励只能短期有效,并不能长期发挥重要作用。而在第三章要讲的新贸易理论(new trade theory)中,人们在把技术差异或进步作为一个独立因素来研究其所产生的贸易激励效应时,则是把研究的重点较多地放在其所造成的短期技术垄断优势方面(而其所产生的生产成本优势方面则退居较为次要的地位),并且认为模仿新产品所需要的时滞并不像完全竞争理论认为的那样短暂,它将是一个不断演变的复杂过程,而正是这一时滞的存在和新技术扩散的演变过程最终导致了新技术产品贸易的发生和一个动态的演变过程。这方面的有关内容参见本书第三章第三节技术进步的新贸易理论。

一、国家的要素丰裕度与要素禀赋

(一)国家的要素丰裕度

在考虑两种生产要素情况下,短期来看,可将一国拥有两种生产要素的相对比例看成是固定不变的,称为一国的要素丰裕度(factor-abundance)。

在新古典贸易理论中,通常是考虑劳动与资本两种生产要素,并且人们通常用一国的资本丰裕度(capital-abundance)来衡量该国的要素丰裕度:所谓A国的资本丰裕度(ρ_A)是指A国拥有资本与劳动的存量之比($\bar{K}_A/\bar{L}_A$),即$\rho_A = \bar{K}_A/\bar{L}_A$,亦即该国每单位劳动所拥有的资本存量。

注意,长期来看,一国的资本丰裕度并非固定不变的。以上介绍的只是一国要素丰裕度的"要素数量定义法"(definition of factor quantity);另外,一国的要素丰裕度还有一种"要素价格定义法"(definition of factor price):将 A 国劳动对于资本的相对价格 $\omega_A = W_A/R_A$ 定义为 A 国的资本丰裕度,其中,W_A 为 A 国的工资率(劳动的使用价格),R_A 为 A 国的资本利率(资本的使用价格)。

(二)国家的要素禀赋

为便于比较不同国家要素丰裕度的不同,人们又引入了一个关于国家的要素禀赋(factor endowment of a country)的概念。

短期来看,在考虑 A、B 两个国家的情况下,如果 A 国的资本丰裕度小于 B 国的资本丰裕度,即有 $\rho_A < \rho_B$,人们就称 A 国(相对于 B 国)为劳动丰裕国(labor abundant country),B 国(相对于 A 国)为资本丰裕国(capital abundant country),以此来表征国家的要素禀赋。

从长期来看,一国的要素禀赋也并非固定不变的。而在估算一国要素丰裕度时,人们常用"人均资本存量"(capital stock per worker)来代表一国的资本丰裕度。另外,上面给出的也只是国家要素禀赋的"要素数量定义法";实际上,一国的要素禀赋也还有一种"要素价格定义法",即将 $\omega_A < \omega_B$ 定义为 A 国的资本丰裕度小于 B 国的资本丰裕度。注意,在 A、B 两国的需求可能性完全相同的情况下,上述两个关于国家要素禀赋的定义是完全等价的。

二、H-O 要素禀赋贸易定理

在前述生产可能性差异贸易模型的前提假设(包括标准贸易模型的所有前提假设及生产可能性差异贸易模型的增补假设)下,这里需要将原增补⑥假设为:

⑥′两国的生产函数相同但要素禀赋有所不同。

此即赫克歇尔-俄林贸易模型(Heckscher-Ohlin Trade Model,H-O 模型)的前提假设。

所谓赫克歇尔-俄林要素禀赋贸易定理(H-O Trade Theorem of Factor Endowment,H-O 定理)可以简述如下:

在 H-O 模型的前提假设下,两国的要素禀赋所存在的差异将使两国之间存在进行国际分工和互惠贸易的基础:劳动相对丰裕国家中劳动密集型产品的均衡相对价格要低于资本相对丰裕国家中劳动密集型产品的均衡相对价格,从而劳动相对丰裕的国家在生产劳动密集型产品上具有比较优势,而资本相对丰裕的国家在生产资本密集型产品上具有比较优势。

此原理告诉我们,一国可以通过出口其相对丰裕要素密集型产品来换取进口其相对稀缺要素密集型产品而获益。

在要素禀赋贸易理论的前提假设下,A、B 两国的生产函数完全相同,我们不妨设 X、

Y两种产品的生产函数分别为

$$Q_x = f_x(L, K) \quad (2 \cdot 2 - 1)$$
$$Q_y = f_y(L, K) \quad (2 \cdot 2 - 2)$$

则 A 国 X、Y 两种产品的最大可能产量分别为（其中 $\bar{L}_A$ 和 $\bar{K}_A$ 分别代表 A 国劳动和资本的总供给量）：

$$\bar{Q}_x^A = f_x(\bar{L}_A, \bar{K}_A) \quad (2 \cdot 2 - 3)$$
$$\bar{Q}_y^A = f_y(\bar{L}_A, \bar{K}_A) \quad (2 \cdot 2 - 4)$$

而 B 国 X、Y 两种产品的最大可能产量分别为（其中 $\bar{L}_B$ 和 $\bar{K}_B$ 分别代表 B 国劳动和资本的总供给量）：

$$\bar{Q}_x^B = f_x(\bar{L}_B, \bar{K}_B) \quad (2 \cdot 2 - 5)$$
$$\bar{Q}_y^B = f_y(\bar{L}_B, \bar{K}_B) \quad (2 \cdot 2 - 6)$$

根据前提假设，A、B 两国的要素禀赋不同，不妨设 A 国为劳动丰裕国，B 国为资本丰裕国；X、Y 两种产品的要素密集型也不同，又不妨设 X 产品是劳动密集型的，Y 产品是资本密集型的。从直观上看，这时必有

$$\bar{Q}_x^A / \bar{Q}_y^A > \bar{Q}_x^B / \bar{Q}_y^B$$

这意味着 A 国的生产可能性区域（即曲线 AA' 与两坐标轴所围区域）要比 B 国生产可能性区域（即曲线 BB' 与两坐标轴所围区域）的形状显得较为"横扁"一些，见图 2·2-1 中的 AA' 曲线和 BB' 曲线。由生产可能性差异贸易模型可知，劳动相对丰裕的 A 国生产劳动密集型的 X 产品具有比较优势，而资本相对丰裕的 B 国生产资本密集型的 Y 产品具有比较优势。

这说明，当 A、B 两国的要素禀赋不同（即当 $\omega_A < \omega_B$）时，两国的相对价格必定存在差异（此时必有 $p_A < p_B$），从而两国之间存在进行国际分工和互惠贸易的基础——劳动相对丰裕的 A 国生产劳动密集的

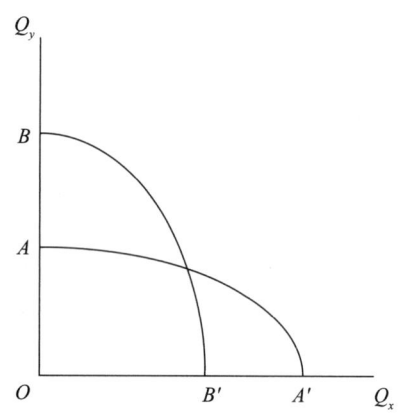

图 2·2-1 两国要素禀赋差异导致生产可能性边界线差异

X 产品具有比较优势，而资本相对丰裕的 B 国则生产资本密集的 Y 产品具有比较优势。关于 H-O 要素禀赋贸易原理的数理论证则可参见附录 2·2。

H-O 要素禀赋贸易理论运用科学严谨的现代机会成本理论和边际分析方法深入发展了古典的比较优势贸易理论，论证了两国要素禀赋的差异会造成两国产品相对价格的差异，证明了国家之间要素禀赋的差异是产生比较优势、引起国际分工贸易的重要深层原因之一；而且，该理论在采用严谨规范的新古典经济分析方法方面，把国际贸易理论推到了一个前所未有的堪称完美的高度，以至于从 20 世纪 30 年代起直到 70 年代末，人们长期把要素禀赋理论奉为国际贸易理论的典范。但是，H-O 贸易理论其实还存在着一些重要的缺陷。

三、里昂惕夫之谜

实证检验(empirical test)的里昂惕夫之谜(Leontief Paradox,又称里昂惕夫悖论)是:1951年,俄裔美国经济学家里昂惕夫(W. Leontief,1951)利用美国1947年的投入—产出表首次对 H-O 贸易理论进行了实证检验,由于人们普遍认为美国是世界上资本相对丰裕的国家,所以他期望能得出美国出口资本密集型产品并进口劳动密集型产品的经验结果。但是里昂惕夫所得到的实际估算结果却令人吃惊——美国当时进口替代品的资本密集度(因为他当时缺乏估算美国进口产品资本密集度的数据,所以不得不用美国自己生产的进口替代品的资本密集度来近似代替)反而比美国出口商品的资本密集度高出大约30%(即便是考虑到美国进口替代品的资本密集度会在一定程度上高出其进口品的资本密集度,这一结果也仍然过于超乎常理,而很像是对 H-O 贸易理论的一次"证伪"),似乎美国进口的是资本密集型商品,出口的反而是劳动密集型商品,此即著名的"里昂惕夫之谜"。

为此,人们曾通过对 H-O 贸易模型进行各种修改和补充对"里昂惕夫之谜"提出了以下解释:

(1)考虑在模型中引入"贸易壁垒"(trade barrier)因素:修改 H-O 理论中不考虑贸易壁垒的假设,考虑引入美国常常限制高技术产品(通常将其归入资本密集型产品)出口和阻碍劳动密集型产品进口的贸易政策因素。

(2)考虑在模型中引入产品生产的要素密集度在两国发生逆转的可能性:修改 H-O 理论中关于"不会发生要素密集度逆转"的假定。因为有一些特别种类的产品,其生产要素的替代弹性很大,当生产要素的相对价格发生较大变化时,这种产品生产的要素密集度甚至会发生逆转,所以需要考虑到一些生产要素替代弹性很大的产品在不同要素禀赋国家中的要素密集度可能会发生逆转的问题——考虑将那些要素替代弹性很大的产品在对外贸易中所占比重及其对产品进出口方向的影响引入模型。

(3)考虑在模型中引入消费偏好在两国发生逆转的可能性:修改 H-O 理论中关于"两国的消费偏好完全相同"的假定,考虑引入资本丰裕国更偏好消费资本密集型产品的因素。

(4)考虑在模型中引入第三种生产要素"自然资源要素"(natural resource factor):修改 H-O 理论中只考虑劳动和资本两种生产要素的假定,考虑引入第三种生产要素自然资源,将能源等自然资源密集型产品从资本密集型产品中区分出来。

(5)考虑在模型中引入"人力资本"(human capital)因素:修改 H-O 理论中未考虑"人力资本"因素的缺陷,考虑将所谓人力资本投入(如对高素质劳动力的教育、职业培训、保健等投资)计入资本丰裕国出口部门的资本投入之内,等等。其实我们知道,H-O 要素禀赋贸易理论把国际贸易起因完全归因于要素禀赋差异的理论猜想及其过于理想化的前提假设,会由于在现实中存在的上述种种偏离模型前提假设的实际可能性而使得其实证检验变得非常困难——一方面,里昂惕夫检验没有支持 H-O 理论;另一方面,里昂惕夫检验其实也并没有真正地对 H-O 理论"证伪",因为上述各种可能的干扰因素的存在使里昂惕夫检验本身缺乏足够的合理性。

经济学家们对于 H-O 定理的实用性和里昂惕夫的检验方法进行过广泛和全面的讨论,并曾做过一系列新的检验。尤其是后来特雷夫勒(D. Trefler,1995)又运用工业化国家和发展中国家的数据进行检验,由于工业化国家与发展中国家之间主要是产业间贸易(inter-industry trade),从而可以在很大程度上排除非完全竞争(non-perfect)的产业内贸易(intra-industry trade)的干扰因素来检验 H-O 定理,不幸他又得出了另一类"要素禀赋悖论"(Paradox of Factor Endowment)——经验数据似乎更支持"穷国在所有要素方面都显得丰裕,而富国则在大多数要素上都显得稀缺"。但最终当他进一步运用拓广后的新古典标准贸易模型,考虑了不同国家的"消费偏好差异"以及"技术差异"并用它们修正了模型的基本结构之后,与经验结果的吻合就比较好了。这说明,要素禀赋差异(difference of factor endowment)的确是决定一国在国际上比较优势的一个重要因素,但并非唯一因素,诸如消费偏好和技术水平等方面的差异也是影响一国在国际上比较优势的一些不可忽视的重要因素。

而且,以上所有各种对"里昂惕夫之谜"的解释还都只是局限于比较优势分析方法和新古典理论框架之内的各种修补,其理论和现实意义仍然有限。因为实际上,比较优势贸易理论受到其完全竞争假设的极大局限,主要适用于解释发达国家与发展中国家之间完全竞争的产业间贸易现象,但是在现实中,非完全竞争的产业内贸易已经在发达国家之间的贸易中占据了非常重要的地位。而要解释这些新的产业内贸易现象,需要做出大胆的理论创新,摆脱完全竞争假设等分析模式上的桎梏,才能创造出一系列重要的新贸易理论(new trade theory)来解释大量存在的非完全竞争的产业内贸易现象。

第三节　国际贸易的局部福利分析和收入分配分析

本节我们将首先利用局部均衡分析法来分析国际贸易对于贸易国不同利益集团福利的局部影响,其次再依次介绍贸易对于收入分配的长期影响理论(S-S 定理和 H-O-S 定理)和短期影响理论(S-J 定理),最后再将贸易对于一国不同利益集团实际收入的影响做一长、短期综合分析。

一、贸易对于贸易国福利的局部影响分析

这里,我们将分别从生产者利益集团和消费者利益集团的不同角度来进行分析。

(一)生产者剩余和消费者剩余的概念

在西方经济学中,将经济交易中不同利益集团(生产者利益集团和消费者利益集团)从交易中所得到的超额利益或福利称作经济剩余(economic surplus);其中,生产者剩余(producer surplus)是指一种商品的市场总售价与其生产总成本之间的差额,而消费者剩余(consumer surplus)则是指消费者愿意为一种商品支付的心理总价与其市场总售价之间的差额。

人们常利用图2·3-1来对一种商品交易所产生的生产者剩余和消费者剩余做直观分析,横坐标Q表示对商品的供需量,纵坐标P表示对商品的供需价,S曲线代表一种商品的供给曲线,D曲线代表对该商品的需求曲线,则该图

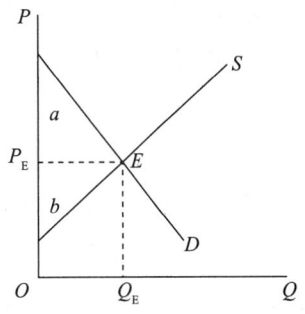

图2·3-1 生产者剩余和消费者剩余

中需求曲线D下方和均衡价格线P_E上方与纵坐标轴所围三角形区域a的面积代表着商品交易中所产生的消费者剩余;而该图中供给曲线S上方和均衡价格线P_E下方与纵坐标轴所围三角形区域b的面积代表着商品交易中所产生的生产者剩余。

(二)国际贸易对贸易国福利的局部影响分析

为简化问题,我们这里把供需曲线都简化成直线,并假定一种商品贸易前在A国(出口国)和B国(进口国)内的均衡价格分别为P_A和P_B($P_A<P_B$),而贸易后的国际均衡价格为P_W($P_A<P_W<P_B$),见图2·3-2。

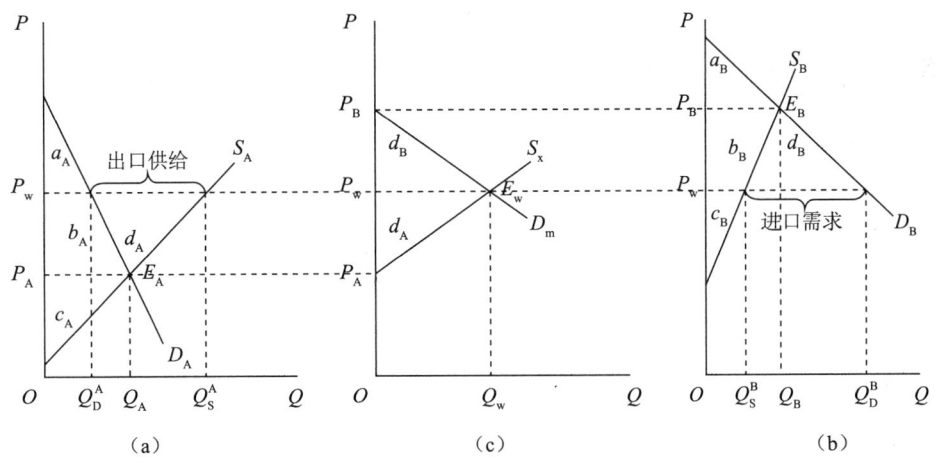

图2·3-2 国际贸易对两贸易国福利的局部影响分析

1. 贸易对出口国(A国)福利的局部影响分析

见图(a),由于A国的均衡价格线P_A在贸易后上升到了P_W,所以在贸易后:

(1)A国(出口国)的消费者剩余从原a_A+b_A下降到a_A,减少了b_A。

(2)A国(出口国)的生产者剩余则从原c_A上升到$b_A+c_A+d_A$,增加了b_A+d_A。

(3) A 国社会总体单纯从出口贸易中得到的局部净福利为 $(b_A + d_A) - b_A = d_A$。

2. 贸易对进口国（B 国）福利的局部影响分析

见图（b），由于 B 国的均衡价格线 P_B 在贸易后下降到了 P_w，所以在贸易后：

(1) B 国（进口国）的消费者剩余从原 a_B 上升到 $a_B + b_B + d_B$，增加了 $b_B + d_B$。

(2) B 国（进口国）的生产者剩余则从原 $b_B + c_B$ 下降到 c_B，减少了 b_B。

(3) B 国社会总体单纯从进口贸易中得到的局部净福利为 $(b_B + d_B) - b_B = d_B$。

3. 贸易对两贸易国总体福利的局部影响分析

见图（c），S_x 曲线为 A 国的出口供给曲线[可由（a）图推出]，D_m 曲线为 B 国的进口需求曲线[可由（b）图推出]，当两国的生产—消费—贸易达到一般均衡时，应有

$$Q_S^A - Q_D^A = Q_w = Q_D^B - Q_S^B$$

从而有

$$d_A = \frac{1}{2}(Q_S^A - Q_D^A)(P_w - P_A) = \frac{1}{2}Q_w(P_w - P_A)$$，为 A 国从出口 X 产品中得到的局部净福利。

$$d_B = \frac{1}{2}(Q_D^B - Q_S^B)(P_B - P_w) = \frac{1}{2}Q_w(P_B - P_w)$$，为 B 国从进口 X 产品中得到的局部净福利。

而 A、B 两国从进出口 X 产品中合计得到的局部净福利则为 $d_A + d_B = \frac{1}{2}Q_w(P_B - P_A)$。

二、贸易对于收入分配的长期影响——S-S 定理和 H-O-S 定理

这里有两个重要的定理，一个是要素实际报酬趋近定理（Theorem of Factor Actual Reward Approaching，又称斯托尔普-萨缪尔森定理，简称 S-S 定理）；另一个是要素价格均等化定理（Theorem of Factor Price Equalization，又称赫克歇尔-俄林-萨缪尔森定理，简称 H-O-S 定理）。

（一）S-S 定理——要素实际报酬趋近定理

此定理由斯托尔普和萨缪尔森（W. Stolper, P. A. Samuelson, 1941）共同提出，分析了国际分工贸易对一国收入分配的长期影响，可以简单表述如下：

在 H-O 理论的前提假设下，国际贸易一般会提高贸易国密集使用其丰裕要素的可出口品的相对价格，从而长期来看，国际贸易最终将会提高贸易国相对丰裕生产要素的实际报酬而降低其相对稀缺生产要素的实际报酬。

由此可知，各贸易国内不同的利益集团（如劳动者集团和资本家集团）可能会对自由贸易持不同的态度：劳动相对丰裕国的劳动者集团一般会对自由贸易持欢迎态度，而其资本家集团则会持反对态度；而资本相对丰裕国的劳动者集团一般会对自由贸易持反对

态度,而其资本家集团则会持欢迎态度。

关于 S-S 定理的论证:

考虑到在完全竞争条件下,当一国的两个商品市场和两个要素市场达到一致均衡(consistent equilibrium)时,会有统一的劳动报酬(labour reward,这里设工资率为 W)和资本报酬(capital reward,这里设利息率为 R),并且

$$W = P_x \cdot MPL_x = P_y \cdot MPL_y \quad (2\cdot 3-1)$$

$$R = P_x \cdot MPK_x = P_y \cdot MPK_y \quad (2\cdot 3-2)$$

其中,P_x 和 P_y 分别代表 X 产品和 Y 产品的价格,MPL_x 和 MPL_y 分别代表 X 部门和 Y 部门劳动投入的边际产量(marginal product),MPK_x 和 MPK_y 分别代表 X 部门和 Y 部门资本投入的边际产量,从而各要素报酬(factor reward)的实际购买力(real purchasing power)如表 2·3-1 所示。

表 2·3-1 要素报酬的实际购买力

	劳动报酬的实际购买力	资本报酬的实际购买力
X 产品	$W/P_x = MPL_x$	$R/P_x = MPK_x$
Y 产品	$W/P_y = MPL_y$	$R/P_y = MPK_y$

①对于劳动丰裕国来说(注意到 X、Y 分别为劳动密集型和资本密集型产品),在贸易后,该国会增加 X 产品的生产和减少 Y 产品的生产,从而引起该国的生产要素从 Y 部门流出,而向 X 部门流入,但由于 X 部门是劳动密集型,而 Y 部门是资本密集型,所以当达到新的长期一致均衡时,结果会形成 X、Y 两个生产部门的资本密集度在贸易后都较贸易前有所上升:这会使该国两个生产部门劳动的边际产量 MPL_x 和 MPL_y 在贸易后都有所上升——这意味着劳动的实际报酬在贸易后将会有所上升(还意味着如果贸易使得 P_x 上升,则 W 的上涨幅度将会大于 P_x 的上升幅度);与此同时,该国两个生产部门资本的边际产量 MPK_x 和 MPK_y 在贸易后则都会有所下降——这又意味着资本的实际报酬在贸易后将会有所下降(还意味着如果贸易使得 P_y 下降,则 R 的下跌幅度将会大于 P_y 的下降幅度)。

②对于资本丰裕国来说,论证与上类似,请读者自己思考。

后来,美国经济学家琼斯又曾提出 S-S 定理的一个等价命题[参见本章第四节二(二)]。长期来看,如果国际贸易引起一国丰裕(稀缺)要素密集型产品的价格上涨(下跌),则该国丰裕(稀缺)要素的价格也将上涨(下跌),而且后者上涨(下跌)的幅度还将大于前者。后一命题被琼斯称为产品价格变动引起要素价格变动的"放大效应"(Magnification Effect)。

(二) H-O-S 定理——要素价格均等化定理

该定理由萨缪尔森(1948,1949)在前述 H-O 定理的基础上推导而来,所以称为 H-O-S 定理,可以简单表述如下:

在H-O理论的前提假设下,长期来看,国际贸易最终会使两贸易国同质要素的相对价格和实际报酬趋于均等化。

此定理告诉我们,如果两个国家除存在要素禀赋差异以外其他所有条件都相同的话,则无须生产要素的直接跨国流动,而只需通过分工贸易(在不存在任何贸易壁垒并且不考虑任何贸易费用的情况下)也可间接实现要素资源在国际范围内的优化配置。

这是关于两国生产要素相对价格趋于均等化的一个简要论证:

我们仍然用 $\omega = W/R$ 代表劳动对于资本的相对价格(其中,W 代表劳动的工资率,R 代表资本的利润率),并假定 A 国为劳动丰裕国,B 国为资本丰裕国(即有 $\omega_A = W_A/R_A < W_B/R_B = \omega_B$),又假定 X 为劳动密集型产品,Y 为资本密集型产品(即又有 $k_x < k_y$)。由 H-O 定理可知,此时必有 $p_A < p_B$(此时 A 国生产 X 产品具有比较优势,B 国生产 Y 产品具有比较优势)。

下面,我们利用图 2·3-3 来对两国生产要素相对价格趋于均等化的过程做一直观论证。横坐标 ω 代表劳动的相对价格,纵坐标 p 代表 X 产品的相对价格;$A(\omega_A, p_A)$ 点代表 A 国在贸易前的要素——商品市场相对价格均衡点(其中 ω_A 和 p_A 分别代表 A 国在封闭经济下劳动的均衡相对价格和 X 产品的均衡相对价格),$B(\omega_B, p_B)$ 点代表 B 国在贸易前的要素——商品市场相对价格均衡点(其中 ω_B 和 p_B 分别代表 B 国在封闭经济下劳动的均衡相对价格和 X 产品的均衡相对价格)。注意到 $\omega_A < \omega_B$ 和 $p_A < p_B$,这意味着 A 点应位于 B 点的左下方。

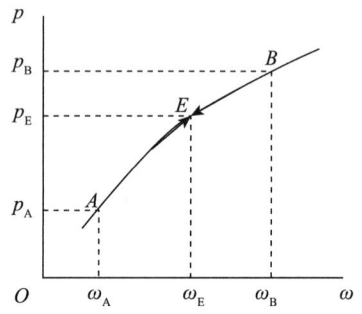

图 2·3-3 两国生产要素相对价格的均等化

贸易后,假定 $p_E(p_A < p_E < p_B)$ 为 X 产品的均衡贸易条件,则对于 A 国来说,一方面,其国内 X 产品的相对价格会由于国际贸易而趋于上升,直到达到等于国际均衡的贸易条件 p_E 为止;另一方面,由于 A 国为进行互惠贸易而增加劳动密集型 X 产品的生产和减少资本密集型 Y 产品的生产,这又会引起其国内对劳动需求的增加和对资本需求的减少,从而间接导致其国内劳动要素相对价格的相应上升直至达到等于国际均衡的劳动相对价格 ω_E 为止。与此同时,对于 B 国来说,一方面,其国内 X 产品的相对价格也会由于国际贸易而趋于下降,直到达到等于国际均衡的贸易条件 p_E 为止;另一方面,由于 B 国为进行互惠贸易而减少劳动密集型 X 产品的生产和增加资本密集型 Y 产品的生产,这也会引起其国内对劳动需求的减少和对资本需求的增加,从而间接导致其国内劳动要素相对价格的相应下降直至达到等于国际均衡的劳动相对价格 ω_E 为止。而且,这里显然有 $\omega_A < \omega_E < \omega_B$。

也就是说,贸易后,A 国国内要素市场上劳动要素的相对价格会随着其商品市场上 X 产品相对价格的上升而相应上升,B 国国内要素市场上劳动要素的相对价格则会随着其商品市场上 X 产品相对价格的下降而相应下降——直至最终,A 国国内商品市场上 X 产品的相对价格上升到国际均衡的 p_E 时,A 国国内要素市场上劳动要素的相对价格也会相应上升到国际均衡的 ω_E;与此同时,B 国国内商品市场上 X 产品的相对价格下降到国际均衡的 p_E 时,B 国国内要素市场上劳动要素的相对价格也会相应下降到国际均衡的 ω_E。

关于两国同质生产要素实际报酬趋于均等化的数理论证可参见附录 2·3。

三、贸易对收入分配的短期影响——S-J 定理[①]

所谓 S-J 定理,是指特定要素贸易定理(Trade Theorem of Specific Factor,S-J 定理),分别由萨缪尔森(1972)和琼斯(R. Jones,1971)各自独立提出。该理论把生产要素分为两大类:一类要素可以在不同生产部门间自由流动(通常指劳动),称为流动要素(mobile factor)或共同要素(common factor);另一类要素在短期内是被固定在生产部门中不能流动的(通常指资本和土地),称为特定要素(specific factor)。

(一)特定要素的概念

人们把短期内难以实现跨生产部门流动的生产要素称为特定要素。通常把资本和土地视作固定在生产部门中不能流动的特定要素,而把不同生产部门中的劳动看作同质的可以自由流动的流动要素或共同要素。但实际上,只要时间充分长,任何要素其实都是可以通过折旧或转卖等办法转化成货币资本,从而流出原生产部门并流向其他生产部门的。

(二)S-J 特定要素贸易理论

1. S-J 特定要素贸易理论前提假设

①假定有可出口品(can export of product)和可进口替代品(can import-substitution of product)两种产品,一种共同要素劳动和一种特定要素资本,以及一个规模既定的国家;

②每个部门里的特定要素资本都能在其部门内得到充分利用但不能跨部门流动;

③两种产品生产的规模报酬均固定不变,其产品市场都是完全竞争的;

④劳动是同质的可以在生产部门间自由流动的共同要素并得到充分就业,但所有生产要素都不能跨国流动;

⑤国内外同类商品具有同质性,可以自由贸易完全竞争(不考虑运输成本等任何贸易费用);

⑥两种商品的相对价格在国内外不同。

在 S-J 特定要素贸易模型下一国的生产函数及其约束条件为(它们共同决定着该国

[①] 本目内容可参看:海闻,等. 国际贸易第 4 章第 4.3 节[M]. 上海:上海人民出版社,2003. 程祖伟. 正确解读萨缪尔森-琼斯的特定要素贸易理论[J]. 经济经纬,2004(3).

的生产可能性边界线）：

$$Q_x = f_x(\bar{K}_x, L_x) \qquad (2\cdot3-3)$$

$$Q_y = f_y(\bar{K}_y, L_y) \qquad (2\cdot3-4)$$

$$\bar{L} = L_x + L_y, \qquad (2\cdot3-5)$$

其中，$\bar{K}_x$ 和 $\bar{K}_y$ 分别为该国 X 部门和 Y 部门的固定资本投入量，$\bar{L}$ 为该国的劳动总供给量，L_x 和 L_y 分别为该国 X 部门和 Y 部门对共同要素劳动的投入量。

2. S-J 定理——贸易对一国要素实际收入的短期影响定理

S-J 定理可以简述如下，在 S-J 特定要素贸易理论的前提假设下，自由贸易将会使一国出口产品（X）的相对价格（$p_x = P_x/P_y$）有所上升，从而短期来看：

①国际贸易会提高（或降低）一国出口部门（或进口替代部门）里特定要素资本的实际报酬；

②国际贸易对一国可流动要素劳动的实际报酬的影响方向具有某种不确定性——自由贸易会使劳动者工资对于可出口品的实际购买力下降，而对于可进口替代品的实际购买力上升，因而劳动者工资的实际购买力最终究竟是上升还是下降还与劳动者各自对两类产品的不同消费偏好有关。

在以下对该定理的论证中，我们假定 $\bar{K}_x$ 代表一国可出口部门（X 部门）特定要素资本的投入量，$\bar{K}_y$ 代表可进口替代部门（Y 部门）特定要素资本的投入量，$\bar{L}$ 代表可以在两部门间自由流动的共同要素劳动的总投入量。

(1) 贸易对一国特定要素资本的实际报酬的影响分析

①贸易对一国可出口部门（X 部门）特定要素资本的实际报酬的影响

见图 2·3-4，贸易前，当一国的商品和要素市场达到一致均衡后，其 X 部门特定要素资本的名义报酬（名义利息率）R_x 对 X、Y 产品的实际购买力分别为

$$r_{xx} = R_x/P_x = MPK_x(\bar{K}_x) \qquad (2\cdot3-6)$$

$$r_{xy} = R_x/P_y = (R_x/P_x)(P_x/P_y) = MPK_x(\bar{K}_x) \cdot p_x \qquad (2\cdot3-7)$$

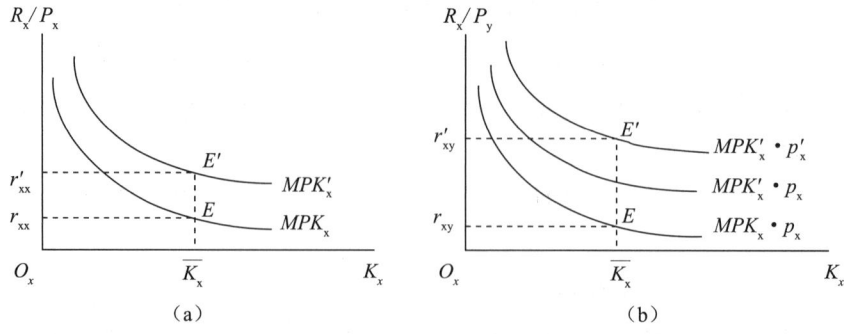

图 2·3-4 特定要素模型下贸易对可出口部门特定要素实际报酬的影响

而在贸易后，假定使该国内 X 产品的相对价格 p_x 上升到 p_x'，则在(a)图中的 MPK_x 曲

线将会上移到 MPK'_x 的位置,从而新的均衡点会垂直上移到 E' 点;而(b)图中的 $MPK_x \cdot p_x$ 曲线则更会上移到 $MPK'_x \cdot p'_x$ 的位置,从而新的均衡点更会垂直上移到 E' 点。这是因为,p_x 的上升将引起该国增加 X 产品生产和减少 Y 产品生产,劳动从 Y 部门流向 X 部门,但两个生产部门中特定要素资本的投入量均固定不变,所以贸易后该国 X 部门的特定要素资本密集度将会有所下降,这意味着其 X 部门特定要素资本的边际产出将会由 MPK_x 上升到 MPK'_x,由此可知,贸易后该国 X 部门特定要素资本的报酬 R_x 对 X、Y 产品的实际购买力 $r'_{xx} = MPK'_x(\bar{K}_x)$ 和 $r'_{xy} = MPK'_x(\bar{K}_x) \cdot p'_x$ 都会有所上升,即贸易后 A 国可出口部门(X 部门)特定要素资本的实际报酬将会有所上升。

② 贸易对一国可进口替代部门(Y 部门)特定要素资本的实际报酬的影响

见图 2·3-5,贸易前,当一国的商品和要素市场达到一致均衡后,其 Y 部门特定要素资本的名义报酬(名义利息率)R_y 对于 Y、X 产品的实际购买力分别为

$$r_{yy} = R_y/P_y = MPK_y(\bar{K}_y) \tag{2·3-8}$$

$$r_{yx} = R_y/P_x = (R_y/P_y)(P_y/P_x) = MPK_y(\bar{K}_y)/p_x \tag{2·3-9}$$

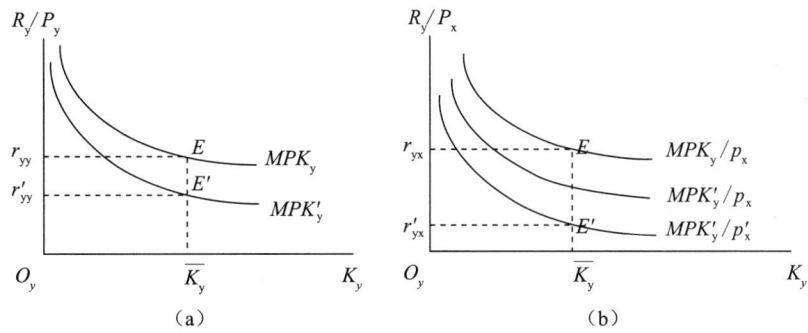

图 2·3-5 特定要素模型下贸易对可进口替代部门特定要素实际报酬的影响

同样,在贸易后,假定使该国内 X 产品的相对价格 p_x 上升到 p'_x,则在(a)图中的 MPK_y 曲线将会下移到 MPK'_y 的位置,从而新的均衡点会垂直下移到 E' 点;而(b)图中的 MPK_y/p_x 曲线则更会下移到 MPK'_y/p'_x 的位置,从而新的均衡点更会垂直下移到 E' 点。这是因为,p_x 的上升将引起该国增加 X 产品生产和减少 Y 产品生产,劳动从 Y 部门流向 X 部门,但两生产部门中特定要素资本的投入量均固定不变,所以贸易后该国 Y 部门的特定要素资本密集度将会有所上升,这意味着其 Y 部门特定要素资本的边际产出将会由 MPK_y 下降到 MPK'_y,由此可知,贸易后该国 Y 部门特定要素资本的报酬 R_y 对 Y、X 产品的实际购买力 $r'_{yy} = MPK'_y(\bar{K}_y)$ 和 $r'_{yx} = MPK'_y(\bar{K}_y)/p'_x$ 都会有所下降,亦即贸易后 A 国可进口替代部门(Y 部门)特定要素资本的实际报酬将会有所下降。

(2)贸易对一国流动要素劳动的实际报酬的影响分析

见图 2·3-6,贸易前,当一国的商品和要素市场达到一致均衡后,其两生产部门均衡的名义劳动报酬(名义工资率)统一为 W,图中纵坐标 $W/P_x(=w_x)$ 代表劳动报酬对 X 产品

的实际购买力,$W/P_y(=w_y)$代表劳动报酬对 Y 产品的实际购买力,横坐标 L_E 和 $\bar{L}-L_E$ 则分别代表 X 部门和 Y 部门的劳动投入量。在完全竞争情况下,劳动力市场的均衡条件是:劳动工资率 = 劳动的边际产值。于是,当该国的商品和要素市场达到一致均衡后,有

$$W = MPL_x(L_E) \cdot P_x = MPL_y(\bar{L}-L_E) \cdot P_y \tag{2·3-10}$$

从而均衡劳动报酬 W 对 X、Y 产品的实际购买力分别为

$$w_x = W/P_x = MPL_x(L_E) = MPL_y(\bar{L}-L_E)/p_x \tag{2·3-11}$$

和

$$w_y = W/P_y = MPL_y(\bar{L}-L_E) = MPL_x(L_E) \cdot p_x \tag{2·3-12}$$

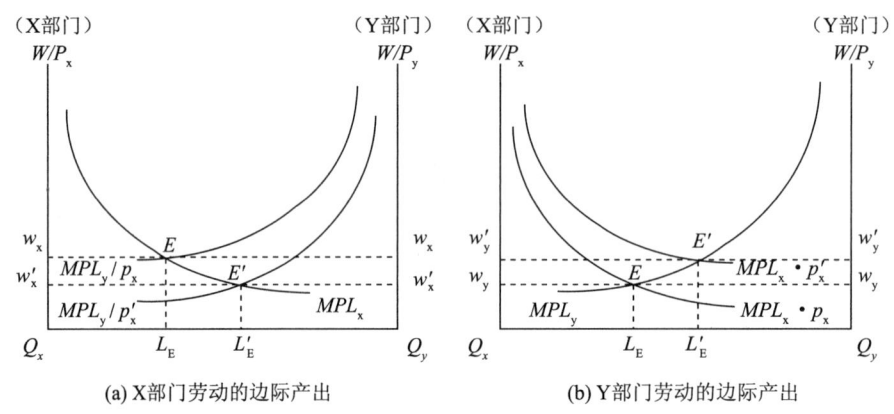

图 2·3-6 特定要素模型下贸易对一国均衡劳动报酬实际购买力的影响

而在贸易后,假定使该国内 X 产品的相对价格 p_x 上升到 p_x',则在(a)图中的 MPL_y/p_x 曲线将会下移到 MPL_y/p_x' 的位置,从而新的均衡点会右下移到 E' 点;而(b)图中的 $MPL_x \cdot p_x$ 曲线将会上移到 $MPL_x \cdot p_x'$ 的位置,从而新的均衡点会右上移到 E' 点。这是因为,p_x 上升会引起该国增加 X 产品的生产和减少 Y 产品的生产,劳动从 Y 部门流向 X 部门,但两生产部门中的特定要素投入量则均是固定不变的外生变量,所以贸易后该国 X 部门的资本密集度将会有所下降,而 Y 部门的资本密集度则会有所上升,从而其 X 部门劳动的边际产出将会由 $MPL_x(L_E)$ 下降到 $MPL_x(L_E')$,而 Y 部门劳动的边际产出则会由 $MPL_y(\bar{L}-L_E)$ 上升到 $MPL_y(\bar{L}-L_E')$,于是贸易后该国劳动报酬 W 对于 X 产品的实际购买力 $w_x' = MPL_x(L_E')$ 将会有所下降,而其对于 Y 产品的实际购买力 $w_y' = MPL_y(\bar{L}-L_E')$ 则会有所上升。综合起来看,该国流动要素劳动的实际报酬在贸易后究竟是上升还是下降则具有某种不确定性——自由贸易会使劳动者工资对于可出口品的实际购买力下降,而对于可进口替代品的实际购买力上升,因而劳动者工资的实际购买力最终究竟是上升还是下降还与劳动者各自对两类产品的不同消费偏好有关。

四、贸易对一国不同利益集团实际收入影响的长短期综合分析

(一)贸易对劳动者集团实际收入影响的长短期综合分析

(1)短期来看,在存在特定要素资本的情况下,自由贸易对两贸易国国内劳动者集团实际收入的影响方向都具有某种不确定性——自由贸易会使劳动者工资对于可出口品的实际购买力下降,而对于可进口品的实际购买力上升,因而劳动者工资的实际购买力最终究竟是上升还是下降还与劳动者各自对两类产品的不同消费偏好有关。

(2)长期来看,其实所有要素都可以在国内实现充分流动,自由贸易最终将会提高劳动丰裕国国内劳动者集团的实际收入,降低资本丰裕国国内劳动者集团的实际收入。

(二)贸易对资本家集团实际收入影响的长短期综合分析

(1)短期来看,在存在特定要素资本的情况下,自由贸易将会提高两贸易国各自出口部门资本家集团的实际收入,降低两贸易国各自进口替代部门资本家集团的实际收入。

(2)长期来看,其实所有要素都可以在国内实现充分流动,自由贸易最终将会降低劳动丰裕国国内所有资本家集团的实际收入,提高资本丰裕国国内所有资本家集团的实际收入。

第四节 国际贸易与经济增长

本节讨论经济增长问题,主要涉及新古典标准贸易模型下不存在要素密集度逆转问题和完全竞争假定下的长期经济增长问题,最后又对存在特定要素情况下(公共生产要素可以在两个生产部门之间自由流动,而特定生产要素则不能跨部门流动情况下)的经济增长问题进行了简要讨论。

一、经济增长概述

传统理论把经济增长定义为一国的要素供给增长或生产技术进步(需要注意的是,在传统的新古典理论框架下,是在完全竞争假定下单纯讨论技术进步所带来的相对成本优势效应,而完全忽略了或未考虑其所带来的技术垄断优势效应问题)。在封闭经济下,一国经济增长的生产效应和收入效应是完全同一的;但在开放经济下(即存在国际贸易的情况下),一国经济增长的生产效应和收入效应则可能会有所不同。

一方面,在开放经济下,经济增长必定会导致一国的实际生产能力提高(导致该国生产可能性边界线的扩张或外移);另一方面,存在国际贸易时,经济增长的收入效应却具有某种不确定性——虽然在大多数情况下,经济增长一般会导致一国实际收入水平(real income level)提高,但在某些特殊情况下,也可能反而会导致一国的实际收入水平下降(详见本节第四目)。

假定所有产品和要素的价格以及其他条件都保持不变,则一种生产要素供给的单方面增长对不同生产部门的生产会产生不同的影响,尤其是对密集使用该要素产品的生产扩张还有着一定的"放大效应";而假定一国的要素供给和其他条件都保持不变,则产品相对价格的变化对不同生产要素的实际报酬也会产生不同的影响,并且一种产品价格的提高对该产品所密集使用要素名义报酬的提高也有着一定的"放大效应"。

一般来说,一国要素禀赋的变化对其不同产品的生产、价格以及不同生产要素的报酬等会产生不同的影响;一国各种类型的技术进步对不同产品的生产、价格以及不同生产要素的报酬等也会产生不同的影响。

因此,在存在国际贸易的情况下,不同类型的经济增长对一国不同生产部门的生产规模、对外贸易条件以及贸易所占比重等都有着不同的影响。

二、偏向性要素供给增长对一国经济的影响

下面我们分别讨论罗伯津斯基定理(Rybczynski Theorem)及其对偶命题(dual proposition),一种要素供给单方面增长所引起密集使用该要素产品生产扩张的"放大效应"及其对偶命题,以及一种生产要素供给单方面增长对一国生产均衡的影响等问题。

(一)罗伯津斯基定理及其对偶命题

1. 罗伯津斯基定理

在产品和要素的相对价格保持不变的条件下,一国某一种生产要素供给的单方面增加,会导致其密集使用该要素的产品部门生产扩大,而密集使用其他要素的产品部门生产缩减。此定理系波兰裔英国经济学家罗伯津斯基(T. M. Rybczyski,1955)提出。

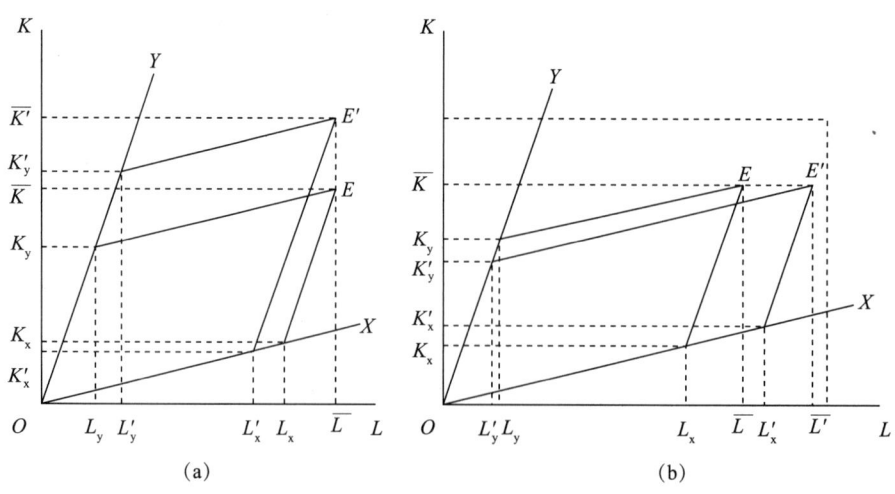

图 2·4-1 罗伯津斯基定理

我们可以借助图 2·4-1 来简要说明罗伯津斯基定理。横坐标代表一国劳动的总供给量,纵坐标代表该国资本的总供给量。在产品相对价格及其他条件都保持不变的假定下,两生产部门的要素密集度将分别保持不变,我们可以用图中的 OX 射线代表 X 部门的生产扩张线(OX 射线的斜率代表 X 部门的资本密集度 k_x), OY 射线代表 Y 部门的生产扩张线(OY 射线的斜率代表 Y 部门的资本密集度 k_y),而 OY 射线比 OX 射线更陡峭则意味着 $k_y > k_x$,即 X 产品为劳动密集型生产部门,Y 产品为资本密集型生产部门。

图(a)表示了资本要素供给单方面增加的情况,一国的要素禀赋点从 $E(\bar{L},\bar{K})$ 垂直上移到了 $E'(\bar{L},\bar{K}')$。此时要保持两生产部门的要素密集度不变,又充分利用所有的生产资源,假设把新增的资本供给都投入资本密集的 Y 生产部门,当然这会使 Y 部门的资本密集度暂时大于 k_y,则立即会使劳动密集的 X 生产部门的一部分资本和劳动按比例 k_x 流入 Y 部门(资本和劳动按比例 k_x 流出保证了 X 生产部门的资本密集度保持不变),直到 Y 部门的资本密集度再度达到 k_y 为止,最终实现 $k_x = K_x/L_x = K'_x/L'_x$ 和 $k_y = K_y/L_y = K'_y/L'_y$ 同时成立。这意味着密集使用资本要素的 Y 产品部门生产扩大,而密集使用劳动要素的 X 产品部门生产缩减。

图(b)则表示了劳动要素供给单方面增加的情况,一国的要素禀赋点从 $E(\bar{L},\bar{K})$ 水平右移到了 $E'(\bar{L}',\bar{K})$。其余的说明则与(a)图类似,这里不再赘述。

罗伯津斯基定理的一个重要推论:一国在封闭经济条件下,某一种生产要素的单方面供给增加,会降低密集使用该要素产品的相对价格。

因为,当一国某种生产要素的供给单方面增加时,根据罗伯津斯基定理,在封闭经济条件下,设若产品和要素的相对价格保持不变,则密集使用该要素产品的生产将会扩张从而出现供给过剩,同时密集使用另一种生产要素产品的生产将会收缩从而又出现供给不足。这样,在封闭经济下最终是会降低密集使用该要素产品之相对价格的。

2. 罗伯津斯基定理的对偶命题

在要素供给及其他条件都保持不变的假定下,一种产品相对价格的上升,会提高该产品所密集使用生产要素的实际报酬,降低其他生产要素的实际报酬。

对偶命题的一个重要推论——S-S 定理(国际贸易使要素实际报酬趋近定理):国际贸易一般会提高一国密集使用其丰裕要素生产的可出口品的相对价格,从而最终会提高其丰裕生产要素的实际报酬和降低其稀缺生产要素的实际报酬。

美国经济学家琼斯(1965)把对偶分析法运用于国际贸易理论,采用了一个较为一般化的"琼斯模型"(Jones Model),系统阐述了罗伯津斯基定理和斯托尔普-萨缪尔森定理之间的对偶性(duality),并且还对罗伯津斯基定理做了进一步深化——提出了一种要素供给单方面增长会引起密集使用该要素产品生产扩张的"放大效应"[详见本目(二)]。

如果再把罗伯津斯基定理的前述直接推论跟其对偶命题综合在一起,则还可以进一步得到如下一个综合推论—— 一种生产要素供给单方面增长对收入分配的影响:一国在封闭经济条件下,一种生产要素供给单方面增长会降低密集使用该要素产品的相对价格,从而降低该生产要素的实际报酬,同时又会提高其他生产要素的实际报酬。

(二)"放大效应"及其对偶命题

1. 一种要素供给单方面增长引起密集使用该要素产品生产扩张的"放大效应"

一国某一种生产要素的供给单方面增加时,在产品相对价格及其他条件都保持不变的假定下,密集使用该要素产品的生产不但会扩张,而且其生产的增长率还会高于该要素供给的增长率。此命题被琼斯称作要素供给单方面增长引起密集使用该要素产品生产扩张的"放大效应"。它是对上述罗伯津斯基定理的进一步深化,其实我们从前面对罗伯津斯基定理的说明中已可直观地猜测或想象出这一琼斯命题。

2. "放大效应"的对偶命题——一种产品价格上升引起其密集使用要素名义报酬上升的"放大效应"

一种产品的相对价格上升时,在要素供给及其他条件都保持不变的假定下,该产品密集使用生产要素的名义报酬不但会上升,而且其名义报酬的上升率还会高于该产品相对价格的上升率。此命题被琼斯称作产品价格上升引起其密集使用生产要素名义报酬提高的"放大效应"[参见本章第三节二(一)]。

(三)一种生产要素供给单方面增长对一国生产的影响

我们下面借助图 2·4-2 来说明一种生产要素供给单方面增长对一国生产的影响。横坐标代表该国劳动密集的 X 产品的产量,纵坐标代表其资本密集的 Y 产品的产量,$A_0 A_0'$ 曲线代表该国原来的生产可能性边界线。

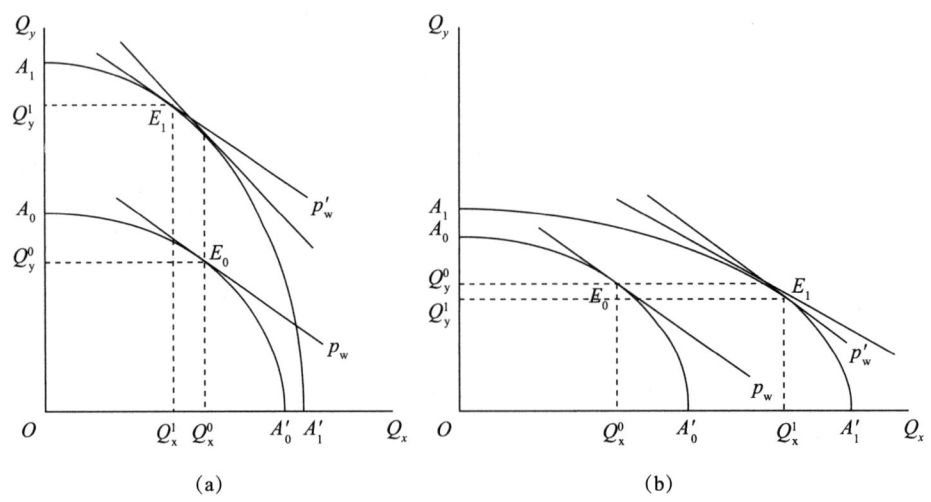

图 2·4-2 一种生产要素供给单方面增长对生产的影响

图(a)表示了资本要素供给单方面增加的情况,这会使其两部门的生产能力都得到提高,但资本密集 Y 部门生产能力的提高要大于劳动密集 X 部门生产能力的提高,而且

对于 $\forall Q_x$ 恒有,生产 X 产品的机会成本 $MC_x = |dQ_y/dQ_x|$ 较前增大(因为该国的资本丰裕度较前增大)——即资本要素供给单方面增加会使新的生产可能性边界线沿纵横两个方向同时扩张,但沿纵向扩张的比例要大于其沿横向扩张的比例,并且新的生产可能性边界线上每一点处的切线都比原生产可能性边界线上横坐标相同点处的切线更为陡峭。从而使得,如果 X 产品的相对价格保持不变的话(如图中 X 产品的相对价格线 $p'_w // p_w$ 的情况),扩张后的生产可能曲线 $A_1 A'_1$ 上的生产均衡点 E_1 必定位于扩张前的生产可能曲线 $A_0 A'_0$ 上的生产均衡点 E_0 的左上方,这意味着资本密集的 Y 产品部门生产扩大,而劳动密集的 X 产品部门生产缩减。

图(b)则表示了劳动要素供给单方面增加的情况,由于它与资本要素供给单方面增加的情况完全对称,这里不再赘述。

三、偏向性技术进步对一国经济的影响

再次强调,这里是在完全竞争假定下单纯讨论技术进步所带来的相对成本优势效应,而完全忽略了或未考虑其所带来的技术垄断优势效应问题。

(一)技术进步的分类概述

传统的希克斯对技术进步的分类概念是,一个生产部门在其要素密集度固定不变的情况下,如果一项技术进步能导致该部门两种要素的边际生产力同比例增长,则称这种技术进步为中性的技术进步(neutral technical progress);而如果一项技术进步能导致该部门一种要素边际生产力的相对提高小于其他要素边际生产力的相对提高,则称这种技术进步为更偏向于节约这种生产要素的技术进步(常简称这种要素为节约型技术进步)。

上述定义还有另外一个等价的说法:一个生产部门在要素相对价格固定不变的情况下,如果一项技术进步没有改变该部门的最优要素密集度,则称这一技术进步为中性技术进步;而如果一项技术进步降低了该部门一种要素的最优密集度(即降低了该部门投入这一要素与其他要素之间的最优比率),则称这一技术进步为更偏向于节约这种生产要素的技术进步。

1. 中性技术进步

见图 2·4-3(a),曲线 $Q = f_1(L, K)$ 代表一生产部门在技术进步之前产量为 Q 的等产量曲线[其中函数 $f_1(L, K)$ 是该部门在技术进步之前的生产函数],与之相切的等成本线是 $C_1 = R \cdot K + W \cdot L$(该等成本线斜率的绝对值为 $W/R = \omega$,等于劳动要素的相对价格),其切点 $E_1(L_1, K_1)$ 所对应的资本密集度为 $k_1 = K_1/L_1$。假定该生产部门在发生中性技术进步之后的生产函数为 $f_2(L, K)$,则其产量为 Q 的等产量曲线 $Q = f_2(L, K)$ 将向靠近原点方向(即向左下方)平移,从而在劳动要素的相对价格 $\omega = W/R$ 保持不变的情况下(此时等成本线的斜率将保持不变),中性的技术进步不会改变该部门的最优要素密集度。设与新的等产量曲线相切的等成本线为 $C_2 = R \cdot K + W \cdot L$(它与原等成本线平行),则二者之间的切点 $E_2(L_2, K_2)$ 处所对应的资本密集度为 $k_2 = K_2/L_2 = K_1/L_1 = k_1$ 将保持

不变。

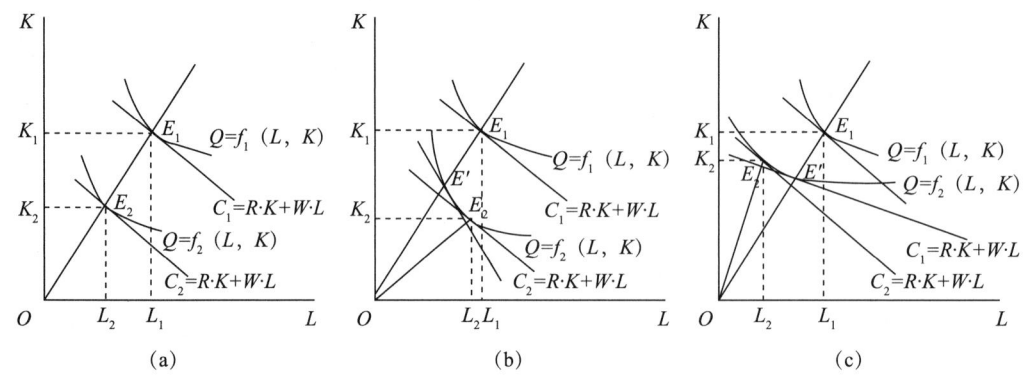

图 2·4-3 中性技术进步、资本节约型技术进步和劳动节约型技术进步

2. 资本节约型技术进步

见图 2·4-3(b),同样,曲线 $Q=f_1(L,K)$ 代表一生产部门在技术进步之前产量为 Q 的等产量曲线,与之相切的等成本线是 $C_1=R\cdot K+W\cdot L$(该等成本线斜率的绝对值为 $W/R=\omega$,等于劳动要素的相对价格),其切点 $E_1(L_1,K_1)$ 所对应的资本密集度为 $k_1=K_1/L_1$。假定该生产部门在发生资本节约型技术进步(capital-saving technological progress)之后的生产函数为 $f_2(L,K)$,则其产量为 Q 的等产量曲线 $Q=f_2(L,K)$ 将在向靠近原点方向(即向左下方)平移的同时还会发生一定程度的顺时针偏转,从而在劳动要素的相对价格 $\omega=W/R$ 保持不变的情况下(此时等成本线的斜率将保持不变),资本节约型技术进步会降低该部门资本要素的最优密集度。设与新的等产量曲线相切的等成本线为 $C_2=R\cdot K+W\cdot L$(它与原等成本线平行),则二者之间的切点 $E_2(L_2,K_2)$ 处所对应的资本密集度为 $k_2=K_2/L_2<K_1/L_1=k_1$ 将会下降。对于这种资本节约型技术进步来说,我们还可以看到,在新的等产量曲线上要素密集度保持不变的 E' 点处的切线斜率的绝对值(它等于新的等产量曲线上要素密集度保持不变时劳动对资本的边际替代率)却上升——这是因为资本节约型技术进步使资本边际生产力的相对提高要小于劳动要素边际生产力的相对提高,所以这种技术进步会使要素密集度相同时劳动对资本的边际替代率上升。

3. 劳动节约型技术进步

见图 2·4-3(c),同样,曲线 $Q=f_1(L,K)$ 代表一生产部门在技术进步之前产量为 Q 的等产量曲线,与之相切的等成本线是 $C_1=R\cdot K+W\cdot L$(该等成本线斜率的绝对值为 $W/R=\omega$,等于劳动要素的相对价格),其切点 $E_1(L_1,K_1)$ 所对应的资本密集度为 $k_1=K_1/L_1$。假定该生产部门在发生劳动节约型技术进步(labour-saving technological progress)之后的生产函数成为 $f_2(L,K)$,则其产量为 Q 的等产量曲线 $Q=f_2(L,K)$ 将在向靠近原点方向(即向左下方)平移的同时还会发生一定程度的逆时针偏转,从而在劳动要素的相对价格 $\omega=W/R$ 保持不变的情况下(此时等成本线的斜率将保持不变),劳动节约型技术进步会提高该部门资本要素的最优密集度。设与新的等产量曲线相切的等成本线为 $C_2 = R \cdot K + W \cdot L$（它与原等成本线平行），则二者之间的切点 $E_2(L_2, K_2)$ 处所对应的资本密集度为 $k_2 = K_2/L_2 > K_1/L_1 = k_1$ 将会上升。对于这种劳动节约型技术进步来说，我们还可以看到，在新的等产量曲线上要素密集度保持不变的 E' 点处的切线斜率的绝对值（它等于新的等产量曲线上要素密集度保持不变时劳动对资本的边际替代率）却下降——这是因为劳动节约型技术进步使劳动边际生产力的相对提高要小于资本要素边际生产力的相对提高，所以这种技术进步会使要素密集度相同时劳动对资本的边际替代率下降。

（二）偏向性技术进步对一国生产的影响

下面我们分别讨论一国两生产部门不平衡的中性技术进步、资本节约型技术进步和劳动节约型技术进步对其生产力的影响问题。

1. 一个生产部门单方面的中性技术进步对生产的影响

这包括两种情况，一种是资本密集部门单方面的中性技术进步，另一种是劳动密集部门单方面的中性技术进步。因为两种情况具有完全的对称性，所以我们下面主要以前一种情况（资本密集部门单方面的中性技术进步）为例来进行说明。

图 2·4-4(a) 表示了一国资本密集部门（Y 部门）单方面中性技术进步对生产均衡的影响情况。一国资本密集部门（Y 部门）单方面中性技术进步会使资本密集 Y 部门两种要素的边际生产力都得到提高，而劳动密集 X 部门两种要素的边际生产力则保持不变，从而对于 $\forall Q_x (0 < Q_x < \bar{Q}_x)$ 都有，生产 X 产品的机会成本 $MC_x = |dQ_y/dQ_x|$ 较前增大——即一国资本密集的 Y 部门单方面的中性技术进步会使该国的生产可能性边界线单纯沿纵向扩张，并且新的生产可能性边界线上每一点处的切线都比原来的生产可能性边界线上横坐标相同点处的切线更为陡峭。从而使得，如果 X 产品的相对价格保持不变

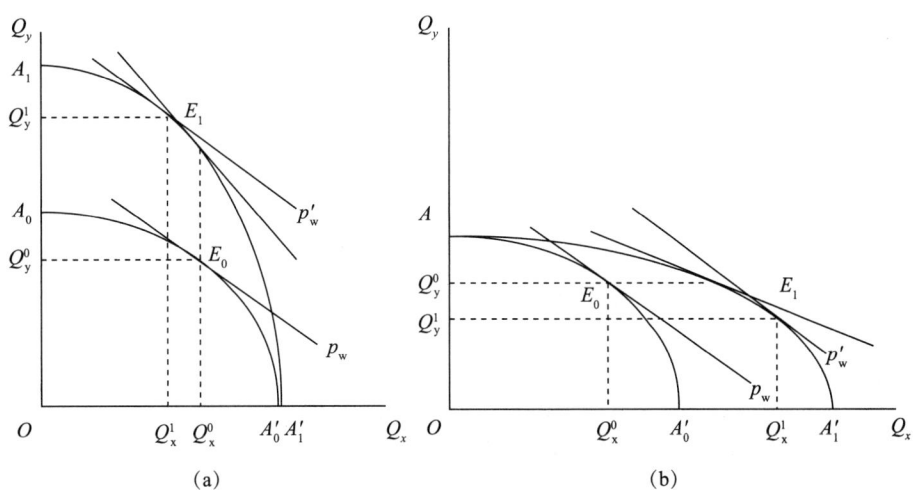

图 2·4-4　一个生产部门单方面的中性技术进步或要素节约型技术进步对生产的影响

的话(如图中 X 产品的相对价格线 $p_0'/\!/p_0$ 的情况),技术进步后的生产可能曲线 A_1A_1' 上的生产均衡点 E_1 必定位于原生产可能曲线 A_0A_0' 上的生产均衡点 E_0 的左上方——这意味着当产品相对价格保持不变时,创新部门(资本密集的 Y 产品部门)的生产扩大,而同时另一部门(劳动密集的 X 产品部门)的生产则缩减了。

图 2·4-4(b)则表示了一国劳动密集部门(X 部门)单方面中性技术进步对生产均衡的影响情况,这里不再赘述。

2. 一个生产部门单方面的要素节约型技术进步对生产的影响

这也包括两种情况,一种是资本密集部门的要素节约型技术进步,另一种是劳动密集部门的要素节约型技术进步。因为两种情况具有对称性,所以我们下面仅以前一种情况(资本密集部门的要素节约型技术进步)为例来进行说明。

一国资本密集部门的要素节约型技术进步又需进一步细分为该部门密集使用的资本要素节约型技术进步和该部门非密集使用的劳动要素节约型技术进步两种不同情况,但它们对生产的影响都跟资本密集部门单方面中性技术进步对生产的影响颇为相似,其不同之处仅在于,资本密集 Y 部门的资本节约型技术进步使 Y 部门资本要素边际生产力的相对提高较低,劳动节约型技术进步使 Y 部门劳动要素边际生产力的相对提高较低,而中性技术进步则能使 Y 部门两种要素边际生产力的相对提高相同,所以我们这里不妨仍然借用图 2·4-4(a)来进行说明:一国资本密集部门(Y 部门)的两种要素节约型技术进步也都会使该国的生产可能性边界线单纯沿纵向扩张,并且扩张后新的生产可能性边界线上每一点处的切线都比原来的生产可能性边界线上横坐标相同点处的切线更为陡峭。从而使得,如果 X 产品的相对价格保持不变的话(仍如图中 X 产品的相对价格线 $p_w'/\!/p_w$ 的情况),扩张后的生产可能曲线 A_1A_1' 上的生产均衡点 E_1 必定位于扩张前的生产可能曲线 A_0A_0' 上的生产均衡点 E_0 的左上方——这也意味着当产品相对价格保持不变时,创新部门(资本密集的 Y 产品部门)的生产扩大,而同时另一部门(劳动密集的 X 产品部门)的生产则缩减了。

图 2·4-4(b)也可以借用来表示劳动密集部门(X 部门)的要素节约型技术进步对生产的影响情况,这里不再赘述。

总的来看,在产品相对价格保持不变的假设条件下,以上所述的资本密集部门任何单方面的技术进步,都会使资本密集部门的生产扩大,而同时劳动密集部门的生产则会相应缩减。由此还可以得出如下一个重要推论:资本密集部门任何单方面的技术进步都会使劳动密集型产品的相对价格上升。

四、经济增长与国际贸易的关系

(一)不同类型的生产增长对一国贸易的不同影响

下面我们讨论存在国际贸易的情况下,一国生产增长的不同类型(仍然是在完全竞争假定下完全忽略了或未考虑技术进步所带来的技术垄断优势效应问题)。为简化问题,我们暂不考虑一国收入水平(income level)提高对其贸易的影响问题——即这里假定该国的消费结构和偏好固定不变(不随收入水平的改变而改变)。

1. 中性生产增长

所谓中性生产增长(neutral production growth),是指一国两生产部门的生产能力等比例提高的生产增长(此时该国的生产可能性边界线将会平行扩张)。这包括中性要素供给增长(指该国所有生产要素同时等比例增长,此时,该国的要素禀赋保持不变,而只是单纯的要素规模扩张);两生产部门平衡的中性技术进步(指该国两生产部门劳动和资本的生产效率平衡的同时等比例增长)等情况。

在中性生产增长的情况下,一国两部门的生产和对外贸易的规模会同比例扩大,贸易所占比重将保持不变。对于贸易小国来说,其贸易条件也会近似保持不变(即 $p'_w = p_w$);而对于贸易大国来说,其贸易条件则可能会有所恶化(即 $p'_w < p_w$)。见图 2·4-5。

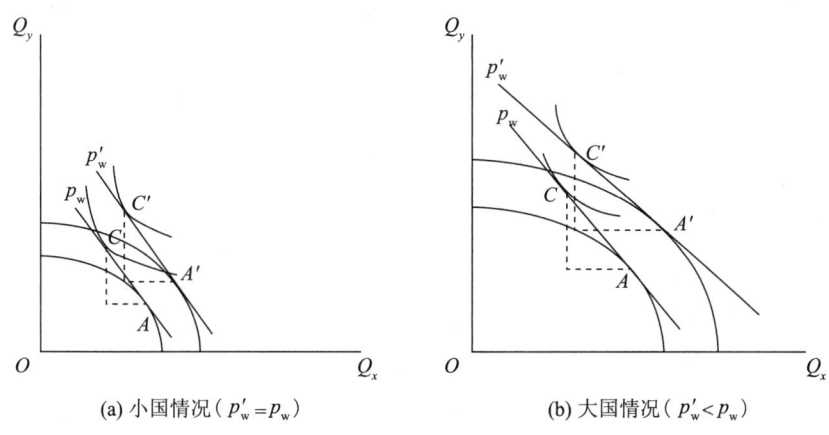

图 2·4-5 中性生产增长对一国贸易的影响

2. 出口扩张型生产增长与"悲惨增长"

所谓出口扩张型生产增长(export expanded production growth),是指一国可出口部门生产能力提高的比例大于进口替代部门生产能力提高的比例的生产增长(此时该国生产可能性边界线的扩张将会偏向于可出口部门)。这包括偏向可出口部门的要素供给不平衡增长(指该国丰裕要素的增长率超过了稀缺要素的增长率)、偏向可出口部门的技术进步(指可出口部门单方面的中性技术进步、可出口部门所密集使用要素节约型技术进步)等情况。

在出口扩张型生产增长的情况下,一国可出口部门生产和贸易的规模都会大幅度扩大,进口替代部门的生产一般会缩减,贸易所占比重则会增大。对于贸易小国来说,其贸易条件会近似保持不变(即 $p'_w = p_w$);而对于贸易大国来说,其贸易条件则可能会被恶化(即 $p'_w < p_w$)。见图 2·4-6。

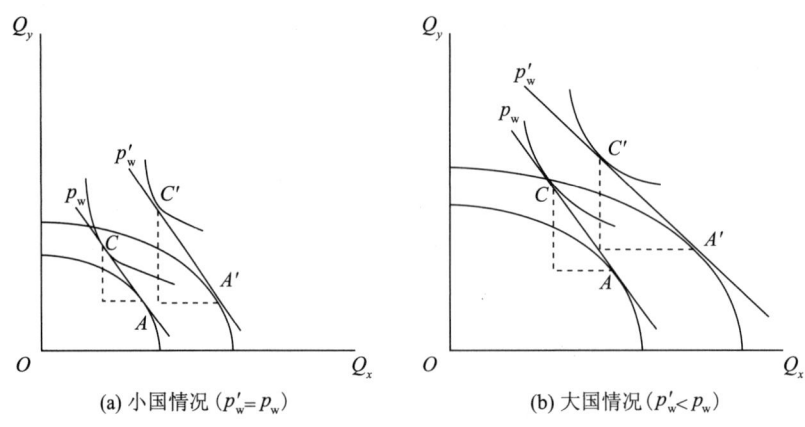

图 2·4-6 偏向出口生产增长对一国贸易的影响

关于悲惨增长(tragic growth,又称不幸增长),是指一贸易大国在开放经济条件下有可能会发生的一种偏向于出口的生产增长(尤其是国内丰裕生产要素供给的单方面畸形增长)反而使该国实际收入水平有所下降的不幸经济增长情况——当这种偏向于出口的畸形生产增长在导致该国生产增长的同时却又大幅度恶化了其对外贸易条件,而且其贸易条件恶化所造成的贸易利益损失超过了其生产增加时,这种畸形的经济增长就反而会降低该国的实际收入和社会福利水平,造成悲惨增长。见图 2·4-7[此图中的 $p'_w \ll p_w$,请注意将此图跟图 2·4-6(b)对比来看]。

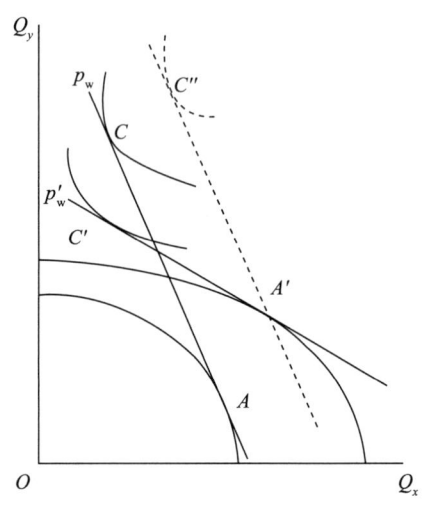

图 2·4-7 "悲惨增长"

造成一国发生悲惨增长的必要条件及其他可能原因有:①必要条件:该国为一足以影响世界市场价格的贸易大国,并且其经济(生产)增长主要源自本国丰裕生产要素供给的畸形增长;②其他可能原因:世界对该国出口品需求的价格弹性偏低;该国对进口品需求的收入弹性偏高,而世界对该国进口品供给的价格弹性又偏低。

3.进口替代扩张型生产增长与"比较优势逆转"

所谓进口替代扩张型生产增长(import substitution expanded production growth),是指一国进口替代部门生产能力提高的比例大于可出口部门生产能力提高的比例的生产增长(此时该国生产可能性边界线的扩张将会偏向于进口替代部门)。这包括偏向进口替代部门的要素供给不平衡增长(指该国稀缺要素的增长率超过了丰裕要素的增长率)、偏向进口替代部门的技术进步(指进口替代部门单方面的中性技术进步、进口替代部门所密集使用要素节约型技术进步)等情况。

在偏向进口替代型生产增长的情况下,一国进口替代部门的生产规模会大幅度扩大,而可出口部门的生产一般会缩减,贸易所占比重则会减小。对于贸易小国来说,其贸易条件会近似保持不变(即 $p'_w = p_w$);而对于贸易大国来说,其贸易条件则很可能会有所改善(即 $p'_w > p_w$)。见图 2·4-8。

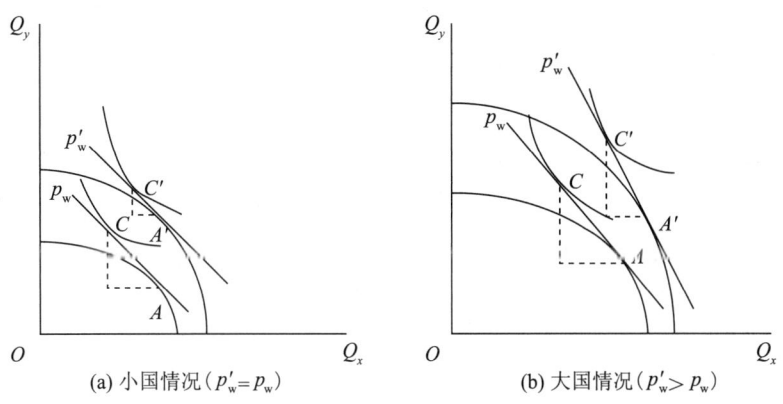

图 2·4-8 偏向进口替代生产增长对一国贸易的影响

关于比较优势逆转(reverse of the comparative superiority),是指一国经过长期的偏向于原进口替代生产部门的要素积累及技术进步终于带来了该国要素禀赋及技术水平的质变,以至于逆转了该国在国际上的比较优势产业(使该国原来在国际上不具有比较优势的进口替代产业转化成了在国际上具有比较优势的产业)的经济增长情况。见图 2·4-9[我们不妨假定 $p_w = p'_w$,所以这只是一种贸易小国的情形,请注意将此图跟图2·4-6(a)对比来看],A 国原来是出口 X 产品,进口 Y 产品,后来经过长期的偏向于原进口替代的 Y 部门的经济增长,该国的比较优势产业终于发生了逆转,逆转成了出口 Y 产品,进口 X 产品。

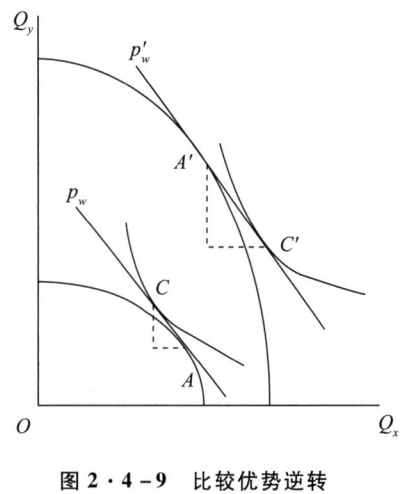

图 2·4-9 比较优势逆转
(小国情形)

(二)一国收入水平提高对其贸易的影响

恩格尔定律(Engel's Law)说,一个家庭随着其收入水平的提高,其用于食物等生活必需品的支出比重将不断下降。这一规律对于一个国家来说(考虑其人均收入水平的提高)应该仍然成立。根据恩格尔定律,一国收入水平提高会对其贸易产生如下影响:一国收入水平的提高,会增加其进口需求,但主要是对于收入弹性(oncome elasticity)较大的耐用消费品及高级产品的进口需求会增加较多,而对于收入弹性较小的生活必需品及初级产品进口需求的增加则会比较有限。

对于世界总体来说,全球收入水平的提高,也会增加全球的贸易额,但主要是对收入弹性较大的耐用消费品及高级产品的贸易额会增加较多,而对收入弹性较小的生活必需品及初级产品的贸易额的增加则会比较有限。这意味着,随着全球收入水平的不断提高,国际贸易的格局将会向着更加有利于较多出口收入弹性较大的耐用消费品及高级产品的国家而不利于依赖出口收入弹性较小的生活必需品及初级产品的国家的方向发展。

(三)国际贸易对一国经济增长的影响

我们知道,国际贸易可以增加一国的实际收入,从而一国是可以利用国际贸易来促进其经济增长的,但如果发展中国家出现丰裕劳动力要素供给畸形增长现象时,也可能会导致其贸易条件严重恶化,甚至发生悲惨增长的情况。一般而言,贸易对一国经济增长影响的大小与好坏主要取决于以下两方面因素:

一方面,一国经济对于国外市场的依赖程度——对于小国来说,对外贸易甚至可以成为促进其经济增长的发动机;而对于大国来说,对外贸易虽然也可以促进其经济增长,但作用相对有限,经济增长的主要源泉还在于其国内供需。

另一方面,一国出口产品在国际贸易产品结构链中所处的地位——如果一个发展中国家能够恰当利用进出口贸易及时地和不断地提升其产业结构,改进其在国际贸易产业结构链中所处的地位,利用国际贸易(进口先进的技术和设备)来促进其实现比较优势从劳动密集型产品向资本密集型产品的逆转,则贸易对其经济的促进作用就能长远有效;而如果一个发展中国家长期依靠出口需求弹性较低的矿产资源或劳动密集的初级产品而不能及时实现产业结构和出口产品结构的升级,不能利用国际贸易来促进其实现比较优势从劳动密集型产品向资本密集型产品的逆转,则贸易对其经济的促进作用就难以长远有效,甚至还可能发生悲惨增长的情况。

五、存在特定要素情况下的经济增长—贸易问题

以上讨论的都是所有生产要素均可以在两个生产部门之间自由流动的长期经济增长问题,下面笔者将进一步讨论存在特定要素情况下的要素供给增长所带来的短期经济增长—贸易问题。

(一)生产要素供给不平衡增长的经济影响

1. 某一部门的特定要素供给单方面增长的经济影响

一国某一部门的特定要素供给单方面增加时:①在商品价格和其他条件都保持不变的假定下,会导致该产品部门的生产扩张,同时其他产品部门的生产缩减;②在封闭经济下,会提高共同要素的实际报酬,同时降低另一部门特定要素的实际报酬,而该部门特定要素的实际报酬则是既可能提高(当使用该特定要素产品部门的该特定要素密集度下降时),也可能降低(当使用该特定要素产品部门的该特定要素密集度上升时);③在开放经济下,则会影响该国的对外贸易,若该产品部门是可出口部门(进口替代部门),则会发生出口扩张型生产增长(进口替代扩张型生产增长)——会扩大该国出口贸易的规模和比

重(会缩小该国进口贸易的规模和比重)。

2. 共同要素供给单方面增长的经济影响

一国的共同要素供给单方面增加时:①在商品价格和其他条件都保持不变的假定下,会导致两个产品部门的生产同时扩张;②在封闭经济下,会降低共同要素的实际报酬,同时两个部门特定要素的实际报酬都会提高;③在开放经济下,则会影响该国的对外贸易,若可出口部门生产扩张的比例大于/等于/小于进口替代部门扩张的比例,则分别会发生出口扩张型/中性/进口替代扩张型生产增长——会扩大该国贸易的规模和所占比重/会扩大该国贸易的规模但不会改变其所占比重/会缩小该国贸易的规模和所占比重。

(二)关于"荷兰病"(Dutch Disease)——自然资源采掘业扩张—传统制造业萎缩型生产增长

在一些工业化国家曾发生过这样一种特殊现象,由于新发现大量的自然资源(如天然气、石油、矿产等)以及采掘业技术进步,导致其自然资源采掘业的急剧膨胀和传统制造业发生萎缩,称为"荷兰病"或"非工业化"。它之所以被人们命名为"荷兰病",是因为这一现象最早出现在荷兰天然气开采业迅速发展时期。另外,在英国和挪威(开采北海石油)、澳大利亚(开采矿产)等国也发生过类似的现象。

要从理论上解释这种现象,必须假定有某些特定生产要素,而且模型中还至少要含有三种产品(一种可出口产品、一种进口替代产品和一种非贸易产品)。其一般模型非常复杂,也难以采用传统的图解方法来分析。为简化问题,人们曾通过利用希克斯定理(Hicks Theorem,J. R. Hicks,1939)构造了一个简单的两部门小国模型来解释这一现象:把一国的生产部门归为贸易品部门(其中又包括可出口部门和进口替代部门两个子部门,而自然资源采掘业部门则属于可出口部门)和非贸易品部门两大部门;假定除了有一种可自由流动的通用要素劳动力,各生产部门还各有自己的特定生产要素,并假定该国可出口产品和进口替代产品的价格都是由国际市场外生给定的。该模型的结论是——当该国的自然资源采掘业部门由于技术进步而得以迅速繁荣时,会引发要素资源转移效应(factor resource transferred effect,指采掘业部门的繁荣提高了该部门通用要素劳动的边际生产力,会引起劳动力从其他部门流入)和收入—支出效应(income-spending effect,指采掘业部门的繁荣提高了该国的收入水平,从而也会增加该国的总支出),最终产生如下的一系列影响:

(1)该国的总生产能力扩张:贸易品部门的生产总体增加(其中,可出口的采掘业部门的生产与就业增加而可贸易的传统制造业部门的生产与就业减少——非工业化),同时非贸易品部门的生产则既可能是增加也可能是下降。

(2)该国的一般价格水平上升:贸易品的价格由国际市场外生给定不变,同时非贸易品的价格上升。

(3)该国各种要素实际报酬的变化方向具有一定不确定性:①进口替代部门特定要

素的实际报酬:对于各种产品的实际购买力必定同时下降。②可出口部门特定要素的实际报酬:对于各种产品的实际购买力既可能是同时上升也可能是同时下降。③非贸易部门特定要素的实际报酬:对于各种产品的实际购买力既可能是同时上升也可能是同时下降。④通用要素劳动的实际报酬:对于可贸易品的实际购买力必定上升,但对于非贸易品的实际购买力则既可能是同时上升也可能是同时下降。

最后还需要指出,一国发展其自然资源产业(natural resource industry)未必就是坏事,"荷兰病"只是说明了一国在发展其自然资源产业时,必须同时注意尽量避免发生传统工业萎缩的副作用问题。其实,一国在发展其自然资源产业的同时,可以采取政策积极促进传统制造业的发展,甚至可以对自然资源产业征税并将其用于鼓励和支持传统工业的发展,等等。

第三章 新贸易理论

古典和新古典贸易理论都是局限于完全竞争和比较优势分析法(comparative superiority approach)的产业间贸易理论(inter-industry trade theory)的框架,但自"二战"结束以后,西方工业发达国家之间的产业内贸易日趋重要,并逐步在国际贸易中占据主要地位,这对传统的贸易理论(traditional trade theory)提出了严峻的挑战。而要解释这些新的贸易现象,就需要在分析方法和理论框架上有所突破,从而导致了种种新贸易理论的诞生。本章将介绍一些较为重要的新贸易理论:第一节介绍一个外部经济性贸易理论;第二节介绍几种较为重要的产业内贸易理论;第三节则介绍几个新技术贸易理论。

第一节 外部经济性贸易理论

在传统的比较优势贸易理论中,从未考虑过存在规模经济的情况,本节我们将首先对所谓的规模经济做一概述,然后再着重介绍一下所谓的外部经济性贸易理论(trade theory of external economy)。

一、规模经济的概念

所谓规模经济,是指生产的规模报酬递增(increasing returns to scale)——生产规模越大,生产效率越高;或者说是,单位生产成本会随着生产规模的扩大而递减。具体来说,又有企业的内部规模经济(internal economy of scale)和外部规模经济(external economy of scale)之分。其中,前者是指一个行业内的每个厂商的单位生产成本会随着企业生产规模的扩大(企业产量的增加)而递减,人们常将其简称为规模经济;后者则是指整个行业的单位生产成本会随着行业总生产规模的扩大(行业内厂商数量的增加)而递减,人们又常将其简称为外部经济性(external economic)。

一般来说,存在企业内部规模经济的行业,其行业市场(industry market)会出现不同程度的厂商垄断和不完全竞争,而单纯具有外部经济性的行业市场则仍然是完全竞争的。

产生外部经济性的根源在于,当一个行业内的众多企业大规模地集中在一起时,会有利于该行业基础设施和配套服务的建设和完善,以及专业分工的细化和深化;也会更便于该行业内重要生产要素的迅速流动和优化配置;还有助于该行业内技术和知识的学习、积累、传播、交流与合作［这里包括动态的外部经济性（dynamic external economic）］。这里所谓动态的外部经济性，是指一个行业随着时间的推移在累计总产量的不断增加的动态过程中，行业内各厂商会通过不断积累、改进和交流其生产的经验、知识、技术和组织分工，从而不断降低整个产业的平均生产成本——经验统计表明，在许多产业中，累计产出（cumulative output）每增加一倍，其平均生产成本会下降20%～30%。有人据此提出过一个关于行业累计总产量（cumulative total output of an industry）的平均生产成本递减曲线——又称"学习曲线"（learning curve）。而当上述来自企业外部规模的经济因素对一个行业的平均生产成本和技术进步有着显著影响时，我们就说，这个行业具有外部经济性。

二、肯普的外部经济性贸易模型

经济学家肯普（M. C. Kemp, 1964）在其《国际贸易的纯理论》一书中率先提出了一个关于外部经济性产业的外部经济性贸易模型（Trade Model of External Economic）。

（一）一个简化的 2×2×2 外部经济性贸易模型的前提假设

①假定有两种产品、劳动和资本，两种生产要素以及两个规模相同的国家；

②在两国，X 产品和 Y 产品都有着相同的要素密集度；

③两个产品部门中至少有一个存在外部经济性（但这里完全不考虑企业内部的规模经济性），其产品市场都是完全竞争的，国内同类生产要素具有同质性，可以在产业间自由流动并得到充分利用，但生产要素不能跨国流动；

④两国同类产品具有同质性，可以自由贸易并且不考虑运输成本等任何贸易费用；

⑤两国的生产函数和要素禀赋都相同；

⑥两国的规模、消费结构和偏好也相同。

这一新贸易模型突破了传统贸易理论完全不考虑规模经济因素的桎梏，提出和论证了外部经济性因素也可以成为贸易的基础之一，可以看作一种新贸易理论，但该理论仍然保留了完全竞争的市场假设，所以它仍然是一个可以归属于传统的新古典经济学理论体系之内的产业间贸易理论。

（二）存在外部经济性情况下一国的生产可能性边界线和生产—消费均衡分析

1. 存在外部经济性情况下一国的生产可能性边界线

在至少有一个生产部门具有外部经济性和充分就业条件下，每个生产部门的边际生产成本都是递减的，此时一国的生产可能性边界线是凸向原点的，见图 3·1-1。因为这时，任何一国（以 A 国为例）随着 X（Y）产品产量的增加，再多生产 1 单位 X（Y）产品所需放弃的 Y（X）产品的产量递减，所以其生产可能性边界线必定是凸向原点的（如 AA' 曲线所示）。此时，在 AA' 曲线上的任意一点处，生产 X 产品的机会成本等于经过该点的 AA' 曲线切线斜率的绝对值；并且，沿着 AA' 曲线从左向右（X 的产量不断增加），其切线斜率的绝对值将不断下降(生产 X 产品的机会成本递减)——如 p_A 线、p'_A 线和 p''_A 线所示。

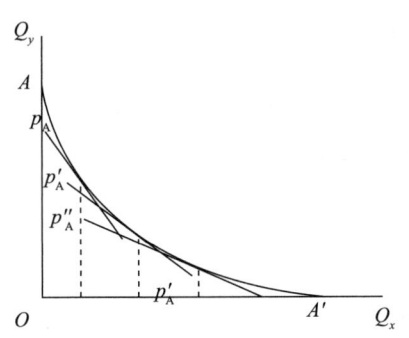

图 3·1-1 生产机会成本递减情况下凸向
原点的生产可能性边界线

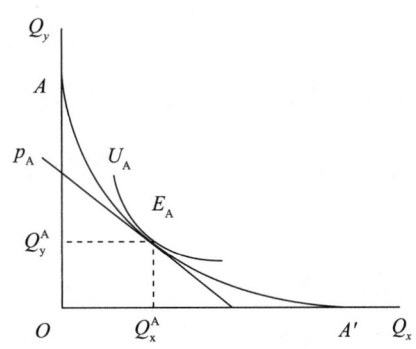

图 3·1-2 生产机会成本递减情况下的
生产—消费均衡分析

2. 存在外部经济性情况下一国的生产—消费均衡分析

见图 3·1-2，当一国(如 A 国)的生产可能性边界线凸向原点时，该国的生产—消费均衡点取决于该国某条消费无差异曲线(U_A)跟其生产可能性边界线(AA')的切点(E_A)，而该国 X 产品的相对价格 p_A 则取决于该国 X 产品的生产—消费均衡时的机会成本——等于过该切点 E_A 的消费无差异曲线和生产可能性边界线的公切线斜率的绝对值。

(三)外部经济性贸易模型在完全分工条件下的生产—消费—贸易一般均衡分析

在肯普 2×2×2 外部经济性贸易模型的前提假设下，A、B 两国生产要素的素质、禀赋和规模都完全相同，并且生产技术也完全相同，所以两国的生产可能性边界线是完全相同的——见图 3·1-3 中的 BA 曲线。在两国完全分工情况下(在本模型的前提假设下，两国应当实行完全分工以使总产出达到最大化)，我们不妨假设 A 国完全分工专门生产 X 产品，而 B 国则完全分工专门生产 Y 产品，此时 A 点为 A 国在分工贸易后的生产均衡点，B 点则为 B 国在分工贸易后的生产均衡点。

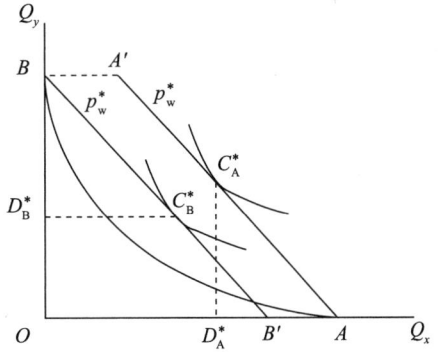

图 3·1-3 外部经济性贸易模型在完全分工
条件下的生产—消费—贸易一般均衡分析

下面，我们不妨又进一步假定两国共同的消费偏好是偏向于 X 产品的，这时两国的均衡贸易条件 $p_w^* > \bar{Q}_y^B / \bar{Q}_x^A$ (其中的 $\bar{Q}_x^A$ 和 $\bar{Q}_y^B$ 分别代表 A 国生产 X 产品的最大产量和 B 国生产 Y 产品的最大产量)，这一贸易条件会较有利于 A 国，使 A 国分享到较多的分工贸易利益，见图 3·1-3。$A'A//BB'$ 分别为 A、B 两国的消费可能性边界线，此二线斜率的绝对值即为均衡的贸易条件 p_w^*（它也就是两国共同的消费 X 产品的机会成本），而图中 C_A^* 点和 C_B^* 点则分别为 A、B 两国的消费均衡点，则

$$\triangle C_A^* D_A^* A \cong \triangle B D_B^* C_B^*$$

分别为 A、B 两国的均衡贸易三角形。

三、具有外部经济性行业的国际分工格局问题

对于一个具有显著外部经济性（而无内部经济性）的行业来说，其国际分工格局（pattern of international division）的形成具有很大的不确定性和历史偶然性，比较优势（comparative superiority）在这里并不能起决定性的作用。一旦某国由于历史原因而形成了较大的行业规模以后，其外部经济性就会形成一个"锁定效应"（lock-in effect），使那些在该产业生产上具有潜在生产优势（potential production superiority）的国家难以进入该产业。见图 3·1-4，横坐标 Q 代表具有外部经济性的行业的一国当期总产量或国际总需求量，D_w 曲线为对该行业产品的国际总需求曲线，AC_1 曲线为一已形成较大行业规模国家的平均生产成本曲线，AC_2 则为另一具有潜在生产优势国家的潜在平均生产成本曲线。这里，由于后者进入该行业时的启动生产成本 P_0 远高于 P_1，从而会阻挡其国内的私人投资者大批进入该行业，制约了后者潜在的生产优势难以变成现实。

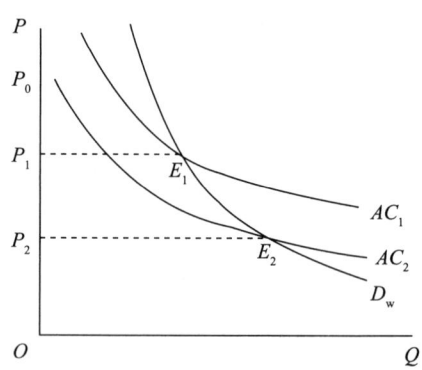

图 3·1-4　外部经济性产业的"锁定效应"

有学者提出了一个幼稚产业保护理论（Protect Theory to Infant-industry），认为对于具有外部经济性的行业来说，具有潜在生产优势的国家应对该行业给予暂时性的贸易保护及补贴，以帮助其形成足够的行业规模，从而取得现实的生产优势（real production superiority）。但在现实中，一国政府要想正确挑选其具有潜在生产优势的行业并制定出恰当的产业政策，却并非易事，常常会事与愿违。这个问题较复杂，我们将在第五章中做更进一步的讨论。

第二节　产业内贸易理论

传统的新古典贸易理论总是假定同类产品是完全同质的，因而仅限于研究产业间贸易问题（包括第一节的外部经济贸易理论亦如此），但实际上，同类产品的不同质性（差异化）以及产业内贸易也是普遍存在的现象，这在发达国家之间的贸易中甚至更为重要。本节我们将集中讨论几种产业内贸易理论（intra-industry trade theory）：首先，介绍一个完全竞争条件下的产业内贸易理论（一个新的比较优势产业内贸易理论）；其次，介绍几个

非完全竞争条件下的产业内贸易理论(一个垄断竞争的产业内贸易理论和两个寡头垄断的产业内贸易理论);最后,介绍一个从需求角度来进行分析的产业内贸易理论(重叠需求贸易理论)。在本节末,我们又附带介绍了行业内贸易指数(index of intra-industry trade,IIT)的概念。不过,在本节的开头我们还需要预先介绍一下所谓"产业"的界定及其类型问题。

一、关于产业的界定和类型

在理论上界定一个产业,是指投入的特定要素和其他生产要素基本类似,并且最终产品具有一定同质性——包括"完全同质"(complete homogenous)和"不完全同质"(incomplete homogenous)——的所有企业及其相关企业群体。根据产品的性质,我们可以将产业分为以下两大类型:

(一)产品同质化的产业

产品同质化(product homogenization)的产业是指产品标准化(product standardization)或近乎标准化(almost standardized)的产业,不同厂商和不同产地的同规格产品具有完全的或近乎完全的可替代性的产业。

此类产业多为初级产品行业以及金融银行业等,其产品既可进行寡头垄断(oligopoly)的产业内贸易,也可进行产业间贸易。

(二)产品不完全同质化的产业

产品不完全同质化(product homogenized incompletely)的产业又称产品差异化(product differentiation)的产业,是指产品的品质和种类多样化,不同厂商和品种的产品之间既有一定的可替代性又不是完全可替代的产业。

此类产业多为高级制成品行业,其产品较多是进行垄断竞争(monopolistic competition)的产业内贸易,当然也可以进行产业间贸易。产品的差异化又可以分为以下一些不同的类型。

1. 产品水平化差异

所谓产品水平化差异(horizontal difference of product),是指用途及属性类同而由于厂商、规格、服务等所形成的产品差异,主要体现为行业内产品的品牌多样化。诸如烟草、香水、化妆品、服装、汽车等行业的产品一般都存在这种水平化差异,而其产业内贸易则主要与各国消费者的消费偏好多样化(diversification of consumer preferences)有关。

2. 产品垂直化差异

所谓产品垂直化差异(vertical difference of product),是指用途及属性类同而由于产品的品质等级(quality grades)或技术水平(technical level)不同所形成的产品差异。在大多数情况下,产品的品质等级和技术水平之间是高度相关的,但有时也存在着一些典型的特殊情况。

（1）产品的品质等级差异

产品的品质等级差异（difference of quality grades）是指用途及属性类同而由于产品品质等级的差异所形成的行业内产品的品质档次多样化。诸如烟草、香水、化妆品、服装、汽车等行业的产品一般也都存在这种垂直差异，而其产业内贸易则主要与各国消费者的收入水平差异（difference of income level）有关。

（2）产品的技术水平差异

产品的技术水平差异（difference of technical level）是指由于产品处于技术水平生命周期的不同阶段所形成的行业内产品的技术档次多样化。高新技术行业和家电行业等可成为此类行业的典型代表，而其产业内贸易则主要与各国生产的研发能力（research and development ability，R&D 能力）有关。

二、完全竞争的产业内贸易理论

关于完全竞争的产业内贸易理论（intra-industry trade theory of perfect competition），这里介绍一个完全竞争的要素禀赋差异产业内贸易模型（intra-industry trade model of perfect competition of difference in factor endowment），人称"新赫克歇尔-俄林模型"（Neo-Heckscher-Ohlin Trade Model，新 H-O 模型）。该模型最先由法尔维（R. E. Falvey，1981）提出，后来又经他和基尔兹考斯基（H. Kierzkowski，1982）合作对模型做了改进。他们保留了传统的完全竞争，建立了一个产品垂直差异化的产业内贸易模型。其主要前提假设是：

①假定有一个产品垂直差异化的产业部门，劳动和资本两种生产要素，以及两个规模既定的国家；

②假定该产业中生产 1 单位品质等级指数为 α 的产品需要投入 1 单位劳动和 α 单位资本（这意味着该产业内产品的品质等级与其生产的资本密集度成正比）；

③该产业内产品生产的规模报酬均固定不变，其产品市场仍是完全竞争的，国内劳动要素具有同质性，可以自由进出该产业或在该产业内流动，但该产业内的资本总存量是特定不变的，这些特定资本只在该产业内具有同质性可以自由流动并得到充分利用，但生产要素不能跨国流动；

④两国品质等级相同的产品具有完全同质性，可以自由贸易并且不考虑运输成本等任何贸易费用；

⑤两国的生产函数相同，但要素禀赋有所不同；

⑥两国的规模、消费结构和偏好相同。

我们可以把新 H-O 要素禀赋产业内贸易原理简述如下。在上述新 H-O 模型的前提假设下，当两国的要素禀赋存在差异，从而劳动丰裕国的劳动报酬相对较低，而资本丰裕国的资本报酬相对较低时，在同一产业内，劳动丰裕国中品质等级较低产品部门的相对生产成本就较低,而资本丰裕国中品质等级较高产品部门的相对生产成本则会较低,从而两国同一产业内的垂直差异化产品部门之间就存在着进行互惠的产业内贸易的基础:劳动丰裕国生产品质档次较低的产品具有比较优势,而资本丰裕国生产品质档次较高的产品具有比较优势。显然,这一新的H–O要素禀赋差异产业内贸易理论并没有放弃完全竞争的假设(保留了完全不考虑规模经济的传统),把产业内贸易的基础仍然归因于要素禀赋的差异,所以它仍然是一个归属于传统的新古典经济学理论体系之内的产业内贸易理论,但它算不上是一个真正意义上的新贸易理论。

下面,我们对这一产业内贸易原理做一简单论证。不失一般性,我们可以假定A国为劳动丰裕国,其国内的劳动工资率和资本利率分别为 W_A 和 R_A,B国为资本丰裕国,其国内的劳动工资率和资本利率分别为 W_B 和 R_B,并且有 $W_A < W_B$ 和 $R_A > R_B$。在完全竞争的假设下,对于品质等级为 α 的产品来说,其价格 $P(\alpha)$ 应等于其单位产品的生产成本,从而有

$$P_A(\alpha) = W_A + \alpha R_A \tag{3·2-1}$$

和

$$P_B(\alpha) = W_B + \alpha R_B \tag{3·2-2}$$

这两个方程分别反映了A、B两国各自产品价格与其品质等级之间所存在的线性关系。在图3·2-1中,我们分别画出了上述两个方程所表示的A、B两国的产品价格—品质等级关系线。

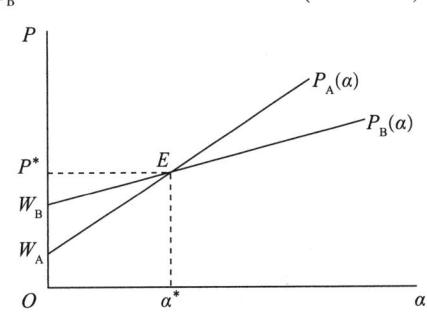

图3·2-1 H–O要素禀赋差异的产业内贸易原理

从图中可以看出,A国的产品价格—品质等级线的斜率比B国高($R_A > R_B$),而其在纵轴上的截距则比B国低($W_A < W_B$),这确保了这两条直线必定相交,设其交点为 $E(\alpha^*, P^*)$。由此我们可以得出以下结论:

对于品质等级为 $\alpha = \alpha^*$ 的产品来说,有

$$P_A(\alpha^*) = P_B(\alpha^*)$$

这意味着品质等级为 α^* 的产品不存在互惠贸易的基础。

对于品质等级为 $\alpha < \alpha^*$ 的产品来说,有

$$P_A(\alpha) < P_B(\alpha)$$

这意味着A国具有生产品质等级较低产品的成本和价格优势,A国出口(B国进口)低等级产品可以创造产业内贸易利益使双方获益。

对于品质等级为 $\alpha > \alpha^*$ 的产品来说,有

$$P_A(\alpha) > P_B(\alpha)$$

这意味着B国具有生产品质等级较高产品的成本和价格优势,B国出口(A国进口)高等级产品也可以创造产业内贸易利益使双方获益。

三、垄断竞争的产业内贸易理论

关于垄断竞争的产业内贸易理论(intra-industry trade theory of monopolistic competition),克鲁格曼(Krugman,P. R.,1979)在其出版的《规模经济递增、垄断竞争和国际贸易》一书中,最先提出了如下典型的垄断竞争的产品水平差异化产业内贸易模型(intra-industry trade model of monopolistic competition of flattens difference of product)。

(一)垄断竞争的产品水平差异化产业内贸易模型的主要前提假设

①有一个产品水平差异化的产业,劳动和资本两种生产要素,以及两个规模既定的国家;

②该产业内不同产品的要素密集型相同;

③该产业内的厂商都具有一定的规模经济(但完全不考虑其外部经济性),其产品市场是垄断竞争的,国内同类生产要素具有同质性,但该产业有一定的进入门槛,而且生产要素不能跨国流动;

④两国同类产品具有差异性,可以自由贸易进行产业内垄断竞争(monopolistic competition in intra-industry,不考虑运输成本等任何贸易费用);

⑤两国该产业内厂商生产的平均成本函数(cost function)相同;

⑥两国有着相同的消费结构和偏好。

为了简化问题,我们在下面的分析中还进一步给出了以下的附加假设:市场中的每一个厂商都只生产一种差异化产品,并且都面对相同的成本曲线(cost curve)和收益曲线(yield curve)。

(二)垄断竞争行业市场中厂商产—销的长、短期均衡分析

1. 厂商产—销的长期均衡

根据微观经济学我们知道,垄断竞争市场达到长期均衡时,市场中每个厂商的产—销应满足条件

$$MR(q_E) = MC(q_E) \quad (3 \cdot 2 - 3)$$

且

$$P_E = AR(q_E) = AC(q_E) \quad (3 \cdot 2 - 4)$$

见图 $3 \cdot 2 - 2(a)$,横坐标 q 代表厂商的产量/销量,纵坐标 P 代表厂商产品的生产成本/销售价格,MC 曲线和 AC 曲线分别为厂商的边际生产成本曲线和平均生产成本曲线,MR 曲线为厂商面对的长期边际收益曲线,d 曲线(AR)为厂商面对的长期需求曲线(长期平均收益曲线),d 曲线(AR)与 AC 曲线的切点 $E(q_E, P_E)$ 代表厂商产—销的长期均衡点。

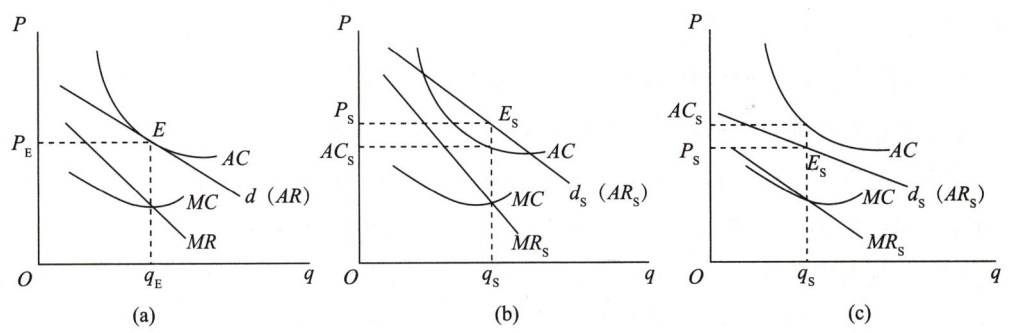

图 3·2-2 垄断竞争市场中厂商产—销的长、短期均衡

2. 厂商产—销的短期均衡

这里有两种不同情况,一种是存在行业性短期垄断利润的情况,另一种是存在行业性短期亏损的情况。

(1) 存在行业性短期垄断利润的情况

此时,市场中每个厂商的产—销满足条件:

$$MR_S(q_S) = MC(q_S) \tag{3·2-5}$$

但

$$P_S = AR_S(q_S) > AC(q_S) \tag{3·2-6}$$

见图 3·2-2(b),MR_S 曲线为厂商面对的短期边际收益曲线,$d_S(AR_S)$ 曲线为厂商面对的短期需求曲线(短期平均收益曲线),$E_S(q_S, P_S)$ 代表厂商产—销的短期均衡点。由于市场中存在行业性短期垄断利润,这会吸引新的厂商不断进入该行业市场,使市场内厂商的数目增加和竞争加剧,导致厂商们所面对的收益曲线变得较为低平,从而迫使厂商们不断降低售价和减少产量,使其短期性垄断利润不断下降,直至该行业市场内的短期性垄断利润下降到零为止——驱动新厂商进入该市场的行业性垄断利润消失了,市场达到(或又恢复)其长期均衡状态。

(2) 存在行业性短期亏损的情况

此时,市场中每个厂商的产—销满足条件:

$$MR_S(q_S) = MC(q_S) \tag{3·2-7}$$

但

$$P_S = AR_S(q_S) < AC(q_S) \tag{3·2-8}$$

见图 3·2-2(c),MR_S 曲线为厂商面对的短期边际收益曲线,$d_S(AR_S)$ 曲线为厂商面对的短期需求曲线(短期平均收益曲线),$E_S(q_S, P_S)$ 代表厂商产—销的短期均衡点。由于市场中存在行业性短期亏损,会迫使实力较弱的厂商不得不退出该行业市场,使市场内厂商的数目减少和竞争趋缓,从而使厂商们所面对的收益曲线变得较为高陡,于是厂商们可以适当提高售价和增加产量,使其短期性亏损不断下降,直至该行业市场内的短期性亏损下降到零为止——迫使弱势厂商退出该市场的行业性亏损消失,市场达到

(或又恢复)其长期均衡状态。

(三)垄断竞争行业市场的等容曲线和扩容曲线

1. 垄断竞争行业市场短期均衡的等容曲线及其长期均衡点

一个垄断竞争行业市场的等容曲线(constant volume curve)是该市场的一条短期均衡曲线(简称 SE 曲线),反映了该行业市场在既定市场容量(市场对该行业产品的总需求量 Q)下,市场内厂商的数目和平均产量之间的短期均衡关系——该曲线上的每一个点都代表着一对能够使该市场达到短期均衡的厂商数目(n)和平均产量(q)的组合。一般来说,行业市场的等容曲线是从左上方向右下方倾斜的,见图3·2-3(a)。纵坐标 n 代表市场内的厂商数目,横坐标 q 代表厂商的平均产量,$SE\text{-}Q$ 曲线($Q=n_q$)则代表一个垄断竞争行业市场的一条市场容量为 Q 的等容曲线:等容曲线从左上方向右下方倾斜,意味着在既定市场容量下,随着市场内厂商数目的增加,每个厂商的短期均衡产量递减。该曲线上有一个既定市场容量 Q 下的长期均衡点 $E_Q(q_Q,n_Q)$,而 $SE\text{-}Q$ 曲线上位于 E_Q 点左上方的点均为该行业市场存在行业性短期亏损均衡点,右下方的点则均为该行业市场存在行业性短期垄断利润均衡点。

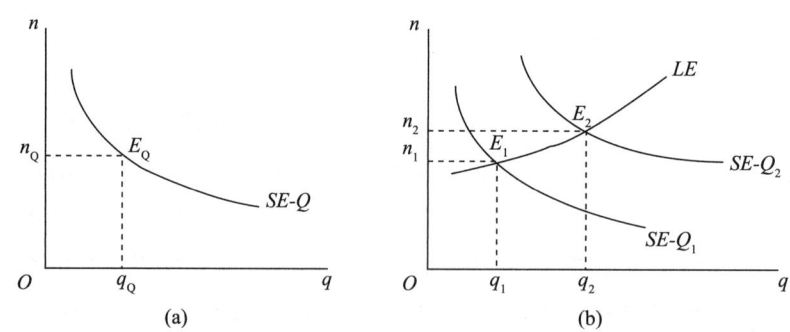

图3·2-3 垄断竞争行业市场的等容曲线和扩容曲线

2. 垄断竞争行业市场长期均衡的扩容曲线

一个垄断竞争行业市场的扩容曲线(expansion volume curve)则是该市场的一条长期均衡长期均衡曲线(简称 LE 曲线),反映了该行业市场随着市场容量的扩大,市场内厂商的数目和产量之间的长期均衡关系——该曲线上的每一个点都代表着一对能够使该市场达到长期均衡的厂商数目和产量的组合,如 $E_1(q_1,n_1)$、$E_2(q_2,n_2)$……一般来说,行业市场的扩容曲线是从左下方向右上方倾斜的,见图3·2-3(b)。横坐标 q 代表厂商的平均产量,纵坐标 n 代表市场内的厂商数目,LE 曲线则代表一个垄断竞争行业市场的扩容曲线:扩容曲线从左下方向右上方倾斜,意味着市场内长期均衡的厂商数目和平均产量会随着市场的扩容而同时增加。

(四)产业内垄断竞争贸易模型下两国联合市场的长期均衡分析

见图 3·2-4，LE 曲线是一个垄断竞争行业市场的扩容曲线，$SE-Q_A$ 曲线和 $E_A(q_A,n_A)$ 点分别为 A 国市场的 Q_A-等容曲线和长期均衡点，$SE-Q_B$ 曲线和 $E_B(q_B,n_B)$ 点分别为 B 国市场的 Q_B-等容曲线和长期均衡点。我们这里不妨假定 $Q_A<Q_B$，分别为 A 国和 B 国的市场容量。将两国市场合并成一个统一市场（united market）之后，两国统一市场的等容曲线为 $SE-Q_W$ 曲线，长期均衡点为 $E_W(q_W,n_W)$，这时有

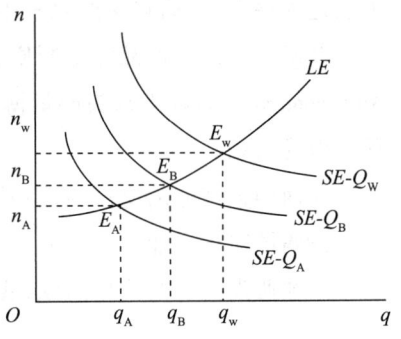

图 3·2-4　产业内垄断竞争贸易下两国联合市场的长期均衡

$$Q_A<Q_B<Q_W=Q_A+Q_B$$
$$q_A<q_B<q_W 和 n_A<n_B<n_W$$

从而又必有

$$n_W<n_A+n_B 和 q_W<q_A+q_B$$

这意味着在贸易后垄断竞争的两国联合市场中，厂商的数目 n_W 将少于贸易前两国市场中厂商数目之和 n_A+n_B，而厂商的长期均衡产量 q_W 又将小于贸易前两国市场中厂商均衡产量之和 q_A+q_B。关于这里两国垄断竞争联合市场中厂商数目和长期均衡产量的进一步阐释参见附录 3·2·1。

(五)两国产业内垄断竞争贸易的社会经济福利效应

两国的一个垄断竞争行业进行产业内贸易，可以扩大市场的总容量，这一方面会使两国统一市场内的厂商数目增加，从而两国消费者都能有更多的可供选择的商品品种；另一方面又会使厂商们的平均产量有所增加，从而更加充分地发挥其规模经济效益，降低厂商们的平均生产成本和市场的价格水平。这样，两国消费者的福利都会得到一定的提高，而厂商们的福利也并未受损，从而两贸易国的社会净福利（social net welfare）都能得到一定程度的提高。

四、寡头垄断与产业内贸易

这里，我们将先后介绍一个产品同质化的两国间双寡头产量博弈型产业内贸易模型（intra-industry trade model of output game between duopoly）和一个产品垂直化差异的两国间多寡头价格博弈型产业内贸易模型（intra-industry trade model of price game among multi-oligarchs）。

(一)产品完全同质化的两国间双寡头产量博弈产业内贸易模型

这方面的代表性理论先由布兰德（J. A. Brander,1981）提出，后又经过布兰德和克鲁格曼（J. A. Brander, P. R. Krugman,1983）合作改进。其主要前提假设是：

①有一个产品完全同质化的产业，劳动和资本两种生产要素，两个规模既定的国家；

②该产业内的厂商具有高度的规模经济,各国市场都被单寡头垄断,国内其他厂商不能进入该产业,而且生产要素不能跨国流动;

③两国该产业产品完全同质,可以自由贸易进行产业内"古诺非合作型"(Cournot of Non-cooperation)的双寡头产量博弈(output game between duopoly),也不考虑运输成本等任何贸易费用;

④两国该产业的生产函数相同;

⑤两国对该产业产品的需求曲线相同。

附加假设——为简化问题,我们在下面分析中再进一步给出以下两条附加假设:

⑥两国该行业市场有着如下一个相同的线性需求函数:$P = \bar{P} - \dfrac{\bar{P}}{\bar{Q}} \cdot Q$(其中,$\bar{P}$ 为最高售价,$\bar{Q}$ 为每一国的最大需求量);

⑦厂商的生产成本为 0。

1. 一国单寡头垄断厂商最佳产量的决定

见图 3·2-5,一国单寡头垄断厂商的最佳产量为

$$q_E = \bar{Q}/2$$

相应的市场售价为

$$P_E = \bar{P}/2$$

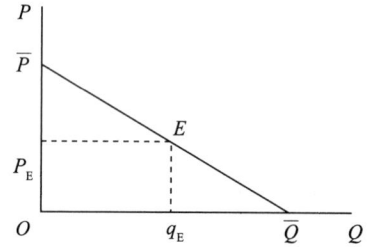

图 3·2-5 单寡头垄断厂商利润最大化的产量和售价

厂商的最大化利润为

$$R_E = P_E \cdot q_E = \bar{P}\bar{Q}/4$$

关于一国单寡头垄断厂商最佳产量的数理阐释可参见附录 3·2·2。

2. 两国间双寡头产量博弈产业内贸易模型的市场均衡分析

我们不妨将 A 国的寡头厂商简称为 A 厂商,B 国的寡头厂商简称为 B 厂商,并且已知 A、B 厂商的生产函数完全相同。

贸易后,在 A 国市场上,对应于 B 厂商的每一个可能的销量 q_B,A 厂商都有一个最优对策——A 厂商在 A 国的最佳销量 q_A,据此我们可以求出 A 厂商在 A 国市场的"反应曲线"(reaction curve)AA'(关于厂商反应曲线方程的数理阐释可参见附录 3·2·3):

$$\bar{Q} = 2q_A + q_B \qquad (3·2-9)$$

见图 3·2-6,AA' 的左端点 $A(0,\bar{Q})$ 代表着当 $q_B = \bar{Q}$ 时,A 厂商的最佳产销量是 $q_A = 0$;右端点 $A'(\bar{Q}/2, 0)$ 则代表着当 $q_B = 0$ 时,A 厂商的最佳销量是 $q_A = \bar{Q}/2$。

同样,我们也可以求出 B 厂商在 A 国市场的反应曲线 BB':

$$\bar{Q} = q_A + 2q_B \qquad (3·2-10)$$

BB' 的左端点 $B(0, \bar{Q}/2)$ 代表着当 $q_A = 0$ 时,B 厂商的最佳销量是 $q_B = \bar{Q}/2$;右端点 $B'(\bar{Q}, 0)$ 则代表着当 $q_A = \bar{Q}$ 时,B 厂商的最佳销量是 $q_B = 0$。

而这两条反应曲线的交点 $E(q_A^E, q_B^E)$ 即为贸易后两寡头厂商在 A 国市场上的销量均衡点。可以证明,两寡头厂商的均衡销量 $q_A^E = q_B^E = q_E = \bar{Q}/3$,相应的均衡售价为 $P_E = \bar{P}/3$,

两个厂商的最大化利润则均为 $R_E = P_E \cdot q_E = \overline{PQ}/9$。显然,这一切对于 B 国市场也同样成立。

3. 两国间双寡头产量博弈产业内贸易的社会经济福利效应

当两国寡头完全垄断的产业进行双寡头产量博弈的产业内贸易时,可以迫使两国寡头厂商增加产量以更加充分地发挥其规模经济效益,从而降低两寡头厂商的生产成本、垄断收益和市场价格水平。这样,长期来看,两国消费者的福利可以得到大幅提升,虽然寡头厂商们的垄断收益有所减少,但其生产成本也有所下降,最终两贸易国的社会净福利都能得到一定程度的提升。

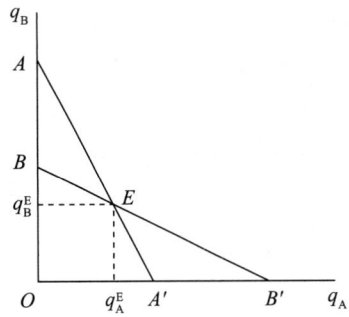

图 3·2-6 双寡头贸易下在一国市场上的均衡销量分析

(二)产品垂直差异化的两国间多寡头价格博弈产业内贸易模型

这方面的代表性理论模型是谢克德和萨顿模型(A. Shaked,J. Sutton,1984)。其主要前提假设是:

①有一个产品垂直差异化的产业,劳动和资本两种生产要素,两个规模既定的国家;

②该产业内的厂商都具有非常高的沉淀固定成本(相对于可变成本而言)和规模经济,每个厂商都只生产一个级别的产品且每级产品市场都由单寡头垄断,而且生产要素不能跨国流动;

③两国该产业的同级别产品具有同质性,可以自由贸易进行产业内"伯特兰德非合作型"(Bertrand of Non-cooperation)的多寡头价格博弈(price game among multi-oligarchs),也不考虑运输成本等任何贸易费用;

④两国该产业内同级产品的生产函数相同;

⑤两国的规模、消费结构和偏好相同,但收入水平不同(注:这条假设其实是有点自相矛盾的,因为对于两个收入水平不同的国家来说,其消费结构和偏好应该是会有所不同的);

⑥此外,还有一些关于消费效用函数方面的假设。

1. 一国产品垂直差异化的多寡头价格博弈产业内厂商的均衡分析

短期来看,进入该产业的厂商们要经过一个三阶段非合作博弈过程:在第一阶段,厂商决定是否进入这个产业;第二阶段,每个厂商决定其产量(假定每个厂商都只生产一个级别的产品);第三阶段,每个厂商再根据其可变成本来决定其产品的价格(这里,把每个厂商在前两阶段投入的固定成本看作沉淀成本而不再进入价格决策之中),与其他厂商展开非合作的价格博弈。

长期来看,在谢克德和萨顿模型的前提假设下,该产业市场中长期均衡的厂商数量其实是已经被市场内生决定了的——在一国只能并存两个级别的寡头厂商(每个产品级别只能容纳一个寡头厂商),形成长期的双寡头非合作型纳什均衡。

2. 两国间多寡头价格博弈产业内贸易模型的厂商均衡分析

假定该产业在贸易前,收入水平较低的 A 国原来是由寡头厂商 A_1 和 A_2 分别垄断生产一级和二级产品,收入水平较低的 B 国原来则是由寡头厂商 B_1 和 B_2 分别垄断生产一级和二级产品。则该产业在贸易后的两国联合市场中,两国市场联合后产品的分级和定价将由原来的四个寡头厂商通过新的价格博弈而重新确定——这里在两国收入水平不同的前提假设下,有以下两种可能性(至于究竟会出现下面哪种情况,则具有不确定性):

一是该产业在贸易后的两国联合市场中还能长期并存四个级别的寡头厂商来形成完美的四寡头非合作型纳什均衡:最终一般来说,A 国的原寡头厂商 A_1 和 B 国的原寡头厂商 B_2 将分别成为两国联合市场中的初级产品寡头厂商 W_1 和顶级产品寡头厂商 W_4,而原寡头厂商 A_2 和 B_1 将分别成为两国联合市场中的另外两个级别产品的寡头厂商 W_2 和 W_3(或 W_3 和 W_2,至于原 A_2 和 B_1 究竟谁会成为新的二级产品厂商还是三级产品厂商则具有不确定性),然后再由四者进行长期均衡的四寡头价格博弈产业内贸易。

二是该产业在贸易后的两国联合市场中将只能长期并存三个级别产品的寡头厂商来形成完美的三寡头非合作型纳什均衡:最终一般来说,A 国的原寡头厂商 A_1 和 B 国的原寡头厂商 B_2 将分别成为两国联合市场中的初级产品寡头厂商 W_1 和顶级产品寡头厂商 W_3,而原寡头厂商 A_2 和 B_1 中的幸存者将成为两国联合市场中另一个级别产品的寡头厂商 W_2(至于 A_2 和 B_1 这两个原寡头厂商究竟谁会成为最后的第三个幸存者则也具有不确定性),然后再由三者进行长期均衡的三寡头价格博弈产业内贸易。

注:这里如果假定两国收入水平相同,则在贸易后该产业的两国联合市场中,长期均衡的厂商数量将仍是只能幸存两个级别产品的寡头厂商来形成完美的长期非合作型纳什均衡(Nash Equilibrium of Non-cooperation)——至于究竟谁会成为最后的两个幸存厂商则具有很大的不确定性(可能是 A_1 和 A_2 组合,也可能是 A_1 和 B_2 组合,又可能是 B_1 和 A_2 组合,还可能是 B_1 和 B_2 组合)。

3. 两国间多寡头价格博弈产业内贸易的社会经济福利效应

当两国寡头高度垄断(但又非单寡头完全垄断)的产业进行多寡头间价格博弈的产业内贸易时,也可以迫使两国的寡头厂商们降低价格水平。这样,长期来看,两国消费者的福利也可以得到一定提升,虽然对于被淘汰了弱势厂商的国家来说,其厂商们的总福利会受损,但对于两贸易国总体上的社会净福利来说,还是能得到一定程度的提升的。

五、重叠需求贸易理论

前面我们从厂商的规模经济和不完全竞争的角度,主要从供给的角度探讨了产业内贸易的起因。瑞典经济学家林德(S. B. Linder,1961)又提出了重叠需求贸易理论(Trade Theory of Overlapping Demand),进一步从需求的角度探讨了产业内贸易的起因。林德认为,各国消费者的收入水平影响着消费结构和偏好,因而对各国的消费需求(expense demand)有着重要影响,其理论建立在以下三个基本命题之上。

第一,一种产品首先得有国内消费需求(domestic expense demand),然后才有可能成为出口产品(export product)。林德认为,企业的生产动机首先起源于其国内市场的需求,而不可能首先起源于外国市场的需求,因为它对国外市场不可能像对国内市场那样熟悉,而企业改进产品和推出新产品等都需要不断的信息反馈,需要贴近市场才行;但企业又会不断地改进生产技术和扩大生产规模以降低生产成本和获取最大利润,当其生产能力超过了国内的需求时,企业才会为了扩大销量而进行出口以谋取更大的规模收益和竞争力。

第二,一个国家的消费结构和偏好主要取决于其人均收入水平。这里假定收入水平相同的消费者有着相同层次的消费结构和偏好,而不同收入水平的消费者则有着不同层次的消费结构和偏好:收入水平高的消费者偏好高品质与高档次的产品,而收入水平低的消费者则偏好低品质与低档次的产品。从而可知,收入水平不同的国家有着不同的消费需求结构(expense demand structure)。

第三,两个国家的收入水平越相近,其消费需求结构也越相似,两国间开展产业内贸易的可能性也就越大。这就是说,两个国家的收入水平越相近,其消费需求结构的重叠部分就越多,一国的产品也就越容易满足另一国的需求,两国间进行产业内贸易的可能性也就越大。

根据这三个命题,林德从重叠需求的角度解释了发达国家之间大量开展产业内贸易的原因。见图 3·2-7,横坐标 y 代表个人收入水平,纵坐标 g 代表产品的品质等级,射线 OA 代表生活必需品的品质等级与个人收入水平之间的关系,射线 OB 则代表奢侈品的品质等级与个人收入水平之间的关系,它们的斜率为正意味着随着个人收入水平的提高,其所需求产品的品质等级也相应提高,OB 比 OA 陡峭又意味着奢侈品需求的品质等级对收入的弹性大于生活必需品,而夹在这两条射线之间的区域则代表着一定收入水平下各类需求品的品质等级范围。

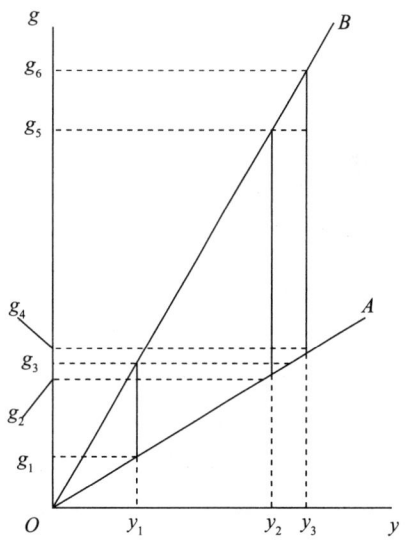

图 3·2-7 重叠需求分析

y_1、y_2 和 y_3 分别代表了印度、英国和美国的人均收入水平,相应地,印度所需求产品的品质等级范围为 $[g_1,g_3]$,英国为 $[g_2,g_5]$,美国为 $[g_4,g_6]$。从图中可以看出,因为印度与英、美两国的收入水平差距较大,所以其与英国的消费需求结构只有很少的重叠部分 $[g_2,g_3]$,而与美国则干脆就没有重叠区域;但英、美两国之间由于收入水平比较接近,二者的需求结构则有较大的重叠部分 $[g_4,g_5]$。这样,印度与英、美之间就很难开展贸易,而英、美之间则很容易开展贸易。

将不完全竞争及重叠需求等贸易理论和传统比较优势贸易理论各自的适用性相比较后,可知:不完全竞争及重叠需求等贸易理论主要适用于解释发达国家之间的产业内贸易,而传统的比较优势贸易理论则主要适用于解释发达国家和发展中国家之间的产业间贸易。

六、行业内贸易指数

经济学家们常使用各种行业内贸易指数(index of intra-industrial trade,IIT 指数)来测度一个产业开展产业内贸易的程度。

巴拉萨指数(Balassa Index,B. Balassa,1966):

$$IIT = \frac{|X - M|}{X + M} \qquad (3 \cdot 2 - 11)$$

(3·2-11)式中,X 和 M 分别代表某国一个行业内产品在某个报告期内的出口价值和进口价值,其含义是一个行业在报告期内的净出口额在该行业的进出口总额中所占的比重。该指数的值介于 0 和 1 之间,当 X 或 M 有一个为 0 时,$IIT = 1$,意味着不存在行业内的贸易(行业内的贸易额为 0);而当 $X = M$ 时,$IIT = 0$,意味着行业内的进、出口价值恰好相等(该国该行业在该报告期内的国际贸易全部是行业内的)。可见,该指数与行业内贸易的程度成反向关系。

格鲁贝尔-劳埃德指数(Grubel-Lloyd Index,G-L 指数,H. G. Grubel,P. J. Lloyd,1975):

$$IIT = 1 - \frac{|X - M|}{X + M} \qquad (3 \cdot 2 - 12)$$

它是 1 与巴拉萨指数之差,其含义是某国一个行业在报告期内的行业内贸易额在该行业的进出口总额中所占的比重。该指数的值也是介于 0 和 1 之间,当 X 或 M 有一个为 0 时,$IIT = 0$,意味着不存在行业内的贸易(行业内的贸易额为 0);而当 $X = M$ 时,$IIT = 1$,意味着行业内的进、出口价值恰好相等(该国该行业在该报告期内的国际贸易全部是行业内的)。可见,该指数与行业内贸易的程度成同向关系。

而要统计多个行业总体上的产业内贸易水平时,则可用如下的算术平均算法来计算其加总的产业内贸易指数(G-L指数):

$$IIT = 1 - \frac{\sum |X_i - M_i|}{\sum (X_i + M_i)} \qquad (3 \cdot 2 - 13)$$

显然 IIT 指数的大小还在一定程度上与所界定行业的产品范畴(product scope)的宽窄有关——其大小还会由于各个行业产品范畴的界定口径宽窄的不同而有所不同;另外,多个行业总体贸易收支的不平衡也会在一定程度上导致其加总的产业内贸易指数失准。

第三节 新技术贸易理论

本节所讨论的新技术贸易理论(trade theory of new technology)是在把技术进步作为一个独立因素来研究其所产生的贸易激励效应(trade incentive effect),并把研究的重点放在其所造成的短期的技术垄断优势(the superiority of technique monopoly)方面,这里认为模仿新产品所需要的"时滞"(time lag)并不像完全竞争理论认为的那样短暂,它其实是一个动态的演变过程(dynamic process of evolution)。由于新技术扩散(new technology diffusion)在其演变过程中"时滞"的存在,最终导致了新技术产品贸易(trade of new technology product)的发生和一个动态的演变过程。需要指出的是,下面讨论到的各种有关技术进步的新贸易理论其实并不是单纯的"贸易"理论,而是将国际贸易与跨国公司的对外技术转移和直接投资等综合在一起的"国际投资与贸易"(international investment and trade)理论,但本节我们将把讨论的重点放在其"贸易"理论方面。

一、波斯纳的技术差距贸易理论

率先打破新古典比较成本优势贸易理论框架的是美国经济学家波斯纳(M. V. Posner,1961),他在所提出的技术差距贸易模型(Trade Model of Technological Gap)中认为,创造新技术产品(new technique product)的国家所拥有的对于新产品的技术垄断优势是一种不同于传统生产成本优势的,也可以创造外国进口该产品贸易需求的全新的重要因素,并且因为创新国(innovation country)的企业为研发新技术产品或引进新技术需要承担巨大的前期投资,为此而承担了极大的投资和研发风险(risk of investment and R&D),所以必然要谋取额外的风险报酬——通过享受专利权(patent rights)保护来获得垄断利润(monopoly profit)。这样,创新国在国际贸易中是可以获得比单纯拥有比较成本优势时大得多的额外贸易利益的——创新国可以用含有垄断利润的垄断价格(monopoly price)对外出口其创新产品(innovative product),同时又以较为有利的价格进口传统产品。

但这种技术差距贸易的产生和存续又是以进口国消费者对创新产品产生需求之后其国内生产者对这种技术创新(technological innovation)做出反应和进行模仿的时间滞后为条件的,所以这种技术差距贸易(trade of technological gap)又会随着进口国生产者通过各种方式引进新技术进行模仿生产而逐步消失。当然,这又会促使技术领先的国家不断地研发新产品或新技术,创造出一轮又一轮新的技术差距(technological gap)。

波斯纳的技术差距贸易理论(Trade Theory of Technological Gap)首次较为科学地论证了技术差距也是国际贸易的一个重要成因,并且它还会给创新出口国(export state of innovation)带来垄断利润和超额的贸易利益——技术垄断贸易给创新国带来的贸易利益要远远大于传统生产成本差异贸易所能创造的贸易利益。但是波斯纳的理论尚显得过于粗浅,缺乏对技术差距贸易的成因及其动态演变过程的深入分析,所以后人又进行了种种发展和改进,其中最著名的是美国经济学家弗农(R. Vernon,1966)提出的新技术产品生命周期贸易理论(Trade Theory of Life Cycle of New Technology Product)和赫希(S. Hirsch,1975)提出的新技术产品净出口演变周期贸易理论(Trade Theory of Evolution Cycle of Net Export of New Technology Product)。

二、弗农的新技术产品生命周期贸易理论

弗农在其新技术产品生命周期五阶段贸易模型(Trade Model of 5 Stages of Life Cycle of New Technology Product)中深入分析了产生技术水平差距的原因——特别是技术创新为什么多发生在美国等发达工业国:技术创新需要有大量的研究开发经费(research and development funds,R&D 经费)和高科技人才(high-tech talent),这需要有风险投资(venture investment)和发达的高等教育水平,并且还需要消费者有较高的收入水平从而具有对高价新产品的需求能力;再者,世界各国在这些方面存在着巨大的差距,从而造成了各国技术水平存在差距。而美国等发达工业国也正是在这些创新资源(innovation resource)的供给和对创新产品的需求方面存在比较优势,所以造就了这些发达国家在技术水平和技术创新方面的比较优势。

关于新技术产品贸易的动态演变过程,弗农提出了一个创新国—模仿国(innovation country – imitation country)对于新技术产品的生产—消费—贸易演变周期的五阶段分析模型,见图3·3-1。

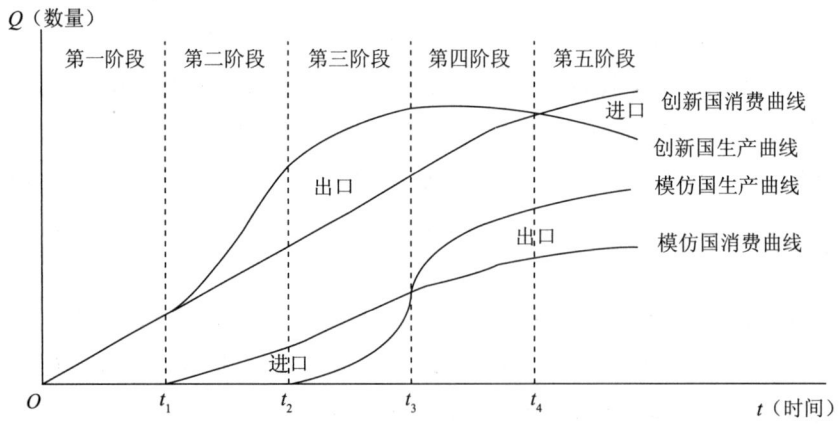

图3·3-1 创新国—模仿国新技术产品生产—消费—贸易演变周期的五阶段分析

第一阶段——新技术产品的引入期。在这一阶段,新技术产品刚开始在创新国内小规模生产,但其技术尚不成熟,价格很高。这时该产品只在创新国内生产和销售,尚无国际贸易,更无跨国技术转移。

第二阶段——新技术产品的成长期。在这一阶段,新技术产品开始在创新国内大规模生产,其技术已比较成熟,但价格仍然较高。此时国外已开始对该产品产生需求,从而创新国开始以寡头垄断的高价向其他发达国家少量出口该产品,但尚无跨国技术转移。

第三阶段——新技术产品的成熟和技术扩散期。在这一阶段,新技术产品已经成熟,创新国厂商发现向国外转移新技术已更加有利可图,于是开始向国外转移技术,包括向外国厂商转让专利(patent)和发放生产许可证(production license)。此时模仿国的产量尚不能满足国内需求,但毕竟此时技术垄断优势(superiority of technique monopoly)已开始让位于品牌和规模优势(superiority brand and scale),开始进入垄断竞争时期。在这一阶段创新国仍然可以垄断竞争的价格向模仿国以及其他第三方国家大规模出口该产品,并在该时期内达到生产和出口的最高峰。

第四阶段——新技术产品的标准化技术普及期。在这一阶段,新技术产品的生产已经实现标准化,开始进入技术普及时期,比较优势又开始转向劳动成本优势(superiority of labor cost),为此创新国厂商开始向国外大规模转移技术和生产,在国外合资或独资办厂(弗农曾对此分析道,由于国际专利和许可市场是无效率和不完全的,所以一般来说,向外国厂商转让专利和发放生产许可证不如在国外办厂更有利可图,因为后者更有利于创新国厂商通过价格歧视的办法来发挥其技术垄断优势)。此时,该产品的价格已开始大幅下降,创新国的生产和出口也开始下降,而模仿国的生产规模则迅速提升并开始成为向其他第三方国家的主要净出口国。

第五阶段——新技术产品的生命晚期。在这一阶段,该产品的生产技术已经普及,比较优势已主要取决于劳动成本优势,进入了完全竞争时期。此时,该产品的价格逐渐趋于其生产成本,模仿国的生产规模进一步扩张并开始反过来向原创新国低价净出口,而原创新国内的生产则大幅度下降并开始成为净进口国……这一新技术产品在原创新国的生命周期将在本阶段逐渐走到尽头。

其中,前三个阶段为新技术产品在创新国的生产上升阶段,后两个阶段则是该产品在创新国的生产衰退阶段。

三、赫希的新技术产品净出口演变周期贸易理论

在弗农新技术产品生命周期贸易理论的基础上,赫希于1975年又提出了一个创新国—其他发达国家(other developed country)—发展中国家(developing country)之间的新技术产品净出口三阶段演变周期模型(trade model of 3 stages of evolution cycle of net export of new technology product),对于净出口演变周期的三个阶段进行了深入的分析,见图3·3-2。

第一阶段——创新国新技术产品在技术成长期(growth period of technology)的完全垄断贸易阶段(trade stage of complete monopoly)。

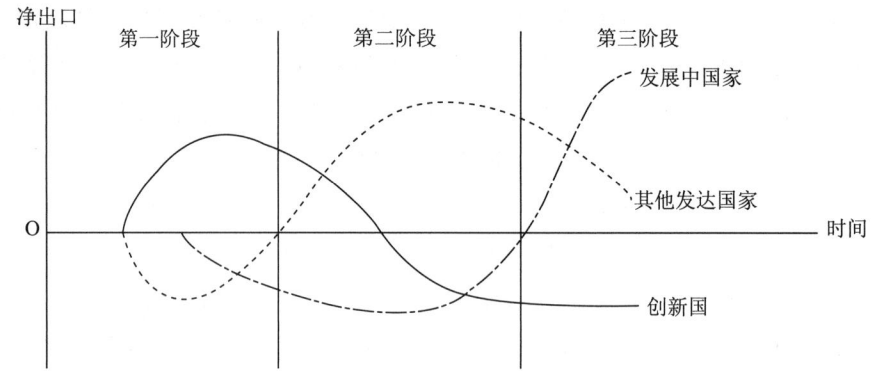

图3·3-2 创新国—其他发达国家—发展中国家新技术产品净出口演变周期的三阶段分析

这一阶段又可细分为以下三个时期:创新国引入新技术产品开始在国内生产和销售→创新国开始向其他发达国家出口→创新国又开始向发展中国家出口而达到其净出口的高峰期,并且还开始向其他发达国家转移技术而后者则开始其国内生产并减少进口。

这是新技术产品在成熟之前的技术成长期的完全垄断贸易阶段。这一阶段主要的比较优势是创新国国内自身对新技术产品的供需优势,要求该国拥有发达的科技知识、丰裕的研发经费和风险投资、大量的高科技人才和具有创新精神(spirit of innovation)的企业家(entrepreneur),等等,并且要求该国有较高的收入水平乃至较大的市场容量,从而对价格昂贵的新技术产品有较大的需求和购买能力。

第二阶段——新技术产品进入技术扩散期(diffusion period of technology)的品牌和规模垄断竞争贸易阶段(trade stage of monopoly competition of brand and scale)。

这一阶段又可细分为以下两个时期:其他发达国家开始向发展中国家出口而原创新国的净出口则迅速衰减→其他发达国家又开始反过来向原创新国净出口并进入其净出口的高峰期进而成为主要的净出口国,而原创新国则开始转为净进口。

这是新技术产品在成熟之后进入技术扩散期的品牌和规模垄断竞争贸易阶段。这一阶段主要的比较优势转化为新技术产品的品牌和规模经济优势,要求该国拥有丰裕的资本、大量的熟练技工、对成熟产品进行特色和品牌开发的科技人才,以及拥有成熟管理和营销经验的企业家,等等。

第三阶段——新技术产品进入技术普及期(popularizing period of technology)的成本和价格完全竞争贸易阶段(trade stage of perfect competition of cost and price)。

在这一阶段,其他发达国家的净出口也迅速衰减而发展中国家则开始转而成为主要的净出口国……

这是新技术产品在生产标准化以后的技术普及期中成本和价格完全竞争的贸易阶段,这一阶段主要的比较优势又转化为产品的生产成本优势,主要要求该国拥有丰裕的廉价劳动力。

一般来说,弗农的新技术产品生命周期贸易理论和赫希的新技术产品净出口演变周期贸易理论都不是单纯的新技术贸易理论,它们其实并没有完全排斥传统的贸易理论,而是把传统的比较生产成本优势(完全竞争)贸易理论跟现代的比较品牌与规模经济优势(垄断竞争)贸易理论和比较技术优势(完全垄断)贸易理论三位一体地融合在了一个综合的动态贸易理论之中,较好地阐释了新技术产品的国际贸易和技术转移生命周期(life cycle of technology transformation)之间的关系。这些工作显然具有相当重要的理论意义,同时,实际上也确有某些新技术产品国际贸易和技术转移的演变过程基本印证了这些理论,从而也具有一定的实际意义。但是,随着经济全球化(economical globalization)的发展,现在跨国公司(multinational company)的一些新产品开发已经直接起源于外国市场的需求,并且国际贸易、技术转移和投资的情况也已变得更加错综复杂了,这些新情况的出现已然打破了弗农与赫希等人的理论框架,这意味着还需要再对新技术贸易理论进行进一步的发展。

第四章　国际贸易的政策工具

在前三章中,我们分别讨论了在完全竞争情况下和非完全竞争情况下国际贸易产生的原因和造成的效果。从纯粹经济学(pure economics)的角度来看,通过国际分工和自由贸易通常可以给双方都带来净收益,提高各国的福利水平。但在现实中,由于种种原因,各国政府常常会通过各种贸易政策(trade policy)、产业政策和消费政策(consumption policy)来鼓励出口(encourage exports)、限制进口(restricting imports)以实行贸易保护(trade protection),或者有时也会反过来限制出口(restricting exports)、鼓励进口(encourage imports)以及进行贸易制裁(trade sanctions)等。那么,主要有哪些涉及国际贸易的政策工具和措施?各种政策的目标是什么?其效果又怎么样?这是本章及第五章所要讨论的内容。本章介绍有关贸易保护的各种贸易政策、产业政策和消费政策,以及限制出口、鼓励进口和贸易制裁的各种政策措施。

第一节　关税壁垒

一、关税的概念

一个国家或经济区可以由一定的关境形成一个关税区域(customs area),由该关税区域内的政府海关机构对流进或流出该区域之关境(customs frontier)的商品征收税赋(tax),这种对商品进、出口课征的税赋被称作关税(customs duty)。这里所说的关税区域或关境可以是一个国家的国境(frontier),也可以是若干个国家和地区所组成的关税同盟区(customs union area),还可以是一国境内设立的经济特区(special economic zone),诸如自由贸易区(free trade area)、出口加工区(export processing zone)、保税区(bonded area),等等。

(一)关税课征的种类

1. 进口关税

进口关税(import customs duty,常被简称为关税)是对进口商品征收的关税,是最重要的关税税种。进口关税又有财政性关税(financial customs duty)和保护性关税(protective customs duty)之分,其中财政性关税是为增加政府财政收入而征收的长期性关税(其税率通常较低),保护性关税则是为保护国内相关产业而征收的关税(其税率通常较高)——它又有长期性保护税种(long-term protection categories of taxes)和临时附加性保护税种(temporary protection categories of taxes)之分,其中后者是指诸如反倾销税(anti-dumping duty)、反补贴税(anti-subsidy duty)等一些短期的临时性税种。

2. 过境关税

过境关税(transit customs duty)是对过境商品征收的关税。目前绝大多数国家已不征收此税,而只收取少量的行政管理费及服务费。

3. 出口关税

出口关税(export customs duty)是对本国某些关系到国计民生的重要物资及敏感性商品的出口所征收的关税。

(二)关税计征方法的分类

1. 从量税

从量税(specific duty)是对一种商品的进出口按照其数量征税。对于一种进口商品征收从量税后的国内价格 $P_t = P_m + t$,其中,P_m 为征税后的进口价格,t 为从量税率(specific duty rate)。

从量税以重量、长度、面积、容积、数量等计量单位为征税标准,比较适合于对价值低廉的原材料及标准化商品计征。在第二次世界大战以前尚有不少国家对某些商品的进口单纯采用从量税,但由于从量税对进口品的价格及通货膨胀不敏感,所以现在已经很少有国家对商品进口单纯采用从量税了。

2. 从价税

从价税(ad valorem duty)是对一种商品的进出口按照其价值征税。对一种进口商品征收从价税后的国内价格 $P_t = P_m(1+t)$,其中,P_m 为征税后的进口价格,t 为从价税率(ad valorem duty rate)。

从价税与商品价格成正比,因而对同类商品可以不必再细分其品质等级及区分其税率,并且由于从价税可以随着进口商品价格的变动而同比变动,还能在一定程度上抑制通货膨胀的输入,所以现在各国对大多数商品的进口都采用从价税。

3. 复合税

复合税(compound duty,又称混合税),是对一种商品的进出口同时按照其价值和数量分别征税。可以是以从量税为主加征从价税,也可以是以从价税为主加征从量税。

4. 选择税

选择税(alternative duty)是对一种商品的进出口同时规定有从量税和从价税,以及相关的计征标准,海关在具体执行时可以根据具体情况来选择和调整计征方法。

此外,还有一种特别的可以跟随国际市场价格反向浮动的进口关税——其计征税率与进口价格成反向关系,被称为滑准税(sliding scale duty)。开征此税种的目的是保持某种商品国内市场价格的相对稳定,减少该商品国际市场价格波动对国内的影响。

(三)关税税则

关税税则(customs tariff,又称海关税则),是一国海关对进出口商品计征关税的规章及进出口应税商品和免税商品的税率分类一览表。其内容可以概括为两大部分:一是海关征收关税的规章、条例及其说明;二是关税税率明细表(包括税则号、商品种类及名称、关税税率等栏目)。

根据一国对来自不同国家的商品实行无差别关税还是差别关税,可以将其关税税则区分为单式税则(single tariff)和复式税则(complex tariff)。单式税则的关税税率表中每一税目均只有一个税率,可以适用于来自所有不同国家的同一种商品,对不同国家不存在差别待遇;复式税则的关税税率表中有一些税目有两个乃至多个不同税率,分别适用于来自不同国家的同一种商品,对不同国家存在差别待遇。目前世界上绝大多数国家都实行复式税则,尤其是发达国家的复式税则中通常会有普通关税、特惠关税以及普惠制关税等针对不同国家或地区的同一种进口品的多个不同的区别税率。

二、进口关税的局部经济效应分析

这里主要是对完全竞争型进口替代市场(import substitution market of perfect competition)的进口关税做局部经济效应分析(partial-equilibrium analysis of economic effect),并且只是以从量进口税(specific import duty)为例来进行分析。

(一)进口小国情形

见图$4 \cdot 1 - 1$,对于进口小国来说,其所面临的进口供给曲线 S_m 将是水平的,S_d 曲线和 D_d 曲线分别为该国对该种商品的国内供、需曲线。在自由贸易条件下,该商品在该国国内的价格等于进口价格 P_m,从而该国国内对该商品的供给量和需求量分别为 Q_S 和 Q_D,供需均衡的进口量则为 $Q_D - Q_S = Q_m$。

现在假定一国对商品的进口征收从量关税 t(元/单位进口量),在小国情形下,由于其进口供给曲线 S_m 是水平的,所以这并不会改变该商品的进口价格 P_m(这意味着征收进口关税不会改变进口小国的贸易条件),但会改变该商品的国内价格,产生如下一系列经济效应。

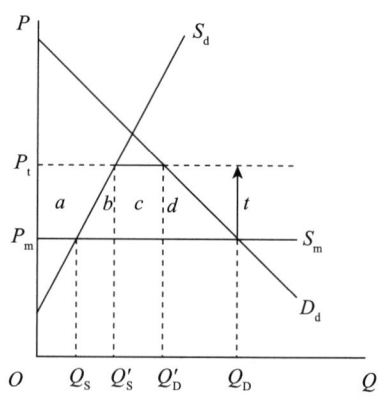

图$4 \cdot 1 - 1$ 进口小国关税的局部经济效应分析

1. 国内价格效应(price effect)

该商品的国内价格会从 P_m 上升到 $P_t = P_m + t$(上升了 $P_t - P_m = t$)。

2. 生产效应(production effect)和生产者福利效应(producer welfare effect)

该商品的国内产量会从 Q_S 上升到 Q_S'(增加了 $Q_S' - Q_S$),生产者福利则相应上升了

$a = \frac{1}{2}t(Q_S + Q'_S)$ 所代表的小梯形面积。

3. 消费效应(consumption effect)和消费者福利效应(consumer welfare effect)

该商品的国内消费量会从 Q_D 下降到 Q'_D(减少了 $Q_D - Q'_D$),消费者福利则相应下降了 $a + b + c + d = \frac{1}{2}t(Q_D + Q'_D)$ 所代表的大梯形面积。

4. 贸易效应(trade effect)

对于进口小国来说,征收进口关税不会改变其贸易条件,但其进口量则会从 $Q_D - Q_S = Q_m$ 下降到 $Q'_D - Q'_S = Q'_m$(下降了 $Q_m - Q'_m$)。

5. 财政效应(financial effect)

该小国政府从进口该商品中得到的关税收入为 $c = t(Q'_D - Q'_S) = tQ'_m$ 所代表的小矩形面积。

6. 社会净福利效应(social net welfare effect)

征收进口关税对于该小国的社会净福利效应为

生产者福利的增加 − 消费者福利的损失 + 关税收入 = $a - (a + b + c + d) + c = -(b + d)$

其中,$b = \frac{1}{2}t(Q'_S - Q_S)$ 代表该小国国内生产扭曲所造成的净福利损失,$d = \frac{1}{2}t(Q_D - Q'_D)$ 代表该小国国内消费扭曲所造成的净福利损失,而 $b + d = \frac{1}{2}t(Q_m - Q'_m)$ 则代表该小国征收进口关税给本国造成的社会净福利损失。

(二)进口大国情形

见图 4·1-2,对于进口大国来说,其所面临的进口供给曲线 S_m 将是从左上方向右下方倾斜的。在自由贸易条件下,该商品的进口价格取决于 S_m 曲线和进口需求曲线 D_m[它可由(a)图导出]交点 E_m 的纵坐标 P_m,其国内价格等于进口价格 P_m,从而该国国内

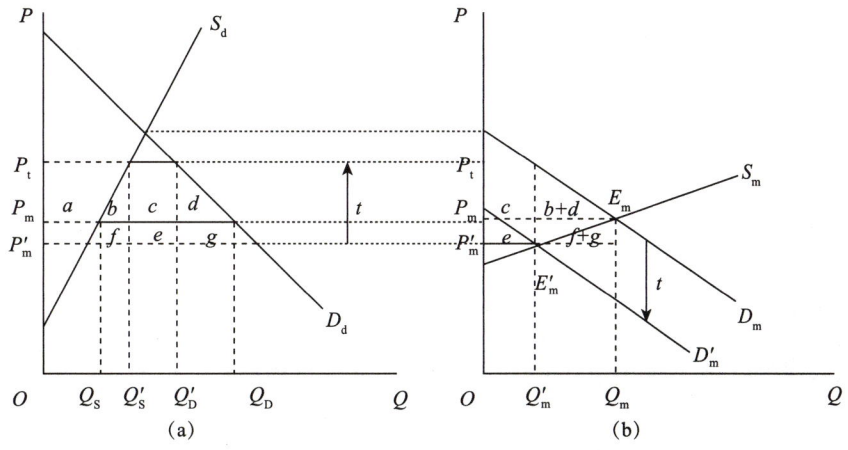

图 4·1-2 进口大国关税的局部经济效应分析

对该商品的供给量和需求量分别为 Q_S 和 Q_D,供需均衡的进口量则为 $Q_D - Q_S = Q_m$。

现在假定该国对该商品的进口征收从量关税 t(元/单位进口量),这会使其进口需求曲线垂直向下平移距离 t 到达 D'_m 的位置。而在大国情形下,由于其进口供给曲线 S_m 是从左上方向右下方倾斜的,所以 D'_m 曲线的下移会使其与 S_m 曲线的交点左下移到 E'_m 的位置——该商品的进口价格会下降到 P'_m(这意味着征收进口关税会使进口大国的贸易条件有所改善),从而会产生如下一系列经济效应。

1. 国内价格效应

该商品的国内价格会从 P_m 上升到 $P_t = P'_m + t > P_m$(上升了 $P_t - P_m < t$)。

2. 生产效应和生产者福利效应

该商品的国内产量会从 Q_S 上升到 Q'_S(增加了 $Q'_S - Q_S$),生产者福利则相应上升了 $a = \frac{1}{2}(P_t - P_m)(Q_S + Q'_S)$ 所代表的小梯形面积。

3. 消费效应和消费者福利效应

该商品的国内消费量会从 Q_D 下降到 Q'_D(减少了 $Q_D - Q'_D$),消费者福利则相应下降了 $a + b + c + d = \frac{1}{2}(P_t - P_m)(Q_D + Q'_D)$ 所代表的大梯形面积。

4. 贸易效应

对于进口大国来说,征收进口关税会使其贸易条件有所改善,同时其进口量也会相应从 $Q_D - Q_S = Q_m$ 下降到 $Q'_D - Q'_S = Q'_m$(下降了 $Q_m - Q'_m$)。

5. 财政效应

该大国政府从进口该商品中得到的关税收入为 $c + e = t(Q'_D - Q'_S) = tQ'_m$ 所代表的大矩形面积。

6. 社会净福利效应

征收进口关税对于该大国的社会净福利效应为

生产者福利的增加 − 消费者福利的损失 + 关税收入
$= a - (a + b + c + d) + (c + e) = e - (b + d)$

其中,$e = (P_m - P'_m)(Q'_D - Q'_S) = (P_m - P'_m)Q'_m$ 所代表的小矩形面积为该大国转移自国外的关税收入,$b = \frac{1}{2}(P_t - P_m)(Q'_S - Q_S)$ 所代表的小三角形面积为该大国国内生产扭曲所造成的净福利损失,$d = \frac{1}{2}(P_t - P_m)(Q_D - Q'_D)$ 所代表的小三角形面积为该大国国内消费扭曲所造成的净福利损失,而 $e - (b + d) = (P_m - P'_m)Q'_m - \frac{1}{2}(P_t - P_m)(Q_m - Q'_m)$ 则代表着该大国征收进口关税对本国产生的社会净福利效应(它大多为负,但也可能为正)。

另外,$(f + g)/2 = \frac{1}{2}(P_m - P'_m)(Q_m - Q'_m)$ 所代表的小三角形面积则是由于该大国

进口量减少而给外国厂商造成的生产扭曲福利损失。

除上述完全竞争型进口替代市场以外,还有一种完全垄断型进口替代市场(import substitution market of complete monopoly)的情形,关于后者的征收从量进口关税的局部经济效应分析则可参见附录4·1·1和附录4·1·2。

三、进口关税的一般经济效应分析

在这里,我们来进一步对完全竞争型进口替代市场进口关税做一般经济效应分析(general-equilibrium analysis of economic effect),并且仍然是以从量进口税为例来进行分析。以下假定 X 为出口品部门,Y 为进口品部门。

(一)进口小国情形

见图4·1-3,AA'曲线代表该国的生产可能性边界线,在自由贸易条件下,假设$p_w = P_x/P_y$为该国 X 产品出口的贸易条件(在自由贸易时这也是其国内的相对价格)。图中的p_w线则代表该国的消费可能性边界线,它与AA'曲线的切点 E 是该国的生产均衡点,它与消费无差异曲线 U 的切点 C 则是该国的消费均衡点。

现在,如果该国对进口品 Y 征收从量税 t(元/单位进口量),在小国情形下,这不会改变其贸易条件,但会使其国内 X 产品的相对价格下降到$p_t = P_x/(P_y + t)$。图中的p_t线则代表着征收进口关税后的国内相对价格线(它要比p_w线更为平

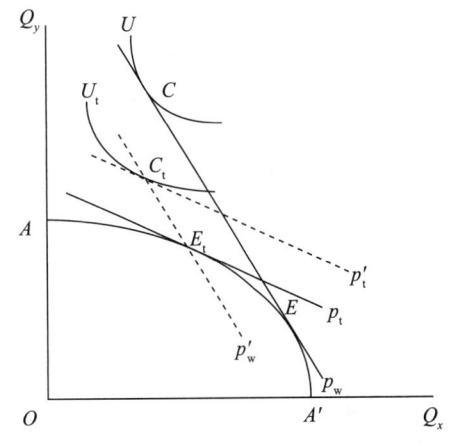

图4·1-3 进口小国关税的一般经济效应分析

缓),它与AA'曲线的切点 E_t 是该国新的生产均衡点,而过 E_t 点并且平行于p_w线的虚线p'_w则成为该国新的消费可能性边界线。这时,其新的消费均衡点 C_t 必须同时满足以下两个条件:一是它必须位于新的消费可能性边界线p'_w上;二是它还必须按照新的国内相对价格p_t来达到其消费效用的最大化,即过 C_t 点的消费无差异曲线 U_t 在 C_t 点处切线斜率的绝对值应等于p_t(图中过 C_t 点的虚线p'_t平行于p_t线)。

显然,对于进口小国来说,该国征收进口关税后,过最优消费均衡点 C_t 的消费无差异曲线 U_t 必定会位于当自由贸易时过最优消费均衡点 C 的消费无差异曲线 U 的左下方。这意味着,其征收进口关税后的社会福利水平 U_t 将会低于自由贸易时的福利水平 U。

(二)进口大国情形

见图4·1-4(这里包括了征税国净福利下降或上升两种可能情况),AA'曲线仍代表该国的生产可能性边界线,并且在自由贸易条件下,$p_w = P_x/P_y$为该国 X 产品出口的贸易条件(在自由贸易时这也是 X 产品在其国内的相对价格)。图中的p_w线仍代表该国的消

费可能性边界线,它与 AA′曲线的切点 E 是该国的生产均衡点,它与消费无差异曲线 U 的切点 C 则是该国的消费均衡点。

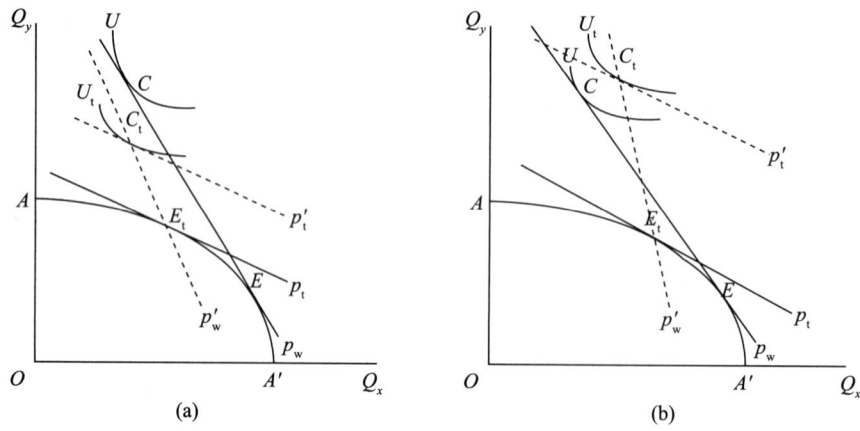

图 4·1-4 进口大国关税的一般经济效应分析

在大国情形下,如果该国对进口品 Y 征收从量税 t(元/单位进口量),则会使 Y 产品的进口价格有所下降,这里不妨设其下降到了 P'_y($< P_y$),这会改善其贸易条件,使新的贸易条件上升到 $p'_w = P_x/P'_y$($> p_w$),同时征收关税还会使其国内 X 产品的相对价格下降到 $p_t = P_x/(P'_y + t)$。图中的 p_t 线代表着征收进口关税后的国内相对价格线(它要比 p_w 线更为平缓),它与 AA′曲线的切点 E_t 则是该国新的生产均衡点,而过 E_t 点并且比 p_w 线更为陡峭的虚线 p'_w 则成为该国新的消费可能性边界线。这时,其新的消费均衡点 C_t 也必须同时满足以下两个条件:一是它必须位于新的消费可能性边界线 p'_w 上;二是它还必须按照新的国内相对价格 p_t 来达到其消费效用的最大化,即过 C_t 点的消费无差异曲线 U_t 在 C_t 点处切线斜率的绝对值应等于 p_t(图中过 C_t 点的虚线 p'_t 平行于 p_t 线)。

显然,对于进口大国来说,征收进口关税后经过最优消费均衡点 C_t 的消费无差异曲线 U_t 既可能位于经过自由贸易消费均衡点 C 的消费无差异曲线 U 的左下方[如(a)图所示],也可能位于 U 曲线的右上方[如(b)图所示]。其中前者[如(a)图所示]意味着该大国对 Y 产品征收进口关税的贸易条件效应(terms of trade effect)较弱,对该国贸易条件的改善有限,从而其社会净福利效应仍然为负(图中 U_t 曲线位于 U 曲线的左下方),这一净福利效应跟小国情形相类似;而后者[如(b)图所示]则意味着该大国对 Y 产品征收进口关税的贸易条件效应很强,使该国贸易条件得到了大幅度改善,以致其从贸易条件改善中所得到的福利(转移自国外的关税收入)超过了国内生产和消费扭曲所造成的损失,从而其社会净福利效应为正(图中 U_t 曲线位于 U 曲线的右上方),这一净福利效应跟小国情形有了质的差异。

四、关税的有效保护率和关税结构问题

(一)关税的名义保护率和有效保护率

1. 关税对产品的名义保护率

一种商品进口关税的名义保护率(nominal rate of protection,NRP)是指对其征收关税后使该商品的国内价格(P_t)比其国际贸易价格(P_w)提高的百分率,即

$$NRP = \frac{P_t - P_w}{P_w} \times 100\% \qquad (4 \cdot 1 - 1)$$

显然,如果一种商品进口的从价税率为 t,则该从价税率就是对该商品的名义保护率,即有 $NRP = t$。

另外,如果一种商品进口的从量税率为 t,则该从量税率对该商品的名义保护率为 $NRP = \frac{t}{P_w} \times 100\%$。

2. 关税对最终产品的有效保护率

关税对于一种最终产品的有效保护率(effective rate of protection,ERP,又称实际保护率或真实保护率)是指对单位最终产品及其进口中间品和原材料征收关税后的国内生产附加值(V')比自由贸易时的国内生产附加值(V)提高的百分率,即

$$ERP = \frac{V' - V}{V} \times 100\% \qquad (4 \cdot 1 - 2)$$

在该定义中,我们将国内非贸易品的投入视为国内生产附加值的一部分。

在征收进口关税前后各有关进口品的国际贸易价格均保持不变的条件下,对于有多种进口中间品及原材料投入的某种最终产品的有效保护率 ERP,可以导出如下一个计算公式:

$$ERP = \frac{t_0 - \sum a_i t_i}{1 - \sum a_i} \times 100\% \qquad (4 \cdot 1 - 3)$$

其中,t_0 代表该最终产品进口的从价税率,诸 $a_i \hat{=} P_i/P_0 (i=1,2,\cdots,n)$ 代表诸进口中间品及原材料投入的价值在最终产品总价值中所占比重(其中 P_0 代表最终产品的自由贸易价格,而诸 P_i 则为诸进口中间品及原材料的自由贸易价格),诸 t_i 则代表被征税的诸进口中间品及原材料的从价税率。

下面我们来从 $(4 \cdot 1 - 2)$ 式导出 $(4 \cdot 1 - 3)$ 式:

在自由贸易下单位最终产品的国内附加值为

$$V = P_0 - \sum P_i = P_0 - \sum a_i P_0 = P_0 (1 - \sum a_i)$$

其中,P_0 代表最终产品的自由贸易价格,而诸 $P_i (i=1,2,\cdots,n)$ 则为诸进口中间品及原材料的自由贸易价格。

征收进口关税后单位最终产品的国内附加值为

$$V' = P_0(1 + t_0) - \sum P_i(1 + t_i)$$
$$= P_0(1 + t_0) - \sum a_i P_0(1 + t_i)$$
$$= P_0(1 + t_0) - P_0 \sum a_i(1 + t_i)$$

其中,P_0 和诸 P_i 仍分别代表最终产品和诸进口中间品及原材料的自由贸易价格。从而有

$$V' - V = [P_0(1 + t_0) - P_0 \sum a_i(1 + t_i)] - P_0(1 - \sum a_i)$$
$$= P_0(t_0 - \sum a_i t_i)$$

于是

$$ERP = (V' - V)/V$$
$$= [P_0(t_0 - \sum a_i t_i)]/[P_0(1 - \sum a_i)]$$
$$= (t_0 - \sum a_i t_i)/(1 - \sum a_i)$$

(二)关税结构与有效保护率

由上述公式可知,当征收关税前后有关进口品的自由贸易价格均保持不变时,一般有:

①当最终产品的从价税率 t_0 大于/等于/小于各项进口中间品及原材料的从价税率的加权平均 $\sum a_i t_i$ 时,对最终产品的有效保护率为正/为零/为负;

②最终产品的从价税率 t_0 越高或其各项进口中间品及原材料的从价税率 t_i 越低,对最终产品的有效保护率越高;

③当最终产品的名义税率等于其所有各项进口中间投入品的名义税率时,最终产品进口从价税对该产品的有效保护率等于其名义保护率。

这些结论说明,想要有效利用关税政策来保护国内行业,就需要有合理的关税结构(customs duty structure)。各国政府为了尽可能有效地对国内行业的最终产品的生产进行保护,通常会在其关税结构设计中采取如下的"关税升级结构"(escalation of customs duty structure)或者说是"瀑布式关税结构"(waterfall type of customs duty structure),即对原材料等初级产品的进口实行免征关税或很低的关税率,对零配件等中间产品的进口也实行较低的关税率,而对最终产品的进口则实行高关税率。

[例] 假定某最终产品的自由贸易价格为 20000 美元,其各项进口中间投入品合计的自由贸易价格为 12000 美元(占最终产品价值的比重为 60%)。

①若一贸易小国对该最终产品及其各项中间投入品的进口一律征收 50% 的从价税,则对该最终产品的有效保护率为

$$ERP = (50\% - 60\% \times 50\%)/(1 - 60\%) \times 100\% = 50\%$$

可见,当最终产品的名义税率等于其所有各项进口中间投入品的名义税率时,对最

终产品的有效保护率等于其名义税率。

②若一贸易小国对该最终产品的进口征收 50% 的从价税,而对其各项中间投入品的进口一律征收 20% 的从价税,则对该最终产品的有效保护率为

$$ERP = (50\% - 60\% \times 20\%)/(1 - 60\%) \times 100\% = 95\%$$

可见,当最终产品的名义税率大于其所有各项进口中间投入品的名义税率时,对最终产品的有效保护率大于其名义税率,或者说是降低进口零部件的名义税率有助于改善对最终产品的有效保护率。

③若一贸易小国对该最终产品的进口征收 50% 的从价税,而对其各项中间投入品的进口一律征收 60% 的从价税,则对该最终产品的有效保护率为

$$ERP = (50\% - 60\% \times 60\%)/(1 - 60\%) \times 100\% = 35\%$$

可见,当最终产品的名义税率小于其所有各项进口中间投入品的名义税率时,对最终产品的有效保护率小于其名义税率,或者说是进口最终产品和有关零部件税率的倒挂会恶化对最终产品的有效保护率。

④若一贸易小国对该最终产品的进口征收 50% 的从价税,而将其各项中间投入品的进口税率更进一步提高到 90%,则

$$ERP = (50\% - 60\% \times 90\%)/(1 - 60\%) \times 100\% = -10\%$$

可见,当进口最终产品和有关零部件的税率严重倒挂达到 $t_0 < \sum a_i t_i$ 的程度时,甚至会使对最终产品的有效保护率恶化为负值。

五、最优关税和报复性关税战

(一)最优关税的含义及其厘定

我们知道,对于一个贸易大国来说,其对一种商品征收进口关税税率提高所引起的国内价格上升和进口需求减少,一方面会导致世界市场上该商品贸易价格的下降,使国外厂商承担一部分进口关税,转移成进口国的福利收益;另一方面,进口减少又会造成税收减少和国内进口消费扭曲的福利损失。这里的收益与损失之差,即为一国从征收进口关税中所得到的净福利。一般来说,当进口关税的税率为零时,其净福利也为零;然后,随着关税税率的不断提高,其净福利起先是会随之不断上升的,直至其净福利达到最大,这时的关税税率即为最优关税(optimum tariff);之后,随着税率的进一步继续提高,其净福利又会随之不断下降,直至其重新下降到零时的最高临界关税税率被称作禁止性关税(prohibitive tariff)。

显然,这里自然产生了一个进口大国如何厘定进口关税的税率以使其社会净福利最大化的问题——运用边际分析法可知,能使净福利达到最大化的最优关税税率 t^* 应满足以下条件:若税率再提高或降低的话,其所带来的边际收益等于边际损失。

见图 4·1-5,这里按从价税来讨论。S_m 曲线为商品的进口供给曲线,D_m 曲线为其

自由贸易时的进口需求曲线，D_m^* 曲线为最优关税 t^* 下的进口需求曲线，D_m' 曲线则为比最优关税税率 t^* 再提高 $\Delta t > 0$ 后的进口需求曲线。对于最优从价税率 t^*，应有

$$-(Q_m^* + \Delta Q_m)\Delta P_m = -t^* P_m^* \Delta Q_m - \frac{1}{2}\Delta P_t \Delta Q_m \tag{4·1-4}$$

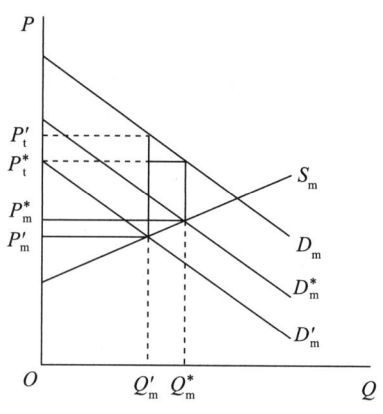

图 4·1-5　进口大国最优关税的厘定

其中，Q_m^*、P_m^* 和 P_t^* 分别是进口税率为 t^* 时的进口量、进口价格和国内价格，ΔQ_m、ΔP_m 和 ΔP_t 则分别是进口税率为 t^* 时税率变动 $\Delta t > 0$ 所引起进口量、进口价格和国内价格的相应变动量。将 (4·1-4) 式两边同时除以 Δt，再令 $\Delta t \to 0$ 可得

$$Q_m^* \frac{dP_m}{dt} = t^* P_m^* \frac{dQ_m}{dt} \tag{4·1-5}$$

由此可解得

$$t^* = \frac{Q_m^* dP_m}{P_m^* dQ_m} = \frac{1}{(dQ_m/Q_m^*)/(dP_m/P_m^*)} = 1/\zeta_m \tag{4·1-6}$$

其中的 $\zeta_m = (dQ_m/Q_m^*)/(dP_m/P_m^*)$ 为进口供给的价格弹性，也就是说，最优关税率为一国进口供给价格弹性的倒数。而对于进口小国来说，可以认为其进口供给的价格弹性近似于无穷大，所以进口小国的最优关税为 0，自由贸易对其最为有利。

（二）进口供、需弹性对关税福利效应的影响

1. 进口供给的价格弹性越低（即 S_m 曲线越陡峭），关税政策的正福利效应越强

外国厂商对一国市场的依赖程度越大，其对该国进口的供给弹性就越小，该国征收进口关税所引起进口价格的下降幅度也就越大，从而关税政策的正福利效应越强。

2. 进口需求的价格弹性越高（即 D_m 曲线越平缓），关税政策的负福利效应越强

一国消费者对一种进口品的依赖程度越小（一国消费者对进口品的依赖程度取决于消费者对此类商品的总体依赖程度以及国内进口替代品种类的多寡，国内可供选择的进口替代品越多，消费者对进口品的依赖程度也会越低），其从国外进口的需求弹性就越大，该国征收进口关税所引起进口需求量的下降幅度也就越大，从而关税政策的负福利效应越强。

（三）报复性关税战

以上对于最优关税的讨论都是在不考虑贸易伙伴国的反应的基础上进行的。而实际上，如果 A 国通过征收最优关税来改善自身贸易条件而牟利的话，则其必然会恶化贸易伙伴国的贸易条件，损害后者的利益，这自然会遭到后者的报复，如 B 国也向来自 A 国的进口品征收报复性关税 (retaliatory customs duty) ——即在前者既定关税的基础上，制

定出自己的最优报复性关税;但是这样一来,在 B 国也向 A 国征收了报复性关税的新的条件下,A 国原定的最优关税就已不再是最优的了,因此 A 国不得不重新制定其最优的再报复性关税……于是就会爆发一场关税战(tariff war)。其最终的结果从理论上来说有着多种可能性——最可能的结果是最终导致禁止性关税,但也可能是通过协商或一方屈服而中途停战,或者是两国的最优进口关税碰巧在中途达到了均衡,甚至还可能是碰巧发生了关税循环博弈的现象。如果最终的结果是双方的最优关税都达到其禁止性关税为止——贸易又消失了!这显然是一个两败俱伤的糟糕结果。对于关税战的结果可以运用提供曲线分析法来进行分析,也可以利用博弈论方法来进行分析,我们这里不再赘述。

第二节　非关税贸易壁垒

一、非关税贸易壁垒概述

这里所谓的非关税贸易壁垒(non-tariff barrier to trade, NTB)是指除关税政策以外的所有各种限制进口的贸易政策手段和制度措施。非关税贸易壁垒的手段和措施名目繁多,尤其是随着当今世界贸易中关税税率的不断降低,其重要性日益上升,并且一些新的限制进口的手段和措施还在不断产生,下面我们先简要概述一些常见的非关税贸易壁垒。

(一)进口配额

所谓进口配额(import quota),是指一国政府对某些商品在一定时期内的进口数量或金额加以限制的贸易政策措施(进口配额一般要与后述的进口许可证制配合实施)。进口配额有如下一些分类关系:

1. 绝对配额与关税配额

所谓绝对配额(absolute quota),是指在一定时期内对某些商品的进口数量或金额规定一个绝对限额,达到这个限额后便绝对不准再继续进口;关税配额(tariff quota)则是指在一定时期内对某些商品在规定配额以内的进口给予一定的减免关税的优惠待遇,而对超过配额限制以外的进口商品则课征高额关税或罚金。

2. 全球配额与国别配额

全球配额(global customs quota)是指只限定进口商品的数量或金额而不限制其出口地及原产地的进口配额;国别配额(individual country quota)则是指针对来自不同国家和原产地的进口品分别规定的进口配额。

3. 从量配额与从价配额

从量配额(specific quota)是指限定进口商品数量的配额;从价配额(ad valorem quota)则是指限定进口商品金额的配额。

有关进口配额更为详细的内容将在本节的后半部分进行深入讨论。

(二) 进口许可证

某些商品的进口必须经过政府有关部门批准,发给进口商准予其在一定效期内进口一定数量或金额有时还限定原产地的特定商品的批文——进口许可证(import licence)——才能进口。进口许可证又有一般进口许可证(general import licence)和特别进口许可证(special import licence)之分。一般进口许可证用于在任何情况下一律予以批准的进口许可制度,通常是用于统计和监督;特别进口许可证则适用于对进口配额及其他限制性措施进行管理的进口许可制度,后者的管控很严,需要逐笔经过特别的审批。

(三) 自动出口限制

自动出口限制(voluntary export restraint,又称自愿出口限制),是指出口国在进口国的要求或压力下,自动限制其某些商品在一定时期内向该进口国的出口限量和限额。出口国通常是通过出口签证制或出口许可证制来自动控制其某些商品向一些特定国家或地区的出口量或出口额。自动出口限制在表面上可以看成是进口配额的一种变形,但两者之间还是有着实质性的不同之处——进口配额产生的进口配额租值(进口品在进口国内的溢价收益)会留在进口国内,而自动出口限制产生的出口配额租值(出口品在出口时的溢价收益)则会被出口国拿走。

进口国之所以会要求出口国实行自动出口限制,通常是为了避免或减轻受到贸易保护主义的谴责。而出口国之所以会愿意实行自动出口限制,一方面是迫于进口国的要求或压力,与其受到对方的进口配额限制,还不如接受对方的要求而自动限制出口,还有可能获得出口配额租的额外好处;另一方面则是出口国在实行从量配额时,还可以通过把有限的配额用于尽可能多出口高档次和高价值的产品上,从而尽量增加出口配额产生的溢价来达到扩大收益的目的。

自动出口限制最早出现于1986年末,美国对从日本和中国台湾地区进口的汽车和机床等实行由出口方实施的"自愿出口限制"。后来,这一做法被一些国家和地区沿袭,至今在WTO的框架下,也仍然有其一席之地。

(四) 外汇管制

外汇管制(foreign exchange control)是一国政府通过法令、政策及管理条例对国际结算和外汇买卖实行严格限制,以实现国际收支平衡和维持本国货币的汇率稳定。通过外汇管制,一国不但可以通过强制性的结汇和用汇审批制度来限制进口,而且还可以采取刻意低估本国货币的汇率政策来增加出口和减少进口。

(五) 进出口贸易的垄断专营

进出口贸易的垄断专营(monopoly monopolize)包括对进出口贸易的国家垄断专营(state monopoly monopolize)和交由某些垄断组织专营(monopolistic organization monopolize),垄断的范围可以是全部进出口贸易,也可以是部分商品。通过对进出口贸易的垄断专营,不但可以直接控制和减少某些商品的进口量,而且可以通过提升这些进口商品在国内市场的价格起到保护和刺激国内生产的作用。

西方发达国家通常是授权一些大公司对某些特殊种类的商品实行垄断专营,而我国在外贸体制改革以前基本上是由国家垄断专营全部进出口贸易,目前则是由一些国有大公司对一些战略性物资实行垄断专营。

(六)海关手续障碍和估价障碍

所谓海关手续障碍(customs formality of obstacles),是指刻意把某些进口品的海关手续弄得十分烦琐和复杂,以降低其通关效率和减少进口。一个典型的例子是,有些国家故意把进口新鲜农产品的海关手续复杂化,以延长其通关时间,迫使出口商们囿于新鲜农产品的保鲜期而减少向该国的出口。

海关估价障碍(customs valuation of obstacles)是指利用海关税则中商品分类及选择税的可钻空子尽量把拟限制进口商品归类于税率较高的商品的办法,刻意高估进口品的完税价格,来间接达到限制进口的目的。

(七)国内生产补贴的国产化程度要求

国内生产补贴的国产化程度要求(manufacture domestically degree request)是对于一些需要进口零部件的国内生产进口替代产品,通过要求其必须含有一定比例的国产零部件或价值构成,才能享受种种税收和财政优惠的生产补贴政策。这里可根据产品国产化水平的差别,安排各种不同的优惠政策,来鼓励企业努力提高产品的国产化程度。促进国产化程度的政策可以为国内的相关产业提供有力的支持。

(八)歧视性政府采购

歧视性政府采购(discriminatory government procurement),是指一国政府通过颁布政策和法令,规定政府采购必须优先购买本国产品的非关税贸易壁垒。具体来说,歧视性政府采购政策包括允许政府机构以高于甚至大大高于国际市场同类商品的价格采购本国商品,强调政府所采购产品与服务的国产化程度,以及进行偏向国内企业的采购招标甚至直接向国内企业授标,等等。当前在各国经济中,政府采购已经占据重要地位,因而通过歧视性政府采购政策也可以对国内产业提供有力的支持,其对国内产业的保护作用与生产补贴相类似,两者的代价也相似。

由于发达国家庞大的政府采购对贸易有着不小的影响,世界贸易组织(World Trade Organization,WTO)的前身关贸总协定(General Agreement on Tariff and Trade,GATT)在1979年的东京回合谈判中曾首次达成了一个"政府采购协议"(Agreement on Government Procurement,GPA),但是该协议仅对中央政府机构及中央政府控制的军队部门和国有企事业单位有效,对地方政府则无效。1994年,GATT在乌拉圭回合上又对这一协议做了修改,把地方政府的采购也纳入了协议框架之内。但迄今为止这一协议仍然只是一个"诸边协议"(plurilateral agreement),而非"多边协议"(multilateral agreement),该协议的规定只限于签字国遵守,目前也只有极少数发达国家签署了这项协议。

(九)技术标准、环境标准和社会标准壁垒

所谓技术标准壁垒(technical standard barrier),是指进口国要求各种进口商品的品质和质量必须符合一定的技术标准而形成的种种贸易障碍。针对进口商品的技术标准包括安全规定、卫生检疫规定和包装标签规定等。当前,技术标准已经成为一项非常重要的非关税贸易壁垒,特别是在WTO的框架下,一些发达国家更注重寻求新的贸易保护措施,常常按照其自身的经济技术水平而对进口商品制定较高的技术标准,并以此为由将大量技术含量较低的外国商品拒之门外。

所谓环境标准壁垒(environmental standard barrier)则是随着环境保护呼声的增加,以减少环境污染和维护生态环境平衡为理由而新形成的种种贸易障碍。近来,一些学者已经将其作为一种与技术壁垒并列的新贸易壁垒。

社会标准壁垒(social standard barrier)目前主要是指劳工标准壁垒(labour standard barrier),这是西方发达国家以保障工人权利为借口而提出的劳工标准贸易障碍,是以美国为首的西方发达国家惧于发展中国家劳动密集型产品的竞争优势而千方百计寻找出来的一个保护其国内相关产业的新理由,并且美国还别有用心地把劳工标准问题与所谓的"人权"问题扯在一起,有意把问题政治化,以图混淆视听,掩盖或淡化其在经济上的无效率性问题。

在1979年GATT的东京回合上,首次达成了一项《技术贸易壁垒协议》。而在1994年GATT的乌拉圭回合上,又对上述协议做了进一步的修订,同时还达成了一项《卫生及动植物检疫协议》,并且在美国和法国的坚持下,在谈判的最后阶段还曾把劳工标准问题引入了谈判,但对于后者未能达成任何具体协议。自1995年世界贸易组织(WTO)成立以来,欧美发达国家又一直希望能把劳工标准问题正式引入谈判议程,但遭到了大多数发展中国家的反对而始终未能如愿。显然,关于这一问题的争议还会长期持续下去。

(十)反补贴、反倾销和紧急保障措施

除了上述正常情况下的贸易壁垒,另外还有一些特别的临时性贸易保护政策工具,可统称为"相机保护措施"(contingent protection measure),指在特定情况下可以停止履行现有协议中的正常义务以保护本国某些更加重要的利益而使用的一些特别的临时性贸易保护措施。在WTO框架下允许使用的相机保护措施有反补贴(anti-subsidy)、反倾销(anti-dumping),以及为了维护国家安全、国际收支平衡或保护国内有关产业等而采取的临时性紧急保障措施(emergency safeguard measure)。有关反倾销和反补贴的具体内容可参见本章第三节,这里先简要介绍一下所谓的紧急保障措施。

所谓紧急保障措施,是指当一国的国家安全、国际收支平衡或国内产业受到进口品严重损害时,即便没有发生出口倾销和补贴,进口国政府也可以采取一些临时性的进口

限制以维护国家安全、国际收支平衡或保护国内有关产业。在正常的关税和非关税贸易保护政策日益受到限制的情况下,许多发达国家常常利用这一措施对本国企业进行所谓的"紧急保护"。

GATT 和 WTO 认可的采用紧急保障措施的必要条件是:① 进口大量增加;② 进口的大量增加是由不可预见的情况造成的;③ 进口的大量增加是由各边贸易谈判所带来的贸易自由化的结果;④ 这种进口的大量增加已对该国安全、国际收支平衡或国内有关企业造成了严重损害或严重损害的威胁。但为了尽量减轻各国滥用这一措施的可能性,GATT 又对实施紧急保障措施的有效期限进行了限制,一般不得超过 4 年,延长后的总期限也不得超过 8 年。

(十一)美国贸易法的"337"条款

美国贸易法中有一项"337"条款(The Term of "337"),它为美国公司提供了利用知识产权保护法来阻止外国商品进入美国市场的手段,该条款将美国进口贸易中的所谓不正当贸易(improper trade)分成两类:一般不正当贸易(general improper trade)和有关知识产权的不正当贸易(improper trade related intellectual property rights)。其中,后者规定,如果美国的所有人、进口商或承销商向美国进口而买卖或进口后在美国销售的产品侵犯了美国法律保护的版权、专利权、商标权、集成电路布图设计权或设计方案权,则只要美国存在与该产品相关的行业或正在建立该产业,这种进口行为就构成了有关知识产权的不正当贸易。注意,这里并不以其对美国产业造成损害为要件。而一旦某类商品的进口行为被美国国际贸易委员会(ITC)判定为非法(认定其属于有关知识产权的不正当贸易行为),则 ITC 可以做出两种排除令:一种是普遍排除令(general exclusion order),可禁止所有该类产品进入美国市场,并且不区分原产地和生产商(包括目前尚未掌握的以及未来的生产地和生产商),甚至还可以追溯到与该产品有关的上下游产品;另一种是有限排除令(limited exclusion order),只禁止被立案调查企业(无论其有无应诉)生产的侵权产品进入美国,但它可以适用于被调查企业当前和今后生产的所有类型的存在这种被裁定侵权行为的产品,而不仅仅限于已被裁定的产品类型。而且,如果侵权产品在美国还有数量巨大的商业存货的话,则 ITC 还有权对在美国的被告方发出禁止令,禁止其在美国国内继续销售侵权产品(包括不得继续在美国进行侵权产品的市场开发、分销、广告宣传以及聘用代理商和分销商等所有销售行为在内)。

通过申请专利从而利用"337"条款来保护自己的产品市场已成为美国公司的一个重要商业策略(business strategy),它甚至比反倾销还要可怕,因为后者只是在一定时期内提高关税(期限不会太长),而被前者裁定为侵权的外国厂商的所有相关产品则都会被长期排除在美国市场之外。因此,人们应当对"337"条款的重要性有足够的认识。一方面,外国公司在进入美国市场之时,应弄清楚自己的产品是否会侵犯有关竞争对手的知识产权,或者是有无可以绕开对方专利权覆盖范围的技术手段等问题;而另一方面,外国公司也可注意将"337"条款为我所用,如,外国公司也可以通过在美国申请并拥有专利的手段来阻挡其他国家的同类产品进入美国市场(包括美国公司在国外分公司生产的产品在内)。

二、进口配额的局部经济效应分析

下面,仍主要对完全竞争型进口替代市场的进口配额做局部经济效应分析,并且仅以绝对从量进口配额(absolute specific import quota)为例来进行分析。

(一)进口小国情形

见图4·2-1,对于某种产品,S_d曲线和D_d曲线分别为该国的国内供给和总需求曲线。对于小国来说,国外对该国的进口供给曲线S_m是水平的(该线水平意味着国外对该国的供给弹性为无穷大),其相应价格P_m则为该产品的进口价格。显然,在进行自由贸易时,该产品的国内价格也为P_m,国内进口替代品的供给量为Q_S,总消费需求量为Q_D,供需均衡的进口量则为$Q_D - Q_S$。

当该国对该产品的进口施以绝对从量配额$q(0 < q < Q_D - Q_S)$以后,对于贸易小国来说,由于其进口供给曲线S_m是水平的,所以并不会改变其进口价格(不会改变其贸易条件),但会产生如下一系列经济效应。

1. 国内价格效应

当该国对该产品的进口施以绝对配额$q(0 < q < Q_D - Q_S)$以后,在给定进口配额q下:国内外对该产品的总供给曲线S_q被分为两段,在P_m以下部分(不含P_m)与原S_d曲线重合,在P_m以上部分(包含P_m)则会比S_d向右平移了距离q,而S_q曲线与D_d曲线的交点$E'_D(Q'_D, P_q)$则成为该国对该产品新的国内总消费均衡点。

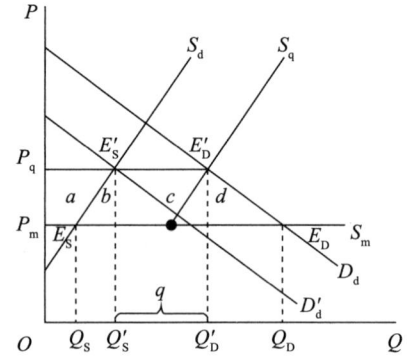

图4·2-1 进口小国配额经济效应的局部均衡分析

这时,该产品的国内价格会上升到$P_q > P_m$。可见,对于完全竞争型进口替代市场的进口小国来说,其实施进口配额有着和征收进口关税相类似的国内价格效应。

2. 生产效应和生产者福利效应

此时,国内对该进口替代品的需求曲线D'_d则比原D_d曲线向左平移了距离q,而D'_d曲线与S_d曲线的交点$E'_S(Q'_S, P_q)$则成为该国对该产品新的国内生产均衡点。由于对该产品实行进口配额以后其国内价格提高,从而该国内的进口替代产量会相应有所增加,从原来的Q_S增加到Q'_S,增加了$Q'_S - Q_S$;与此同时,该国进口替代部门的生产者剩余也相应增加了如图中a所代表的小梯形面积。

3. 消费效应和消费者福利效应

由于该产品国内价格的提高,国内的消费量则会有所减少,从原来的Q_D减少到Q'_D,

减少了 $Q_D - Q'_D$;与此同时,该国的消费者剩余也相应减少了如图中 $a+b+c+d$ 所代表的大梯形面积。

4. 贸易效应

进口配额使该产品的进口量从 $Q_D - Q_S$ 减少到 $Q'_D - Q'_S = q$,对于进口小国来说,施行进口配额并不会改变该产品的进口价格及其贸易条件。

5. 租值效应

所谓配额租值(quota rent)为 $c = q(P_q - P_m)$ 所代表的矩形面积,是指进口配额能给国内进口商带来的溢价收益。有租值(rent),就会发生租值效应(rent effect)——租值流失效应(rent bleeded effect)和租值耗散效应(rent dissipated effect):配额租值的可能流向及可能的耗散方式则取决于进口配额的分配机制。

(1)竞争性拍卖

配额的竞争性拍卖(competitive auction),是指政府通过竞争性的拍卖程序向国内进口商们分配进口配额。它又可分为公开拍卖(public auction)和私下拍卖(auction in private)两种不同方式:前者是一种充分竞争的(fully competed)拍卖方式,它可以产生一个最接近被实行配额进口品国内外差价的配额价格,为政府所得,从而避免了租值流失(这种情况最类似于政府征收进口关税),但仍会有一定的租值耗散——相当于整个拍卖活动的费用成本;后者则是一种非充分竞争的(non-fully competed)拍卖方式,它会滋生一定的寻租活动,使配额的拍卖价格大大低于被实行配额进口品的国内外差价,从而造成一定的租值流失效应——接近被实行配额进口品的国内外差价与配额拍卖价格之间的差价(这部分租值将被拍得配额的进口商及受贿官员们瓜分),并且还会有较大的租值耗散效应——相当于拍卖活动以及寻租活动中的消耗。

(2)免费分配

配额的免费分配(free distribution),是指政府通过一定的审批程序免费向国内进口商们分配进口配额。进口配额的这种分配方式会造成配额租值的完全流失(被免费分得配额的进口商及受贿官员们瓜分),并且会滋生严重的寻租(seeking rent)活动,造成大量的租值耗散,甚至还要付出严重的社会代价——因为在这种情况下,存在着相当可观的配额垄断收益和许多可钻的空子,从而会引发进口商们激烈的和形式多样化的寻租竞争活动,这不但会造成经济资源的极大浪费(申请审批的排队程序以及各种形式的寻租活动都会产生极大的租值耗散),而且还会助长行贿、受贿、倒卖批文以及弄虚作假等一系列投机钻营的腐败和堕落行为的泛滥,严重败坏社会的政治和道德风气。

6. 社会净福利效应

进口配额的社会净福利效应 = 生产者福利的增加 − 消费者福利的损失 + 配额租值
$$= a - (a + b + c + d) + c$$
$$= -(b + d)$$

其中,b 为生产扭曲造成的净福利损失,d 为消费扭曲造成的净福利损失。

由以上分析可知,对于进口小国来说,在完全竞争型进口替代市场条件下,进口配额政策(import quota policy)和进口关税政策(import customs duty policy)有着基本类似的各种经济效应。

(二)进口大国情形

见图 4·2-2,一国对商品的进口施以绝对从量配额 $q(0<q<Q_D-Q_S)$,意味着(b)图中有一条垂直的进口配额供需曲线 $D'_m(S'_m):Q'_m=q$。在大国情形下,由于其自由贸易的进口供给曲线 S_m 是倾斜的,这会使进口配额需求曲线 D'_m 与自由贸易进口供给曲线 S_m 的交点左下移到 E'_m 的位置——该商品的进口价格会从原来自由贸易时的 P_m 下降到 P'_m(这意味着施行进口配额也会使进口大国的贸易条件有所改善),从而会产生如下一系列经济效应:

进口配额供给曲线 S'_m 与自由贸易进口需求曲线 D_m 的交点左上移到 E''_m 的位置——该商品的国内价格会从原来自由贸易时的 P_m 上升到 P_q;进口替代产量从原来的 Q_S 增加到 Q'_S,进口替代部门的生产者剩余增加 a;国内消费量从原来的 Q_D 减少到 Q'_D,消费者剩余减少 $a+b+c+d$;进口配额会使该产品的进口量从 Q_D-Q_S 减少到 $Q'_D-Q'_S=q$,对于进口大国来说,施行进口配额还会使其贸易条件有所改善;配额租值则为 $c+e$(e 是由国外厂商来承担的配额租值);社会净福利效应为:$a-(a+b+c+d)+(c+e)=e-(b+d)$,其中,$b+d$ 是由进口国生产扭曲和消费扭曲所造成的净福利损失,e 则是由于进口价格降低带来的额外福利增加[e 是由国外厂商来承担的配额租值,但国外厂商承担的福利损失则为 $e+(f+g)/2$,其中的 $(f+g)/2$ 是国外厂商生产扭曲的福利损失]。

注意,在完全竞争型进口替代市场条件下:

①由于贸易大国的进口供给曲线 S_m 是倾斜的[这时必须通过(b)图来确定 P'_m 及相应 P_q],因而,在完全竞争型进口替代市场的条件下,进口大国施行进口配额不同于进口小国之处在于,前者能导致其进口品世界市场的贸易价格有所下降,从而改善自身的贸易

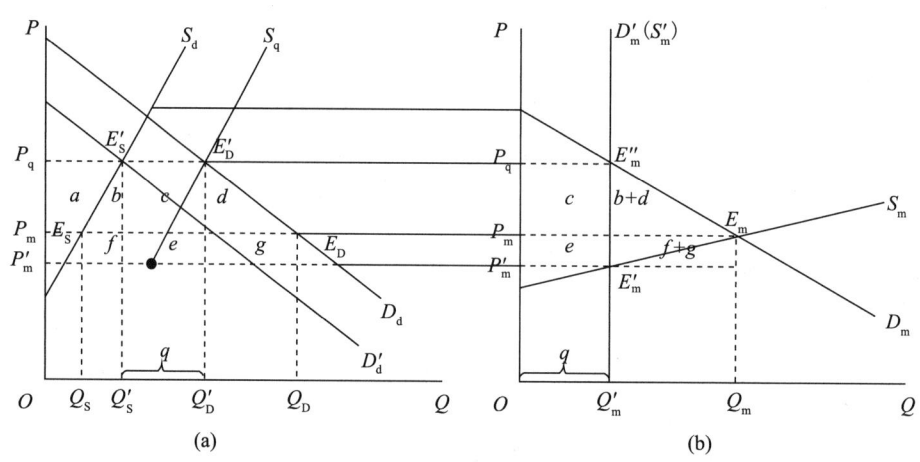

图 4·2-2 进口大国配额的局部经济效应分析

条件(让国外厂商承担一部分配额租值 e);而后者则不能因配额而导致其进口品世界市场的贸易价格下降。② 进口大国施行进口配额虽然和征收进口关税一样会使世界价格有所下降,但这一进口价格下降对其国内价格的影响却有所不同:在征收进口关税情况下,进口价格的下降会使其国内价格上升的幅度有所减轻;而在实行进口配额情况下,进口价格的下降并未改变(不会降低)其国内价格上升的幅度。

关于完全垄断型进口替代市场配额的局部经济效应分析可参见附录 4·2·1 和附录 4·2·2。

三、进口配额政策与关税政策的比较

对于进口国来说,实行进口配额政策和征收进口关税政策都可以限制进口,当二者对进口量的限制效果相同时,人们称这样的进口配额和进口关税政策等效;但二者实现进口限制的内在机制(inherent mechanism)却是截然不同的——征收进口关税是通过直接扭曲国内价格而间接地抑制了进口量,而实行进口配额则是通过直接限制进口量而间接地扭曲了国内价格,这导致了二者对经济的影响有以下一些重要的不同之处:

第一,进口配额比进口关税对进口量的限制作用更强,对进口保护的作用更强——配额政策是一种行政调节(adjustment of the administration)手段,而关税政策则是一种市场调节(adjustment of the market)手段。进口配额可以将进口量限制到一个确定的水平,而进口关税对进口量的限制效果则较弱并具有一定的不确定性(这一方面是因为国内供需曲线的形状和弹性难以准确认定进而难以准确估算关税与进口量之间的关系,另一方面更重要的是外国厂商还可以通过提高效率或降低利润来部分甚至全部消化掉关税成本,从而使关税政策限制进口量的效果大打折扣)。因此,国内生产者通常喜欢配额政策更甚于关税政策。另外,在小国情形下,当配额政策和关税政策固定不变而国内需求发生变化时,配额政策下国内需求变化会使进口量保持不变而国内价格、产量和消费量做出相应调整;关税政策下国内需求变化则会使国内价格和产量保持不变,而国内消费量和进口量做出相应调整(请读者自行画图说明之)。因此,WTO 反对配额政策也更甚于关税政策。

第二,进口配额在非公开拍卖情况下会发生寻租行为而造成大量的租值流失(为进口国内有关官员、倒卖批文的掮客和进口商所瓜分)和租值耗散(因寻租成本而被浪费掉);而进口关税则几乎全部成为进口国政府的财政收入,只有少量的租值耗散(因征税成本而被浪费掉)。

第三,与进口关税相比,进口配额常常会引起进口产品品质档次的上升。因为配额大多是限量不限价的,而价高的产品利大,并且其运输成本所占比重也低,所以在给定进口配额的情形下,贸易商们会尽可能地提高进口品的品质档次以谋取利润最大化。

第四,对于进口大国来说,进口配额和进口关税对国内价格升幅的影响不同:前者所

引起世界市场价格的下降与进口国内价格的升幅无关,而后者所引起世界市场价格的下降则会使进口国内价格的升幅有所减轻。这意味着对于进口大国来说,实行进口关税给其造成的社会净福利损失略轻于进口配额。

第五,特别是在进口替代市场被寡头垄断的情况下,进口配额还会为进口国内的寡头厂商(oligarch manufacturer)创造完全垄断国内市场的条件,大幅抬升国内价格,造成较大的社会净福利损失;而进口关税则不会给国内寡头厂商创造完全垄断国内市场的条件,虽然也会在一定程度上抬高国内价格,但其所造成的社会净福利损失要远远低于配额情形。见附录4·1·1和附录4·1·2,以及附录4·2·1和附录4·2·2。

第三节 出口补贴和反倾销

本节我们将分别介绍鼓励出口的贸易政策措施及其反击措施(出口补贴与反补贴政策措施),以及倾销与反倾销政策措施。

一、出口补贴与反补贴关税

除前述的各种限制进口的贸易政策壁垒(barrier of trade policy)以外,在贸易政策工具箱中另外还有一种鼓励和刺激出口的贸易政策工具——出口补贴(export subsidy),它是指一国政府在出口贸易环节对本国出口商或出口生产企业提供的各种直接的或间接的财政补助、支持、照顾和优惠。所谓直接出口补贴(direct export subsidy),是指政府财政为选定商品的出口直接提供现金补助(或称津贴);而间接出口补贴(indirect export subsidy),则是政府对选定商品的出口提供直接现金补贴以外的各种财政支持、照顾和优惠——诸如提供出口退税[世界贸易组织反对对国内直接税(direct tax)的出口退税(export rebate),但认为对各种间接税(indirect tax)的出口退税则是属于中性的(neutral)可以允许的贸易政策],允许出口商或出口生产企业延期付税,设立有利于发展出口的复汇率制度,提供各种出口信贷和出口信用保险,为出口商参加国际展销会提供财政补助,免费帮助出口商搜集国外商业情报、提供技术培训以及在国外打广告,等等。

(一)出口补贴的局部经济效应分析

下面,仍对完全竞争市场条件下的出口补贴做局部经济效应分析,并且也只对直接出口补贴进行分析。

1. 出口小国情形

见图4·3-1,S_d 曲线和 D_d 曲线分别为该国某出口产品的国内总供需曲线。对于出口小国来说,对其出口的需求曲线 D_x 是水平的。P_x 是该商品的自由贸易价格,在无出口补贴的情况下,它也是该出口国的国内市场价格,在此价格下,该商品的国内需求量为

Q_D，产量为 Q_S，出口量则为 $Q_S - Q_D$。

（1）价格效应、消费效应、生产效应和贸易效应

假定政府给予每单位出口品以 s 元的直接出口补贴，则在短期内，由于该产品的国内产量 Q_S 一时没有增加，厂商们为多拿补贴就会把原来内销的一部分产品转为外销，这时该产品在国内市场上就会供不应求，导致其国内价格上升和消费需求下降，直至其国内价格上升到 $P_S = P_x + s$，消费需求相应下降到 Q'_D，从而使其国内市场暂时达到一种短期均衡——之所以称为短期均衡，是因为该产品部门这时存在着短期超额利润；但长期来看，在完全竞争情况下，该产品国内价格上升所导致的超额利润会导致厂商们很快增加产量，直至总供给量增加到 Q'_S 为止——这时该产品市场内的超额利润就会消失，又达到新的长期均衡状态。

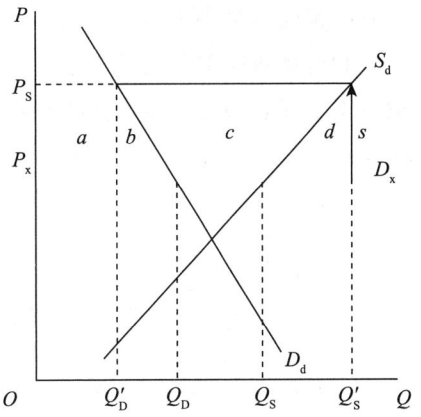

图 4·3－1　出口补贴的局部经济效应分析（小国情形）

这意味着，对于出口小国来说，出口补贴会使其国内价格上升（其国内价格的升幅为 $P_S - P_x = s$），消费减少（从 Q_D 减少到 Q'_D），长期生产增加（从 Q_S 增加到 Q'_S），虽不会改变其对外出口的贸易条件，但会使其出口增加（从 $Q_S - Q_D$ 增加到 $Q'_S - Q'_D$）。

（2）社会净福利效应

长期来看，与无出口补贴的自由贸易时相比，直接出口补贴 s 会使出口国内该产品的生产者剩余增加，如图中 $a+b+c$ 所代表的大梯形面积；消费者剩余减少，如图中 $a+b$ 所代表的小梯形面积；政府承担的出口补贴总金额则为图中 $b+c+d$ 所代表的矩形面积；最终对出口国的社会净福利效应是

生产者福利的增加 － 消费者福利的损失 － 补贴总额
$$= (a+b+c) - (a+b) - (b+c+d) = -(b+d)$$

其中，b 和 d 分别为国内消费扭曲和生产扭曲造成的净福利损失。

2. 出口大国情形

见图 4·3－2，跟出口小国不同，对于出口大国来说，对其出口的需求曲线 D_x 是向右下倾斜的。因为当大国对出口品实行出口补贴时，会刺激该产品出口供给大幅度增加，从而使该出口品的国际贸易价格有所下降。(b)图表明，在补贴前，该国的出口供给曲线 S_x 与其出口需求曲线 D_x 相交于 E_x 点，其出口量和出口价格分别为 Q_x 和 P_x（这也是其被补贴前的国内价格）。

现在假定政府给予每单位出口品以 s 元的直接出口补贴，长期来看，该国的出口供给曲线将会垂直向下平移距离 s 到达 S'_x，它与 D_x 曲线相交于 E'_x 点，这时，其出口价格将会下降到 P'_x，而其国内市场价格将会上升到 $P_S = P'_x + s$。也就是说，对于贸易大国来说，实行出口补贴会降低其出口品的国际贸易价格，从而恶化其贸易条件，但该商品国内价格

上升的幅度则会小于对单位出口品的补贴价($P_S - P_x < P_S - P'_x = s$)。其消费效应、生产效应和贸易效应则跟贸易小国的情形相类似,如图所示,补贴后国内对该商品的均衡需求量会下降到 Q'_D,长期均衡的产量会上升到 Q'_S,出口量则会从 $Q_x = Q_S - Q_D$ 增加到 $Q'_x = Q'_S - Q'_D$。

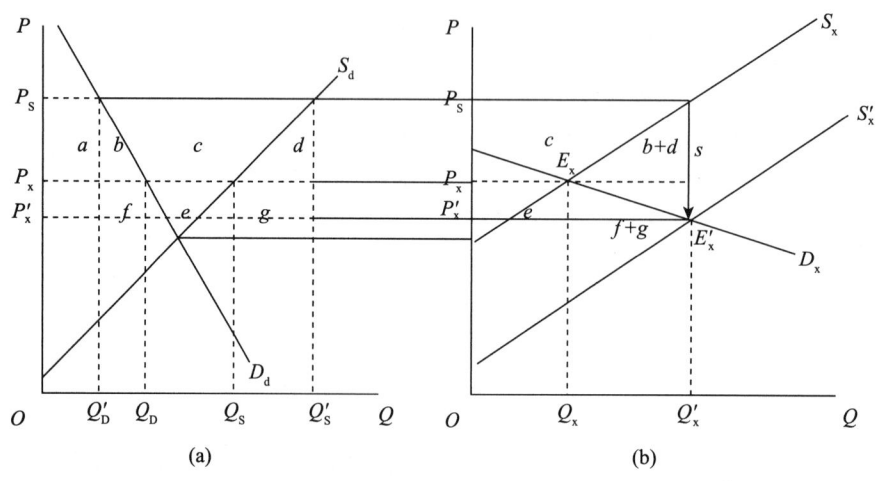

图 4·3-2 出口补贴的局部经济效应分析(大国情形)

长期来看,与无出口补贴的自由贸易时相比,出口补贴 s 会使出口国内该产品的生产者剩余增加,如图中 $a+b+c$ 所代表的大梯形面积;消费者剩余减少,如图中 $a+b$ 所代表的小梯形面积;政府承担的出口补贴总价值则为图中 $b+c+d+e+f+g$ 所代表的大矩形面积;最终对出口国的社会净福利效应是

生产者福利的增加 − 消费者福利的损失 − 补贴总额
$$= (a+b+c) - (a+b) - (b+c+d+e+f+g) = -(b+d+e+f+g)$$

其中,b 为消费扭曲造成的净福利损失,d 为生产扭曲造成的净福利损失,而 $e+f+g$ 则为出口价格下降所造成的净福利损失(出口国的这部分福利损失转移成了各相关进口国的额外福利增加)。

可见,出口大国实行出口补贴与出口小国的主要不同之处在于:大国实行出口补贴会导致其出口品的国际贸易价格有所下降,从而恶化自身的贸易条件,造成政府出口补贴中的一部分 $e+f+g$ 流失到了国外[转移成对各进口国的额外福利补贴,但国外用户的相应福利增加却只有 $e+(f+g)/2$,因为又有 $(f+g)/2$ 被外国进口消费的扭曲损失掉了];而小国实行出口补贴则不会改变其出口品的国际贸易价格,从而其出口补贴也不会流失到国外。

(二)对出口补贴政策的争议

表面上看,一国政府实行出口补贴政策似乎是一种损人又损己的做法:一方面,它支持本国厂商以低于其实际生产成本的价格对外出口,这会损害进口国的同类工业,此为损人;另一方面,它又会抬高得到出口补贴产品的国内价格,损害本国消费者的利益,并会造成本国一定生产和消费扭曲的净福利损失,尤其是在本国为出口大国的情形下,还会恶化其自身的贸易条件,使部分补贴流失到国外(这似乎更是在向国外进口商及消费者提供补贴),此为损己。既然是这样,为什么还会有形形色色的出口补贴政策在国际上盛行不衰,而且又没有遭到进口国的一概抵制或普遍抵制呢?其主要理由或原因如下:

根据李嘉图的比较优势贸易理论,各国应当利用其具有比较成本优势的产品出口创汇(export for earning foreign exchange),然后再用来进口其处于比较成本劣势的产品,积极参与国际分工和互惠贸易,这可以同时提高所有贸易国的总体福利水平,达到多赢。因此,穷国在必要时(在没有绝对优势产品时)采取适当的出口补贴政策会有利于该国获得或增加出口创汇,改善国际收支及扩大对外贸易,其实这是会给贸易双方都带来一定净福利增加的。虽然这也会给进口国相关产业带来一些不利影响,但在发达国家与发展中国家之间的产业间贸易情况下,发达的进口国是可以通过恰当的产业结构(industrial structure)调整政策而将这些不利影响予以化解或降到最低的。说得更具体一些:

1. 从出口国来看

(1)对于发展中国家来说,前述对出口补贴会损己的分析虽有一定道理,但却过于片面——那只是一种单方面的局部均衡分析,而如果按照李嘉图的比较成本优势贸易理论,同时考虑到进、出口来进行更全面的一般均衡分析的话,我们就会发现,在有些情况下,只要出口国的出口补贴政策适当并且进口国也能应对得当的话,还是能够达到扩大互惠贸易并使进、出口国双方都在一定程度上受益而实现双赢的。对于出口国来说,通过适当的出口补贴可以扩大出口创汇,以便更多地廉价进口其处于比较劣势的产品而获取分工贸易利益——只要其相应进口品的价格低于自己生产的成本价,并达到了足以补偿其出口补贴所造成的损失而有余即可(出口补贴国可以通过对其处于比较劣势产业的进口品征收关税,并用于补贴其具有相对优势产业的出口品来提高本国的净福利水平)。

(2)对于发达国家来说,实行出口补贴政策还有助于扶持本国垄断竞争产业通过开拓海外市场来扩大规模经济和降低生产成本,提高国际竞争力。因而,许多发达国家也乐于对其垄断竞争产业提供出口补贴。

(3)对于原处于非充分就业情况下的国家来说,用出口补贴政策来刺激出口还能拉动本国的经济增长和增加就业机会。

2. 从进口国来看

进口国可以通过更多的分工生产其具有比较成本优势的产品来换取廉价的进口品而得益,并且如果进口国应对得当,能及时调整自己的产业结构,逐步退出或减产自己处于比较劣势的产业,转而集中力量发展自己具有比较优势的产业,则进口国也能从中获得更多的利益并将有关损失降到最低限度。

(三) 大国出口补贴与进口国反补贴关税的净福利效应分析

对于出口国的出口补贴政策,其相关进口国主要的反补贴措施是征收报复性的反补贴关税。当一国对其出口产品实行出口补贴政策来促进本国的出口时,对于进口国来说,这虽然会有利于提高其国内消费者的福利,但也会损害其国内相关产业厂商的利益及国内的就业机会,所以进口国有时会对此类进口品采用征收报复性或惩罚性反补贴关税的办法来进行对抗。

1. 大国出口补贴产生的净福利效应分析

见图 4·3-3,S_m 曲线和 S'_m 曲线分别代表某种商品由于一个出口大国实行出口补贴前、后对相关进口国的进口供给曲线,D_m 曲线则代表该进口国对该商品的进口需求曲线,E_m 点和 E'_m 点分别为该进口国在该商品补贴前、后的进口供需均衡点,P_m 和 P'_m 分别为该商品被补贴前、后该国的进口价格(它们也是其国内价格),而 Q_m 和 Q'_m 则分别为该商品补贴前、后该国的进口量。

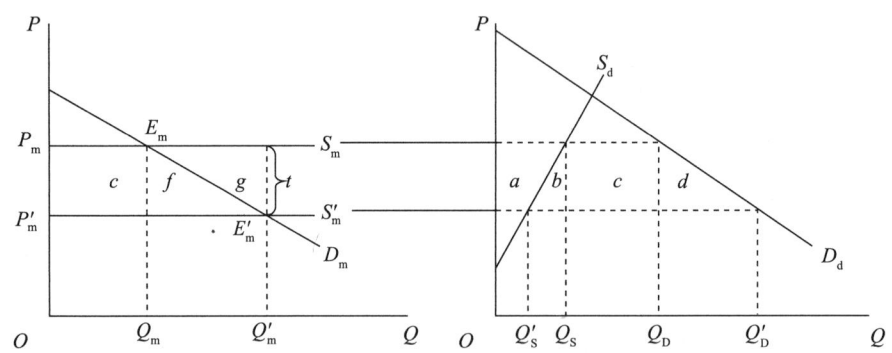

图 4·3-3 大国出口补贴与反补贴关税的净福利效应分析

这里,由于大国的出口补贴使该商品的进口价格从 P_m 下降到了 $P'_m = P_m - t$,进口国的进口量会从 $Q_m = Q_D - Q_S$ 增加到 $Q'_m = Q'_D - Q'_S$(增加了 $Q'_m - Q_m$),从而进口国可以从出口国的出口补贴中得到的转移福利(transfer of welfare)为 $c+f$ 所代表的梯形面积,而补贴国为该进口国所支付的转移补贴(transfer of subsidy)的总额则为 $c+f+g$ 所代表的大矩形面积。这样,大国出口补贴产生的净福利效应为

进口国得到出口国转移补贴的福利增加 - 补贴国向进口国支付的转移补贴总额
$$= (c+f) - (c+f+g) = -g$$

这里 $g = b+d$ 所代表的小三角形面积是进口国的进口扭曲所造成的净福利损失。

2. 进口国反补贴关税产生的净福利效应分析

见图 4·3-3,现在假定该进口国针对该商品征收 $t = P_m - P'_m (<s)$ 的反补贴关税,这会使该商品在进口国内的价格又从 P'_m 重新回升到 P_m,进口量则又从 Q'_m 回落到 Q_m,从而进口国从该商品降价中得到的出口国补贴转移福利 $c+f$ 又消失了(此为该进口国实行反补贴关税而使本国消费者受到的福利损失),出口补贴国则会因此而相应节省了 $f+$

g 的补贴支出(此为出口国因进口国实行反补贴关税而节省的福利损失),而进口国政府则得到了转移自出口国政府的价值为 c 的反补贴关税收入。这样,进口国征收反补贴关税产生的净福利效应为:进口国政府得到的反补贴关税收入 − 进口国损失的出口国转移补贴收入 + 出口国政府节省的转移补贴支出 $= c - (c+f) + (f+g) = g$,这里的 $g = b + d$ 所代表的小三角形面积则是进口国消除进口扭曲所带来的净福利增加。

3. 大国出口补贴与进口国反补贴关税的综合净福利效应分析

将出口补贴和反补贴关税的净福利效应综合起来看,其最终的净效果是:由于该商品在进口国国内的价格和进口量都没有改变,这样进口国内生产者和消费者的福利最终都没受到影响,只是出口补贴国政府向进口国政府转移支付了一笔价值为 c 的出口补贴(即进口国额外获得了一笔价值为 c 的反补贴关税收入),从而进口国的社会净福利水平提高了 c,出口国则最终承担了价值为 c 的净福利损失,而两国综合的净福利效应则为 0。这说明,对付出口国的出口补贴政策,进口国手中有一利器——后者可以采用反补贴关税政策来对付前者,使得前者"偷鸡不成蚀把米",而后者不仅毫发无损,甚至还可以额外赚得一笔反补贴关税收益(相当于出口国白白补贴了进口国)。

二、倾销与反倾销

(一)倾销

所谓倾销(dumping),是指一国厂商以低于国内市场价格甚至低于其生产成本向国外出口的经营行为。它可以分为正常的垄断性倾销、恶性倾销、偶然性倾销三种。这里所说的各种倾销行为都属于企业自身的经营行为。

1. 正常的垄断性倾销

正常的垄断性倾销(normal monopolizing dumping)是指垄断性厂商在国外市场情况合适的条件下,为谋取利润最大化以低于国内市场但又不低于其生产成本的价格向国外出口的倾销行为,因为这是一种可以长期进行下去的倾销,所以又称为持久性倾销。

2. 恶性倾销

恶性倾销(malignant dumping)是指垄断性厂商在短期内以低于国内价格并且低于其生产成本的价格向国外出口,以图削弱或挤垮进口国的竞争企业,待其占领该国外市场后则又重新提高售价以谋取超额垄断利润的倾销行为,这种倾销行为又被称作掠夺性倾销。

3. 偶然性倾销

偶然性倾销(occasional dumping)是指有些厂商偶尔以低于国内甚至低于其生产成本的价格向国外推销或处理一些库存积压商品的临时性倾销行为。

厂商若要进行持久性倾销(persistent dumping),就只能是正常地垄断性倾销,且必须满足以下三项必要条件:

①其产品在国内外市场上都具有一定的垄断性,也就是说,其产品在国内外市场上的需求都具有一定的价格弹性(这是说其两条需求曲线都是向右下方倾斜的);

②其产品在国外市场上的需求弹性高于国内(这意味着该产品在国外市场上的需求曲线比国内的需求曲线更为平缓);

③不存在被低价倾销到国外的商品又低价回流到国内的可能性(这又意味着国内外市场间有一定的隔离或者是运输、保险等国际贸易费用高于商品的倾销差价)。

有了这三项条件,在正常情况下,垄断性厂商为了谋取利润最大化,就可以根据国内外市场的不同情况,采取价格歧视(price discrimination)的定价方法来区别对待被细分了的市场——对国外实行正常的垄断性倾销。

(二)厂商正常的垄断性倾销的局部均衡分析

见图 4·3-4,左半部分表示厂商在国内市场所面临的需求曲线(D_d)及其相应的边际收益曲线(MR_d),右半部分表示厂商在国外市场所面临的需求曲线(D_f)及其相应的边际收益曲线(MR_f),其中的前两条曲线分别比后两条曲线更为陡峭。为了简化分析,这里不考虑任何贸易费用,并且不妨假定厂商的边际生产成本为一固定常数 MC,图中的 MC 曲线即为厂商的边际生产

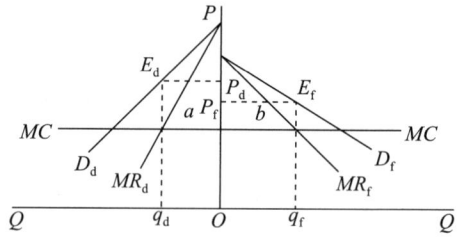

图 4·3-4 厂商正常的垄断性倾销的局部均衡分析

成本曲线(因为假定了边际生产成本固定不变,所以这也是该厂商的平均生产成本曲线)。

假设 q_d 和 P_d 分别代表该厂商在国内市场上实现利润最大化的销量和价格,q_f 和 P_f 分别代表该厂商在国外市场上实现其利润最大化的销量和价格,则它们必定满足以下条件:

$$MR_d(q_d) = MC(q_d) = MC = MC(q_f) = MR_f(q_f)$$

和

$$q_d = D_d(P_d), q_f = D_f(P_f)$$

而图中的 $E_d(q_d, P_d)$ 点和 $E_f(q_f, P_f)$ 点则分别代表了该厂商在国内、外实现利润最大化的销量和价格的均衡点,明显地,其中 $q_d < q_f$,而 $P_d > P_f$。这时厂商的总产量为 $q = q_d + q_f$,其国内、外总利润则为 $(P_d - MC) \cdot q_d + (P_f - MC) \cdot q_f$,即图中 $a + b$ 所代表的两个小矩形面积之和。

(三)认定倾销的关键条件和反倾销的充分条件

1. 认定倾销的关键条件

按照《WTO 反倾销协议》的规定,确定某一出口产品是否存在倾销,关键要看这一产品是否以低于其正常价值向国外市场销售。具体来说,是要看这一产品的出口价格是否满足以下任何一个条件:

① 低于相同产品在出口国内正常情况下用于国内消费的可比价格;或

② 如果没有这种国内可比价格,则低于:

a. 相同产品在正常贸易情况下向第三国出口的最高可比价格;或

b. 该产品在原产国的生产成本加上合理的管理费、销售费等费用及利润。

如果符合其中任何一个条件,则可认定倾销成立,否则不算倾销。

但认定倾销成立只是进口国政府实行反倾销的一个最基本的关键条件,并不是充分条件。进口国是否应该对某类产品的倾销采取反击措施还得看其是否真正损害了本国相关产业。

2. 反倾销的充分条件

根据 WTO 的规定,一国政府要对某类产品的倾销实行反倾销措施,需要同时满足以下三个条件:①倾销成立;②国内产业受到损害;③倾销与损害有因果关系。

(四)反倾销的政策措施及其局部经济效应分析

1. 反倾销的政策措施

对于出口国的倾销,其相关进口国主要的反倾销措施(anti-dumping measure)是进行反倾销立案调查和课征报复性的反倾销关税。

反倾销税和前述的反补贴税一样,二者都属于临时性的进口附加税种,以课征反倾销税的办法来对付国外企业倾销和政策性倾销通常是非常有效的。而进行反倾销立案调查则可以向出口方施加压力,迫使后者改变销售策略或自动限制其出口。

但有时,进口方政府也可能会迫于国内政治压力或出于保护自己弱势产业的目的而滥用反倾销措施。这时,作为受害的一方,一般也有两方面的反措施:一是报复性地向对方的一些产品也征收所谓的反倾销关税或其他进口附加关税,并且还可更进一步对自己的有关产业提供其他一些贸易保护措施,但这显然是一种两败俱伤的做法;二是向世界贸易组织申诉,提请仲裁,但这又要经历一个旷日持久的仲裁调查程序,即便后来得到了有利于申诉方的裁定,这一旷日持久的仲裁调查程序也可以为被诉国赢得一段为期不短的宝贵时间(少说也要半年以上,甚至会长达一年以上)。可见,对于受到滥用反倾销措施损害的受害方来说,似乎缺乏真正意义上的好对策。另外,由于世贸组织对进口配额和许可证等传统的非关税贸易保护措施进行了严格的约束,所以在现实中,反倾销成为世贸组织所允许的一种重要的贸易保护措施,时常会有一些国家滥用贸易救济制度和反倾销措施来保护本国的一些弱势产业。

问题是,一国如果滥用《WTO 反倾销协议》中允许的反倾销措施,对其自身也未必真是好事。因为,对一个产业的贸易保护措施往往会损害其下游产业(downstream industry)的利益(如对钢铁产业的贸易保障措施,往往会损害其下游的造船、机电等相关产业的利益),而后者对就业人数及其他相关产业的带动力可能会更大,又会损害本国消费者的利益;更重要的是,一味保护本国的弱势产业,还会延误该国的产业结构升级(upgrading of the structure of industry),而且,一国过多地滥用反倾销措施,还会制造过多的贸易摩擦(trade friction),提高其贸易成本,严重妨碍其对外贸易,使该国在世贸组织有关议题的谈判中处于一种尴尬的境地。所以,一国如何正确运用其贸易救济制度及反倾销措施其实是一项值得深入研究的重要课题(必要时的自我保护措施是正确的,但绝不应滥用),问题在于如何正确地判别本国是否真正受到了外国倾销的损害,以及如何正确地制定本国的产业政策等,不过这些都是一些很复杂的课题。

2. 进口国反倾销关税的局部经济效应分析

为了简化问题,我们仍假设出口厂商的边际生产成本 MC 固定不变,不考虑任何贸易费用,并且忽略征收反倾销税对国内进口替代厂商生产和福利的影响。见图 $4 \cdot 3 - 5$,MR 曲线和 D 曲线分别为出口厂商在进口国所面临的边际收益曲线和需求曲线,MC 曲线则为该厂商的边际生产成本曲线,在自由贸易情况下,它也就是该厂商产品对进口国的边际出口成本曲线,MC 曲线和 MR 曲线的交点决定了该厂商产品在自由贸易情况下在该进口国的利润最大化的销量 q、供需均衡点 E 和出口价格 P_x(在自由贸易时,这也是该厂商产品在该进口国的国内价格)。这时,该厂商获得的垄断租值(垄断利润)为图中 $a + b + e + f + g = q(P_x - MC)$ 所代表的大矩形面积。

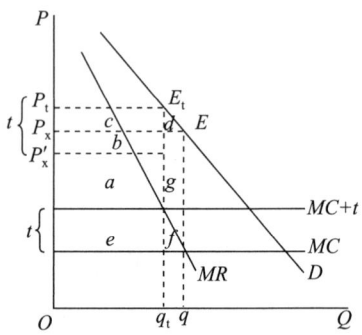

图 $4 \cdot 3 - 5$ 进口国反倾销关税的局部经济效应分析

而在进口国征收税率为 t 的反倾销从量关税后,该厂商产品在该进口国的边际进口成本上升到 $MC + t$,也就是说,该厂商产品在该进口国的边际进口成本曲线比其边际出口成本曲线向上平移了距离 t,它与 MR 曲线的新交点 E_t 决定了该厂商产品在被课征反倾销税后在该进口国的利润最大化的销量 q_t、供需均衡点 E_t 和进口国国内价格 P_t,此时其相应的出口价格下降为 $P'_x = P_t - t$,并且有 $P'_x < P_x < P_t$。

先来看课征反倾销税对倾销厂商福利的影响。被课征反倾销税后,该厂商获得的垄断租值(垄断利润)下降为图中 $a + e = a + b + c = q_t(P_t - t - MC) = q_t(P'_x - MC)$ 所代表的小矩形面积。与课税前相比,反倾销关税对倾销厂商产生的净福利效应为

$$(a + e) - (a + b + e + f + g) = -(b + f + g)$$

其中,b 是由于出口价格下降而被进口国政府抽取走的垄断利润,$f + g$ 则是由于出口量减少(出口扭曲)而损失的垄断利润。

再来看课征反倾销税对进口国福利的影响。一方面进口国政府获得了关税收入 $e = b + c$;另一方面,进口国消费者对于进口品的消费者剩余则减少了 $c + d$,从而进口国由于课征反倾销税而得到的净福利为(注意,这里没有考虑其对于国内进口替代品市场的生产者福利的影响):

$$(b + c) - (c + d) = b - d$$

其中,b 为进口国政府从国外厂商那里抽取的垄断租值,d 则为进口量减少(进口消费扭曲)而损失的进口国消费者福利。显然,当 $b > d$ 时,课征反倾销税会给进口国带来净福

利（容易看出，通常会是这样的，但这里没有考虑课征反倾销税对国内进口替代品市场的生产者福利的影响）。

最后，再来看反倾销税给进出口双方带来的综合净福利效应。反倾销税像所有其他贸易保护政策一样，也会损害总体的福利。容易看出，进口国从课征反倾销税中所得到的净福利 $b-d$ 必定远远小于出口厂商的净福利损失 $b+f+g$，课征反倾销税给进出口双方带来的综合净福利效应为

$$(b-d)-(b+f+g)=-(d+f+g)$$

其中，d 为进口国消费者的进口消费扭曲福利损失，$f+g$ 则是倾销厂商的出口扭曲利润损失。

第四节　贸易保护的产业政策和消费政策措施

贸易保护的产业政策和消费政策措施可分为生产补贴（production subsidy）、价格支持（price support）和消费税（consumption tax）三类不同的政策措施。本节对生产补贴、价格支持和消费税等有关政策理论的讨论，仍是在完全竞争市场条件下进行的。

一、生产补贴

生产补贴政策（production subsidy policy）有对出口行业的生产补贴和对进口替代行业的生产补贴两种不同情况。

（一）鼓励出口的（支持可出口行业的）生产补贴政策的局部经济效应分析

第三节我们介绍的出口补贴政策是在贸易环节（trade links）对商品出口进行补贴的纯贸易政策（pure trade policy），本节介绍的对出口产业的生产补贴政策则是一种从生产环节（production links）来支持生产和出口的产业—贸易政策（industry-trade policy），包括一国政府在生产环节对本国出口生产企业提供的各种直接的或间接的财政补助、支持、照顾和优惠。

1. 出口小国情形

这里，我们仍是按照完全竞争市场条件下的出口小国情形（它面临一条水平的出口需求曲线），对出口小国企业得到直接从量生产补贴（direct specific production subsidy）情形进行局部经济效应分析。

见图 4·4-1，S_d 曲线和 D_d 曲线分别为一国国内在不进行生产补贴情况下对某种可出口产品的总供、需曲线，D_x 曲线为出口需求曲线，P_x 则为该产品的自由贸

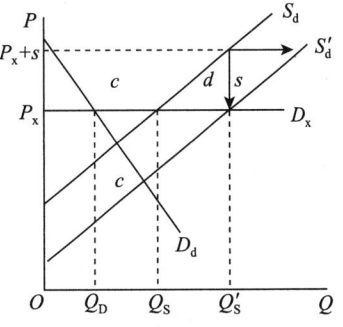

图 4·4-1　对出口行业生产补贴的局部经济效应分析（小国情形）

易价格水平(这也是其国内的价格水平)。

现在假定该国政府对此类产品的生产企业给予每单位产量 s 元的直接生产补贴,这意味着国内企业此类产品的平均生产成本可以提高 s 元,也就是说,该类产品的国内供给曲线会垂直向下平移距离 s 到 S_d' 的位置,但其国内价格水平仍然会与国际接轨(仍为 P_x)。从而,对出口小国来说,与无生产补贴的自由贸易时相比,实行生产补贴后其国内价格水平和对外贸易条件都不会改变,该类产品的国内消费量(Q_D)和消费者剩余也都将保持不变;但其国内总产量则会从 Q_S 增加到 Q_S'(增加了 $Q_S' - Q_S$),生产者剩余相应增加了 c 所代表的梯形面积,其出口量也会从 $Q_S - Q_D$ 增加到 $Q_S' - Q_D$(增加了 $Q_S' - Q_S$),政府财政支付的生产补贴为 $c + d$ 所代表的大矩形面积。这一生产补贴的社会净福利效应则为

$$\text{生产者福利的增加} - \text{政府的财政补贴} = c - (c + d) = -d$$

这里的 d 为国内生产扭曲所造成的净福利损失。

可见,对于出口小国来说,政府对出口企业的生产补贴政策是会给本国造成一定净福利损失的。但是,与前述的出口补贴政策相比,这里的生产补贴政策的优势是对本国造成的福利损失仅限于生产扭曲,而不会对本国造成消费扭曲。

2. 出口大国情形

对于出口大国来说,由于其出口需求曲线 D_x 是向右下方倾斜的,所以对出口企业实行生产补贴时会在一定程度上导致其出口品价格水平有所下降,从而恶化本国的贸易条件。

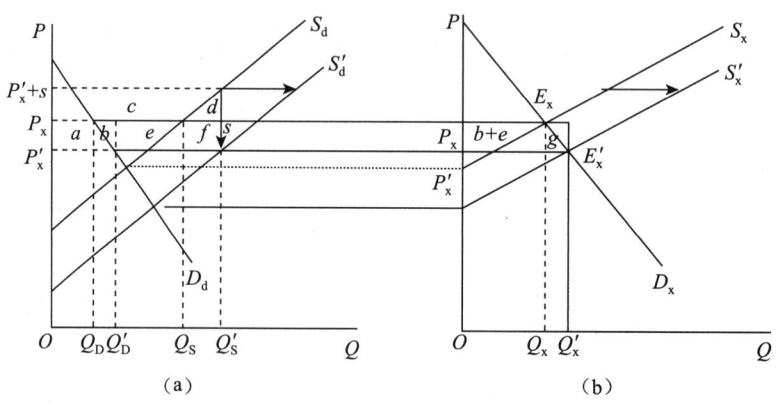

图 4·4-2 对出口行业生产补贴的局部经济效应分析(大国情形)

见图 4·4-2,仍假定该国政府对某类可出口产品的生产企业给予每单位产量 s 元的补贴,则(a)图中该类产品的国内供给曲线 S_d 会垂直向下平移距离 s 到 S_d' 的位置,从而(b)图中的出口供给曲线也会相应水平右移到 S_x' 的位置——其平移的距离恰好等于 S_d' 曲线比 S_d 曲线水平向右平移的距离,S_x' 与 D_x 曲线交点 E_x' 的纵坐标会下降到 P_x',横坐标则会增大到 $Q_x' = Q_S' - Q_D'$。

因而对于出口大国来说,与无生产补贴的自由贸易时相比,由于其面临的是一条向右下方倾斜的出口需求曲线 D_x,所以在实行生产补贴后,被补贴产品的价格水平将有所下降(如图所示下降到 P'_x),从而其贸易条件会有所恶化,国内的消费需求则会相应有所增加(增加到 Q'_D),并且其国内生产的增量也会因价格的下降而有所减弱(只增加到如图所示的 Q'_S),但无论如何其出口量还是会有所增加(增加到 $Q'_x = Q'_S - Q'_D$)。这样,生产者剩余会增加 c 所代表的直角梯形面积,消费者剩余会增加 $a + b/2$ 所代表的小梯形面积,政府提供生产补贴的总价值为 $a+b+c+d+e+f$,而这一生产补贴对该国的社会净福利效应则为

$$\text{生产者福利的增加} + \text{消费者福利的增加} - \text{政府的总补贴}$$
$$= c + (a + b/2) - (a + b + c + d + e + f)$$
$$= -(b/2 + d + e + f)$$

其中,$b/2$ 为国内消费扭曲的福利损失,d 为国内生产扭曲的福利损失,$e+f$ 则是由于价格下降而转移到国外的政府补贴损失。

可见,对出口大国来说,其对出口企业的生产补贴政策一般会恶化本国的贸易条件,从而是会给本国带来较大净福利损失的。

另外,与前述的出口补贴政策相比,这里对出口企业的生产补贴政策的优势在于对本国造成的福利损失主要是生产扭曲,而且对本国的消费扭曲很小(虽然在大国情形下这里也会发生一定的国内消费扭曲,但这里的消费扭曲损失要小于出口补贴政策的情形)。

(二)抑制进口的(支持进口替代行业的)生产补贴政策

以前我们介绍过的进口关税和配额政策都是在贸易环节对商品进口进行限制的纯贸易政策,这里所介绍的对进口替代产业的生产补贴政策则是一种从生产环节来支持进口替代的产业—贸易政策,指一国政府在生产环节对本国进口替代生产企业提供的各种直接的或间接的财政补助、支持、照顾和优惠。

1. 进口小国情形

这里我们也是按照完全竞争市场条件下的进口小国情形(它面临一条水平的进口供给曲线),对进口小国的进口替代企业得到直接从量生产补贴情形进行局部经济效应分析。

见图 4·4-3,S_d 曲线和 D_d 曲线分别为一国国内在不进行生产补贴情况下对某种进口替代产品的总供、需曲线,S_m 曲线为进口供给曲线,P_m 则为该产品的自由贸易价格水平(这也是其国内的价格水平)。

现在假定该国政府对此类进口替代生产企业给予每单位产量 s 元的直接生产补贴,这意味着国内此类进口替代产品的平均生产成本可以提高 s 元,也就是说,该类产品的国内供给曲线会垂直向下平移距离 s 到 S'_d 的位置,但其国内价格水平仍然会与国际接轨

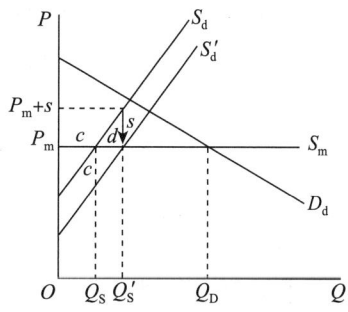

图 4·4-3 对进口替代行业生产补贴的局部经济效应分析(小国情形)

(仍为 P_m)。从而,对于进口小国来说,与无生产补贴的自由贸易时相比,补贴后其国内价格水平和对外贸易条件都不会改变,该产品的国内消费量(Q_D)和消费者剩余也都将保持不变;但其国内替代产量则会从 Q_S 增加到 Q'_S(增加了 $Q'_S - Q_S$),生产者剩余也相应增加了 c 所代表的梯形面积,其进口量也会从 $Q_D - Q_S$ 减少到 $Q_D - Q'_S$(减少了 $Q'_S - Q_S$),政府财政支付的生产补贴为 $c + d$ 所代表的大平行四边形(或大矩形)面积。这一直接生产补贴的社会净福利效应则为

$$\text{生产者福利的增加} - \text{政府的财政补贴} = c - (c + d) = -d$$

其中,d 为国内生产扭曲所造成的净福利损失。

可见,对进口小国来说,政府对进口替代的生产补贴政策也是会给本国带来一定的净福利损失的。但与前述的进口关税或配额政策相比,这里对进口替代企业的生产补贴政策的优势是对本国造成的福利损失仅限于生产扭曲,而不会对本国造成消费扭曲。

2. 进口大国情形

对于进口大国来说,由于其进口供给曲线 S_m 是向右上方倾斜的,所以对进口替代企业实行生产补贴政策时也会在一定程度上导致其相应进口品的价格有所下降,而这又会改善本国的贸易条件。

见图 4·4-4,仍假定该国政府对某类进口替代产品的生产企业给予每单位产量 s 元的生产补贴,则该类产品的国内供给曲线 S_d 会垂直向下平移距离 s 到 S'_d 的位置,从而进口需求曲线也会相应水平左移到 D'_m 的位置——其平移的距离恰好等于 S'_d 曲线比 S_d 曲线水平向右平移的距离,D'_m 与 S_m 曲线交点 E'_m 的纵坐标会下降到 P'_m,横坐标则会降低到 $Q'_m = Q'_D - Q'_S$。

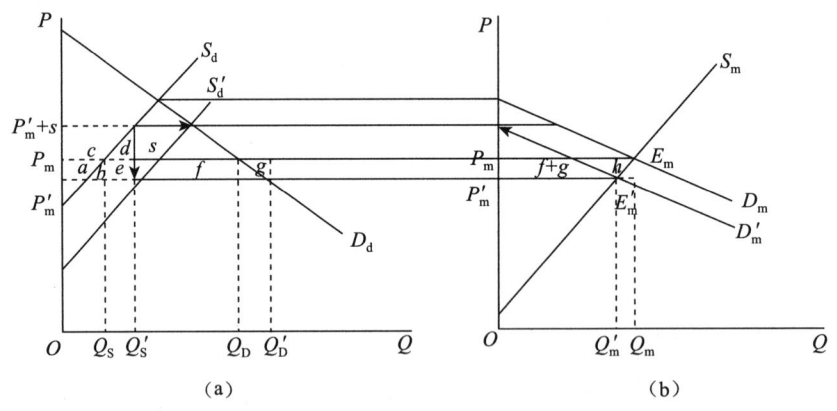

图 4·4-4 对进口替代行业生产补贴的局部经济效应分析(大国情形)

因而对于进口大国来说,与无生产补贴的自由贸易时相比,由于其面临的是一条向右上方倾斜的进口供给曲线 S_m,所以在实行进口替代的生产补贴后,被补贴产品的进口价格水平也将有所下降(如图所示下降到 P'_m),从而其贸易条件会有所改善,国内的消费需求则会相应有所增加(增加到 Q'_D),并且其国内替代生产的增量也会因价格的下降而

有所减弱(只增加到如图所示的Q'_S),但无论如何其进口量也还是会有所减少(减少到$Q'_m = Q'_D - Q'_S$)。这样,生产者剩余会增加 c 所代表的小梯形面积,消费者剩余将会增加 $a+b+e+f+g/2$ 所代表的大梯形面积,政府提供的生产补贴总价值为 $a+b+c+d+e$,而对于该进口国的净福利效应则为

$$\begin{aligned}&\text{生产者福利的增加} + \text{消费者福利的增加} - \text{政府的总补贴}\\&= c + (a+b+e+f+g/2) - (a+b+c+d+e)\\&= (f+g/2) - d\end{aligned}$$

其中,$f+g/2$ 是由于进口价格下降而从国外转移来的消费者福利增加,d 则为进口国国内生产扭曲造成的福利损失。

另外,与前述的进口关税或配额政策相比,这里对进口替代企业的生产补贴政策的优势在于对本国造成的福利损失主要是生产扭曲,而且对本国的消费扭曲很小(虽然在大国情形下这里也会发生一定的国内消费扭曲,但这里的消费扭曲损失要小于进口关税或配额政策的情形)。

二、价格支持(小国情形)

价格支持政策(price support policy),是一些国家(尤其是美国和欧洲一些经济发达国家)通常用来保护农业生产者利益和支持农业生产的一种贸易保护的特殊产业政策,它可以保护国内相关产业不受世界市场价格波动的影响,稳定国内价格和生产,同时也具有限制或刺激农产品贸易的作用。下面,我们将按限制进口的价格支持和支持出口的价格支持两种不同情况来进行分析。

(一)限制进口的价格支持政策分析

限制进口的价格支持政策(price support policy to restrict import),是为了保护国内进口替代产业不受世界市场价格波动影响的价格支持政策,其目的是稳定国内进口替代产业的价格和生产,通常需要政府采取灵活调节关税等贸易政策来限制进口以达到和实现价格支持——因此,进口替代产业的价格支持政策也可以说是一种以稳定国内市场价格为目标的灵活的关税调节政策(即本章第一节已讲到过的滑准税政策)。

进口替代产业限制进口的价格支持政策所规定的支持价格一般不高于封闭经济下的国内均衡价格,见图 4·4-5。这时,价格支持政策所产生的经济福利效应跟通常关税政策的经济福利效应基本类似,对其相同之处我们这里不再赘述,而仅强调它们的不同之处:价格支持政策是以稳定国内市场价格和生产为其政策目标的,当世界市场价格波动时,它通过不断滑动调整进口关税 t 的办法来确保本国国内价格 $P_w + t$ 始终不低于规定的支持价格 $P_t (\leq P_E, P_E$ 为无贸易时的国内均衡价

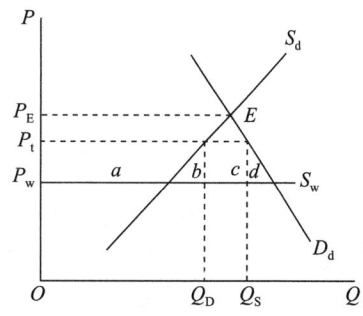

图 4·4-5 限制进口的价格支持政策的局部经济效应分析

格),从而稳定国内市场的价格和生产;但在通常的固定关税政策下,其国内价格和生产是会随着世界市场价格的波动而相应波动的,不变的则是关税。

这样,当该类产品的世界市场价格 P_w 下跌到支持价格 P_t 以下时,该国的生产者可以从这一价格支持政策中得到的好处是——与无价格支持时相比,该国生产者可以多得(即没有损失掉)a 所代表的小梯形面积的生产者剩余;但消费者却会因此而损失掉 $a+b+c+d$ 所代表的大梯形面积的消费者剩余,政府会因此而得到 c 所代表的小矩形面积的关税收入,对该国社会的净福利效应则是 $-(b+d)$。其中,b 是国内消费扭曲所造成的净福利损失,d 是国内生产扭曲而造成的净福利损失。

(二)支持出口的价格支持政策分析

支持出口的价格支持政策(price support policy to support exports),又有两种不同情况:一种是对出口产业的出口价格支持政策;另一种是对原进口替代产业的出口价格支持政策。

(1)对出口产业的出口价格支持政策分析

由于美国是一个小麦出口国,而世界小麦市场的价格起伏波动,很不稳定,所以美国政府为了稳定本国的小麦生产和农民收入,制定了一个支持价格 P_S 政策——承诺当世界市场价格 P_w 低于该支持价格时,美国政府将确保国内市场价格继续稳定在 P_S,并且对小麦出口给予每单位 $P_S - P_w = s$ 的差价补贴(而当世界市场价格 P_w 高于该支持价格 P_S 时,这一价格支持则会自动失效)。见图 4·4-6(a),在这一支持价格 P_S ($>P_E$,P_E 为无贸易时的国内均衡价格)下,当世界市场价格 P_w 低于保证价格 P_S 时,美国国内的小麦生产者和消费者所面临的价格仍然保持在 P_S,因而其小麦的国内总产量 Q_S、国内需求量 Q_D 和出口量 $Q_S - Q_D$ 都将保持不变,不受世界市场价格波动的影响。

这样,当世界市场小麦价格 P_w 下跌到支持价格 P_S 以下时,美国的小麦生产者可以从这一价格支持政策中得到的好处是——与无价格支持的自由贸易时相比,美国小麦生产者可以多得(即没有损失掉)$a+b+c$ 所代表的大梯形面积的生产者剩余;但消费者却会因此而损失掉 $a+b$ 所代表的小梯形面积的消费者剩余,政府会为此而支付 $b+c+d$ 所代表的小矩形面积的价格补贴,对于美国社会的净福利效应则是 $-(b+d)$。其中,b 为国内消费扭曲所造成的净福利损失,d 为国内生产扭曲所造成的净福利损失。

出口产业的出口价格支持政策跟出口补贴政策颇为相似,但二者也有不同之处:一是当世界市场价格高于规定的支持价格时,价格支持政策会自动失效,但出口补贴政策则不会因世界市场价格的大幅上升而失效;二是在价格支持政策下,只要世界市场的价格没有高于支持价格,国内的价格和生产就都固定不变,而政府对单位出口量的价格补贴则会随着世界市场价格的波动而波动,但在出口补贴政策下,政府对每单位出口量的补贴是固定不变的,而其国内价格和生产则会始终随着世界市场价格的波动而波动。

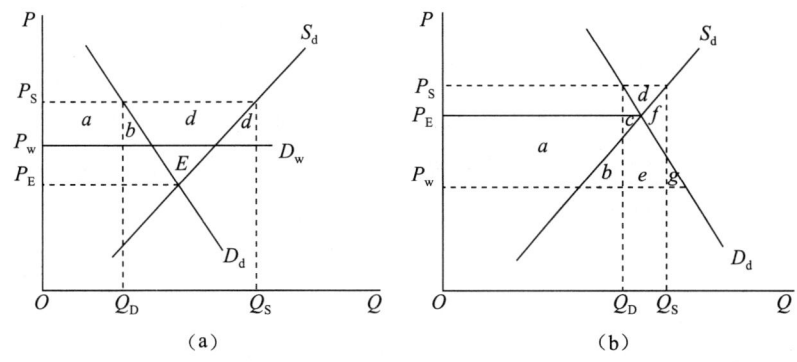

图4·4-6 支持出口的价格支持政策的局部经济效应分析

(2) 对原进口替代产业的出口价格支持政策分析

一些欧洲国家对其一些农产品(原本在自由贸易下属于进口替代产业)规定了一个高过其在封闭经济下国内均衡价格 P_E 的支持价格 P_S,从而引起该产业的贸易方向发生逆转——在这一价格支持政策下逆转成为可出口产业,见图4·4-6(b)。在支持价格 $P_S > P_E > P_w$ 的情况下,该国农产品的生产者和消费者所面临的价格始终保持在 P_S,因而其农产品的国内总产量 Q_S、国内需求量 Q_D 和出口量 $Q_S - Q_D$ 都将始终保持不变,而不会受到世界市场价格波动的影响。

这样,与无价格支持的自由贸易时相比,该国农产品生产者从这一价格支持政策中可以额外得到 $a+c+d$ 所代表的大梯形面积的生产者剩余;但消费者却会因此而损失 $a+b+c+e+g$ 所代表的大梯形面积的消费者剩余,该国政府会为其出口部分而支付 $c+d+e+f$ 所代表的小矩形面积的价格补贴。最终,这一价格支持政策对于该国的社会净福利效应则是 $-(b+e+f)-(c+e+g)$,其中,$b+e+f$ 为国内生产扭曲所造成的净福利损失,$c+e+g$ 则为国内消费扭曲所造成的净福利损失。

三、消费税(小国情形)

贸易保护的消费政策(consumption policy),是指对某种贸易品征收消费税来限制其进口或刺激其出口的政策措施。它也有两种不同情况:一种是限制进口的(支持进口替代产业的)消费税政策;另一种是刺激出口的消费税政策。

(一) 限制进口的(支持进口替代产业的)消费税政策分析

我们下面对可进口品的直接从量消费税(direct specific consumption tax)来分析其局部经济效应。见图4·4-7(a),这里我们仍是按照完全竞争市场条件下对可进口品征收消费税的小国情形(它面临一条水平的进口供给曲线)进行局部经济效应分析。图中的 S_d 曲线和 D_d 曲线分别为一国在不征收消费税情况下对某种可进口品的国内总供、需曲线,S_m 曲线为进口供给曲线,P_m 则为该产品的自由贸易进口价格水平(这也是其国内的价格水平)。

现在假定该国政府对此类可进口品征收每单位 t 元的消费税,这意味着对该类产品的国内需求曲线会垂直向下平移距离 t 到 D'_d 的位置,并且国内消费者对此类可进口品实际承受的价格水平从无消费税时的国内价格 P_m 上升到了 $P_t = P_m + t$(上升了 t 元),但其国内的替代生产供给价格仍然会与国际接轨(仍为 P_m)。因此,对于进口小国来说,与无消费税时相比,征收消费税后其国内生产成本价格和贸易条件都不会改变,该产品的国内总产量(Q_S)和生产者福利也都将保持不变;但其国内消费量则会从 Q_D 减少到 Q'_D(减少了 $Q_D - Q'_D$),消费者剩余也相应减少了 $c+d$ 所代表的大梯形面积,其进口量也会从 $Q_D - Q_S$ 减少到 $Q'_D - Q_S$(减少了 $Q_D - Q'_D$),政府财政的消费税收入为 c 所代表的平行四边形(或矩形)的面积。最终,这一消费补贴的社会净福利效应为 $c - (c+d) = -d$,其中 d 为国内消费扭曲所造成的净福利损失。可见,对于进口小国来说,政府抑制进口的消费税政策会给本国带来一定的净福利损失。

与前述的进口关税或配额政策相比,这里消费税政策的优势是仅限于对本国造成消费扭曲的福利损失而不会扭曲国内的生产,而且消费税能比进口关税给政府提供更多的税收收入。再与前述进口替代企业生产补贴政策相比,消费税政策仅限于造成消费扭曲的福利损失但不会造成生产扭曲,而生产补贴政策则仅限于造成生产扭曲的福利损失但不会造成消费扭曲。消费税政策具有的优势则是政府不需要额外地补贴支出反倒可以得到税收收入。

此外,对于进口大国来说,对可进口品征收消费税的政策措施所引起进口量的减少还可能导致该进口品在国际市场上的供给过剩和价格下降,从而使该进口大国的贸易条件有所改善,其进一步的分析则留给读者自己思考。

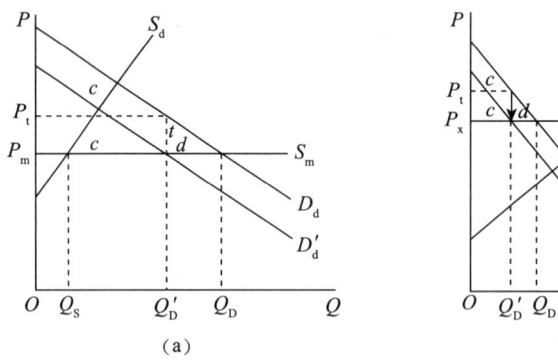

图 4·4-7 消费税政策的局部经济效应分析(小国情形)

(二)刺激出口的消费税政策分析

我们下面仍对可出口品的直接从量消费税来分析其局部经济效应。见图 4·4-7(b),这里我们也是按照完全竞争市场条件下对可出口品征收消费税的小国情形(它面临一条水平的出口需求曲线)进行局部经济效应分析。S_d 曲线和 D_d 曲线分别为一国在不征收消费税情况下对某种可进口品的国内总供、需曲线，S_x 曲线为进口供给曲线，P_x 则为该产品的自由贸易价格水平（这也是其国内的价格水平）。

现在假定该国政府对此类可出口品征收每单位 t 元的消费税，这也意味着对该类产品的国内需求曲线会垂直向下平移距离 t 到 D'_d 的位置，并且国内消费者对此类可出口品实际承受的价格水平从无消费税时的国内价格 P_x 上升到了 $P_t = P_x + t$（上升了 t 元），但其国内生产供给价格仍然会与国际接轨（仍为 P_x）。从而，对于进口小国来说，与无消费税时相比，征收消费税后其国内生产成本价格和贸易条件都不会改变，该产品的国内总产量（Q_S）和生产者福利也都将保持不变；但其国内消费量则会从 Q_D 减少到 Q'_D（减少了 $Q_D - Q'_D$），消费者剩余也相应减少了 $c + d$ 所代表的梯形面积，其出口量也会从 $Q_S - Q_D$ 增加到 $Q_S - Q'_D$（增加了 $Q_D - Q'_D$），政府财政的消费税收入为 c 所代表的小平行四边形（或小矩形）面积。最终，这一消费补贴的社会净福利效应为 $c - (c + d) = -d$，其中 d 为国内消费扭曲所造成的净福利损失。可见，对于出口小国来说，政府抑制出口的消费税政策也会给本国带来一定的净福利损失。

与前述的出口补贴政策相比，这里消费税政策的优势是不会扭曲国内的生产，从而仅限于对本国造成消费扭曲的福利损失，而且消费税政策不但不需要花费政府的财政支出反而能提供一定的税收收入。再与前述对出口企业的生产补贴政策相比，消费税政策仅限于造成消费扭曲的福利损失但不会造成生产扭曲，而生产补贴政策则仅限于造成生产扭曲的福利损失但不会造成消费扭曲。消费税政策具有的优势是政府不需要额外的补贴支出反而可以得到税收收入，劣势则是不能像生产补贴政策那样帮助本国进口替代行业的发展。

此外，对于出口大国来说，对可出口品征收消费税的政策措施所引起的出口量的减少还可能会导致该出口品在国际市场上的供给不足和价格上升，从而使该出口大国的贸易条件有所改善，其进一步的分析也留给读者自己思考。

第五节　限制出口、鼓励进口和贸易制裁

一、限制出口（小国情形）

限制出口的贸易政策措施有出口关税政策和出口配额政策，以及对可出口企业征收生产税的产业政策措施。下面我们仍在完全竞争市场条件下按出口小国情形（该国面临一条水平的出口需求曲线）来对各种限制出口的政策措施进行局部的经济效应分析。（此外，对于出口大国来说，以下各种限制出口的政策措施所引起的出口量的减少可能还会导致该出口品在国际市场上的供不应求和价格上升，从而使该出口大国的贸易条件有所改善，这方面的进一步分析则留给读者自己思考。）

(一)出口关税

我们针对从量出口关税(specific export duty)来分析其局部经济效应。见图 4·5-1,对出口小国来说,其所面临的出口需求曲线 D_x 将是水平的,S_d 曲线和 D_d 曲线则分别为该国对一种可出口商品的国内供、需曲线。在自由贸易条件下,该商品在该国国内的价格等于出口价格 P_x,从而该国国内对该商品的供给量和需求量分别为 Q_S 和 Q_D,供需均衡的出口量则为 $Q_D - Q_S = Q_m$。

现在假定该国对该商品的出口征收从量关税 t(元/单位出口量),在小国情形下,与无出口税的自由贸易时相比,这并不会改变该商品的出口价格 P_x(这又意味着征收出口关税不会改变出口小国的贸易条件),但会产生如下一系列经济效应。

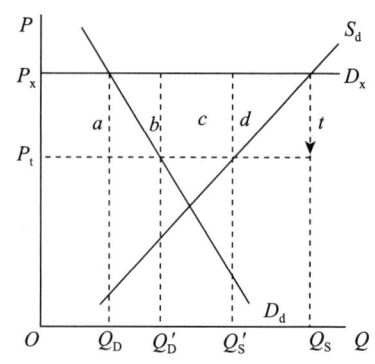

图 4·5-1 出口关税的局部经济效应分析(小国情形)

这会迫使该商品不含关税的出口生产成本降低到 $P_t = P_x - t$(下降了 t),所以厂商们会减少出口而把一部分原来准备出口的产品转为内销,导致该产品在国内一时供大于求,直至国内价格水平也从 P_x 下降到 $P_t = P_x - t$(下降了 t),从而该产品的国内总产量会从 Q_S 下降到 Q'_S(减少了 $Q_S - Q'_S$),国内消费量则会从 Q_D 上升到 Q'_D(增加了 $Q'_D - Q_D$),出口量也会从 $Q_S - Q_D$ 下降到 $Q'_S - Q'_D$[减少了 $(Q_S - Q'_S) + (Q'_D - Q_D)$]。

这时,该产品部门的生产者剩余减少了 $a + b + c + d$ 所代表的大梯形面积,消费者剩余增加了 a 所代表的小梯形面积,该国政府从出口该商品中得到的关税收入为 c 所代表的小矩形面积。最终,这一出口关税带来的社会净福利效应为 $-(b+d)$,其中,b 是该国消费扭曲所造成的福利损失,d 是该国生产扭曲所造成的福利损失。

(二)出口配额

我们针对绝对从量出口配额(absolute specific export quota)来分析其局部经济效应。见图 4·5-2,对于一种可出口产品,S_d 曲线和 D_d 曲线分别为该国的国内总供、需曲线。对小国来说,国外对该产品的出口需求曲线 D_x 是水平的(该线水平意味着国外对该产品的需求弹性为无穷大),其相应价格 P_x 则为该产品的出口价格。显然,在自由贸易时,该产品的国内价格也为 P_x,国内对该产品的总供给量为 Q_S,国内需求量为 Q_D,出口量则为 $Q_S - Q_D$。

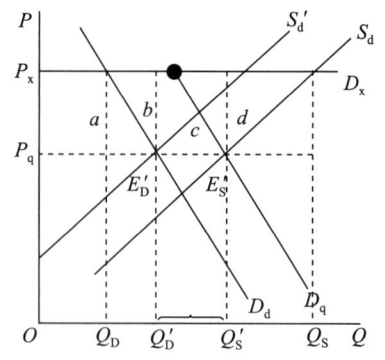

图 4·5-2 出口配额的局部经济效应分析(小国情形)

当该国对该产品的出口施以绝对从量配额 q($0 < q < Q_S - Q_D$)以后,对出口小国来说,与无出口配额的自由贸易时相比,这不会改变其出口价格(这也意味着实施出口配额不会改变出口小国的贸易条件),但会产生如下一系列经

济效应。

在给定出口配额 q 后,国内外对该产品的总需求曲线 D_q 分为两段,在 P_x 以上部分(不含 P_x)与原 D_d 曲线重合,在 P_x 以下部分(包含 P_x)则会比 D_d 向右平移了距离 q,而 D_q 曲线与 S_d 曲线的交点 $E'_S(Q'_S, P_q)$ 则成为该国该产品新的国内外总供给均衡点;与此同时,该国该产品对国内的供给曲线 S'_d 则比原 S_d 曲线向左平移了距离 q,而 S'_d 曲线与 D_d 曲线的交点 $E'_D(Q'_D, P_q)$ 则成为该国该产品新的国内消费均衡点。

这一出口配额会使该产品的国内价格下降到 $P_q < P_x$,可见对完全竞争型出口市场的出口小国来说,其实施绝对从量出口配额有着和征收从量出口关税相类似的国内价格效应。从而该国该产品的总产量会从原来的 Q_S 下降到 Q'_S(减少了 $Q_S - Q'_S$),对该产品的国内需求量则会从原来的 Q_D 增加到 Q'_D(增加了 $Q'_D - Q_D$),出口量也会从 $Q_S - Q_D$ 下降到 $Q'_S - Q'_D$[减少了 $(Q_S - Q'_S) + (Q'_D - Q_D)$]。

这时,该产品部门的生产者剩余损失了 $a + b + c + d$ 所代表的大梯形面积,消费者剩余增加了 a 所代表的小梯形面积,出口配额的租值为 c 所代表的小矩形面积(它代表出口配额所能带来的出口溢价收益——这一配额租值的可能流向及可能的耗散方式也取决于出口配额的分配机制,可参见进口配额的分配机制)。最终,这一出口配额的社会净福利效应为 $-(b + d)$,其中,b 是该国消费扭曲造成的福利损失,d 是该国生产扭曲造成的福利损失。

与前述的征收出口关税政策相比,出口配额政策与 WTO 限制政府直接市场的原则相抵触,而且还有租值耗散问题,出口关税政策则不受 WTO 的限制,也没有租值耗散问题。

(三)对可出口行业征收生产税

这里,我们通过对可出口产品的生产企业征收直接从量生产税(direct specific production tax)来分析其局部经济效应。见图 4·5-3,S_d 曲线和 D_d 曲线分别为一国在不征收生产税情况下对一种可出口产品的国内总供、需曲线,D_x 曲线则为国外对该国产品的出口需求曲线,P_x 则为该产品在自由贸易条件下的价格水平(既是其出口价格,也是其国内价格)。

如果对此类可出口产品的生产企业征收每单位产量 t 元的生产税,则会迫使国内企业将此类可出口产品的生产成本价格降低 t 元,下降到 $P_x - t$,也就是说,该产品的国内供给曲线 S_d 会垂直向上平移距离 t 到 S'_d 的

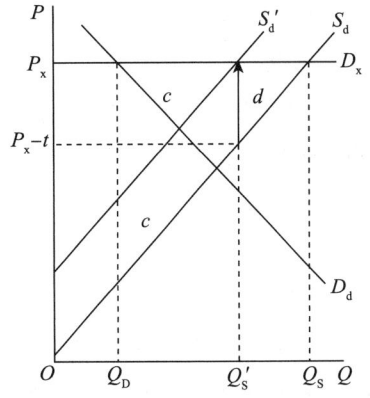

图 4·5-3 出口行业生产税的局部经济效应分析(小国情形)

位置。对于出口小国来说,与无生产税的自由贸易时相比,对可出口企业征收生产税并不会改变该产品的国内、外价格及贸易条件,从而该产品的国内需求量(Q_D)和消费者

福利水平都将保持不变;但其国内总产量则会从 Q_S 减少到 Q'_S(减少了 $Q_S - Q'_S$),生产者剩余也相应减少了 $c + d$ 所代表的大梯形面积,出口量也会从 $Q_S - Q_D$ 减少到 $Q'_S - Q_D$(减少了 $Q_S - Q'_S$),政府财政得到的生产税收入为 c 所代表的大矩形面积。最终,这一生产税的社会净福利效应为 $c - (c + d) = -d$,这里的 d 是国内生产扭曲所造成的净福利损失。

与前述的征收出口关税或配额政策相比,在出口小国的情形下,政府对出口企业征收生产税政策的优势是仅限于扭曲本国相关行业的生产成本和造成生产扭曲的福利损失,但不会扭曲国内的价格和消费,从而避免了本国消费扭曲的福利损失。

二、鼓励进口(小国情形)

鼓励进口的政策措施有施行进口补贴的贸易政策措施、施行消费补贴的消费政策措施和施行对进口替代行业征收生产税的产业政策措施等。下面我们仍对完全竞争的市场条件下以进口小国情形(该国面临一条水平的进口供给曲线)来对各种鼓励进口的政策措施进行局部的经济效应分析。(此外,对于进口大国来说,以下各种鼓励进口的政策措施所引起的进口量的减少可能还会导致该进口品在国际市场上的供给过剩和价格下降,从而使该进口大国的贸易条件有所改善,这方面的进一步分析也留给读者自己思考。)

(一)进口补贴

鼓励进口的进口补贴政策包括对每单位进口品进行直接从量补贴和以优惠贷款方式来进行间接补贴等。我们下面仅对直接从量进口补贴(direct specific import subsidy)来分析其局部经济效应(它跟征收进口关税以限制进口的经济效应正好相反)。见图 4·5-4,S_d 曲线和 D_d 曲线分别为该国对某种商品的国内供、需曲线,S_m 曲线则为该商品对该国的进口供给曲线。在自由贸易条件下,该商品在该国国内的价格等于进口价格 P_m,从而该国国内对该商品的供给量和需求量分别为 Q_S 和 Q_D,供需均衡的进口量则为 $Q_D - Q_S$。

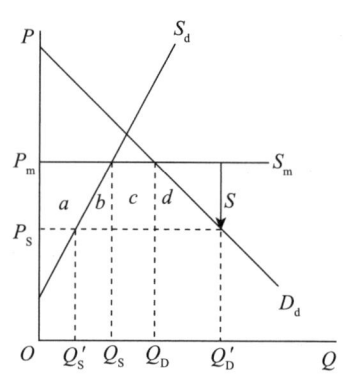

图 4·5-4 进口补贴的局部经济效应分析(小国情形)

现在如果对该商品的进口给予从量补贴 s(元/单位进口量),在进口小国情形下,与无进口补贴的自由贸易时相比,由于其进口供给曲线 S_m 是水平的,所以这并不会改变该商品的进口价格 P_m(这意味着征收进口关税不会改变进口小国的贸易条件),但会改变该商品的国内价格,产生如下一系列经济效应。

该商品的国内价格会从 P_m 下降到 $P_S = P_m - s$(下降了 s),从而该商品的国内消费量会从 Q_D 上升到 Q'_D(增加了 $Q'_D - Q_D$),消费者剩余相应增加了 $a + b + c + d$ 所代表的大梯形面积;国内替代产量会从 Q_S 下降到 Q'_S(减少了 $Q_S - Q'_S$),生产者剩余相应减少了 a 所代表的小梯形面积;进口量则会从 Q_D-Q_S 上升到 $Q'_D-Q'_S$ [增加了 $(Q_S-Q'_S)+(Q'_D-Q_D)$],政府对进口该商品而支付的进口补贴则为 c 所代表的小矩形面积。最终,这一进口补贴的社会净福利效应为 $a-(a+b+c+d)+c=-(b+d)$,其中,b、d 分别是该国因生产扭曲和消费扭曲所造成的净福利损失。

(二)对进口替代行业征收生产税

鼓励进口的产业政策是指针对相关进口替代行业征收生产税的政策措施。我们下面仅以直接从量生产税来分析其局部经济效应(它跟对进口替代行业施行生产补贴以限制进口政策的经济效应正好相反)。见图 4·5-5,这里我们也是按照完全竞争市场条件下对进口替代企业征收生产税的进口小国情形(它面临一条水平的进口供给曲线)进行局部经济效应分析。图中的 S_d 曲线和 D_d 曲线分别为一国国内在不征收生产税情况下对某种进口替代产品的总供、需曲线,S_m 曲线为进口供给曲线,P_m 则为该产品自由贸易时的价格水平。

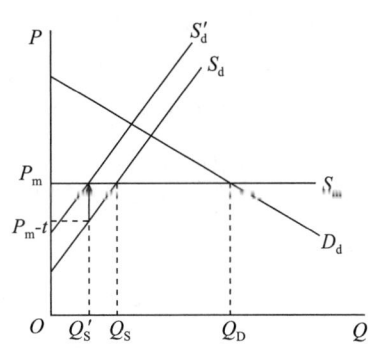

图 4·5-5　对进口替代行业征收生产税的局部经济效应分析(小国情形)

现在假定该国政府对此类进口替代生产企业征收每单位产量 t 元的生产税,则会迫使国内企业将此类进口替代产品的生产成本价格降低到 P_m-t,也就是说,该类产品的国内供给曲线会垂直向上平移距离 t 到 S'_d 的位置。对进口小国来说,与无生产税的自由贸易时相比,征收该生产税后此类产品的国内、外价格水平都不会改变,从而该产品的国内消费量(Q_D)和消费者福利也都将保持不变;但其国内替代产量则会从 Q_S 减少到 Q'_S (减少了 $Q_S-Q'_S$),生产者剩余相应减少了 $c+d$ 所代表的梯形面积,其进口量也会从 Q_D-Q_S 增加到 $Q_D-Q'_S$(增加了 $Q_S-Q'_S$),政府财政获得的生产税收入为 c 所代表的小平行四边形(或小矩形)面积。最终,这一生产税的社会净福利效应为 $c-(c+d)=-d$,这里的 d 是国内生产扭曲所造成的净福利损失。可见,对进口小国来说,政府对进口替代企业的生产税政策也是会给本国带来一定的净福利损失的。

与前述的进口补贴政策相比,在小国情形下,政府对进口替代企业征收生产税政策的优势是仅限于扭曲本国相关行业的生产成本和造成生产扭曲的福利损失,但不会扭曲国内的价格和消费,从而避免了本国消费扭曲的福利损失,而且政府不需要额外的补贴支出反而可以得到税收收入。

(三)消费补贴

鼓励进口的消费政策是指针对某种可进口产品施行消费补贴的政策措施。我们下面仅以直接从量消费补贴来分析其局部经济效应(它跟征收消费税以限制进口的经济效应正好相反)。见图 4·5-6,这里我们仍是按照完全竞争市场条件下对可进口品施行消费补贴的进口小国情形(它面临一条水平的进口供给曲线)进行局部经济效应分析。S_d 曲线和 D_d 曲线分别为一国在不进行消费补贴情况下对某种可进口品的国内总供、需曲线,S_m 曲线为进口供给曲线,P_m 则为该产品自由贸易时的价格水平。

现在假定该国政府对此类可进口品给予每单位 s 元的消费补贴,这意味着国内消费者对此类可进口品实际承受的消费价格将会降低 s 元,也就是说,该类产品的国内需求曲线会垂直向上平移距离 s 到 D'_d 的位置。对于进口小国来说,与无消费补贴的自由贸易

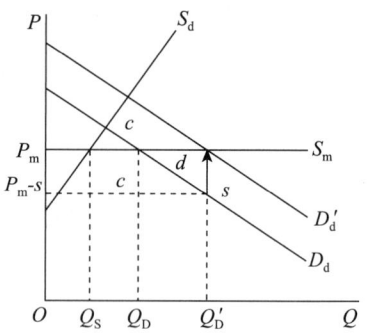

图 4·5-6 对可进口品施行消费补贴的局部经济效应分析(小国情形)

时相比,施行消费补贴后其国内价格水平和贸易条件都不会改变,从而该产品的国内替代产量(Q_S)和生产者福利也都将保持不变;但其国内消费量则会从 Q_D 增加到 Q'_D(增加了 $Q'_D - Q_D$),消费者剩余相应增加了 c 所代表的大梯形面积,其进口量也会从 $Q_D - Q_S$ 增加到 $Q'_D - Q_S$(增加了 $Q'_D - Q_D$),政府财政的补贴支出为 $c+d$ 所代表的大平行四边形(或大矩形)面积。最终,这一消费补贴的社会净福利效应为 $c-(c+d)=-d$,这里的 d 是国内消费扭曲所造成的净福利损失。可见,对进口小国来说,政府对可进口品的消费补贴政策同样会给本国带来一定的净福利损失。

与前述的进口补贴政策相比,在进口小国情形下,这里消费补贴政策的优势是仅限于扭曲本国相关行业的生产成本和造成生产扭曲的福利损失,但不会扭曲国内的价格和消费,从而避免了本国消费扭曲的福利损失;缺点则是,消费补贴要比进口补贴花费更多的财政支付。再与前述的征收生产税政策相比,在进口小国情形下,消费补贴政策仅限于造成消费扭曲的福利损失但不会造成生产扭曲,而生产税政策则仅限于造成生产扭曲的福利损失但不会造成消费扭曲。消费补贴政策的优势是不会像征收生产税那样损害本国进口替代行业的发展,劣势则是政府不但得不到税收收入反而需要花费额外的补贴支出。

三、贸易制裁

贸易制裁政策(trade sanction policy)通常是制裁国(sanction country)为了一定的政治或经济目的而通过对被制裁国(sanctioned country)实行出口禁运(export embargo,指禁止向被制裁国出口商品)或进口抵制(import resisting,指禁止从被制裁国进口商品)等经济惩罚手段,来造成后者的经济损失以逼迫其就范的特殊贸易政策。从经济学的角度,我们这里只研究贸易制裁的经济效果,讨论贸易制裁对相关国家经济利益(economic benefit)的影响问题。在大多数情况下,除被制裁国和制裁国(那些参与了一项贸易制裁的国家)以外,还有一些非制裁国(non-sanction country,指其他那些没有参与一项贸易制裁的国家)仍然可能会与被制裁国之间进行贸易往来。

(一)出口禁运

见图 4·5-7,我们这里将一项出口禁运的制裁国统称为 E,被制裁国称为 A,非制裁国统称为 N,(a)图中的 S_x^E 曲线代表制裁国对被制裁国 A 的原出口供给曲线,(b)图和 (c)图中的 S_x^N 曲线代表非制裁国对被制裁国 A 的出口供给曲线,(b)图中的 S_x^W 曲线 ($S_x^W = S_x^E + S_x^N$)则代表全世界对被制裁国 A 的原出口供给曲线,而 D_m^A 则又代表被制裁国的进口需求曲线。下面我们来分析这一出口禁运的局部经济效应。

在没有实行出口禁运之前的自由贸易情况下,向 A 国出口的供给曲线 S_x^W 和 A 国的进口需求曲线 D_m^A 的交点为 E,从而 A 国对尚未被禁运商品的原进口价格为 P_m,原进口量为 $Q_m^A = Q_x^E + Q_x^N$,其中的 Q_x^E 为 A 国原来从禁运国获得的进口量,Q_x^N 则为 A 国原来从非制裁国获得的进口量。

在实行出口禁运之后,对 A 国出口供给曲线 S_x^N 和 A 国进口需求曲线 D_m^A 的交点成为 E',从而 A 国对被禁运商品的新进口价格成为 $P_m' > P_m$,新进口量成为 $Q_m^{A'} = Q_x^{N'} < Q_m^A$,其中的 $Q_x^{N'} > Q_x^N$ 为 A 国被制裁后从非制裁国获得的进口量。

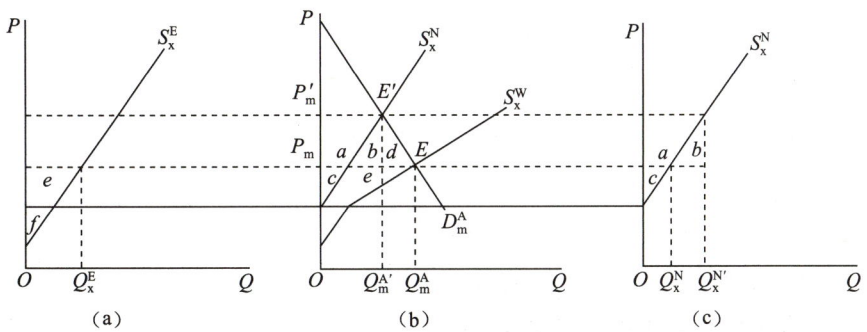

图 4·5-7 出口禁运的局部经济效应分析

容易看出,这项贸易制裁使得被制裁国和制裁国两败俱伤,唯有非制裁国却可以从中获利:与自由贸易时相比,被制裁国 A 的消费者剩余减少了 $a+b+d$ 所代表的大梯形面积;与此同时,制裁国 E 的出口厂商剩余也损失了 $e+f$ 所代表的梯形面积 + 小三角形面积,唯有非制裁国 N 的出口厂商剩余却增加了 a 所代表的小梯形面积。从整个世界的角度来看,这项出口禁运贸易制裁措施对于全世界的社会净福利效应则为 $a-(a+b+d)-(e+f)=-(b+d+e+f)$,其中,$b$ 是非制裁国出口生产扭曲造成的净福利损失,d 是被制裁国进口消费扭曲造成的净福利损失,$e+f$ 则是制裁国出口生产扭曲造成的净福利损失。

(二)进口抵制

见图 4·5-8,我们这里将一项进口抵制的制裁国统称为 E,被制裁国称为 A,非制裁国统称为 N,(a)图中的 D_m^E 曲线代表制裁国对被制裁国 A 的原进口需求曲线,(b)图和

(c)图中的D_m^N曲线代表非制裁国对被制裁国 A 的进口需求曲线,(b)图中的D_m^W曲线($D_m^W = D_m^E + D_m^N$)则代表全世界对被制裁国 A 的原出口需求曲线,而S_x^A则又代表被制裁国的出口供给曲线。下面我们来分析这一进口抵制的局部经济效应。

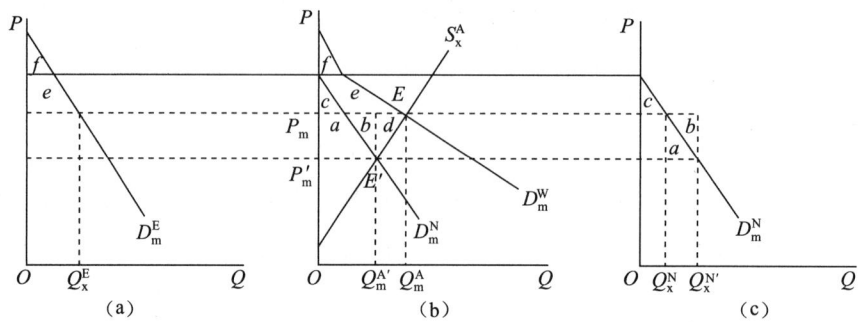

图 4·5－8　进口抵制的局部经济效应分析

在没有实行进口抵制之前的自由贸易情况下,各抵制国加总的对于 A 国商品的进口需求曲线D_m^W跟 A 国的出口供给曲线S_x^A的交点为 E,从而 A 国对后来被抵制商品的原出口价格为P_m,原出口量为$Q_m^A = Q_x^E + Q_x^N$,其中的Q_x^E为 A 国原来向抵制国的出口量,Q_x^N则为 A 国原来向非制裁国的出口量。

在实行进口抵制之后,从 A 国进口的需求曲线D_m^N和 A 国的出口供给曲线S_x^A的交点成为E',从而 A 国对被抵制商品的新出口价格成为$P_m' < P_m$,新出口量成为$Q_m^{A'} = Q_x^{N'} < Q_m^A$,其中的$Q_x^{N'} > Q_x^N$为 A 国被制裁后向非制裁国的出口量。

容易看出,这项贸易制裁也会使被制裁国和制裁国两败俱伤,唯有非制裁国却可以从中获利:与自由贸易时相比,被制裁国 A 的出口厂商剩余损失了$a+b+d$所代表的大梯形面积;与此同时,制裁国 E 的消费者剩余则损失了$e+f$所代表的梯形面积+小三角形面积,唯有非制裁国 N 的消费者剩余却增加了 a 所代表的小梯形面积。从整个世界的角度来看,这项进口抵制贸易制裁措施对于全世界的社会净福利效应为$a-(a+b+d)-(e+f) = -(b+d+e+f)$,其中,b 是非制裁国进口消费扭曲造成的净福利损失,d 是被制裁国出口生产扭曲造成的净福利损失,$e+f$则是制裁国进口消费扭曲造成的净福利损失。

(三)关于贸易制裁的效果问题

我们已经知道,贸易制裁政策其实是一把双刃剑,在伤及被制裁国的同时也会伤到制裁国自己。从经济学的角度来看,贸易制裁政策经济效果的好坏主要取决于以下两大因素:

(1)被禁运(或被抵制)商品在被制裁国的进口需求弹性(或出口供给弹性),以及在制裁国的出口供给弹性(或进口需求弹性)

一般来说,当被禁运(或被抵制)的商品在被制裁国缺乏需求弹性(或供给弹性),而在制裁国又富有供给弹性(或需求弹性)时,贸易制裁政策能取得伤敌较大而又自损较小的最好经济效果;但当被禁运(或被抵制)的商品在被制裁国富有需求弹性(或供给弹性)时,贸易制裁政策对被制裁国经济的伤害就会非常有限,从而难以达到预期的制裁效果,而当被禁运(或被抵制)的商品在诸制裁国缺乏需求弹性(或供给弹性)时,贸易制裁政策对诸制裁国自身经济的损害就会较大,这时诸制裁国则又可能难以承受制裁的代价了。

一般来说,贸易占一国经济的比重越大,该国对贸易品的供需弹性越小;贸易占一国经济的比重越小,则其贸易品的供需弹性越大;越是经济活动和生活中的必需品就越是缺乏供需弹性,越是奢侈品则越富有供需弹性;等等。

(2)参与制裁国家的多少,以及诸参与制裁国转移其出口对象(或进口来源)的能力

一般来说,参与制裁的国家越多,贸易制裁的效果越显著;参与制裁的国家越少则越难取得显著效果。参与制裁诸国向他国转移其出口或进口的能力越强,贸易制裁对诸制裁国自身的伤害越小;参与制裁诸国向他国转移其出口或进口的能力越弱则对诸制裁国自身的伤害越大。

第五章　各种贸易保护理论

有关贸易保护的理论有许多,我们这里仅择要加以介绍。首先,在第一节介绍传统的幼稚产业保护理论和新重商主义(new mercantilism)的宏观贸易保护理论(macro-theory of trade protection);其次,在第二节介绍有关市场失灵(market failure)的贸易保护理论和非完全竞争市场的战略性贸易保护理论(strategic trade protection theory);最后,在第三节介绍贸易保护政策制定(formulation of trade protection policy)的政治经济学分析理论(analysis theory of political economics)以及其他一些贸易保护论调(trade protection view)。

第一节　传统的和新重商主义的贸易保护理论

本节先后介绍传统的幼稚产业保护理论和建立在凯恩斯主义宏观经济学基础上的新重商主义宏观贸易保护理论。

一、传统的幼稚产业保护理论

传统的幼稚产业保护理论(traditional protect theory to infant industry)历史悠久,美国经济学家汉密尔顿(Alexander Hamilton)早在1791年就提出了这一论点,但真正全面阐述和发展这一理论的则是德国经济学家李斯特(Friedrich List),他于1841年出版了《政治经济学的国民体系》一书。现在来看,早期的所谓保护幼稚工业理论的基本思想是:发展中国家的一些尚处于起步阶段的幼稚工业即便可能具有潜在的发展优势(potential developing advantage),但若是在自由贸易条件下直接去与发达国家同类成熟工业竞争,也很可能会被打垮或扼杀而难以"长大成人",因而需要本国政府在一定时期内提供一定的贸易保护政策(protective policy to trade),以帮助其发展壮大形成规模,待其"长大"以后再取消保护,才有可能与竞争对手相匹敌并依靠自身的力量继续成长。这种保护幼稚工业理论的着眼点是一国的长远利益(long-term benefit),其基本论点是,即便一国为保护其幼稚工业在短期内需要承担一定的代价,但长期来看,只要未来的收益能够超过眼前的损失,那就仍然是有益的和必要的。问题是,这一论点虽然在理论上是成立的,但其在实践应用中却存在着以下一些难以克服的难题和极大的不确定性。

(一)幼稚产业的选择问题

这是一个根本性的难题,为此,人们曾先后提出过各种各样对于保护对象(protected object)的判定标准(judgment criterion),比较著名的传统标准有:

1. 穆勒标准

穆勒标准(Mill's Test)是英国古典经济学家穆勒(John S. Mill,1857)提出的判定标准,他认为该产业必须要有规模经济,而且本国该产业潜在的向右下方倾斜的生产成本曲线(production cost curve)应比外国更为陡峭——必须能够预见到,随着本国该产业规模的扩大,以及经验知识的积累和技术水平的不断提高,该产业能够在一定时期后取得生产成本上的比较优势,从而其保护期必将是有限的。

2. 巴斯塔布尔标准

巴斯塔布尔标准(Bastable's Test)是英国经济学家巴斯塔布尔(C. F. Bastable,1897)提出的判定标准,他是在上述穆勒标准的基础上,又进一步要求该产业未来预期收益的贴现值(discounted value of the expected revenue)还应大于前期的保护成本(protection costs in upfront),这样的产业才值得保护。

3. 肯普标准

肯普标准(Kemp's Test)是美国经济学家肯普(M. C. Kemp,1960)提出的判定标准,他认为在选择需要予以保护的幼稚产业时,除要考虑前述的穆勒标准、巴斯塔布尔标准以外,还应当进一步考虑到被保护产业内的企业是否具有一定的外部经济性(即该产业内的企业在得到保护的学习过程中所取得的发展,以及所积累的经验、知识和技术是否具有一定的外部经济性),认为在保护该产业内企业的同时能够使其相关企业乃至相关产业也间接受益,这样的幼稚产业才更有资格也更需要得到政府政策的特别保护。

4. 小岛清标准

不难看出,上述的这些传统标准都只是局限于从微观的企业角度和着重静态分析的角度来做判定,因而有着共同的局限性——尤其是它们甚至在一定程度上背离了李斯特原来从一国整体经济发展的角度来考虑保护幼稚产业的原创本意。所以,后来日本经济学家小岛清(K. Kojima,1973)又进一步从宏观的和动态分析(dynamic analysis)的角度提出了另外三条他认为更为重要的标准,人称小岛清标准(Kojima's Test):一是所保护的幼稚产业要有利于对本国潜在资源的充分利用,从而能带动本国经济的增长;二是对幼稚产业的保护要有利于本国产业结构和经济结构(economic structure)的升级;三是保护幼稚产业还应有利于对本国现有生产要素利用效率(using efficiency)的提高而绝不能是相反。

此外,即便上述一系列选择幼稚产业的参考标准具有一定的合理性,在实践中其实还存在着以下两方面问题,使得上述参考标准难以有效贯彻,政府对保护对象的选择常常成为具有很大随意性的事情,乃至碰巧选对的情况倒成了罕见的特例:

一方面的问题是,在实际决策时面临着信息(尤其是对于未来可能的发展前景的信息)缺乏或不完全的严重困难,使得政府即便想要完全从社会整体的经济利益出发来正确选择保护对象,也常常会发生自以为是的错误选择。

另一方面的问题更为重要,那就是政府在做实际决策时还必然要受到各种非经济的尤其是政治因素(包括各种政治、经济利益集团乃至政府自身利益)的严重干扰,往往并不能完全从社会整体的经济利益出发来做选择,而常会由于各种非经济的尤其是政治因素(political factor)的干扰使其最终选择结果远远偏离了上述的各种经济标准。

(二)保护措施的选择问题

另外,即便保护对象选对了,也仍然有更进一步的问题——保护措施(protective measure)的正确选择问题。因为如果保护措施选择不当,也会造成保护了局部利益而损害了整体利益,以及保护了被保护对象的不思进取而迟滞或延缓了该产业乃至整体经济的进步和发展等问题。

从理论上来说,保护幼稚产业宜采用生产补贴等产业政策,而不宜采用关税等限制进口的贸易政策。这有以下两方面的理由:一方面,生产补贴等产业政策对社会整体福利造成的损失小于关税等限制进口的贸易政策;另一方面,在生产补贴等产业政策下,受保护企业得到的支持直接来自政府,政府有使其付出的生产补贴等能取得政绩的权力和动力,从而会监督受助企业有效利用其得到的补助,监督和促进企业的成长和发展,而在关税等限制进口的贸易政策下,受保护企业得到的利益来自市场(间接来自消费大众),因而缺乏迫使受益企业尽快提高效率的直接压力。

但在实践中,由于保护措施的选择不仅是一个认识问题,还涉及政府自身的利益和财政能力(如采用关税,政府可以有收入,而采用生产补贴,则政府不但没有收入还得增加支出),所以在实践中政府还常会受到自身利益或财政能力的局限,而更喜欢选择本不宜采用的关税等限制进口的贸易政策保护措施。

综上所述,虽然保护幼稚产业理论具有一定的理论意义,但要在实践上正确把握和操作却是一件十分困难的事情——实际上各国在将其付诸实践的尝试中,收获的往往是得不偿失或弊大于利的苦果,成功的范例反而殊为少见,这是值得我们深思和慎行的。不恰当的产业保护政策会迟滞或延缓被保护产业的技术进步,尤其是如果被关税等限制进口的贸易政策所保护的是新兴产业或高科技产业的话,还会有一个严重的副作用和社会代价——迟滞或延缓在本国普及先进技术和知识的进程。

二、新重商主义的宏观贸易保护理论

20世纪30年代,世界资本主义经济陷入危机和萧条的深渊,凯恩斯面对当时资本主义经济陷入严重危机和萧条而长期不能自拔的现状,认识到自由放任的资本主义经济并不能完美地自我调节迅速摆脱萧条和恢复繁荣,现实已对西方传统的新古典经济学提出了严峻的挑战——后者假定充分就业是市场经济(market economy)的一种自适应常态(auto-adapted normal state),对长期萧条和严重失业等现象视而不见也无力解释。为了解决现实的经济问题,凯恩斯不得不从新古典经济学的阵营里分离出来另辟蹊径,创新地从宏观经济的角度来讨论和研究经济周期、失业和通货膨胀等一系列全新的经济学问题,并于1936年出版了他的经济学名著《就业、利息和货币通论》(以下简称《通论》),该著作成为创建现代宏观经济学(macroeconomics)的奠基之作。《通论》在批判传统自由贸易理论的同时,还对重商主义进行了重新评价,认为早期重商主义主张追求顺差的贸易学说具有一定的科学成分,并在其新创宏观经济学的理论基础上对传统重商主义进行改造,提出了一种被人们称为新重商主义的宏观贸易保护理论。他创造性地继承了重商主义的贸易顺差观——主张把贸易保护的重点放在积极地通过鼓励出口以谋取顺差,而不是被动地通过限制进口来避免逆差上。与传统的重商主义相比,这种主动地鼓励出口的新重商主义显然可以看作一种更为积极的重商主义(positive mercantilism)。他在《通论》中说:"并不是限制进口愈严,则国际贸易之顺差愈大。……若把目光放远些,则贸易限制是不利于顺差的。在19世纪中叶英国所处之特殊环境中,实行自由贸易恐怕是最能促进当时英国之贸易顺差。就当代经验而论,战后欧洲各国都设法限制贸易,增加顺差,而结果适得其反。"

凯恩斯主义的宏观经济学认为,资本主义市场经济常常会陷入有效需求不足(lack of effective demand)和经济衰退(economic recession)的泥潭,并不能单纯依靠市场的自动调节来长期保持充分就业和持续增长,而需要政府的政策干预(policy intervention)来提高有效需求(effective demand),以促进充分就业和经济稳定增长(steady growth of economy),而国际贸易政策也是调控一国经济运行和宏观经济均衡的一个非常重要的政策工具。一般来说,一国政府可以利用恰当的贸易政策来促进对本国产品出口的有效需求以实现帮助国内经济稳定发展和良性循环的目标。

凯恩斯在《通论》中并没有建立系统的国际贸易理论,但其后的一些经济学家又进一步发展和完善了新重商主义的宏观贸易保护理论,诸如马克卢普(F. Machlup,1943)等人后来又提出了对外贸易收支的乘数分析理论(参见本书第八章第二节),等等,这里不再赘述。

新重商主义的宏观贸易保护理论摒弃了传统重商主义的重金主义价值观和局限于互通有无的贸易观,从现代凯恩斯主义宏观经济学的角度出发重建了一种积极的贸易保护理论——它在实质上是一种贸易促进理论,主张通过促进出口而不是限制进口的贸易政策来促进国际贸易和国内经济增长;同时它还摒弃了重商主义传统的贸易顺差理论(surplus theory of trade),认为一国贸易收支的顺差其实并不能无限地增加下去,否则会造成国内的通货膨胀或货币升值导致其国际竞争力下降,另外还会导致国内的利率降低和资本外流,因此政府不应把保持贸易收支顺差作为一个长期目标,而只能在本国出现有效需求不足的时候把保护和促进贸易顺差作为一个短期目标偶尔为之。可见,新重商主义的宏观贸易保护理论较之传统重商主义的贸易顺差理论,在理论的科学性上已取得了极大进步,并且还具有较大的现实意义,迄今为止仍有许多国家政府在信奉和实践着这种新重商主义的贸易保护政策。但是新重商主义的贸易保护论仍然有着以邻为壑的弊端,会造成贸易摩擦,尤其是当一国与其贸易伙伴国同陷经济衰退的泥潭之时,大家都想争取贸易顺差恐怕就难以行得通,因此新重商主义贸易理论仍有其理论上的片面性和应用上的局限性。

第二节 市场失灵和非完全竞争的贸易保护理论

本节将先后介绍完全竞争市场失灵的贸易保护理论和非完全竞争市场的战略性贸易保护理论。

一、完全竞争市场失灵的贸易保护理论

所谓市场失灵,是指市场失去效率,也就是说,当市场配置资源出现低效率或无效率时,就出现了市场失灵。简言之,市场失灵,是指市场不能或难以有效率地配置经济资源。

关于完全竞争市场失灵的贸易保护理论则是研究在含有国际贸易的完全竞争市场条件下,存在市场扭曲(market distorted,即市场"不完全")和外部性缺陷(external defect)等各种市场失灵的可能成因和类型,以及矫正和弥补各种市场失灵以实现帕累托最优(Pareto optimum)社会均衡的各种政策选择等问题的理论,常被简称为贸易扭曲理论(trade distorted theory)。

在经济学中,一般将完全竞争市场条件下的帕累托最优状态定义为,社会经济达到了这样一种帕累托最优均衡状态(Equilibrium State of Pareto Optimum)——任何人福利的再增加都不会损害到他人的福利。

在封闭经济下,完全竞争的市场均衡条件(equilibrium condition of market)是该国所有商品生产的边际转换成本等于其消费的边际替代成本,并且该国各生产部门要素投入的边际替代成本(边际技术替代率)相等。

再进一步考虑,在含有国际贸易情况下,实现完全竞争的市场均衡(market equilibrium)的条件时,则还需要更进一步把国际贸易市场以及国内外要素市场(market of factor)等因素也考虑在内,这时还需要进一步考虑以下两个条件(下面假定,一国跟其贸易伙伴国除要素禀赋差异以外的其他所有条件完全相同,并且生产要素不能跨国流动):

可贸易品国内生产的边际转换成本 = 其边际贸易条件 = 其国内消费的边际替代成本
并且

可贸易品国内要素投入的边际替代成本 = 其贸易伙伴国要素投入的边际替代成本

一般来说,在社会福利(成本)与私人福利(成本)完全一致的条件下,上述完全竞争的市场均衡条件也就是一国社会均衡实现帕累托最优状态的条件——这里有以下两个

重要问题必须注意:其一,若市场存在外部性缺陷问题而使得社会利益与私人利益发生背离,则上述完全竞争的市场均衡条件的实现并不能代表已同时实现了帕累托最优的社会均衡(social equilibrium);其二,若由于市场扭曲(市场的"不完全"性)而使得上述完全竞争的市场均衡条件不能同时达到一致实现,则又意味着市场存在内部性缺陷(internal defect),使得市场自身的力量不能自发地达成完全竞争的市场均衡状态,也就更不能自动地实现帕累托最优的社会均衡了。

(一)市场失灵及其两大成因

所谓市场失灵,是指由于市场存在"内部扭曲性"(internal distortion)缺陷或是存在"外部性缺陷"问题而导致市场优化资源配置功能的有效性丧失或减弱,使得市场不能真正有效地进行资源配置以实现社会均衡达到帕累托最优。这里有两种不同的导致市场失灵的可能成因:一种是"内部扭曲性"市场失灵——由于存在市场扭曲,以致前述的一系列完全竞争的市场均衡条件不能同时一致实现;另一种是"外部性缺陷"市场失灵——由于市场存在外部性缺陷,以致即便前述的一系列完全竞争的市场均衡条件能得到完全实现也不能同时实现帕累托最优的社会均衡。

一方面,存在各种市场扭曲,无论是由于制度的或历史的,还是政策的或其他的可能原因造成的市场扭曲,都可以归结为市场中的商品或要素不能充分流动并得到充分利用,从而不能全面实现完全竞争的市场均衡而导致市场失灵。另一方面,市场存在外部性缺陷,无论是存在福利溢出(welfare overflow,如生产技术效益溢出或消费效益溢出)还是存在成本溢出(cost overflow,如生产污染成本溢出或消费污染成本溢出),都会造成完全竞争的市场均衡背离帕累托最优的社会均衡而导致市场失灵。

下面我们分别介绍含有国际贸易的"内部扭曲性"市场失灵的基本类型和"外部性缺陷"市场失灵的基本类型。

(二)"内部扭曲性"市场失灵的四种基本类型

一般来说,含有国际贸易的"内部扭曲性"市场失灵通常有以下四种基本类型(在一国跟其贸易伙伴国除要素禀赋差异以外的其他所有条件完全相同并且生产要素不能跨国流动的前提假设下):

1. 国内生产扭曲(domestic production distorted)

当一国国内的商品生产发生扭曲时,会使该国可贸易品:

国内生产的边际转换成本 ≠ 其边际贸易条件 = 其国内消费的边际替代成本

这会进一步导致该国的贸易扭曲(trade distorted),并使该国不能全面实现完全竞争的市场均衡和帕累托最优的社会均衡。如存在生产市场准入门槛以及有关产业政策等不完备性因素的行业市场就会存在生产扭曲。

2. 国内消费扭曲(domestic consumption distorted)

当一国国内的商品消费发生扭曲时,会使该国可贸易品:

国内消费的边际替代成本 ≠ 其边际贸易条件 = 其国内生产的边际转换成本

这也会进一步导致该国的贸易扭曲,并使该国不能全面实现完全竞争的市场均衡和帕累托最优的社会均衡。如存在消费市场准入门槛以及有关消费政策等不完备性因素的消费市场就会存在消费扭曲。

3. 对外贸易扭曲(foreign trade distorted)

当一国的对外贸易发生扭曲时,会使该国可贸易品:

边际贸易条件 ≠ 其国内生产的边际转换成本 = 其国内消费的边际替代成本

这种对外贸易扭曲则会进一步导致该国生产—消费双扭曲(double distortion of production-consumption),并使该国不能全面实现完全竞争的市场均衡和帕累托最优的社会均衡。如存在对外贸易准入门槛以及有关贸易保护政策等不完备性因素的对外贸易市场就会存在对外贸易扭曲。

4. 国内要素市场扭曲(domestic factor market distorted)

当一国国内的要素市场发生扭曲时,会使该国可贸易品生产:

国内要素投入的边际替代成本 ≠ 其贸易伙伴国要素投入的边际替代成本

这也会进一步导致该国生产—贸易双扭曲(double distortion of production-trade),并使该国的社会经济均衡达不到帕累托最优。如存在政策性要素市场准入门槛以及有关要素市场政策等不完备性因素的国内要素市场就会存在要素供需扭曲。

(三)"外部性缺陷"市场失灵的两种基本类型

一般来说,含有国际贸易的"外部性缺陷"市场失灵通常有以下两种基本类型:

1. 国内生产市场存在"外部性缺陷"问题

当一国可贸易品的国内生产存在"外部性缺陷"时,会使该国可贸易品:

国内生产转换的边际社会成本 ≠ 其国内生产的边际转换成本 = 其边际贸易条件

这种生产者私人利益与社会利益的背离会导致该国生产—贸易双扭曲,并使该国完全竞争的市场均衡达不到帕累托最优的社会均衡。

当一国可贸易品的国内生产存在污染成本外溢或技术效益外溢等情况时,其国内生产市场就会存在上述的"外部性缺陷"问题。

2. 国内消费市场存在"外部性缺陷"问题

当一国可贸易品的国内消费存在"外部性缺陷"时,会使该国可贸易品:

国内消费替代的边际社会成本 ≠ 其国内消费的边际替代成本 = 其边际贸易条件

这种消费者私人利益与社会利益的背离则会导致该国消费—贸易双扭曲(consumption-trade of double distortion),并使该国完全竞争的市场均衡达不到帕累托最优的社会均衡。

当一国可贸易品的国内消费存在污染成本外溢或消费效益外溢等情况时,其国内消费市场就会存在上述的"外部性缺陷"问题。

(四)矫正或弥补市场失灵的各种政策措施

要矫正或弥补各种市场失灵,首先应当从治本出发,尽量完善市场,尽可能地直接消除造成市场扭曲缺陷的种种因素;然后再考虑针对那些难以完全消除的市场扭曲和外部性缺陷采取适当的政策措施来进行弥补:一是要注意对症下药——既要找对病因(找对造成市场失灵的真正根源),又要开对药方(不同类型的市场失灵需要不同的政策措施来应对),应绝对避免因干预不当反而造成额外的附加扭曲;二是要注意干预力度的把握——既要防干预不力,又要防干预过度,应尽量使干预的力度与扭曲的程度相适应。

我们可以把各种经济干预政策措施分为以下四大类——产业政策、消费政策、贸易政策和要素政策,其中每类政策都可以围绕补贴、减税或收税展开。

1. 产业政策

即对可贸易品的国内生产进行生产补贴、减税或课征生产税,这是专治国内生产扭曲及其所造成贸易扭曲的最佳干预政策,也是专治由于国内生产市场存在"外部性"所造成贸易扭曲的最佳干预政策。它的优点是不会在矫正国内生产和对外贸易扭曲的同时又产生国内消费扭曲的副作用。

2. 消费政策

即对可贸易品的国内消费进行消费补贴、减税或课征消费税,这是专治国内消费扭曲及其所造成贸易扭曲的最佳干预政策,也是专治由于国内消费市场存在"外部性"所造成贸易扭曲的最佳干预政策。它的优点是不会在矫正国内消费和对外贸易扭曲的同时又产生国内生产扭曲的副作用。

3. 贸易政策

即对可贸易品进行进出口补贴、减税或课征进出口关税,这是针对贸易扭曲及其所造成国内生产和消费双扭曲的最佳干预政策——它可以同时矫正一国的对外贸易扭曲及其所造成的国内生产和消费双扭曲。

4. 要素政策

要素政策(factor policy)是对国内要素提供进行补贴、减税或课征要素收入税,这是针对国内要素市场扭曲及其所造成国内生产和贸易双扭曲的最佳干预政策——它可以同时矫正一国的要素市场扭曲及其所造成国内生产和对外贸易双扭曲。

贸易扭曲理论讨论了在含有国际贸易条件下,当市场失灵而达不到帕累托最优的社会均衡状态时,如何确定其病根及选择恰当的政策措施来弥补或矫正市场以实现社会均衡的帕累托最优问题,这不但具有一定的理论意义,而且在政策实践上也具有一定的现实意义。但由于贸易扭曲理论的前提和归宿分别是:市场完全竞争性和社会均衡达到帕累托最优状态,这在很大程度上只是一种理想,因为现实中有许多市场其实是非完全竞争的,所以贸易扭曲理论的现实意义毕竟有限;再者,由于贸易扭曲理论主要局限于对微观经济因素的分析,而忽视了对宏观因素和经济结构因素等方面的综合考量,所以其理论本身也具有很大的局限性。

二、非完全竞争市场的战略性贸易保护理论

(一)战略性出口补贴贸易政策理论

战略性出口补贴贸易政策理论(trade policy theory of strategic export subsidy)最初由布兰德和斯潘瑟(J. A. Brander,B. Spencer,1984)两位经济学家提出,他们指出,在具有规模经济的非完全竞争的市场条件下,出口补贴政策的经济效应与第四章中所讲的情况将有很大的不同。这里,我们仍以第三章中曾讲过的双寡头贸易模型为例来进行说明,见图5·2-1。这是 A、B 两国两个势均力敌的寡头厂商的均衡分析图,其中 AA' 为 A 国寡头厂商的反应曲线,BB' 为 B 国寡头厂商的反应曲线,$E(q_A^E, q_B^E)$ 则为自由贸易时两厂商在 B 国市场上销量的均衡点。现在,如果 A 国政府实行出口补贴,则 A 厂商产品的出口价格将会有所降低,于是 A 厂商在 B 国市场上的反应曲线 AA' 将会有所右移(关于 A 厂商反应曲线右移的数理阐释可参见附录5·2),而 B 厂商的反应曲线 BB' 则保持不变,从而在 B 国市场上两厂商销量的新的均衡点会右下移到 E' 的位置——A 厂商在 B 国市场上占据的市场份额会有所扩大,而 B 厂商的市场份额则相应缩小。这样,通过出口补贴,A 厂商能从 B 国市场上获得更多的垄断利润。

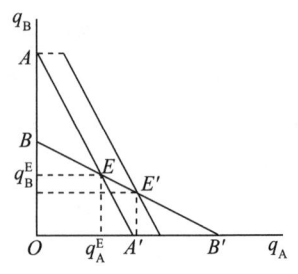

图 5·2-1 双寡头贸易下在一国市场上的均衡销量

这里还必须说明,A 国政府采取战略性出口补贴贸易政策(trade policy of strategic export subsidy)能取得成功的先决条件是其贸易对手不会采取相应的报复行动,并且它使本国厂商从国外获得的新增垄断利润能超过补贴成本。

(二)战略性进口关税贸易政策理论

战略性进口关税贸易政策理论(trade policy theory of strategic import customs duty)最先由克鲁格曼(1983)提出。在发达国家之间具有规模经济的非完全竞争市场条件下,如果 A 国政府采取战略性进口关税贸易政策(trade policy theory of strategic import customs duty),则 A 国国内的市场价格将会高于 B 厂商向 A 国的出口价格,这会使 A 厂商在 A 国国内市场上的反应曲线发生类似于图5·2-1中那样的右移,并且这样做还有着无须补贴成本(cost of subsidy)反而有关税收入(income of customs duty)的优点,其保护成本只是会造成国内消费扭曲的福利损失。(注:这里的关税收入中有一部分是 A 国政府向 B 国厂商抽取了一部分垄断利润——当出口厂商的产品在进口国市场上具有一定垄断性时,进口国征收进口关税具有向其抽取一部分垄断利润的性质。)

为简化问题起见,以下我们不妨假设出口厂商的边际生产成本 MC 固定不变,不考虑任何贸易费用,并且忽略征收进口关税对国内进口替代厂商生产和福利的影响,下面以

征收从量进口关税为例进行分析。

见图 5·2-2，D 曲线和 MR 曲线分别为外国垄断厂商在进口国内面临的需求曲线和边际收益曲线。在进口国征收进口关税之前的自由贸易情况下，图中的 MC 曲线是其产品的边际进口成本曲线，在自由贸易时，它也是外国厂商的边际生产成本曲线，它和边际收益曲线 MR 的交点则决定了外国厂商向该进口国的利润最大化出口量 q，相应出口价格为 P_x（在自由贸易情况下，这也是进口国内的售价）。这时，该外国厂商获得的垄断利润为 $a+b+e+f+g=(P_x-MC)\cdot q$ 所代表的大矩形面积。

在进口国征收进口从量关税率 t 后，外国厂商对该国利润最大化的出口量将减少到 q_t，而该商品在进口国内的售价则将上升到 P_t，而出口价格则会下降到 $P'_x=P_t-t$。此时，该外国厂商获得的垄断利润会相应下降到 $a+b+c=(P_t-t-MC)\cdot q_t$ [或 $a+e=(P'_x-MC)\cdot q_t$] 所代表的小矩形面积。

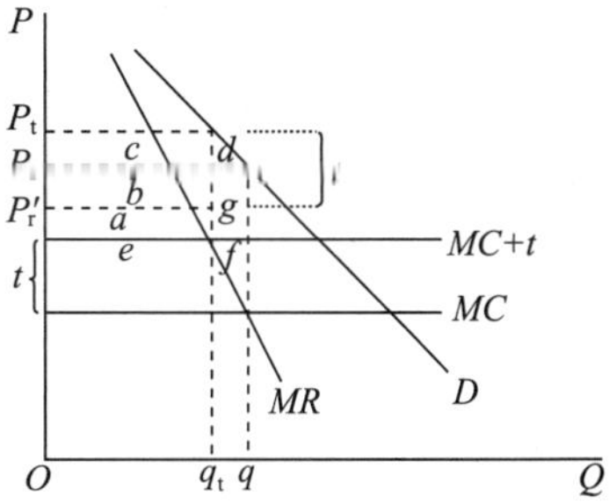

与被征收进口关税前相比，在征税后该外国厂商的垄断利润减少了

$$(a+b+e+f+g)-(a+e)=b+f+g$$

图 5·2-2 征收进口关税与抽取垄断租金

其中，b 是由于出口价格下降而被进口国政府抽取走的垄断利润，$f+g$ 则是由于出口量减少（出口生产扭曲）而损失的垄断利润。

战略性贸易保护理论告诉我们，在具有规模经济的非完全竞争条件下，一国可以通过战略性出口补贴政策或战略性进口关税政策等贸易保护政策来帮助本国出口厂商摄取更多的垄断利润或者是抽取外国出口厂商的垄断利润，而单方面的贸易自由化政策（policy of trade liberalization）则会使本国利益受损。当今，美欧一些发达国家也确已将这种贸易保护政策应用到了实践中，但问题是，这种以邻为壑的贸易政策势必会遭到贸易伙伴国的反击或报复，形成政府间的恶性博弈和严重的贸易摩擦（最典型的代表案例是美国补贴波音飞机和欧盟补贴空中客车生产所造成的严重贸易摩擦案），如果世界各国贸易保护泛滥则还会使大家的利益都受损。可见，非常有必要形成一种全球的贸易协商和约束机制来避免恶性竞争，调解贸易摩擦，而这也正是今天世界贸易组织的重要职能之一。

第三节 贸易政策制定的政治经济学及其他一些贸易保护论调

本节介绍贸易政策制定的政治经济学分析理论以及其他一些经济的甚至是非经济的贸易保护论调。①

一、贸易政策制定的政治经济学分析理论

以前所述的传统贸易政策理论都是建立在以社会整体福利最大化为目标的福利经济学(welfare economics)基础上的,但现实中各国对贸易政策的选择和制定却往往会背离这些单纯的福利经济学理论,比如,许多发达国家都在保护其一些缺乏国际竞争力(international competitiveness)的劳动密集型产业尤其是农业,尽管这明显有违社会整体福利最大化的原则;又如,各国政府在选择具体的贸易保护政策时,通常较喜欢采取关税政策或各种非关税壁垒(尽管它们对社会整体福利的损害较大),而不太喜欢选择生产补贴政策(虽然后者对社会整体福利的损害较小)……如何来解释现实中这些与传统规范分析贸易理论相矛盾的现象? 20 世纪 80 年代,一些经济学家摆脱传统社会整体福利最大化分析方法的束缚,从分析社会不同利益集团的不同利益诉求出发,另外找到了可以较好解释上述一系列事实的政治经济学分析法(political economics approach),建立了一些贸易保护政策的政治经济学分析理论,以下我们择要予以简介。

(一)贸易保护政策制定的政治经济学分析框架

经济学家罗德瑞克(D. Rodrik,1995)曾用一幅示意图来描述贸易保护政策制定的政治经济学分析框架,图 5·3-1 是我们对原图做了一些改进后给出的一个新的示意图。我们首先把贸易政策的制定分解为政策的需求方和供给方两大阵营,然后又进一步把需求方阵营分解成可出口行业的工会和商会、进口替代行业的工会和商会以及消费者协会(或群体)等五个有不同利益诉求和政策偏好的集团,再把供给方阵营也分解成若干个有不同权力及利益诉求和政策偏好的政府部门。这为贸易政策的政治经济学分析提供了一个基本思路。

对贸易政策的需求方来说,各利益集团(interest group)的相关利益、反应强度和影响力是各不相同的。例如,进口替代行业(import substitution industry)受到进口保护政策的影响极大,因而其对进口保护政策的要求也极为强烈;可出口行业(can export industry)受到进口保护政策的影响则较为间接和模糊并且较弱,因而其对进口保护政策的反应就不会很强烈;而人数最为众多的消费者群体(consumer group)的利益虽然明显会受到进口保护政策的损害,但由于消费者群体过于分散,所以他们对进口保护政策的反应也并

---

① 本节内容可参见:海闻,等. 国际贸易第 10 章[M]. 上海:上海人民出版社,2003.

不会表现得很强烈,尤其是当被保护的进口品并非大多数人的生活必需品时就更是如此。这些利益集团表示和传达自己对政策的需求和偏好的形式与渠道也不尽相同[这与一国的政治体制(political system)有很大关系],其表达形式和渠道通常是多样化的,既可以通过民间团体(civil society)或社会舆论(social opinion)来对政府有关部门施加压力或进行游说,也可以通过代表各利益集团的政党或其在政府中的代言人来表达,等等。

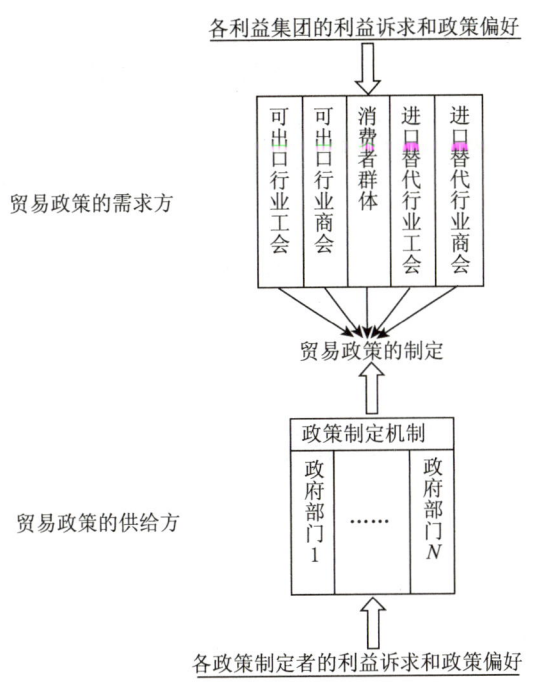

图 5·3-1　贸易政策制定的政治经济学分析框架

而对于贸易政策的供给方来说,各有关政府部门的相关权利和部门利益(甚至还有部门当权者的个人利益)也是不尽相同的。一般来说,政府的决策目标往往是多重的,既有社会福利极大化方面的考虑,也有各部门自身利益以及财政承受能力等方面的考虑;既有经济因素的考虑,也有政治及其他非经济因素的考虑;……另外,一国关于贸易保护的政策制定机制(policy-making mechanism)还跟其政治体制有很大的关系。

依据上述贸易保护政策制定的政治经济学分析框架,一些经济学家提出了一些关于贸易政策的政治经济学分析理论和模型,下面我们仅介绍几个较为现实并有较大影响的:集体行动理论(theory of collective action)、竞选贡献模型(campaign contribution model)。

(二)集体行动理论

前面我们已经提到过,各国政府制定的贸易保护政策往往不是为了实现社会整体福利的最大化,并且在许多情况下,贸易政策保护的恰恰是国内少数人(如厂商群体)的利益而损害了国内大多数人(广大消费者群体)的利益。如何解释这种少数人反而"战胜"了多数人的表面反常现象?研究公共政策的经济学家奥尔森(M. Olson,1964)曾提出一个集体行动理论来解释这一现象。根据该理论,可以认为主要有以下三方面的原因造成了厂商群体(manufacture group)对消费者群体影响政策制定的"以少胜多"的集体行动规律(rule of collective action)。

一是一个利益集团的人数越多,则其每一个体所受到的平均损失就越少(或其每一个体所能得到的平均好处就越少),从而其每一个体的抗争积极性也就越低。于是,人数众多的面对较少利益得失的消费者个体们的抗争积极性通常远小于人数较少的但面临巨大利益得失的厂商个体们的抗争积极性。

二是一个利益集团的人数越多越分散,则其中往往有很多个体会采取"搭便车"的消极态度,而且还会出现意见分歧难以统一,从而在很大程度上造成了他们采取集体行动的低效率和高成本。于是,人数众多的消费者群体常常会各行其是或态度消极,集体行动的成效往往较低,反而是人数较少的厂商群体容易统一意见并态度积极,集体行动的成效通常较高。

三是商会(chamber of commerce)和工会(labor union)都较容易募集到足够的资金来支持其集体行动,也有更多的诉求形式和渠道进行多方游说和抗争,但消费者群体则难以汇聚到足够的资金来支持其集体行动,而且后者表达诉求的形式和渠道也相对要少。

显然这一理论从一个特定的角度,"集体行动"(collective action)所具有的一些特定规律,解释了为什么一些贸易政策会保护了国内少数人而损害大多数人利益的部分原因,具有一定的理论和现实意义;但其毕竟只是解释了部分原因,而现实中的种种贸易政策扭曲(distortion of trade policy)现象则通常还有着其他方面的原因。

(三)竞选贡献模型

马吉和诺伊(S. P. Magee, T. H. Noe,1989)等提出了一个贸易保护政策制定的竞选贡献模型(campaign contribution model),从另一个角度——竞选因素(campaign factor)的角度——解释了民主选举(democratic election)产生的政府在制定贸易保护政策时为什么会偏离社会整体福利而刻意去保护某些特殊利益集团(special interest group)的利益的现象。他们认为在民主选举政府的国家,政府的决策受到执政党政治利益(political benefit of incumbent party)的左右,而执政党的政治利益则首先在于竞选成功及巩固其执政地位,因而一些特殊的利益集团可以通过支持"政党竞选"(campaign of political party)来影响后者将来的政策制定,通过在总统(president)、议会(parliament)等的竞选中为特定党派的人选出钱、出力助其竞选成功(成为后者重要的政治基础)以图后报(谋取后者将来在制定政策时向自己的利益倾斜)。这一竞选贡献理论显然可以作为前述集体行动理论的一个合理补充,把二者结合起来也确实可以对各类贸易保护政策制定问题具有更广泛的解释力,但其总体的解释力仍然有限。

二、主要流行于发展中国家的其他一些贸易保护论调

(一)改善国际收支论

贸易保护的改善国际收支论(improving theory of balance of payments)主张发展中国家需要通过限制进口和促进出口等一系列贸易保护政策来改善本国的国际收支。

对于一些生产技术水平低下,在各生产领域都处于绝对劣势的贫困发展中国家来说,根据李嘉图的比较优势贸易理论,仍然可以通过参与国际贸易而获益——通过出口其具有比较优势的产品以换取进口其处于比较劣势的产品来跟贸易伙伴国分享分工贸易的利益。但首要的问题是,这些绝对落后的贫困发展中国家并不能主导国际贸易的价格而只能被动地接受国际市场的价格,因此,这些贫困发展中国家要想成功出口自己的产品就不得不使其出口价格跟国际接轨——这意味着贫困的发展中国家必须采用出口补贴的政策才能成功实现出口创汇的目的,并且也意味着这些贫困国家出口创汇的能力将是十分有限的(因为这些贫困国家的财政能够支持出口补贴的能力十分有限);其次的问题则是,这些落后的贫困国家对于进口自己处于比较劣势以及自己不能生产产品的需求却又是极大的,如果不加限制,其进口需求往往会大大超过其出口创汇的能力——这又意味着贫困的发展中国家往往还需要采取进口关税、外汇管制和外贸管制等一系列办法来限制进口,而且贫困国家的财政其实还很需要用进口关税的收入来支持其出口补贴的财政政策以实现出口创汇,否则其国际收支平衡就只能靠不断增长的对外负债来维持,而后者显然是难以长期维持的。所以,"改善国际收支论"在发展中国家盛行是有其现实基础和合理原因的——显然那些处于绝对落后地位的贫困发展中国家是有充分的理由要求实行贸易保护政策以改善其国际收支状况的。

但这里存在的主要问题是,通过贸易保护来改善国际收支论的政策不可滥用。因为,一方面,一味地谋求贸易顺差和扩大国际储备其实未必对本国有利——这样做是需要以恶化自身贸易条件为代价的,而且国际储备过多也可能反而会损害了本国的社会福利和社会经济效率;另一方面,发展中国家如果谋求贸易顺差和贸易保护过度,则会遭到发达国家的谴责和报复——例如,对于那些已经脱离了绝对落后地位并已在某些生产领域取得了国际竞争能力的发展中国家来说,如果在本已顺差和不再必要的情况下,却不顾实际需要地继续打着"改善国际收支论"的旗号一以贯之地实行其过去的贸易保护政策,则是会受到发达国家的谴责和贸易制裁的,果真那样的话,双方就都会陷入贸易摩擦的泥潭,落得个"双损"的局面,这显然是不可取也是行不通的。因此,发展中国家应当注意不要滥用了贸易政策的改善国际收支论。

(二)改善贸易条件论

贸易保护的改善贸易条件论(improving theory of term-of-trade)主张发展中国家需要通过增加关税等贸易保护手段来限制进口以减少进口需求从而压低进口商品价格以改善

本国的贸易条件。

有一些代表贫困国家民族经济利益的经济学家批判传统的自由贸易理论会使发展中国家的贸易条件恶化,提出了世界资本主义经济体系的"中心—外围"论,认为少数发达国家处于主导世界经济的中心地位,广大发展中国家则处于外围的依附地位,这两类国家在世界贸易中的地位其实是不平等的,发达国家凭借其经济实力上的优势而主导了国际市场并侵占了国际分工贸易利益的大头,使得发展中国家的贸易条件恶化,因此处于弱势地位的发展中国家有理由并且也应当采取一些必要的贸易保护政策来改善自身的贸易条件。尤其是,在竞争性资本主义向垄断性资本主义过渡后,发达国家又通过跨国公司向发展中国家输出资本和技术,开发和利用外围贫困国家的资源性产品,并把它输送回发达国家,不但进一步谋取了垄断利润,而且加强了对外围落后国家的剥削和控制。结果则是,财富向中心发达国家积累,贫困向外围贫困国家蔓延。为此,外围的发展中国家更需要采取关税、非关税以及贸易和外汇管制等一系列贸易保护手段来改善贸易条件,以争取分享到更多的贸易利益,这样才能加快自身的工业化进程,通过积极发展民族经济来摆脱对中心发达国家在商业、金融和技术上的过度依附性,并改善和提高自己在世界经济体系中所处的地位。一些实证研究也表明,从1980年到20世纪90年代初期,非燃料初级产品的平均价格水平确实下降了一半,这证实和支持了"中心—外围"论关于发展中国家贸易条件不断恶化的论点,也说明"中心—外围"论者倡导发展中国家通过实施贸易保护政策来改善贸易条件以加快工业化进程的主张和政策建议对于后者是具有积极指导意义的。

但这里存在的问题则是,通过贸易保护来改善贸易条件的政策是否真的能够奏效,是否真的能够实现改善本国贸易条件的目标却是一个需要认真考虑的问题。因为,贸易保护的改善贸易条件论是要求一定条件的,如果那些条件不能得到充分满足,不但可能达不到改善贸易条件的初衷,反而可能会带来一些难以预料的副作用,最终得不偿失。

一方面,它要求贸易保护政策的实施国是一个大国,因为如果是贸易小国,则其通过关税等贸易保护手段来减少进口需求通常并不能影响到其进口品的世界市场价格,这意味着贸易小国想通过贸易保护来改善其贸易条件的办法常常是行不通的;并且,它还要求贸易保护政策的实施国在国际市场上拥有跟自身贸易地位相称的价格话语权,因为即便是贸易大国,如果其在国际市场上缺乏跟自身贸易地位相称的价格话语权,则其想通过自身单方面的贸易保护政策来改善贸易条件的企图也未必真的能够得逞,或者说是其效果可能会远远达不到预期。所以,贸易保护的改善贸易条件论并不是对所有发展中国家都可以有效或充分有效的。

另一方面,发展中国家要想成功地通过贸易保护来实现改善其贸易条件的目的,还需要通过国际协商得到发达国家的接受或容忍才行。不然的话,由于发展中国家单方面的贸易保护政策必然会损害到发达国家的利益,从而后者很可能会对前者采取相应的报复措施,这样的最终结果将会是两败俱伤,而且处于弱势地位的发展中国家还很可能会受损害更多或更严重一些。

因此,发展中国家也应当小心,不要错用了贸易政策的改善贸易条件论。

(三)增加政府收入论

贸易保护的增加政府收入论(view of increase government's income)主张发展中国家可以通过征收进口关税的手段来增加政府的财政收入(fiscal revenue)。

一般发展中国家的政府财政往往是很困难的,其收入来源比较贫乏,而关税收入则恰好可以充当贫困国家财政的一个比较现实并且稳定可靠的收入来源,因此是发展中国家财政的一个非常重要的收入来源。一方面,征收进口关税比向国内民众征税更有较多的理由,如关税有利于保护国内民族工业,可用于补贴出口创汇,甚至还可能压低进口价格而让外商来承担一部分关税(尽管后一种可能性对大多数发展中国家来说是不大现实的),等等;另一方面,征收进口关税也更为容易,因为征收进口关税主要损害的只是国内少数进口品消费者的利益,而且还是在进口环节上就已经提前征收了,所以其征税的阻力也较小。

而这里存在的问题是,政府是否清廉,是否能够合理和有效地使用其关税和财政收入,以及关税的设置结构是否科学合理,是否阻碍了本国引进先进技术和进口必要的能源和原材料,等等。这些问题是发展中国家在制定关税政策时需要认真考虑的问题。

(四)民族自尊论

贸易保护的民族自尊论(view of national self-respect)从期盼民族自强(national self-strengthening)的美好愿望出发,主张发展中国家需要通过限制进口和促进出口等一系列贸易保护政策来振兴民族工业(national industry)以实现民族自尊(national self-respect)。

一般来说,发展中国家要求民族自强和自尊是正常的也是正当的,而通过一定的贸易保护来积极发展自己的民族工业以摆脱落后地位的愿望和主张在经济学上也是有一定合理性的,因为按照幼稚产业保护理论,当一国的民族工业尚处于幼稚期而缺乏国际竞争力的时候,也的确需要在一定期限予以合理的贸易保护。

但这里存在的问题是,幼稚产业保护在实践操作上困难重重,诸如怎样正确选择本国确有竞争潜力的产业予以保护,如何科学拟定具体的保护政策和措施,以及如何合理确定恰当的保护力度和保护期限等一系列问题都是一些充满了争议和没有定论的实际难题;并且令人两难的是,一旦政策失误,其实际效果往往会事与愿违,不但会给本国社会福利造成极大的损失,而且还会延误本国工业化的进程。所以,这些问题也非常重要,也是发展中国家在制定贸易保护政策时需要认真对待的问题。

三、主要流行于发达国家的其他一些贸易保护论调

(一) 保护就业论

贸易保护的保护就业论(view of protect employment)主张发达国家应当通过限制进口和促进出口等一系列贸易保护政策来保护国内的充分就业。

保护就业论可以从微观和宏观两方面来进行解释。按照微观经济学,保护就业论认为发达国家需要并可以通过贸易政策来保护其一些处于比较劣势的行业以增加就业;再按照开放的凯恩斯主义宏观经济学,保护就业论认为,发达国家可以通过贸易政策来增加出口和减少进口以增加净出口,而这又会按乘数效应来增加对本国产品的有效需求(按照开放的凯恩斯主义宏观经济学,净出口是一国有效需求的重要组成部分),所以会对国内整体就业有很大的促进作用。

而这里存在的问题是,从微观上来看,片面地保护一些不具有比较优势行业的生产和就业往往会损害其他一些具有比较优势的相关行业的生产和就业,还外加对消费者的损害,最后的结果是此长彼消,甚至会得不偿失;从宏观上来看,一国想要实现既限制进口又扩大出口的政策目标往往只是一种一厢情愿的想法,因为其贸易伙伴国也要考虑自己的就业问题,所以这种企图输出失业的损人利己的贸易政策往往只会造成贸易摩擦和两败俱伤的糟糕结果,在现实中缺乏可靠性与可行性。实际上,保护就业论是片面并短视地运用了凯恩斯主义的宏观经济学,我们前面在介绍新重商主义贸易理论时就曾指出,凯恩斯本人其实是主张以促进出口的政策而不赞成用限制进口的办法来争取贸易顺差的,认为"并不是限制进口愈严,则国际贸易之顺差愈大。……若把目光放远些,则贸易限制是不利于顺差的"。所以,发达国家应当小心,不要错用了贸易政策的保护就业论。

(二) 保护公平竞争论

贸易保护的保护公平竞争论(view of protect fair competition)又称为保护公平贸易论(view of protect fair trade),它主张发达国家可以通过一定的贸易保护政策措施来保护所谓的公平竞争(fair competition)或者说是公平贸易(protect fair trade)。

保护公平竞争论认为,在当今国际贸易的不公平竞争环境下,无障碍自由贸易并不是公平贸易,其所说的不公平竞争行为主要是指发展中国家的诸如出口补贴,倾销,将监狱中犯人制造的产品出口,将雇用了童工或得不到基本福利保障的劳工所制造的产品出口,通过复汇率制度人为降低出口成本和抬高进口成本,对外国知识产权不加保护或保护不力,以及不对等开放市场等。认为发展中国家的这些不公平竞争行为会造成不公平贸易,所以发达国家有必要采取一些贸易保护政策措施来限制贸易伙伴国的不公平竞争行为,以求实现和促进真正的公平贸易和自由贸易。而采取以下一些贸易保护政策措施,诸如反补贴税、反倾销税、其他惩罚性关税、进口限额,以及贸易制裁等,则有助于限制不公平竞争和实现公平贸易。

这里存在的问题则是,其一,"保护公平竞争"可以被国内厂商用来作反对进口或要求贸易保护的借口(这在反倾销领域尤其常见),而且某些发达国家也常常找种种借口将一些发展中国家定性为"非市场经济国家",用所谓替代国的做法来认定后者的倾销行为,等等,所有这些因素都使得保护公平竞争论在实际应用中存在着很大的不公正性和不可测性;其二,当一国以保护公平竞争为由进行贸易保护尤其是在实行贸易制裁时,无论其公正与否,都可能遭到其贸易伙伴国的反指控与反报复(这其中往往包含着很大的政治因素,从而使得政府决策含有很大的非经济或非理性成分),常常会导致两败俱伤的不幸结果。所以,发达国家也应当注意不要滥用贸易政策的保护公平竞争论。

(三)保护社会公平论

贸易保护的保护社会公平论(view of protect social fair)主张发达国家需要利用一定的贸易政策来帮助支持国内农产品的价格,保护农业生产者(agricultural producer,包括农民和地主)的收入水平以实现社会公平(social fair)。

保护社会公平论认为,发达国家实现工业化后,资本的不断丰裕和土地的相对稀缺,使其工业品的生产成本不断下降而农产品的生产成本相对上升,导致农业生产者的收入水平(包括农业劳动要素和土地要素的收入)相对下降或是跟不上其他产业收入水平的上升,这有失社会公平。因而发达国家需要采取一定的产业政策来调节农产品价格,以保护国内农业生产者的收入水平和生产积极性,与此同时,还需要采取相应的贸易政策(如价格支持、限制进口、出口补贴等)来与之配套,以避免自由贸易对国内农产品价格和农业生产形成冲击。

这里存在的问题是,发达国家的农产品贸易保护政策常常会有一定政策性倾销的嫌疑(尤其是一些欧洲发达国家的那种导致了贸易方向逆转的农产品价格支持政策更具有较为明显的政策性倾销嫌疑),不符合 WTO 协议的精神,已遭到普遍指责并常常造成贸易摩擦。

(四)保护国家安全论

贸易保护的保护国家安全论(view of protect national security)是从国家安全(national security)的角度出发,主张发达国家即使是出于国家安全尤其是国防安全(security of national defense)的需要也必须实行一定的贸易保护政策。

保护国家安全论认为,首先,有关国家安全的重要战略性物资(如粮食、石油、钢铁等)应尽量以自己生产为主,尽量不依赖进口,这些行业在面临国际市场竞争时,政府应加以贸易保护,并且还应严格限制战略性物资和尖端技术产品向不友好国家出口;其次,政府还应当以必要的贸易保护政策来避免自由贸易造成本国经济的对外过度依赖性和国内经济结构的脆弱性。

而这里存在的问题是,这种国家主义的保护国家安全论对发达的经济强国来说,其实是具有很大的谋求霸权主义和进行战争恐吓倾向的,不利于世界和平。实际上,如果真的能够通过自由贸易而使世界所有国家都丧失了独立发动战争来谋求霸权的可能性，从而使人类社会能够消弭战争，长期和平共处，实现世界大同和共同繁荣的话，则自由贸易真的是功莫大焉！人类社会也真的是幸莫大焉！为此，人类社会应当大力提倡自由贸易才对。

下 篇

国际金融—国际宏观经济学理论、国际要素流动及经济一体化理论

下篇介绍和探讨国际金融（international finance）和国际宏观经济学（international macroeconomics）范畴的理论问题，以及国际要素流动（international factor mobility）和国际经济一体化（integration of international economy）等方面的理论问题。进入国际宏观经济学的研究范畴，经济开放（economic opening）就要涉及国际金融方面，研究国际货币经济学（international monetary economics）方面的问题，包括外汇、汇率、外汇市场以及国际收支的核算和分析问题（第六章），重要的汇率理论和汇率制度（第七章），重要的国际收支理论和政策（第八章），国际货币体系和三代货币危机理论（第九章），一国在开放经济条件下如何实现其内外经济的一致均衡、促进充分就业和经济增长等一系列宏观国际经济理论和政策问题（第十章）。最后，还将介绍和探讨生产要素的国际流动和国际经济一体化等方面的一些理论问题，包括经济全球化背景下一些重要的国际要素流动理论（第十一章），以及一些重要的国际经济一体化理论（第十二章）。

第六章　外汇市场和国际收支

本章作为研究国际宏观经济学问题的第一步，首先简要介绍有关外汇、汇率和外汇市场的一些基本知识，以及国际收支的核算和分析问题，为下一步展开理论探讨做一些必要的铺垫和准备。

第一节　外汇和汇率

一、外汇的概念

外汇(foreign exchange)又称国际汇兑，有动态概念和静态概念之分。

国际汇兑通常是指其动态概念，指为清偿国际债权债务而通过银行或金融机构采用各种结算工具来进行货币兑换和汇付的业务过程或交易行为。

外汇通常是指其静态概念，又有广义和狭义之分。广义外汇(generalized foreign exchange)是泛指一切以外币表示的金融资产。我国于 2008 年 8 月颁布的修订后的《中华人民共和国外汇管理条例》中规定："本条例所称外汇，是指下列以外币表示的可以用作国际清偿的支付手段和资产：(1)外币现钞，包括纸币、铸币；(2)外币支付凭证或者支付工具，包括票据、银行存款凭证、银行卡等；(3)外币有价证券，包括债券、股票等；(4)特别提款权；(5)其他外汇资产。"

狭义外汇(narrow foreign exchange)则是指以外币表示的可直接用于国际清偿的支付手段。如果按照国际通行的看法，则在上述我国外汇管理条例所定义的广义外汇中，就主要是"(2)外币支付凭证或者支付工具"和"(4)特别提款权"属于狭义外汇的范畴，其中的银行存款凭证则又是最主要的狭义外汇，票据则是在银行存款的基础上派生出来的对于存款的一定索取权。

另外，狭义外汇通常还可再进一步细分为自由外汇(free foreign exchange)和记账外汇(foreign exchange in account)两大类。其中，自由外汇是指无须货币发行国批准便可随意动用，自由兑换为其他货币或向第三国办理支付的外汇；而记账外汇又叫协定外汇或清算外汇，是指不经清算协定国批准不能随意动用，不能自由兑换为其他货币或向第三国办理支付的外汇。前者是指美元、欧元、日元等硬通货外汇；而后者则是指特别提款权以及其他根据协定国政府间的清算协定，通过在各协定国指定银行开立的专门清算账户记账使用的账面外汇。显然,自由外汇是狭义外汇的主力,而记账外汇则只是在一些缺乏自由外汇的国家间进行清算的辅助性支付手段。

二、汇率的概念

汇率(foreign exchange rate)又称外汇牌价(exchange rate quotation),是两国货币之间的相对比价,或者说是一国货币以另一国货币来表示的价格。

(一)汇率的分类

在国际金融的理论和业务中,从不同的角度出发,对于汇率有着各种各样的分类概念,我们这里介绍几种较为重要的汇率分类概念。

1. 基本汇率与套算汇率

一国货币与一种关键货币(key monetary)之间的汇率就是该国货币的基本汇率(basic exchange rate);而通过两国货币各自的基本汇率套算出来的两种货币之间的汇率则称为套算汇率(cross exchange rate)。其中所谓关键货币则是指一国在国际交往中最常使用(对本国最重要)的一种可自由兑换的外国货币,目前,世界各国大多选择美元作为关键货币,以本国货币与美元之间的汇率作为基本汇率,并据此来套算本国货币与其他货币之间的汇率。

2. 即期汇率与远期汇率

即期汇率(spot exchange rate)又称现汇汇率,是在现汇交易中使用的汇率,而所谓现汇交易则是一种即期(即在成交日起算的两个工作日内)办理交割的外汇交易;远期汇率(forward exchange rate)又称期汇汇率,是在期汇交易中使用的汇率,而所谓期汇交易则是一种远期(在交易双方事先约定的未来一定日期)办理交割的外汇交易。

令 ε 代表现汇汇率,ε^f 代表期汇汇率,则期汇汇率与现汇汇率之间的差价 $\varepsilon^f - \varepsilon$ 被称为期汇的远期差价(forward margin)。在直接标价法下,若期汇的远期差价为正/负/零,则称期汇升水(forward exchange premium)/期汇贴水(forward exchange discount)/期汇平价(forward exchange parity);在间接标价法下,若期汇的远期差价为正/负/零,则称期汇贴水/期汇升水/期汇平价。再令 ρ^f 代表期汇升水率(forward exchange premium rate)/期汇贴水率(forward exchange discount rate),则有

$$\rho^f = \frac{|\varepsilon^f - \varepsilon|}{\varepsilon} \times 100\% \qquad (6 \cdot 1 - 1)$$

而期汇相应的升水年率(premium rate per annum)/贴水年率(discount rate per annum)则为

$$\rho^f / \frac{t}{12} = \frac{|\varepsilon^f - \varepsilon|}{\varepsilon} \cdot \frac{12}{t} \times 100\% \qquad (6 \cdot 1 - 2)$$

其中,t 代表期汇的交割期限(月数)。

3. 买入汇率、卖出汇率和中间汇率

买入汇率(buying exchange rate)又称外汇买入价,是指银行买入外汇时所使用的汇率;卖出汇率(selling exchange rate)又称外汇卖出价,是指银行卖出外汇时所使用的汇率;中间汇率(medial exchange rate)则是取买入汇率与卖出汇率的平均值。

4. 商业汇率与银行同业汇率

商业汇率(commercial exchange rate)又称零售汇率,是在银行柜台交易外汇市场上的汇率;银行同业汇率(interbank's exchange rate)又称批发汇率,是在银行同业交易外汇市场上的汇率。一般而言,银行在同业交易市场上对同业买卖外汇的差价要小于银行在柜台交易市场上对客户买卖外汇的差价。

5. 双边汇率与多边有效汇率

所谓双边汇率(both-side exchange rate),是指一国货币和另一国货币两种货币之间的汇率,其实以上所讲的各种汇率都是针对双边汇率而言的;而所谓多边有效汇率(multi-side effective exchange rate)常简称有效汇率(effective exchange rate),是指本国货币对于"一篮子"特定货币(通常是各主要贸易伙伴国货币)的所有双边汇率的某种加权平均:

$$\varepsilon^v = \sum v_i \varepsilon_i \qquad (6\cdot1-3)$$

其中,ε^v 代表一国货币的多边有效汇率,ε_i 和 v_i 则分别代表该国货币对于各选定贸易伙伴国货币的双边汇率(一概采用直接标价法)及该外币汇率的权重(主要是其双边贸易的权重,即对该贸易伙伴国的双边贸易量在本国对外贸易总量中所占比重)。

(二)汇率的标价方法

汇率可以有两种不同的标价方法:一种是直接标价法,另一种是间接标价法。

1. 直接标价法

汇率的直接标价法(direct quotation)又称价格标价法(price quotation),是指以一定单位(通常是1单位或100单位)的外国货币为标准,用本国货币来表示外国货币的价格。在直接标价法下,汇率上升意味着外币升值和本币贬值。目前,世界上绝大多数国家和地区(包括我国在内)都采取直接标价法。

2. 间接标价法

汇率的间接标价法(indirect quotation)又称数量标价法(quantity quotation),是指以一定单位(通常是1单位或100单位或10000单位等)的本国货币为标准,用外国货币来表示本国货币的价格。在间接标价法下,汇率上升则意味着外币贬值和本币升值。目前,世界上有英国及个别原英联邦国家、美国、欧元区等采用间接标价法。英国完全采取间接标价法,个别原英联邦国家如澳大利亚、新西兰等国也采用间接标价法(但后来这些国家的货币对于英镑则是采用直接标价法);美国自1978年以后也采取了间接标价法(但由于历史的原因,美元对于英国及上述原英联邦国家的货币仍然采用直接标价法);后来又有新生的欧元区也采取了间接标价法(欧元除对英国及上述原英联邦国家的货币采用直接标价法以外,对所有其他货币包括美元在内一概采用间接标价法)。

第二节 外汇市场

一、外汇市场概述

广义的外汇市场(foreign exchange market)是所有进行外汇买卖及货币兑换的交易市场的统称,一般来说,又有外汇零售市场和外汇批发市场两个不同层次的外汇市场。

(一)外汇市场的层次

1. 外汇零售市场

外汇零售市场(retail market of foreign exchange)又称场外外汇柜台交易市场(OTC markets of foreign exchange),这是银行跟一般客户之间的外汇交易市场,采用商业汇率。一般来说,银行对客户的现汇买入汇率要低于现汇卖出汇率;而其现汇卖出汇率则又有电汇汇率、信汇汇率和票汇汇率之分,并以电汇汇率为基准汇率。通常有:现汇买入汇率<票汇汇率<信汇汇率<电汇汇率。

一般顾客,不论是企业还是个人,在进行国际结算或清偿时,都需要通过银行进行国际汇兑。因此,银行与顾客之间通常会有大量的本币与外币之间的买卖业务,这构成了银行与顾客之间外汇交易的主流。银行在这种外汇交易业务中赚取买卖差价,起中介作用。

2. 外汇批发市场

外汇批发市场(wholesale market of foreign exchange)又称外汇银行同业交易市场(the interbank trading market of foreign exchange),这是银行同业之间进行外汇交易的市场,也是通常所说的狭义外汇市场,采用银行同业汇率。银行同业交易市场又可区分为在岸银行同业交易市场和离岸银行同业交易市场两种不同情况。其中,前者是指局限于一个国家或经济区内银行同业之间的外汇交易市场,又称在岸外汇市场;而后者则是指离岸银行同业之间的自由外汇交易,又称离岸外汇市场。

银行在为一般顾客提供外汇买卖的中介服务中,难免会在一个营业日内一些外汇币种的售出额低于购入额,而另一些外汇币种的售出额又高于购入额,前者称为"超买"(overbought)或"多头"(in long position),后者称为"超卖"(oversold)或"空头"(in short position)。为了避免汇率变动的风险,银行之间就需要借助同业交易及时进行外汇头寸的调剂,以各自平衡其各外汇币种的头寸被称为"轧平头寸"(cover position)。此外,银行有时还会出于套利或投机的目的从事同业间的外汇交易。

外汇批发市场有两种不同的组织形式:一种是无形市场,又称场外交易市场,它没有特定交易场所和交易时间的限制,外汇买卖双方可以随时随地通过电话、电报、电传及其他通信工具进行交易,英国、美国、加拿大、瑞士等国的外汇市场采用这种组织形式,被称作英美体系;另一种是有形市场,又称场内交易市场,它有特定的交易所和交易时间,外汇交易各方在交易所的营业时间内进行集中交易,德国、法国、荷兰、意大利等国的外汇市场采用这种组织形式,被称作大陆体系。

(二)外汇市场的参与者

一国外汇市场的参与者按其在市场中所处地位和所起作用的不同主要分为以下四类:

1. 外汇银行

外汇银行(foreign exchange bank)是外汇市场最重要的参与者,既与普通顾客进行柜台交易,又与其他外汇银行进行同业交易。外汇银行包括经过本国中央银行批准可以经营外汇业务的商业银行(本国商业银行或外国商业银行在本国的分行)和其他金融机构(如信托投资公司、贴现公司等)。

2. 顾客

顾客(customer)包括进出口商、国际运输或保险公司、旅游者或留学生、国际投资或融资人、外汇投机者以及其他普通外汇需求者或供给者。顾客只能与外汇银行进行柜台交易。

3. 外汇经纪人

外汇经纪人(foreign exchange broke)是利用其所掌握的外汇市场行情和客户关系为有外汇交易需求的双方介绍交易以赚取佣金的中介商,既可参与柜台交易,又可参与场外的银行同业交易。外汇经纪人既可以专营经纪业务,也可以兼营外汇买卖业务。另外,外汇银行有时也会兼营经纪业务(代客买卖外汇)。

4. 中央银行

中央银行(the central bank)只参与银行同业外汇市场上的交易。当同业交易市场上发生外汇供需失衡,特别是严重失衡时,中央银行可以入市干预,购入过剩的外汇或者是抛售不足的外汇,以维护外汇市场的供需平衡和汇率稳定。

二、外汇交易业务的基本类型

(一)即期外汇交易

即期外汇交易(spot exchange transactions)又称现汇交易,这是外汇买卖双方按约定金额和即期汇率立即(即在成交日起算的两个工作日内)办理交割的外汇交易业务。即期外汇交易可被一般顾客用于国际结算或进行现汇投机,也可被商业银行用于调剂现汇头寸或进行现汇投机,还可被中央银行用于干预外汇市场。

(二)远期外汇交易

通常的远期外汇交易(forward exchange transactions)又称期汇交易,这是外汇买卖双方按约定金额和远期汇率在约定好的未来日期办理交割的外汇交易业务。远期外汇交易可被一般顾客用于套期保值或进行期汇投机，也可被商业银行用于调剂期汇头寸或进行期汇投机。

(三)掉期外汇交易

掉期外汇交易(swap exchange transactions)是一种掉期对冲的外汇交易业务，即在按某一交割期限买进/卖出一币种外汇的同时，又按另一不同的交割期限反向卖出/买进同等金额的该币种外汇。掉期外汇交易大致可分为以下三种不同形式：

第一，即期对远期(spot against forward)，即在买进/卖出一币种现汇(spot exchange)的同时，又反向卖出/买进同等金额的该币种期汇(forward exchange)。这里，期汇的常见交割期限有1星期、1个月、2个月、3个月、6个月，等等。

第二，远期对远期(forward to forward)，即在按某一交割期限买进/卖出一币种期汇的同时，又按另一不同交割期限反向卖出/买进同等金额的该币种期汇。

以上两种掉期外汇交易主要是被一般顾客用于掉期保值或进行掉期套利。

第三，明日对次日(tomorrow-next or rollover)，指在成交后的下一个营业日交割，并在其次日(再下一个营业日)再做反向交割的掉期交易。这种掉期外汇交易主要是被商业银行用于同业间的隔夜外汇资金拆借。

下面，我们将进一步介绍以上各种外汇交易业务的功能，亦即外汇市场的功能。

三、外汇市场的功能

(一)国际清偿与银行间调剂现汇头寸

1. 国际清偿

一般顾客可以通过银行进行现汇的国际汇兑业务来清偿到期的国际债务和债权；银行同业之间也可以通过现汇的国际汇兑业务来清偿到期的国际债务和债权。

2. 银行间调剂现汇头寸

银行同业之间还可以通过现汇交易来相互调剂其现汇资金的多头头寸与空头头寸，以减轻各自的汇率风险。必要时，还可以由中央银行介入外汇市场作为最后的买家或卖家来平衡当日外汇市场的供需，以避免汇率发生过度的波动。

(二)远期外汇头寸保值

远期外汇头寸保值是指利用远期外汇交易来消除未来短期内外汇收支头寸的汇率风险，或者是利用掉期外汇交易来消除短期投融资头寸的汇率风险等业务活动，其中前者被称为外汇套期保值(exchange covered spot hedging)，后者被称为外汇掉期保值(exchange covered swap hedging)。

1. 外汇套期保值与银行间调剂期汇头寸

一般顾客可以跟银行进行期汇交易来对其未来短期内的外汇收入或支出头寸进行

外汇套期保值,以消除汇率风险;银行同业之间也可以进行期汇交易来相互调剂其柜台期汇交易的多头头寸与空头头寸,以减轻各自的汇率风险。

例如,一日本出口商同美国进口商签订了一份10万美元的3个月后付款的贸易合同。这时,日本出口商在3个月后的美元收入就面临着难以预料的汇率风险(这里美国进口商在3个月后的美元支出则并无汇率风险)。为避免可能的汇兑损失,日本出口商可以在签订贸易合同的同时,另外再跟其往来银行签订一份3个月后交割的卖出10万美元期汇的远期交易合同,以消除汇率风险(这里,日商在签订贸易合同时,应根据当时的远期汇率来厘定其出口价格)。

2.外汇掉期保值与银行间外汇资金拆借

一般顾客可以跟银行进行掉期外汇交易来为其短期对外投资或融资头寸进行掉期保值,以消除汇率风险;银行同业之间也可以通过明日对次日的掉期外汇交易来进行隔夜外汇资金拆借以避免汇率风险。

例如,一日本投资者要将其一笔短期闲余的日元资金兑换成美元进行3个月期的对外投资。这里,日本投资者在3个月后收回的美元本利则会面临着难以预料的汇率风险。同样是为了避免可能的汇兑损失,日本投资者可以通过外汇掉期交易业务(在买进美元现汇的同时又卖出预计所能收回美元本利的3个月期汇)来为这笔短期对外投资进行保值,以消除其汇率风险。

(三)外汇套利(套汇和套息)

广义的外汇套利(exchange arbitrage)是在外汇市场上通过外汇抛补交易(包括在不同外汇市场上进行即期现汇抛补交易或在同一外汇市场上进行掉期外汇抛补交易)以规避汇率风险的所有各种外汇抛补套汇和套息活动的统称,它分为即期抛补套利(covered spot arbitrage)和掉期抛补套利(covered swap arbitrage)两种。

1.即期抛补套利——空间套利

又称空间套汇(space exchange arbitrage),常简称套汇(arbitrage),指利用同一时刻不同外汇市场上的汇率差价,同时在两个或多个外汇市场循环交叉进行现汇抛补交易,通过贱买贵卖来套取现汇差价的抛补套利行为。套汇又可分为直接套汇(direct exchange arbitrage)和间接套汇(indirect exchange arbitrage)两种不同情形。其中,直接套汇又称两点套汇(two points exchange arbitrage)或两地套汇(two places exchange arbitrage),它是最简单的套汇方式,指利用两种货币在两个不同外汇市场上汇率的差价,同时在两个外汇市场上交叉进行贱买贵卖来套取现汇差价;而间接套汇则是各种三地及三地以上的多点套汇(multiple points exchange arbitrage)或多地套汇(multiple places exchange arbitrage)的统称,如三点套汇(three points exchange arbitrage)或三地套汇(three places exchange arbitrage)是指利用三种货币在三个不同外汇市场上汇率的差价,同时在三个外汇市场上循环交叉进行贱买贵卖来套取现汇差价。

为了简化符号和便于分析,我们在下面的讨论中一概分别以 A_B 和 A^B 代表一国(A

国)外汇市场上对另一国(B 国)货币的买入汇率和卖出汇率,并且规定对各国外汇市场上的外币汇率一概采用关于单位外币的直接标价法,另外在我们的讨论中还始终忽略了交易佣金等套汇费用问题。

(1) 两地直接套汇的条件

例如,某日同一时刻,在纽约外汇市场上日元的买入汇率为 1 日元 = 1/124 美元(记为 $A_B = 1/124$),而在东京外汇市场上美元的买入汇率则为 1 美元 = 125 日元(记为 $B_A = 125$)(注意,这里为便于分析,我们对每一外汇市场上的外币汇率都采用了关于单位外币的直接标价法,下同),注意此时有 $A_B \times B_A = 1/124 \times 125 > 1$。这时,如果一个套汇者在纽约外汇市场上卖出 124 万日元(收入 1 万美元),同时又在东京外汇市场上卖出 1 万美元(收入 125 万日元),则该套汇者即可从中获利 1 万日元。一般来说,当两国外汇市场上的两地交叉外汇买入汇率的乘积大于 1 时,就会出现在这两国外汇市场上对这两国货币进行两点套汇的机会(否则就不存在两点套汇的机会)。

又如,某日同一时刻,在纽约外汇市场上日元的卖出汇率为 1 日元 = 1/126 美元(记为 $A^B = 1/126$),而在东京外汇市场上美元的卖出汇率则为 1 美元 = 125 日元(记为 $B^A = 125$),注意此时有 $A^B \times B^A = 1/126 \times 125 < 1$。这时,如果一个套汇者在纽约外汇市场上买入 126 万日元(付出 1 万美元),并同时在东京外汇市场上买入 1 万美元(付出 125 万日元),则该套汇者也可从中获利 1 万日元。一般来说,当两国外汇市场上的两地交叉外汇卖出汇率的乘积小于 1 时,也会出现在这两国外汇市场上对这两国货币进行两点套汇的机会(否则就不存在两点套汇的机会)。

在正常情况下,也就是当两地交叉外汇买入汇率的乘积小于等于 1 小于等于两地交叉外汇卖出汇率的乘积时,就不存在两点套汇的机会了。

(2) 间接套汇的条件

例如,某日的同一时刻,在纽约外汇市场上欧元的买入汇率为 1 欧元 = 1.2 美元(记为 $A_C = 1.2$),在伦敦外汇市场上美元的买入汇率为 1 美元 = 0.625 英镑(记为 $B_A = 0.625$),同时在欧元区外汇市场上英镑的买入汇率为 1 英镑 = 1.4 欧元(记为 $C_B = 1.4$),注意此时有 $A_C \times B_A \times C_B = 1.2 \times 0.625 \times 1.4 = 1.05 > 1$。这时,如果一个套汇者在纽约外汇市场上卖出 100 万欧元(收入 $100 \times 1.2 = 120$ 万美元),同时在伦敦外汇市场上卖出 120 万美元(收入 $120 \times 0.625 = 75$ 万英镑),同时又在欧元区外汇市场上卖出 75 万英镑(收入 $75 \times 1.4 = 105$ 万欧元),则该套汇者可从中获利 $105 - 100 = 5$ 万欧元。一般来说,当三国外汇市场上存在三地循环交叉外汇买入汇率的乘积大于 1 时,就会出现在这三国外汇市场上对这三国货币进行三点套汇的机会(否则就不存在三点套汇的机会)。

又如,某日的同一时刻,在纽约外汇市场上欧元的卖出汇率为 1 欧元 = 1.1 美元(记为 $A^C = 1.1$),在欧元区外汇市场上英镑的卖出汇率为 1 英镑 = 1.4 欧元(记为 $C^B = 1.4$),同时在伦敦外汇市场上美元的卖出汇率为 1 美元 = 0.625 英镑(记为 $B^A = 0.625$),注意此时有 $A^C \times C^B \times B^A = 1.1 \times 1.4 \times 0.625 = 0.9625 < 1$。这时,如果一名套汇者在纽约

外汇市场上以110万美元买入110/1.1=100万欧元,同时在欧元区外汇市场上以100万欧元买入100/1.4=71.42857万英镑,同时又在伦敦外汇市场上以71.42857万英镑买入71.42857/0.625=114.28571万美元,则该套汇者也可从中获利114.28571-100=14.28571万美元。一般来说,当三国外汇市场上存在三地循环交叉外汇卖出汇率的乘积小于1时,也会出现三点套汇的机会(否则就不存在三点套汇的机会)。

在正常情况下,也就是当三地循环交叉外汇买入汇率的乘积小于等于1小于等于三地循环交叉外汇卖出汇率的乘积时,就不存在三点套汇的机会了。注意,这里对于外币汇率一概采用关于单位外币的直接标价法。

另外,人们还提出了如下定理:

如果任何二点和三点套汇的机会都不存在的话,那么也不可能存在四点、五点以及其他 n 点套汇的机会(但此定理其实是不够严谨的,关于这方面的较为严谨深入的探讨可参见附录6·2)。

实际上,在当今世界外汇市场一体化,通信非常便捷和先进的条件下,各地汇率即便出现差异往往也很小,而且总是转瞬即逝,套汇机会又是很不容易把握住的。

2. 掉期抛补套利——时间套利

又称外汇掉期套利(swap exchange arbitrage),常简称套利(arbitrage),这是在外汇市场上通过掉期外汇抛补交易而规避了汇率风险的各种抛补套利活动的统称。它又可分为外汇掉期套息(covered exchange interest arbitrage)和外汇掉期套汇(covered exchange rate arbitrage)两种不同情况。

(1)掉期套息

掉期套息是指通过掉期外汇交易将资金在短期内兑换成高利率货币来套取高利率收益的掉期套利行为。

例如,当欧元的3个月期存款利率高于美元的3个月期存款利率,并且其利率差大于欧元对美元的3个月期汇的贴水率时,就出现了掉期套息的机会。这时,美国投资者可以将美元资金在3个月期内兑换成欧元,并通过3个月期的欧元掉期交易来无汇率风险地套取欧元的高利息收益。

(2)掉期套汇

掉期套汇又称时间套汇,是指通过掉期外汇交易将资金在短期内兑换成远期升水货币来套取高升水收益的掉期套利行为。

例如,当欧元的3个月期存款利率低于美元的3个月期存款利率,但是其利率差却小于欧元对美元3个月期汇的升水率时,则又出现了掉期套汇的机会。这时,美国投资者也可以将美元资金在3个月期内兑换成欧元,并通过3个月期的欧元掉期交易来无汇率风险地套取欧元的高升水收益。

(四)外汇投机

外汇投机(foreign exchange speculation)是在外汇市场上通过无抛补的单向外汇交易

而主动承担了汇率风险的各种无抛补套利活动的统称,它分为现汇投机(uncovered spot exchange arbitrage)和期汇投机(uncovered forward exchange arbitrage)两类不同的外汇投机活动。

1. 现汇投机

现汇投机是指通过无抛补的单向现汇交易主动承担着汇率风险来谋取息差收益或货币升值收益的投机行为,它又分为无抛补外汇套息(uncovered exchange interest arbitrage)和无抛补外汇套汇(uncovered exchange rate arbitrage)两种不同情况。

(1) 无抛补套息

无抛补套息是指通过无抛补的现汇交易单向买入高利率外币的现汇主动承担着汇率风险来谋取高利率货币未来的高利息收益的现汇投机行为。

(2) 无抛补套汇

无抛补套汇是指通过无抛补的现汇交易单向买入预期升值外币的现汇主动承担着汇率风险来谋取预期升值货币未来的高升值收益的现汇投机行为。

2. 期汇投机

期汇投机又称"买空卖空"(buy long or sell short of forward exchange),是指通过无抛补的单向期汇交易主动承担着汇率风险来谋取所买卖外币期汇汇率与其未来现汇汇率之间的差价收益的投机行为,它又分为买空(buy long of forward exchange)和卖空(sell short of forward exchange)两种不同情况。

(1) 买空

买空是指通过无抛补的期汇交易单向买入预期将大幅升值外币的期汇主动承担着汇率风险来谋取该外币未来现汇升值率大于其期汇升水率的差价收益的期汇投机行为。

(2) 卖空

卖空是指通过无抛补的期汇交易单向卖出预期将大幅贬值外币的期汇主动承担着汇率风险来谋取该外币未来现汇贬值率大于其期汇贴水率的差价收益的期汇投机行为。

此外,除上述种种主动的外汇投机行为以外,实际上还有另外一些所谓被动的外汇投机行为。例如,对于在现实贸易(或投融资)背景下所产生的未来外汇收入或支出不进行套期保值(或掉期保值)而被动地承担了汇率风险的种种行为,就都属于被动的外汇投机行为。

第三节 国际收支与国际收支平衡表

本节介绍国际收支与国际收支平衡表的有关概念和知识。在通常的教科书中,对于国际收支平衡表簿记惯例的介绍过于烦琐,使人很难正确理解和把握,常常使初学者感到困惑和不得要领。为此,我们在本节特别为初学者总结了四条简明扼要且易于掌握的簿记惯例,尤其是我们所引入"借记入,贷记出"的簿记惯例,不但十分简明,而且较容易正确理解和掌握。但读者必须注意:我们这里对于国际收支簿记惯例的阐释与通常教科书中的阐释在理念上有所不同,并且需要通过大量的实例才能真正正确理解;我们这里介绍的只是簿记惯例的一些理论上的原则,而在实际操作中也往往会有所出入(如对外贸易的国际收支统计通常分别是由海关统计其进出口和银行统计其结售汇,海关和银行各自独立进行统计,这样,同一笔国际贸易的两个借、贷记分录科目的记账时间在实际上往往并不能真正保持一致)。

一、国际收支

"国际收支"这一概念的内涵在不同时期有所不同。现代意义下的广义国际收支(balance of payments)是指一定时期内一个经济体(一个国家或地区)与其他经济体所有经济交易的系统记录。要正确把握这一概念,必须注意以下几点:

第一,所谓国际收支是以经济交易为基础的。这里的所谓经济交易(economic transaction)概念又是一个历史的范畴,其现代概念涵盖了所有的跨国经济价值转移,包括贸易、无形贸易、金融交易、无偿转移和其他单边转移。过去最早期的国际收支概念曾被简单地理解为一国的贸易收支,这是因为当时的国际经济交易主要局限于国际贸易;后来,随着跨国投资的兴起,国际经济交易的范畴被扩大了,因而国际收支的概念也被进一步扩大理解为一国的外汇收支,但这也只是扩大成一种以支付为基础(on payment basis)的国际经济交易概念,只涵盖了涉及外汇收支的国际经济交易,在现代意义下它仍然只是一种狭义的国际收支概念;"二战"以后,由于补偿贸易等一些不涉及外汇收支的国际经济交易和各种单向转移类国际经济交往又日显重要,为便于一国当局全面掌握对外经济交易及交往的全貌,又产生了如上所述的现代意义下的广义国际收支概念,并且得到了世界各国的普遍采用。

第二,国际收支是一个流量(flow)概念。定义中所谓"一定时期内"是指一个报告期内,可以是一个月、一个季度、半年或一年(较多以一年为一个报告期),人们通常所说的国际收支总是针对某一特定报告期内所发生的国际经济交易而言的。

第三,国际收支一般是指发生在一国居民与其非居民之间的经济交易,因而判断一项交易是否属于国际收支,一般要考虑交易双方的居民(inhabitant)身份——一般来说,只有一国居民与其非居民之间的交易才属于国际收支的范畴。但也有一些例外,例如,为了统计一国官方外汇储备在报告期内的交易流量,通常把一国中央银行与本国居民(如本国商业银行等)的外汇交易也纳入国际收支的统计范畴;此外,在 IMF 最新版的《国际收支手册》第 5 版中,还把本国居民跟一些在外国留学及短期逗留的本国居民之间的跨国交易也纳入了国际收支的统计范畴。

这里所谓的居民,是一个经济学术语,有个人居民与非个人居民之分,前者是指自然人,而后者又分为三类——政府、企业和非营利团体。其中,个人居民是以其长期居住地或收入的主要来源地或工作所在地为标准,一般指那些长期住在本国的普通自然人,包括长住本国的本国公民(公民是一个法学术语),以及那些在本国逗留期达一年以上的普通外国公民(如拥有外国国籍的移民、长期雇员或雇工等,只要其逗留期达一年以上),但不包括外国官方派驻的外交官员和工作人员,国际机构派驻的官员及军事人员,以及在本国短期逗留的外国游客、外国雇员或雇工等。另外,外国留学生和因病逾期滞留的外国游客(即便其滞留期超过了一年)亦为非个人居民。非个人居民则是指本国的各级政府机构,在本国注册从事经济活动的各类企业和在本国注册的各类非营利团体,而设在本国的各类国际机构和外国使领馆及驻军等单位则均为非个人居民。

二、国际收支平衡表[①]

国际收支平衡表(balance presentation of payments)是依据一国的国际收支按适合某种经济分析的需要而编制出来的复式簿记平衡报表。或者说,国际收支平衡表是以国际收支的系统记录为依据,按照本国国情和经济分析的需要来设置项目(item)和账户(account),依据复式簿记原理对各类交易进行的科学统计和汇总。

(一)国际收支平衡表的复式簿记原理

复式簿记的会计原理要求对每一笔交易,均同时进行借方记录(debt record,简称借记)和贷方记录(credit record,简称贷记),二者金额必定相等,但符号相反,其中,借方(debit)为负号项目(minus item),贷方(credit)为正号项目(plus item)。而国际收支平衡表则正是按照"有借必有贷,借贷必相等"的复式簿记原理(principle of double entry bookkeeping)来编制的。

基于等价交换的经济学原理,一般的经济交易都是交易双方互有收付按双向转移方式来进行的,因而每笔交易对于交易的每一方都会自动同时产生两项簿记科目,一项借方记录(借记入)和一项贷方记录(贷记出),并且二者的金额必然相等(借贷必相等)。可是,按照我们上述的广义国际经济交易概念来看,会有一些国际经济交易是按单向转移方式来进行的,如捐赠、放弃资产、免除债务、财产继承、侨汇、年金、移民以及特别提款权的分配,等等,在这些情况下,基于交易自身的簿记科目就只有一项,不能自动成双。这时,人们为了坚持复式簿记原理而不得不人为地在国际收支平衡表中特别设置了一种特别项目——单向转移(包括经常转移和资本转移),来平衡它们,以满足复式簿记的记账要求,在原则上确保国际收支平衡表的借方总额和贷方总额相等,使其净差额(代数和)为零。

另外,还有一些非对外交易原因,如汇率变动、资产市场价格变动等,也可以引起一国的对外资产存量和负债存量的价值在报告期内发生变动,并且这些非对外交易原因所引起的存量价值的变动在记账时显然也不能自动成双,因而如果要按照复式簿记原理来

[①] 本目内容还可再参看:程祖伟.正确把握国际收支平衡表的簿记惯例——推荐一个简便易用的"借、贷记簿记准则"[J].经济经纬,2002(1).

记载报告期内一国对外资产存量和负债存量的价值变动的话,则还需要另外再特别设置一个特种项目——对应项目,来平衡它们。但因为非交易原因所引起的存量价值的变动本不应归入反映国际交易的国际收支流量概念的范畴,而应当反映在有关对外资产及债务存量等概念的范畴(如对外投资存量、对外负债存量、国际储备存量等)中,所以在 IMF 的《国际收支手册》第 5 版所设计的国际收支平衡表的标准构成部分(见表 6·3-1)中并未包含这一特别对应项目。

(二)国际收支平衡表的簿记惯例

按照上述的复式簿记原理,国际收支平衡表主要有以下四项重要的簿记惯例(book-keeping practice)。

1. 关于借、贷方的簿记惯例

一概按"借记入,贷记出"的簿记惯例。具体来说就是,商品及服务的输出,投资及劳工创酬能力的输出,外国拥有本国资产的流出(即本国对外负债的增加)和本国拥有外国资产的流出(即本国对外资产的减少),以及因单向转移而被免于付出的代价等均记入贷方;商品及服务的输入,投资及劳工创酬能力的输入,外国拥有本国资产的回流(即本国对外负债的减少)和本国拥有外国资产的流入(即本国对外资产的增加),以及因单向转移而被免于收入的代价等均记入借方。

2. 关于时间的簿记惯例

国际收支的记账时间在原则上是"以所交易物权或债权变更的时间为准"。例如,对于延期付款的进出口贸易,原则上来说,首先在发生货物所有权变更时需做一次簿记,然后在结清应收/应付账款凭证时需再做一次簿记(注意,每一次簿记都会同时产生一项借方分录和一项贷方分录)。另外,对于不发生所有权变更的租赁贸易来说,则首先需在其发生使用权变更时做一次簿记,然后还需在分期结清租金时再逐次做簿记(注意,这里的每一次簿记也都会同时产生一项借方分录和一项贷方分录)。这里需要说明的是,在实际操作上,贸易的国际收支统计通常分别是由海关统计其进出口和银行统计其结售汇,海关和银行各自独立进行统计。这样,同一笔国际贸易的两个借、贷记分录科目的记账时间在实际上往往并不能保持一致。

3. 关于价格的簿记惯例

"进、出口商品计价统一采取其离岸价(FOB)。"也就是说,进、出口贸易的双方均应将其运输费和保险费等另外计入服务项目之下,这样做是为了确保进、出口国双方对于同一笔贸易能保持一致的计价标准和簿记项目分录。

4. 关于对外金融资产和负债的簿记惯例

"一国持有外国金融资产的出入,记在本国对外资产项下;而外国持有本国金融资产的出入,则记在本国对外负债项下。"例如,在我国的国际收支平衡表中,我国居民及货币当局所持有外币资产的出入分别记在我国对外资产及官方储备资产项下,而外国居民所持有人民币资产的出入,则应记在我国对外负债项下。

先举一个简单的例子来进行说明(在介绍了国际收支平衡表的标准构成部分之后,我们再来做进一步的举例说明),假如一个英国商人向美国出口了一批价值为10000美元的货物,而美国商人向其支付了10000美元的现汇,则对于这笔交易在英、美两国的国际收支平衡表中各应如何记录呢(这里假定两国的国际收支平衡表均以美元为记账货币)?显然,此时英国应当在其国际收支平衡表的商品项目下贷记10000美元,并同时在其非官方外汇资产项目下借记10000美元;而美国则应当在其国际收支平衡表的商品项目下借记10000美元,并同时在其对外负债项目下贷记10000美元。

两国各自的国际收支簿记分别应为

英国	贷(+)	借(-)		美国	贷(+)	借(-)
商品出口	10000			商品出口		10000
对外资产		10000		对外负债	10000	

又如果在这笔交易中,美国商人是按当时的市场汇率向英国商人支付了相当于10000美元的英镑现汇时,这笔交易在英、美两国的国际收支平衡表中又各应如何记录呢(两国的国际收支平衡表仍以美元为记账货币)?请读者自己思考。

(三)国际收支平衡表的标准构成部分

国际货币基金组织(International Monetary Fund,IMF)的章程规定,各会员国都必须按期向IMF报送本国的国际收支平衡表。为了使各国的平衡表具有可比性,IMF出版了《国际收支手册》,对编制平衡表的有关概念、原则、惯例、项目设置及其标准构成部分做了统一的规定和说明,在最新公布的《国际收支手册》第5版中,IMF将平衡表的标准构成部分划分为经常账户以及资本和金融账户两大账户(见表6·3-1)。

1. 经常账户(current account)

该账户记载报告期内商品和服务、收益及经常转移等所有经常性出入的价值合计净差额(若合计出入净差额为正,则记入贷方;若合计出入净差额为负,则记入借方),称为经常账户差额。该账户下设商品和服务、收益、经常转移三个项目。

(1)商品和服务(goods and services)

该项目记载报告期内商品和服务的出入价值合计净差额(若合计出入净差额为正,则记入贷方;若合计出入净差额为负,则记入借方),称为商品和服务项目差额。该项目又被分为商品和服务两个子项目:

①商品(goods):该项目记载报告期内一般商品、加工贸易货物、异国货物运输途中的修理、异国居民的港口采购(如异国船舶或其他运输工具在港口采购燃料、给养、物资等)和非货币黄金等的出入价值合计净差额(若这些商品的合计出入净差额为正,则记入贷方;若这些商品的合计出入净差额为负,则记入借方),称为贸易差额。其下,一般还分列出口和进口两个细目:

ⅰ.出口:贷记报告期内本国一般商品出口、加工贸易货物出口、给运输途中的外国货物提供的修理、外国居民在本国港口的采购以及非货币黄金出口的价值总额。

ⅱ. 进口：借记报告期内本国一般商品进口、加工贸易货物进口、外国给运输途中的本国货物提供的修理、本国居民在外国港口的采购以及非货币黄金进口的价值总额。

在这里，为了便于统一进、出口国对同一宗贸易货物的计价，无论是进口国还是出口国，一律应按货物的离岸价（FOB）计值，而将运输费和保险费另外计入下述的服务项目之下。

②服务（services）：该项目记载报告期内所有的国际交通和运输服务、旅游和留学服务（对非居民游客及短期雇工的消费服务都包含在旅游项目下）、通信服务、工程承包服务、保险等金融服务、计算机和信息服务、专有权利使用服务、其他商业服务、文化和娱乐服务以及别处未提及的政府服务（对各类国际机构、外国使领馆、驻军机构及其官员、工作人员、军事人员等提供的服务都归入政府服务项目下）的对外提供和被提供价值合计净差额（若这些服务的合计出入净差额为正，则记入贷方；若这些服务的合计出入净差额为负，则记入借方），称为服务贸易差额。其下，一般还分列收入和支出两个细目：

ⅰ. 收入：贷记报告期内本国居民为非居民提供服务的价值总额。

ⅱ. 支出：借记报告期内非居民为本国居民提供服务的价值总额。

（2）收益（income）

该项目记载报告期内所有创收益能力（创酬能力）的出入价值合计净差额（若合计输出入净差额为正，则记入贷方；若合计输出入净差额为负，则记入借方），称为收益差额。该项目又被分为劳工报酬和投资报酬两个子项目：

①劳工报酬（employee income）：该项目记载报告期内所有劳工创酬能力的输出入价值合计净差额（若合计输出入净差额为正，则记入贷方；若合计输出入净差额为负，则记入借方），称为劳工报酬差额。其下，一般还分列收入和支出两个细目：

ⅰ. 收入：贷记报告期内本国受雇于外国的季节工、边境工及其他雇工（如受雇于境内的外国使领馆、军事基地及国际组织的本国居民）所能赚取的工资、薪金及其他报酬的价值总额。

ⅱ. 支出：借记报告期内外国受雇于本国的季节工、边境工及其他雇工（如受雇于本国在境外的使领馆和军事基地的当地居民）所能赚取的工资、薪金及其他报酬的价值总额。

②投资报酬（investment income）：该项目记载报告期内各种投资（直接投资、证券投资及其他形式投资）的创酬能力的输出入价值合计净差额（若合计输出入净差额为正，则记入贷方；若合计输出入净差额为负，则记入借方），称为投资报酬差额。其下，一般还分列收入和支出两个细目：

ⅰ. 收入：贷记报告期内本国对外国的各种投资所能赚取的利润、红利、股息及利息的价值总额。

ⅱ. 支出：借记报告期内外国对本国的各种投资所能赚取的利润、红利、股息及利息的价值总额。

(3)经常转移(current transfer)

所谓经常转移,是指所有非资本性的单向转移。该项目记载报告期内由于经常性单向转移而被免于偿付与收入的价值合计净差额(若被免于偿付与收入的合计净差额为正,则记入贷方;若被免于偿付与收入的合计净差额为负,则记入借方),称为经常转移差额。该项目常被分为政府转移和其他转移两个子项目:

①政府转移:该项目记载报告期内因政府捐赠以及政府对雇工收入、投资收入、遗产收入等的经常性税收的减免转移而被免于偿付与收入的价值合计净差额(若被免于偿付与收入的合计净差额为正,则记入贷方;若被免于偿付与收入的合计净差额为负,则记入借方),称为政府转移差额。

②其他转移:该项目记载报告期内因私人捐赠、侨汇、年金、出国展览以及移民的经常性单向转移而被免于偿付与收入的价值合计净差额(若被免于偿付与收入的合计净差额为正,则记入贷方;若被免于偿付与收入的合计净差额为负,则记入借方),称为其他转移差额。

2.资本和金融账户(capital and financial account)

该账户记载报告期内所有资本和金融项目的出入价值合计净差额(若合计出入净差额为正,则记入贷方;若合计出入净差额为负,则记入借方),称为资本和金融账户差额。该账户又被分为资本账户和金融账户两个子账户:

(1)资本账户(capital account)

该账户记载报告期内资本转移和非生产性非金融资产的出入价值合计净差额(若合计出入净差额为正,则记入贷方;若合计出入净差额为负,则记入借方),称为资本账户差额。该账户下设资本转移和非生产性非金融资产两个项目:

①资本转移(capital transfers):所谓资本转移包括固定资产所有权的单向转移和用于固定资产投资的价值的单向转移,以及债权人对债务的无偿豁免等。该项目记载报告期内由于资本性单向转移而被免于偿付与收入的价值合计净差额(若被免于偿付与收入的合计净差额为正,则记入贷方;若被免于偿付与收入的合计净差额为负,则记入借方),称为资本转移差额。

②非生产性非金融资产(non-produced non-financial assets):所谓非生产性非金融资产包括专利权、版权、商标权、经销权等无形资产,以及租赁合同等可转让的非生产性非金融合同资产。该项目记载报告期内非生产性非金融资产转让与受让的价值合计净差额(若出让与受让的合计净差额为正,则记入贷方;若出让与受让的合计净差额为负,则记入借方),称为非生产性非金融资产交易差额。

(2)金融账户(financial account)

该账户记载报告期内所有金融资产的出入价值合计净差额(若合计出入净差额为正,则记入贷方;若合计出入净差额为负,则记入借方),称为金融账户差额。该账户下设直接投资、证券投资、其他投资和储备资产四个项目：

①直接投资(direct investment)资产：所谓直接投资资产包括直接投资者的独资、合资及股权资产(后者包括普通股和优先股，但至少需拥有所投资企业10%以上的普通股或投票权方为直接投资资产)、与直接投资相关的流动资产(如直接投资企业与其直接投资者或母公司、分支机构及联营企业相互之间的借贷资产，但其附属银行跟其他附属金融中介之间的交易则只有股权交易资本才属于直接投资资产)，以及前期收益用于再投资的资产等。该项目记载报告期内直接投资资产(权益或债权)的出入价值合计净差额(若出入净差额为正，则记入贷方；若出入净差额为负，则记入借方)，称为直接投资差额。该项目又被分为本国在境外的直接投资和外国在本国的直接投资两个细目：

ⅰ.本国在境外的直接投资：该项目记载报告期内本国居民拥有的对境外直接投资资产(权益或债权)的出入价值合计净差额(若出入净差额为正，则记入贷方；若出入净差额为负，则记入借方)，称为本国对境外的直接投资净额。

ⅱ.外国在本国的直接投资：该项目记载报告期内非居民拥有的对本国直接投资资产(权益或债权)的出入价值合计净差额(若出入净差额为正，则记入贷方；若出入净差额为负，则记入借方)，称为本国接受境外的直接投资净额。

②证券投资(portfolio investment)资产：所谓证券投资资产包括股票、中长期债券、货币市场债务工具和衍生金融工具等(但这里应将属于直接投资的资产除外)。该项目记载报告期内非官方储备证券资产的出入价值合计净差额(若出入净差额为正，则记入贷方；若出入净差额为负，则记入借方)，称为证券投资差额。该项目又被分为对外证券资产和对外证券负债两个细目：

ⅰ.对外证券资产：该项目记载报告期内本国居民拥有的非官方储备的外国证券资产的出入价值合计净差额(若出入净差额为正，则记入贷方；若出入净差额为负，则记入借方)，称为本国非官方储备的外国证券资产收支净额。但必须注意的是，这里必须将本国货币当局所持有外国证券资产的对外交易除外，后者应归于下述的官方储备资产(外汇储备)交易项下。

ⅱ.对外证券负债：该项目记载报告期内非居民拥有的本国证券资产的出入价值合计净差额(若出入净差额为正，则记入贷方；若出入净差额为负，则记入借方)，称为本国对外证券负债收支净额。注意，这里包含着本国官方的对外证券负债交易在内。

③其他投资(other investment)资产：所谓其他投资资产包括所有贸易信贷(包括短期贸易信贷和中长期贸易信贷)、贷款(包括短期贷款、短期债券和中长期贷款)、货币现金和存款，以及应收账款凭证等(即直接投资和证券投资以外的所有其他金融资产)。该项目记载报告期内其他非官方储备的外国资产的出入价值合计净差额(若出入净差额为正，则记入贷方；若出入净差额为负，则记入借方)，称为其他投资差额。该项目又被分为其他对外资产和其他对外负债两个细目：

ⅰ.其他对外资产：该项目记载报告期内本国非官方储备的对外贸易信贷资产、对外贷款资产、外币和外币存款资产以及应收账款凭证资产的出入价值合计净差额(若本国居民的这些对外资产的出入净差额为正,则记入贷方;若本国居民的这些对外资产的出入净差额为负,则记入借方),称为本国其他非官方储备的外国资产收支净额。同样,必须注意的是,这里也必须将本国货币当局所持有其他外币资产的对外交易除外,而将后者归于下述的官方储备资产(外汇储备)交易项下。

ⅱ.其他对外负债:该项目记载报告期内非居民拥有的对本国居民的贸易信贷资产、贷款资产、本币和本币存款资产以及应收账款凭证资产的出入价值合计净差额(若本国居民的这些对外负债的出入净差额为正,则记入贷方;若本国居民的这些对外负债的出入净差额为负,则记入借方),称为本国其他对外负债收支净额。注意,这里包含着本国官方的其他对外负债交易在内。

④储备资产(reserve assets):储备资产是指本国货币当局控制的对外金融资产,可用来平衡以上所有各项的综合收支差额。该项目记载报告期内储备资产的出入价值合计净差额(若出入净差额为正,则记入贷方;若出入净差额为负,则记入借方),称为储备资产差额。该项目又被分为货币黄金、特别提款权、在基金组织的储备头寸、外汇以及其他债权五个细目:

ⅰ.货币黄金:该项目记载报告期内本国货币当局卖出与买入货币性黄金的价值净差额(若本国货币当局卖买货币性黄金的净差额为正,则记入贷方;若本国货币当局卖买货币性黄金的净差额为负,则记入借方),称为货币黄金储备的收支净额。

ⅱ.特别提款权:所谓特别提款权是国际货币基金组织无偿分配给会员国用于弥补其国际储备资产不足的一种人为储备的记账单位(见第九章第一节)。该项目记载报告期内本国货币当局对基金组织或外国官方支付和收入特别提款权的价值净差额(若本国货币当局支付和收入的特别提款权的价值净差额为正,则记入贷方;若本国货币当局支付和收入的特别提款权的价值净差额为负,则记入借方),称为特别提款权储备的收支净额。

ⅲ.在基金组织的储备头寸:该项目记载报告期内本国货币当局拥有的"在基金组织的储备头寸"(见第九章第一节)的出入价值合计净差额(若在基金组织的储备头寸的出入净差额为正,则记入贷方;若在基金组织的储备头寸的出入净差额为负,则记入借方),称为在基金组织储备头寸的收支净额。

ⅳ.外汇:它包括外币、外币存款和各种外币有价证券。该项目记载报告期内本国货币当局拥有的外汇资产的出入价值合计净差额(若本国货币当局的外汇资产的出入净差额为正,则记入贷方;若本国货币当局的外汇资产的出入净差额为负,则记入借方),称为外汇储备的收支净额。

ⅴ.其他债权:该项目记载报告期内本国货币当局拥有的上述四种对外资产以外的其他对外资产的出入价值合计净差额(若本国货币当局的这些其他对外债权资产的出入净差额为正,则记入贷方;若本国货币当局的这些对外债权资产的出入净差额为负,则记入借方),称为其他债权储备的收支净额。

表 6·3-1　国际收支平衡表的标准构成部分

Ⅰ.经常账户	
A.商品和服务	
a.商品	
一般商品	
用于加工的货物	
货物修理	
各种运输工具在港口购买的货物	
非货币黄金	
b.服务	
运输	
旅游	
通信服务	
建筑服务	
保险服务	
金融服务	
计算机和信息服务	
专有权利使用费和特许费	
其他商业服务	
个人、文化和娱乐服务	
别处未提及的政府服务	
B.收益	
a.劳工报酬	
b.投资报酬	
直接投资收益	
证券投资收益	
其他投资收益	
C.经常转移	
a.各级政府的转移	
b.其他部门的转移	
Ⅱ.资本和金融账户	
A.资本账户	
a.资本转移	
b.非生产性非金融资产的交易	
B.金融账户	
a.直接投资	
本国对外国直接投资	
外国对本国直接投资	

续表

b. 证券投资	
资产	
负债	
c. 其他投资	
资产	
负债	
d. 储备资产	
货币黄金	
特别提款权	
在基金组织的储备头寸	
外汇	
其他债权	

资料来源：国际货币基金组织. 国际收支手册(第五版)[M]. 罗平，译. 北京：中国金融出版社，1993：43-48.

此外，除上面介绍的标准账户和项目以外，国际收支平衡表通常还需要另外再设置一个特别项目——净差错和遗漏（net errors and omissions），来人为地平衡综合收支和储备资产收支之间出现的统计误差（见表6·4-1）。可能造成差错和遗漏的原因有多种，例如，由于统计数据来源不同（如贸易的进出口由海关统计，而其结售汇则由银行统计）会造成借贷记统计口径、计价方式和统计时点的不同，以及各种非法逃汇活动等都会造成统计上的差错和遗漏。

下面，我们通过几个典型例子来具体说明前述一系列国际收支簿记惯例的实际运用，特别是我们要在这里提出如下一个"借记入，贷记出；有借必有贷，借贷必相等"的十六字簿记准则，具有极大的方便性和普适性。为了便于理解，我们以下特别假定各国的国际收支平衡表一概用美元记账（并将记账单位统一为1万美元）。

[**例1**] 易货贸易：假定A国商人和B国商人之间进行了一桩价值10万美元（均为FOB价）的易货贸易，那么这桩交易在两国的国际收支平衡表上都将产生一次簿记（这里忽略了贸易附加费用的收支）。

两国各自的国际收支簿记分别应为

A国	贷(+)	借(-)	B国	贷(+)	借(-)
商品出口（X类货物出）	10		商品出口（X类货物入）	10	
进口（Y类货物入）		10	进口（X类货物入）		10

[**例2**] 单向转移：假定A国向B国馈赠了价值10万美元（FOB价）的实物，那么这桩无偿转移交易在两国的国际收支平衡表上都将产生一次簿记（这里忽略了无偿转移之附加费用的收支）。

两国各自的国际收支簿记分别应为

A国	贷（+）	借（−）	B国	贷（+）	借（−）
商品出口（X类货物出）	10		商品进口（X类货物入）		10
经常转移（虚列收入）		10	经常转移（虚列支出）	10	

[例3] 延期付款的钱货贸易：假定 A 国出口商向 B 国进口商出口了一批价值 10 万美元（FOB 价）的货物，采取延期 3 个月付款和承兑交单的支付方式，那么这桩交易在理论上两国的国际收支平衡表上都应产生两次簿记（这里也忽略了贸易附加费用的收支）。

其第一次簿记的时间是在承兑交单（进口商承兑了出口商开具的远期汇票并领取了货物提单）时，两国各自的国际收支簿记分别应为

A国	贷（+）	借（−）	B国	贷（+）	借（−）
商品出口（X类货物出）	$10/(1+r)$		商品进口（X类货物入）		$10/(1+r)$
对外资产（应收账款凭证入） 承兑汇票		$10/(1+r)$	对外负债（应付账款凭证出） 承兑汇票	$10/(1+r)$	

注：其中 r 代表 3 个月期的市场利率，从而 $10/(1+r)$ 代表该批货物及其承兑汇票的现值。

第二次簿记的时间则是在汇票到期完成清偿（进口商支付了出口商持有的到期汇票）时，两国各自的国际收支簿记分别有以下三种可能的情况：

当汇票货款用第三国货币（如美元）支付时为

A国	贷（+）	借（−）	B国	贷（+）	借（−）
对外资产（应收账款凭证出）	10		对外资产（美元现汇出）	10	
对外资产（美元现汇入）		10	对外负债（应付账款凭证入）		10

当汇票货款用 A 国货币支付时为

A国	贷（+）	借（−）	B国	贷（+）	借（−）
对外资产（应收账款凭证出）	10		对外资产（A币现汇出）	10	
对外资产（A币现汇入）		10	对外负债（应付账款凭证入）		10

当汇票货款用 B 国货币支付时为

A国	贷（+）	借（−）	B国	贷（+）	借（−）
对外资产（应收账款出）	10		对外负债（应付账款凭证入）		10
（美元债券含息入）		10	（B币现汇出）	10	

[例4] 金融交易：最后再来看一桩中美两国官方的美元国债交易（注意，对于美国来说，这是一桩使用其本国货币进行的国际交易），假定中国央行购买了 1000 万美元的一年期美国政府固定利率债券（年利率为 5%），那么这桩交易在两国的国际收支平衡表上也都将产生两次簿记。

其第一次簿记时间是在购进债券时,两国各自的国际收支簿记分别应为

中国

	贷(+)	借(-)
投资报酬(投资创酬能力出)	0	
储备资产(美元现汇出)	1000	
(美元债券含息入)		1000

美国

	贷(+)	借(-)
投资报酬(投资创酬能力入)	0	
对外负债(美元现汇入)	1000	
(美元债券含息出)		1000

注:由于这时的 $t=0$,从而上述投资创酬能力和债券利息的现值均为 $1000 \times 5\% \times t = 0$。

第二次簿记时间是在债券到期完成清偿时,两国各自的国际收支簿记分别为

中国

	贷(+)	借(-)
储备资产(美元债券含息出)	1050	
(美元现汇入)		1050

美国

	贷(+)	借(-)
对外负债(美元债券含息入)	1050	
(美元现汇出)		1050

注:由于这时的 $t=1$,从而上述债券利息的到期值成为 $1000 \times 5\% \times t = 50$ 万美元。

第四节　国际收支的宏观经济分析

一、国际收支的盈余、赤字和平衡

我们知道,根据复式簿记原理编制出来的国际收支平衡表的借方总额和贷方总额最终必然相等,然而,这种平衡仅仅是一种会计形式上的总体平衡——其中有些局部账户或项目还是可能存在局部借贷差额的,只不过一些账户或项目的顺差又总会被另一些账户或项目的逆差所抵消。因而,人们通常所说国际收支的盈余和赤字其实是针对国际收支平衡表中的某些账户或项目的局部差额而言。问题在于,人们通常究竟会特别关注哪些局部账户及项目的收支平衡问题呢?下面,我们从介绍自主性交易和补偿性交易的概念入手,来分析国际收支平衡或失衡的概念,以及人们特别关注的各种国际收支线上项目差额的概念。

(一)自主性交易和补偿性交易

自主性交易(autonomous transaction)又称事前交易(ex-ante transaction),是指本国以私人或企业的经济活动为基础,以追求利润为目的而主动进行的独立性国际经济交易;补偿性交易(compensatory transaction)又称事后交易(ex-post transaction)或调节性交易(accommodating transaction),是指本国因自主性交易收支不能平衡时,为平衡国际收支而被动进行的补偿性国际金融交易(包括本国私人部门为弥补正常经济活动中资金供给或需求缺口而向国外进行短期资金融通,特别是本国官方向国际基金组织、外国官方或国际商业银行借入短期资金)。从理论上来说,所谓国际收支是否平衡,应当看自主性交易

的收支是否平衡。尤其是在固定汇率制下,一国官方有义务维护本国货币的汇率稳定,如果自主性交易失衡导致对外汇的超额需求,或者是当外汇供给的缺口过大到原有的储备资产难以平衡时,本国官方就不得不通过向国外短期借贷的补偿性交易来弥补外汇供给的缺口,以维护本国货币的汇率稳定。即便是在浮动汇率制下,如果为平衡自主性交易而需要本币汇率大幅度升值或贬值的话,本国官方也仍然可能会通过向国外短期借贷等补偿性交易手段来适当弥补外汇供给的短期缺口,用于直接干预外汇市场以减轻或避免本币汇率的大幅度波动。

问题在于,虽然将国际收支平衡定义为自主性交易的收支平衡在理论上很有意义,但在实践中要严格区分自主性交易和补偿性交易却面临着一些难以逾越的技术性困难。我们可以简单地把经常账户和资本账户下的交易以及金融账户下的直接项目投资统统归入自主性交易,但对于证券投资和其他投资项下的交易来说,就不能一概而论了,困难在于很难对其细加区分。这一方面,是由于长期投资与短期投资难以严格鉴别(人们倾向于将长期投资交易归入自主性交易),因为长、短期金融交易是可以相互转换的,例如,购买长期债券的人有可能会在短期内就将其在二级市场上卖掉,而短期信贷的贷款人也可能通过不断地展期或转期而将其延续成为长期,这使得我们难以鉴别在证券投资和其他投资项下的交易究竟有哪些是真正的长期投资。另一方面,则是由于短期资本流动的属性很难加以明确的界定,例如,一国货币当局为弥补自主性交易的逆差而向国际商业银行借款,这一交易对借款国来说明显属于补偿性交易,但对提供资金的商业银行所在国来说则是为了追逐利润的自主性交易;又如,一国为调节自主性交易的逆差而采取紧缩性货币政策提高利率来吸引短期资本流入的增加和流出的减少时,是否应当将这些由于货币政策所导致的利率变动而带来的短期金融交易视为该国的补偿性交易(问题在于,对私人交易主体来说,这些交易似乎仍是为了追逐利润的自主性交易),而且更难确定的是,在所有短期金融交易中究竟有哪些是基于利率变动所带来的?

由于上述技术上的困难,自主性交易理论在分析国际收支平衡问题时难以完全实际应用,也是为了更加全面地分析国际收支失衡问题,各国普遍采用下述各种线上项目差额以及一些局部项目差额来相互补充地分析国际收支平衡问题。

(二)国际收支的各种线上项目差额

在国际收支平衡表的某两个相邻项目之间画一条横线,以它为界,将该线上方的项目统称为线上项目(items above the line),该线下方的项目统称为线下项目(items below the line),而将所有线上项目的借贷净差额称为线上项目差额,所有线下项目的借贷净差额称为线下项目差额。显然,每一线上项目差额总是与其线下项目差额保持金额相等、符号相反的;并且,随着这一分界线位置的不同,可以得到各种不同的线上项目及线上项目差额。下面我们主要介绍几个在国际收支分析中最常用的线上项目差额概念(见表6·4-1)。

1. 综合差额(Overall Balance,OB)

这是将除官方储备资产项目以外的所有其他项目统统作为线上项目所得到的线上项目差额。综合差额是一种短期性收支缺口,反映了一国在该报告期内所依赖的官方储备。

2. 官方结算差额(Official Settlements Balance,OSB)

这是将除储备资产及官方对外短期负债项目以外的所有其他项目作为线上项目所得到的线上项目差额。官方结算差额也是一种短期性收支缺口,反映了一国在该报告期内所依赖的官方国际清偿能力。官方结算差额在一定程度上反映了一国的自主性交易差额,但由于一国私人部门也能通过在国际金融市场上的短期借贷来平衡在该报告期内的资金缺口等原因,官方结算差额并不能完全反映一国的自主性交易差额。

3. 基本差额(Basic Balance,BB)

这是将经常账户、资本账户以及金融账户中的直接投资、长期证券投资和其他长期借贷项目作为线上项目所得到的线上项目差额。基本差额则是一种长期性收支缺口,它的大小反映了一国在长时期里所要依赖的官方和民间总体的国际清偿能力。基本差额在较大程度上反映了一国的自主性交易差额,但长、短期金融资产交易的可替代性等种种原因,使得基本差额也不能准确反映一国的自主性交易差额。

4. 经常账户差额(Current Account Balance,CAB 或 CA)

这是将经常账户中的所有项目作为线上项目所得到的线上项目差额。经常账户差额更是一种不可逆转的长期性收支缺口,其大小反映了一国拥有的最终(即不会再反向流动的)国外财富在报告期内的净变动额,体现了一国该报告期内在国际市场上的竞争力。

5. 贸易差额(Trade Balance,TB)

这是仅仅将经常账户中商品和服务项目下的商品交易子项目作为线上项目所得到的线上项目差额。贸易差额反映的是经常账户中最重要的商品交易项目的收支缺口——它是导致一国最终拥有国外财富净额发生变化的最主要因素,在不可逆转的长期性收支缺口中占着大头,一国报告期内在国际市场上的竞争力主要取决于其贸易竞争力。

而所谓的国际收支盈余(earnings)又称顺差(favorable balance),国际收支赤字(deficit)又称逆差(deficit),以及国际收支平衡,则分别是指上述线上项目差额为正,为负,以及为零(或其对应的线下项目差额为负,为正,以及为零),人们应该根据所要分析问题的不同而采用具体的线上项目差额。

表6·4-1　国际收支的各种线上项目差额

商品出口总额(GX) - 商品进口总额(GM)	= 贸易差额(GX - GM = TB)
贸易差额(TB) + 服务贸易差额(SB) + 收益差额(IB) + 经常转移差额(CTB)	= 经常账户差额(TB + SB + IB + CTB = CAB)
经常账户差额(CAB) + 资本账户差额(CaAB) + 直接投资差额(DIB) + 长期证券投资差额(PIB_1) + 其他长期借贷差额(OIB_1)	= 基本差额($CAB + CaAB + DIB + PIB_1 + OIB_1 = BB$)
基本差额(BB) + 非官方短期投资差额(IBp_2)	= 官方结算差额($BB + IBp_2 = OSB$)
官方结算差额(OSB) + 官方短期负债差额(IBg_2) + 净差错和遗漏(E. & M.)	= 综合差额($OSB + IBg_2 + E. \& M. = OB$)
综合差额(OB) + 官方储备差额(RABg)	= 0(OB + RABg = 0)

注：其中的下标，1代表长期，2代表短期；p代表非官方，g代表官方。

二、开放经济下的国民收入核算

关于国民生产总值(Gross National Product, GNP)、国内生产总值(Gross Domestic Product, GDP)和国民收入(National Income, NI)：我们知道，所谓国民生产总值，是指一国在一个报告期内利用本国拥有的生产要素所生产出的最终产品(包括商品和服务)的总价值；而国内生产总值则是指一国在一个报告期内利用投入本国境内的生产要素所生产出的最终产品(包括商品和服务)的总价值。因而国内生产总值和国民生产总值之间有如下关系：

$$GDP = GNP - 国民的境外产值 + 非国民的境内产值$$

但在国民收入核算和国际收支的各种理论分析中，为方便起见人们常常采用一种广义的国民收入概念来涵盖国民生产总值、国内生产总值等概念，而忽略其中的差别。

(一)封闭经济下的国民收入核算

在封闭经济下，从总需求(支出)的角度，可以将国民收入($Y = GNP = GDP$)分解为私人消费(C)、投资(I)和政府购买(G)三个部分(这里，我们将所有未进入私人消费和政府

购买的最终产品都视为投资),从而可以得到封闭经济下的国民收入

$$Y = C + I + G \qquad (6\cdot4-1)$$

再从总供给(收入)的角度,又可以将国民收入(Y = GNP)分解为私人消费(C)、私人储蓄(S_p)和政府税收(T,这里是指扣除政府转移支付后的净税收部分)三个部分,即有

$$Y = C + S_p + T \qquad (6\cdot4-2)$$

这样,在封闭经济下,一国国民收入的供需收支平衡意味着

$$C + I + G = C + S_p + T$$

即

$$I = S_p + (T - G) \qquad (6\cdot4-3)$$

我们定义政府储蓄(S_g)为政府税收中未用于政府购买的余额,即 $S_g = T - G$;再定义国民储蓄(S)为私人储蓄和政府储蓄之和,即 $S = S_p + S_g$;从而有 $S = S_p + (T - G)$,代入 (6·4-3)式可以得到

$$I = S \qquad (6\cdot4-4)$$

(6·4-4)式告诉我们,在封闭经济下,一国国民收入的供需平衡意味着其国内投资与国民储蓄必然相等。

(二)开放经济下的国民收入核算

为方便计,我们将 GDP 与 GNP 统称为国民收入,并一律记为 Y。

在开放经济下,从总需求(支出)的角度,可以将一国的国民收入 Y(GDP)分解为国内吸收 $NA = C + I + G - M$(因为在开放经济下同样可以将本国的国内总吸收 A 分解为私人消费 C、国内投资 I 和政府购买 G 三个部分,但须扣除 A 中的进口支出 M 之后才能得到 NA)和国外吸收 $FA = X$(X 为出口额)两个部分,即有 $Y = NA + FA$,从而可以得到如下一个开放经济条件下的国民收入(Y = GDP)

$$Y = (C + I + G - M) + X$$

即

$$Y = C + I + G + (X - M) \qquad (6\cdot4-5)$$

其中的 $X - M$ 代表广义的贸易(含商品和服务)收支差额;而对于 Y = GNP,则有

$$Y = C + I + G + CA \qquad (6\cdot4-6)$$

其中的 CA 代表经常账户收支差额。

再从总供给(收入)的角度,又可以将本国的国民收入 Y(GNP)分解为私人消费(C)、私人储蓄(S_p)和政府税收(T)三个部分,则有

$$Y = C + S_p + T \qquad (6\cdot4-7)$$

不同于封闭经济的是,这里的私人消费 C 中包含进口消费在内。

这样,在开放经济下,一国国民收入(GNP)的供需(收支)平衡意味着:

$$C + S_p + T = C + I + G + CA$$

即
$$S_p + (T - G) - I = CA \qquad (6 \cdot 4 - 8)$$

再将国民储蓄 $S = S_p + S_g = S_p + (T - G)$ 代入上式,可以得到
$$S - I = CA \qquad (6 \cdot 4 - 9)$$

(6·4-9)式被人们称为两缺口模型(储蓄—投资缺口模型),它表明,在开放经济下,一国的总供需平衡未必意味着本国的境内投资与本国的国民储蓄相等:可能出现储蓄缺口 $S - I < 0$ 的情况,其国民储蓄不足的缺口表现为经常账户收支出现赤字(即外汇缺口),这一外汇缺口则是通过利用非国民储蓄(即利用外资或对外负债)来加以弥补的,因而经常账户赤字又被称为非国民储蓄的对内净投资;也可能出现投资缺口 $S - I > 0$ 的情况,其国内投资不足的缺口则表现为经常账户收支出现盈余(即外汇盈余),这一外汇盈余则又是通过将国民储蓄的盈余部分对外投资或放贷来加以弥补的,因而经常账户盈余又被称为国民储蓄的对外净投资。

或者,我们也可以将(6·4-8)式改写为
$$S_p = I + CA + (G - T) \qquad (6 \cdot 4 - 8')$$

定义 $(G - T)$ 为政府预算赤字,则此式又意味着,一国的私人储蓄可用于以下三个方面:进行国内投资(I),对外投资(CA),以及为政府预算赤字提供融资($G - T$)。

三、经常账户差额分析

如前所述,经常账户差额反映的是一国所面临的不可逆转的国际交易项目的收支缺口,代表着一国最终拥有的(即不会再反向流动的)国外财富净额的变化,因而经常账户差额反映了一国报告期内在国际市场上的竞争力,并且由于长、短期资产的可替代性,近来人们倾向于认为它实际上比基本差额更好地反映了一国国际收支未来的长期处境——未来长期面临的新增净清偿压力或新增净储备优势。

我们不妨将(6·4-9)式改写为
$$CA = S - I \qquad (6 \cdot 4 - 9')$$

此式告诉我们,经常账户差额取决于国民储蓄与国内投资之间的差额,因而从短期来看,国民储蓄 S 不足与国内投资 I 过热对经常账户收支的短期影响是相同的。但从长期来看,国民储蓄 S 不足与国内投资 I 过热对经常账户收支的长远影响可能会有质的不同。因为国民储蓄不足造成的经常性收支恶化将会是长期性的,而投资的短期过热则可能是被用于引进先进技术以提高本国的生产力及增强本国产品在国际市场上的竞争能力,由此造成的经常性收支恶化则可能只是短期性的;长期来看,一旦这种新增生产力及其在国际市场上的竞争力显现出来以后,最终又将会使经常账户的收支得到改善。

我们还可以再换一个角度来分析经常账户收支差额问题,将国内总吸收 $A = C + I + G$ 代入(6·4-6)式可得
$$CA = Y - A \qquad (6 \cdot 4 - 6')$$

(6·4-6′)式意味着,更广义地来看,经常账户收支差额又取决于国民收入与国内吸收之间的差额,它告诉我们,如果一国能够提高国民收入并能使其增幅大于其引致的国内吸收的增幅(这显然与国内各种引致吸收的收入弹性有关),则提高国民收入就能成为一个可以改善经常账户收支的间接的政策调控目标。根据这种总体均衡分析,当一国的经常账户出现逆差时,我们还可以分别通过分析该国当期的国内吸收率(A/Y)、国内储蓄率和投资率(S/Y 和 I/Y),确定该报告期的经常账户逆差是由于储蓄不足引起还是由于投资及/或消费过热所引起的。

另外,我们还可以将(6·4-8)式改写为

$$CA = (S_p - I) - (G - T) \qquad (6·4-8'')$$

(6·4-8″)式又意味着,如果私人部门储蓄在投资后的余额 $S_p - I$ 不足以为政府部门的预算赤字 $G - T$ 提供融资,就必然会出现经常账户赤字,这表明政府预算也能成为一个可以间接调控经常账户收支的重要政策工具。

四、国际收支失衡性质分析

在开放经济下,一国的国际收支状况反映着该国的国内外供需和资源配置状况。所谓国际收支失衡(payments imbalance),是指一国的某些国际收支项目或账户当期存在局部差额——盈余(顺差)或赤字(逆差)。长期性的国际收支失衡是会对一国经济产生重大影响的。虽然市场经济对国际收支失衡有着一定的自动调整机制,但其作用也有着很大的局限性,有时还需要辅以政府当局的政策调节。国际收支失衡由于其内在原因的不同而可能具有不同的属性,一国政府必须认真分析造成失衡的具体原因来确定国际收支失衡的性质,并制定相应的政策予以调节或调整。下面我们对国际收支失衡的性质做一系统的分类——按照引起国际收支失衡原因的不同,大致将失衡的性质概括为以下五种类型:

(一)结构性失衡

结构性失衡(constructional disequilibrium)是指一国由于经济结构失调未能跟上世界市场的变化而造成的国际收支的一种持久性失衡。结构性失衡又可以进一步分为产品供求结构失衡和要素价格结构失衡两种不同类型。其中,前者是指一国产品的供给结构不能跟上国际市场产品需求结构的变化而引起的国际收支失衡,例如,国际市场对一国传统出口品的需求减少,而该国却一时又难以改变出口产品结构,及时开发出能够满足国际市场需要的新产品时,就会引起产品供需失调的结构性国际收支失衡;后者则是指一国要素价格的变动使该国出口品在国际市场上的比较成本优势逐渐削弱甚至丧失而引起的国际收支失衡,例如,一国原本具有廉价劳动力资源的比较优势,出口以劳动密集型产品为主,如果该国随着经济的发展,其工资水平的上涨速度超过了劳动生产率提高的速度,则其劳动密集型出口产品的比较成本优势就会逐渐削弱甚至丧失,而该国一时又未能在资本密集型或技术密集型产业取得比较优势时,就会引起要素价格失调的结构

性国际收支失衡。

显然,对于结构性失衡来说,无论是产品供求结构失衡还是要素价格结构失衡,都属于短期内难以消除的恶性失衡,它们往往会造成国际收支的长期性缺口(长期性的贸易收支赤字及经常账户赤字)。这种长期性赤字需要靠综合性的弥补政策(即综合运用外汇缓冲政策和利用外资政策)来加以弥补,而重要的是,对于结构性失衡本身必须要靠供给性的经济调整政策来调整本国的经济结构、产业结构或产品结构以及要素价格结构,才有可能逐步改变或消除造成结构性失衡的根本原因(产品供求结构失衡或要素价格结构失衡)的。可以将供给—产业政策与利用外资政策结合起来,通过在引进外资时注重开发适销对路的新产品或促进技术进步提高劳动生产率等方法来实现改善国际收支的目的;与此同时,往往还不得不采取一些限制进口和促进出口的贸易政策来帮助该国度过困难时期,否则该国就有可能陷入债务危机的泥潭而难以自拔。

(二)收入性失衡

收入性失衡(income of disequilibrium)是指贸易伙伴国之间由于国民收入的相对变化而造成的国际收支失衡,存在着两种不同性质的收入性失衡:一种是周期性的,一种是持久性的。

1. 周期性收入失衡

周期性收入失衡(periodic income of disequilibrium)是指由于贸易伙伴国之间经济周期不同步而造成的国际收支的一种周期性失衡。"二战"后,西方主要国家的经济周期具有一定的同步性,而发展中国家经济周期的不同步对发达国家的影响又相对较小,因而这种周期性收入失衡主要发生在经济实力相对较弱的发展中国家。例如,当一个经济实力相对较弱的国家处于经济繁荣阶段时,作为其主要贸易伙伴的经济大国却正处于经济衰退阶段,这时由于本国自身的进口需求正旺而外国的进口需求却减弱,就会造成该国短期内出现贸易赤字及经常账户赤字;继而,当本国进入经济衰退阶段时,作为其主要贸易伙伴的经济大国却又进入经济繁荣阶段,这时由于该国自身的进口需求减弱而外国的进口需求却增强,就又会造成该国短期内出现经常账户盈余及贸易盈余。如此周而复始。对于这种周期性失衡造成的短期性赤字或盈余可以运用外汇缓冲政策以及对外短期借贷来加以弥补,而对于周期性收入失衡本身在必要时也可以做一些宏观经济政策调节来减轻其震荡。

2. 持久性收入失衡

持久性收入失衡(persistent income of disequilibrium)是指由于一国的经济增长率长期高于其贸易伙伴国而造成的国际收支的一种持久性失衡。它可能会造成国际收支长期性的贸易赤字及经常账户赤字,对于这种长期性赤字,可以靠综合性的弥补政策(即综合运用外汇缓冲政策和利用外资政策)来加以弥补。而对于持久性收入失衡本身则是需要宏观经济政策的调整(甚至需要适当降低本国的经济增长率)来加以克服的,以避免本国经济陷入债务危机的泥潭和保证经济增长的可持续性;必要时,该国也可以采取一些限制进口和促进出口的贸易政策来帮助改善其国际收支。

(三) 货币性失衡

货币性失衡(currency of disequilibrium)是指一国由于物价水平和利息率等货币性因素的变动而造成的国际收支的一种短期性失衡。例如,当一国货币供给超过需求时,这一方面会导致物价上升,引起出口减少和进口增加,一时造成国际收支的贸易赤字及经常账户赤字;另一方面它还会导致利息率下降,引起短期资本流出增加和流入减少,严重时还会造成国际收支的官方结算赤字及综合收支赤字。对于这些短期性赤字,可以靠外汇缓冲政策和利用短期外债政策来加以弥补;而对于这种货币性失衡本身则需要靠调整不当的货币政策才能加以根除,必要时也可辅以适当的汇率政策和财政政策来减轻经济震荡。

(四) 偶然性失衡

偶然性失衡(occasional disequilibrium)是指一国由于国内外的偶然性突发事件而造成的国际收支的一种短期性失衡。例如,一国由于自然灾害造成谷物歉收或者由于发生骚乱或政治动乱影响生产等会引起暂时的出口减少和进口增加,在短期内造成国际收支的贸易赤字及经常账户赤字,并且有时(如发生政治动乱时)还会引起资本外逃,严重时也会在短期内造成国际收支的官方结算赤字及综合收支赤字。对于这些短期性赤字,也可以靠外汇缓冲政策和利用短期外债政策来加以弥补,但对于这种偶然性短期失衡本身一般是无须做经济政策调整的。

(五) 投机性失衡

投机性失衡(speculative disequilibrium)是指一国由于投机性国际游资变幻莫测的短期流动而造成的国际收支的一种短期性失衡。它一般不影响经常账户收支,但严重时会一时造成国际收支的官方结算赤字及综合收支赤字。对于这种短期性的投机性失衡所造成的短期性赤字可以运用外汇缓冲政策来加以弥补,而对于这种投机性失衡本身有时需要根据失衡的程度以及引起恶性投机的内在原因做必要的经济政策调整乃至完善金融体系的改革。

五、国际收支失衡对一国经济的不良影响

一国的国际收支失衡特别是那些长期性失衡(long-term disequilibrium),无论是逆差还是顺差,都有可能对其经济造成不良影响。

首先,各种长期性国际收支赤字会对一国经济产生严重的不良影响。例如,综合收支及官方结算收支长期赤字,一方面会形成本币对外大幅贬值的压力,抑制该国进一步对外融资的能力,严重时会造成官方的短期债务危机,甚至会耗尽该国的国际储备酿成货币危机;另一方面,由于该国货币当局为稳定本币汇率而不得不大量动用其国际储备干预汇市,还会引起货币供给的缩减,形成一定的通货紧缩压力,不利于该国的经济增长

和充分就业。又如，贸易收支及经常账户收支长期赤字，不但意味着该国拥有的国外财富的不断减少，而且可能还意味着该国产品的出口缺乏国际竞争力，这一方面也会形成本币对外贬值的压力，需要大量引进外资来弥补这一收支缺口，严重时也会酿成该国的对外债务危机甚至是货币危机；另一方面，如果该国不能在引进外资弥补这一收支缺口的同时，及时有效地调整其经济结构和产品结构以提升其产品的国际竞争力迅速扩大出口，该国就不得不用限制和减少进口的办法来对国际收支进行应急调整，这也不利于该国的经济增长和充分就业。再如，金融账户中的各投资项目长期赤字，也意味着该国资本的长期净流出，这也不利于其经济增长和充分就业。

其次，一国国际收支出现长期或巨额盈余也会对其经济产生一些不良影响。例如，综合收支及官方结算收支长期或巨额盈余，会形成本币对外升值和国内发生通货膨胀的双重压力，而无论是本币对外升值还是国内发生通货膨胀都会降低该国产品的出口竞争力，也都不利于该国的经济增长和充分就业。又如，一国的贸易收支及经常账户收支长期盈余，则又势必会造成其贸易伙伴国的长期贸易赤字，引起贸易摩擦，而不利于国际经济关系。当然，在现实中，国际收支赤字对一国经济产生的不利影响要远远大于盈余所带来的不良影响，因而前者也更为人们所重视。

第七章 汇率理论和汇率制度体系

早期的古典汇率理论是金本位制（gold standard）时期的铸币平价汇率理论（exchange-rate theory of mint par）。在以黄金为本位货币的金本位制下，世界主要国家都自发地独立实行金币自由铸造、自由兑换和黄金可以自由输出入（这是金币本位制的基本特点），各国都法定了本国单位黄金铸币的重量和成色，从而也就确定了各国货币的含金量，而两国货币的含金量之比则被称为货币汇率的铸币平价（exchange-rate of mint par）。铸币平价理论认为，一国货币的价值取决于其含金量，因而铸币平价是金币本位制下汇率决定的基础，但外汇市场上买卖外汇的市场汇率还要受到由于国际贸易而引起的外汇供需情况的影响，所以在金币本位制下两国货币之间的市场汇率将会围绕其铸币平价在一定的范围内上下波动，其上下波动的界限被称为黄金输送点（gold point）。这是因为，在黄金可以自由输出入的金币本位制下，一旦某外币的市场汇率的升值幅度超过把等量黄金运送到该外国所需运费时，本国商人就会选择向升值外币国输出黄金的办法来办理国际结算，因而黄金输出点（gold export point）就是一种外币汇率浮动的上限（这是就外币汇率的直接标价法而言），它等于该外币汇率的铸币平价加上运送单位外币含金量的黄金所需运费；而当某外币的市场汇率的贬值幅度超过把等量黄金从该外国运来所需运费时，该外币国的商人就会选择向升值货币国输入黄金的办法来办理国际结算，因而黄金输入点（gold import point）也就是一种外币汇率浮动的下限（这也是就外币汇率的直接标价法而言），它等于该外币汇率的铸币平价减去运送单位外币含金量的黄金所需运费。

显然，在金本位制下，汇率的波动幅度是非常有限的。但在金本位制崩溃之后，特别是黄金非货币化后的纸币本位制下，决定和影响汇率变动的基础又是什么呢？这成为近现代汇率理论的基本研究课题，本章将依次介绍几种较重要的近现代汇率理论。事先说明，在本章及以后各章中，我们将一概采用外币汇率的直接标价法来进行讨论。

第一节 购买力平价汇率理论

汇率决定的购买力平价理论（theory of purchasing power parity，"PPP"理论），是最有影响的近代汇率理论之一。它起源于19世纪，但直到20世纪才由瑞典学者古斯塔夫·卡塞尔（Gustav Casell，1923）在其《社会经济理论》一书中做了较为成熟的阐述，并得到学界的广泛认知。"PPP"理论认为,在纸币流通情况下,一国货币的价值取决于其购买力,因而两国货币的购买力之比(被称为货币汇率的购买力平价)成为纸币流通情况下汇率决定的基础。具体来说,该理论又有绝对购买力平价和相对购买力平价两种不同的理论形态。

一、绝对购买力平价汇率理论

汇率决定的绝对购买力平价分析法(absolute purchasing power parity approach of exchange-rate determination)把一国货币对于另一外国货币的绝对购买力平价汇率(the exchange-rate of absolute purchasing power parity)定义为单位外国货币的购买力与单位本国货币的购买力之比值,亦即本国物价水平与外国物价水平之比值:

$$\varepsilon^* = \frac{1/P_f}{1/P} = \frac{P}{P_f} \quad (7\cdot 1-1)$$

其中,ε^*代表现汇汇率的绝对购买力平价,P代表本国物价水平,P_f代表外国物价水平。

绝对购买力平价是关于长期均衡汇率的一个静态分析理论(static analysis of theory),认为长期均衡的名义汇率应当等于绝对购买力平价汇率。需要说明的是,对于绝对购买力平价汇率的上述定义,有着两种不同的理解或解释。

其一是关于绝对购买力平价汇率的商品套利论(commodity-arbitrage approach):它是用商品套利机制(commodity-arbitrage mechanism)来解释购买力平价汇率的成因,认为两国之间的商品套利活动能使同类商品的价格趋同,因而,通过国家之间的自由贸易,可以使"一价定律"(law of one price)在国际贸易品的范畴内仍然得以成立,从而汇率的购买力平价亦应当成立(注意,其实汇率的购买力平价并不要求"一价定律"对每一种商品都严格成立,而只要求其对"一篮子"可贸易品平均成立就可以了——只需其在某一些商品上的偏差能与另一些商品上的偏差相互抵消即可)。持这种观点的学者认为,在计算购买力平价汇率时,应该采用进出口价格水平(price level of import and export)或者说是贸易品权重较大的批发物价水平(wholesale price level)。基于这种理解的购买力平价汇率的商品套利论有着这样一些前提假设:①自由贸易并且国际贸易市场是完全有效的(即存在充分的贸易,不存在任何贸易障碍而且忽略一切贸易费用);②两国的可贸易品具有同质性并且两国有着相同的可贸易品篮子和消费偏好。此时其实可以将商品套利论的绝对购买力平价汇率表示为

$$\varepsilon_T^* = \frac{P_T}{P_{fT}} \quad (7\cdot 1-2)$$

其中,ε_T^*代表关于可贸易品的绝对购买力平价汇率,P_T和P_{fT}分别代表国内、外可贸易品的价格水平。

其二是关于绝对购买力平价汇率的货币数量论(quantity approach of monetary):它是用货币存量均衡机制来解释购买力平价汇率的成因,认为外汇市场所趋向的均衡汇率应

是货币对内价值和对外价值的统一,因而,当一国因货币供给量增多而导致其对内贬值(国内购买力下降)时,也必定会引起其对外贬值,最终的结果应是使两国货币的一般购买力水平实现均衡,而不会只限于对贸易品购买力的平衡。所以,持这种观点的学者认为,在计算购买力平价汇率时,应该采用代表一般价格水平(general price level)的消费物价水平(consumer price level)。他们进一步假定:③ 长期资本也可以自由流动。并定义一国的一般价格水平 P 为可贸易品价格 P_T 和非贸易品价格 P_N 的几何加权平均值,即 $P = P_T^{\alpha} P_N^{1-\alpha}$,其中 α 为本国可贸易品的权重;又定义 $p = P_N/P_T$ 为本国非贸易品对贸易品的内部价格比(亦即本国非贸易品的相对价格水平),$p_f = P_{fN}/P_{fT}$ 为外国非贸易品对贸易品的内部价格比(亦即外国非贸易品的相对价格水平)。这时如果再假定两国可贸易品的权重相同(均为 α),则有本国的一般价格水平 $P = P_T^{\alpha} \cdot P_N^{1-\alpha} = P_T \cdot p^{1-\alpha}$,外国的一般价格水平 $P_f = P_{fT}^{\alpha} \cdot P_{fN}^{1-\alpha} = P_{fT} \cdot p_f^{1-\alpha}$,从而可以将货币数量论的绝对购买力平价汇率表示为

$$\varepsilon^* = \frac{P}{P_f} = \frac{P_T}{P_{fT}} \left(\frac{p}{p_f}\right)^{1-\alpha} = \varepsilon_T^* \cdot \left(\frac{p}{p_f}\right)^{1-\alpha} \qquad (7 \cdot 1 - 3)$$

这里货币数量论的绝对购买力平价汇率 ε^* 不但跟商品套利论的绝对购买力平价汇率 $\varepsilon_T^* = P_T/P_{fT}$ 有关,而且还跟国内、外非贸易品相对价格水平之间的比值 p/p_f 以及非贸易品的权重 $1-\alpha$ 有关。

但上述关于绝对购买力平价汇率的商品套利论和货币数量论其实都存在着一定的缺陷。

先来看绝对购买力平价汇率商品套利论的缺陷:一方面,它未考虑各种贸易费用和贸易障碍会使"一价定律"偏离实际的问题;另一方面,由于它只考虑到货币对可贸易品购买力的平衡,而完全忽略了货币对非贸易品购买力的平衡问题,所以即便"一价定律"在贸易品范围内可以成立,其相应的购买力平价汇率 ε_T^* 也会在一定程度上偏离市场的长期均衡汇率(long-term equilibrium of exchange-rate)。

再来看绝对购买力平价汇率货币数量论的缺陷:一方面,它也未考虑各种交易费用和交易障碍会使"一价定律"偏离实际的问题;另一方面,虽然它将货币对非贸易品购买力的平衡问题纳入了视野,但由于大量的实证研究表明,低收入国家非贸易品对贸易品的内部价格比($p = P_N/P_T$)一般都显著低于高收入国家(这意味着低收入国家货币在国内的非贸易品购买力和一般购买力通常要高于其在国外的购买力)。因此,采用一般物价水平来测算的购买力平价汇率通常又会高估低收入国家货币的对外价值,从而其相应的购买力平价汇率 ε^* 仍然会在一定程度上偏离市场的长期均衡汇率。例如,由于我国国内房地产和服务(如理发)等不可贸易品的价格水平远低于发达国家和地区,所以采用一般物价水平来测算的绝对购买力平价汇率通常是会高估人民币的对外价值的。此外,前面关于国内外可贸易品的权重相同的人为假设则主要是为了简化问题,这一假设也可能过于牵强,但它只是一个较为细节的问题,因为无论国内外可贸易品的权重是否完全

相同,这一因素都不会影响货币数量论的绝对购买力平价汇率通常会高估低收入国家货币的对外价值这一基本结论,其影响仅仅局限于高估的程度方面。

另外,汇率的绝对购买力平价理论认为,一国货币的长期均衡名义汇率①(nominal exchange-rate)应当服从绝对购买力平价,并定义了如下一个所谓实际汇率(real exchange-rate)的概念——实际汇率为名义汇率跟购买力平价汇率之比值:

$$e = \frac{\varepsilon}{\varepsilon^*} = \frac{\varepsilon}{P/P_f} = \frac{\varepsilon \cdot P_f}{P} \qquad (7 \cdot 1 - 4)$$

其中,e 代表实际汇率,ε 和 ε^* 分别代表现汇的名义汇率和购买力平价汇率。绝对购买力平价汇率理论认为:长期均衡(long-run equilibrium)的名义汇率应当取决于绝对购买力平价,即当 ε 代表长期均衡的名义汇率时,应当有 $\varepsilon = \varepsilon^*$ 和 $e = 1$;并且,即便由于某种原因而使名义汇率暂时偏离了绝对购买力平价汇率,也会迅速恢复到能保持长期均衡的绝对购买力平价汇率。这里需要注意的是,其实 P 和 P_f 有时也会暂时偏离其长期均衡水平,从而使相应的绝对购买力平价汇率 $\varepsilon^* = \frac{P}{P_f}$ 也暂时偏离长期均衡水平,不过绝对购买力平价汇率理论认为,这种偏离也总是能够很快得到纠正和恢复的。

二、相对购买力平价汇率理论

我们把一定时期内一国货币对某一外国货币之间的预期汇率与基期汇率之比值定义为本国货币对该外国货币的当期(或预期)汇率指数(exchange-rate index):

$$\hat{\varepsilon} = \frac{\varepsilon_t}{\varepsilon_0} \qquad (7 \cdot 1 - 5)$$

其中,$\hat{\varepsilon}$ 代表当期(或预期)汇率指数,ε_0 和 ε_t 分别代表现汇的基期汇率和预期汇率。汇率决定的相对购买力平价分析法(relative purchasing power parity approach of exchange-rate determination)把一定时期内一国货币对某一外国货币的当期(或预期)相对购买力平价汇率指数(exchange-rate index of relative purchasing power parity)定义为本国当期(或预期)物价指数与外国同期物价指数之比值:

$$\hat{\varepsilon}^* = \frac{P_t/P_0}{P_{ft}/P_{f0}} = \frac{\hat{P}}{\hat{P}_f} \qquad (7 \cdot 1 - 6)$$

其中,$\hat{\varepsilon}^*$ 代表当期(或预期)汇率指数的相对购买力平价,P_0 和 P_t 分别代表本国的基期物价水平和预期物价水平,P_{f0} 和 P_{ft} 分别代表外国的基期物价水平和预期物价水平,而 $\hat{P} = P_t/P_0$ 代表本国的当期(或预期)物价指数,$\hat{P}_f = P_{ft}/P_{f0}$ 则代表外国的同期物价指数。

---

① 名义汇率是指市场上的交易汇率,即外汇市场上各种现实货币汇兑的交易汇率;实际汇率则是一种理论汇率,它是将名义汇率消除了物价变动因素的影响(消除了物价变动对货币购买力的影响)之后推算出来的一种理论汇率。

汇率变动的相对购买力平价是关于均衡汇率变动的一个比较静态分析理论（comparative static analysis of theory），认为一定时期内的均衡汇率指数应当等于同期的相对购买力平价汇率指数——从而当已知一定时期内的基期均衡汇率 ε_0 时（这里并不要求基期汇率 ε_0 一定服从绝对购买力平价），即可利用（7·1-7）式来计算相对购买力平价的预期均衡汇率 ε_t：

$$\frac{\varepsilon_t}{\varepsilon_0} = \hat{\varepsilon}^* = \frac{\hat{P}}{\hat{P}_f} \qquad (7\cdot1-7)$$

汇率的相对购买力平价理论避开了绝对购买力平价理论要求"一价定律"成立的下合实际的苛刻假定。当存在种种贸易费用和贸易障碍时，会导致绝对购买力平价失效，但汇率的相对购买力平价仍然可以保持有效。相对购买力平价汇率理论通常乐意把货币对非贸易品购买力的平衡对汇率的影响也考虑在内，而采用一般物价指数（如消费物价指数），其基本前提假设是：① 自由贸易而且长期资本也可以自由流动；② 两国贸易品各自在其国内的权重相同；③ 两国存在一个共同的恰当基期——那时两国货币间的名义汇率恰好都处于一个长期均衡汇率；④ 在报告期内两国的经济结构均未发生显著变化。

显然，当货币数量论的绝对购买力平价汇率理论成立时，相对购买力平价汇率理论必定也同时成立，因为当有绝对基期汇率 $\varepsilon_0 = P_0/P_{f0} = \varepsilon_0^*$ 和绝对预期汇率 $\varepsilon_t = P_t/P_{ft} = \varepsilon_t^*$ 时，必定也有当期的相对汇率指数：

$$\hat{\varepsilon} = \frac{\varepsilon_t}{\varepsilon_0} = \frac{P_t/P_{ft}}{P_0/P_{f0}} = \frac{P_t/P_0}{P_{ft}/P_{f0}} = \frac{\hat{P}}{\hat{P}_f} = \hat{\varepsilon}^*$$

但反过来，当相对购买力平价汇率理论成立时，却并不能够确保绝对购买力平价汇率理论也能同时成立。

遗憾的是，在把相对购买力平价用于预期均衡汇率的测算时，又产生了一个难以决断的基期选择问题——若所选择的基期汇率并不是一个均衡汇率，则对预期均衡汇率的相对购买力平价就会失效（这是一个必须引起高度重视的问题）。但要想选择一个恰当的基期，常常会遇到一些难以抉择或难以处理的具体的实际困难，并没有一般性的处理方法。

由汇率的相对购买力平价还可以得出以下重要推论：在其他条件保持不变的情况下，本国与外国在一定时期内的预期通胀率之差或预期物价指数之差决定着外汇的预期升值率，即有

$$\rho^e = \pi - \pi_f = \hat{P} - \hat{P}_f \qquad (7\cdot1-8)$$

这里，$\hat{P} = P_t/P_0$ 和 $\hat{P}_f = P_{ft}/P_{f0}$ 分别代表本国和外国的预期物价指数，$\pi = (P_t - P_0)/P_0 = \hat{P} - 1$ 和 $\pi_f = (P_{ft} - P_{f0})/P_{f0} = \hat{P}_f - 1$ 分别代表本国和外国在报告期内的通货膨胀率（inflation rate),而 $\rho^e = \dfrac{\varepsilon_t - \varepsilon_0}{\varepsilon_0}$ 则代表外汇在报告期内的预期升值率(但需注意,ε_0 代表基期汇率,ε_t 代表预期汇率)。因为有

$$\rho^e = \frac{\varepsilon_t - \varepsilon_0}{\varepsilon_0} = \frac{\varepsilon_t}{\varepsilon_0} - 1 = \frac{\hat{P}}{\hat{P}_f} - 1 = \frac{\hat{P} - \hat{P}_f}{\hat{P}_f} = \frac{\pi - \pi_f}{1 + \pi_f}$$

将式左右两端同时乘以 $1 + \pi_f$,可变成

$$\rho^e + \rho^e \pi_f = \pi - \pi_f$$

再注意到 $\rho^e \pi_f \approx 0$(因为当 $t \to 0$ 时,$\rho^e \pi_f \to 0$ 为二阶无穷小量),则最终可得

$$\rho^e = \pi - \pi_f = \hat{P} - \hat{P}_f$$

这告诉我们,一国货币对内贬值会引起对外贬值。

很明显,当汇率的相对购买力平价成立时,(7·1-8)式近似地跟前述表达相对购买力平价汇率的(7·1-7)式具有等价性。我们可以把(7·1-8)式改写成

$$\frac{\varepsilon_t - \varepsilon_0}{\varepsilon_0} = \pi - \pi_f = \hat{P} - \hat{P}_f \qquad (7 \cdot 1 - 8')$$

据此,在已知长期均衡的预期汇率 ε_t(已知长期均衡的基期汇率 ε_0)时,还可利用(7·1-8′)式来近似地计算相对购买力平价的即期汇率 ε_0(相对购买力平价的预期汇率 ε_t)。

三、对于购买力平价学说的实证检验

(一)对于购买力平价学说的实证检验

人们曾对汇率的购买力平价学说进行过大量的统计检验,结果发现:①短期来看,在现实的外汇市场上经常存在着频繁和剧烈的短期性汇率波动,而购买力平价理论则几乎完全无法解释这些短期性的汇率波动。②长期来看,在两国的经济结构均未发生显著变化而主要是通货膨胀率不一致,尤其是在发生严重通货膨胀的时期,两国货币汇率的相对购买力平价相当有效,能够对长期均衡汇率的变动趋势给出一个相当不错的近似估计;但在一国的经济结构发生显著变化的时期,对长期均衡汇率的相对购买力平价也会失灵,这时两国货币汇率的长期走势也会显著偏离其相对购买力平价。

(二)对于汇率偏离其购买力平价的原因分析

(1)发生长期性偏差的原因

由于影响长期均衡汇率的因素除前述的一般价格水平因素以外,其他一些影响经常账户收支以及长期性国际资本流动的重要因素也会影响汇率的长期走势,如两国贸易品的不完全同质性,内部价格结构(贸易品和非贸易品的内部价格比)和消费偏好的不同,要素禀赋、生产技术水平和劳动生产率的变动,经济增长率(economic growth rate)的变动,以及政府的贸易政策、关税政策和外汇管制政策的变动,等等,所有这些因素也都影

响着汇率的长期走势,它们都有可能使市场汇率的长期走势偏离其购买力平价。

(2) 发生短期性偏差的原因

在短期内,我们可以假定两国的价格水平均保持不变,来另外寻找影响短期均衡汇率(short-term equilibrium of cxchange rate)的主要因素。一般认为,所有影响到短期性国际资本流动的因素都是影响汇率短期走势的重要因素,如两国宏观经济政策尤其是利息率的变动、央行对外汇市场的干预政策和外汇管制政策、一些突发性的重大事件、国际游资的投机活动以及人们对未来经济动态预期的变动,等等,所有这些因素都是影响汇率短期走势的重要因素,它们常常会使市场汇率短期偏离其购买力平价。

汇率的购买力平价学说提出了以货币的购买力来作为货币价值的测度,这在国际金本位制货币体系崩溃后具有十分重要的理论和现实意义,它揭示了决定或影响汇率长期走势的一个最重要的主导因素——购买力平价,而且它不失为一个可用于估算汇率长期走势的最简单易用的方法。但同时,汇率的购买力平价学说也存在着一些重要的缺陷:第一,购买力平价理论不能解释汇率的短期波动问题;第二,贸易品的不完全同质性,各国内部价格结构和消费偏好的不同,以及贸易费用和贸易障碍等因素都会破坏绝对购买力平价的有效性;第三,各国要素禀赋、生产技术水平和劳动生产率的变动,经济增长率的变动,政府的贸易政策、关税政策和外汇管制政策的变动,以及基期选择不当等因素都会破坏相对购买力平价的有效性;第四,汇率的购买力平价学说是一种完全的价格决定汇率理论,它完全忽视了汇率对于价格的反作用问题,这也是不符合实际的。因为,汇率的变动会影响到贸易双方各自进口品的价格,从而也就会影响到与进口品相关产品(如进口替代品、以进口品为中间产品的下游产品等)的国内价格,这是会在一定程度上反作用于国内一般价格水平的。所以,在实际中,汇率与价格是有着互为因果的关系的,尤其是在长期固定汇率(fixed exchange-rate)极端僵化的情形下,其因果关系甚至还会发生逆转——变成汇率决定价格,如以国内的通货膨胀(inflation)来替代或缓解本币对外升值的压力。

由此可见,汇率的购买力平价学说并不是一个完善的汇率理论,因而后人势必还会从不同的角度来进一步发展、探索和完善。

第二节　利率平价汇率理论

第一节的购买力平价汇率学说主要从国际商品流动及长期资本流动的角度来阐述汇率与价格之间的均衡关系,本节的利率平价汇率学说则主要从国际短期资本流动的角度来阐述汇率与利率之间的均衡关系。汇率决定的利率平价说(interest rate parity theory)最早是由约翰·凯恩斯(1923)在其《货币改革论》一书中提出的。"二战"后,特别是在欧洲货币市场诞生以后,国际资本流动对汇率的影响日益增大,于是其他一些经济学家如爱因齐格(P. F. Einzig,1966)等对利率平价汇率学说又做了进一步发展,从而形成了现代的利率平价说,它包括套补的利率平价分析法(covered interest rate parity approach)和无套补的利率平价分析法(uncovered interest rate parity approach)两种不同的理论形态。

一、套补的利率平价汇率理论

套补的利率平价理论认为,两种货币的远期和即期汇率之间的差价是由两币的利率差异而引起的,套补的掉期套利机制则是实现现汇—期汇市场均衡的市场机制。当市场失衡时,如本币与某一外币的利率差不等于外汇市场上该外币的远期升/贴水率时,就会存在套补套利的机会,人们就会在短期内把本币兑换成该外币或者是把该外币兑换成本币进行掉期套利,直至市场恢复均衡(期汇的升/贴水率等于两币利率差)无利可套为止。

套补的利率平价汇率理论有着以下一些前提假定:①资本具有充分的流动性,并忽略一切交易费用;②除汇率风险以外,国内外金融资产具有完全的可替代性;③在该时期内两国的利率水平都固定不变。套补的利率平价理论是关于短期均衡汇率的一个静态—比较静态分析理论。下面,我们再进一步对套补的利率平价进行具体的论证。

以 R 和 R_f 分别代表本币和某一外币的名义利息率,ε 和 ε^f 分别代表该外币的现汇汇率和期汇汇率(一概按直接标价法)。这时,将 1 单位本币资金直接在国内投资时可得收益为 $1+R$,而将其兑换成该外币来做掉期投资时可得收益为 $\frac{1}{\varepsilon}(1+R_f)\varepsilon^f$,因此,当 $1+R < \frac{1}{\varepsilon}(1+R_f)\varepsilon^f$ 时,持有本币资金的投资者会选择将其本币资金暂时兑换成该外币来做掉期套利,这种掉期套利活动会促使该外币的即期汇率 ε 上升和远期汇率 ε^f 下降,使得用本币做掉期投资的收益随之减少(或者说会使上述不等式两端的差额缩小);而当 $1+R > \frac{1}{\varepsilon}(1+R_f)\varepsilon^f$,亦即 $\varepsilon(1+R)/\varepsilon^f > 1+R_f$ 时,则持有该外币资金的人会选择将其外币资金暂时兑换成本币来做反向的掉期套利,这种套利活动则会促使该外币的即期汇率 ε 下降和远期汇率 ε^f 上升,使得用外币做掉期投资的收益随之减少(同样也会使上述不等式两端的差额缩小)。因此,无论如何,套补的掉期套利活动最终总是会变到无利可图为止,也就是说,按照套补的利率平价,现汇—期汇市场实现均衡的条件应是

$$1+R = \frac{1}{\varepsilon}(1+R_f)\varepsilon^f$$

即

$$\frac{\varepsilon^f}{\varepsilon} = \frac{1+R}{1+R_f} \qquad (7\cdot 2-1)$$

将(7·2-1)式两边同时减去1,可得

$$\frac{\varepsilon^f - \varepsilon}{\varepsilon} = \frac{R - R_f}{1 + R_f}$$

再将(7·2-1)式两边同时乘以$1+R_f$,又可得到

$$\frac{\varepsilon^f - \varepsilon}{\varepsilon} + \frac{\varepsilon^f - \varepsilon}{\varepsilon} \cdot R_f = R - R_f$$

注意到$\frac{\varepsilon^f - \varepsilon}{\varepsilon} \cdot R_f \approx 0$(因为当$t \to 0$时,$\frac{\varepsilon^f - \varepsilon}{\varepsilon} \cdot R_f \to 0$为二阶无穷小量),近似可得

$$\frac{\varepsilon^f - \varepsilon}{\varepsilon} = R - R_f \qquad (7 \cdot 2 - 2)$$

(7·2-2)式中的$\frac{\varepsilon^f - \varepsilon}{\varepsilon} = \rho^f$代表外币期汇的升水率(当$\rho^f$为负时意味着外币贴水)。

(7·2-1)式和(7·2-2)式近似等价,都是期汇远期升水率的利率平价表达式(注意,运用此二公式时,公式两边的"时间单位"必须保持一致,如同以年率表示或同以月率表示,等等)。(7·2-1)式和(7·2-2)式告诉我们,按照套补的利率平价,在两国的利率水平都固定不变的条件下,本币与外币的利率差价决定着均衡的期汇升水率(当升水率为负时意味着外币贴水);并且当远期汇率跟即期汇率达到均衡时,高利率货币会远期贴水,低利率货币则会远期升水。需要注意的是,(7·2-1)式和(7·2-2)式在本质上其实只是确定了一个短期均衡(short-term equilibrium)的期汇升/贴水率,但人们在运用时,通常是把ε^f也看成已知的外生变量用来决定短期均衡的即期汇率ε;而且有时人们还会把ε看成已知的外生变量反用来决定短期均衡的远期汇率ε^f(但必须注意,这里要求ε确为正处于短期均衡的即期汇率时才有效)。

二、无套补的利率平价汇率理论

无套补的利率平价汇率理论则认为,两种货币的预期和即期汇率之间的差价是由于两币的利率差异而引起的,无套补现汇投机套利机制则是实现现汇市场的即期汇率和预期汇率达到均衡的市场机制。当市场失衡时,如本币与某一外币的利率差不等于人们对该外币的预期升/贬值率时,就会存在现汇投机套利的机会,人们就会在短期内把本币兑换成该外币或者是把该外币兑换成本币进行现汇的无套补套利,直至市场恢复均衡(现汇的预期升/贬值率等于两币利率差)无利可套为止。

无套补利率平价汇率理论在保留前述套补的利率平价汇率理论的三条前提假设之外,还需要再增补如下一条前提假定:④ 投资者是汇率风险中性的(这时即便把汇率风险考虑在内,国内外金融资产也仍具有完全的可替代性)。

何谓风险中性?我们给出以下一个直观的定义:对于任何具有相同期望收益率和不同风险的资产组合,总是偏爱其中风险较小的资产组合,并要求为持有风险资产而获得额外风险报酬的投资者,为风险厌恶的(risk-averse);总是偏爱其中风险较大的资产组

合,并愿意为持有风险资产而付出额外代价的投资者,为风险偏好的(risk-appetite);认为这些不同风险的资产组合只要期望收益率相同就具有完全可替代性的投资者,则为风险中性的(risk-neutral)。

无套补的利率平价理论也是一个关于短期均衡汇率的静态—比较静态分析理论(static-comparative static analysis of theory)。下面,我们再进一步对无套补利率平价进行具体的论证。

仍以 R 和 R_f 分别代表本币和某一外币的名义利息率,ε 和 ε^e 则分别代表该外币现汇的当前汇率和预期汇率(一概按直接标价法)。这时,将 1 单位本币资金直接在国内投资可得收益为 $1+R$;而将其兑换成该外币来做现汇投机套利时,可得收益为 $\frac{1}{\varepsilon}(1+R_f)\varepsilon^e$。因此,当 $1+R<\frac{1}{\varepsilon}(1+R_f)\varepsilon^e$ 时,持有本币资金的投机者会选择将其本币资金暂时兑换成该外币来做现汇投机套利,这种投机套利活动会促使该外币的即期汇率 ε 上升和预期汇率 ε^e 下降,使得用本币做现汇投机的收益随之减少(或者说会使上述不等式两端的差额缩小);而当 $1+R>\frac{1}{\varepsilon}(1+R_f)\varepsilon^e$,亦即 $\varepsilon(1+R)/\varepsilon^e>1+R_f$ 时,则持有该外币资金的人会选择将其外币资金暂时兑换成本币来做反向的现汇投机套利,这种投机套利活动则会促使该外币的即期汇率 ε 下降和预期汇率 ε^e 上升,使得用外币做现汇投机套利的收益随之减少(同样也会使上述不等式两端的差额缩小)。因此,无论如何,无套补的现汇投机套利活动最终也总是会变到无利可图为止,也就是说,按照无套补利率平价,现汇市场实现均衡的条件应是

$$1+R=\frac{1}{\varepsilon}(1+R_f)\varepsilon^e$$

即

$$\frac{\varepsilon^e}{\varepsilon}=\frac{1+R}{1+R_f} \qquad (7\cdot2-3)$$

将(7·2-3)式两边同时减去 1,可得

$$\frac{\varepsilon^e-\varepsilon}{\varepsilon}=\frac{R-R_f}{1+R_f}$$

再将(7·2-3)式两边同时乘以 $1+R_f$,又可得到

$$\frac{\varepsilon^e-\varepsilon}{\varepsilon}+\frac{\varepsilon^e-\varepsilon}{\varepsilon}\cdot R_f=R-R_f$$

注意到 $\frac{\varepsilon^e-\varepsilon}{\varepsilon}\cdot R_f\approx 0$(因为当 $t\to 0$ 时,$\frac{\varepsilon^e-\varepsilon}{\varepsilon}\cdot R_f\to 0$ 为二阶无穷小量),近似可得

$$\frac{\varepsilon^e-\varepsilon}{\varepsilon}=R-R_f \qquad (7\cdot2-4)$$

(7·2-4)式中的 $\frac{\varepsilon^e-\varepsilon}{\varepsilon}=\rho^e$ 代表外币现汇的预期升值率(当 ρ^e 为负时意味着外币

贬值)。

(7·2-3)式和(7·2-4)式也近似等价,都是对现汇预期升值率的利率平价表达式(注意,运用此二公式时,公式两边的"时间单位"也必须保持一致,如同以年率表示或同以月率表示等)。(7·2-3)式和(7·2-4)式告诉我们,按照无套补的利率平价,在两国的利率水平都固定不变的条件下,本币与外币的利率差价决定着均衡的现汇预期升值率(当升值率为负时意味着外币贬值);并且当预期汇率跟即期汇率达到均衡时,高利率货币会预期贬值,低利率货币则会预期升值。需要注意的是,(7·2-3)式和(7·2-4)式在本质上其实也只是确定了一个短期均衡的预期升/贬值率(预期汇率与即期汇率达到短期均衡时的升/贬值率),但人们在运用时,通常也是把预期汇率 ε^e 当作已知的外生变量用来决定当前的短期均衡即期汇率 ε;而且有时,人们还会把当前的即期汇率 ε 看成已知的外生变量反用来决定短期均衡的预期汇率 ε^e(但必须注意,这里也要求已知 ε 确为短期均衡的即期汇率时才有效)。

此外,利用(7·2-2)式和(7·2-4)式我们还可以对均衡汇率的变动进行如下的比较静态分析(comparative static analysis):

① 假定其他条件保持不变,本国利率 R 上升或外国利率 R_f 下降会引起即期汇率 ε 下降而远期汇率 ε^f(或预期汇率 ε^e)上升;本国利率 R 下降或外国利率 R_f 上升则会引起即期汇率 ε 上升而远期汇率 ε^f(或预期汇率 ε^e)下降。

② 假定国内外利率及其他条件都保持不变,远期汇率 ε^f(或预期汇率 ε^e)上升会引起即期汇率 ε 同步上升;远期汇率 ε^f(或预期汇率 ε^e)下降则会引起即期汇率 ε 同步下降。

汇率的利率平价说在假定两国的利率水平都固定不变的条件下,以套补的或无套补的货币套利机制来解释当前现汇汇率与期汇汇率或预期现汇汇率的短期均衡趋势,填补了购买力平价说不能解释汇率频繁的短期波动问题的空白,这在国际资本流动规模日益扩大的背景下,显然具有重要的理论和现实意义,它揭示了影响汇率短期走势的一个重要的主导因素——利率平价,并且它也不失为一个可以估算短期汇率走势的简便方法。但同时,汇率的利率平价说也存在着一些重要的缺陷:第一,利率平价理论本身只能解释汇率的短期走势,而不能解释汇率的长期均衡趋势问题;第二,各国不同的内部利率结构、资本流动障碍、金融交易费用、商业和政治风险以及投资者厌恶风险等因素都会破坏利率平价的有效性;第三,利率并不是影响汇率短期走势的唯一因素,另外,人们对未来经济动态预期的变动、货币当局对外汇市场的干预以及一些突发性的重大事件等也都会影响汇率的短期走势,它们也可能会破坏利率平价的有效性;第四,汇率的利率平价说是一种完全的利率决定汇率理论,它完全忽视了汇率对利率的反作用问题,这也不太符合实际。因为汇率与利率也在一定程度上有着互为因果的关系,尤其是在固定汇率极端僵化的情形下,其因果关系也会发生逆转——变成汇率决定利率(如以提升国内利率来替代或缓解本币的对外贬值压力)。

三、国际费雪效应

利率的费雪效应(Fisher Effect)是由经济学家费雪(I. Fisher,1930)提出的如下一个经济学命题——在其他条件保持不变的情况下,一国预期通货膨胀率的变动不会改变该国长期均衡的实际利率水平,因为该国长期均衡的名义利率是会随着预期通货膨胀率的变动而同向等值变动的:

$$r = R - \pi \tag{7·2-5}$$

其中,r 为长期均衡的实际利率,R 为长期均衡的名义利率,π 为预期通货膨胀率,人们称上式为费雪方程(Fisher Equation)。

利率的费雪效应,其实是人们会根据预期通货膨胀率而在当前消费和未来消费(或当前储蓄)之间进行的所谓跨期消费套利活动,最终导致的利率均衡效应——当市场上的名义利率偏离预期通胀率时,人们可以进行跨期的消费套利活动:当 $r<0$ 时,人们可增加当前消费而减少未来消费(即减少当前储蓄,这会使名义利率上升)来实现总效用最大化;当 $r>0$ 时,人们可减少当前消费而增加未来消费(即增加当前储蓄,这会使名义利率下降)来实现总效用最大化。这些跨期的消费套利活动会促使名义利率趋向于预期通胀率,最终使实际利率 $r=0$,达到无利可套的长期均衡状态。

而所谓利率的国际费雪效应(International Fisher Effect)则是说,在自由贸易、资本自由流动和国内外金融资产具有完全可替代性等假定下:

①国内外长期均衡的实际利率应当保持相等(不受国内外通货膨胀率差异的影响),即有

$$R - \pi = r = r_f = R_f - \pi_f \tag{7·2-6}$$

②国内外预期通货膨胀率之差决定着国内外长期均衡的名义利率之差,即又有

$$R - R_f = \pi - \pi_f \tag{7·2-7}$$

如果我们把利率的国际费雪效应(它假说通胀率决定利率)和汇率的利率平价(它又进一步假说利率决定汇率)两者综合起来,则也可以推得汇率的相对购买力平价说(它假说通胀率决定汇率):当人们对国内外通货膨胀率的预期发生变化时,必然导致国内外名义利率的相应调整,以及期汇升、贴水率和现汇预期升、贬值率的同步调整,从而有着如下的一致均衡关系:

$$\pi - \pi_f$$
$$\parallel$$
$$\rho^f = \frac{\varepsilon^f - \varepsilon}{\varepsilon} = R - R_f = \frac{\varepsilon^e - \varepsilon}{\varepsilon} = \rho^e$$

这意味着,在价格完全弹性(perfect elasticity to price)条件下,利率的国际费雪效应和汇率的利率平价跟汇率的相对购买力平价这三个理论之间有着相当完美的一致性。

第三节　国际收支汇率理论

第二节的利率平价说汇率理论主要从国际短期资本流动的角度来分析汇率的短期均衡趋势,有其一定的片面性和局限性,本节将进一步介绍关于汇率短期均衡趋势的古典国际借贷说及其现代改进版的国际收支说。

一、古典的国际借贷汇率决定理论

古典的国际借贷汇率决定理论是第一次世界大战前较为流行的汇率理论,其主要代表人物是英国经济学家乔治·葛逊(George J. Goschen, 1876),他在《外汇理论》一书中提出了汇率决定的国际借贷说(International Indebtednss Theory),解释了金本位制下汇率变动的主要原因。

葛逊认为,一国货币汇率的变化,是由外汇供给与需求的平衡决定的,而外汇供给与需求的缺口则取决于该国对外流动借贷(floating indebtedness)的状况。他所谓的一国对外流动借贷,是指当时正处于实际收支阶段的对外债权与债务,而一国国际收支的官方结算差额就代表着该国在报告期内的对外流动债权或债务:当一国的对外流动债权大于债务,即官方结算差额出现顺差时,意味着该国的短期外汇供给大于需求,则该国货币的汇率将会升值;当一国的对外流动债务大于债权,即官方结算差额出现逆差时,又意味着该国的短期外汇需求大于供给,则该国货币的汇率将会贬值;当一国的对外流动债权与债务相等,即官方结算差额收支平衡时,意味着该国的短期外汇供求保持平衡,则该国货币的汇率不会发生变化。

不过葛逊也认为,诸如黄金存量、物价水平、利率水平以及信用状况等因素其实也会对汇率变动产生影响;但是,相对于流动借贷而言,后面这些因素在金本位制下都只是一些次要因素而已,所以在他的国际借贷说里忽略了这些次要因素。

国际借贷说较好地解释了金本位制下国际借贷差额不平衡时汇率变动的原因,而对金本位制下国际借贷差额平衡时汇率决定的基础问题,则完全没有考虑,这是该学说的基本缺陷;再者,他不论环境和条件地完全忽略了所有其他次要因素,只唯一地专注于对外流动借贷这一影响汇率变动的主要因素,即便是在金本位制下这也未必总是有效的;另外,该学说只是一个完全囿于金本位制下解释汇率波动原因的理论,用于解释后来在非金本位制下汇率频繁短期波动的原因就显得力不从心,存在着极大的局限性。

二、现代的国际收支汇率决定模型

如上所述,古典国际借贷说所谓的一国对外流动借贷实际是指现代狭义的国际收支的内容,所谓汇率决定的国际收支分析法(balance of payments approach of exchange-rate determination)就是后人运用凯恩斯主义宏观经济理论对古典国际借贷汇率理论进行改进以后的现代版。现代的国际收支汇率理论认为,均衡汇率是由外汇市场上外汇流量(exchange-flow)的供需平衡关系所决定的,而一国的外汇供需流量则取决于其狭义国际收支,因此,凡是影响狭义国际收支的因素都会影响到均衡汇率的决定与变动。美国学者阿尔盖(V. E. Argy,1982)对该理论做过系统总结。

现代国际收支汇率模型的主要前提假设是:① 一国实行自由贸易、资本自由流动(capital flow freely)和浮动汇率制(floating exchange-rate system),并且其外汇市场是稳定的;② 国际收支的平衡决定着均衡汇率,而影响国际收支(从而影响均衡汇率)的主要因素有国内外实际收入、国内外价格水平、国内外名义利率以及人们对未来汇率的预期等。汇率的国际收支分析模型是一个关于短期均衡汇率的静态—比较静态分析模型。

该模型定义一国的国际收支平衡方程为

$$CA + KA + \Delta F = 0 \qquad (7 \cdot 3 - 1)$$

(7·3-1)式中的 CA 代表经常账户差额(它主要取决于贸易收支),其行为函数为

$$CA = CA\left(y, y_f, \frac{\varepsilon \cdot P_f}{P}\right) \qquad (7 \cdot 3 - 2)$$

其中,y 和 y_f 分别代表国内、外实际收入,P 和 P_f 分别代表国内、外价格水平,$\frac{\varepsilon \cdot P_f}{P} = e$ 代表实际汇率。

KA 代表非官方的资本和金融账户净差额,其行为函数为

$$KA = KA\left(R, R_f, \frac{\varepsilon^e - \varepsilon}{\varepsilon}\right) \qquad (7 \cdot 3 - 3)$$

其中,R 和 R_f 分别代表国内、外名义利率,$\frac{\varepsilon^e - \varepsilon}{\varepsilon} = \rho^e$ 代表人们对现汇的预期升值率。

ΔF 代表官方对外汇市场的干预函数(即官方短期国际负债和储备账户净差额),其行为函数为

$$\Delta F = \Delta F\left(R, R_f, \frac{\varepsilon^e - \varepsilon}{\varepsilon}\right) \qquad (7 \cdot 3 - 4)$$

注意,这里的干预函数方程是独立设定的。

将(7·3-2)式、(7·3-3)式和(7·3-4)式同时代入(7·3-1)式可以把一国的国际收支平衡方程改写成

$$CA\left(y, y_f, \frac{\varepsilon \cdot P_f}{P}\right) + KA\left(R, R_f, \frac{\varepsilon^e - \varepsilon}{\varepsilon}\right) + \Delta F\left(R, R_f, \frac{\varepsilon^e - \varepsilon}{\varepsilon}\right) = 0 \quad (7 \cdot 3 - 5)$$

由(7·3-5)式可以解出如下一个能使该国国际收支达到平衡的当前均衡汇率:

$$\varepsilon = \varepsilon(y, y_f, P, P_f, R, R_f, \varepsilon^e) \qquad (7 \cdot 3 - 6)$$

据此,我们还可以对均衡汇率的变动进行如下的比较静态分析(为简化问题,这里假

定 ΔF 为固定常数并且其他条件保持不变）：

①本国收入 y 增加或外国收入 y_f 减少会增加本国进口或减少本国出口，导致本币即期贬值；而本国收入 y 减少或外国收入 y_f 增加则会减少本国进口或增加本国出口，导致本币即期升值。

②本国价格水平 P 上升或外国价格水平 P_f 下降会减少本国出口或增加本国进口，导致本币即期贬值；而本国价格水平 P 下降或外国价格水平 P_f 上升则会增加本国出口或减少本国进口，导致本币即期升值。

③本国利率 R 上升或外国利率 R_f 下降会增加资本流入或减少资本流出，导致本币即期升值；而本国利率 R 下降或外国利率 R_f 上升则会减少资本流入或增加资本流出，导致本币即期贬值。

④人们的预期汇率 ε^e 上升会增加资本的净流出，导致本币即期贬值；而人们的预期汇率 ε^e 下降则会增加资本的净流入，导致本币即期升值。

此外，如果不把 ΔF 设定成固定常数，则在具体设定官方干预函数 $\Delta F\left(R, R_f, \dfrac{\varepsilon^e - \varepsilon}{\varepsilon}\right)$ 之后，还需要进一步把 R、R_f 和 ε^e 变动对 ΔF 的影响及其对当前均衡汇率的影响也考虑在内。

汇率的国际收支说是建立在对外汇供需流量（exchange-flow of supply and demand）进行短期均衡分析（analysis of short-term equilibrium）的基础上的，它把影响国际收支的多种重要因素都纳入分析中，来讨论短期均衡汇率的决定和变动，要比前述的只考虑利率因素的利率评价说显得更为全面，显然也具有重要的理论和现实意义。但汇率的国际收支说仍存在着一些重要的缺陷：第一，国际收支汇率理论主要关注的是外汇供需流量的短期均衡趋势，继承了古典国际借贷汇率理论的基本缺陷；第二，该理论假定外汇市场总存在能实现即时结清的短期均衡汇率，这也未必总能符合实际；第三，该理论引入了凯恩斯主义宏观经济理论作为其理论基础，从而也继承了前者的一些先天缺陷。

第四节　货币分析汇率理论

汇率决定的各种资产市场说（asset market theory）崛起于 20 世纪 70 年代，随着 1973 年布雷顿森林体系的崩溃，国际浮动汇率体系（floating exchange-rate system）取代了固定汇率体系（fixed exchange-rate system），再加上始自 20 世纪 60 年代的大规模资本流动，各国货币的汇率开始了频繁且剧烈的波动。这时，已不只是国际贸易市场，金融和国际资本市场也独立地对汇率产生了巨大的影响，后者的影响在短期内更为重要。资产市场分析法正是在这样的背景下产生和发展起来的。

汇率决定的资产市场分析法（asset market approach）按照其是否考虑风险报酬的不

同分为两个重要分支:一是货币分析法(monetary approach),二是资产组合分析法(portfolio approach)。其中,前者假定国内外金融资产之间具有完全的替代性(认为投资者是风险中性的,回避了汇率风险报酬问题);后者则假定国内外金融资产之间具有不完全的替代性(认为投资者是厌恶风险的,需考虑持有外币资产的汇率风险报酬问题)。

汇率的货币分析理论有以下的基本理念:在投资者风险中性和资本具有充分流动性(不存在任何跨国资本流动障碍并有充足的资本)的前提条件下,①货币市场的存量均衡对汇率有决定性作用;②汇率完全是一种货币现象,即便它也会受到实体经济因素的影响,但其实后者失衡的根源也还是需要用货币市场的失衡来解释。汇率的货币分析理论又有弹性价格货币模型(flexible-price monetary model)和黏性价格货币模型(sticky-price monetary model)两种。

一、弹性价格汇率理论——货币分析汇率模型 I

汇率的弹性价格货币模型是现代汇率理论中最早提出的货币主义汇率决定模型,其主要代表人物有弗兰克尔[①](J. A. Frankel,1984)、穆萨(M. L. Mussa,1976,1984)和库利(P. J. K. Kouri,1983)等。

货币主义者认为,汇率是两国货币的相对价格,而不是两国商品的相对价格,在不考虑两国货币市场的情况下去研究汇率显然是很荒唐的;他们强调,货币供给与需求的存量均衡对货币的汇率起着决定性作用。而汇率的弹性价格货币模型则是把货币数量论的供需均衡方程式与其购买力平价有机地结合在一起的一个汇率决定模型,其主要前提假设是:①国内、外分别都有一个稳定的货币需求函数(即国内、外的实际货币需求与其实际收入及名义利率之间分别存在着稳定的函数关系),并且国内、外均衡价格水平分别取决于各自货币市场的供需均衡,且价格完全弹性(price elasticity of demand);②资本自由流动且浮动汇率(floating exchange-rate),国内外金融资产之间具有完全的替代性并且购买力平价持续有效。汇率的弹性价格货币模型是一个基于货币数量论的绝对购买力平价均衡汇率的静态—比较静态分析模型。

货币数量论认为,一国的实际货币需求 M_d 取决于该国的实际收入水平 y 和名义利率水平 R,有

$$M_d = L(y, R) \qquad (7 \cdot 4 - 1)$$

这里的 $L(y,R)$ 代表一般形式的实际货币需求函数(L 与 y 成同向变动,与 R 成反向变动);而一国货币的实际供给 M_s 则取决于该国的名义货币供给存量 M 和一般价格水

---

① 本章讲到的货币主义的弹性价格汇率理论领军人物弗兰克尔,是在本书第八章将要讲到的货币主义的弹性分析国际收支理论领军人物约翰逊的学生,他们两人是有着发扬光大货币主义的师生传承的先后关系的。但由于本书注重理论体系安排上的简明和方便,所以相对而言在安排内容结构时有时会把时间顺序的考量暂时放在次要地位,如在这里就是优先考虑简明地把汇率理论这一章整体放在了国际收支理论一章的前面,而姑且容忍了在本章中发生的学生先于其老师出场这样一种颠倒了历史时间顺序的别扭现象,望读者见谅。

P,即又有

$$M_s = M/P \quad (7\cdot4-2)$$

从而当一国的货币市场达到均衡时,应有

$$M/P = L(y,R) \quad (7\cdot4-3)$$

此时该国的均衡价格水平 P 为

$$P = M/L(y,R) \quad (7\cdot4-4)$$

同样又有,外国的均衡价格水平 P_f 为

$$P_f = M_f/L_f(y_f, R_f) \quad (7\cdot4-5)$$

这样,两国货币的绝对购买力平价均衡汇率应(按直接标价法)为

$$\varepsilon^* = \frac{P}{P_f} = \frac{M \cdot L_f(y_f, R_f)}{M_f \cdot L(y, R)} \quad (7\cdot4-6)$$

(7·4-6)式即为弹性价格货币模型的均衡汇率决定方程式。我们还可以根据此方程对均衡汇率的变动进行以下的比较静态分析(这里为简化问题,我们不妨假定国内、外货币需求函数的结构和参数值都完全相同),当其他条件保持不变时:

①本国货币供给量 M 增加或外国货币供给量 M_f 减少将导致本币汇率即期贬值;而本国货币供给量 M 减少或外国货币供给量 M_f 增加则将导致本币汇率即期升值。

②本国收入 y 增加或外国收入 y_f 减少将导致本币汇率即期升值;而本国收入 y 减少或外国收入 y_f 增加则将导致本币汇率即期贬值。

③本国利率 R 上升或外国利率 R_f 下降将导致本币汇率即期贬值;而本国利率 R 下降或外国利率 R_f 上升则将导致本币汇率即期升值。

一个重要问题是,这里的结论似乎跟汇率的利率平价说(乃至国际收支说)相互矛盾。例如,假定其他条件不变而本国利率上升或外国利率下降时,利率平价汇率理论认为会导致本币即期升值;而这里的弹性价格汇率模型则认为会导致本币即期贬值。究竟为什么会出现这种矛盾?问题出在哪里呢?其实,这是由不同理论考虑问题的角度不同并且各自都有着自身的片面性所致。就上述矛盾来说,利率平价汇率理论(乃至国际收支汇率理论)考虑的主要是,在其他条件不变而本国利率上升或外国利率下降的情况下,会引起资本内流,从而导致本币升值或外币贬值,但同时完全忽略了本国利率上升或外国利率下降其实还会引起本国价格水平上升或外国价格水平下降并影响到汇率的问题;而弹性价格汇率理论考虑的则是,在本国利率上升或外国利率下降的情况下,会引起本国实际货币需求减少导致本国价格水平上升或外国实际货币需求增加导致外国价格水平下降,从而导致本币贬值或外币升值,但同时又完全忽略了本国利率上升或外国利率下降其实还会引起资本内流并影响到汇率的问题。这样,正是由于双方各自的片面性导致了相互矛盾的结论。实际上,弹性价格汇率理论关于购买力平价持续有效(价格完全弹性,可以即时调整)的假定其实并不符合实际,现实中价格的调整及其对汇率的影响将是一个长期的过程,而资本流动及其对汇率的影响则是短期即可实现的,所以它们各自

对汇率的影响其实是有一个时间差的。鉴于此,人们自然会想到,是否可以把汇率的购买力平价理论和利率平价理论统一在一个模型里构造一个更为完备的汇率模型呢?回答是肯定的,这也正是我们将要介绍的汇率的黏性价格货币模型所要完成的工作。

汇率的弹性价格货币模型是建立在货币数量论的购买力平价理论基础上的,把传统的货币数量理论与购买力平价理论结合起来研究均衡汇率的决定问题,具有重要的理论意义。它重新唤起了人们对货币市场因素的重视,同时也为其后关于汇率的黏性价格货币模型提供了一个必要的理论基础。但它显然具有一些严重的缺陷:第一,它假定国内、外金融资产之间具有完全的替代性并且购买力平价持续有效(价格完全弹性,可以即时调整)是不符合实际的;第二,该模型假定各国都有一个稳定的货币需求函数,但许多研究表明,主要西方国家的货币需求函数并非长期稳定的,长期来看,货币需求函数中的一些参数也是会发生变化的,这些因素也会在一定程度上影响到该模型的有效性;第三,它过于极端地把一切破坏均衡汇率的原因都归罪于货币市场失衡,认为其实就连商品市场失衡也需要用货币市场的失衡来解释,这也有失片面性。所有这些都说明,汇率的弹性价格货币模型与现实之间是有着较大差距的。关于弹性价格汇率理论的计量分析模型可参见附录7·4-1。

二、黏性价格汇率理论——货币分析汇率模型 II

汇率的黏性价格货币模型是在弹性价格货币模型的基础上发展起来的现代货币主义汇率理论。美国麻省理工学院教授鲁迪格·多恩布什(Rudiger Dornbusch)在其1976年发表的《预期与汇率动态》一文中率先提出了一个基于黏性价格的汇率超调模型(Exchange-rate Overshooting Model)。

多恩布什的汇率超调模型的基本理念是:金融资产市场与商品市场对外部冲击的调整速度存在着很大差异,因此会经历一个动态的调整过程才能最终达到新的长期均衡。一般来说,一旦货币市场发生供需失衡,金融资产市场的调整速度很快,可迅即完成调整,而商品价格的调整则具有一定的价格黏性(the sticky price)。他这样解释价格反应滞后的原因——相对于金融资产市场来说,商品市场的信息传播较慢,更重要的是,商品市场的价格调整涉及诸如生产成本的调整和工资的变动等因素,需要相对较长的时间,从而商品价格不可能像金融资产价格那样可以迅速得到调整。因此,短期来看,汇率的购买力平价并不成立,短期均衡汇率主要取决于无套补利率平价,并且由于价格一时黏住不动,所以在短期内会发生一定程度的汇率超调(exchange-rate overshooting,由于商品价格具有黏性,所以汇率对外部冲击在短期内会做出过度调整,超过其在价格调整到位后的购买力平价汇率,这一现象被称为汇率超调);但是长期来看,当商品价格在经过一段时滞也逐步调整到位之后,汇率又会随着价格的变动而从其前期超调(overshooting)了的短期均衡水平重新调整到新的长期均衡水平,也就是说,长期来看,购买力平价还是成立的。

黏性价格汇率模型的主要前提假设是：①该模型是一个小国模型，并假定国外价格和利率水平均固定不变；②该小国有一个稳定的货币需求函数（即该国的实际货币需求与其实际收入及名义利率之间存在着稳定的函数关系），并且其长期均衡的价格水平取决于货币市场的供需均衡，但价格调整有一定的时滞（价格黏性）；③短期来看，汇率的无套补利率平价成立；④长期来看，则是汇率的购买力平价成立。可见，多恩布什的黏性价格汇率模型是一个在资本自由流动和浮动汇率下关于长、短期均衡汇率的比较静态—动态分析模型（comparative static-dynamic analysis of model）。

下面，我们利用图示来对汇率超调模型做一个粗略的直观说明，见图7·4-1，假定一国原处于充分就业的内、外一致均衡状态。

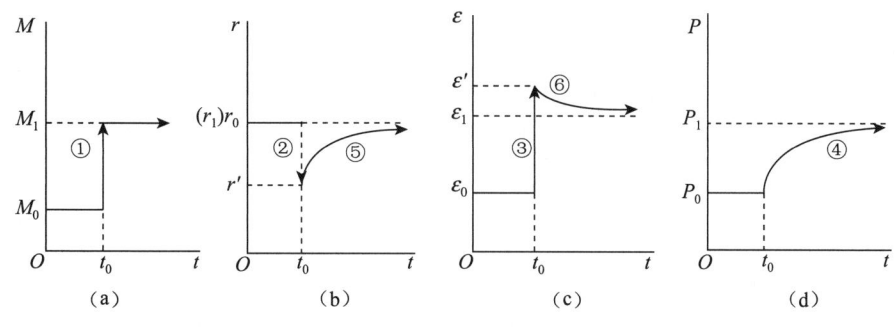

图7·4-1 汇率超调模型

①在 t_0 时刻，该国货币供给存量突然从 M_0 增加到 M_1；②本国货币供给突然增加会在短期内造成超额的实际货币供给（因为价格黏性会在短期内造成实际货币供给随名义货币供给的增加而上升），从而使国内利率立即从 r_0 下降到 r'，暂时消除货币市场的供大于求；③利率的短期下调则会引起资本的短期流出，导致当前汇率立即从 ε_0 短期超调上升到 ε'，实现短期均衡（汇率之所以会在短期内发生超调，主要是由于本国利率短期下调会造成短期投机套利资金的迅速流出，从而产生超额的本币贬值压力）；④国内利率降低和本币贬值的双重作用会使国内、外同时对本国产品产生超额需求，在本国原处于充分就业的情况下，这会推动国内价格水平缓慢上升做滞后调整，逐步从 P_0 上升到新的长期均衡价格水平 P_1，消除对国内产品的超额需求；⑤国内价格水平的逐步上升又会逐步降低国内的实际货币供给（这会导致国内货币市场又产生超额货币需求），从而使国内利率随着价格水平的上升而逐步回升到 $r_1 = r_0$，重新恢复到与国际利率水平持平（这又会使国内货币市场重新恢复供需均衡）；⑥利率的回升又会引起资本回流，迫使原来超调了的汇率再做部分回调（汇率只做部分回调是因为国内价格水平的上升已在一定程度上降低了本币的实际购买力），最终又从 ε' 逐步回落到其新的长期均衡水平 ε_1（$\varepsilon_1 > \varepsilon_0$ 是对应于新价格水平 P_1 的购买力平价汇率）为止。

汇率的黏性价格货币模型将汇率的无套补利率平价理论与货币数量论的购买力平价理论统一在同一个模型里，既解释了汇率之所以会在短期内发生大幅度波动的原因，又解释了汇率的长期均衡趋势,克服了前述各种汇率理论的片面性,显然具有非常重要的理论意义。但它仍然存在一些重要的缺陷:第一,在解释汇率的短期波动时,它继承了无套利利率平价理论的一些缺陷;第二,在解释汇率的长期走势时,它又继承了购买力平价理论的一些缺陷;第三,它还继承了货币主义过于极端地把一切破坏均衡汇率的原因都归罪于货币市场失衡的片面性,以及国内、外金融资产完全可替代(投资者风险中性)等不合理假定。因而,汇率的黏性价格货币模型与现实之间仍然有着一定的差距。关于黏性价格汇率理论的计量分析模型可参见附录7·4·2。

第五节 资产组合分析汇率理论

前述的货币主义汇率理论假定国内外金融资产具有完全的替代性而回避了国际投资风险对跨国投资的影响问题(其黏性价格汇率模型也通过假定投资者风险中性而回避了汇率风险报酬问题)。然而,自20世纪70年代国际货币体系进入浮动汇率体系以来,汇率波动的风险在现实中凸显出来,而且投资者通常又是厌恶风险的,所以实际上国内外金融资产之间其实并不具有完全的可替代性,传统的回避了风险分析的货币主义汇率理论其实已不能满足现实的需要。因此,引入风险分析方法的各种资产组合分析汇率模型迅速发展起来,有关研究文献很多。最早是由麦金农(R. I. Mckinnon,1969)提出,后来美国普林斯顿大学教授布兰森(W. H. Branson,1976)又提出一个运用托宾(J. Tobin,1958)的风险—收益分析法进行资产组合分析的汇率决定模型。在此基础上,再后来又经过许多人的进一步深入研究,形成了多种形式的资产组合分析模型。各种资产组合分析理论的基本理念是:国内外金融资产有着不同的风险,是不完全可替代的;投资者厌恶风险要求风险报酬并按照风险资产多样化的原则来安排其对各种国内外金融资产需求的比例结构;短期均衡汇率取决于各种金融资产的短期一致均衡;长期均衡汇率则更需所有金融资产市场和商品市场(经常账户收支)达成全面的一般均衡。

典型资产组合分析小国汇率模型主要有以下一些前提假设:①该小国国民共有三种可选择的金融资产:本国货币、本国债券和外国债券;②该小国实行资本自由流动和浮动汇率制,忽略一切交易费用并且国际金融市场是完全有效的;③外国对该小国债券完全无需求,而外国商品和债券对该小国的供给则具有完全弹性(外国商品和债券的价格与利率水平均固定不变);④国外金融资产存在汇率风险,投资者厌恶风险要求风险报酬并按照风险资产多样化的原则有着一组稳定的资产组合需求比例函数;⑤短期均衡汇率取决于各种金融资产的短期一致均衡,投资者购买外国债券所能得到的利率、风险报酬及未来短期的预期汇率等都是可以理性预期(rational forecast)的外生变量,并且在进行短期均衡分析时还可假定国内价格水平固定不变;⑥长期均衡汇率则更需所有金融资产市场和商品市场（经常账户收支）达成全面的一般均衡。汇率的资产组合分析模型是在资本自由流动和浮动汇率制下的一个关于短期金融资产市场均衡—长期一般均衡的静态—比较静态分析模型（model of static-comparative static analysis）。

下面，我们对这个资产组合平衡小国模型进行具体的说明和分析。设对本国国民的金融资产供给存量的总价值（以下所有价值均是按本币计价）为

$$W = M + N + \varepsilon \cdot F \tag{7.5-1}$$

其中，M 为本国货币供给存量；N 为本国债券供给存量；$\varepsilon \cdot F$ 为外国债券供给存量（ε 为直接标价的外币汇率，F 为外国债券供给的外币价值）。(7.5-1)式反映了对本国国民的金融资产供给结构，我们可以令

$m_s = M/W$，代表本国货币的供给比例系数

$n_s = N/W$，代表本国债券的供给比例系数

$f_s = \varepsilon \cdot F/W$，代表外国债券的供给比例系数

这里显然有 $m_s + n_s + f_s = 1$。

再用 r 和 r_f 分别代表购买本国债券和外国债券可得到的利率（由于本模型假定国内、外价格水平固定不变，所以这里的名义利率等于实际利率），$\frac{\varepsilon^e - \varepsilon}{\varepsilon}$ 代表外币的预期升值率（这时，$r_f + \frac{\varepsilon^e - \varepsilon}{\varepsilon}$ 代表购买外国债券的预期收益率），并令：

$m_d = m(r, r_f + \frac{\varepsilon^e - \varepsilon}{\varepsilon})$ 代表社会公众对本国货币的需求比例函数（其中 m 与 r 成反向变动，与 $r_f + \frac{\varepsilon^e - \varepsilon}{\varepsilon}$ 也成反向变动）；

$n_d = n(r, r_f + \frac{\varepsilon^e - \varepsilon}{\varepsilon})$ 代表社会公众对本国债券的需求比例函数（其中 n 与 r 成同向变动，与 $r_f + \frac{\varepsilon^e - \varepsilon}{\varepsilon}$ 则成反向变动）；

$f_d = f(r, r_f + \frac{\varepsilon^e - \varepsilon}{\varepsilon})$ 代表社会公众对外国债券的需求比例函数（其中 f 与 r 成反向变动，与 $r_f + \frac{\varepsilon^e - \varepsilon}{\varepsilon}$ 则成同向变动）。

并且这里也设定 $m_d + n_d + f_d = 1$。

注意，在本模型中，国际费雪效应和利率平价不再成立，而是假定 $r < r_f + \frac{\varepsilon^e - \varepsilon}{\varepsilon}$，其差额 $\lambda \hat{=} (r_f + \frac{\varepsilon^e - \varepsilon}{\varepsilon}) - r > 0$ 则代表购买外国债券的预期风险报酬率。

一、金融资产市场短期一致均衡的静态分析问题

容易看出，在上述假定下，该小国实现金融资产组合供需平衡的条件为

$$M/(M+N+\varepsilon \cdot F) = m(r, r_f + \frac{\varepsilon^e - \varepsilon}{\varepsilon}) \quad (7 \cdot 5-2)$$

$$N/(M+N+\varepsilon \cdot F) = n(r, r_f + \frac{\varepsilon^e - \varepsilon}{\varepsilon}) \quad (7 \cdot 5-3)$$

$$\varepsilon \cdot F/(M+N+\varepsilon \cdot F) = f(r, r_f + \frac{\varepsilon^e - \varepsilon}{\varepsilon}) \quad (7 \cdot 5-4)$$

注意，在既定约束条件 $m_d + n_d + f_d = 1$ 下，上述方程组中的三个方程并不完全独立（由其中任意两个方程式都可以推导出第三个方程式），这意味着，其三条曲线有一个公共交点。该方程组有两个内生变量(endogenous variable) r 和 ε，其余变量均为外生变量(exogenous variable)。对于任意给定一组外生变量 [包括投资外国债券的利率 r_f 及其风险报酬 λ，未来短期的预期汇率 ε^e，以及对本国国民的金融资产供给组合 M、N 和 F——做短期均衡的静态分析(static analysis)时，须将 F 作为给定的外生变量来看待]，该方程组决定着一对相应的短期均衡国内利率和汇率组合 (r_0, ε_0)——从该方程组中任取两个方程联立就可以确定两个内生变量利率 r 和汇率 ε 的短期均衡值。

下面我们借助几何图形来讨论三个金融资产市场的短期一致均衡问题。见图 7·5-1，横坐标 r 代表国内利率，纵坐标 ε 代表汇率，对于任意给定的一组外生变量，我们有：

(7·5-2)式所对应的本国货币供需平衡曲线 MM 为一条从左下方向右上方倾斜的正斜率曲线。因为对该方程来说，当国内利率 r 上升时，公众对本国货币的需求比例会下降（因为 m 与 r 成反向变动），从而会减持本国货币而增持国内外债券，这会引起 ε 上升，使本国货币的供给比例下降，而需求比例则又有部分回升，以保持货币

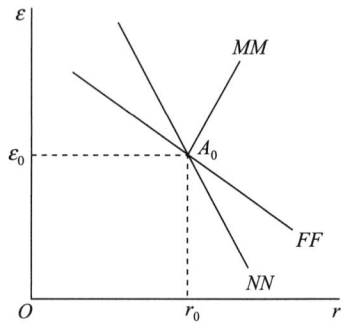

图 7·5-1 资产组合均衡汇率模型的短期均衡分析

市场的供需平衡。这意味着对曲线 MM 来说，总有 $d\varepsilon/dr > 0$，即曲线 MM 为一条从左下方向右上方倾斜的正斜率曲线。

(7·5-3)式所对应的本国债券供需平衡曲线 NN 为一条从左上方向右下方倾斜的负斜率曲线。因为对该方程来说，当国内利率 r 上升时，公众对本国债券的需求比例会上升（因为 n 与 r 成同向变动），从而会减持本国货币及外国债券而增持本国债券，这会引起 ε 下降，使本国债券的供给比例上升，而需求比例则又有部分回落，以保持本国债券市场的供需平衡。这意味着对曲线 NN 来说，总有 $d\varepsilon/d_r < 0$，即曲线 NN 为一条从左上方向右下方倾斜的负斜率曲线。

(7·5-4)式所对应的外国债券供需平衡曲线 FF 亦为一条从左上方向右下方倾斜的负斜率曲线。因为对该方程来说，当国内利率 r 上升时，公众对外国债券的需求比例会下降（因为 f 与 r 成反向变动），从而也会减持本国货币及外国债券而增持本国债券，这也

会引起 ε 下降,使外国债券的供给比例下降,而需求比例则又有部分回升,以保持外国债券市场的供需平衡。这意味着对曲线 FF 来说,总有 $d\varepsilon/dr<0$,即曲线 FF 亦为一条从左上方向右下方倾斜的负斜率曲线。

这里,NN 曲线要比 FF 曲线更为陡峭,原因在于:公众的本国债券需求比例对国内利率变动的反应强度要大于外国债券需求比例对国内利率变动的反应强度(即有 $|\partial n/\partial r|>|\partial f/\partial r|$),而公众的本国债券需求比例对汇率变动的反应强度则又小于外国债券需求比例对汇率变动的反应强度(即又有 $|\partial n/\partial \varepsilon|<|\partial f/\partial \varepsilon|$,注意此时有 $|\partial \varepsilon/\partial n|>|\partial \varepsilon/\partial f|$),所以有 $|d\varepsilon/dr|_{NN曲线}=|\partial \varepsilon/\partial n|\cdot|\partial n/\partial r|>|\partial \varepsilon/\partial f|\cdot|\partial f/\partial r|=|d\varepsilon/dr|_{FF曲线}$。

如前所述,这三条曲线必定会相交于一个公共点 $A_0(r_0,\varepsilon_0)$,它决定着三个金融资产市场实现短期一致均衡的利率 r_0 和汇率 ε_0。

二、金融资产市场短期一致均衡的比较静态分析问题

下面分析资产供给存量外生变动的冲击对均衡汇率的影响。资产供给存量变动会产生两种不同的效应并对汇率产生影响:一种是资产供给存量结构变动影响国内利率所产生的资产替代效应(substitution effect)会对汇率产生影响;另一种是资产供给总量变动所产生的财富效应(wealth effect)也会对汇率产生影响。

(一)单纯资产供给存量结构变动(亦即央行公开市场操作)对均衡汇率的影响

资产供给总量不变而单纯资产供给存量结构发生变动,一般是由中央银行的公开市场操作(open market operations)业务所引起,它主要有以下两种基本途径。

(1)央行向国内公众买卖本国债券而引起资产供给结构发生变动——如央行向国内公众购买本国债券的情况

见图 $7\cdot5-2$,这会引起 M 供给存量增加而 N 供给存量则等额减少(此时 W 保持不变),一方面会使货币供给比例上升——导致 MM 曲线上移;另一方面又会使本国债券供给比例下降——导致 NN 曲线下移;再一方面外国债券供给比例保持不变——从而 FF 曲线的位置保持不变。这些意味着新的均衡点将会左上移:均衡利率会有所下

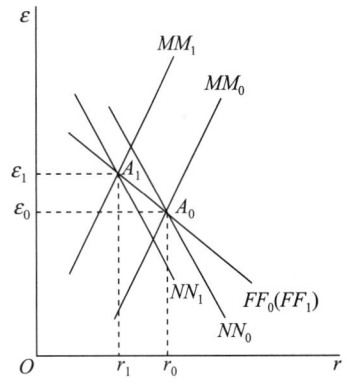

图 $7\cdot5-2$ 央行购买本国债券对均衡汇率的影响

降,而均衡汇率则会有所上升。从经济直观上来看,流通货币供给存量的增加和本国债券供给存量的减少会共同促使国内均衡利率下降,而国内利率下降所产生的替代效应则又会导致公众对外国债券的需求增加,从而使均衡汇率上升。

(2)央行向国内公众买卖外国债券而引起资产供给结构发生变动——如央行向国内公众购买外国债券的情况

见图 $7\cdot5-3$,这会引起 M 供给存量增加而 $\varepsilon\cdot F$ 供给存量则等额减少(此时 W 保持

不变),一方面会使货币供给比例上升——导致 MM 曲线上移;另一方面本国债券供给比例保持不变——从而 NN 曲线的位置保持不变;再一方面又会使外国债券供给比例下降——导致 FF 曲线上移。这些意味着新的均衡点也将会左上移:均衡利率会有所下降,而均衡汇率则会有所上升。从经济直观上来看,流通货币供给存量的增加会促使国内均衡利率下降,而国内利率下降所产生的替代效应则又会导致公众对外国债券的需求增加,同时央行购买外国债券还会使外国债券的供给比例减少,从供、需两方面造成外国债券供不应求的缺口,从而使均衡汇率上升。

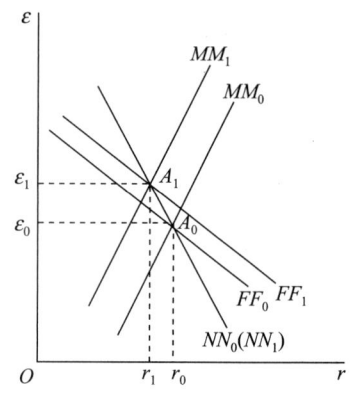

图 7·5－3 央行购买外国债券对均衡汇率的影响

(二)资产供给总量—结构同时变动对均衡汇率的影响

金融资产供给总量—结构同时发生变动,主要有以下两种途径:

(1)国内资产供给存量变动所引起资产供给总量—结构同时发生变动——如政府增发本国债券的情况

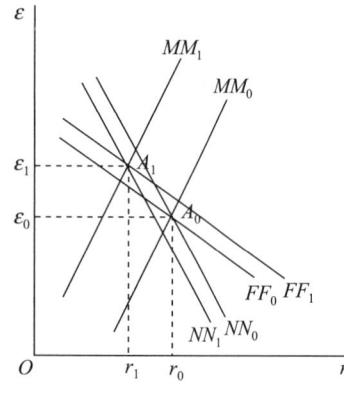

图 7·5－4 央行购买政府新发行本国债券对均衡汇率的影响

①在央行购买政府新发行本国债券的情况下,这会同时增加国内货币供给量和金融资产供给总量,见图 7·5－4。央行购买政府新发行的本国债券会引起 M 供给存量增加而 W 则随之同步等额增加,这一方面会使货币供给比例上升——导致 MM 曲线上移;另一方面又会使本国债券供给比例下降——导致 NN 曲线下移;再一方面还会使外国债券供给比例下降——导致 FF 曲线上移。这些意味着新的均衡点将会左上移:均衡利率会有所下降,而均衡汇率则会有所上升。从经济直观上来看,流通货币供给量和金融资产供给总量同步增加会导致流通货币的超额供给,促使国内均衡利率下降,国内利率下降所产生的替代效应和财富总量增加所带来的财富效应则又会共同导致公众对外国债券的需求增加,从而使均衡汇率上升。

②在公众购买政府新发行本国债券的情况下,这会同时增加本国债券供给量和金融资产供给总量,见图 7·5－5。公众购买政府新发行本国债券会引起 N 供给存量增加而 W 则随之同步等额增加,这一方面会使货币供给比例下降——导致 MM 曲线下移;另一方面又会使本国债券供给比例上升——导致 NN 曲线上移;再一方面还会使外国债券供给比例下降——导致 FF 曲线上移。这些意味着新的均衡点必定会右移:新的均衡利率会有所上升,但此时新的均衡点却既可能是右上移也可能是右下移,或是水平右移:新的

均衡汇率既可能是上升,也可能是下降,还可能是保持不变。从经济直观上来看,本国债券供给量和金融资产供给总量同步增加会导致本国债券的超额供给,促使国内均衡利率上升,这一点是明确的;但是由于,一方面国内利率上升所产生的替代效应会使公众对外国债券的需求减少,给汇率带来一定的下沉压力,另一方面财富总量增加所带来的财富效应又会使公众对外国债券的需求增加,给汇率带来一定的上浮压力,所以,这里均衡汇率最终是上升还是下降还需要进一步考查财富效应和替代效应二者孰强孰弱的问题:①当财富效应较强而替代效应较弱时,新的均衡汇率将会上升,见图 7·5-5(a);②当财富效应较弱时,新的均衡汇率将会下降,见图 7·5-5(b);③当二者恰好相互抵消时,均衡汇率将会保持不变,见图 7·5-5(c)。

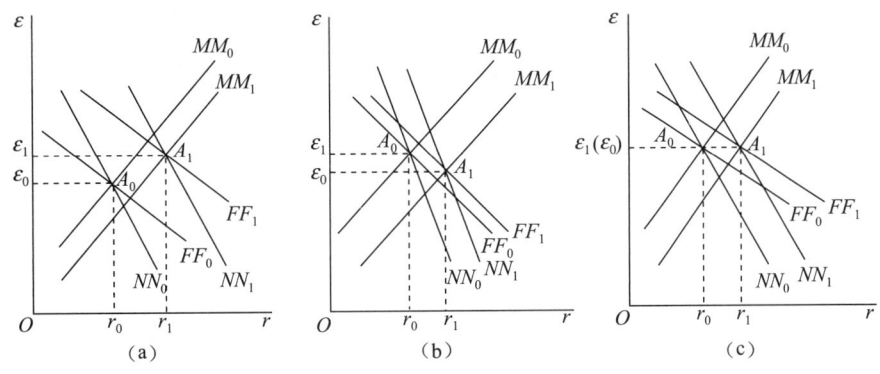

图 7·5-5　公众购买政府新发行本国债券对均衡汇率的影响

(2)外国债券供给存量变动(经常账户收支出现差额)所引起资产供给总量—结构同时发生变动——如经常账户收支出现盈余的情况

①在央行干预外国债券市场的情况下,见图 7·5-4,在央行完全购买经常账户的盈余情况下,这相当于央行向国内增发货币,使本国流通货币供给量和金融资产供给总量同步等额增加,导致跟前述(1)①相类似的均衡变动,这里不再赘述。

(2)在央行完全不干预外国债券市场的情况下,见图 7·5-6。此时,经常账户收支出现盈余会引起 $\varepsilon\cdot F$ 供给存量的增加而 W 则随之同步等额增加,这一方面会使货币供给比例下降——导致 MM 曲线下移;另一方面又会使本国债券供给比例下降——导致 NN 曲线左移;再一方面还会使外国债券供给比例上升——导致 FF 曲线下移。这些意味着新的均衡点必定会下移:新的均衡汇率会有所下降,但此时新的均衡点却既可能是左下移也可能是右下移,或是垂直下移:新的均衡利率既可能是上升,也可能是下降,还可能是保持不变。从经济直观上来看,外国债券供给量和金融资产供给总量同步增加会导致外国债券的超额供给,产生替代效应,促使均衡汇率下降(外币贬值),这一点是明确的;但是由于金融资产供给总量上升所带来的财富效应,一方面会导致本国货币供给比例下降,使人们产生对货币现金的超额需求效应,给国内利率带来一定的上升压力,另一方面又会导致本国债券供给比例下降,使人们产生对本国债券的超额需求效应,则又会给国内利率带来一定的下降压力,所以,这里均衡利率最终是上升还是下降也还需要进一步考查对货币现金的超额需求效应和对本国债券的超额需求效应二者孰强孰弱的问题:① 当对货币现金的超额需求效应较强而对本国债券的超额需求效应较弱时,新的均衡利率将会上升,见图7·5-6(a);② 当对货币现金的超额需求效应较弱而对本国债券的超额需求效应较强时,新的均衡利率将会下降,见图7·5-6(b);③ 当二者恰好相互抵消时,均衡利率将会保持不变,见图7·5-6(c)。

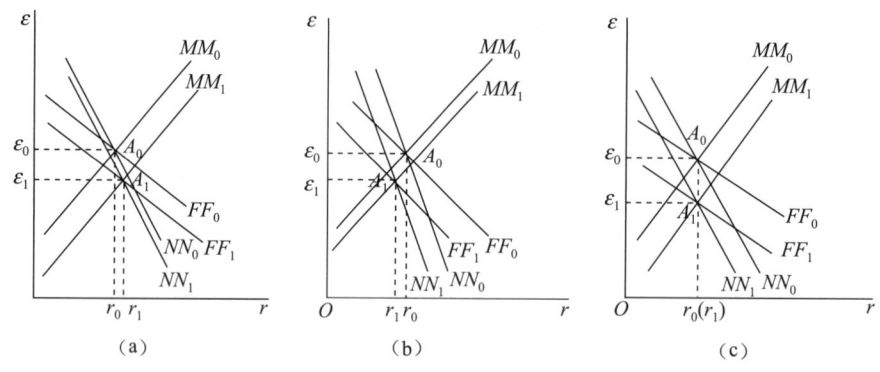

图7·5-6 经常账户收支出现盈余(央行不干预外国债券市场时)对均衡汇率的影响

三、金融资产市场存量—经常账户收支的长期一般均衡分析问题

以上的短期均衡分析都是将外国债券供给量 F 作为给定外生变量看待时三个金融资产市场的短期一致均衡问题。这里,我们再简要讨论一下兼顾经常账户收支与前述三个金融资产市场同时达到全面均衡的长期一般均衡问题——在前述的金融资产市场短期一致均衡的比较静态分析中,没有进一步考虑外生冲击所引起利率和汇率的调整又会破坏原有的经常账户收支平衡的问题,而当经常账户收支又出现盈余/赤字时,意味着该国持有的外币资产(外国债券)F 还会随之增加/减少,这又会引起均衡汇率(及利率)的继续跟进调整:根据前面的比较静态分析[见本节二、(二)(2)①]可知,在本国央行不干预外汇市场的条件下,当经常账户又出现盈余/赤字时,势必会引起均衡汇率进一步随之下降/上升(即本币升值/贬值),从而导致本国净出口减少/增加,起到削减经常账户盈余/赤字的作用,并且在经常账户的盈余/赤字被完全消除之前,这一调整过程将会一直持续下去,直到最终经常账户收支和金融资产市场实现全面的一般均衡为止——这时的均衡汇率才是一个长期均衡汇率。

这意味着,若要进行长期均衡分析(analysis of long-term equilibrium),还需要再将对外资产 F 变量内生化,在经常账户收支与金融资产市场实现全面的一般均衡之时的汇率才是一个长期均衡汇率。

汇率的资产组合分析理论在对短期均衡汇率的分析中,扬弃了传统的供需流量均衡分析(flow-equilibrium analysis),并改进了货币主义不考虑风险报酬的货币市场供需存量均衡分析(stock-equilibrium analysis),论证了是各种金融资产组合供需存量收益—风险的短期一致均衡决定着国际资本流动的短期均衡(国际费雪效应不再成立,国内外均衡的实际利率可以存在差异)。

汇率的资产组合分析理论认为各金融资产市场存量的供需失衡,会引起国内外利率差异的程度发生变动并产生替代效应和财富效应,导致资本的短期流动,但这一资本流动又只是短期的和有限的(因为一旦通过资本流动使各金融资产市场在新的利率差异下达到了新的一致均衡时,这一资本流动就会停止;只有金融资产市场的再次失衡才会引起新一轮的利率差异变动及新的替代效应及财富效应,从而再次启动新一轮的短期资本流动)——这是资产组合均衡分析理论对传统的流量均衡分析汇率理论的一个重大突破,具有非常重要的理论意义和现实意义。它又用各种金融资产组合存量短期一致均衡的收益—风险分析法改进了货币主义不考虑风险报酬的货币市场存量或各种金融资产组合存量的短期均衡分析法,把托宾和马科维茨的收益—风险分析法和理性预期因素拓展到了开放经济的汇率分析中——这又是资产组合均衡分析理论对传统的存量均衡分析汇率理论的一个重大突破,同样具有重要的理论意义和现实意义。

汇率的资产组合均衡分析理论在长期均衡汇率分析中,则又扬弃了传统的购买力平价分析法,而采用了经常账户收支(它反映了商品市场的进出口流量)—金融资产市场存量实现全面均衡的一般均衡分析法。这又进一步改进了采用购买力平价分析法来确定长期均衡汇率的多恩布什模型的缺陷——后者没有深入考察商品市场进出口流量(经常账户收支差额)对金融资产存量的影响问题。汇率的资产组合均衡分析理论首先是通过对各金融资产市场存量均衡的分析来说明短期均衡汇率的确定;然后在长期均衡汇率分析中又进一步考虑了汇率变动对商品市场进出口流量(经常账户收支)的影响,以及商品市场进出口流量对国民财富的影响及其对长期均衡汇率的影响——这种存量分析和流量分析相结合的分析方法是资产组合分析理论使汇率理论在分析方法上更加完善的一个重要创新,也具有重要的理论和现实意义。

当然,该理论仍存在一些重要缺陷:第一,它属于新兴的理性预期理论,尝试把预期因素纳入分析框架中是一种重要突破,但目前尚有诸多不完善之处,如未考虑不同主体往往会有不同预期的问题,在不完全信息条件下不同主体的交易行为会有所不同的问题,等等;第二,它基本上属于比较静态分析模型,即在其他条件不变的情况下,考察某一外生因素的一次性变动所引发的均衡汇率的变动,但在现实中,外生因素常常是不断变动的,如收入可能会不断增长,货币供给也可能会连续增加,等等;第三,它假定金融市场高度发达并高度开放,注重分析金融资产存量的调整对均衡汇率的重要影响,这对发达国家和少数新兴发展中国家更具现实意义,而对许多发展中国家来说,往往并不能满足其关于金融市场的前提假设,反而是更注重分析实际部门对汇率影响的那些传统汇率理论更具现实意义。

第六节　汇率制度体系

本节介绍一些有关汇率制度和国际汇率体系的基本知识。

一、汇率制度

所谓汇率制度(exchange-rate system),是指在一定货币制度(currency system)下该国货币当局对本国货币对于外币汇率的确定和变动方式所做的一系列制度性规定和安排。从当代来说,我们可以把汇率制度按照一国货币当局公开承诺维持本国货币汇率固定之义务的不同而区分为浮动汇率制、固定汇率制、目标区汇率制和货币联盟汇率制四大类。

(一)浮动汇率制(或弹性汇率制)

浮动汇率制(floating exchange-rate system)或弹性汇率制(elastic exchange-rate system)是指一国既无明确的汇率承诺又无确定的汇率目标的汇率制度,它又有自由浮动汇率制和管理浮动汇率制之分。

1. 自由浮动汇率制

自由浮动汇率制(free floating exchange-rate system)是指一国货币的汇率完全由市场决定,不但无明确的汇率承诺和汇率目标,而且货币当局真的是完全不加干预任其自由浮动的汇率制度。不过这种汇率制度只是一种理论上可能的极端情形,在现实中并不存在。

2. 管理浮动汇率制

管理浮动汇率制(managed floating exchange-rate system)是指一国货币当局虽无明确的汇率承诺和汇率目标,但实际上却又并非完全任其自由浮动(会不确定或不规律地进行一些市场干预)的汇率制度。按照货币当局干预程度的不同还可进一步将管理浮动汇率制划分为宽松的管理浮动和严格的管理浮动两种不同类型,前者的弹性区较宽且干预较少,而后者的弹性区较窄且干预较多。

(二)固定汇率制(或钉住汇率制)

固定汇率制(fixed exchange-rate system)或钉住汇率制(pegged exchange-rate system)是指一国有明确的钉住汇率承诺的固定汇率制度。它又有货币局汇率制、可调整钉住汇率制和爬行钉住汇率制之分。

1. 货币局汇率制

货币局汇率制(monetary boards of exchange-rate system,常简称为货币局制),可视为一种最稳定的承诺长期钉住的固定汇率制度,指一国在法律层面上明确规定了本国货币与指定外国储备货币保持固定的汇率,并且还在法律上规定了本国货币的发行必须始终保持一定(通常是百分之百)的指定外币储备作为保证金。实行货币局制的国家,其货币当局通常被称为货币局,而不再是中央银行,因为它已基本丧失了中央银行的职能(货币局既不能独立控制货币发行量和征收铸币税,也丧失了最后贷款人的职能)。在货币局制度下,由于本国货币的名义汇率法定不变,当产生本币实际汇率偏离均衡汇率的麻烦时,该国主要只能通过调整国内经济(如调整国内价格水平及工薪水平等)来恢复其实际汇率的对外均衡——这意味着一国实行货币局制度需要在一定程度上以牺牲其内部经济的稳定性为代价。但实行货币局制度毕竟还是跟下述的参加货币联盟[见下文(四)]有所不同——货币局总算还拥有一点可以独立调控国内利率的自主权。

2. 可调整钉住汇率制

可调整钉住汇率制(adjustable pegged exchange-rate system),这是一种较为稳定的承诺中期钉住的固定汇率制度,指一国货币当局(中央银行)做出了明确承诺,要将本国货币跟所钉住货币之间的汇率限制在一个较小的浮动范围内,并且不会随意调整其钉住汇率(调整周期至少在一年以上)。实行钉住汇率制的国家大多是钉住一种关键货币,另外也有钉住特别选定的"一篮子"货币的情况。钉住汇率制虽然不具有货币局制那样的长期稳定性,但还是能为人们对汇率和货币政策变动的预期提供一个较为稳定的中期驻锚。

3. 爬行钉住汇率制

爬行钉住汇率制(crawling pegged exchange-rate system)是一种较不稳定的承诺短期钉住的固定汇率制度,指一国货币当局(中央银行)做出了明确承诺,要将本国货币的汇率限制在一个较小的浮动范围内,但是又会经常调整其所钉住的汇率(其调整周期可以在一年以内)。当然,这里也可以是钉住一种关键货币或者是钉住"一篮子"货币。爬行钉住汇率制的缺点是比前述的钉住汇率制更不稳定,它只能为人们对汇率和货币政策变动的预期提供一个时常变动的短期驻锚。

(三)目标区汇率制

目标区汇率制(target zone of exchange-rate system)多为可调整目标区汇率制(adjustable target zone of exchange-rate system),指一国虽无明确的汇率承诺,但实际上却有一个较稳定的汇率目标区的复合汇率制度(其汇率目标区具有一定的稳定性,不轻易进行调整)。这里的汇率目标区可以是关于一种关键货币的汇率目标区,也可以是关于"一篮子"特定货币的多重汇率目标区。这种可调整的目标区汇率制同时兼有固定汇率制和浮动汇率制的特点,既具有一定的稳定性,又有较大的灵活性。

(四)货币联盟汇率制

货币联盟汇率制(monetary union of exchange-rate system)是指由若干成员国结成区域性货币联盟(monetary union)的货币汇率制度。其初级形式是在联盟内部实行可调整钉住中心汇率制(adjustable peging centre of exchange-rate system),中级形式是在联盟内部建立一体化货币体系(integration of monetary system),而高级形式则是在联盟内部实行单一货币制(single currency system)。

1. 货币联盟的初级形式——联盟内部实行可调整的钉住中心汇率制

货币联盟的低级形式是在联盟内部实行可调整钉住中心汇率制和对外实行联合浮动汇率机制(joint floating exchange-rate mechanism)。在联盟内部创设一个只具有计价单位职能的共同核算货币单位(但它尚不具有支付手段的职能),规定各成员国货币间汇率的允许波动幅度,建立货币合作基金(其主要职责是,支持成员国干预外汇市场,维持汇率稳定,管理成员国中央银行之间的信贷流动)。此时,在联盟内部必然存在着成员国之间货币的汇率平价难以永久固定和货币政策难以有效协调等问题(因为在这种低级形式的货币联盟制下,必然存在着个别成员国有时会采取不完全协调的货币政策,甚至擅自毁约改变本国货币汇率平价的可能性)。

2. 货币联盟的中级形式——联盟内部建立一体化货币体系

货币联盟的中级形式是在继续实行过去的联合浮动汇率机制的基础上,再进一步创设一个同时具有计价单位和支付手段职能的联盟内记账货币单位(它已可作为联盟内有效的支付手段和记账储备资产),并将原货币合作基金扩大发展成为联盟内货币基金(货币基金除了要保留原货币合作基金的职能,还要逐步集中成员国的外汇储备,并逐步发展成为成员国之间的清算中心),在联盟内部建立一体化货币体系。此时,在联盟内部仍然存在着成员国之间货币的汇率平价难以永久固定和货币政策难以完全协调等问题(因为在这种中级形式的货币联盟制下,仍然存在着个别成员国有时会迫于国内压力而采取不完全协调的货币政策,甚至擅自毁约改变本国货币汇率平价的可能性)。

3. 货币联盟的高级形式——联盟内部实行单一货币制

货币联盟的高级形式则是在联盟内的所有成员国都使用同一种货币,并且成立统一的中央银行(这一中央银行自然要比原货币基金拥有更多的职能和更大的权力),在联盟内部实行单一货币制。此时,在联盟内部已完全不存在成员国之间的货币汇率难以永久固定和货币政策难以完全协调等问题了,而且由于联盟整体实力的加强还会使其拥有更加强大的控制货币发行量和对外征收铸币税的国际竞争力。

但是,在货币联盟制下,从低级形式、中级形式到高级形式,各成员国逐步丧失了独立的货币政策自主权,尤其是当达到高级形式后,各成员国就完全丧失了独立控制货币发行量和征收铸币税的自主权,其国内中央银行也丧失了独立的最后贷款人地位,并丧失了独立调控国内货币利率的自主权,联盟整体只能采取完全统一的货币政策,而且这时其实还要求各成员国协调其财政政策。

二、国际汇率体系

国际汇率体系(international exchange-rate system)是在一定国际货币体系(international monetary system)下自然形成的或者是各国货币当局对维持本国货币汇率之义务的国际协议规定下形成的世界各国货币的汇率制度体系。我们可以将国际汇率体系划分为两大类:一类是要求世界各国都统一实行固定汇率制度的国际固定汇率体系,另一类则是允许世界各国根据自己的国情自由选择本国汇率制度的国际浮动汇率体系。

在早期的金本位制国际货币体系下,曾自然形成了一个国际固定汇率体系;而在近代(20世纪40年代后期至70年代初期)的美元—黄金本位制国际货币体系下,则又通过国际协议的规定而形成了一个可调整的国际固定汇率体系,被称为布雷顿森林体系;到20世纪70年代黄金非货币化以后又逐渐形成了一个以美元为首的多元储备货币本位制的国际货币体系,它允许世界各国各行其是地自由选择其汇率制度,从而又形成了如今的国际浮动汇率体系。

三、固定汇率制和浮动汇率制各自优缺点的比较

关于固定汇率和浮动汇率孰优孰劣人们有着诸多争论,并无定论,以下仅将其各自的优缺点做个一般性的归纳比较。

(一) 固定汇率的优点—浮动汇率的缺点

(1)固定汇率可以避免或减轻汇率风险,减少国际贸易和投资的不确定性,有利于发展国际贸易和国际投资;而浮动汇率下则有着很大的汇率风险,国际贸易和投资都会有高度的不确定性,不利于发展国际贸易和国际投资。

(2)固定汇率可以避免或减轻人们对汇率预期的频繁变动,有利于减少短期投机和稳定国内金融市场;而浮动汇率下则会由于人们对汇率预期的频繁变动而导致短期套利及投机资金的频繁流动,不利于稳定国内金融市场。

(3)固定汇率会将一国的商品市场和物价水平跟贸易伙伴国紧密联结在一起,有利于限制各国滥用其汇率政策自主权和加强世界各国的国际收支纪律;而浮动汇率则会刺激各国放松国际收支纪律和滥用其汇率政策自主权而随意干预外汇市场使汇率向有利于本国的方向浮动,不利于国际经济的合理均衡和友好合作。

(4)固定汇率会迫使一国放弃其货币政策的自主权,有利于限制各国滥用货币政策从而减少发生通货膨胀的可能性;而浮动汇率则会刺激各国滥用其货币政策自主权,减轻对人为制造通货膨胀冲动的约束力,而且通货膨胀和通货紧缩(deflation)的国际传递还具有不对称性(有"棘轮效应",汇率变动容易引起一国的输入性通胀而不易引起输入性通缩),所以,浮动汇率制还具有助长发生国际性通货膨胀的倾向。

(二) 固定汇率的缺点—浮动汇率的优点

(1)固定汇率由于汇率僵化,如果允许资本自由流动,一国外汇市场就有可能会遭遇大规模恶性投机的冲击,这可能会使一国发生储备危机乃至金融危机甚至经济危机;而浮动汇率则完全是由外汇市场上的供需关系来决定汇率的,可以随时顺应市场供需的变化,自动灵活地进行调整,减轻对物价、利率和国际储备调整的压力,并可以预防外汇市场大规模恶性投机的发生。

(2)固定汇率下,一国国际收支的失衡常常需要通过紧缩或扩张的宏观经济政策来

应对,尤其是当允许资本自由流动时,该国更会完全丧失长期货币政策的自主权,这样该国会在较大程度上丧失国内经济的稳定性和宏观经济政策的独立性;而浮动汇率则可以自动调节贸易收支和资本流动来平衡国际收支,可以在较大程度上保证国内经济的稳定性和宏观经济政策的独立性。

(3)固定汇率下,当国内外经济发生了实质性的变动(从而其长期均衡汇率也随之发生了变动)时,自然会要求其名义汇率也能随之做恰当的调整,但这却是一项十分困难的工作,因为缺乏能得到人们普遍认可的具有较好可操作性的计算均衡汇率的好方法,在这种情况下,如果汇率僵化或汇率调整失误,调整的重任就会落在价格和工薪水平身上——由于价格和工薪的调整具有一定的黏性,人们将不得不承受一个缓慢长期的痛苦调整过程;而浮动汇率则可以通过市场机制较为准确地找到均衡汇率并迅速调整到位,可以避免调整价格和工薪的必要性以及那种缓慢长期的痛苦调整过程。

(4)固定汇率下,在自由贸易条件下,国内外商品市场和物价水平是紧密联结在一起的,难以避免通货膨胀和经济周期的国际传递;而浮动汇率则可以自动调节商品和资本的国际流动,在一定程度上隔绝通货膨胀和经济周期的国际传播。

不过,克鲁格曼(1989)曾指出,浮动汇率对国际资本流动的调节作用其实并不如人们所希望的那样灵敏有效——因为直接投资进入一国市场所需要的固定成本(沉没成本)会大大抑制汇率小幅度波动对于经济的调整作用:一方面,人们必须考虑到如果事后汇率变得不利时,退出成本是很大的,只有当汇率变动的程度足够大到进入的预期利润超过了一定幅度时,才能有效吸引新的直接投资进入一国市场;另一方面,即便事后汇率变得不利,惨痛的退出成本也会阻滞人们的及时退出。所以,通常汇率小幅度浮动的主要功能是能够及时平衡短期套利和投机资金的国际流动,并不能有效调节国际直接投资活动;而只有当汇率发生大幅度变动时,才可能有效实现其优化国际直接投资和资源配置活动的功能。

四、影响汇率制度选择的一些重要因素

一国选择汇率制度涉及许多因素,而且也没有一个得到公认的具有普适性的选择方法,这里仅将影响汇率制度选择的一些重要因素罗列如下:

(一)一国金融市场的成熟程度及其货币当局的独立性、可信度与监管能力

一般来说,国内金融市场发育欠成熟而且货币当局的独立性、可信度与监管能力较差的国家,难以构建有效的市场化汇率形成机制,同时又需要尽量避免或减轻汇率过度波动对国内金融体系的冲击,宜采用相对固定的汇率制度;而国内金融市场发育较成熟并且货币当局的独立性、可信度与监管能力较强的国家,则具有构建有效的市场化汇率形成机制的条件,也不太惧怕暂时性汇率波动对国内金融体系的短期冲击,从而才有条件采用较为灵活的汇率制度。

(二)一国经济规模的大小及其拥有独立调控宏观经济能力的重要性

一般来说,一国经济规模较小时,拥有独立调控宏观经济能力的重要性就较低,可以采用与主要经贸伙伴国货币相对固定的汇率制度,以降低贸易和投资成本,促进贸易和投资的发展;而当一国经济规模较大时,其拥有独立调控宏观经济能力的重要性也就较高,宜采用较为灵活的汇率制度,以市场化的汇率形成机制来调节对外平衡,并尽量保留其财政、货币政策的独立性。

(三)一国价格和工薪的供需弹性

一般来说,一国的价格和工薪越富有弹性,其维持固定汇率的难度就越小,越有利于采用相对固定的汇率制度;而当一国的价格和工薪缺乏弹性时,其维持固定汇率的难度就会很大,更宜采用较为灵活的汇率制度,以避免或减轻需要调整价格和工薪以维持固定汇率的困难。

(四)重要贸易伙伴的分散程度

一般来说,在一国主要贸易伙伴高度集中的情况下,宜采用与主要贸易伙伴国货币相对固定的汇率制度,以降低贸易成本和促进贸易的发展;而在一国重要贸易伙伴比较分散的情况下,则宜采用较为灵活的汇率制度,以避免或减轻维持固定汇率的困难。

(五)与主要贸易伙伴国宏观经济周期的同步性

一般来说,在一国与主要贸易伙伴国宏观经济周期的同步性较强的情况下,维持固定汇率的难度较小,宜采用与主要贸易伙伴国货币相对固定的汇率制度,以降低贸易成本和促进贸易乃至经济一体化的发展;而在当一国与主要贸易伙伴国宏观经济周期的同步性较差的情况下,维持固定汇率的难度就较大,宜采用较为灵活的汇率制度。

(六)资本市场的开放程度

一般来说,一国资本市场的开放程度越低,维持固定汇率的难度就越小,越有利于采用相对固定的汇率制度;而一国资本市场的开放程度越高,维持固定汇率的难度也就越大,更宜采用较为灵活的汇率制度,以避免或减轻维持固定汇率的困难。

(七)外汇储备的充足程度

一般来说,一国的外汇储备越充足,越有利于维持固定汇率;而一国的外汇储备越匮乏,则越不利于维持固定汇率。

……

以上所述仅仅是进行汇率制度选择时所应当考虑到的一些必要的或重要的因素,一国在进行汇率制度的选择时,必须根据其实际情况,具体问题具体分析。对不同的国家来说,上述各因素的重要性可能会有所不同;而且以上所提到的因素并不完备,还可能会有上面未曾提到的另外一些因素成为重要的决定因素之一。此外,对于同一国家的不同历史时期来说,其汇率制度不应是一成不变的,还应当能够随着本国经济发展的实际进程和国际环境的演变适时地做出调整或革新。

第八章　国际收支理论和调节政策体系

有关国际收支调节的理论很多,早期的古典国际收支失衡调节理论是由18世纪英国哲学家、历史学家兼经济学家大卫·休谟(David Hume,1752)提出的价格—铸币流动机制(price-specie flow mechanism)理论,这是在资本主义自由竞争的金本位时期产生的国际收支失衡调节理论。当时,把国际收支简单地理解为贸易收支,认为金本位(gold standard,这意味着汇率固定)的自由市场有一种自我调节机制(self-adjustment mechanism),能使各国的货币(黄金等贵金属)供给同其各自提供商品和劳务的数量以及其工业技术水平之间的比例保持大致均衡,会自动对一国的外贸收支盈余或赤字进行调整——当一国出现贸易逆差时,意味着该国黄金等贵金属的净流出,会导致该国的贵金属存量下降,这样货币供给就会相应减少,从而降低其国内的物价水平,这种价格—铸币流动机制会使逆差国的商品和劳务在国际市场上的竞争力增强(从而增加出口),而外国商品和劳务在该国市场上的竞争力减弱(从而减少进口),最终缩减逆差直至恢复收支平衡;顺差国的情况则正好相反。

休谟理论是关于国际收支调节的一种货币存量均衡分析理论。其主要前提假设是:金本位、完全竞争、自由贸易和价格富有弹性等。这些条件在第一次世界大战以前资本主义自由竞争的金本位时期还是大致具备的,因而这一理论曾在国际上产生了极大影响并在国际收支理论史中占有重要地位。但在金本位制崩溃之后,特别是黄金非货币化后的纸币本位制下,市场本身是否还在一定程度上具有可以自动调整国际收支的职能呢?回答是肯定的。但由于国际收支的自动调节机制问题其实还是一个一国宏观经济的内外一致均衡的自动调节问题,为了避免重复,我们将在第十章进行介绍。这里仅先指出,这一自动调节机制能够发挥作用是有着苛刻前提条件的,而且即便这些条件基本得到满足,其调整时间也将是漫长的。因而,当自动调节机制部分失效或难以忍受其旷日持久的缓慢调整过程时,政府往往会采取一定的政策调整措施来进行弥补或加速这一调整过程。这就需要有关调整政策的理论支持。

本章将先介绍几个关于调节国际收支的较为重要的近现代理论:第一节介绍国际收支调节的弹性分析理论;第二节介绍国际收支调节的乘数分析理论和吸收分析理论;第三节介绍国际收支调节的货币分析理论;第四节介绍国际收支调节的资产组合分析理论;第五节综合介绍国际收支的调节政策体系。

第一节 弹性分析理论

国际收支调节的弹性分析理论是运用弹性分析法(elasticity analysis approach)来分析汇率变动对一国贸易收支的影响,其基本精神是运用弹性分析法来进行贸易市场局部均衡的比较静态分析,分析一国货币贬值的相对价格效应(relative price effect,指本币贬值所引起进出口产品之间及贸易品与非贸易品之间的相对价格变动)及其对该国贸易收支的影响——在什么样的供需弹性条件下,本币贬值才能有效增加出口额及减少进口额,达到实现改善贸易收支的效果。

我们先来对这一问题做一个较为直观的定性分析,假定所有进出口产品供给的价格弹性均为无穷大(此时,在进出口产品各自价格不变的情况下,其供给均可以无限增加或减少)。在这一假定下,本国货币贬值是否一定可以增加贸易净收入(或减少贸易净支出)呢?答案是否定的。那么,本币贬值能够改善贸易净收入的基本条件是什么?不难看出,对出口来说,当本币贬值时,出口产品的外币价格将会下降,从而会引起出口量增加,但只有当出口量的增加率大于出口品外币价格的下降率(即出口需求的价格弹性 $\eta_x > 1$)时,才能达到使出口额增加的效果;对进口来说,本币贬值则会引起进口产品的本币价格上升,从而会引起进口量减少,但也只有当进口量的减少率大于进口品本币价格的上升率(即进口需求的价格弹性 $\eta_m > 1$)时,才能达到使进口额减少的效果。由此看来,很显然,同时满足 $\eta_x > 1$ 和 $\eta_m > 1$ 是本币贬值得以增加贸易净收入的一个充分条件,但这一条件的要求实在是太高了,较难同时得到满足。为此,马歇尔(1890)和勒纳(A. P. Lerner,1933)各自独立地提出了一个更容易得到满足的关于本币贬值可以增加贸易净收入的基本条件:$\eta_x + \eta_m > 1$。这就是著名的马歇尔-勒纳条件(Marshall-Lerner Condition)。

一、马歇尔-勒纳条件

国际收支弹性论马歇尔-勒纳条件的主要前提假设:
①不考虑国际资本流动,把国际收支等同于贸易收支。
②国际收支(指贸易收支)原处于平衡状态。
③不考虑供给条件的局限性,假定进、出口贸易品供给的价格弹性均为无穷大。
④不考虑汇率变动的收入效应和一般价格效应,假定国内外收入水平和价格水平均固定不变。

马歇尔-勒纳条件的论证:设 Q_x 和 Q_m 分别为实际出口量和实际进口量,P_x 和 P_m 分别为出口品的本币价格和进口品的外币价格,ε 为汇率(单位外币的本币汇价),B 为以本币表示的贸易收支差额,则有

$$B = Q_x \cdot P_x - Q_m \cdot P_m \cdot \varepsilon \qquad (8 \cdot 1 - 1)$$

将(8·1-1)式两边同时(关于 ε)取微分,可得

$$\begin{aligned} dB &= P_x dQ_x - P_m(\varepsilon dQ_m + Q_m d\varepsilon) \\ &= Q_m \cdot P_m \left(\frac{\varepsilon}{Q_x} \cdot \frac{dQ_x}{d\varepsilon} \cdot \frac{Q_x P_x}{Q_m \varepsilon \cdot P_m} - \frac{\varepsilon}{Q_m} \cdot \frac{dQ_m}{d\varepsilon} - 1 \right) d\varepsilon \\ &= Q_m \cdot P_m \left(\eta_x \cdot \frac{Q_x P_x}{Q_m \varepsilon \cdot P_m} + \eta_m - 1 \right) d\varepsilon \qquad (8 \cdot 1 - 2) \end{aligned}$$

其中,$\eta_x = \frac{\varepsilon}{Q_x} \cdot \frac{dQ_x}{d\varepsilon} > 0$ 为出口需求的汇率弹性(在出口品的本币价格 P_x 保持不变的条件下,η_x 也就是出口需求的价格弹性),$\eta_m = -\frac{\varepsilon}{Q_m} \cdot \frac{dQ_m}{d\varepsilon} > 0$ 为进口需求的汇率弹性(在进口品的外币价格 P_m 保持不变的条件下,η_m 也就是进口需求的价格弹性)。

注意:在原贸易收支平衡 $B = Q_x \cdot P_x - Q_m \cdot P_m \cdot \varepsilon = 0$ 的条件下,有 $Q_x \cdot P_x = Q_m \cdot P_m \cdot \varepsilon$,亦即 $\frac{Q_x P_x}{Q_m \varepsilon \cdot P_m} = 1$,将其代入(8·1-2)式,可得

$$dB = Q_m \cdot P_m (\eta_x + \eta_m - 1) d\varepsilon \qquad (8 \cdot 1 - 3)$$

根据(8·1-3)式可知(注意到 $Q_m \cdot P_m > 0$),在 $\frac{Q_x P_x}{Q_m \varepsilon \cdot P_m} = 1$ 的情况下,$\eta_x + \eta_m > 1$ 是 $d\varepsilon > 0$ 能够使 $dB > 0$ 的一个充分必要条件,亦即,在原贸易收支平衡的前提假设下:

$$\eta_x + \eta_m > 1 \qquad (8 \cdot 1 - 4)$$

这是本币贬值能够改善贸易净收入的一个充分必要条件,被称为马歇尔-勒纳条件。关于马歇尔-勒纳条件的更为全面的说明可参见附录8·1。

二、J曲线效应

人们在对本币贬值对于贸易收支的影响进行实证研究时发现,即便马歇尔-勒纳条件得到满足,在本币贬值初期,贸易收支(贸易净收入)通常也不能立即得到改善,反而会更加恶化,往往要经过一段时滞之后才能逐步得到改善,用曲线表示其轨迹则会形成一条J形曲线,这被人们称为本币贬值对贸易收支影响的

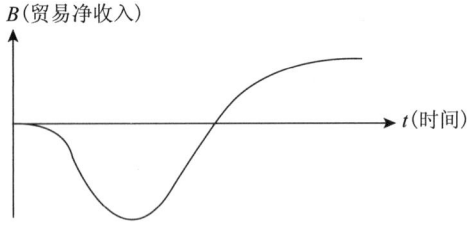

图8·1-1 J曲线效应

J曲线效应(J-shaped Curve Effect),见图8·1-1。为分析其成因,马吉(S. Magee,1973)将贬值后贸易收支差额的走势划分为以下三个阶段:最初是所谓的货币合同阶段(currency-contract period),由于贸易合同都是事先签订好的,故在最初的一段时间内进出口的价格和数量都不会因本币贬值而改变,此时如果原贸易收支处于平衡状态,则其贸易收支的平衡状况也将暂时保持不变;之后进入所谓的价格传导阶段(price pass-through period),

此时,一方面新签订的出口合同的外币价格已因本币贬值而下跌(本币价格未变),但出口量却由于供给黏性而一时不能随需求的增加而大幅增加,另一方面新签订的进口合同的本币价格已因本币贬值而上升(外币价格未变),但进口量却由于需求黏性而一时不能随价格的上升而大幅削减,结果这期间的贸易收支反而会更加恶化;最后到达所谓的数量调整阶段(quantity adjustment period),随着供需黏性的逐步减弱,进、出口量开始能够随着本币贬值的相对价格效应而做出较为充分的调整了,马歇尔-勒纳条件逐步得到实际满足,本币贬值的正面效应开始发挥作用,贸易收支差额开始走出低谷,并会随着调整力度的不断加强而逐步攀升……

由以上分析可知,发生J曲线效应的主要原因在于一国的出口供给和进口需求往往具有一定的黏性。

国际收支的弹性分析理论纠正了本币贬值一定可以增加贸易净收入的片面看法,强调了进出口供需弹性在其中的重要作用,具有重要的理论意义;而且它用严谨的数理分析方法推导出的判断贬值政策何时可以改善贸易收支的定量分析标准,也具有一定的现实意义。但上述的马歇尔-勒纳条件弹性理论又存在着很大的局限性,主要是:第一,它忽略了国际资本流动对国际收支的影响,把国际收支等同于贸易收支,在当前国际资本流动已十分重要的情况下,这一局限性显然不容忽视。第二,它关于贸易收支原处于平衡状态的前提假定限制了它的现实意义(在现实中,往往是由于贸易收支失衡时才需要采用汇率政策来予以调节的),不过好在即便放弃原贸易收支平衡这一假定其实仍可保持其理论的要义(见附录8·1-1)。第三,它假定进出口贸易品的供给均具有完全弹性,这一假定在国内非充分就业情况下尚有可能近似成立,而在国内已充分就业或接近充分就业情况下却是难以成立的(在充分就业状态下,本币贬值要能实现增加出口供给,必须通过将一部分生产资源从非贸易品部门向贸易品部门转移,把本已充分利用的生产资源进行重新配置才能得以实现,这显然会严重制约本国出口品的供给弹性,使之弹性有限而绝不可能无穷大——对此,后来罗宾逊等人通过引入有限供给弹性的办法对马歇尔-勒纳条件的这一缺陷进行了局部改进)。第四,作为一种局部均衡分析,它完全忽略了汇率变动的收入效应(income effect)和一般价格效应(general price effect),而只专注于汇率变动的相对价格效应对进出口的影响,更有失片面性〔实际上,①在非充分就业状态下,本币贬值在改善贸易收支的同时,还会启动贸易乘数使本国收入增加;并通过边际进口倾向而间接地对贸易收支产生负面影响(对此,后来哈伯格等人又通过引入本币贬值的收入效应的办法对马歇尔-勒纳条件的这一缺陷进行了局部改进);②本币贬值还会直接影响到进口原材料、半成品及消费品等的本币价格升高,这一方面会推动本国进口依赖型产品生产成本价格的上升(这将直接对增加出口供给和进口替代形成一定的制约);另一方面还会推动本国价格水平的全面上扬(尤其是在充分就业状态下,本币贬值要实现增加出口供给和削减进口需求的效果,还必须要通过国内贸易品相对于非贸易品的内部价格比有所上升才能诱发本已充分利用的生产资源从非贸易品部门向贸易品部门转移,实现资源的重新配置,此时,更将引发本国价格水平的全面上扬,这又将间接对增加出口供给和进口替代形成一定的制约)]。第五,作为一种比较静态分析法,弹性分析法假定了进、出口贸易品供给完全弹性,所以其自身并不能解释本币贬值对贸易收支影响的动态 J 曲线效应。

第二节 收入和吸收分析理论

前述的弹性分析理论是基于局部均衡分析的方法,局限于讨论对外贸易与相对价格变动之间的关系,而没有考虑对外贸易与国民收入及吸收之间的关系问题。20 世纪 30 年代,凯恩斯宏观经济理论的诞生为人们提供了新的理论武器,人们很自然地把凯恩斯主义的宏观经济分析方法推广到开放经济领域,用于分析对外贸易与国民收入及吸收之间的关系,先后产生了贸易收支的乘数分析理论和吸收分析理论,前者单纯从收入的角度来分析其与贸易收支的关系,后者则从收入和吸收两方面更全面、深入地分析了它们与贸易收支的关系。

一、乘数分析理论

国际收支调节的乘数分析理论是运用乘数分析法[multiplier analysis approach,又称收入分析法(income analysis approach)],来分析一国自发性吸收变动的收入效应及其对贸易收支的影响,其基本精神是运用凯恩斯主义的乘数分析法来进行商品市场一般均衡的比较静态分析,如马克卢普(1943)通过对外贸收支的乘数理论来分析一国自发性吸收的变动是怎样通过乘数效应(multiplier effect)来改变其国民收入,从而影响其进口支出,并最终改变其贸易收支的。

国际收支乘数论小国模型的主要前提假设:
①不考虑国际资本流动,把国际收支等同于贸易收支。
②国内经济原处于非充分就业的均衡状态(但对外贸易收支未必平衡)。
③汇率固定且国内、外价格水平均固定不变。
乘数论小国模型的分析:
根据开放经济条件下的凯恩斯主义国民收入方程:
$$Y = C + I + G + X - M \quad (8 \cdot 2 - 1)$$
乘数论假定,其中 I、G、X 为外生变量,Y、C、M 为内生变量,并且有消费函数:
$$C = C_0 + c \cdot Y \quad (8 \cdot 2 - 2)$$
其中,C_0 为自发消费支出,c 为边际消费倾向,$c \cdot Y$ 为收入的引致消费支出;
进口函数:
$$M = M_0 + m \cdot Y \quad (8 \cdot 2 - 3)$$
其中,M_0 为自发进口支出,m 为边际进口倾向,$m \cdot Y$ 为收入的引致进口支出。

将(8·2-2)式和(8·2-3)式代入(8·2-1)式可得

$$Y = (C_0 + c \cdot Y) + I + G + X - (M_0 + m \cdot Y) \qquad (8 \cdot 2 - 4)$$

由此可以得到乘数论的国民收入函数为

$$Y = \frac{1}{1 - c + m}(C_0 + I + G + X - M_0) \qquad (8 \cdot 2 - 5)$$

(8·2-5)式中的 $\frac{1}{1-c+m}$ 即为开放经济下自发性吸收的收入乘数(式中的 C_0、I、G、X 和 M_0 均为自发性吸收变量),将 Y 分别对各自发性吸收变量求偏导,可得

$$\frac{\partial Y}{\partial C_0} = \frac{\partial Y}{\partial I} = \frac{\partial Y}{\partial G} = \frac{\partial Y}{\partial X} = -\frac{\partial Y}{\partial M_0} = \frac{1}{1-c+m} \qquad (8 \cdot 2 - 6)$$

这意味着任一自发性吸收(C_0、I、G、X 或 M_0)的变动,都会带来国民收入的 $\frac{1}{1-c+m} = \frac{1}{s+m}$ 倍于它的变动,这里假定 $0 < m \ \& \ c < 1$,则 $s = 1 - c$ 为边际储蓄倾向。

因为贸易收支差额(贸易净收入):

$$B = X - M = X - (M_0 + m \cdot Y) \qquad (8 \cdot 2 - 7)$$

将(8·2-5)式代入(8·2-7)式,可得到如下贸易净收入函数:

$$B = X - M_0 - \frac{m}{s+m}(C_0 + I + G + X - M_0)$$

$$= \frac{s}{s+m}(X - M_0) - \frac{m}{s+m}(C_0 + I + G) \qquad (8 \cdot 2 - 8)$$

我们可以利用(8·2-8)式来讨论各种自发性吸收变动对贸易收支的影响——但是由于投资 I 的变化与货币政策的调整(它会引起价格水平的变动)有关,而乘数论模型假定价格水平保持不变,所以不宜用该模型来讨论投资变动对贸易收支的影响问题。下面我们将分别讨论出口 X 和政府开支 G 各自的变化对贸易收支的影响问题。

首先,由(8·2-8)式可知,当其他自发性吸收保持不变而出口吸收 X 增加时,会增加一国的出口收入,但其贸易收支的净增加额却会小于出口的增加额(前者只有后者的 $\frac{s}{s+m}$),这是因为出口自发增加所带来的新增贸易收入又会引致进口的增加而被部分抵消;并且一国的边际进口倾向 m 越大,$\frac{s}{s+m}$ 的比值就越小——出口变动对该贸易净收入的影响力就越小。

其次,由(8·2-8)式还可知,当其他自发性吸收保持不变而政府开支 G 增加时,会增加一国的进口支出(此时其出口收入则保持不变),但其贸易收支的净减少额也会小于政府开支的增加额(前者为后者的 $\frac{m}{s+m}$),这又是因为政府开支的自发增加中只有一部分是直接用于增加进口支出,而其余部分成为新增国民收入后也只有一部分被转化为引致

进口支出;并且一国的边际进口倾向 m 越大,$\frac{m}{s+m}$ 的比值也越大——政府开支变动对该国贸易净收入的影响力也就越大。

乘数论的主要贡献和政策主张是:乘数论克服了弹性论局部均衡分析法的局限性,依托凯恩斯主义乘数原理用一般均衡分析法来分析贸易收支与国民收入之间的关系,这在当时是理论上的一大进步。乘数论认为一国可以通过财政政策来调节贸易收支——一方面可以通过出口补贴政策来鼓励出口和改善贸易收支;另一方面还可以通过财政支出政策来调节一国的进口和贸易收支。由于一国的出口主要取决于世界市场的外生需求,所以乘数论的主要政策主张更偏重于通过财政支出政策来调节进口需求——对于贸易收支逆差,一国政府可以通过紧缩财政支出来降低国民收入,以减少进口支出和改善贸易收支;对于贸易收支顺差,政府当局则可以通过扩大财政支出来提高国民收入,以增加进口支出和减少贸易盈余。这种通过财政政策来调整一国贸易收支的效果大小,则取决于该国边际进口倾向 m 的大小:m 越大(小),财政政策对贸易收支的调控效果越大(小)。

乘数论仍有很大的局限性,这主要是:第一,它仍然忽略了国际资本流动,把国际收支等同于贸易收支;第二,它假定国内外价格水平均固定不变,这是为了应用乘数原理的需要,但也因此造成了它的严重局限性——不能分析通货膨胀条件下的贸易收支调节问题;第三,它不宜分析投资变动对贸易收支的影响问题;第四,其最初原创的小国模型未考虑国外回应(foreign repercussion)问题,而对于一个大国来说,其进出口供求会对外国经济产生不可忽视的影响,从而在进行乘数分析时还需将国外回应考虑进来。(后来已有一种考虑了国外回应的乘数论两国模型,限于篇幅,这里不再做进一步的介绍,仅指出在存在国外回应的情况下,一国的对外贸易乘数会比原来要小。)

二、吸收分析理论

国际收支调节的吸收分析理论是运用吸收分析法[absorption analysis approach,又称收入—吸收分析法(income-absorption analysis approach)],来全面分析一国本币贬值的收入效应和吸收效应及其对贸易收支的影响,其基本精神是运用收入—吸收分析法来进行一般均衡的比较静态分析,分析在什么样的条件下一国的本币贬值政策才能达到增加收入及减少吸收,最终改善贸易收支的效果。这一理论最初是由美国经济学家亚历山大(S. S. Alexander,1952)及英国经济学家米德(1951)各自在20世纪50年代初期提出来的,后来又由马克卢普(1956)等做过改进。

"二战"结束以后,世界经济进入繁荣时期,对本币贬值政策在通货膨胀条件下调节贸易收支赤字时所存在的严重局限性问题被提到重要的议事日程上来,但这一问题却是作为局部均衡分析方法的弹性分析法和假定价格水平保持不变的乘数分析法都难以解决的问题,于是,国际收支调节的吸收分析理论应运而生。

国际收支吸收论小国模型的主要前提假设：

①不考虑国际资本流动,把国际收支等同于贸易收支。

②国内经济原处于充分就业或非充分就业的均衡状态(但对外贸易收支未必平衡)。

③国内生产要素的转移机制平滑。

④汇率固定且国外价格水平固定不变。

亚历山大的吸收论模型分析：

我们知道,贸易收支差额可以转换为国内 GDP 总收入和国内总吸收之间的差额,即有

$$B = X - M = Y - A \tag{8·2-9}$$

其中,$B = X - M$ 为贸易收支差额(贸易净收入),Y 为国内 GDP 总收入,A 为国内总吸收。根据(8·2-9)式,我们可以通过对国内总收支差额的一般均衡分析法(取代关于贸易收支差额的局部均衡分析法)来分析本币贬值对一国经济的全面影响问题。将两端同时(关于 ε)取微分可得

$$dB = dY - dA \tag{8·2-10}$$

(8·2-10)式告诉我们,改善贸易收支的根本途径在于尽可能地增加收入和减少吸收(在增加收入的同时尽量不增加吸收,或者是在减少吸收的同时又尽量不减少收入)。这就需要研究本币贬值会怎样改变国内总收入和国内总吸收——本币贬值的总收入效应和总吸收效应,包括本币贬值对国内总收入和总吸收的直接效应和间接效应问题。亚历山大认为,本币贬值对国内总吸收的总影响(dA)可以分解为直接影响(记为 dA_D)和间接影响(记为 dA_I)两部分,即有 $dA = dA_I + dA_D$。其中,dA_D 是本币贬值对国内总吸收的直接改变,而 $dA_I = \alpha \cdot dY$ 则是本币贬值通过改变国内总收入而间接导致国内总吸收的引致改变,式中的 $\alpha > 0$ 为新增收入的边际吸收倾向,于是有

$$dA = \alpha \cdot dY + dA_D \tag{8·2-11}$$

但亚历山大在这里忽略了本币贬值通过改变国内总吸收还可能间接导致引致收入的改变问题,这样,将(8·2-11)式代入(8·2-10)式可得到

$$dB = dY - \alpha \cdot dY - dA_D$$

即

$$dB = (1 - \alpha) \cdot dY - dA_D \tag{8·2-12}$$

这就是亚历山大吸收论模型的基本公式。由此可以看出,$(1 - \alpha) \cdot dY - dA_D > 0$ 是本币贬值能改善贸易收支的充分必要条件。

首先,我们根据(8·2-12)式来分析收入变动和直接吸收变动各自对贸易收支的影响问题。

其一,我们通过该式右端的第一项来分析收入变动对贸易收支的影响：

当 $0 < \alpha < 1$ 时(这意味着国内需求的收入弹性不足,新增收入不能全部被转化成引致吸收),本币贬值的正收入效应(如果本币贬值能增加收入的话)将会改善该国的贸易

收支,并且其新增收入的边际吸收倾向 α 越小(引致吸收也就越少),其正收入效应对改善贸易净收入的作用就会越强;而本币贬值的负收入效应(如果本币贬值会减少收入的话)则会恶化该国的贸易收支,并且 α 越小,其负收入效应对恶化贸易净收入的作用也会越强。

当 $\alpha = 1$ 时(这意味着国内需求的收入弹性适中,恰好能将所有新增收入全部转化成引致吸收),本币贬值的收入效应(不论其为正还是为负)不具有贸易收支效应(不会影响或改变贸易收支)。

当 $\alpha > 1$ 时(这意味着国内需求的收入弹性过大,达到了将新增收入全部转化为引致吸收还不够的程度),本币贬值的正收入效应(如果本币贬值能增加收入的话)反而会恶化该国的贸易收支,并且 α 越大,其正收入效应对恶化贸易净收入的作用就会越强;而本币贬值的负收入效应(如果本币贬值会减少收入的话)反而会改善该国的贸易收支,并且 α 越大,其负收入效应对改善贸易净收入的作用也会越强。

其二,我们通过该式右端的第二项来分析直接吸收变动对贸易收支的影响:显然,本币贬值的正吸收效应(如果本币贬值能增加直接吸收的话)将会具有负面的贸易收支效应(会恶化贸易净收入);而本币贬值的负吸收效应(如果本币贬值会减少直接吸收的话)则会具有正面的收支效应(会改善贸易净收入)。

然后,我们进一步分析本币贬值的收入效应、直接吸收效应和引致吸收效应:

(一)本币贬值的收入效应分析

先来分析本币贬值的相对价格效应,本币贬值会使本国出口品的相对价格下降,进口品的相对价格上升,这一相对价格效应会直接导致如下两个收入效应:

1. 闲置资源效应

当一国原处于非充分就业状态时,就会存在闲置资源效应,此时本币贬值具有能增加实际总产出的正收入效应;而当一国原处于充分就业状态时,就不存在闲置资源效应,此时本币贬值并不具有能增加实际总产出的正收入效应。

2. 贸易条件效应

一般来说,由于本币贬值会引起出口品的外币价格下降(而进口品的外币价格则保持不变)恶化贸易条件,所以本币贬值还具有会恶化贸易条件(将会减少单位出口品所能换回进口品的数量)的负收入效应。

综合起来看,当一国原处于充分就业状态时,按照亚历山大的分析,此时不存在闲置资源效应,所以本币贬值将不会增加该国的实际产出,反而会由于贸易条件恶化而使该国的实际收入有所减少,也就是说,此时本币贬值的闲置资源效应和贸易条件效应将综合具有负的实际收入效应。

而当一国原处于非充分就业状态时,此时存在闲置资源效应,所以本币贬值将具有实际增产的正收入效应,但同时又有恶化贸易条件的负收入效应,后者会在一定程度上抵消甚至超过增产效应的作用,此时本币贬值的闲置资源效应和贸易条件效应综合的实际收入效应的方向具有不确定性。(例如,当出口供给缺乏弹性,使本币贬值的增产效应很弱,不足以抵消其恶化贸易条件效应时,最终会呈现负的实际收入效应;而只有当出口供需都富有弹性,使本币贬值的增产效应很强,足以抵消其恶化贸易条件效应而有余时,最终才有可能呈现正的实际收入效应。)

(二)本币贬值的直接吸收效应和引致吸收效应分析

再来分析本币贬值的一般价格效应,设 P 为国内的一般价格水平,则

$$P = \bar{\beta} \cdot P_n + (1 - \bar{\beta}) \cdot P_m \cdot \varepsilon \tag{8·2-13}$$

其中,P_n 为国内非进口品的本币价格水平,P_m 为进口品的外币价格水平,ε 为汇率(单位外币的本币汇价),$\bar{\beta}$ 为国内总吸收中用于购买国内产品的比例。假定本币贬值不改变 P_m,则本币贬值将导致进口产品的本币价格 $P_m \cdot \varepsilon$ 上升,这会引起国内资源向进口替代转移,并推动进口依赖型国内产品生产成本的上升,从而带动国内非进口品价格水平 P_n 也相应上升,最终引起一般价格水平 P 的上升。也就是说,本币贬值通常具有一种正的一般价格效应——会引起国内价格水平 P 的全面上升,从而又会导致如下一系列直接吸收效应和引致吸收效应。

1. 本币贬值的直接吸收效应

本币贬值的一般价格效应会导致如下一系列直接吸收效应。

(1)现金余额效应

人们一般习惯于在手头维持一定数额的实际货币余额,因此,当国内价格水平上升时,人们往往会增加持有名义货币余额,这样,本币贬值的正价格效应会使国内居民通过减少消费(这会减少直接吸收)或支取一定存款、出售一定资产(这有着使国内利率水平上升的作用,从而会引起国内投资和消费的进一步减少)等办法来实现其维持一定实际货币余额的目的。因而,本币贬值正价格效应所导致的现金余额效应一般具有负的直接吸收效应(有直接减少国内吸收的作用)。

(2)货币幻觉效应

在价格水平上升时,人们往往会有一种短期货币幻觉,暂时减少消费支出(即使他们的货币收入与物价水平本是同步上升的)。因而本币贬值正价格效应所导致的货币幻觉效应一般也具有负的直接吸收效应(也有直接减少国内吸收的作用)。但货币幻觉效应只是一种暂时的短期效应,所以其作用相对不太重要。

(3)通胀预期效应

在价格水平上升时,人们还往往会有一种对于未来的通胀预期,刺激人们反而加紧消费。因而本币贬值正价格效应所导致的通胀预期效应又反过来具有正的直接吸收效应(有直接增加国内吸收的作用)。

一般来说,本币贬值正价格效应所导致的各直接吸收效应的方向常会不一致,其净影响需要综合上述三个效应的强弱而定。不过在多数情况下,只要不发生严重的通胀预期,本币贬值的正价格效应大多会造成负的净直接吸收效应。

2. 本币贬值的引致吸收效应

本币贬值的一般价格效应还会对收入分配产生一定的影响,有着一定的实际收入再分配效应,这一再分配效应会改变边际吸收倾向 α 的大小,从而影响到引致吸收。如本币贬值的正价格效应还会通过以下三个途径影响到实际收入的再分配,从而还会产生改变边际吸收倾向 α 大小的引致吸收效应。

(1) 价格水平的上升将使实际收入从名义收入固定者向名义收入相应增加者转移

由于名义收入固定者往往具有较高的边际吸收倾向,而名义收入相应增加者往往具有较低的边际吸收倾向,因而这一收入再分配效应一般会使边际吸收倾向 α 变小。

(2) 价格水平的上升将使实际收入从劳动者的工资收入向厂商的利润收入转移

当厂商对未来投资的预期不看好或不太看好时,其边际投资倾向一般要比劳动者的边际消费倾向还低(此时它会降低总体的边际吸收倾向),而当厂商对未来投资的预期看好或比较看好时,其边际投资倾向则可能会比劳动者的边际消费倾向还要高(此时它又提高总体的边际吸收倾向),因而这一收入再分配效应对边际吸收倾向 α 的影响方向不确定(它究竟会使总体边际吸收倾向变小还是变大主要视厂商们的投资预期而定)。

(3) 价格水平的上升还将使实际收入从纳税人向政府转移

政府财政的边际吸收倾向取决于其当时的财政支出政策,因而这一收入再分配效应对边际吸收倾向 α 的影响方向也不确定(它究竟会使总体边际吸收倾向变小还是变大主要取决于当时政府财政支出政策的松紧)。

由此看来,本币贬值的收入再分配效应对边际吸收倾向 α 的影响方向不明确,需要根据具体情况而定。这里仅指出决定其方向的主要力量在于厂商对未来投资的预期和政府的财政支出政策。

当原 $\alpha < 1$ 时(即贬值前有效需求不足时), α 变小效应将具有更加强化正收入效应(如果贬值具有正收入效应的话)的正面收支效应或负收入效应(如果贬值具有负收入效应的话)的负面收支效应的作用。

当原 $\alpha = 1$ 时(即贬值前总需求适中时), α 变小效应将具有使正收入效应(如果贬值具有正收入效应的话)变得具有正面收支效应或使负收入效应(如果贬值具有负收入效应的话)变得具有负面收支效应的作用。

当原 $\alpha > 1$ 时(即贬值前需求过热时), α 变小效应将具有弱化正收入效应(如果贬值具有正收入效应的话)的负面收支效应或负收入效应(如果贬值具有负收入效应的话)的正面收支效应的作用。

吸收论的主要贡献、基本理念及政策主张:吸收论克服了乘数论只考虑收入分析而忽略吸收分析的局限性,引入了一般价格水平变动的因素,对充分就业条件下本币贬值政策对改善国际收支的作用及经济影响做了深入分析,具有重要的理论和现实意义。吸收论认为,当一国处于充分就业状态时,已不可能增加实际收入,所以此时只能用减少实际支出的办法来改善其国际收支——这意味着,在固定汇率制下,即便马歇尔-勒纳条件得到满足,当一国内部经济处于充分就业情况时,如果要用公开贬值的办法来改善其国际收支逆差,也需要以一定程度的经济紧缩为代价,不然,就会由于其实际收入已不能增加,且实际支出又没有减少,而最终导致用本币贬值来改善国际收支的办法失效。这是吸收论的一个基本理念。因而吸收论的主要政策主张是,在固定汇率制下,当一国内部经济处于非充分就业状态时,可以考虑采用公开贬值政策来改善其国际收支;当一国内部经济处于过热(有严重通胀压力)状态时,也可以采用公开贬值政策同时辅以适度紧缩的宏观经济政策来改善其国际收支;但当一国内部经济处于充分就业的均衡状态时,由于外部原因而造成了该国的国际收支逆差的话,如果该国既想改善国际收支又不想破坏国内充分就业的经济均衡,则按吸收论的看法,用公开贬值的办法是行不通的,此时似乎只有采用进口管制和刺激出口的办法来改善国际收支逆差才是可行的办法,别无他途。(但实际上这只是吸收论在不考虑资本流动情况下的一种片面看法,后来蒙代尔通过深入分析资本流动情况下财政政策和货币政策的相对独立性,又提出一种政策搭配理论——认为在资本流动情况下,只需恰当搭配财政政策和货币政策,就无须用到管制政策也可以做到既不破坏国内充分就业的经济均衡又能改善国际收支,详见本书第十章第二节。)

亚历山大的吸收分析理论也存在一定的缺陷及局限性,主要是:第一,它仍是把国际收支等同于贸易收支,而忽略了国际资本流动对国际收支的影响;第二,最初的原创模型虽然在分析中考虑到了收入变化的引致吸收问题,但忽略了吸收变化的引致收入问题(但对于这一缺陷,后人已做过有关改进);第三,在分析本币贬值对收入的影响时,虽然考虑了本币贬值的闲置资源效应,但原创模型又忽略了本币贬值的资源配置和替代效应,认为在充分就业条件下,本币贬值不可能增加实际收入,而实际上,如果一国原来用直接管制政策来维持被高估了的本国币值及国际收支平衡的话,则其资源配置就可能被严重扭曲而大大降低其效率,这时,本币贬值政策辅以适当的放松管制政策是可以有效发挥其资源配置和替代效应的——它会通过对资源的重新配置(使生产资源从非贸易品生产向贸易品生产转移)来提高其配置效率,从而增加该国的实际收入(对于这一缺陷,后人也已做过有关弥补);第四,原创模型是一个小国模型,忽略了贸易伙伴国之间的相互影响问题,但实际上,大国进出口的数量和价格势必会对其重要贸易伙伴国的经济产生重要影响,并反过来受到后者的影响(对于这一缺陷,后来也已有一种考虑了国外回应的两国贸易模型);第五,它假定生产要素的转移机制平滑,这与现实也有一定的差距;第六,本币贬值所引起的一系列效应具有非比例性(一些效应较为重要,影响大,另一些效应相对较为次要,影响小)和不同速性(有些效应发生较快,另一些效应却发生滞后),并且,其中有些效应具有暂时性(如货币幻觉效应),还有些效应的作用大小及方向具有动态性[如边际吸收倾向效应,会随着情况的变化(如税率变化)而不断变化],等等,这些因素也都是影响吸收分析法用于定量实证分析时的一些固有障碍。虽然上述种种缺陷使得吸收论自其诞生之日起就遭到许多批评,但它还是可以对一些典型情况做出具有重要现实意义的实证分析并给出政策建议的,因此它在国际收支理论中占有重要地位。

第三节 货币分析理论

国际收支调节的货币分析理论是运用货币分析法(monetary analysis approach)来分析货币因素对一国国际收支的影响,其基本精神是认为国际收支失衡本质上是一种货币现象,并运用货币分析法来进行货币市场存量均衡的比较静态分析,分析固定汇率制下货币政策和公开贬值政策以及浮动汇率制下货币政策对国际收支及宏观经济的长期影响。

弹性论、乘数论和吸收论都没有考虑资本的国际流动问题,而"二战"后随着西方国家经济复苏和对金融管制的日益宽松,国际资本流动已不可忽视,并且凯恩斯主义政策在实践中遇到的困难和问题也越来越多,于是以蒙代尔为首的当代货币主义流派在20世纪60—70年代又再度兴起。到70年代中后期,以约翰逊(1977)为主要代表人物,开始把当代货币主义原理应用于分析国际收支调节问题。(实际上这种国际收支货币分析法的历史渊源,是一直可以追溯到休谟用于分析国际贸易收支的价格—铸币流动机制理论的。)

国际收支货币论小国模型的主要前提假设:

①把一国的国际收支差额定义为官方结算差额;

②该国民经济原处于充分就业的内外一致均衡状态;

③资本自由流动并且国内外金融资产具有完全的替代性,该国实际利率水平不受国内货币供需变化的影响而始终钉住世界实际利率水平保持不变;

④该国长期均衡的汇率和价格水平服从购买力平价,而外国价格水平则固定不变;

⑤该国的名义货币需求是价格水平和实际收入的稳定函数;

⑥该国的实际收入水平不受其货币供需变化的影响而固定不变。

货币论小国模型的分析:

货币论假设一小国有一个稳定的名义货币需求函数,为简化问题起见,这里不妨用一个简单的货币需求函数来进行说明,即设:

$$M_d = k \cdot P \cdot y/r \qquad (8\cdot 3 - 1)$$

其中,M_d 为名义货币需求额,P 为国内价格水平,y 为实际收入,r 为实际利率,k 为货币需求乘数。

又将一国名义货币供给分解成国内来源和国外来源两部分:

$$M_s = m \cdot (N + F) \qquad (8\cdot 3 - 2)$$

其中,M_s 为名义货币供给额,N 为源自国内的基础货币(央行购入的国债余额),F 为源自国外的基础货币(用本币表示的央行购入的外汇储备余额),m 为货币供给乘数(它代表通过派生存款来创造信用货币的能力)。此式告诉我们,一国货币当局对外汇市场的干预活动会影响其基础货币的供给结构。

当货币市场达到均衡时,应有

$$m \cdot (N + F) = M_s = M_d = k \cdot P \cdot y / r \quad (8 \cdot 3 - 3)$$

(8·3-3)式为国际收支货币论模型的基本方程式。在此基础上又令

$$B = CA + KA = -\Delta F$$

其中,CA 为经常账户差额,KA 为非官方的资本和金融账户差额,ΔF 为官方的国际负债和储备净差额(注意以上差额一概用本币计值),B 为国际收支差额(官方结算差额),国际收支平衡则意味着

$$B = 0 \quad (8 \cdot 3 - 4)$$

(8·3-3)式与(8·3-4)式共同反映了国际收支货币论的基本理念——国际收支是一种货币现象,而国际收支失衡($B \neq 0$)则是对国内货币市场存量失衡($M_s \neq M_d$)的流量反应。

正是基于这一理念,货币论在进行国际收支平衡表分析时,采取了与传统理论完全不同的分析思路:第一,传统理论注重分析经常账户交易,完全不考虑国际资本流动问题;而货币论则全面考虑了包括资本和金融账户在内的非官方国际交易,认为后者才能全面反映国际收支的总体情况。第二,传统理论是从线上项目(经常账户)的分析,自上而下地来说明线下项目收支失衡的成因,认为线下项目差额是线上项目交易的结果,经常账户交易是基础;而货币论则是从线下项目(官方的国际负债和储备项目)的分析,自下而上地来说明线上项目收支失衡的成因,认为线上项目差额是线下项目交易的结果,官方的国际负债和储备交易才是基础——归根结底,官方的国际负债和储备交易之所以会出现收支失衡则又是基于国内货币市场存量失衡和寻求再度平衡的结果。

下面我们择要介绍货币论对上述小国模型的一系列比较静态分析及其一些重要结论。

一、固定汇率制下的货币政策分析

货币论认为,在固定汇率制下,一国的货币需求是既定的,长期来看其货币供给必须或只能被动地适应其既定的货币需求,即一国货币当局的货币供给政策只能是被动地去适应其既定的货币需求。否则,如果一国原处于充分就业的内外一致均衡状态时,该国货币当局的货币供给政策失当而造成了货币供需失衡(如央行用购入国债的办法来增加货币供给)的话,短期来看,势必会破坏该国原有的一般经济均衡,引起国内价格水平暂时偏离其购买力平价(上升),从而导致该国国际收支短期失衡(逆差)以及国际储备的相应调整;而长期来看,后者的失衡和调整会破坏汇率稳定,又会迫使该国货币当局干预外汇市场(抛售外汇)以维持固定汇率——这会自动修复或纠正货币供给(过剩)的短期

失衡,迫使其恢复到既定的均衡水平上来,进而使国内价格水平又恢复到原价格水平,本国经济又恢复到原内外一致均衡状态上来,最终被改变的只是货币供给的来源结构,而均衡的货币供给总量和国内价格水平却不会改变。

总之,货币论认为,在固定汇率制下,长期来看,一国货币当局并无主动地制定其货币政策(这里是指货币供给总量)的自主权——如果发生国际收支失衡的话,则其根源必定在于货币供给的短期失当:货币供给的一时失当必将引起短期性的内外经济失衡(国内价格水平失衡与国际收支失衡)及货币供给来源结构的重组(国内信用余额和国际储备余额的等额此消彼长或此长彼消),市场力量在固定汇率的制约下必会自行将这些暂时性的经济失衡统统加以纠正。长期来看,除会使基础货币的来源结构有所调整以外,货币供给存量和国内价格水平都会恢复到原来的均衡水平。

关于固定汇率制下货币政策失效的更为具体的说明可见附录8·3。

二、固定汇率制下的公开贬值政策分析

在固定汇率制下,对本币实行公开贬值,会发生什么情况呢?我们还是从充分就业的内外一致均衡状态出发来进行分析,短期来看,本币公开贬值一方面会使本国产品的国际竞争力有所加强(因为短期内国内的价格水平暂时黏住未变),导致出口增加和进口减少,从而会出现短期性的国际收支顺差,另一方面又会使国内价格水平的购买力平价及相应的货币需求水平随之上升;长期来看,由于国际收支顺差会对本币形成升值压力,该国货币当局为阻止本币重新升值而将其稳定在贬值后的汇率上,就不得不干预外汇市场,购买过剩的外汇(这在导致国际储备增加的同时也增加了货币供给),直至货币供给增加到新的购买力平价货币需求水平为止(货币供给的扩张,会产生现金余额效应,导致人们扩大实际消费和投资,使得商品市场上短期需求过热,从而引起国内价格水平上升直至达到新的购买力平价价格水平为止)——这一方面会使商品市场的需求重新降温回到既定的实际供给水平上,另一方面又会使货币需求也相应上升到其新的购买力平价价格水平,再一方面公开贬值所形成的本国产品的竞争优势也随之消失,国际收支也重新恢复了平衡。最终,该国经济又在新的汇率水平、新的价格水平和新的货币需求水平上达到了新的内外一致均衡状态。

总之,货币论认为,在固定汇率制下,公开贬值政策只具有能够暂时改善国际收支的短期作用——同样由于市场力量的自动调节机制最终会使其达到新的内外一致均衡,所以公开贬值政策改善国际收支的作用并不能长期维持,但长期来看,本币贬值 $x\%$,将会导致国内货币存量同比增加 $x\%$,新的国内均衡价格水平也会同比上升 $x\%$(这一结果将长期保持下去)。

三、浮动汇率制下的货币政策分析

在浮动汇率制下,货币论认为,可以假定货币当局无须干预外汇市场——汇率的即

时应变会自动调节国际收支的平衡。因而,不同于固定汇率的情况,在浮动汇率制下,扩张性货币政策所造成的货币存量增加能得到长期保持:初期的货币供给过剩会通过现金余额效应使人们扩大消费和投资,这将在短期内导致国内商品市场上的过度需求,从而引起国内价格水平上升到一个新的长期均衡价格水平——这一方面会最终消除前期国内商品市场上的需求过热,使国内商品市场在新的价格水平上达到新的平衡,另一方面又会使国内货币需求也随价格水平的上升而上升直至跟扩张后的货币供给持平,再一方面外币的汇率也会跟随价格水平的上升而同比上升(保持汇率始终服从购买力平价和国际收支始终平衡)。最终,该国经济又将在新的货币供给水平、新的价格水平和新的汇率水平上达到新的内外一致均衡状态。

总之,货币论认为,在浮动汇率制下,一国货币当局可以拥有货币政策的自主权——该国的名义货币存量可以自主调节(但其实际货币存量仍将是固定不变的):如果一国的货币供给增加 $x\%$,则长期来看达到新的均衡之时,其国内价格水平将同比上升 $x\%$,而汇率和货币需求也会随价格水平的上升相应分别同比上升 $x\%$。另外,关于浮动汇率制下紧缩性货币政策对经济影响的分析则留给读者自己思考。

此外,我们还可以把货币论小国模型中其他各种外生因素的变化,如充分就业的实际收入水平发生变化、国外价格水平发生变化等,分别进行比较静态分析,其分析方法跟上面基本类似,这里不再赘述。

货币论的主要贡献及政策主张:货币论在国际收支分析中强调了货币因素,使得自凯恩斯主义兴起以来被人们淡忘了的货币因素在调整国际收支中的重要作用得到了应有的重视,这是货币论的基本贡献。此外,货币分析法还有一个优点,就是它既可以用来分析国际收支问题,也可以用来分析汇率问题(见第七章),这是前述其他国际收支分析法所不具备的。货币论的主要政策主张是:第一,货币论认为,国际收支失衡本质上是一种货币现象,所有国际收支失衡都是由货币供需一时失衡引起的,并且只是一种短期现象;长期来看,自由市场的自动调节机制终会使之恢复平衡,而无须政府去做经济调控。第二,货币论认为,在固定汇率制下,国际收支失衡的市场自动调节过程可能会需要较长时间,并且一国需要有足够的国际储备去干预外汇市场才能确保维持固定汇率;而在浮动汇率制下,汇率的自由浮动可以即时地调节对外经济平衡,因而一国也不必有太多的国际储备,因而货币论倾向于主张浮动或管理浮动的汇率政策。第三,货币论认为,在固定汇率制下,紧缩性货币政策和公开贬值政策都是可以在短期内改善国际收支的可供选择的政策,但究竟何时该选用哪种调节政策为宜,则需要根据当时的具体情况进行具体分析,不能一概而论(如需要考虑经济周期所处的阶段问题,以及考虑价格、工资的刚性程度往往会影响紧缩性货币政策的效果等因素)。第四,货币论认为,在浮动汇率制下,紧缩性的货币政策具有可以在一定程度上缓解或减轻本币贬值压力的作用,但它同时又有紧缩经济的副作用。

货币论也存在许多缺陷和局限性,主要有:第一,货币论假定一国的货币需求是其价格水平和实际收入的稳定函数,但人们的实证研究表明,长期来看,这一货币需求函数其实并不稳定;第二,货币论关于实际收入保持不变的假设也只具有中短期意义,长期来看并不成立(另外,这一实际收入保持不变假设还完全忽略了实际收入其实是可能会受到货币供需影响的);第三,货币论武断、片面地认定,所有造成国际收支失衡的根源必定都是货币供需失衡或货币政策失当,而完全否认支出或财政政策失当也可能会造成国际收支失衡,这也并不符合实际;第四,货币论关于该国的实际利率始终钉住世界实际利率水平以及国内外金融资产具有完全替代性等假设也不符合实际。

第四节 资产组合分析理论

国际收支的货币分析理论与汇率的货币分析理论一样,都是假定国内外金融资产具有完全替代性而回避了金融风险对投资的影响问题,本节关于国际收支的资产组合分析理论则与汇率的资产组合分析理论一样都是假定国内外金融资产具有不完全替代性,采用资产存量组合的风险—收益均衡分析法来研究国际收支的调节问题。资产组合均衡分析理论的主要代表人物有麦金农(1969)和布兰森(1976)等。

本节仅限于介绍关于国际收支的资产组合短期均衡分析模型,它是在资本自由流动和固定汇率制下运用资产组合分析法(portfolio analysis approach)来分析资产组合均衡对一国短期资本流动的影响。其基本精神是,在资本自由流动而国内外金融资产又具有不完全替代性的固定汇率制下,假定国内外价格水平刚性并且经常账户收支原处于平衡状态,采用资产存量组合的风险—收益均衡分析法来进行金融资产市场存量—国际资本流量短期均衡的静态—比较静态分析,特别是分析固定汇率制下货币政策的外生冲击和经常账户收支的外生变动等因素对短期资本流动的影响。

用典型的资产组合分析理论对国际收支小国模型进行短期均衡分析,主要有以下一些前提假设:①该国国民共有三种可选择的金融资产:本国货币、本国债券和外国债券;②该国实行资本自由流动和固定汇率制,忽略一切交易费用并且国际金融市场是完全有效的;③外国对该小国债券完全无需求,而外国商品和债券对该小国的供给具有完全弹性(外国商品和债券的价格和利率水平均固定不变);④国外金融资产存在汇率风险,投资者厌恶风险要求风险报酬并按照风险资产多样化的原则有着一组稳定的资产组合需求比例函数;⑤投资者购买外国债券所能得到的利率和风险报酬均是可理性预期的外生变量,并且在进行短期均衡分析时还可假定国内价格水平固定不变。

设对本国国民的金融资产供给的总价值为(注意以下所有变量的价值均是按本币计价):

$$W = M + N + F \qquad (8\cdot4-1)$$

其中，M 为本国货币的供给存量，N 为本国债券的供给存量，F 为外国债券的供给存量（这里，由于汇率 ε 成了一个固定不变的外生变量，为简化问题不妨设定 $\varepsilon = 1$）。此式反映了对本国国民的金融资产供给结构，我们可以令：

$m_s = M/W$，代表本国货币的供给比例系数；

$n_s = N/W$，代表本国债券的供给比例系数；

$f_s = F/W$，代表外国债券的供给比例系数。

这里显然有 $m_s + n_s + f_s = 1$。

再用 r 和 r_f 分别代表购买本国债券和外国债券可得到的利率（由于本模型假定国内外价格水平固定不变，所以这里的名义利率等于实际利率），注意到在固定汇率下外币预期升值率 $\rho^e = 0$，并令：

$m_d = m(r, r_f)$，代表社会公众对本国货币的需求比例函数（其中 m 与 r 成反向变动，与 r_f 也成反向变动）；

$n_d = n(r, r_f)$，代表社会公众对本国债券的需求比例函数（其中 n 与 r 成同向变动，与 r_f 则成反向变动）；

$f_d = f(r, r_f)$，代表社会公众对外国债券的需求比例函数（其中 f 与 r 成反向变动，与 r_f 则成同向变动），并且这里也设定 $m_d + n_d + f_d = 1$。

注意，在本模型中，国际费雪效应也不再成立，而是假定 $r < r_f$，其差额 $\lambda \hat{=} r_f - r$ 代表购买外国债券的预期风险报酬。

一、金融资产市场短期一致均衡的静态分析

容易看出，在上述假定下，该小国实现金融资产组合供需平衡的条件为

$$W = M + N + F \qquad (8 \cdot 4 - 1)$$

$$M/W = m(r, r_f) \qquad (8 \cdot 4 - 2)$$

$$N/W = n(r, r_f) \qquad (8 \cdot 4 - 3)$$

$$F/W = f(r, r_f) \qquad (8 \cdot 4 - 4)$$

该方程组有 3 个内生变量 r、F 和 M，其余变量均为外生变量（注意，由于本模型假定资本自由流动和汇率固定，所以这里为简化问题不妨设定 $\varepsilon = 1$ 为固定不变的外生变量）。注意，在既定的约束条件 $m_d + n_d + f_d = 1$ 下，上述方程组的四个方程并不完全独立（由其中任意三个方程都可以推导出第四个方程，这意味着，方程组所对应的四个曲面有一个公共交点）。ε 对于任意给定一组外生变量（投资外国债券的利率 r_f 及其风险报酬 λ，以及本国债券供给存量 N 和金融资产供给总量 W），该方程组决定着一组相应的短期均衡外国债券存量、国内利率和国内货币存量的组合 (F_0, r_0, M_0)——从该方程组中任取三个方程联立就可以确定 3 个内生变量外国债券存量 F、国内利率 r 和国内货币存量 M 的短期均衡值。

下面我们借助几何图形来讨论三个金融资产市场的短期一致均衡问题。见图

8·4-1,横坐标代表本国公众持有外国债券的存量 F,纵坐标代表国内利率 r,另外还有一条垂直向外的坐标轴代表本国货币供给存量 M。任意给定一组外生变量,我们有方程(8·4-1)所对应的总资产存量约束条件曲面 WW 为一个垂直平面。因为对该方程来说,F 的值与 r 完全无关。

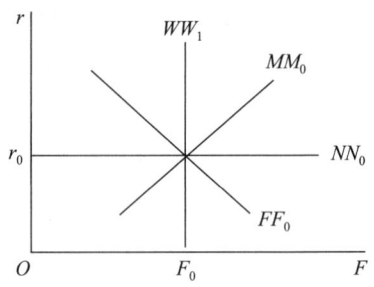

图 8·4-1 资产组合分析国际收支模型的短期均衡分析

这意味着对于方程(8·4-1)有 $\partial r/\partial F = 0$,此时对于任意给定的截平面 $M = M_0$,曲面 WW 在该截平面上的截线 WW_0 必为一条垂直直线。

方程(8·4-2)所对应的本国货币供需平衡曲面 MM 为一个从左下方向右上方倾斜的曲面。因为对该方程来说,当本国公众持有外国债券存量增加,即 F 上升时,必然意味着货币存量 M 会等额下降,而本国债券的供给存量 N 和资产供给总量 W 则保持不变,从而方程左端的货币供给比例会相应下降,这会引起国内利率 r 上升,使得公众对本国货币的需求比例相应降低,以保持货币市场的供需平衡。这意味着对于方程(8·4-2)有 $\partial r/\partial F > 0$,此时对任意给定的截平面 $M = M_0$ 来说,曲面 MM 在该截平面上的截线 MM_0 必为一条从左下方向右上方倾斜的正斜率曲线。

方程(8·4-3)所对应的本国债券供需平衡曲面 NN 为一个水平平面。因为对该方程来说,当公众持有外国债券存量增加,即 F 上升时,只是意味着货币存量 M 会等额下降,而本国债券的供给存量 N 和资产供给总量 W 则保持不变,这时国内利率将保持不变,以保持本国债券市场的供需平衡。这意味着对于方程(8·4-3)有 $\partial r/\partial F = 0$,此时对任意给定的截平面 $M = M_0$ 来说,曲面 NN 在该截平面上的截线 NN_0 必为一条水平直线。

方程(8·4-4)所对应的外国债券供需平衡曲面 FF 则为一个从左上方向右下方倾斜的曲面。因为对该方程来说,当本国公众持有外国债券存量增加,即 F 上升时,方程左端外国债券的供给比例会相应上升,而本国债券的供给存量 N 和资产供给总量 W 则保持不变,从而方程左端的外国债券供给比例会相应上升,这会引起国内利率 r 下降,使得公众对外国债券的需求比例相应提高,以保持外国债券市场的供需平衡。这意味着对于方程(8·4-4)有 $\partial r/\partial F < 0$,此时对任意给定的截平面 $M = M_0$ 来说,曲面 FF 在该截平面上的截线 FF_0 必为一条从左上方向右下方倾斜的负斜率曲线。

这四个曲面有一个公共交点 $A_0(F_0, r_0, M_0)$,它决定着三个金融资产市场实现短期一致均衡的外国债券存量 F_0、利率 r_0 和货币存量 M_0。图 8·4-1 反映了上述四个方程的曲面在截平面 $M = M_0$ 上各条截线的位置关系。

二、金融资产市场短期一致均衡的比较静态分析

下面分析该国货币政策以及实际资产总量等因素的外生变动对短期资本流动(短期国际收支)的影响问题。央行在国内债券市场上进行公开市场操作引起资产供给存量结

构变动,影响国内利率所产生的替代效应,会对短期资本流动产生影响;政府向公众发行本国债券、央行增发货币以及经常账户收支出现差额等因素则会引起资产供给总量—结构同时变动,产生财富效应—替代效应从而对短期资本流动产生影响。

(一)单纯资产供给结构变动对短期资本流动的影响——如央行购买公众持有的本国债券

这里只有央行对本国债券进行公开市场操作一种情况,而央行对经常账户收支的顺差或逆差进行公开市场操作则是会改变资产供给总量的[我们将其放在了后文"(二)资产供给总量—结构同时变动对短期资本流动的影响"项下]。

央行购买国内公众持有的本国债券会引起货币供给存量 M 增加而本国债券供给存量 N 则等额减少(此时 W 保持不变),而真正外生变量的变动则只是 N 下降(但此时,央行向国内公众购买本国债券其实还对内生变量 M 产生了一次性的外生扰动——对此的

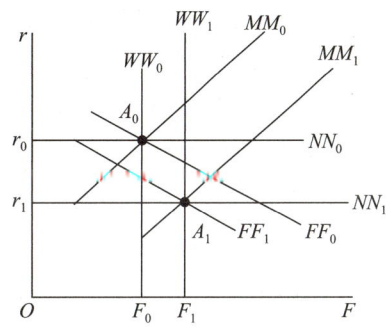

图 8·4-2 央行向公众购买本国债券对资本短期流动的影响

深入分析可见附录 8·4-1),见图 8·4-2。当 N 下降时,一方面会使 WW 曲面右移[因为 N 减少而 W 保持不变,会使(8·4-1)式中对应于每一 M 值的 F 值相应增大才能实现新平衡];另一方面又会使 NN 曲面下移[因为 N 减少而 W 保持不变,会使(8·4-3)式左端的本国债券供给比例下降,所以右端的均衡利率会相应下降,以使右端的本国债券需求比例与左端同比下降,从而实现新的均衡]——这意味着新的均衡利率必会有所下降;再一方面则并不会改变 MM 曲面和 FF 曲面的位置[因为(8·4-2)式和(8·4-4)式中的外生变量都保持不变]。最终新的均衡点 $A_1(F_1,r_1,M_1)$ 将会右下移:均衡利率会有所下降,而公众持有外国债券存量则会有所增加(这对应着资本短期流出)。

这里,当本国公众持有的外国债券达到了新的供需均衡点时,资本的短期流出就会停止,只有 r 再次下降时才能再次启动新一轮的短期资本流出——这一结论是资产组合分析理论对资本短期流动理论的一个重要的理论突破。

从经济直观上来看,问题其实很简单,当本国债券供给存量减少时,必会使本国债券价格上升,这会破坏金融资产市场原有的平衡,促使国内均衡利率下降而产生替代效应,导致公众对外国债券的需求增加,从而引发短期资本流出,对金融资产存量的结构进行内生的自动调整,但到了三个金融资产市场存量的结构又达成新的一致均衡时,这一资本流出就会自然停止。

(二)资产供给总量—结构同时变动对短期资本流动的影响

(1)央行新发货币而增加资产供给总量对短期资本流动的影响

这可以包括央行购买政府新发行的本国债券或是央行购买经常账户收支的外汇顺

差两种不同情况——这两种情况的经济效果相同,都是导致货币供给存量 M 和资产供给总量 W 同步等额增加,见图 $8·4-3$。

这时,真正外生变量的变动则只是 W 上升(但此时,央行增发货币其实也对内生变量 M 产生了一次性的外生扰动——对此的深入分析可见附录 $8·4-2$)。当 W 上升时,一方面会使 WW 曲面右移[因为 W 增大但 N 又不变,会使 $(8·4-1)$ 式中对应于每一 M 值的 F 值相应增大才能实现新的平衡];另一方面又会使 NN 曲面下移[因为 W 增大但 N 又不变,会使 $(8·4-3)$ 式左端的本国债券供给比例下降,所以右端的均衡利率会相应下降,以使右端的本国债券需求比例与左端同比下降,从而实现新的均衡]——这意味着新的均衡利率必会有所下降;再一方面还会使 MM 曲面和 FF 曲面分别上移[因为 W 增大,$(8·4-2)$ 式和 $(8·4-4)$ 式左端的供给比例分别下降,所以右端的均衡利率会相应上升,以实现新的均衡]。最终新的均衡点将会右下移:均衡利率会有所下降,而公众持有外国债券的存量则会有所增加。

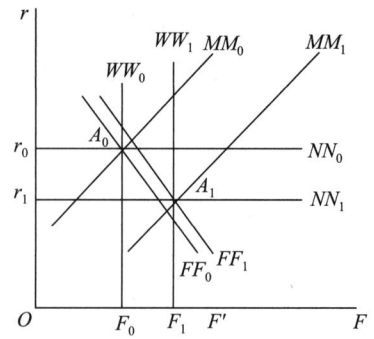

图 $8·4-3$　央行新发货币而增加资产供给总量对短期资本流动的影响

从经济直观上来看,当央行通过新发货币来增加资产供给总量时,必会破坏金融资产市场的原有平衡,促使国内均衡利率下降而产生替代效应,还会由于总资产增加而产生财富效应,二者都会导致公众对外国债券的需求增加,从而引发资本短期流出,对金融资产存量的结构进行内生的自动调整,直到三个金融资产市场存量的结构达成新的一致均衡,这一资本流出才会自然停止。

(2)政府向国内公众新发本国债券而增加资产供给总量对短期资本流动的影响

政府向国内公众增发本国债券会引起国内债券存量 N 和资产总存量 W 的同步等额增加。这时真正外生变量的变动是 W 上升和 N 上升(此时,央行没有对内生变量 M 进行直接扰动——这里隐含了央行没有同时在国内债券市场上进行公开市场操作的假定),见图 $8·4-4$。

N 和 W 的同步等额增加,不会改变 WW 曲面的位置,但会使 MM 曲面、NN 曲面和 FF 曲面分别上移。所有这些都意味着新的均衡点必定会上移——即新的均衡利率会有所上升,但新的均衡点究竟是右上移、左上移还是垂直上移则具有不确定性。

假定在政府向公众增发本国债券之前,三个外生变量的值分别为 r_f、W_0 和 N_0,其三个内生变量的一致均衡值为 (F_0, r_0, M_0),位于截平面 $M = M_0$ 上。当时各均衡曲面在截平面 $M = M_0$ 上的各截线位置分别是:WW_0、MM_0、NN_0 和 FF_0。这四条截线恰好相交于同一点 $A_0(F_0, r_0, M_0)$,三个金融资产市场处于一致均衡状态。

而在政府向公众增发本国债券之后,使 N 上升到 N_1,同时 W 也上升到了 W_1。这时,设若其三个内生变量的新的一致均衡点 $A_1(F_1, r_1, M_1)$ 位于截平面 $M = M_1$ 上,各新均衡曲面在该截平面上的各截线位置分别是 WW_1、MM_1、NN_1 和 FF_1，则我们可以肯定在该截面上 MM 曲线的位置一定会比原截面 $M=M_0$ 上的位置上移，但这新的一致均衡点却既可能是右上移[当 MM_1 截线上移幅度较小时，见图(a)]，也可能是左上移[当 MM_1 截线上移幅度较大时，见图(b)]，还可能是垂直上移[当 MM_1 截线上移幅度适中时，见图(c)]——即公众持有外国债券存量既可能是增加，也可能是减少，还可能是保持不变。

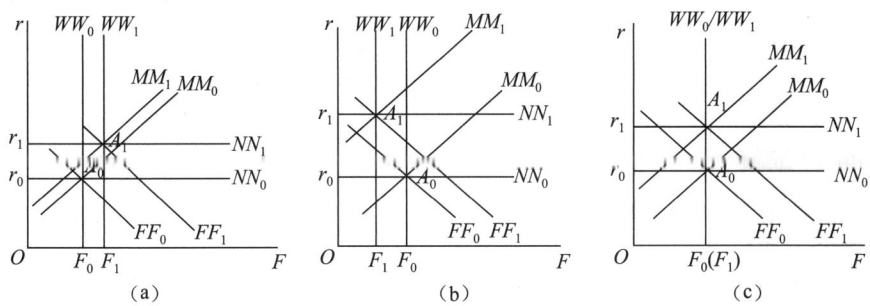

8·4-4 政府向国内公众新发本国债券而增加资产供给总量对短期资本流动的影响

从经济直观上来看，实际上，当政府通过向公众增发本国债券来增加资产总供给量时，一方面，本国债券供给的增加会促使国内均衡利率上升产生替代效应导致公众对外国债券的需求减少；另一方面，资产总量的增加又会产生财富效应导致公众对外国债券的需求增加。所以，这里资本最终究竟是净流出还是净流入，还需要进一步考察替代效应和财富效应二者孰强孰弱的问题：①当财富效应较强而替代效应较弱时[MM_1 截线上移幅度较小，见图(a)]，会带来资本的短期净流出；②当财富效应较弱而替代效应较强时[MM_1 截线上移幅度较大，见图(b)]，则会带来资本的短期净流入；③当二者恰好相互抵消时[MM_1 截线上移幅度适中，见图(c)]，则不会发生资本的短期净流动。

此外，若要进一步运用此模型来进行长期均衡分析，则还需要再将实际收入变量 y 内生化……

跟汇率的资产组合分析理论一样，国际收支的资产组合分析理论在短期均衡分析中，也扬弃了传统的供需流量均衡分析法，并改进了货币主义不考虑风险报酬的货币市场供需存量均衡分析法，论证了是各种金融资产组合供需存量收益—风险的短期一致均衡决定着国际资本流动的短期均衡，从而具有跟汇率的资产组合分析理论类似的创新意义，这里不再赘述。

当然，该理论也同样存在跟汇率的资产组合分析理论类似的一些重要缺陷，这里也不再赘述。

第五节 国际收支的调节政策体系

在现实经济活动中,有时需要适当依靠政府采取各种干预和调节政策来帮助纠正国际收支失衡。一般来说,可将这些政策分为弥补政策、经济调整政策和直接管制政策三大类,分别用于弥补各种国际收支缺口、消除造成国际收支失衡的内在原因和直接限制国际收支。

一、弥补政策

弥补政策是指利用国际储备及外国资本来弥补国际收支缺口的政策,根据利用外资主体的不同可分为外汇缓冲政策和利用外资政策两种。

(一)外汇缓冲政策

外汇缓冲政策是指运用官方储备及官方的对外短期借贷来弥补国际收支。它主要适用于弥补国际收支的综合差额和官方结算差额,包括单纯利用官方储备来弥补综合差额,以及综合利用官方储备以及官方短期借贷来弥补官方结算差额。显然,外汇缓冲政策有助于缓解本国短期性的资金短缺和外汇短缺问题,不但可以使本国经济和汇率避免或减轻由于短期性收支缺口所造成的无谓波动,而且简便易行。一般来说,外汇缓冲政策特别适用于弥补投机性失衡、偶然性失衡、货币性失衡以及周期性收入失衡等造成的短期性收支缺口,并且还可以在调整持久性收入失衡以及结构性失衡的过程中作为辅助性政策工具以帮助经济调整平稳过渡。但外汇缓冲政策的局限性在于,一国官方的短期清偿能力(包括储备资产和对外短期借贷能力)毕竟是有限度的,而对那些长期性收支缺口来说往往还需要进一步依靠下述的利用外资政策来加以弥补。

(二)利用外资政策

利用外资政策是指利用民间的各种对外短期借贷及外来长期投资来弥补国际收支。它主要适用于弥补国际收支的基本差额和经常账户收支差额,包括单纯利用民间的对外短期借贷来弥补基本收支差额,以及综合利用民间的各种外来长期投资以及短期对外借贷来弥补经常账户收支差额。利用外资政策有助于缓解本国长期性的资本短缺和外汇短缺问题,可以借助于外国资本来发展本国经济、促进技术进步和提高本国的国际竞争力……一般来说,利用外资政策是在调整持久性收入失衡和结构性失衡的过程中一个极为重要的用于弥补本国长期性收支缺口的政策工具。利用外资政策的局限性在于,因为借用的外资终究是要归还的,即便是外来的直接投资将来也有可能被撤回,所以说利用外资政策仍然只是一种弥补政策,如果不能通过引进外资而有效地发展本国经济、促进技术进步以提高本国的国际竞争力,则终将陷入债务危机的泥潭而难以自拔。

总的来说,单纯依靠弥补政策本身并不能消除造成国际收支失衡的内在原因,要想消除或减轻造成国际收支失衡的内在原因,往往还需要结合下述的经济调整政策才行。

二、经济调整政策

这里是指采取调整国民经济总量及资源配置的各种非管制性的需求或供给政策来消除或减轻那些造成收支失衡的内在原因。

(一)需求调整政策

从需求管理的角度来看,人们通常把全部需求调整政策分为支出变更政策和支出转换政策两大类。由前面的讨论可知,对收入性失衡、货币性失衡等来说,是需要采取一定的需求调整政策来消除或减轻那些造成收支失衡的内在经济原因的。

1. 支出变更政策

支出变更政策是指运用改变社会总需求或总支出水平的政策来消除或减轻那些造成国际收支失衡的内在原因,一般指财政政策和货币政策。它们主要适用于调整货币性失衡和收入性失衡。紧缩性的财政和货币政策具有降低社会总需求和引起本国利息率上升的作用,可以减少本国对外国商品、服务以及外国金融资产的需求,并且还会引起外国对本国金融资产需求的增加,从而可以改善国际收支逆差;反之,扩张性的财政和货币政策具有提高社会总需求和引起本国利息率下降的作用,可以增加本国对外国商品、服务以及外国金融资产的需求,并且还会引起外国对本国金融资产需求的减少,从而可以减少国际收支顺差。

支出变更政策的局限性在于,国际收支的改善需要以牺牲国内经济目标为代价,如紧缩性的经济政策会抑制本国的经济增长和充分就业,尤其是在本国经济增长乏力和失业严重的情况下,这种经济调整政策的副作用过大而不宜采用。

2. 支出转换政策

支出转换政策是指运用不改变社会总需求或总支出水平而改变其需求或支出方向或结构的政策来抵消或减轻那些造成国际收支失衡的内在原因,一般指汇率政策和货币工资率政策。其中,汇率政策是指运用改变本币汇率的政策来抵消那些造成国际收支失衡的内在原因;而货币工资率政策则是指运用调整本国货币工资率的政策来抵消那些造成国际收支失衡的内在原因。它们主要适用于调整货币性失衡和收入性失衡。本币贬值政策会使进口商品和服务的本币价格相对上升,使得本国居民将一部分进口支出转移到购买进口替代品或国内服务上来,从而可以改善国际收支逆差;而工资下调政策则会使本国商品和服务的生产成本和价格相对下降,使得本国居民将一部分进口支出转移到购买进口替代品或国内服务上来,从而也有利于支出转换和改善国际收支逆差。反之,本币升值政策会使进口商品和服务的本币价格相对下降,使得本国居民增加对进口商品和服务的转移需求,从而可以减少国际收支顺差;而工资上调政策则会使本国商品和服务的生产成本和价格相对上升,使得本国居民增加对进口商品和服务的转移需求,从而也有利于支出转换和减少国际收支顺差。

这些非管制性支出转换政策的局限性在于,它们对国际收支的影响效果会受到本国进出口供需弹性大小的制约,并且通常还有一个滞后的J曲线效应。在本国处于充分就业或接近充分就业的情况下还有引起国内通货膨胀的风险;汇率的不当调整会影响到公众预期汇率的不确定性,还潜藏着引发公众进行外汇投机的风险,而要利用降低国内工资水平的办法来改善国际收支,在实践上还会遇到很大的阻力。

(二)供给调整政策

从供给管理的角度来看,主要有科技政策和产业政策等经济调整政策,旨在促进一国的技术进步,改善一国的经济结构和产业结构,以增加出口产品和服务的竞争力,发展进口替代品的生产,以及调整出口产品结构等来促进出口或减少进口,最终改善本国的国际收支。特别是对于国际收支的结构性失衡,单纯的弥补性政策和需求性经济调整政策往往只能治标(暂时缓解国际收支失衡)不能治本(不能消除造成国际收支失衡的内在原因),供给性经济调整政策则是治本之策,尤其是如果能把它与利用外资政策有机地结合起来,还可以更为有效地实现治本的政策目标。

三、管制政策

管制政策是指运用外贸管制和外汇管制政策来鼓励出口和限制那些造成国际收支失衡的进口需求。这里,限制进口的管制政策在本质上也属于需求管理的范畴——可以看作一种管制性的支出转换政策,而且是一种"择类性"需求管理政策工具,尤其适用于调控结构性失衡。但它一般只暂时用于抑制那些恶性的持久性失衡,在通常的非管制性经济调整政策一时难以奏效的情况下才不得已而暂时使用。

按各种管制措施的不同性质可将管制政策分为数量管制措施和价格管制措施(前者可称为直接管制措施,后者则可称为间接管制措施)两大类:前者一般是针对进出口及资本流动的各种直接的数量管制措施,主要有进口许可证、进口配额和外汇管制等措施;后者则既有针对进口管制的关税壁垒及复汇率制,又有旨在促进出口的出口退税或补贴、出口信贷优惠等措施,还有旨在限制资本流动的所谓"托宾税"。通过对不同交易项目(如区分经常项目和金融项目)采取不同外汇管制政策,对不同进口品采用进口许可证、不同的进口配额及关税率,对不同出口品采用不同的退税率或出口补贴以及出口信贷优惠等管制措施,可以比一般的全面性经济调整政策更为灵活地调整进出口贸易和国际收支。

管制政策具有立竿见影和比较灵活的极大优点,尤其是可以在一定时期内用来对那些通常经济调整政策一时难以奏效的恶性失衡及时有效地加以遏制。管制政策的局限性在于,并不能真正消除造成失衡的内在原因,因而还必须结合必要的供需调整政策来消除造成失衡的内在原因,后者才是治本之策;而且,管制政策还容易引起贸易纠纷,并受到WTO规则的种种限制;此外,管制政策还存在管制机构的行政效率低下,以及容易产生走私、套逃汇、寻租和贿赂等弊端。

  在现实经济中,一国当局在调控国际收支的同时,还必须兼顾其内部经济目标,需要恰当地综合搭配和运用好各种可用的经济政策,有关这方面的内容我们将在第十章做进一步的讨论。这里预先强调两点:一是各种政策调节虽然具有可以弥补市场失效或加速调整过程的功效,但它们的奏效需要一定的前提条件,并且必须真正做到对症下药才能有效;二是有得必有失,任何政策调节都有其社会成本问题,这一点也不容忽视。

第九章 国际货币体系和货币危机理论

本章介绍有关国际货币体系的一些基本知识(第一节),并重点探讨三代货币危机理论(第二节至第四节)以及货币危机的传染理论(第五节)。

第一节 国际货币体系

国际货币体系(International Monetary System),又称国际货币制度或国际货币秩序,是世界各国在开放经济下针对其本位货币、货币汇率、国际清偿力、国际收支调节方式等方面进行的货币制度安排,以及协调各国货币关系的一系列国际性规则、惯例和组织形式。国际货币体系涉及国际金融的各个方面。

一、国际货币体系概述

国际货币体系是在各国货币制度的基础上,通过世界各国在实践中形成的一些约定俗成的国际规则和惯例而自发形成,抑或通过世界各国协商达成的一些国际条约和协议而人为建立的。

(一)国际货币体系的作用和功能

国际货币体系的作用是保障和促进国际贸易、投资及世界经济的稳定发展,协调各国独立的经济活动,使各国的经济资源得到充分与合理的利用。国际货币体系具有以下三大功能:

第一,规定用于国际结算的支付手段的国际本位货币(international standard currency)和储备资产(reserve assets)或称国际储备(international reserve)。最初,作为世界范围内一般等价物的世界货币,是以自然形态的黄金出现的。后来,由于世界上黄金的储备量和新增产量有限,制约了国际清偿力的供给,不能满足国际清偿的需求,因此就需要人为确立能替代黄金发挥世界货币职能和作用的国际本位货币,这是国际货币制度的最根本内容;在此基础上,还要进一步确定能为世界各国所普遍接受的国际储备资产,以及它们的总量和构成,这也是国际货币制度的一项重要内容。

第二,确定国际汇率制度(international exchange-rate system)。这是以世界货币或国际本位货币为中心,各国汇率制度安排(各国对于其货币对外币汇率的确定及变化调整机制的制度安排)的自然形成或人为约定。因为各国货币间汇率的变化极大地影响着各国的经济利益和经济稳定,所以需要确定一个能够协调各国汇率调节及经济利益的国际汇率制度框架,以避免各国之间发生完全无序的汇率战和货币战,使整个世界的经济贸易受损。这是国际货币制度的又一项重要内容。

第三,规定各国国际收支失衡的调节方式和合作机制。各国国际收支不平衡及官方储备的变动会直接导致汇率的波动,进而会影响整个国际货币体系的稳定。因为当一国采取措施调节其国际收支状况时,必将冲击到其经贸伙伴国的国际收支和宏观经济稳定,所以还需要安排一套能够协调与整合各国国际收支调节的原则、途径和合作机制。这又是国际货币制度的一项重要内容。

(二)国际货币体系的划分和演变

(1)国际货币体系的划分

国际货币体系的划分可以从国际本位货币和国际汇率制度两个不同角度进行区分。国际本位货币是国际货币体系的基础。根据国际本位货币的不同来划分国际货币体系,有国际金币本位制货币体系、国际金块—金汇兑本位制货币体系、国际黄金—信用纸币本位制货币体系,以及纯粹国际信用纸币本位制货币体系。国际金币本位制货币体系,只以黄金作为国际本位货币;国际金块—金汇兑本位制货币体系,同时以黄金和若干种跟黄金挂钩的可自由兑换的特定纸币作为国际本位货币;国际黄金—信用纸币本位制货币体系,同时以黄金和某种跟黄金挂钩的可自由兑换的特定纸币作为国际本位货币;纯粹国际信用纸币本位制货币体系,则是以某种跟黄金脱钩的可自由兑换的特定纸币作为国际本位货币。

国际汇率制度是国际货币体系的核心。按国际汇率制度的不同来划分国际货币体系,可以分为国际固定汇率制货币体系和国际浮动汇率制货币体系(又称国际混合汇率制货币体系)两大类。

当然,我们也可以同时以国际本位货币和国际汇率制度的不同来为国际货币体系分类。比如,在国际金币本位制条件下的国际固定汇率制度货币体系,在某种跟黄金挂钩的纸币作为国际本位货币条件下的可调整国际固定汇率制度货币体系,在某种跟黄金脱钩的信用纸币作为国际本位货币条件下的国际浮动汇率制度货币体系等。

(2)国际货币体系的演变

各个历史时期的国际货币体系在不断演变,最早出现的国际货币体系是金本位国际固定汇率制货币体系,大约形成于 1880 年而延续至 1913 年。此后,第一次世界大战的爆发使典型金本位制度崩溃,国际货币关系陷入混乱,各国不得不纷纷停止黄金的兑换,并采取浮动汇率制的形式。1925 年之后,各国又开始致力恢复金本位制,但这时建立的是金块—金汇兑本位国际固定汇率制货币体系。1929—1933 年,大危机的爆发再次使国际货币关系陷入混乱,金块—金汇兑本位制又随之垮台。第二次世界大战以后,1945—1973 年,国际上实行的是布雷顿森林体系——美元—黄金本位可调整的国际固定汇率制货币体系。1973 年,布雷顿森林体系宣布崩溃;之后,世界又进入了牙买加协议体系——

与黄金脱钩的美元信用本位国际浮动汇率制货币体系时期。

二、早期典型的国际金本位体系

早期典型的金币本位国际货币体系(international monetary system under gold coin standard)是建立在世界主要发达国家均自发实行金币本位制(gold coin standard system)的基础上的,是以自发形成的"世界货币"(world currency)黄金作为国际本位货币的一种固定汇率的国际货币体系。在早期的典型金币本位制下,流通中的货币除金币外,还有可兑换为货币黄金的银行券及其他金属辅币,但只有黄金货币具有本位货币的全部职能。英国作为最早的发达的资本主义国家,于1816年就公布了铸币条例,并于1821年实行了金币本位制,成为世界上第一个实行金币本位制的国家。到19世纪末,主要资本主义国家普遍实行了金币本位制,从而在世界范围内自发形成了一个以英镑为中心的典型的国际金币本位制货币体系。

(一)典型国际金币本位体系的三项基本特征

在早期典型的国际金本位体系下,世界各国均以金币为本位货币,具有金币自由铸造、金币与纸币自由兑换和黄金自由输出入的三项基本特征。此时,各国均规定以黄金为本位货币金属,并确定本国本位货币(金铸币)的货币单位名称与含金量;居民可持黄金请求铸造或向国家银行兑换成金币,也可将持有的银行券和辅币兑换成金币;实行自由的多边结算制度,黄金是国际结算的最后支付手段,可以在国际上自由流动。所有这一切是各国在自行规定为其货币在国际范围内发挥世界货币职能所做出的规定和采取的措施大致相同的基础上而自发形成的。

(二)国际金币本位制的积极作用

第一,在国际金币本位制度下,各国货币的价值和物价比较稳定,流通中的货币量能自发地适应商品流通的需要。当流通中的金币过剩时,一部分金币会自动退出流通领域,由流通手段和支付手段转变为储藏手段;而当流通中的金币不足时,储藏中的金币又会回流进入流通领域,而且各种金属辅币和银行券也能稳定地代表一定数量的黄金进行流通,从而保持金币面值的稳定和物价的稳定。

第二,在国际金币本位制度下,各国货币的汇率稳定波动非常轻微。由于各国货币单位均有一定的含金量,所以各国货币间的汇率就以各国货币的含金量为基础由所谓铸币平价来决定,而一国货币汇率波动的上限与下限会受到其铸币平价加或减黄金的国际运送费用(包括运费、保险费和包装费),即黄金输出点和黄金输入点的严格限制。

第三,在国际金币本位制度下,各国国际收支的失衡可以实现自动调节。英国经济学家休谟早在1752年就提出了"价格—铸币流动机制"理论,解释了在金币本位制下国际收支失衡的自动调节机制。但若要让国际金币本位充分发挥自动调节国际收支的作用,则各国必须严格遵守以下三项原则:①保持本国货币法定含金量的稳定,并维持货币随时可按官方比价无限制地自由兑换黄金;②货币发行一定要有一定数量的黄金储备;③外汇市场自由交易,黄金自由输出入。这样国内的货币供给量将会因黄金流入而增加,因黄金流出而减少。

由于国际金币本位制度的上述作用,从19世纪70年代到第一次世界大战前夕这段时期,被认为是国际金本位制的"黄金时代"。稳定的物价水平与货币汇率,以及较为稳定的世界经济环境,极大地促进了当时世界各国的经济增长与贸易发展,资本主义由此创造了过去几千年来所没有的奇迹。

(三)国际金币本位体系的结束

国际金币本位制的正常运行,取决于货币黄金的增加能否满足经济发展的需要。当世界黄金存量的增长速度落后于世界经济贸易增长的需要时,就会导致国际清偿力的不足,从而严重制约各国经济的发展。

因此,随着资本主义经济的发展,国际金币本位制也日趋不稳定。由于世界采金部门的生产落后于其他工业部门,世界市场黄金供应量日趋不足,而且由于各国经济发展的不平衡,各国的黄金储备量也相差很大:第一,一些国家为准备和应付第一次世界大战而尽量把黄金集中于中央银行,金币的自由铸造难以实现了;第二,一些国家由于军费支出遽增,为弥补财政赤字而大量增发中央银行纸币和银行券,结果是中央银行纸币和银行券的自由兑换也不能实现了;第三,各国为保持其黄金储备而相继采取了限制甚至禁止黄金输出的措施,又造成黄金在国际自由流动严重受阻。这样,国际金币本位制所要求的三项原则均已难以为继,随着第一次世界大战的爆发,各国政府也就相继放弃了金币本位制。

三、两次世界大战之间的畸形国际金本位体系

两次世界大战之间的畸形国际金本位制度是一种人为建构的国际金块—金汇兑本位制度。第一次世界大战期间,国际金融秩序陷入混乱。第一次世界大战结束后的初期,各国政府又试图通过大量的公共开支来恢复经济,结果使大多数欧洲国家都发生了恶性通货膨胀,从而许多国家开始怀念金币本位制时期相对稳定的金融环境。1919年,美国率先恢复了传统的金币本位制。其他国家则因黄金储备不足而难以恢复过去的金币本位制,但又希望能在一定程度上恢复金本位制。1922年,英国、法国、意大利、日本等国在意大利的热那亚召开了一次世界货币会议,通过了一项恢复金本位制的行动纲领。由于世界的黄金供给量无法充分满足各国中央银行国际储备的需要,会议决定采用"节约黄金"的原则,由英、法两国实现金块本位制,其他国家则实行(独立)金汇兑本位制,我们将这一畸形的国际金本位制度称为国际金块—金汇兑本位制度。

(一)金块本位制

金块本位制(gold bullion standard system)的主要特征是:对实行金块本位制的国家来

说,①国家的本位货币不再是金币,并停止金币的自由铸造,而以代表一定含金量的中央银行纸币和银行券成为法定货币,具有强制流通能力;②该国中央银行拥有较充足的黄金储备,规定本国本位货币的法定含金量并直接与黄金挂钩,一方面按法定价格无限制地收购金块,另一方面又按法定价格有限制地为法定货币兑换金块。

将金块本位制与金币本位制相比,两者的一个重要不同在于:一国在典型的金币本位制下,中央银行纸币和银行券虽非法定货币,但可以无限制地兑换黄金;而在畸形的金块本位制下,中央银行纸币和银行券虽成为法定货币,却不能自由兑换黄金。

(二)金汇兑本位制

金汇兑本位制(gold exchange standard system)有以下两种不同形式:

1.殖民地国家的附庸金汇兑本位制

对于实行附庸金汇兑本位制(tributary gold exchange standard system)的国家来说,其主要特征是:①国内以银币为本位货币,并以法定汇率与其宗主国的金块本位货币挂钩;②该国在宗主国保存有一定的宗主国货币,作为外汇平准基金,并按法定汇率无限制地向本国居民出售宗主国货币的汇票,以满足其对外支付的需要;③国内的银币不能自由铸造,以限制银币的供应量,使本国银币与宗主国本位货币之间的汇率稳定(从而也间接地与黄金保持稳定的比价关系)。

可见,在殖民地国家的附庸金汇兑本位制下,其本位银币的法定价值已脱离了白银本身的市场价值,而取决于本位银币跟宗主国货币之间的法定汇率。

在第一次世界大战后,印度、菲律宾、巴拿马等殖民地国家采用了这种附庸金汇兑本位制。

2.独立国家的独立金汇兑本位制

对实行独立金汇兑本位制(independent gold exchange standard system)的国家来说,其主要特征是:①国家的本位货币也不再是金币,并停止金币的自由铸造,而以代表一定含金量的中央银行纸币和银行券作为法定货币,具有强制流通能力;②该国中央银行拥有一定的黄金和外汇储备,也规定本国本位货币的法定含金量但并不完全与黄金挂钩,当本国居民要求本国银行将法定货币兑现时,银行可以在黄金和外币汇票中任给兑换一种,居民无权选择。

将独立金汇兑本位制与金块本位制相比,两者的主要不同在于:一国在金块本位制下,居民可以有限制地要求按法定价格兑换金块;而在独立金汇兑本位制下,银行有权决定按法定价格在黄金和外币汇票中任给兑换一种,并且事实上银行大多是选择兑换外币汇票。

再将独立金汇兑本位制与附庸金汇兑本位制相比,两者的主要区别有两点:一是附庸国家的本位货币与其宗主国的本位货币保持一定的比例关系,受到宗主货币制度的约束和影响,其货币制度具有附庸性;而独立国家的本位货币则与黄金保持一定的比例关系,不受任何外国货币制度的约束和影响,其货币制度具有独立性。二是附庸国家的银行只能无限制地向本国居民出售其宗主国货币的汇票;而独立国家的银行则可以无限制地向本国居民出售任何强势外国货币的汇票。

第一次世界大战后,德国、比利时、荷兰、奥地利、芬兰和希腊等30多个独立国家因国内存金不多连金块本位制都难以实行,但也希望能恢复金本位制,所以采取了这种更加节省黄金的独立金汇兑本位制。

到1928年年底,第一次世界大战前实行金本位的国家基本上都恢复了金本位,黄金在各国之间再度实现自由流通。但此时的国际金本位制度与战前已大不相同。黄金的地位比过去削弱了,实际上只有美国实行的是完整的金币本位制,连英、法两国实行的也只是金块本位制。国际金本位自动调节机制作用的发挥进一步受到了限制。

(三)国际金本位制的崩溃与货币集团的建立

第一次世界大战以后,各国勉强恢复的国际金块—金汇兑本位制,终于在1929—1933年空前严重的世界性经济危机中全部瓦解。首先,澳大利亚、巴西和阿根廷等国因国际收支逆差无法弥补,黄金大量流失,于1929年年末和1930年年初相继放弃了金本位制。其次,由于经济危机的影响,英国的国际收支也陷入困境,更加雪上加霜的是世界各国以法国为首在1931年爆发的金融危机中,还纷纷向英国兑换黄金,英国难以应付,最终也被迫于1931年9月21日终止了金本位制。与此同时,一大批以英国为中心的金汇兑本位制国家(如印度、爱尔兰、西班牙等国),也相继放弃了金本位制。最后,美国在其他国家放弃金本位制货币贬值的压力下,大量黄金外流,许多银行倒闭,也不得不于1933年3月停止兑换黄金,放弃了金本位制,并宣布美元贬值。……这样,国际金本位制在资本主义世界空前严重的经济大危机中彻底瓦解,并从此退出了历史舞台。

1929—1933年的资本主义经济危机是导致国际金本位制崩溃的直接原因;而在金本位制度下,货币黄金的供应量要受限于黄金的产量,但黄金的产量又要受资源和生产能力的限制,最终难以保持与世界商品生产同步增长,则是导致金本位制最终退出历史舞台的根本原因。

国际金本位制度结束后,20世纪30年代后期国际货币秩序陷入了一片混乱。在重新划分势力范围的争夺中,英镑、美元和法郎曾各自形成相互对立的货币集团(currency blocs)。各货币集团之间的汇率浮动频繁,各国盛行外汇管制,国际贸易受阻,国际资本流动几乎陷于停顿。

四、第二次世界大战后的布雷顿森林体系

(一)布雷顿森林体系的建立

在第二次世界大战还没有结束的时候,同盟国即着手拟定战后的经济重建计划,希望能够避免两次大战之间的那种混乱的世界经济秩序。重建计划主要由英、美两国推动,其目标在于寻求国际经济合作和全球经济问题的解决。英国在第二次世界大战中受

到巨大创伤,经济遭到严重破坏,而美国则在第二次世界大战后成为世界第一号经济强国,英、美两国政府都从本国的利益出发,设计新的国际货币制度,于 1943 年 4 月 7 日分别发表了各自的方案,即英国的"凯恩斯计划"和美国的"怀特计划"。

"凯恩斯计划"有四个主要内容:第一,由国际清算联盟发行一种名叫班柯(Bancor)的国际货币以作为各国中央银行或财政部之间结算之用,班柯与黄金之间有固定的比价;第二,各国货币按一定的比价与班柯建立固定汇率,这个汇率是可以调整的,但不能单方面进行竞争性的货币贬值,改变汇率必须经过一定的程序;第三,各国中央银行在国际清算联盟中开立账户,彼此间用班柯进行申请透支或提存,但成员国不需要缴纳黄金或现款,当一国的国际收支有顺差时就将该款项存入其账户,发生逆差时则可按规定的份额申请透支或提存;第四,各成员国在国际清算联盟所承担的份额,以第二次世界大战结束后前 3 年的平均进出口贸易额计算,当一国的借贷余额超过其规定份额一定比例时,无论是盈余国还是赤字国均需对其国际收支的不平衡采取措施。

"怀特计划"的要点则是:第一,设立一个国际货币稳定基金,资金总额 50 亿美元,各会员国以黄金、本国货币或政府债券认缴,份额取决于各国的黄金外汇储备、国民收入和国际收支状况等因素,根据各国的份额确定各国在基金内的投票权;第二,基金组织发行一种国际货币名叫尤尼它(Unita),作为计算单位,相当于 10 美元,可以兑换黄金,也可在会员国之间转移;第三,各国货币要与尤尼它按一定比价建立固定汇率,非经基金组织同意不得任意变动;第四,基金组织的任务主要是稳定汇率,并对会员国提供短期信贷以协助解决国际收支不平衡问题。

1934—1944 年,英、美两国的政府代表团就国际货币计划展开了激烈的争论,鉴于美国在政治上和经济上的实力,英国最后接受了美国的方案,美国也做出了一些让步,最后双方达成协议。1944 年 7 月在美国布雷顿森林市召开的 44 个同盟国家国际货币金融会议上通过了以美国怀特方案为基础的《国际货币基金协定》和《国际复兴开发银行协定》,总称《布雷顿森林协定》,建立起一个人称"布雷顿森林体系"(Bretton Woods System)的美元—黄金本位国际货币体系(International Monetary System of U. S. Dollar – gold Standard),或者更准确地说,是一种美元本位—金汇兑国际货币体系(International Monetary System of U. S. Dollar Standard – gold Exchange)。

(二)布雷顿森林体系的主要内容

第一,建立一个永久性的国际金融机构(international financial institution),即国际货币基金组织(International Monetary Fund, IMF),旨在促进国际货币合作(international monetary cooperation)。国际货币基金组织是第二次世界大战后国际货币制度的核心,它的各项规定构成了国际金融领域的基本秩序,它对会员国融通资金,在一定程度上维持着国际金融形势的稳定。

第二,实行美元本位—金汇兑制(U. S. Dollar Standard – gold Exchange System)。规定了以美元作为等同于黄金的国际本位货币和最主要的国际储备货币。美元直接与黄金挂钩,规定每盎司黄金等于35美元,各国政府或中央银行随时可用美元向美国按官价兑换黄金。

第三,实行可调整的固定汇率制。各成员国的货币与美元挂钩,规定与美元的汇率,从而间接与黄金挂钩,各国货币均与美元保持固定汇率,但在出现国际收支基本不平衡时,经国际货币基金组织批准可以进行汇率调整,所以叫作可调整的固定汇率制。

第四,废除经常项目的外汇管制。《国际货币基金组织协定》第8条规定会员国不得限制经常项目的支付,不得采取歧视性的货币措施,要在兑换性的基础上实行多边支付。但国际货币基金组织还允许成员国对资本流动实施外汇管制;并且在战后过渡时期内,可以延迟履行货币可兑换性的义务。

第五,国际货币基金组织向国际收支赤字国提供短期资金融通,以协助其解决国际收支困难。规定国际货币基金组织可按赤字国家的需要实行限额分配,并制定了"稀缺货币"条款——当一国国际收支持续盈余,并且该国货币在国际货币基金组织的库存下降到其份额的75%以下时,国际货币基金组织可将该货币宣布为"稀缺货币",其他国家有权对"稀缺货币"采取临时性限制兑换,或限制进口该国的商品和劳务。这一条款的设置是希望盈余国主动承担调整国际收支的责任,但是这个条款并未真正得到实施,在布雷顿森林体系条件下,国际收支失衡的调整负担仍然不对称。

(三)雷顿森林体系的积极作用

第二次世界大战后建立的美元—黄金本位货币的国际货币制度,对战后世界贸易和经济的发展起到了极大的促进作用。

首先,固定汇率制保持了汇率的相对稳定,为国际贸易和投资活动的开展创造了有利条件。由于确定了美元等同黄金起国际本位货币的作用,规定了美元与黄金、各国货币与美元的基准比价,并通过国际货币基金组织的监管和各国对外汇市场的干预,基本上消除了原来国际货币金融秩序分裂混乱和汇率急剧波动的现象。

其次,美元作为黄金的补充,处于等同黄金的国际本位货币地位,弥补了国际清偿能力的不足,推动了国际贸易的发展。美国利用美元具有世界货币职能作用的有利地位,向全世界大量投放美元,在加强了美国对外扩张能力的同时,也扩大了世界各国的购买力,弥补了国际清偿能力的不足。

再次,要求成员国取消或放宽外汇管制,又在一定程度上为第二次世界大战后国际贸易的发展消除了部分障碍。

最后,国际货币基金组织为成员国提供多种类型的短期和中期贷款,也在一定程度上缓解了一些成员国的国际收支逆差压力,有助于世界经济的稳定与增长。

(四)布雷顿森林体系的重要缺陷

尽管布雷顿森林体系取得了举世瞩目的成功,但也存在着重要的内在缺陷,并且随着世界经济的不平衡发展而日渐凸显。

国际经济学精要

1. 美元作为国际本位货币所面临的特里芬难题

美国耶鲁大学教授特里芬(R. Triffin)在其1961年出版的《黄金与美元危机:可兑换性的未来》一书中,对布雷顿森林体系进行了分析研究,指出布雷顿森林体系中存在着一个内在的"特里芬难题"(Triffin Dilemma),又称"特里芬悖论"——当全世界仅以某一种"主权货币"美元作为国际本位货币担当国际支付手段和国际储备手段之时,该货币就不得不同时承担了下述的相互矛盾着的双重职能:一方面,美元需要保持币值稳定,以维持美元与黄金按固定官价兑换的可持续性并维持人们对美元的信心(这要求美国保持其国际收支尽量少发生逆差,以维持美元与黄金的有限兑换能力);另一方面,美元又需要满足世界经济贸易增长对国际清偿力(international liquidity)产生的不断扩大的需求(这又要求美国保持其国际收支逆差,以满足国际贸易和投资对美元的支付需求以及世界各国对美元的储备需求)。而上述的两个方面,保持人们对美元的信心和保持美元的国际清偿力之间,是存在内在的矛盾性的,这被人们称作所谓的"特里芬难题"。因为,在布雷顿森林体系下,国际清偿力(美元供给)的增长需要通过美国的国际收支赤字来提供,而美国长期的国际收支赤字则又会使美国的黄金储备大量流失,造成美元的币值不稳,难以维持美元与黄金按固定官价兑换的可持续性,使美元的国际信用发生动摇。所以说在布雷顿森林体系下,美元陷入了"两难困境"。布雷顿森林体系的这种内在的不稳定性,会随着流出美国的美元日益增多而日渐暴露,最终诱发人们对美元的信心危机,这成为导致布雷顿森林体系崩溃的根本原因。

2. 国际收支失衡调节的不对称性

根据《布雷顿森林协定》,国际收支的失衡有两种调节方法:一是短期的失衡可由国际货币基金组织提供的信贷资金解决;二是长期的失衡则可通过调整汇率平价来解决。但是在实际运行中,由于国际收支失衡的调节存在以下的不对称性,结果使得上述两种方法的效用都不大。

首先,美国作为国际货币发行国,当其出现国际收支逆差时,可以为自身利益而简单地采用输出美元的方式来应对,并且又刻意不让美元对黄金贬值以更多地捞取"铸币税",这使调节国际收支失衡的重任主要落在其他国家身上。其次,国际收支顺差国则又可以为自身利益而简单地用过剩的美元储备向美国兑换黄金来减少美元储备,刻意不让本币对美元升值以保持其出口竞争力,从而又使国际收支顺差国与逆差国在国际收支调节上也存在不对称性。最后,调节国际收支失衡的重任就几乎完全落在了国际收支逆差国的身上。

从而,布雷顿森林体系下调节国际收支失衡存在的这种"不对称性",一方面使美国和顺差国为自身利益而不愿主动调整本国货币的汇率平价,导致了汇率僵化,几乎将调节国际收支失衡的重任完全压在了国际收支逆差国的身上;另一方面又由于国际货币基金组织通过配额筹集来的资金规模有限,多为短期性的,而且还对这笔资金的使用附有严格的条件,很难满足有巨额逆差国家的需要。这一切使布雷顿森林协定设计的对国际收支失衡的前述两种调节方法的效用都不大,最终常常迫使逆差国单方面承担经济紧缩政策来实现国际收支平衡。这种几乎是由逆差国单方面承担的国际收支失衡调节机制,不但有失公平,会对逆差国的内部经济造成过于严重的破坏;而且由于缺乏美国及有关顺差国的配合,其效果也大打折扣。事实上,在布雷顿森林体系运行的 20 多年里,国际收支大面积失衡的问题始终没有得到真正的解决,这成为导致布雷顿森林体系崩溃的又一个重要原因。

3. 固定汇率制约了各国货币政策的独立性

由于世界各国经济发展的不平衡,客观上要求各国采用各自独立的宏观经济政策来促进本国经济的发展,但布雷顿森林体系下固定汇率制的硬性约束严重束缚了一国实行独立的货币政策,尤其是后来在国际资本流动日益自由化的大趋势下,这一矛盾更是日渐突出,最终成为导致布雷顿森林体系固定汇率制瓦解的再一个重要原因。

(五)布雷顿森林体系的崩溃

在布雷顿森林体系建立初期,各国为恢复本国经济而迫切需要美元,但此时美国通过国际收支逆差所输出美元的数量却非常有限,于是形成了世界范围的"美元荒"局面。后来,随着各国经济的发展,美国的国际收支发生了变化,到 20 世纪 50 年代末期,美元的国际储备逐渐开始过剩,黄金储备大量外流,对外债务激增。到 1960 年,美国对外长期债务已经超过其黄金储备额,美元信用基础发生了动摇。当年,美国爆发了第二次世界大战后的第一次经济危机,并于 10 月引发了战后的第一次大规模抛售美元、抢购黄金的美元危机。美国要求其他主要西方国家与美国共同合作来稳定金融市场,各国虽然与美国有利害冲突和意见分歧,但是储备货币的危机直接影响到国际货币制度的稳定,也关系到各国的自身利益,因此各国采取了协调冲突、缓解压力的态度,通过国际合作先后设计出一系列措施来稳定布雷顿森林体系,以避免发生向美国挤兑黄金的风潮,稳定各国货币之间的汇率,这些措施也曾一度在短期内起到了一些作用。

但到 20 世纪 60 年代末至 70 年代初期,越南战争的连年庞大军事开支和财政赤字使美国的经济形势进一步恶化,国内通货膨胀持续上升,再加上这一时期美国又出现了战后的第二次经济衰退,产品的国际竞争力下降,商品贸易也在 1971 年出现了巨额赤字,从而使其国际收支进一步恶化,黄金储备继续下降,短期债务已超过 500 亿美元,同时有大量资本外流,实际上形成了美元泛滥的"美元灾"局面。这时,各国普遍认为美元定值过高,美元势必要贬值的局势已经非常明显。于是,1971 年 5 月在西欧主要金融市场上又一次掀起抛售美元、抢购黄金或联邦德国马克、瑞士法郎、日元等硬通货的浪潮。各国中央银行不得不大规模进行干预,有些国家还采取了外汇管制,甚至对外国存款倒收利息的措施,但所有这些都未能阻止资本从美国外流的狂潮,并在 1971 年夏天达到了顶点。终于,面对巨额的国际收支赤字与各国中央银行要求兑换黄金的压力,美国总统尼克松被迫于 1971 年 8 月 15 日宣布实行"新经济政策",其主要内容除对内采取冻结工资和物价,并削减政府开支等措施以外,对外还采取了两大措施:第一,停止官方的美元兑换黄金,终止每盎司黄金35美元的官方兑换关系,以截断美国黄金外流的官方兑换渠道;第二,征收10%的进口附加税,以扭转美国贸易赤字的趋势,并迫使主要外国货币对美元升值。美国宣布终止美元与黄金的官方兑换,实际上等于是在一定程度上废除了布雷顿森林协定,宣告历时25年的美元—黄金本位布雷顿森林国际货币体系已开始瓦解。

这使国际外汇市场陷入极端混乱,西方国家矛盾重重。经过几个主要西方国家的磋商,十国集团于1971年12月在美国华盛顿的史密森学会大厦举行财政部部长和中央银行行长会议,达成了"史密森协定"(Smithsonian Agreement),安排新的中心汇率,企图挽救已面临瓦解的布雷顿森林国际货币体系。该协议的主要内容是:美元对黄金贬值7.8%,黄金官价从每盎司35美元提高到38美元,美国取消10%的进口附加税;同时,对各国货币对美元的汇率做了较大幅度的调整,日元升值7.66%,联邦德国马克、瑞士法郎各升值4.61%,比利时法郎、荷兰盾各升值2.76%,意大利里拉、瑞典克朗各贬值1%,英镑和法国法郎的金平价不变,并将各国货币对美元汇率的波动幅度由原来不超过平价的±1%扩大到±2.25%。

然而,美元停止兑换黄金与美元的小幅度贬值,并未阻止美国国际收支危机与美元危机的继续发展。"史密森协定"后,1972年初,美国的经常项目就又继续急剧恶化,再加上当时美国的货币增长过快,市场相信美元还需要进一步贬值,国际金融市场充满不安的气氛,从而在1973年2月初再次爆发了新一轮的抛售美元投机风潮。仅2月9日一天,联邦德国法兰克福外汇市场就抛售了近20亿美元,国际外汇市场不得不暂时关闭。美国政府在此情况下,于2月12日又一次宣布美元贬值10%,黄金官价也相应由每盎司38美元提高到42.22美元,美元对其他主要国家货币贬值。尽管此时仍有一些西方国家还在尽力维持着"史密森协定"新的中心汇率,但这并未能恢复人们对美元的信心,人们对美元贬值的预期依然很强。1973年3月,不利于美元的投机风潮再起,最终导致"史密森协定"安排的新的中心汇率不到15个月就彻底破产,所有主要西方国家都相继放弃了继续维持本币与美元固定汇率的努力,而让其货币自由浮动。至此,布雷顿森林体系下的国际固定汇率制也彻底解体了。

五、现在的牙买加协议体系

布雷顿森林体系崩溃之后,国际金融形势更加动荡不安,各国都在探寻货币制度改革的新方案。1976年1月,IMF国际货币制度临时委员会在牙买加首都金斯顿召开会议,并达成"牙买加协议"(Jamaica Agreement)。根据"牙买加协议",IMF的执行董事会在1976年3月完成了IMF协定条文的修改草案,送交理事会做书面表决。同年4月,IMF理事会通过了IMF协定第二次修正案。1978年4月1日,经过修改的IMF协定获得法定的60%以上会员国和80%以上多数票的通过,正式生效,从而形成了国际货币关系的新格局——形成了一个所谓牙买加协议体系(Jamaica Agreement System)的美元与黄金脱钩的黄金非货币化的美元本位货币体系(U. S. Dollar Standard Monetary System of Gold Non-monetization)。

(一)牙买加协议体系的基本内容

牙买加协议体系的基本内容包括以下五个方面：

第一，浮动汇率合法化。会员国可以自由选择任何汇率制度，但会员国的汇率政策应受 IMF 的监督，并与 IMF 协商。各国应避免操纵汇率来阻止国际收支的调整或获取不公平的竞争利益，实行浮动汇率的会员国应根据经济条件，逐步恢复固定汇率制度，在将来世界经济出现稳定局面以后，经 IMF 总投票权的 85% 的多数票通过，可以恢复稳定的但可以调整的汇率制度。

第二，黄金非货币化。废除黄金条款，取消黄金官价，各会员国中央银行可按市价自由进行黄金交易，取消会员国相互之间以及会员国与 IMF 之间需用黄金清算债权和债务的义务。IMF 所持有的黄金应逐步加以处理。

第三，提高特别提款权的国际储备地位。修订特别提款权的有关条款，以使特别提款权逐步取代黄金和美元而成为国际货币制度的主要储备资产。

第四，增加会员国的基金份额。各会员国对 IMF 所缴纳的基本份额，由原来的 292 亿美元特别提款权增加到 390 亿美元特别提款权。

第五，扩大对发展中国家的资金融通。以出售黄金所得收益设立信托基金，以优惠条件向最贫穷的发展中国家提供贷款或援助，以解决它们的国际收支困难。扩大 IMF 信贷部分贷款的额度，由占会员国份额的 100% 增加到 145%，并放宽出口波动补偿贷款的额度，由占会员国份额的 50% 提高到 75%。

牙买加协议体系对布雷顿森林体系的改革，在很大程度上只是对既成事实的一种法律认可，各国可以根据自身的考虑和责任来履行其义务，但也规定了国际货币基金组织对成员国汇率政策的监督权。显然现行的牙买加协议体系很不完善，但其较大的灵活性也恰好在一定时期内适应了国际经济格局的迅速发展变化。

(二)牙买加协议体系的新特征及其积极作用

相对于之前的布雷顿森林体系，牙买加协议体系有以下三个新特征：

第一，国际储备体系多元化。根据修改后的《国际货币基金组织协定》，黄金非货币化(demonetization of gold)，废除黄金条款，取消黄金官价，并确定未来以特别提款权(Special Drawing Rights, SDRs)作为主要储备资产，将美元本位改为特别提款权本位。但实践的结果却是，一方面，美元本位难以继续维持；另一方面，特别提款权本位又难以建立。于是，国际储备体系出现了以下的多元化格局：在国际储备货币中，除了美元仍然占据着主要地位之外，欧元、英镑、日元等自由外汇也占据了重要地位；除了特别提款权以及在基金组织的储备头寸占有一定比例之外，黄金的储备地位虽然下降，但黄金作为最稳定的储备手段和最终的国际清偿手段仍在国际储备中占有一定地位。

国际储备体系(international reserve system)的多元化,尤其是其中储备货币体系(reserve currency system)的多元化,在一定程度上缓解了以一种"主权货币"美元作为国际本位货币担当国际支付手段和国际储备手段的"特里芬难题"。

第二,国际汇率制度多元化。根据修改后的《国际货币基金组织协定》,浮动汇率合法化,会员国可以自由选择任何汇率制度。实践的结果是,不同国家由于其国内经济体制、经济开放程度和资本自由流动程度等种种不同条件的影响而选择了各种不同的汇率制度。国际货币基金组织于1999年将现实中的各种汇率制度细分为如下八类:完全固定汇率制、货币局制度、传统的钉住汇率制、钉住水平带汇率制、爬行钉住汇率制、爬行的钉住带状汇率制、管理浮动汇率制和完全自由浮动汇率制。有些学者把这种国际汇率体系称作国际混合汇率体系或国际复合汇率体系。其中,完全固定汇率制和完全自由浮动汇率制是两种极端情况,为现行国际汇率体系的两极,其他六类介于两者之间,统称为中间汇率制度。

国际汇率制度的多元化,能够对纷乱复杂、不断变化的现实经济状况做出灵活的反应,更加适应国际贸易、投资和经济合作发展的需要,而且有利于会员国实行独立的国内经济政策。

第三,国际收支调节手段多元化。在布雷顿森林体系中,国际收支的调节手段主要是以下两项:依靠国际货币基金组织的信贷融资以及向国际货币基金组织申请调整原来的固定汇率。牙买加协议体系则更允许会员国可以通过其汇率政策、利率政策、国际金融市场以及国际金融机构的援助和协调等多项手段的综合运用来调节国际收支的失衡。

国际收支调节手段的多元化,尤其是允许会员国采用浮动汇率政策来调节国际收支,大大增强了国际收支调节机制的灵活性和有效性,更加适应世界经济发展不平衡的现状。

(三)牙买加协议体系仍存在的种种弊端

(1)当前的牙买加协议体系虽然在各方面均有较强的灵活性和适应性,具有一定的积极作用,但它在储备货币、汇率机制、国际收支调节等方面都还存在着诸多弊端。

第一,在当前多元化的国际储备体系下,美国仍然拥有无监控的货币发行权、美元在国际货币体系中的垄断权和美元铸币税的专享权,仍构成当前国际货币体系的重要弊端之一;而且国际储备体系的多元化还是一把双刃剑,它虽然在一定程度上缓解了"特里芬难题",但却并没有从根本上加以彻底解决。此外,它又增加了国际储备体系内在的复杂性和不稳定性,加大了会员国管理国际储备的汇率风险和管理难度。

第二,当前多元化的国际汇率体系比单纯的固定汇率体系更具内在的复杂性和不稳定性,造成了汇率秩序混乱,世界汇率波动频繁且剧烈的后果。结果是,一方面,浮动汇率加剧了世界性通货膨胀(浮动汇率使一些国家可以长期地实行膨胀政策而不必考虑国际支付问题),而且大大增加了国际贸易、国际投资(international investment)及国际债务(international debt)的风险;另一方面,经济全球化和区域经济一体化的迅猛发展,使世界各国即使在浮动汇率制下,也难以充分拥有独立的国内经济政策自主权。

第三,国际收支调节手段的多元化仍然不够健全,还缺乏有效的国际收支调节机制。①汇率调节机制。对发达国家来说,存在所谓的"J曲线效应";对发展中国家来说,大多进出口需求弹性都很低,出口供给弹性也不大,满足不了"马歇尔-勒纳条件",而且更有不少发展中国家干脆采用钉住美元的汇率制度,这使得汇率机制的调节功能更难以发挥。②利率调节机制。本来是要通过国际收支资本金融账户的盈余或赤字来平衡经常账户收支的赤字或盈余,但由于利率对一国国际收支的影响是双向的(比如,一国为改善国际收支逆差而提高国内利率,在浮动汇率制下,这一方面会吸引外资流入,另一方面同时还会导致本币升值,恶化本国的贸易收支),从而使利率调节国际收支的效果难以保证,存在不确定性。③利用国际金融市场机制。一方面,贫穷的国际收支逆差国很难在国际金融市场上成功融资;另一方面,巨额资金通过国际金融市场频繁的转移,不仅会导致国际金融领域的动荡和混乱,甚至曾经酿成 20 世纪 80 年代初发展中国家的债务危机(debt crisis)。④国际金融机构的援助和协调机制。由于国际金融机构尤其是国际货币基金组织的资金来源有限,所以它们能发挥的作用也是非常有限的。⑤牙买加协议体系几乎完全继承了原布雷顿森林体系的"国际收支失衡调节不对称性"的弊端,缺乏对顺差国帮助逆差国恢复国际收支平衡义务的制度设计,仍是几乎完全由逆差国承担和自行调节其国际收支失衡。

(2)1997 年的亚洲金融危机,还进一步暴露了在经济全球化和区域经济一体化过程中当前牙买加协议体系存在的种种缺陷:

第一,在经济全球化和区域经济一体化过程中,大量投机性短期资本快速而无序的流动使国际货币体系监管体系面临严峻考验。

第二,在经济全球化和区域经济一体化过程中,巨额的国际资本流动容易造成发展中国家的经济泡沫,使 IMF 和世界银行等国际金融机构对会员国经济发展进行指导和提供咨询的专业能力也受到考验。

第三,在经济全球化和区域经济一体化过程中,危机蔓延和传播的速度大大加快,使 IMF 的快速反应能力和应对能力也受到考验。

第二节 货币危机理论

现代意义上的货币危机(currency crisis)是随着 20 世纪 70 年代后经济全球化和区域经济一体化的加速发展特别是全球资本市场的高度融合而出现并不断发展的。西方学者对货币危机现象进行了一系列广泛和深入的研究,逐步形成了一系列不断升级换代的开放经济下货币危机理论,前后已提出了三代不同的货币危机理论模型以及一些货币危机传染理论①：

一、第一代货币危机理论

第一代货币危机理论(first generation of currency crisis theory)是人们以20世纪70年代末80年代初在墨西哥、阿根廷等国发生的货币危机为研究对象提出来的，认为这些国家钉住美元的汇率政策与国内日益增长的财政赤字和通货膨胀压力之间的不协调性是导致货币危机发生的根本原因。

(一)第一代货币危机模型

第一代货币危机模型(first generation of currency crisis model)的代表作，最初是克鲁格曼在其1979年发表的《一个国际收支危机的模型》一文中提出了一个非线性货币危机模型。后来，弗拉德和加伯(Robert P. Flood, Peter M. Garber, 1984)两人合作发表了论文《正在崩溃的汇率制度，一些线性实例》，对克鲁格曼的模型做了线性化简化和改进。人们将经过弗拉德线性化简化和改进后的第一代货币危机模型称为克鲁格曼-弗拉德-加伯模型(Krugman-Flood-Garber Model，简称KFG模型)。

第一代货币危机模型的核心内容是强调一国扩张性的宏观经济政策与实行固定汇率制度之间存在着实质性冲突，认为一国宏观经济基本面的稳定与否是决定其货币对外价值的稳定与否，从而决定其是否会爆发货币危机的主要原因。他们假定政府对固定汇率的承诺是不变的，当政府为弥补不断扩大的财政赤字而过度扩张国内信贷，使内货币供给过度扩张利率水平过低时，会诱使资本大量流出，此时，政府为维持固定汇率而不得不大量动用其外汇储备来干预外汇市场。如果此时该国的经济基本面不支持政府的国内经济扩张政策(如当时该国的对外出口乏力，经常账户收支不利)，结果就会导致该国长期性的国际收支逆差，外汇的影子汇率(指能正确反映外汇真实价值的汇率)与政府的目标汇率(固定汇率)发生持续的偏差，造成本国外汇储备持续不断地减少。由于一国的外汇储备是可能耗净的，所以这里面已经蕴含了极大的货币危机风险——当该国的外汇储备减少到某一个临界点时，投资者为了合理规避自己的投资损失，而投机者则为了趁火打劫谋取暴利，会同时向该国货币发起抛售攻击，政府所剩余的外汇储备会在很短的时间内丧失殆尽，被迫放弃固定汇率，货币危机就会爆发。

第一代货币危机模型表明，投机冲击和汇率崩溃的发生，是投资者在宏观经济基本面(macroeconomic fundamental)发生恶化与固定汇率制度之间发生矛盾时的理性选择以及投机者趁火打劫的结果(注意，这里投资者合理避险的理性选择是前提基础，是他们得以趁火打劫的依据)，并非所谓的非理性行为，因而这类模型也被称为"理性冲击模型"(rational shock model)和"宏观经济基本因素理论"(theory of macroeconomic fundamental factor)。第一代货币危机模型给出的基本政策主张是：一国政府在固定汇率制条件下，应

---

① 本节内容可参看：姜波克，陆前进. 国际金融学第3篇第11~14章[M]. 上海：上海人民出版社，2003.

当实施恰当的财政政策和货币政策,保持宏观经济基本面的稳定,以维持公众对本国货币汇率稳定的信心,这是有效且合理的避免货币危机的治本之策;而资本管制则只是一种治标不治本的权宜之策,并且资本管制还有着扭曲市场信号和恶化市场资源配置功效的负面作用。

(二)第一代货币危机模型的扩展

弗拉德、加伯和克莱默(R. P. Flood, P. M. Garber & C. Kramer)三人合作,于1996年发表了另一篇论文《正在崩溃的汇率制度:另一个线性实例》,又修正了第一代模型中关于中央银行政策目标和干预手段的假设,在第一代模型中引入了央行在货币市场上对储备损失进行冲销的因素——把中央银行的政策目标假设从原来单纯通过对财政赤字融资来维持价格水平稳定,修正成了中央银行同时还在货币市场上对外汇储备的减少加以冲销以维持一个稳定的基础货币总量。扩展后的模型更加符合现实。

再后来,随着国际资本高度流动的发展,货币危机又出现了一些新的特点。弗拉德和马里恩(R. P. Flood, Nancy Marion, 1998)发表了《关于近来货币危机文献的新观点》一文,又在KFG模型中加入了一个随机性风险溢价变量,考察了资本市场中的风险不确定因素会对货币危机的发生机制产生的影响,提出了一个新的观点——即使在政府的政策变量没有发生不利变动的条件下,也有可能因为风险因素的随机变动而诱发危机,从而丰富和发展了第一代货币危机理论。弗拉德和詹尼(R. P. Flood, O. Jeanne, 2000)发表了《固定汇率的利率防范》一文,又在KFG模型中融入了一个利率防范因素——在原KFG模型中,完全不考虑政府主动运用利率政策来帮助维护汇率稳定的问题,现在则又在模型中融入了一个利率防范因素,分析了政府运用利率防范措施的效应,得出的结论是:若是在投机攻击发生后提高国内利率,则利率防范措施具有一定的延迟危机爆发的功效;但若是在投机攻击发生之前提高国内利率,则利率防范措施反而会加速危机的爆发和固定汇率的崩溃,成为一个自我失败的政策措施。

从总体来看,上述这些理论发展都未脱离"第一代"理论的核心内容——认为一国宏观经济基本面的恶化是引发货币危机的主要原因,因此第一代货币危机理论也被统称为"宏观经济基本因素理论"。附录9·2·1对改进型克鲁格曼-弗拉德-加伯第一代货币危机模型做了具体介绍。

二、第二代货币危机理论

第二代货币危机理论(second generation of currency crisis theory)主要是在1992年的欧洲汇率机制危机和1994年的墨西哥比索危机相继爆发的过程中逐步发展起来的,因为第一代货币危机理论难以解释这两次新货币危机的爆发机制。其中最突出的问题是,这些新货币危机的爆发似乎与宏观经济基本面的好坏并不存在必然的逻辑联系,因而迫切需要有新的理论来解释这些新货币危机的发生机制和原因。

(一)第二代货币危机模型

第二代货币危机模型(second generation of currency crisis model)的创始之作其实是弗拉德和加伯(1984)发表的一篇论文《黄金货币化和黄金纪律》。他们在该文中提出了官方的货币供给行为的非线性假设(假定官方对国内货币供给可以在两个增速不同的货币政策之间进行相机选择),建立了一个政府货币供给行为非线性的多重可能均衡模型,从一个新的"多重可能均衡"的角度分析和解释了货币危机起因的另一个新的可能原因(这个模型告诉我们,货币危机的起因未必都是源于"宏观经济基本面失衡")。但上述模型缺乏对人们预期的变化怎样推动市场从无冲击均衡跳跃到冲击均衡的演变过程的深入研究,所以后来,奥博斯特费尔德(M. Obstfeld,1996)更进一步在弗拉德和加伯1984年工作的基础上,对前者的多重可能均衡的货币危机起因又做了重要的深入研究,最终提出一个预期自我实现型第二代货币危机模型(forecast self-fulfilled version of the second generation of currency crisis model)。奥博斯特费尔德认为,在宏观经济基本面并未恶化的情况下,也可能由于投资者预期的自我实现而诱发货币危机。这篇论文后来成为第二代货币危机理论的经典之作。

前述的第一代货币危机模型是预先设定一个从宏观经济基础恶化到预期货币危机的单向因果关系,而后来的第二代货币危机模型中则同时还存在着另外一个从预期货币危机到宏观经济基础恶化的反向的因果关系,正是这种双向的因果关系造成了投资者和官方之间的一个互动的非线性博弈过程,从而导致了多重可能均衡以及"自我实现"的投机行为。

奥博斯特费尔德在其论文中分别建立了两个不同的"预期自我实现模型"(forecast self-fulfilled model):一个是所谓"利率冲击型预期自我实现模型"(interest shock version of forecast self-fulfilled model),另一个则是所谓"工资冲击型预期自我实现模型"(wage shock version of forecast self-fulfilled model)。前一模型把分析的要点放在国内利率上,认为如果私人投资者预期到了本国货币可能快要贬值,将会引起大量资本外流,从而债权人会要求提升利率,使政府面临货币紧缩引起的经济衰退压力,继续维持固定汇率的成本提高,货币危机的"自促成"性质则会不断地加速这一过程,直至国内利率太高导致经济衰退的压力太大,使本国政府继续维持固定汇率的成本达到难以承受的程度之"临界点",内生地引发政府最终被迫突然放弃固定汇率从而爆发货币危机;反过来,如果私人投资者并没有预期到本国货币可能快要贬值,那就不会发生大量资本外逃所带来的国内利率上升而导致经济衰退的压力,也就不存在内生地引起政府被迫突然放弃固定汇率从而引发货币危机的可能性。后一模型则把分析的要点放在了工资水平上,认为如果私人部门预期到了本国货币可能快要贬值,工人在考虑工资水平时就会提前要求提高工资水平以弥补本币贬值所带来的工资实际购买力下降,使政府面临成本推动的通货膨胀以及本国企业国际竞争力下降的双重压力,继续维持固定汇率的成本提高,货币危机的"自促成"性质则会不断地加速这一过程,直至国内通货膨胀和本国企业的国际竞争力下降的压力太大,使本国政府继续维持固定汇率的成本达到难以承受的程度之"临界点",内生地引发政府最终被迫突然放弃固定汇率从而爆发货币危机;反过来,如果私人部门并没有预期到本国货币可能快要贬值,那就不会产生国内工资水平上升从而推动通货膨胀以及本国企业国际竞争力下降的双重压力,也就不存在内生地引起政府被迫突然放弃固定汇率从而引发货币危机的可能性。

第二代货币危机模型着重强调了货币危机的"自促成"性质和公众预期(或公众对于政府维持固定汇率的信心)在政府决策过程中的重要性,但其并未否认人们之所以预期货币危机其实也跟宏观经济基础之间存在着一定的关系。第二代货币危机模型设定政府的目标函数是最小化的政府和社会损失,并将经济基本面分成三个区域:①"强"经济基本面区域(在此区域中,政府维持固定汇率所导致的影子汇率相对于其承诺的固定汇率之偏离这一机会成本要小于其放弃固定汇率所需承担的政府信誉成本和汇率失稳成本);②"弱"经济基本面区域(在此区域中,政府维持固定汇率所导致的总机会成本要大于其放弃固定汇率所需承担的政府信誉成本和汇率失稳成本);③ 中间地带(在此区域中,政府放弃固定汇率所需承担的政府信誉成本和汇率失稳成本要大于其维持固定汇率所导致的影子汇率相对于其承诺的固定汇率之偏离这一机会成本,并小于其维持固定汇率所导致的总机会成本)。

在①和②两个区域时,主导因素是宏观经济基本面。这时,宏观经济基本面的强势与弱势各自决定了两种不同的可能均衡的局面——公众要么预期货币危机不可能发生,要么预期货币危机必然发生:当一国经济处在"强"经济基本面区域之时,强盛的经济基本面大大降低了官方维护固定汇率的机会成本,并提升了官方维护固定汇率的坚强决心,投资者不会预期本币贬值,从而也就不存在发动投机攻击并导致货币危机的可能性;而当一国经济处在"弱"经济基本面区域之时,衰弱的经济基本面使官方维护固定汇率的机会成本过高,并大大降低了官方维护固定汇率的决心,这时投资者必定会预期本币贬值并发动投机攻击,而且发生货币危机也成为必然的事情。

在中间地带③区域时,主导因素则变成了"投资者的主观预期"。这时,公众对本币贬值可能性预期的不同决定了一种多重可能均衡的局面——公众也许预期到本币要贬值并发动投机攻击,也许预期到本币不贬值而不发动投机攻击:当公众预期到该国官方已难以守住固定汇率本币将要贬值之时,就会发动投机攻击并导致货币危机;而当公众预期到该国官方还能够守住固定汇率本币尚不会贬值之时,就暂不会发动投机攻击而不会发生货币危机。这时存在一种多重可能均衡的局面,有危机的均衡态和无危机的均衡态都可能出现,而且随着公众预期的变化,还会从无危机的均衡态突然跳转到有危机的均衡态。

据此,第二代货币危机模型给出的基本政策主张是:政府在面临公众预期本国货币贬值的不利情况之时,最好还是及早顺应公众的预期主动放弃固定汇率为佳,而不要在公众预期到本国货币贬值的不利情况下(尤其是不要在本国宏观经济基本面严重恶化的情况下)僵化地维持固定汇率政策。因为,在宏观经济基本面强势的情况下,公众并不会预期到本币贬值;而在公众预期到本国货币贬值的情况下,货币危机的"自促成"性质决定着,如果政府在不利情况下僵化地维持固定汇率政策,则结果必然是在付出诸多沉重的代价之后,最终还是会面临继续维持固定汇率的成本达到难以承受的程度,而被迫突然放弃固定汇率从而导致严重货币危机的结局。附录9·2·2对预期自我实现的第二代货币危机模型奥博斯特费尔德模型做了具体介绍。

(二) 第二代货币危机模型的扩展

莫瑞斯和沈(S. Morris,H. S. Shin,1998)发表了论文《自发引致货币攻击模型中的唯一均衡》,认为应当放弃第二代货币危机模型的假定中关于投机者可以确定地预期其他投机者的行为这一不合理的原假定。因为在现实中投机者对其他投机者行为的预期其实也是随机的和不确定的,所以应当将该原假定改成后者,并且只需做出这样的改进后,新的模型就不存在多重可能均衡解,而将只存在唯一的均衡解了。该文分析,投机冲击的开始在很大程度上依赖于投机者行为的协调,但由于不同投机者不可能都拥有同样的信息,所以不同投机者对其他投机者行为的预期不可能是确定的,而是随机的和不确定的。据此,他们在模型中提出了一个所谓"关键值"(这个关键值取决于投机者的数量、投机资金的规模、攻击货币的交易成本以及宏观经济基本面的健康状况),并推导出如下的一个唯一均衡解:当关键值处于某个"临界点"以上的安全区域时,不可能发生投机冲击,而一旦这个关键值下跌到该临界点以下时,将可能发生投机冲击。

莫瑞斯和沈两人认为,第一代货币危机模型只考虑宏观经济基本面恶化引致投机攻击的可能性,而完全忽略了投机者对他人行为的预期及其自发引致投机攻击的可能性问题;以及第二代货币危机模型则又假定投机者可以确定地预期到其他投机者的行为,得出存在多重均衡解的可能性问题。其实,两者都是不现实的。此外,他们还认为第二代货币危机模型存在以下的重要缺点:没有考虑和解释投机攻击可能爆发的临界点或时间点问题,也缺乏对政府控制货币攻击的政策的深入研究。他们据此对第二代货币危机模型所做出的创新,则具有更为深入明确的关于政府如何控制货币攻击的政策含义。

三、第三代货币危机理论

第三代货币危机理论(third generation of currency crisis theory)则主要始自1997年爆发的东南亚货币和银行金融危机,因为在这次影响席卷全球的新的货币及金融危机风暴中,出现了一些令前两代货币危机理论所无法充分解释的新特点。其中蕴含着一些新的货币和银行金融危机的发生机制和相互影响机制,迫切需要有进一步的理论创新来解释东南亚货币及银行金融危机中暴露的新特点。第三代货币危机模型主要有以下几种:

1. 资本流动型第三代货币危机模型

第三代货币危机模型(third generation of currency crisis model)的创始人是杜利

(M. P. Dooley,1994),其实他早在1994年(东南亚危机爆发之前)就曾经发表过一篇论文《最近私人资本流入发展中国家:这是债务危机的历史吗?》初步探讨过当时某些发展中国家放弃资本管制大力吸引资本内流的经济政策改革所潜藏的货币金融风险问题;东南亚危机爆发后,杜利2000年又重新发表了论文《一个新兴市场的危机模型》对自己之前的工作进行了提升和改进,在该文中提出的第三代货币危机模型被人们称为资本流动型货币危机模型(capital flow version of currency crisis model),成为此类第三代货币危机模型的代表作。

杜利在该模型中深入研究了金融自由化改革所导致的资本内流与货币危机的关系问题,重点强调了所谓"裙带资本主义"(crony capitalism)导致某些新兴市场国家的金融结构扭曲和银行道德风险问题,并在对银行风险的分析中率先运用了资产负债表分析法。此类第三代模型的显著特点是,强调私人资本的内流总是先于危机,可是在危机预期发生之前,既没有发生汇率政策跟国内宏观经济基本面之间的冲突,也没有在资本内流期间出现人们对官方可能放弃固定汇率的预期,并且危机的预期还跟不同货币的利率差不存在必然的联系。

2. 双危机型第三代货币危机模型

在第一代和第二代货币危机模型中,都完全没有考虑货币危机和银行金融危机的相互影响问题。而在第三代货币危机模型中,在前述货币危机的资本流动模型之外,还涌现出另外一类所谓货币—银行双危机型的货币危机模型(currency crisis model of currency-bank double crisis version),即同时考虑货币危机和银行金融危机的双危机模型。此类模型则又可进一步细分为以下三个不同类型:

第一类模型指出了从货币危机到银行危机(banking crisis)的因果关系:米什金(F. S. Mishkin,1996)等分析了从货币危机到银行危机的情形,认为当货币危机爆发,资本大量外流之时,央行为维持固定汇率而不得不大量抛售外汇储备以及提升国内利率,会导致信贷紧缩,可能引发银行破产和金融危机;如果银行体系拥有大量外币负债,则当贬值出现时银行体系的资产负债表就更加脆弱。

第二类模型反过来指出了从银行危机到货币危机的因果关系:维拉斯科(A. Velasco,1987)分析了从银行部门问题到货币危机的情形,认为当银行部门出现严重问题时,央行为了拯救问题银行而过度地扩张货币会导致货币危机。

第三类模型则认为其实无论货币危机还是银行危机都是起因于同一个金融管制放松所带来的资本自由流动因素:当一国进行金融自由化改革大量吸引资本内流促进经济增长之时,会导致金融和资本账户的巨额顺差,在固定汇率下该国央行不得不冲销巨额顺差从而引发通货膨胀,这意味着该国的出口竞争力下降,又意味着该国货币对内实际贬值和对外实际汇率升值,但在一段时期内该国的进口和经济活动仍然会继续保持高涨,从而使经常账户出现持续赤字……在金融自由化的环境中这最终会同时导致以下两方面的结果:一方面,金融市场最终会发现该国货币的固定汇率将难以继续稳定下去,从而对该国货币发动攻击,可能引发货币危机;另一方面,因为该国的经济增长是通过银行体系大量对外负债以扩张信贷来实现的,所以当银行体系的对外短期负债过多,以至于资本内流最终演变成资本集中外流之时,银行体系就会发生债务危机或银行危机,并可能进一步引发金融危机(financial crisis)。戈德法因和瓦尔德斯(I. Goldfajn, R. Valdes, 1995)用一个双危机型第三代货币危机模型(double crisis version of the third generation of currency crisis model)分析了国际利率和资本内流的变动会怎样由于银行的进一步作用而加剧,这样的变动又怎样加剧了经济周期,最终酿成银行挤兑和金融危机。麦金农和皮尔(R. I. Mckinnon, H. Pill, 1996)则更深入分析了金融自由化改革,如果伴随有微观经济的扭曲如储蓄保险政策,就可能导致信贷过度扩张即所谓"超借"(overborrowing)问题,最终导致银行体系崩溃。他们指出,首先,放松管制的金融体系需要加强对资本内流的金融监管,如果在放松管制的同时还伴有微观经济扭曲因素(政府为银行提供潜在担保和储蓄保险政策等),则更需要加强对银行道德风险和超借问题的谨慎监管(发生超借问题是银行道德管理问题的制度性失败);其次,货币当局还需要谨慎管理货币扩张的总量及其组成(银行的对外短期负债不能过多和过于集中);再次,货币当局还应当限制银行给不动产投资和消费的投机活动提供贷款;最后,如果货币当局不能够确信其可以有效管理银行信贷的数量和质量,潜在的道德风险过大,则采取一些限制外国资本内流和外流的直接或间接的政策措施以控制银行体系的道德风险也是必要的。雷恩哈特和卡明斯基(C. Reinhart, G. Kaminsky, 1999)发表的《双重危机:银行的原因还是国际收支平衡的原因》一文,在对这类事件进行了大量的分析后认为,银行业的问题通常先于货币危机,货币危机则又会深化金融危机,从而激活一个恶性循环——金融自由化则又往往先于银行危机,其实是根本原因:危机发生时,由于经济衰退,经济活动是由信贷的长期繁荣,资本流入,伴随着货币高估。当银行部门出现严重问题时,则会导致货币危机,而货币危机又会反过来进一步加深银行危机。附录9·2·3则对双危机型戈德法因-瓦尔德斯第三代货币危机模型做了具体介绍。

另外,在前述的传统货币危机主流理论之外,还有一些用政治因素、市场欣快症因素等非经济因素分析方法来对爆发货币危机的原因进行诠释的一些另类的货币危机理论,这里不再赘述。而下述的所谓货币危机传染理论,则是在传统货币危机主流理论之外的一个重要的补充创新的理论范畴。

四、货币危机的传染理论

前面介绍过的三代货币危机理论有两个共同点:其一是都认为受到游资攻击的国家存在的经济发展中的严重失衡是国际游资投机对该国发动攻击的基础;其二是都没有涉及对冲击和危机的国际传导及扩散过程问题的研究。但在现实中,却存在着所谓传染性的货币危机现象——当某一国发生货币危机时,其他一些宏观经济基础原本稳定的国家有时也会受到传染性的攻击而成为货币危机的无辜受害者。20世纪90年代就曾发生过三次重要的传染性货币危机(contagious currency crisis):首先是1992年秋投机冲击的浪潮席卷了欧洲货币体系及其周边国家;其次是1994年年底在墨西哥比索受到投机攻击开始贬值和浮动之后,其他拉美国家如阿根廷、巴西、秘鲁和委内瑞拉等国也相继受到投机攻击;最后是1997年7月爆发的东南亚货币危机中,在泰国泰铢因国际收支危机而受到冲击之后,很快就扩散到马来西亚、印度尼西亚等一些其他东南亚国家,之后又扩散到韩国,并以韩元的崩溃危机达到顶峰,这次危机甚至还袭扰了远在太平洋彼岸的智利和巴西。原因在于,随着世界金融市场的高度一体化,一国发生的冲击和危机会迅速传递到另一国,造成更大范围的冲击和危机,并进一步扩散开去,形成一个开放经济下冲击和危机的国际传导及扩散过程。在这些冲击和危机的"发生—传导—再传导"的国际扩散过程中,蕴含着开放经济下货币冲击和货币及银行金融危机升级扩散的一些重要的传染效应(contagion effect)和传染机制(contagion mechanism)问题,具有重要的理论和现实意义。这些问题也引起了经济学家的充分注意。人们把研究此类问题的所有理论统称为货币危机的传染理论(contagion theory of currency crisis),其研究范畴则涵盖了对冲击和危机的国际传导及扩散的发生—传导—再传导的整个过程(其中还包括对一国国内从引发投机冲击到演化成大规模的货币及银行金融危机的演变过程的研究)。

下面我们将探讨货币危机的传染机制和传染效应理论,并在此基础上展开对货币危机传染模型的分类讨论。最初是马森(P. R. Masson)于1998年在IMF的一篇工作论文《传染:季风效应、溢出效应及多重均衡之间的跳跃》中指出,货币危机的传染同时存在着以下三个不同的传染效应:季风效应、溢出效应和纯粹型传染效应。但如果我们直接在此基础上展开对货币危机传染模型的分类讨论的话,逻辑体系上不容易理顺,所以我们为了逻辑体系的简明,将根据货币危机传染机制的不同来展开对货币危机的传染机制和传染效应以及货币危机传染模型的分类讨论。我们可以将货币危机的传染机制划分为经贸关系波及型(economy-trade relation affected type)和纯粹传染型(pure contagion type)两大类,在此基础上来展开讨论。

(一)基于经贸关系型传染机制的货币危机传染模型

指通过经贸关系传染机制(contagion mechanism of economy-trade relation)及其所谓季风效应(monsoon effect)、溢出效应(spillover effect)而传染和恶化到有经贸关系国家的宏观经济基础,进而诱使投机者对后者发动投机攻击导致货币危机传染的模型。

1. 经贸关系型传染机制的贸易关系渠道和金融关系渠道

经贸关系传染机制包括贸易关系渠道(trade relation of channels)和金融关系渠道(financial relation of channels)两个不同的传染渠道。

(1)贸易关系渠道

贸易关系渠道又可进一步细分为直接贸易关系渠道(direct trade relation of channels)和间接贸易关系渠道(indirect trade relation of channels)。所谓直接贸易关系渠道,是指在两国是重要贸易伙伴的情形下,通过商品和服务贸易可以传递相对价格(汇率)剧烈变动冲击到贸易伙伴国的宏观经济基础,从而诱使投机者对后者也发动投机攻击而导致危机传染;所谓间接贸易关系渠道,是指在两国虽没有直接的贸易关系但竞争同一个出口市场的情形下,也可能构成间接的贸易传染渠道——危机国货币的贬值会降低其出口竞争国的出口竞争力并恶化后者的宏观经济基础,从而诱使投机者对后者也发动投机攻击而导致危机传染。

(2) 金融关系渠道

金融关系渠道又可进一步细分为直接金融关系渠道(direct financial relation of channels)和间接金融关系渠道(indirect financial relation of channels)。所谓直接金融关系渠道,是指在A、B两国有直接金融联系的情形下,一国的货币危机可以直接通过交易渠道而传染给另一国。比如,当A国遭遇危机,其银行和企业不得不大规模减持B国资产时,又可能会诱发或加剧B国的危机。所谓间接金融关系渠道,是指在两国虽没有直接的投资关系但均与某个第三方有直接投资关系的情形下,也可能构成间接的金融传染渠道——如果某个第三方同时在A国和B国都有大量投资的话,当A国发生危机造成该第三方在A国的投资损失时,可能会迫使该第三方为降低风险而调整其投资组合时大规模减持B国资产,从而诱使投机者对B国也发动投机攻击而导致危机传染。

2. 经贸关系型传染机制的季风效应和溢出效应

经贸关系传染机制会导致季风效应和溢出效应两个不同的经济效应。

(1) 季风效应

指某种突发的共同冲击通过经贸关系波及机制同时冲击到多个国家,传染和恶化了有关国家的宏观经济基础,诱使投机者对这些国家发动投机攻击而导致危机传染。比如,工业化国家经济政策的重大变化可能会同时对许多新兴市场经济国家的宏观经济基础造成类似的不利影响;又如,初级产品交易价格的大幅度下跌(或上升)会同时损害到多个高度依赖初级产品出口(或进口)国家的宏观经济基础;等等。季风效应有时又被称为共同冲击效应(common shock effect)或外部冲击效应(external shock effect)。

(2) 溢出效应

指一个国家的货币危机通过经贸关系波及机制传染和恶化了其他有关国家的宏观经济基础,诱使投机者对后者发动投机攻击而导致危机传染。溢出效应还可以进一步细分为体现贸易关系传染的贸易竞争力效应(trade competitiveness effect)、体现宏观经济相似性关系传染的经济增长率效应(economic growth-rate effect),以及体现金融关系传染的投资应急效应(investment emergency effect)等。

3. 马森的基于多重可能均衡分析的季风效应和溢出效应货币危机传染模型

马森(1999)在《国际货币与金融杂志》上发表了一篇新的论文《传染:基于多重均衡的宏观模型》,该论文可以看作基于多重可能均衡分析的货币危机传染理论的代表作。该模型建立了一个关于两个新兴市场国家的两国模型,他在该文中主要考察了货币危机传染过程中的季风效应和溢出效应(并且后者主要局限于对贸易竞争力效应的考察)。

(二)基于纯粹传染型传染机制的货币危机传染模型

该模型认为,一个国家的货币危机会通过一种纯粹传染型的传染机制——相似性预期唤醒机制(similarity forecast of wake-up mechanism),再加上一个所谓的羊群效应(herd behavior),会造成公众对被传染国发动投机攻击,从而导致货币危机传染到一些跟该国并无贸易和金融关系的国家。

1. 相似性预期唤醒机制

这里所谓的相似性预期唤醒(similarity forecast of wake-up),是指当某国发生严重的货币危机时,唤醒了投资者联想到其他某些国家也具有与危机国相似的经济、政治和文化脆弱性(无视这些国家当时的宏观经济基本面稳定与否),从而武断地预期后者也将发生货币危机。有些西方学者把这种纯粹传染型传染机制比喻成所谓"相似性预期唤醒机制",它是一种无法用宏观经济基本因素来进行解释的纯粹传染型传染机制。具体来说,在相似性预期唤醒机制中可以包括:经济因素的相似性预期唤醒,如当一个国家发生危机时,唤醒预期到危机会在具有相似经济结构和面临共同外部冲击的国家之间传导;政治因素的相似性预期唤醒,如当一个国家发生危机时,唤醒预期到政治上与之类似的国家官方维持固定汇率承诺的政治决心及成本也会相应降低;文化因素的相似性预期唤醒,如当一个拉美国家发生危机时,唤醒预期到因为拉美国家有着共同的所谓"拉丁气质"文化,所以其他拉美国家捍卫固定汇率的意愿也会相应降低。

2. 羊群效应

这里所谓的"羊群效应",是指金融市场上存在大量仅仅是跟随其他投资者行动的所谓"羊群"投资者,他们由于信息匮乏而缺乏自己的预期,往往会半盲目地跟从某些掌握信息较多的大投资者去群起攻击一个市场(而不管当地宏观经济是否原处于基本稳定状态),造成市场的剧烈波动,然后其他地区的羊群投资者则又进一步重复这一行为,以至于最终酿成大范围的货币危机传染现象。

3. 巴纳基等的理性羊群效应成因分析模型

巴纳基(A. Banerjee,1992)发表的论文,以及毕克欠丹尼、赫舒拉发和韦尔奇(S. Bikhchandani, D. Hirshleifer & I. Welch,1992)合作发表的论文,各自都建立了一个所谓理性羊群效应分析模型(rational herd behavior of analysis model),探讨了基于投资者的信息不确定性并分析了所谓"理性羊群效应"(rational herd behavior)的形成原因。

不过这里要注意所谓"伪羊群效应"(spurious herd behavior)跟"真羊群效应"(intentional herd behavior)之间的实质性不同:所谓伪羊群效应,是指在确定信息和有效市场情况下发生的,大众各自根据相似的信息自行决策而形成了相似的决策行为——这种在确定信息和有效市场前提下发生的公众的伪羊群效应既是理性的又是有效的;而真羊群效应则是指在信息不确定和非有效市场情况下发生的,大众半盲目跟风而达成了相似的决策行为——这种在信息不确定和非有效市场前提下发生的公众的真羊群效应虽然也是理性的,但却未必是有效的。

除了上述基于投资者的信息不确定性分析的理性羊群效应分析模型以外,斯恰弗斯特因和斯泰因(D. S. Scharfstein,J. C. Stein,1990)曾探讨了另一个基于投资者的声誉分析的理性羊群效应分析模型,毛戈和奈克(E. Maug,N. Naik,1996)则又探讨了另外一个基于风险厌恶投资者的补偿分析的理性羊群效应分析模型,这里不再逐一介绍。

4. 卡尔沃和门多萨的基于信息收集成本分析的理性羊群效应货币危机传染模型

卡尔沃和门多萨(G. A. Calvo ,E. G. Mendoza,1997)发表《理性从众行为与证券市场全球化》一文,结合全球资本市场一体化的现实,在第二代主流货币危机模型中引入了一个信息收集成本因素,从投资的收益与成本之比的角度来解释危机的发生。他们经过实证检验后声称,在资本市场高度一体化的国际资本市场里存在着不可忽视的信息收集成本(包括汇率的波动、外国税率的变动、外国公司信息的可得性、外国实行资本管制的可能性、外国证券的高波动性和低流动性等一系列跨国投资风险在内),使投资大众在信息收集成本超过了危机发生之前投资平均收益的 1/5 之后,就不再考虑自己继续花成本去验证市场传闻的真伪,而是会群起跟从某些有影响力的投资组合行为了。

卡尔沃和门多萨的基于信息收集成本分析的理性羊群效应货币危机传染模型强调了信息收集成本(cost of information collection)的关键性作用。它从理论基础上说明了,在市场和信息不完全的前提下,市场其实不是有效的,此时的羊群效应其实体现了投资大众对于信息不确定性的一种理性应对行为;而在市场有效的前提下,若发生羊群效应的话,那就真正是非理性的了。

(三)其他一些货币危机传染模型

还有一些较有影响的货币危机传染模型,诸如格拉克-斯梅茨(S. Gerlach,F. Smets,1994)发表的《传染性的投机性攻击》一文中,在标准的一国投机冲击模型的基础上建立了一个两国模型。为了分析上的方便,他们采用了一个确定性的模型,并且假定两国除政策变量以外的其他行为参数都是一致的或者说是对称的,分析了 F 国货币危机导致 S 国国际收支恶化甚至发生货币危机的两个传染渠道:其一,F 国货币大幅贬值会导致 S 国的输入性通货紧缩并引起 S 国资本外流;其二,由于 S 国内的工资是黏性的,所以 F 国货币的贬值还会使 S 国的出口竞争力降低,又引起 S 国经常账户收支恶化。

又如,乔尔里(N. Choueiri,1999)在弗拉德和马里恩(1998)的扩展型第一代两国模型的基础上,又发展出一个所谓"乔尔里模型"(Choueiri Model),该模型的基础是一个简化描述本国货币市场均衡条件的随机方程。该模型直接假定一个外生的冲击使外国的固定汇率崩溃,货币大幅贬值,并以国内债券的风险贴水来说明来自外的货币危机冲击的传染效应——来自国外货币危机的传染效应在本国经济中的作用机制是通过提高国内债券的风险贴水来实现的。该模型认为,投资者对两国汇率协方差的预期值越大,则投资者行为所表现出来的羊群效应也就越强,从而他们对其持有的本国债券所要求的风险贴水也越大。以上影响通过迫使国内利率下降引起资本外流从而导致国际储备降低到其底线值时,就会引发本国的货币危机。

艾肯格林、罗斯和怀普洛兹(B. Eichengreen, A. K. Rose & C. Wyplosz,1996)在他们发表的《传染性货币危机:第一次测试》一文中提出的人称"艾肯格林-罗斯-怀普洛兹模型"(Eichengreen-Rose-Wyplosz Model),对经贸关系传染机制下季风效应和溢出效应进行了实证研究。该模型的实证研究表明,体现贸易关系的贸易竞争力效应,体现宏观经济相似性关系的经济增长率效应,在本质上都是存在的,而且贸易竞争力效应又要强于经济增长率效应。

此外,金德尔伯格和曼尼尔斯(Charles P. Kindleberger, Panics Manias,1996)曾提出一个基于羊群效应分析的货币危机传染发展过程的三阶段模型,描绘了导致货币危机的以下三个阶段:从狂热(mania)到恐慌(panic),再到崩溃(crash)。

另外,还有一些关于货币危机和银行危机的国际交叉传染问题的理论研究:

比如,研究一国发生"银行危机"时如何会交叉传染到其重要的放贷—投资对象国并使其发生"货币危机"的问题:因为前者发生银行危机时,其银行会为了救急而不得不从其放贷—投资对象国大量地抽回资金,严重时就会导致后者发生货币危机。又如,研究一国发生"货币危机"时如何会交叉传染到大量持有该国金融资产的外国银行并使其发生"银行危机"的问题:因为前者发生货币危机时,会使大量持有该国金融资产的外国银行的资产价值大幅缩水,严重时则会导致后者发生银行危机。……这里不再赘述。

第十章　开放经济的宏观经济学

在开放经济下,一国宏观经济(macroeconomy)面临着内部均衡(internal equilibrium)和外部均衡(external equilibrium)两方面的均衡问题。短期来看的内部均衡目标是物价稳定(price stability)和充分就业(full employment),外部均衡目标则是实现国际收支平衡(balance of payments),从而实现宏观经济内外一致均衡(internal and external consistent equilibrium of macroeconomy)的短期管理目标是,同时实现物价稳定、充分就业和国际收支平衡;从长期来看,则另外还有一个促进经济增长(promoting economic growth)的长期目标。

一般来说,在开放经济(open economy)情况下,如果市场稳定性(market stability)条件能得到满足,则市场自身具有实现宏观经济内外一致均衡的自我调节机制(automatic adjustment mechanism):在固定汇率下,有货币调节机制(monetary regulatory mechanism)可以通过利率效应、收入效应及一般价格效应来自动调节开放经济实现内、外一致均衡;而在浮动汇率下,则有汇率调节机制可以通过相对价格效应及一般价格效应来自动调节开放经济实现内、外一致均衡。但由于自我调节机制要有效发挥调节作用需要一定的条件,还需要较长的时间,而且未必能够自动实现充分就业,所以,常常还需要政府采取一定的经济调节政策来加速实现内、外一致均衡和充分就业。本章将重点讨论调节总需求的各种"需求管理"(demand management)政策。由于在开放条件下,存在着财政政策和货币政策的有效性问题,所以在调节内外一致均衡时还需要科学考虑各类宏观经济政策的分工和搭配问题,从而这些问题将成为本章讨论的主要重点。

第一节将介绍开放经济下的一个凯恩斯主义宏观经济模型,它是封闭经济下 $IS-LM$ 模型在开放经济下的拓展,也是本章的理论基础。这里我们将先后介绍在固定汇率和浮动汇率下一致均衡的自我调节机制;全面讨论 M-F 模型下不同经济开放程度对财政政策和货币政策效力的影响;开放经济体宏观经济制度安排的"三难选择"问题;调节内、外一致均衡的政策协调问题——在浮动汇率下的斯旺图和在固定汇率下蒙代尔的有效市场分类原则;促进充分就业的宏观经济政策问题。

第二节介绍浮动价格下开放经济的宏观经济学。首先,分别按照固定汇率和浮动汇率的不同情况介绍开放经济在充分就业情形下国际收支失衡的自我调节机制;其次,分析开放经济下国民收入的决定;再次,讨论总需求扩张的经济效果问题;最后,介绍促进经济增长和调节经济滞胀的宏观经济政策问题。

第一节　固定价格:开放经济的宏观经济学 I

开放经济的凯恩斯主义宏观经济模型(Open Economy of Keynesian Macroeconomic Model,以下简称 $IS-LM-BP$ 模型),它是对封闭经济下的凯恩斯主义宏观经济模型(Keynesian Macroeconomic Model,以下简称 $IS-LM$ 模型)里再引入一条国际收支平衡曲线(Balance Curve of Balance of Payments,以下简称 BP 曲线)之后的扩展模型。

一、开放经济的 $IS-LM-BP$ 宏观经济模型

在下述的一般化模型中,用 y 代表实际国民收入(实际 GDP),r 代表实际利率水平,M 代表实际货币供给量,e 代表实际汇率($e = \varepsilon P_f/P$,其中国内、外价格水平 P 和 P_f 都是给定不变的外生变量)。该模型中,y 和 r 始终是内生变量,M 在固定汇率模型中是内生变量而在浮动汇率模型中则成为固定不变的外生变量,e 在固定汇率模型中是固定不变的外生变量而在浮动汇率模型中则成为内生变量。

(一) IS 曲线

国内商品市场供需均衡曲线(supply-demand equilibrium curve of commodity market,以下简称 IS 曲线)表示开放条件下国内商品市场实现均衡时国民收入与利率水平的一一对应关系:IS 曲线上的每一个点都代表着一对能够使商品市场实现供需平衡的利率(r)和国民收入(y)组合:

$$y = a(y,r,e) + x(e) - e \cdot m(y,r,e) \qquad (10 \cdot 1 - 1)$$

其中,a 为国内实际吸收,$x - e \cdot m$ 为实际净出口。一般来说,IS 曲线是一条从左上方向右下方倾斜的曲线,因为在给定其他条件保持不变的情况下,当利率上升时会降低国内消费和投资需求从而降低对国内商品的实际总吸收,此时该国只有减少商品供给从而减少实际收入才能维持商品市场的供需平衡。而 IS 曲线的倾斜程度则主要取决于国内总吸收的利率弹性——该弹性越大,IS 曲线越水平;该弹性越小,IS 曲线越陡峭。

图 $10 \cdot 1 - 1$ 中,IS 曲线的右上方区域表示商品市场的商品过剩(goods overage,商品的供给大于需求);左下方区域则表示商品紧缺(goods shortage,商品的供给小于需求)。财政扩张(financial expansion)或本币实际汇率贬值(real exchange rate depreciation of home currency)都会使 IS 曲线向右上方移动,因为,财政扩张或本币实际汇率贬值都会使实际总吸收增加(注意,本模型始终假定一国的边际吸收倾向小于1,能确保市场稳定性),从而都会通过乘数效应引致实际

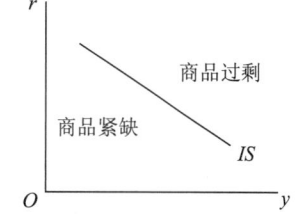

图 $10 \cdot 1 - 1$　开放经济的 IS 曲线

国民收入增加,使 IS 曲线向右上方移动;相反,财政紧缩(financial restraint)和本币实际汇率升值(real exchange rate revaluation of home currency)则都会使 IS 曲线向左下方移动。

(二) LM 曲线

国内货币市场供需均衡曲线(supply-demand equilibrium curve of monetary market,以下简称 LM 曲线)表示开放条件下国内货币市场实现均衡时国民收入与利率水平的一一对应关系:LM 曲线上的每一个点都代表着一对能够使货币市场实现供需平衡的利率(r)和国民收入(y)组合:

$$M = L(y,r) \qquad (10·1-2)$$

其中,M 为实际货币供给存量(在固定价格条件下,为简化问题,这里不妨假定 $P=1$),L 为实际货币需求量。一般来说,LM 曲线是一条从左下方向右上方倾斜的曲线,因为在给定其他条件保持不变的情况下,当收入增加时会提高货币需求,此时该国只有提高利率才能维持货币需求保持不变及货币市场的供需平衡。而 LM 曲线的倾斜程度则主要取决于国内货币需求的利率弹性——该弹性越大,LM 曲线越水平;该弹性越小,LM 曲线越陡峭。

图 10·1-2 中,LM 曲线的左上方区域表示货币市场的货币过剩(monetary excess,货币的供给大于需求);右下方区域则表示货币紧缺(monetary shortage,货币的供给小于需求)。货币扩张(monetary expansion)会使 LM 曲线向右下方移动,因为货币市场上的供大于求会使国内利率下降;相反,货币紧缩(monetary tightening)则会使 LM 曲线向左上方移动。

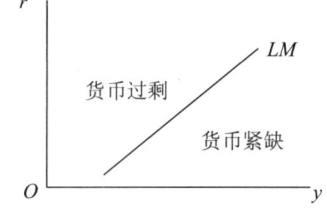

图 10·1-2 开放经济的 LM 曲线

(三) BP 曲线

国际收支平衡曲线(以下简称 BP 曲线)则表示开放条件下国际收支实现平衡时国民收入与利率水平的一一对应关系:BP 曲线上的每一个点都代表着一对能够使国际收支实现平衡的利率(r)和国民收入(y)组合:

$$x(e) - e \cdot m(y,r,e) + k(r) = 0 \qquad (10·1-3)$$

其中,$x - e \cdot m$ 为实际净出口(real net exports),k 为实际净资本流入(real net capital inflow)。一般来说,BP 曲线是一条从左下方向右上方倾斜的曲线,因为随着收入的增加,进口会相应增加,从而恶化净出口 $x - e \cdot m$,此时一国只有相应提高利率以增加资本的净流入 k,才能维持其国际收支的整体平衡。而 BP 曲线的倾斜程度则主要取决于国内外资本流动的利率弹性(elasticity to interest-rate)——该弹性越大,BP 曲线越水平;该弹性越小,BP 曲线越陡峭。

当该弹性为零(资本完全不流动)时,BP 曲线垂直,见图 10·1-3(a)。此时的 BP 曲线简化成为一条完全没有资本流动的进出口收支平衡曲线,其曲线方程(10·1-3)可

简化为

$$x(e) - e \cdot m(y,r,e) = 0 \quad (10 \cdot 1 - 4)$$

由于净出口主要取决于实际国民收入水平和实际汇率,受利率的影响较小,所以在图 $10 \cdot 1 - 3(a)$ 中的 BP 曲线近乎垂直。BP 曲线的左方区域,表示净出口为顺差,因为左方区域中的点代表国民收入水平小于维持进出口收支平衡的水平;BP 曲线的右方区域则表示净出口为逆差。在资本完全不流动的情况下,当本币实际贬值(real depreciation of home currency)时,净出口得以改善,从而收入会增加,BP 曲线会向右移动;而当本币实际升值(real revaluation of home currency)时,BP 曲线则会向左移动。

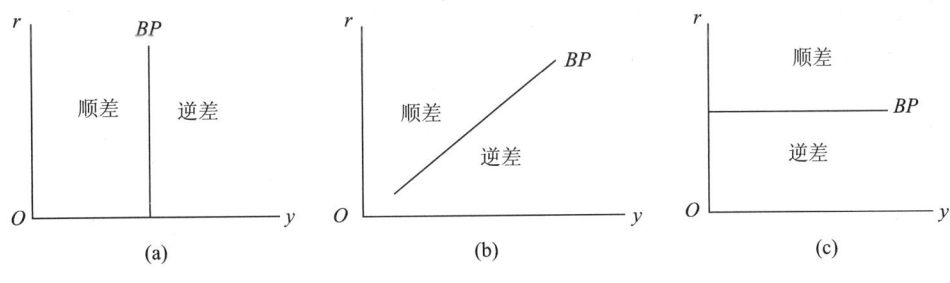

图 $10 \cdot 1 - 3$ 开放经济的 BP 曲线

当该弹性为一有限正数——资本有限流动时,BP 曲线倾斜,见图 $10 \cdot 1 - 3(b)$。资本有限流动是指一国资本市场不完全开放,或资本流动由于受到信息、交易成本等因素的限制,使本国利率与世界利率的差异只会带来有限数量资本的不充分流动。BP 曲线的左上方区域表示国际收支处于顺差状态,而 BP 曲线的右下方区域则表示国际收支处于逆差状态。在资本有限流动情况下,本币实际贬值会导致 BP 曲线向右移动,因为本币实际汇率贬值时,会导致净出口增加,从而形成国际收支出现顺差的压力,此时只有降低本国利率水平,才能刺激资本的净流出(或抑制资本的净流入),以抵消本币实际贬值所导致的国际收支顺差压力,从而保持国际收支平衡,这意味着 BP 曲线会向右移动;而本币实际升值,则会导致 BP 曲线向左移动。

当该弹性为无穷大——资本完全流动时,BP 曲线水平,见图 $10 \cdot 1 - 3(c)$。此时本国实际利率将始终与世界利率水平保持相等而固定不变,因为国内、外实际利率的差异会立即导致充分的资本套利活动而使国内、外实际利率迅速达成一致。BP 曲线上方的点表示国际收支处于顺差状态,因为此时国内利率高于世界利率会带来过量的资本流入;而 BP 曲线下方的点则表示国际收支处于逆差状态。在资本完全流动情况下,本币实际汇率的变动并不会改变 BP 曲线的位置,因为此时,资本的完全流动意味着一国可以随时以世界利率借入或贷出任何数量的资本,这样对本币实际贬值所造成的国际收支顺差随时都可以通过短期资本的迅速流动而得以弥补和消除,无须改变本国利率水平即可保持国际收支平衡。

(四)开放经济下内外一致均衡与失衡的状态分析

在开放经济条件下,一国实现内外一致均衡的必要条件是上述 $IS-LM-BP$ 模型中的三条曲线相交于一个公共点,见图 $10·1-4$ (a) 和图 $10·1-4$ (b), IS 曲线、LM 曲线和 BP 曲线的共同交点 E 即为内外一致均衡点。当这三条曲线交于一点时,把整个象限分割成六个区域,这些区域内的点分别对应着六种不同的全面失衡状态,见表 $10·1-1$ (a) 和表 $10·1-1$ (b)。这里,图 $10·1-4$ (a) 和表 $10·1-1$ (a) 反映了 BP 曲线比 LM 曲线更为陡峭的情况,图 $10·1-4$ (b) 和表 $10·1-1$ (b) 则反映了 BP 曲线比 LM 曲线更为平缓的情况。另外,图中的一致均衡点 E 又把这三条曲线分割成六条射线,而这六条射线上的点则又分别对应着六种不同的局部均衡—失衡状态(关于这六条射线上的点分别处于何种局部均衡—失衡状况的问题,留给读者自己思考)。

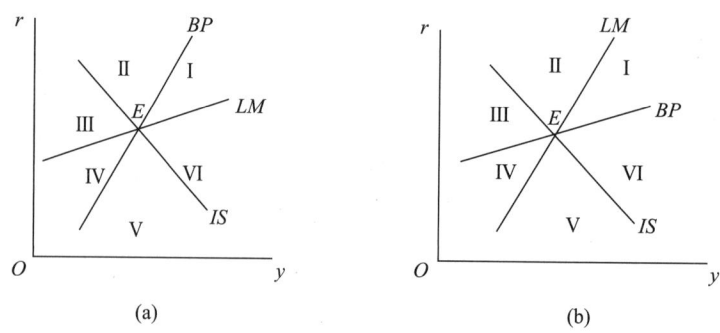

图 $10·1-4$ 开放经济内外一致均衡与失衡的状态分析

表 $10·1-1$ (a)　　开放经济的六种全面失衡状态(BP 曲线比 LM 曲线陡峭时)

区域编号	I	II	III	IV	V	VI
商品市场	商品过剩	商品过剩	商品短缺	商品短缺	商品短缺	商品过剩
货币市场	通货过剩	通货过剩	通货过剩	通货紧缩	通货紧缩	通货紧缩
国际收支	逆差	顺差	顺差	顺差	逆差	逆差

表 $10·1-1$ (b)　　开放经济的六种全面失衡状态(BP 曲线比 LM 曲线平缓时)

区域编号	I	II	III	IV	V	VI
商品市场	商品过剩	商品过剩	商品短缺	商品短缺	商品短缺	商品过剩
货币市场	通货紧缩	通货过剩	通货过剩	通货过剩	通货紧缩	通货紧缩
国际收支	顺差	顺差	顺差	逆差	逆差	逆差

(五)固定汇率下简化了的 $IS-LM-BP$ 模型

固定汇率下人们为简化问题,通常在模型中假定 e 固定等于1,此时 IS 曲线方程可简

化为

$$y = a(y,r) + x_0 - m(y,r) \qquad (10\cdot1-1')$$

这里由于实际汇率固定,从而实际出口量 $x(e) = x_0$ 成为一个固定常数。

LM 曲线方程仍为

$$M = L(y,r) \qquad (10\cdot1-2)$$

BP 曲线方程可简化为

$$x_0 - m(y,r) + k(r) = 0 \qquad (10\cdot1-3')$$

在固定汇率下,y、r 和 M 三者为内生变量,其他均为外生变量。

二、固定价格下国际收支失衡的自我调节机制

在价格稳定的开放经济条件下,当一国国际收支失衡时,各种经济变量会通过相互之间的制衡关系而自动地使宏观经济趋于内外一致均衡。也就是说,开放经济体在价格稳定条件下,市场自身对国际收支失衡有着一个自我调节机制。但是,对于固定汇率和浮动汇率的不同情况,各自是有其不同的市场自我调节机制的,下面我们将分别予以讨论。

我们的问题是,在价格水平固定不变条件下,市场的自我调节机制是如何使 IS、LM 和 BP 三条曲线最终相交于一个公共点的——这一公共交点就是商品市场、货币市场和外汇市场在价格固定条件下的内外一致均衡点,其坐标代表着一对能够使国内商品市场、货币市场和国际收支实现一致均衡的利率(r_E)和国民收入(y_E)组合。

(一)固定汇率制下的货币调节机制

见图 10·1-5,其中图(a)代表 BP 曲线比 LM 曲线更为陡峭的情况,图(b)代表 BP 曲线比 LM 曲线更为平缓的情况。假定原来 IS、LM 和 BP 三条曲线未能交于一点,如图中所示 IS_0 曲线与 LM_0 曲线的交点 A 位于 BP_0 曲线左上方的情况(关于 A 点落在 BP_0 曲线右下方的情况,则留给读者自己思考)。A 点处存在国际收支顺差,在固定汇率制下,这必会引起政府干预外汇市场购入外汇以维持固定汇率,因而会导致本国货币供给增加——此即固定汇率制下国际收支失衡的货币调节机制——它会使 LM 曲线右下移,直至其达到 LM_1 曲线的位置,与 IS_0 曲线的交点 E 落在 BP_0 曲线上为止(E 点即是这三条曲线的公共交点)。

LM 曲线右下移会导致国内利率水平下降,这一利率效应(interest effect)一方面会促使资本流出;另一方面还会刺激投资和消费,通过乘数效应增加国民收入——这一收入效应又会增加进口支出。因而固定汇率制下,价格固定时国际收支失衡的货币调节机制会通过利率效应和收入效应来缩小直至最终消除前述的国际收支顺差,达到一个内外一致均衡点 $E(y_E, r_E)$。

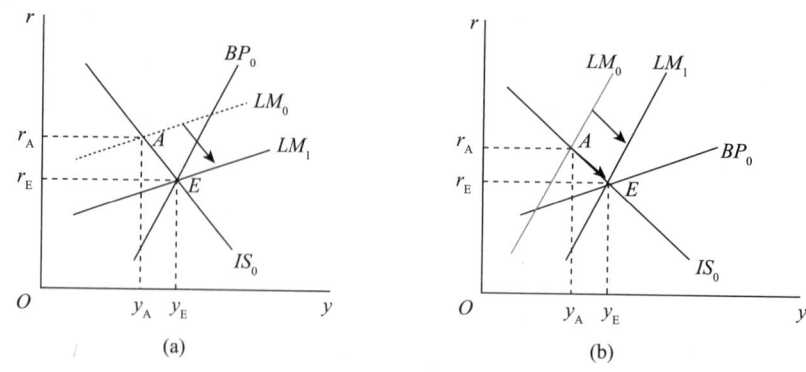

图 10·1-5　固定汇率制下国际收支失衡的货币调节机制

(二) 浮动汇率制下的汇率调节机制

见图 10·1-6，其中图(a)代表 BP 曲线比 LM 曲线更为陡峭的情况，图(b)代表 BP 曲线比 LM 曲线更为平缓的情况。假定原来 IS、LM 和 BP 三条曲线未能交于一点，比如图中所示 IS_0 曲线与 LM_0 曲线的交点 A 位于 BP_0 曲线右下方的情况（关于 A 点落在 BP_0 曲线左上方的情况，也留给读者自己思考）。A 点处存在国际收支逆差，在浮动汇率制下，这必会自动引起汇率上升（本币贬值）——此即浮动汇率制下国际收支失衡的汇率调节机制 (exchange-rate adjustment mechanism)——它会使 IS 曲线和 BP 曲线同时右移，直至其分别达到 IS_1 曲线和 BP_1 曲线的位置，此二条曲线的交点 E 落在 LM_0 曲线上为止（E 点即是这三条曲线的公共交点）。

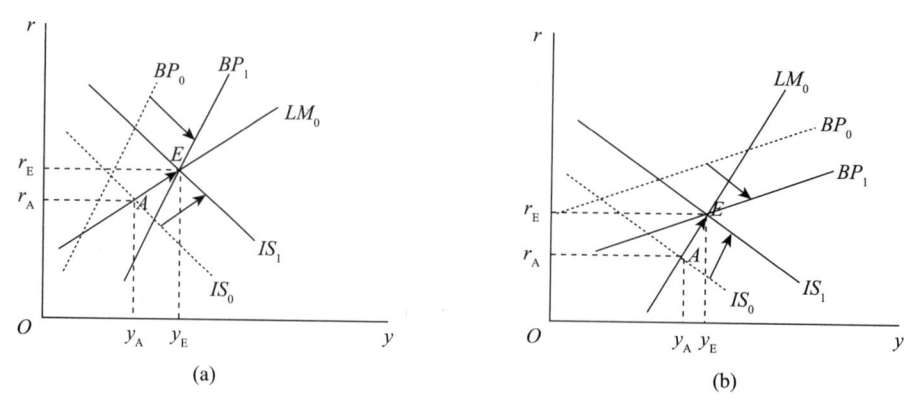

图 10·1-6　浮动汇率制下国际收支失衡的汇率调节机制

在马歇尔-勒纳条件得到满足的情况下，本币贬值会产生相对价格效应，带来净出口的增加。因而浮动汇率制下，价格固定时国际收支失衡的汇率调节机制会通过相对价格效应缩小直至最终消除前述的国际收支逆差，达到一个短期的一致均衡点 $E(y_E, r_E)$。

但在现实中，开放经济的自动均衡机制是有一定局限性的：一方面，自动均衡机制发挥作用的条件常常不完全具备，如存在市场壁垒、要素可流动性差、信息不完全、交易与运输成本高等因素都会限制或扭曲自动均衡机制的有效性;另一方面,自动均衡机制本身也有缺陷,尤其是在开放条件下宏观变量增多,从而各种经济效应之间的相互制衡和抵消作用比封闭经济下更为严重,这也会削弱自动均衡机制的调节功效。

另外,经济开放对政府宏观经济政策的有效性还会产生一些新的影响。下面我们将进一步来讨论经济开放对财政政策和货币政策效果的影响,以及开放经济下制度安排的"三难选择"等问题。

三、财政政策和货币政策的经济效应分析——M-F 模型分析 I [①]

在封闭经济条件下,财政政策与货币政策是政府用以调节宏观经济的重要手段:扩张的财政和货币政策可以扩大总需求,增加收入和就业;紧缩的财政和货币政策可以治理通货膨胀。可是在开放经济条件下,财政政策和货币政策对经济的作用机制和政策效果都发生了重大的变化,因为财政政策和货币政策既会对内部均衡产生影响,又会对外部均衡产生影响,而对外部均衡的影响又会反过来影响内部均衡。蒙代尔(1962)和弗莱明(J. M. Fleming,1962)两人于同一年独立发表论文,分别建立经济模型来讨论政府用财政政策与货币政策调控宏观经济的内外一致均衡问题,后来被人们统称为蒙代尔-弗莱明模型(Mundell-Fleming Model,以下简称 M-F 模型)。下面我们将以一种广义的蒙代尔-弗莱明模型作为分析工具,来对财政政策和货币政策的经济效应进行具体分析。所谓 M-F 模型,其实不过是对一般 IS-LM-BP 模型加上若干限制条件后得到的一个简化了的小国模型(注:我们这里的广义 M-F 模型,是把资本完全流动、有限流动和完全不流动三种可能情况分别包括在内的,因而国际费雪效应在本模型中并不总是有效的,它只有在资本完全流动条件下才能持续有效)。我们这里的广义 M-F 模型主要前提假设是:①总供给完全取决于总需求,可以随需求的变化而迅速调整;②国内、外价格水平和世界利率水平均保持固定不变;③汇率预期是静态的(这在固定汇率制下,意味着人们预期未来的即期汇率等于当前的即期汇率,而在浮动汇率制下则意味着人们预期未来即期汇率上升与下降具有等可能性)。

为方便计,我们仅以扩张性的财政、货币政策为例来进行分析,而把紧缩性政策的情况留给读者自己思考。

(一)财政扩张对国民收入的影响分析

这里,我们需要按固定汇率制和浮动汇率制两种不同情况来分别予以讨论。

1. 固定汇率制下财政扩张对国民收入的影响

(1)在 BP 曲线比 LM 曲线更为陡峭的情况下,我们利用图 10·1-7 来进行说明,其

[①] 本目内容还可参看:程祖伟.资本管制与蒙代尔-弗莱明模型[J].经济经纬,2003(6).程祖伟.开放经济汇率制度安排的"三元冲突"和人民币汇率制度改革[J].中国科学报,2006(8).程祖伟.汇率—资本流动性的制度安排和财政—货币政策的有效性[J].经济经纬,2007(1).

中图(a)为 BP 曲线垂直的极端情况,图(b)为 BP 曲线比 LM 曲线更为陡峭的一般情况,$E_0(y_0, r_0)$ 为原均衡点。如果扩张性的财政政策推动 IS 曲线右移到 IS_1 的位置,这时 IS_1 曲线和原 LM_0 曲线的交点必会落在 BP_0 曲线的右方,这意味着会发生国际收支逆差。此时该国货币当局不得不为维持固定汇率而抛售外汇,从而导致货币供给减少,使 LM 曲线左移[LM 曲线的左移会对财政扩张的收入效应产生一个"挤出效应"(crowing-out effect),在一定程度上削弱了财政扩张对实际收入的影响力],直至 LM_1 曲线与 IS_1 曲线的交点最终落在 BP_0 曲线上为止——新的一致均衡点最终将会上移到 $E_1(y_1, r_1)$ 点。

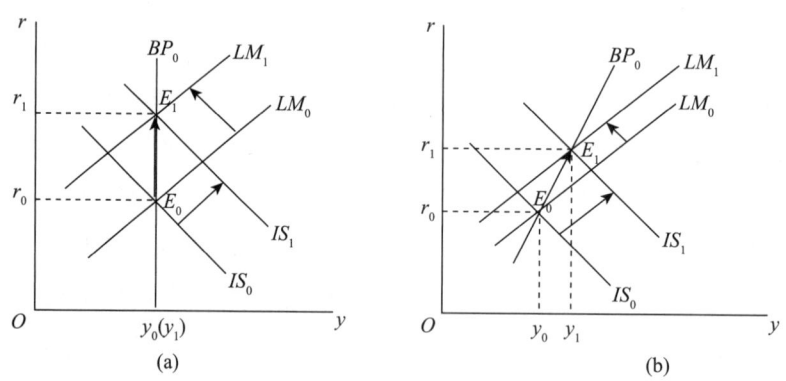

图 10·1-7　固定汇率下财政扩张对国民收入的影响(BP 曲线比 LM 曲线更为陡峭时)

由图 10·1-7 可以看出,当 BP 曲线比 LM 曲线更为陡峭,亦即资本管制较为严厉时,固定汇率机制对财政扩张的收入效应会有一个挤出效应:当资本完全不流动(BP 曲线垂直)时,固定汇率机制会对财政扩张产生一个完全的挤出效应[见图(a)];而当资本有限流动时,则会有一个部分的挤出效应[见图(b)],并且随着资本管制的逐步放松(BP 曲线的陡峭程度逐步下降但仍比 LM 曲线更为陡峭),这一挤出效应会逐步趋弱(趋于 0)。

(2)在 BP 曲线比 LM 曲线更为平缓的情况下,我们利用图 10·1-8 来进行说明,其中图(a)为 BP 曲线比 LM 曲线更为平缓的一般情况,图(b)为 BP 曲线水平的极端情况,$E_0(y_0, r_0)$ 为原均衡点。如果扩张性的财政政策推动 IS 曲线右移到 IS_1 的位置,这时 IS_1 曲线和原 LM_0 曲线的交点必会落在 BP_0 曲线的左上方,这意味着会发生国际收支顺差。此时该国货币当局不得不为维持固定汇率而购入外汇盈余,从而导致货币供给增加,使 LM 曲线跟随着 IS 曲线的右移而右移[LM 曲线的右移会对财政扩张的收入效应产生一个"增强效应"(enhanced effect),在一定程度上加强了财政扩张对实际收入的影响力],如果财政扩张最终推动 IS 曲线右移到了 IS_1 的位置,则 LM 曲线也会跟随着最终右移到 LM_1 的位置(与 IS_1 曲线的交点最终落在 BP_0 曲线上)——新的一致均衡点最终将会右移到 $E_1(y_1, r_1)$ 点。

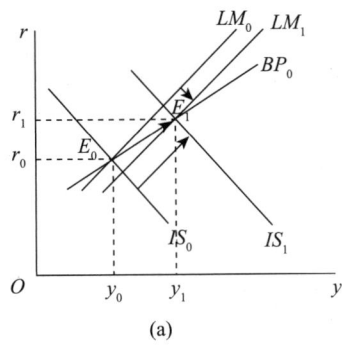 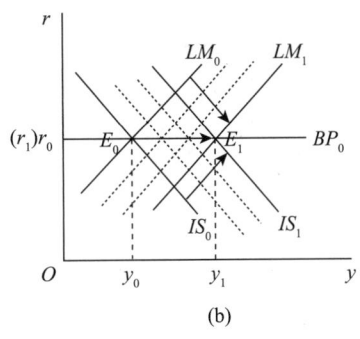

图 10·1-8　固定汇率下财政扩张对国民收入的影响（BP 曲线比 LM 曲线更为平缓时）

由图 10·1-8 可以看出,当 BP 曲线比 LM 曲线更为平缓,亦即资本的流动性较强时,固定汇率机制对财政扩张的收入效应会有一个增强效应:当 BP 曲线比 LM 曲线更为平缓但资本仍为有限流动时,会有一个部分的增强效应[见图(a)],并且随着资本流动性的逐步增强（BP 曲线的陡峭程度逐步下降）,这一增强效应会逐步趋强;而当资本完全流动（BP 曲线水平）时则会对财政扩张产生一个最大的增强效应[见图(b)]。

2. 浮动汇率制下财政扩张对国民收入的影响

（1）在 BP 曲线比 LM 曲线更为陡峭的情况下,见图 10·1-9,其中图(a)为 BP 曲线垂直的极端情况,图(b)为 BP 曲线比 LM 曲线更为陡峭的一般情况,$E_0(y_0, r_0)$ 为原均衡点。如果扩张性的财政政策推动 IS 曲线右移到 IS′的位置,这时 IS′曲线和原 LM_0 曲线的交点必会落在 BP_0 曲线的右方,这意味着会发生国际收支逆差。此时该国货币会自动贬值,这会推动 BP 曲线右移并且 IS 曲线也会进一步右移（IS 曲线的进一步右移则会对财政扩张的收入效应产生一个增强效应,在一定程度上加强了财政扩张对实际收入的影响力）,如果 IS 曲线最终右移到了 IS_1 的位置,则 BP 曲线也将最终右移到 BP_1 的位置（与 IS_1 曲线的交点落在 LM_0 曲线上）——新的一致均衡点最终将会右上移到 $E_1(y_1, r_1)$ 点。

由图 10·1-9 可以看出,当 BP 曲线比 LM 曲线更为陡峭,亦即资本管制较为严厉时,浮动汇率机制对财政扩张的收入效应会有一个增强效应:当资本完全不流动（BP 曲线垂直）时会对财政扩张产生一个最大的增强效应[见图(a)];而当资本有限流动时,则会有一个部分的增强效应[见图(b)],并且随着资本管制的逐步放松（BP 曲线的陡峭程度逐步下降但仍比 LM 曲线更为陡峭）,这一增强效应会逐步趋弱（趋于 0）。

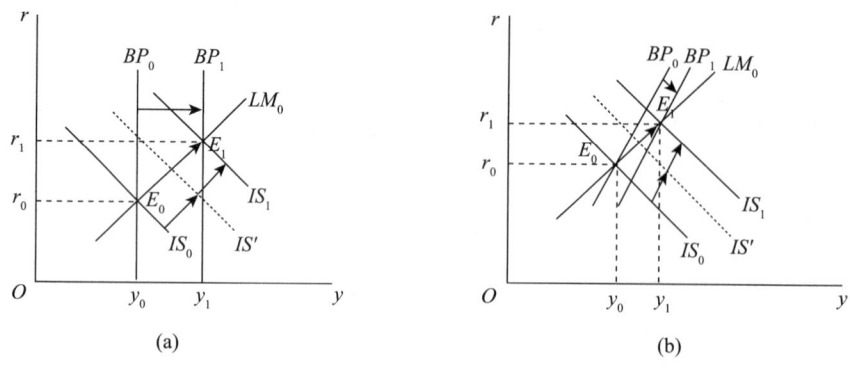

图 10·1-9 浮动汇率下财政扩张对国民收入的影响（BP 曲线比 LM 曲线更为陡峭时）

（2）在 BP 曲线比 LM 曲线更为平缓的情况下，见图 10·1-10，其中图（a）为 BP 曲线比 LM 曲线更为平缓的一般情况，图（b）为 BP 曲线水平的极端情况，$E_0(y_0, r_0)$ 为原均衡点。如果扩张性的财政政策推动 IS 曲线右移到 IS' 的位置，这时 IS' 曲线和原 LM_0 曲线的交点必会落在 BP_0 曲线的上方，意味着会发生国际收支顺差。此时该国货币会自动升值，这会推动 BP 曲线左移，同时还会推动 IS 曲线向左边回移（IS 曲线的左回移会对财政扩张的收入效应产生一个"挤出效应"，在一定程度上削弱了财政扩张对实际收入的影响力），如果 BP 曲线最终左移到了 BP_1 的位置，则 IS 曲线也将最终左回移到 IS_1 的位置（与 BP_1 曲线的交点落在 LM_0 曲线上）——新的一致均衡点最终将会移到 $E_1(y_1, r_1)$ 点。

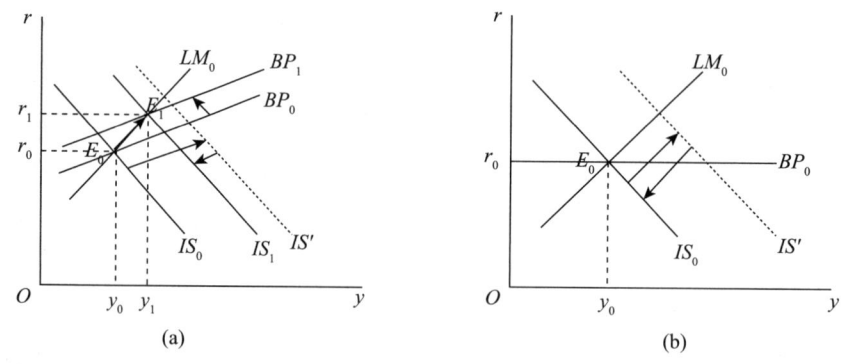

图 10·1-10 浮动汇率下财政扩张对国民收入的影响（BP 曲线比 LM 曲线更为平缓时）

由图 10·1-10 可以看出，当 BP 曲线比 LM 曲线更为平缓，亦即资本的流动性较强时，浮动汇率机制对财政扩张的收入效应会有一个挤出效应：当 BP 曲线比 LM 曲线更为平缓但资本仍为有限流动时，会有一个部分的挤出效应［见图（a）］，并且随着资本流动性的增强（BP 曲线的陡峭程度逐步下降），这一挤出效应会逐步趋近；而当资本完全流动（BP 曲线水平）时则会对财政扩张产生一个完全的挤出效应［见图（b）］。

总而言之，在固定汇率制下，财政扩张政策在资本完全流动情况下对国民收入的影响力最大,但其影响力会随着资本流动性的趋弱而相应递减,在资本完全不流动情况下财政扩张政策对国民收入的影响最终将会完全失效;而在浮动汇率制下,财政扩张政策在资本完全不流动情况下对国民收入的影响力最大,但其影响力又会随着资本流动性的增强而相应递减,在资本完全流动情况下财政政策对国民收入的影响最终将会完全失效。见表10·1-2。

(二)货币扩张对国民收入的影响分析

这里,我们也需要按固定汇率制和浮动汇率制两种不同情况来分别予以讨论。

1. 固定汇率制下货币扩张对国民收入的影响

见图10·1-11,其中图(a)(b)均为BP曲线比LM曲线更为陡峭的情况,图(c)(d)均为BP曲线比LM曲线更为平缓的情况,$E_0(y_0,r_0)$为原均衡点。如果扩张性的货币政策推动LM曲线右移到LM'的位置,则会使LM'曲线和原IS_0曲线的交点位于BP_0曲线的右下方,引起国际收支逆差,此时该国货币当局不得不为维持固定汇率而抛售外汇,从而又导致货币供给减少,使LM曲线重新左回移,直至其重新移回到原初始位置为止(LM曲线的完全左回移则会对货币扩张政策产生一个完全挤出效应),新的一致均衡点最终又回到了原$E_0(y_0,r_0)$点。

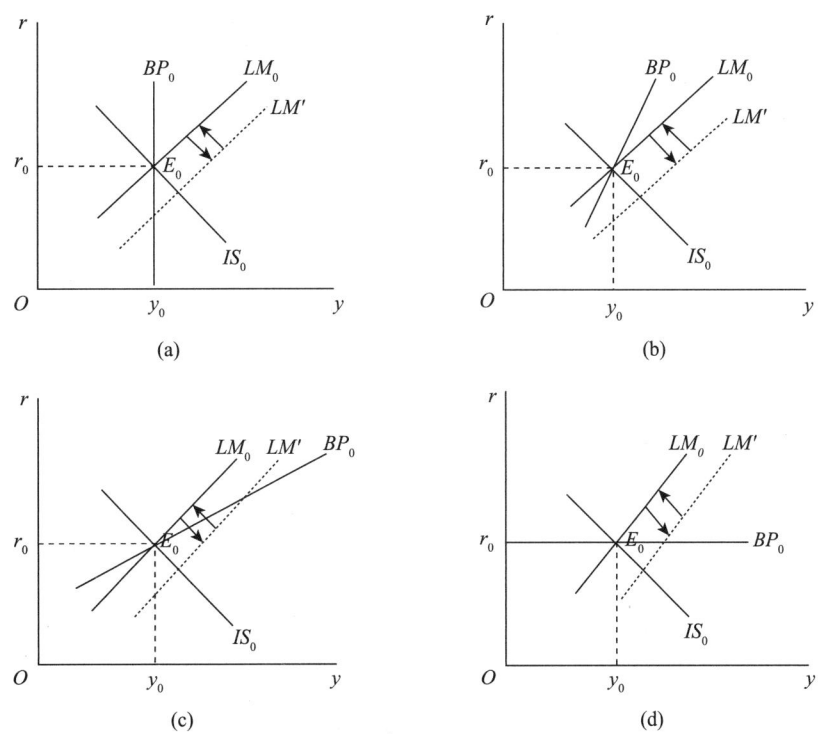

图10·1-11 固定汇率制下货币扩张对国民收入的影响

由图10·1-11可以看出,无论资本的流动性如何,固定汇率机制对货币扩张政策总是有着一个完全挤出效应,亦即长期来看,货币扩张政策对提高国民收入的作用最终总是完全无效的。

2. 浮动汇率制下货币扩张对国民收入的影响

见图 10·1-12,其中图(a)(b)(c)(d)分别代表 BP 曲线不同倾斜程度的情况,$E_0(y_0,r_0)$ 为原均衡点。如果扩张性的货币政策推动 LM 曲线右移到 LM_1 的位置,则会使 LM_1 曲线和原 IS_0 曲线的交点位于 BP_0 曲线的右下方,引起国际收支逆差。此时该国货币会自动贬值,又推动 BP 曲线和 IS 曲线同时右移,直至它们分别移到 BP_1 和 IS_1 的位置(它们的交点落在 LM_1 曲线上)为止(IS 曲线的右移则会对货币扩张的收入效应产生一个增强效应,在一定程度上加强了货币扩张对实际收入的影响力),新的一致均衡点最终将会右移到 $E_1(y_1,r_1)$ 点。

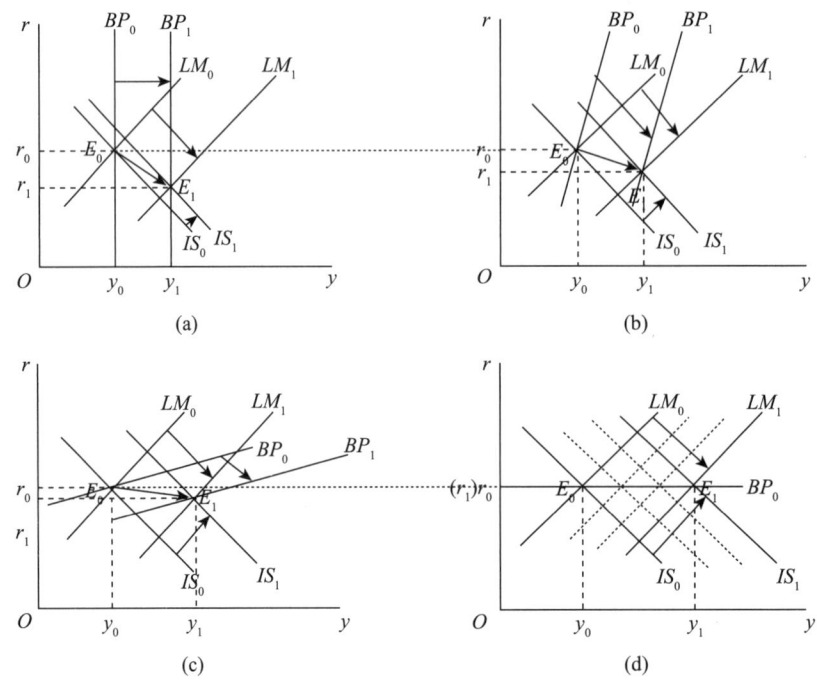

图 10·1-12 浮动汇率制下货币扩张对国民收入的影响

由图 10·1-12 可以看出,无论资本的流动性如何,在浮动汇率制下,货币政策总是有效的,并且浮动汇率机制对货币扩张的收入效应还总是有着一个增强效应:当资本完全不流动时,浮动汇率机制对货币政策的增强效应最小(但仍然存在);当资本有限流动时,其增强效应会随着资本流动性的增强而上升;当资本完全流动时,其增强效应达到最大。

总而言之,从长期来看,在固定汇率制下,无论资本的流动性如何,货币扩张政策对国民收入的影响最终总是完全无效的——固定汇率机制对货币扩张政策总是有着一个完全挤出效应;在浮动汇率制下,无论资本的流动性如何,货币扩张政策对国民收入的影响总是有效的——浮动汇率机制对货币扩张的收入效应总是有着一个增强效应,而且其强度还会随着资本流动性的增强而上升,在资本完全流动情况下,其增强效应达到最大。见表10·1-2。

表10·1-2 财政政策和货币政策对国民收入影响效果的对比分析

	固定汇率制下				浮动汇率制下			
	BP垂直	BP较陡	BP较平	BP水平	BP垂直	BP较陡	BP较平	BP水平
财政政策	完全失效（完全挤出）	较无效（部分挤出）	较有效（部分加强）	最有效（最大加强）	最有效（最大加强）	较有效（部分加强）	较无效（部分挤出）	完全失效（完全挤出）
	在固定汇率制下,财政政策的效力会随着资本管制的加强而下降,直至被完全挤出				在浮动汇率制下,财政政策的效力会随着资本流动的加强而下降,直至被完全挤出			
货币政策	在固定汇率制下,货币政策最终总是失效——无论资本流动性如何,货币政策的效力最终总是会被固定汇率机制所完全挤出				在浮动汇率制下,货币政策总是有效,并且还总能得到浮动汇率机制的加强——其加强效力还会随着资本流动性的增强而上升			

(三) 开放经济制度安排的"三元冲突"理论

蒙代尔-弗莱明模型是研究开放经济制度安排和财政—货币政策有效性的一个经典的基础理论。由前面的讨论我们可以得出如下结论:对于开放经济体而言,如果采取固定汇率制度,则货币政策完全无效,并且无论资本的流动性如何最终结果都是如此——但这其实只是在完全没有考虑"冲销干预"(sterilized intervention)政策因素情况下的一个长期效应分析。所谓"冲销干预"政策,是指在固定汇率制下,一国中央银行在干预外汇市场买卖外汇以稳定汇率的同时,又通过公开市场操作反向卖买等额的国内证券来"冲销"(sterilisation)由于外汇干预所引起的货币供应量的改变,维持住既定货币供给目标的一种辅助性货币政策工具。这一"冲销"干预政策似乎意味着一国中央银行其实是可以通过其持有外汇资产和国内证券资产的互换来同时实现稳定汇率和维持住既定货币供给量的双重目标的——但这里还需注意:① 在资本完全自由流动条件下采用"冲销"干预政策来辅助实现既稳定汇率又维持住既定货币供应量的双重目标是行不通的,至少要有一定程度的资本管制才能使"冲销"干预政策有效或部分有效;② 其实"冲销"干预政策是难以长期维持的(见下文的解释)。

克鲁格曼(1979)曾经从蒙代尔-弗莱明模型中提炼出一个蒙代尔不可能三角模型(Mundell Impossible-triangle Model),提出了宏观国际经济学中著名的关于汇率制度安排的"三难选择"("Tri-lemma" on the Arrangement of Exchange-rate System,又称汇率制度安排的"三元悖论")——见图10·1-13。图中的三角形被称作"蒙代尔不可能三角"(Mundell-impossible-triangle),其三条边分别代表着资本完全自由流动(金融完全一体化)、汇率完全固定和货币政策完全独立三项典型的制度安排。克鲁格曼指出,蒙代尔不可能三角中三条边所代表的典型制度安排不可能同时完全实现——对于一个开放经济体来说,不可能同时完全实现资本自由流动、汇率固定和货币政策独立三项典型的制度安排,最多只能三选其二(而且有时还需要辅以"冲销"干预政策才可行)。

弗兰克尔(1999)又进一步把克鲁格曼的"蒙代尔不可能三角"模型扩展成如下一个更为一般化的蒙代尔不可能—可能三角模型(Mundell Impossible–possible–triangle Model)——见图10·1-14。弗兰克尔将克鲁格曼的"蒙代尔不可能三角"三条边各自相对的三个顶点分别代表另一极端的资本完全管制、汇率完全自由浮动和完全放弃货币政策自主权三项典型的制度安排,又提出一个"蒙代尔不可能—可能三角"。弗兰克尔指出,蒙代尔不可能—可能三角的三条边所代表的制度安排的组合是一种不可行的(不可能同时完全实现的)典型制度安排组合,而蒙代尔不可能—可能三角的三个顶角则又分别代表着以下三种可行的典型制度安排组合:①资本完全管制跟其两条邻边固定汇率和货币政策独立三者一起可以构成一种可行的典型制度安排组合;②汇率完全自由浮动跟其两条邻边货币政策独立和资本自由流动三者一起又可以构成一种可行的典型制度安排组合;③加入货币联盟(或实行货币局制度)跟其两条邻边资本自由流动和固定汇率三者一起可以构成再一种可行的典型制度安排组合。

图10·1-13 开放经济体汇率制度安排的"蒙代尔不可能三角"

图10·1-14 开放经济体汇率制度安排的"蒙代尔不可能—可能三角"

这里关于后两种典型制度安排组合的可行性已无须多说,我们仅对第一种典型制度安排组合(资本完全管制与固定汇率及独立货币政策的制度安排组合)的可行性再做一点说明——这种制度安排组合之所以可行是因为,在资本完全管制条件下,国内外利率出现差异成为可能(会由于资本完全管制而被保持住),但是此时,中央银行在进行外汇干预时还需辅以"冲销"干预政策来维护其独立的货币供给目标,从而这里还存在以下问题:在这种资本完全管制的固定汇率制度安排组合下,虽然可以通过外汇干预及相应的冲销政策来同时实现稳定汇率和货币供给量的双重目标,但其独立的货币政策目标常常会使本国货币的汇率被高估(或低估),从而可能会导致该国长期存在经常账户逆差(或顺差),这最终会导致该国的国际清偿力枯竭(或中央银行的"冲销"干预陷入困境)而难以为继,严重时甚至还会引发货币危机乃至金融危机。因为,显然,当一国长期存在经常账户逆差(或顺差)时,该国央行想长期依靠向外借贷的办法来不断补充其国际储备的不足是行不通的(或该国央行想用不断增发央行票据等办法来补充其"冲销"干预手段的不足也是有一定局限性的)。

由此可知,资本完全管制的固定汇率制度安排其实是一种难以长期稳定的制度安排(资本管制和"冲销"干预其实仍难以确保僵化的固定汇率长期维持);而如果能让汇率具有一定的弹性,则显然更有利于制度安排的稳定性。一国究竟应该选择何种制度安排组合为宜,并无一般性的定论。弗兰克尔(1999)指出,在现实中,完全处于上述三个顶角的典型制度安排组合其实也是罕见的(多少总会有点偏离),大多是介于上述三种典型制度安排之间的更具可行性的中间型制度安排组合;并且没有任何一种制度安排能够适合所有国家以及一个国家的所有时期。这意味着,一个国家应当根据本国的实际情况和经济发展的不同阶段来选择和调整自己的制度安排组合。

四、调节内、外一致均衡的政策搭配问题

我们已经知道,开放经济下,政府的短期宏观经济政策目标是同时实现内部均衡与外部均衡,其内部均衡目标是价格稳定和充分就业(从短期来看,暂不考虑经济增长问题,我们把它留待第二节再来讨论),外部均衡目标则是国际收支平衡。而关于外部均衡的标准问题在实践中则是一个颇为复杂的问题:传统的观念认为,外部均衡应同时实现经常账户的收支平衡和官方结算的收支平衡;但进入20世纪80年代以来,人们对于外部均衡问题有了一些新的认识——人们认识到,一方面一国其实没有必要要求经常账户始终保持平衡,而可以更为主动地利用经常账户差额来调节国内储蓄与投资差额,另一方面资本流动对经常账户逆差的弥补能力则又是有限度的。所以,现在人们通常把外部均衡的标准界定为与一国宏观经济相适应的国际收支结构和一定程度上的汇率稳定。

丁伯根原则(Tinbergen Principle):对于需要同时兼顾多个经济目标时的政策搭配(policy coordination)问题,荷兰经济学家丁伯根(J. Tinbergen,1952)在其政策搭配理论(Policy Coordination Theory)中提出,要同时实现 n 个相互独立的经济目标,至少需要有 n 个相互独立的有效政策工具;若政策工具的数目多于经济目标的数目,则实现这组经济目标可以有多种政策工具搭配方案可供选择,并且针对具体情况,其中当有一个相对较好的政策搭配方案,这被人们称为丁伯根原则。但在实际上,"丁伯根原则"只是一个理想化的经济政策搭配理论,因为对于现实中的政策搭配问题来说,一方面,可供政府选择使用的经济政策工具是有限的;另一方面,市场经济下的各种宏观经济政策又往往并不完全独立,从而它们对经济目标的影响往往不具有充分的可区分性。这些因素常常会局限了丁伯根原则在实践中的有效应用。

米德冲突(Meade Conflict):英国经济学家米德(1951)在其著作《国际收支》一书中指出,在固定汇率制下,一国当局不能经常性地使用属于支出转换政策的汇率政策工具来调控其对外均衡,而常常只能用同属于支出变更政策的财政政策和货币政策来同时兼顾内、外均衡,这时,内、外均衡目标对支出变更政策的要求存在着发生冲突的可能性,这在后来被人们称作米德冲突——在固定汇率制下,当一国发生国际收支赤字与失业共存

的情况时,会出现外部均衡目标要求采取紧缩的支出变更政策,而内部均衡目标却要求采取扩张的支出变更政策这样一种相互冲突的尴尬境况;或者当一国发生国际收支盈余与通胀共存的情况时,又会出现外部均衡目标要求采取扩张的支出变更政策,而内部均衡目标却要求采取紧缩的支出变更政策这样一种相互冲突的尴尬境况。

澳大利亚经济学家斯旺(T. W. Swan,1955)提出其著名的"斯旺图"(Swan Diagram),论证了以支出转换政策(汇率政策)来调控外部均衡目标,同时再以支出变更政策(财政、货币政策)来调控内部均衡目标,是一种可行的同时兼顾内外均衡的政策搭配方案;而针对米德冲突的困境,美国经济学家蒙代尔则又于1968年提出了著名的"有效市场分类原则"(Classification Principle of Effective Market),论证了在固定汇率且又允许资本自由流动条件下,财政政策工具和货币政策工具在影响经济目标上其实是具有相对独立性和不同相对优势的,因而也可以采取将内、外均衡目标分别指派给对其具有相对较大影响力的财政或货币政策工具的恰当的政策搭配方案,来达到同时实现内、外均衡的双重目标。

(一)斯旺图——支出转换政策与支出变更政策的搭配原则

斯旺图没有考虑资本的国际流动问题,而将国际收支平衡等同于贸易收支平衡问题。见图10·1-15,横坐标 a 代表国内实际总支出(包括消费支出、投资支出和政府支出);纵坐标 e 代表实际汇率(实际汇率上升意味着本币实际贬值,实际汇率下降意味着本币实际升值)。

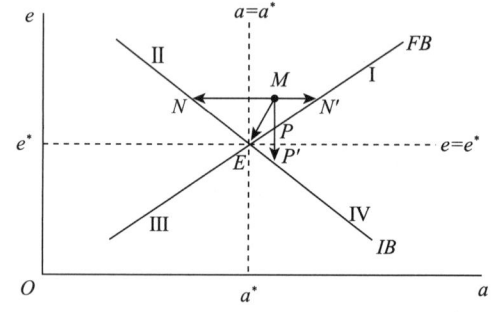

图 10·1-15 斯旺图

IB 曲线代表内部均衡曲线,该曲线上的任意一点 (a_I,e_I) 都代表某一内部均衡状态(某一充分就业兼物价稳定状态)所对应的国内总支出水平 a_I 和汇率水平 e_I 的组合。IB 曲线为一条负斜率曲线(从左上方向右下方倾斜),这是因为,实际汇率上升(本币实际贬值)时将导致出口需求增加和进口成本上升,形成通货膨胀压力,此时,唯有降低国内实际支出水平才能消除通胀压力,从而形成新的均衡状态。IB 曲线的左下方区域内的任意一点 (a,e) 都代表某一非充分就业状态所对应的国内支出水平 a 和汇率水平 e 的组合;而右上方区域内的任意一点 (a,e) 则代表某一经济过热状态所对应的国内支出水平 a 和汇率水平 e 的组合。

FB 曲线代表外部均衡曲线,该曲线上的任意一点 (a_F,e_F) 都代表某一外部均衡状态(某一贸易收支平衡状态)所对应国内总支出水平 a_F 和汇率水平 e_F 的组合。FB 曲线为一条正斜率曲线(从左下方向右上方倾斜),这是因为,实际汇率水平上升(本币实际贬值)时将导致出口增加,进口减少,可能形成贸易顺差,此时,唯有提高国内实际支出水平才能增加进口以消除顺差压力,从而形成新的均衡状态。FB 曲线的左上方区域内的任意一点 (a,e) 都代表某一贸易顺差状态所对应的国内支出水平 a 和汇率水平 e 的组合;而右下方区域内的任意一点 (a,e) 则代表某一贸易逆差状态所对应的国内支出水平 a 和

汇率水平 e 的组合。

IB 曲线与 FB 曲线的交点 $E(a^*,e^*)$ 代表内、外经济一致均衡状态（充分就业、物价稳定兼贸易收支平衡状态）所对应的国内总支出水平 a^* 和汇率水平 e^* 的组合。直线 $a = a^*$ 与直线 $e = e^*$ 将第一象限分割为Ⅰ、Ⅱ、Ⅲ、Ⅳ四个区域，斯旺图的这四个区域内的点则分别对应着不同的内外经济失衡状态（见表 10·1-3）。

表 10·1-3 支出变更政策和支出转换政策的搭配

区域	Ⅰ	Ⅱ	Ⅲ	Ⅳ
内部经济	$a > a^*$	$a < a^*$	$a < a^*$	$a > a^*$
外部经济	$e > e^*$	$e > e^*$	$e < e^*$	$e < e^*$
支出变更政策	紧缩	扩张	扩张	紧缩
支出转换政策	本币升值	本币升值	本币贬值	本币贬值

下面，我们首先利用斯旺图来说明，政府当局单独使用支出转换政策（汇率政策）或单独使用支出变更政策（财政—货币政策）均不能同时兼顾内外均衡双重目标的同时实现。比如，假设当前经济状态处于Ⅰ区 M 点（有通胀压力和贸易顺差的失衡状态），一方面，如果政府当局维持固定汇率，而单独采用紧缩的支出政策（紧缩的财政—货币政策），则虽然可以达到 N 点，通过减少支出消除了通货膨胀压力，但这同时又减少了进口从而加剧了贸易顺差问题；或者是单独采用扩张的支出政策（扩张的财政—货币政策），则虽然可以达到 N' 点，通过增加进口消除了贸易顺差，但这同时又加剧了通胀压力。另一方面，如果政府当局维持国内总支出不变，而单独采用本币升值政策，使净出口减少，则也只能是要么到达 P 点（消除了贸易顺差但仍没有完全消除通胀压力），要么到达 P' 点（消除了通货膨胀压力却又产生了贸易逆差问题）；或者，如果单独采用本币贬值政策，使出口增加，则显然更将同时加剧原有的通货膨胀压力和贸易顺差问题。

然后，我们再进一步来说明，根据斯旺图提出的支出变更—支出转换政策搭配（expenditure of changing-switching policy of coordination）的斯旺图原则（Principle of Swan Diagram）：政府当局只需适当搭配支出变更政策（财政—货币政策）和支出转换政策（汇率政策）来调整经济——在以支出变更政策来调节内部均衡的同时，辅以支出转换政策来调节对外均衡——即可兼顾到内、外均衡双重目标的同时实现（见表 10·1-3）。比如，仍假设当前经济状态处于Ⅰ区 M 点，此时，政府当局只需采用本币升值的支出转换政策来消除贸易顺差，并同时辅以紧缩的支出变更政策（紧缩的财政—货币政策）来消除通货膨胀，这样就可以同时使汇率水平降至 e^*，国内支出水平降至 a^*，达到 E 点，最终同时实现内、外一致均衡。

（二）蒙代尔的有效市场分类原则——财政政策与货币政策的搭配原则

蒙代尔将对外经济均衡定义为官方结算收支平衡，考虑到在允许资本自由流动的固定汇率制下：①财政政策和货币政策实际上具有一定的相对独立性（relative independence)——因为,扩张(紧缩)的财政政策趋向于抬高(压低)利率,而扩张(紧缩)的货币政策则趋向于压低(抬高)利率,所以同向操作的财政政策和货币政策对利率的影响却是反向的,或者说反向操作的财政政策和货币政策对利率的影响却是同向的,从而反向操作的财政政策和货币政策对资本净流出的影响作用也是同向的。②财政政策和货币政策实际上又具有一定的相对有效性(relative validity)——因为,一方面,在允许资本自由流动的固定汇率制下,货币政策对内完全失效,而财政政策对调控内部经济目标却有最大影响力;另一方面,在允许资本自由流动的固定汇率制下,货币政策对外部均衡(资本流动和官方结算收支)的影响力则又远远大于财政政策的影响力。所以,蒙代尔针对固定汇率下的米德冲突问题,提出如下一个财政—货币政策搭配(finance-monetary policy of coordination)的有效市场分类原则(principle of effective market classification):在允许资本自由流动的固定汇率条件下,只需恰当地反向或同向搭配财政政策和货币政策——应当且只能把调控内部均衡的任务分配给财政政策来完成,而把调控外部均衡的任务分配给货币政策来完成——即可兼顾到内、外均衡双重目标的同时实现。我们利用图10·1-16来说明蒙代尔的政策搭配理论,横坐标 g 代表实际财政支出,纵坐标 r 代表实际利率。

IB 曲线代表内部均衡曲线,该曲线上的任意一点 (g_1,r_1) 都代表某一内部均衡状态(某一充分就业兼物价稳定状态)所对应财政支出水平 g_1 和利率水平 r_1 的组合。IB 曲线为一条正斜率曲线(从左下方向右上方倾斜),这是因为,利率水平上升时将导致民间消费和投资支出的下降,形成经济紧缩的压力,此时,唯有相应提高政府支出水平来抵消总支出水平的下降趋势,才能消除紧缩压力,从而形成新的均衡状态。IB 曲线的左上方区域内任意一点

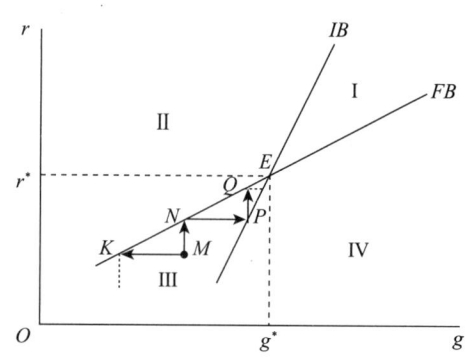

图 10·1-16 财政政策与货币政策的搭配
(在资本自由流动的固定汇率制下)

(g,r) 都代表某一非充分就业状态所对应的政府支出水平 g 和利率水平 r 的组合;而右下方区域内任意一点 (g,r) 则代表某一经济过热状态所对应的政府支出水平 g 和利率水平 r 的组合。

FB 曲线代表外部均衡曲线,该曲线上的任意一点 (g_F,r_F) 都代表某一外部均衡状态(某一官方结算收支平衡状态)所对应政府支出水平 g_F 和利率水平 r_F 的组合。FB 曲线也是一条正斜率曲线(从左下方向右上方倾斜),这是因为,利率水平上升时将导致资金净流出减少,并且其紧缩经济的作用还会使进口支出减少,形成国际收支顺差压力,此时,唯有提高政府支出以提高国内总支出水平才能增加进口以消除顺差压力,从而形成新的均衡状态。FB 曲线的左上方区域内任意一点 (g,r) 都代表某一国际收支顺差状态所对应的政府支出水平 g 和利率水平 r 的组合;而右下方区域内任意一点 (g,r) 则代表

某一国际收支逆差状态所对应的政府支出水平 g 和利率水平 r 的组合。

在考虑资本自由流动的固定汇率条件下,图中的 IB 曲线一定比 FB 曲线更为陡峭。因为,设若 $E(g^*,r^*)$ 点为其内、外经济一致均衡点,此时如果利率水平提高了 Δr,则若该国要保持内部均衡(这需要保持国内总支出水平不变),政府支出需要相应地增加 Δg 以恰好抵消国内消费和投资支出的减少,这时新的内部均衡点为 $(g^*+\Delta g, r^*+\Delta r)$;而若要保持外部均衡(这需要该国对外官方结算保持收支平衡),政府支出仅增加前述的 Δg 却是不够的(因为考虑到国际资本流动,利率的上升不但会减少进口支出,而且还将会减少资本的净流出,前述的 Δg 只能够恰好抵消国内消费和投资支出的减少以消除该国进口支出的减少却并未兼顾到资本净流出的减少),此时政府必须以更加强有力的财政扩张政策使政府支出的增加 $\Delta g' > \Delta g$,诱发更多的进口支出来抵消资本净流出的减少,才能保持原有的外部均衡。从而,当利率水平从 r^* 提高到 $r^*+\Delta r$ 时,新的外部均衡点 $(g^*+\Delta g', r^*+\Delta r)$ 必定位于新的内部均衡点 $(g^*+\Delta g, r^*+\Delta r)$ 的右方,这意味着 IB 曲线将比 FB 曲线更陡峭。

IB 曲线与 FB 曲线的交点 $E(g^*,r^*)$ 代表着内、外经济一致均衡状态(充分就业、物价稳定且国际收支平衡状态)所对应的财政支出水平 g^* 和利率水平 r^* 的组合;IB 曲线与 FB 曲线将第一象限分割为 Ⅰ、Ⅱ、Ⅲ、Ⅳ 四个区域,这四个区域内的点则分别对应着不同的内外经济同时失衡状态(见表 10·1-4),并且在 Ⅰ、Ⅲ 两个区域中会存在所谓米德冲突问题,需要正确地反向搭配财政政策和货币政策才能同时兼顾内外均衡。

表 10·1-4 财政政策与货币政策的搭配(在资本自由流动的固定汇率制下)

区域	Ⅰ	Ⅱ	Ⅲ	Ⅳ
内部经济状态	有通胀压力	非充分就业	非充分就业	有通胀压力
对外经济状态	国际收支逆差	国际收支顺差	国际收支逆差	国际收支逆差
米德冲突	有	无	有	无
财政政策	紧缩	扩张	扩张	紧缩
货币政策	扩张	扩张	紧缩	紧缩

我们来进一步分析蒙代尔的有效市场分类原则及其政策搭配问题:在允许资本自由流动的固定汇率制下,一方面,货币政策调节内部经济的作用会受到固定汇率和资本自由流动这一制度安排的严重制约而完全失效,而财政政策调节内部经济的作用则可以得到最为有效的发挥;另一方面,货币政策对外部均衡(官方结算收支平衡)的影响力又远远大于财政政策的影响力。因此,应当且只能把调控资本净流出——外部均衡的任务分配给货币政策来完成,而把调控国内总需求——内部均衡的任务分配给财政政策来完成(见表 10·1-4)。比如,假定当前经济状态处于 Ⅲ 区 M 点上(处于非充分就业和国际收支逆差状态),此时就应当(也只能)用紧缩的货币政策来缩小国际收支逆差(先到达 N 点,向一致均衡点靠近),再用扩张的财政政策来增加就业(再到达 P 点,更加靠近一致均衡

点),继续用紧缩的货币政策来进一步缩小国际收支逆差(又到达 Q 点,进一步靠近均衡点),再继续用扩张的财政政策来进一步增加就业……这样,最终将收敛于 $E(g^*,r^*)$ 点,同时实现内、外一致均衡。但这里需注意绝对不能把财政政策和货币政策的调节任务搭配反了,即绝对不能反过来用紧缩的财政政策来解决逆差问题(这会先到达 K,更加远离了一致均衡点),再用扩张的货币政策来解决失业问题(这会再更加远离一致均衡点)……这样继续下去就只会发散开来离一致均衡点 E 越来越远,内、外失衡都将会更加恶化。

五、促进充分就业的宏观经济政策搭配——M-F 模型分析 Ⅱ[①]

下面,我们进一步利用 M-F 模型来分析当一国处于非充分就业(non-full employment)状态时,怎样进行宏观经济政策搭配和调控,以促进充分就业(full employment)。我们仍将分别按照固定汇率和浮动汇率两种不同情况来进行分析。在下面的讨论中我们始终假定资本有限流动,并且在达到充分就业之前国内价格水平固定不变。

(一)固定汇率制下促进充分就业的政策搭配

见图 10·1-17,其中图(a)为 BP 曲线比 LM 曲线更为陡峭的情况,图(b)为 BP 曲线比 LM 曲线更为平缓的情况。这里假定一国原处于一种非充分就业的一致均衡状态 $E(y_E,r_E)$,E 点作为 IS、LM 和 BP 三条曲线的公共交点是一个内外一致均衡点,但它又位于充分就业线 $y=y_F$ 的左侧,这意味着非充分就业,政府当局的政策调控目标则是实现充分就业并保持内、外一致均衡。

1. BP 曲线比 LM 曲线更为陡峭的情况

见图(a),此时的政策搭配方案应是,以扩张的财政政策来实现充分就业,同时辅以适度紧缩的货币政策来保持一致均衡。

当扩张的财政政策拉动 IS 曲线右移到 IS'位置时,后者与原 LM_E 曲线的交点会落在 BP_E 曲线的右下方(财政扩张政策会破坏原有的经济平衡,在 BP 曲线比 LM 曲线更为陡峭时它会造成国际收支逆差),在固定汇率制下,此时货币当局会抛售外汇以维持固定汇率从而又紧缩了货币供给,这又会推动 LM 曲线相应左移到 LM'的位置,使 IS'和 LM'的交点保持落在 BP_E 曲线上(货币供给的减少会引起利率上升和资本流入从而抵消因财政扩张所带来的国际收支逆差);而当扩张的财政政策拉动 IS 曲线最终右移到 IS_F 的位置(使后者最终通过 BP_E 曲线与充分就业线的交点 F)时,在固定汇率制下,相应的货币紧缩也会相应推动 LM 曲线最终左移到 LM_F 的位置(使后者最终也通过 F 点),这样就能最终达到在实现充分就业的同时又保持内、外一致均衡的双重调控目标 $F(y_F,r_F)$ 点。

[①] 本目内容仍可参看:程祖伟.资本管制与蒙代尔-弗莱明模型[J].经济经纬,2003(6).

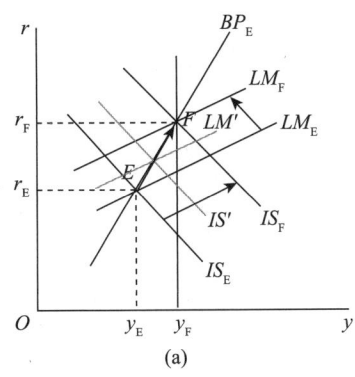 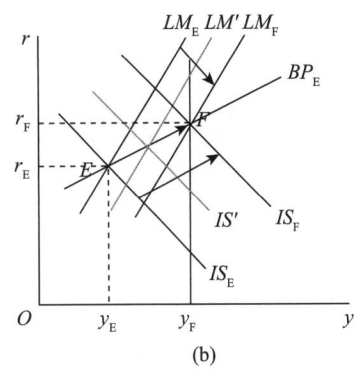

图 10·1-17 固定汇率制下促进充分就业的调节政策

2. BP 曲线比 LM 曲线更为平缓的情况

见图(b),此时的政策搭配方案应是,以扩张的财政政策来实现充分就业,同时辅以适度扩张的货币政策来保持一致均衡。

当扩张的财政政策拉动 IS 曲线右移到 IS′位置时,后者与原 LM_E 曲线的交点会落在 BP 曲线的左上方(财政扩张政策会破坏原有的经济平衡,在 BP 曲线比 LM 曲线更为平缓时它会造成国际收支顺差),在固定汇率制下,此时货币当局会收购外汇以维持固定汇率从而又扩张了货币供给,这又会推动 LM 曲线相应右移到 LM′的位置,使 IS′和 LM′的交点保持落在 BP_E 曲线上(货币供给的增加会引起利率下降和资本流出从而抵消因财政扩张所带来的国际收支顺差);而当扩张的财政政策拉动 IS 曲线最终右移到 IS_F 的位置(使后者最终通过 BP_E 曲线与充分就业线的交点 F)时,在固定汇率制下,相应的货币扩张也会相应推动 LM 曲线最终右移到 LM_F 的位置(使后者最终通过 F 点),这样就能最终达到在实现充分就业的同时又保持内、外一致均衡的双重调控目标 $F(y_F,r_F)$ 点。

(二)浮动汇率制下促进充分就业的政策搭配

见图 10·1-18,其中图(a)为 BP 曲线比 LM 曲线更为陡峭的情况,图(b)为 BP 曲线比 LM 曲线更为平缓的情况。仍假定一国原处于一种非充分就业的一致均衡状态 $E(y_E,r_E)$,E 点作为 IS、LM 和 BP 三条曲线的公共交点是一个内外一致均衡点,但它又位于充分就业线 $y=y_F$ 的左侧,这意味着非充分就业,政府当局的政策调控目标则是实现充分就业并保持内外一致均衡。

这里假定马歇尔-勒纳条件得到了满足,因而在浮动汇率制下主要是考虑怎样采取扩张的支出政策来实现充分就业,而汇率调节机制则会自动调节国际收支保持一国经济的对外均衡。

1. BP 曲线比 LM 曲线更为陡峭的情况

见图(a),此时的政策搭配方案应是,以扩张的货币政策来实现充分就业,同时辅以浮动汇率来调节一致均衡(此时还可再辅以适度扩张的财政政策来辅助货币政策避免货币过度扩张)。

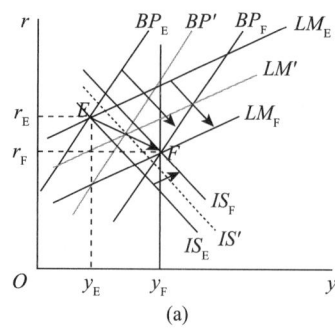 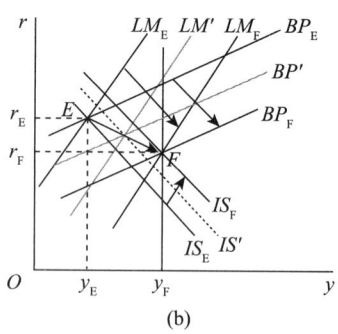

图 10·1-18　浮动汇率制下促进充分就业的调节政策

当扩张的货币政策拉动 LM 曲线右移到 LM' 的位置时,后者与原 IS_E 曲线的交点会落在 BP_E 曲线的右下方(货币扩张政策会破坏原有的经济平衡,造成国际收支逆差),汇率调节机制则会自动令本币立即贬值,相应推动 IS 曲线和 BP 曲线同时右移到 IS' 和 BP' 的位置,使它们与 LM' 曲线共同相交于一点,以保持一致均衡;此后,如果该一致均衡点仍然位于充分就业线 $y=y_F$ 的左方,则该国仍可继续货币扩张,直至把 LM 曲线推到 LM_F 的位置,而该国货币汇率也会进一步相应贬值推动 IS 曲线和 BP 曲线又同时右移到 IS_F 和 BP_F 的位置,与 LM_F 曲线的共同交点 $F(y_F,r_F)$ 恰好落在充分就业线 $y=y_F$ 上为止,这样就能最终达到既实现充分就业又保持内外一致均衡的多重调控目标。

2. BP 曲线比 LM 曲线更为平缓的情况

见图(b),此时的政策搭配方案应是,以扩张的货币政策来实现充分就业,同时辅以浮动汇率来调节一致均衡(此时也还可再辅以适度扩张的财政政策来辅助汇率政策避免本币过度贬值)。

具体的讨论与前面 BP 曲线比 LM 曲线更为陡峭的情况基本类似,这里不再赘述。

第二节　浮动价格:开放经济的宏观经济学 Ⅱ

在第一节的讨论中没有考虑价格变动问题,本节我们将进一步讨论浮动价格水平(floating price level)下开放经济的宏观经济学。

一、浮动价格水平下的 IS-LM-BP 分析

本小节,我们先来介绍开放经济在浮动价格水平情形下长期内外一致均衡的市场自我调节机制。

(一)充分就业情形下国际收支失衡的自我调节机制

这里也需按固定汇率和浮动汇率两种不同情形分别进行讨论。

1. 固定汇率制下的货币—价格调节机制

这里仅就资本自由流动的情形来讨论固定汇率制下国际收支失衡的货币—价格调节机制（currency-price adjustment mechanism），而关于资本非自由流动的固定汇率制下国际收支的市场自我调节机制的具体讨论则可见附录 10·2·1。

见图 10·2-1，其中(a)图是原存在国际收支逆差情形，(b)图是原存在国际收支顺差情形。假定国内经济的初始状态原处于 $A(y_A, r_A)$ 点（IS_A 曲线与 LM_A 曲线的交点），位于充分就业线 $y = y_F$ 上，在(a)图中，$A(y_A, r_A)$ 点原处于 BP 曲线下方，存在国际收支逆差；在(b)图中，$A(y_A, r_A)$ 点原处于 BP 曲线上方，存在国际收支顺差。

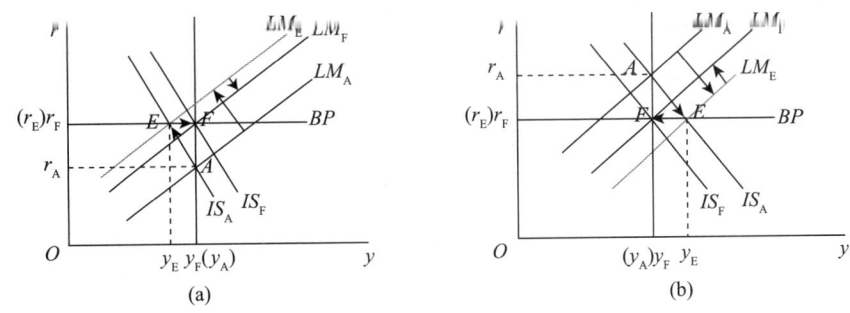

图 10·2-1　固定汇率制下国际收支失衡的货币—价格调节机制（资本自由流动下）

固定汇率制下，在(a)图中，这必会引起政府干预外汇市场抛售外汇弥补外汇供给缺口，以维持固定汇率，因而会导致本国货币供给减少；在(b)图中，则会引起政府干预外汇市场购入外汇弥补外汇需求缺口，以维持固定汇率，因而会导致本国货币供给增加。

首先，短期来看，由于国内价格水平一时黏住不变，在(a)图中，本国货币供给减少立即会使 LM 曲线左移超调到 LM_E 的位置（直至其经过 IS_A 曲线和 BP 曲线的交点 E）为止，此时货币供给减少的利率效应（利率上升消除资本流出）和收入效应（收入下降减少进口）会率先发挥作用，消除国际收支逆差，先暂时达到非充分就业的短期均衡点 $E(y_E, r_E)$；在(b)图中，则是本国货币供给增加立即会使 LM 曲线右移超调到 LM_E 的位置（直至其经过 IS_A 曲线和 BP 曲线的交点 E）为止，此时货币供给增加的利率效应（利率下降消除资本流入）和收入效应（收入上升增加进口）会率先发挥作用，消除国际收支顺差，先暂时达到超充分就业（ultra full employment）的短期均衡点 $E(y_E, r_E)$。

其次，长期来看，在(a)图中，本国货币供给减少滞后还会导致国内物价水平下降：国内物价滞后下降，一方面，意味着本国实际货币供给又有所回升，会使此前过度超调了的 LM 曲线又重新有所右回移到 LM_F 的位置（直至其经过 BP 曲线和充分就业线的交点 F）为止；另一方面，还意味着本国货币的实际汇率贬值，又会使 IS 曲线右移到 IS_F 的位置（直至其也经过 F 点）为止，此时本国货币供给减少的一般价格效应又会滞后发挥作用，价格水平下降提升总需求，最终使本国经济达到内、外一致均衡的充分就业均衡

点 $F(y_F, r_F)$。在(b)图中,则是本国货币供给增加滞后还会导致国内物价水平上升:国内物价滞后上升,一方面意味着本国实际货币供给又有所回落,会使此前过度超调了的 LM 曲线又重新有所左回移到 LM_F 的位置(直至其经过 BP 曲线和充分就业线的交点 F)为止;另一方面还意味着本国货币的实际汇率升值,又会使 IS 曲线左移到 IS_F 的位置(直至其也经过 F 点)为止,此时本国货币供给增加的一般价格效应又会滞后发挥作用,价格水平上升消除超额需求,最终使本国经济达到内、外一致均衡的充分就业均衡点 $F(y_F, r_F)$。

2. 浮动汇率制下的汇率—价格调节机制

这里也是仅就资本自由流动的情形来讨论浮动汇率制下国际收支失衡的汇率—价格调节机制(exchange-rate-price adjustment mechanism),而关于资本非自由流动的浮动汇率制下国际收支的市场自我调节机制的具体讨论可见附录 10·2·2。

见图 10·2-2,其中(a)图是原存在国际收支逆差情形,(b)图是原存在国际收支顺差情形。假定国内经济的初始状态原处于 $A(y_A, r_A)$ 点(IS_A 曲线与 LM_A 曲线的交点),位于充分就业线 $y = y_F$ 上,在(a)图中,$A(y_A, r_A)$ 点原处于 BP 曲线下方,存在国际收支逆差;在(b)图中,$A(y_A, r_A)$ 点原处于 BP 曲线上方,存在国际收支顺差。

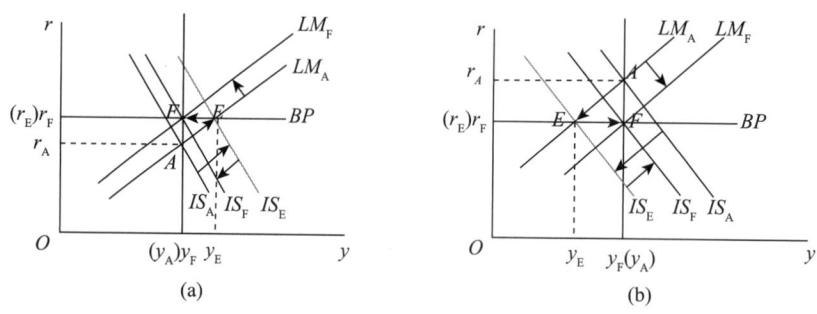

图 10·2-2 浮动汇率制下国际收支失衡的汇率—价格调节机制(资本自由流动下)

浮动汇率制下,在(a)图中这必会引起本币汇率自动贬值[在(b)图中则是会引起本币汇率自动升值]。

首先,从短期来看,由于价格水平一时黏住不变,在(a)图中,这会导致本币汇率的超额贬值,使 IS 曲线右移超调到 IS_E 的位置(直至其经过 LM_A 曲线和 BP 曲线的交点 E)为止,此时本币贬值的相对价格效应会率先发挥作用,增加净出口消除国际收支逆差,先暂时达到超充分就业的短期均衡点 $E(y_E, r_E)$;在(b)图中,这会导致本币汇率的超额升值,使 IS 曲线左移超调到 IS_E 的位置(直至其经过 LM_A 曲线和 BP 曲线的交点 E)为止,此时本币升值的相对价格效应会率先发挥作用,增加净进口消除国际收支顺差,先暂时达到非充分就业的短期均衡点 $E(y_E, r_E)$。

其次,从长期来看,在(a)图中,由于本国需求扩张到了超充分就业的 E 点,所以滞后还会导致国内物价水平上升:国内物价滞后上升,一方面意味着本国实际货币供给量下降,会使 LM 曲线左移到 LM_F 的位置(直至其经过 BP 曲线和充分就业线的交点 F)为止;另一方面还意味着本国货币的实际汇率又重新有所升值,又会使前期过度超调了的 IS 曲线又有所左回移到 IS_F 的位置(直至其也经过 F 点)为止,此时本币贬值的一般价格效应又会滞后发挥作用,价格水平上升消除超额需求,最终使本国经济达到内外一致均衡的充分就业均衡点 $F(y_F,r_F)$。在(b)图中,由于本国需求紧缩到非充分就业的 E 点,滞后还会导致国内物价水平下降:国内物价滞后下降,一方面意味着本国实际货币供给量上升,使 LM 曲线右移到 LM_F 的位置(直至其经过 BP 曲线和充分就业线的交点 F)为止;另一方面还意味着本国货币的实际汇率又重新有所贬值,又会使前期过度超调了的 IS 曲线又有所右回移到 IS_F 的位置(直至其也经过 F 点)为止,此时本币升值的一般价格效应又会滞后发挥作用,价格水平下降提升总需求,最终使本国经济达到内外一致均衡的允分就业均衡点 $F(y_F,r_F)$。

总之,一国若在充分就业情况下发生国际收支失衡,从长期来看,固定汇率制下有货币—价格调节机制会通过货币浮动而产生利率效应、收入效应和一般价格效应,最终消除国际收支的逆差或顺差并达到充分就业的内外一致均衡状态;浮动汇率制下则有汇率—价格调节机制会通过汇率浮动而产生相对价格效应和一般价格效应,最终消除国际收支的逆差或顺差并达到充分就业的内外一致均衡状态。不过,按照凯恩斯主义的观点,则认为市场的自动调节常常会停留在某个有效需求不足的内外一致均衡点而停滞不前,也就是说,市场的自动调节常常会滞留在从 E 点趋向 F 点的中途而停滞不前,因而需要借助政府的宏观经济政策来拉动有效需求以帮助或加速实现充分就业。

(二)开放经济下国民收入的决定

1. 开放经济下的总需求曲线

开放经济下的总需求曲线(aggregate demand curve,以下简称 AD 曲线)是在既定宏观经济条件下,反映一国消费、投资、政府支出和净出口的需求总量与一般价格水平之间关系的总需求函数(aggregate demand function)的图像表达。

开放经济总需求曲线的推导,见图 10·2-3(姑且假定了 BP 曲线比 LM 曲线更为平缓),其上方图中 IS_1 曲线、LM_1 曲线和 BP_1 曲线三者的公共交点 $E_1(y_1,r_1)$ 对应下方图中 AD 曲线上的点 $F_1(y_1,P_1)$,即 E_1 点为对应价格水平 P_1 的一致均衡点;而上方图中 IS_2 曲线、LM_2 曲线和 BP_2 曲线三者的公共交点 $E_2(y_2,r_2)$ 则对应下方图中 AD 曲线上的点 $F_2(y_2,P_2)$,即 E_2 点为对应价格水平 P_2 的一致均衡点。

当价格水平 P 从 P_1 上升到 P_2 时:一方面意味着该国实际货币供给减少,会使上图中 LM 曲线的位置相应从 LM_1 左移到 LM_2;另一方面又意味着该国货币的实际汇率升值,又会使上图中 IS 曲线和 BP 曲线的位置同时分别相应从 IS_1 和 BP_1 左移到 IS_2 和 BP_2(直至其交点 E_2 落在 LM_2 曲线上为止——在固定汇率制和浮动汇率制下,导致这三条曲线相交于同一公共点的自动均衡机制则有所不同,可参见本章第一节第二目)。于是当上图中三条曲线交点的位置从 $E_1(y_1,r_1)$ 左移到 $E_2(y_2,r_2)$ 时,其所对应的下图中总需求曲线

AD 上点的位置则相应从 $F_1(y_1,P_1)$ 左移到了 $F_2(y_2,P_2)$……这样即可逐点描出 AD 曲线。这一推导过程对固定汇率和浮动汇率都有效，只不过固定汇率的自动均衡机制和浮动汇率的自动均衡机制有所不同。

显然，开放经济的总需求曲线仍是一条从左上方向右下方倾斜的曲线，这同样意味着一国消费、投资、政府支出和净出口的总需求量与一般价格水平成反向变动，价格水平越低，总需求量越高；价格水平越高，则总需求量越低。

2. 开放经济下的总供给曲线

开放经济下的总供给曲线（aggregate supply curve，以下简称 AS 曲线）是在既定生产要素资源和技术水平条件下，反映一国消费、储蓄和政府税收的供给总量与一般价格水平之间关系的总供给函数（aggregate supply function）的图像表达。它又有长期总供给曲线（long-run aggregate supply curve，以下简称 LRAS 曲线）和短期总供给曲线（short-run aggregate supply curve，以下简称 SRAS 曲线）之分。

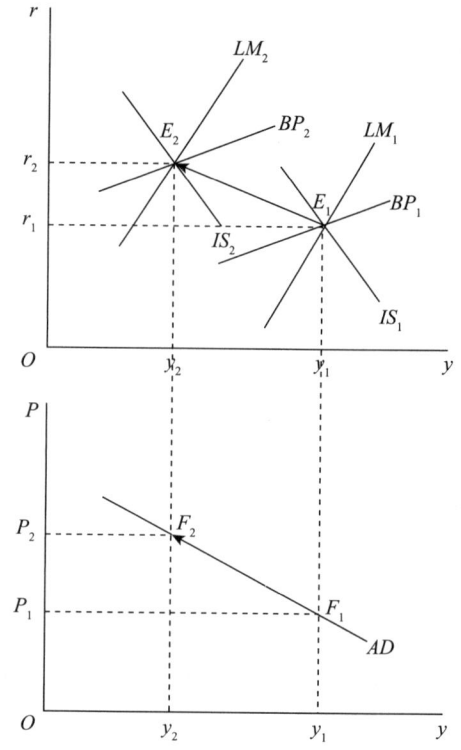

图 10·2-3　开放经济下的总需求曲线

所谓长期总供给曲线取决于一国经济在既定有效资源和技术水平下的自然产出水平（natural level of output），它不受价格水平变动的影响——在不考虑经济增长的情况下，一国的自然产出水平是一个与价格水平无关的常数（以下一概记之为 y_N）——因而长期总供给曲线是一条垂直于 y 轴的直线（见图 10·2-4）。

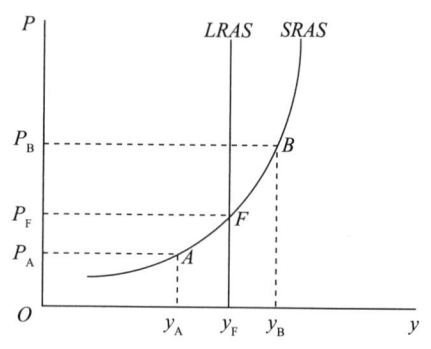

图 10·2-4　长期总供给曲线与短期总供给曲线

所谓短期总供给曲线则是一条从左下方向右上方倾斜的曲线——SRAS 曲线（见图 10·2-4）。因为短期产出水平会随着价格水平的波动而暂时偏离自然产出水平——由于短期信息和市场的不完善，常常会使价格水平在短期内暂时偏离其长期均衡水平 P_F 而下降到 P_A 或上升到 P_B，这会误导厂商们随之暂时减少或增加生产的投入和产出，形成一种偏离自然产出水平的短期产出水平——并且短期产出水平还会随着价格水平的上升而上升，因而短期总供给曲线是一条从左下方向右上方倾斜的曲线。

3.开放经济下国民收入的决定

下面我们利用图10·2-5来说明开放经济总供需的短期均衡与长期均衡问题(在不考虑经济增长的条件下),AD 曲线为总需求曲线,LRAS 曲线为长期总供给曲线,SRAS 曲线、$SRAS_A$ 曲线和 $SRAS_B$ 曲线是三条短期总供给曲线。

在长期总供需固定不变条件下,AD 曲线与 LRAS 曲线及 SRAS 曲线三者交于一个公共点 $F(y_F,P_F)$ 时决定着长期均衡的国民收入水平 y_F 和价格水平 P_F。

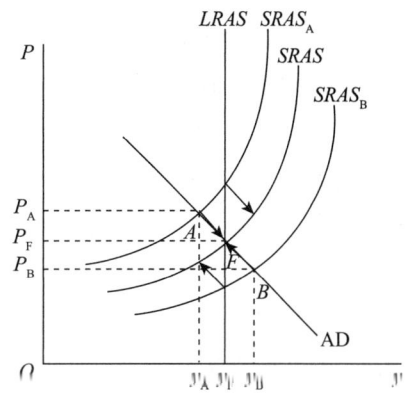

图 10·2-5 总供需的短期均衡与长期均衡

若在短期内,$SRAS_A$ 曲线与总需求曲线 AD 的交点 A 没有落在长期总供给曲线 LRAS 上,而是落在了长期总供给曲线 LRAS 的左方,则意味着该国短期非充分就业(生产投入和产出水平暂时低于其自然供给水平),这时短期均衡的国民收入水平为 $y_A < y_F$,产品价格水平 P_A 高于其长期均衡的价格水平 P_F(而生产成本的要素价格水平则低于其长期均衡水平);从长期来看,厂商们会扩大生产的投入和产出以谋取长期利润的最大化——这意味着短期总供给曲线会逐步右下移到 SRAS 的位置[直至其恰好经过总需求曲线 AD 与长期总供给曲线 LRAS 的交点 $F(y_F,P_F)$]为止,这会促使该国经济从 A 点沿着 AD 曲线右下移到 F 点,最终实现充分就业的长期均衡。

或在短期内,$SRAS_B$ 曲线与总需求曲线 AD 的交点 B 没有落在长期总供给曲线 LRAS 上,而是落在了长期总供给曲线 LRAS 的右方,则意味着该国短期超充分就业(生产投入和产出水平暂时高于其自然供给水平),这时短期均衡的国民收入水平为 $y_B > y_F$,产品价格水平 P_B 低于其长期均衡的价格水平 P_F(而生产成本的要素价格水平则高于其长期均衡水平);从长期来看,厂商们会缩小生产的投入和产出以谋取长期利润的最大化——这意味着短期总供给曲线会逐步左上移到 SRAS 的位置[直至其恰好经过总需求曲线 AD 与长期总供给曲线 LRAS 的交点 $F(y_F,P_F)$]为止,这会促使该国经济从 B 点沿着 AD 曲线左上移到 F 点,最终实现充分就业的长期均衡。

二、自然产出水平固定不变条件下总需求扩张的经济效果分析

在本小节的讨论中,我们暂时假定一国的自然产出水平保持不变。这里仅以总需求扩张(aggregate demand expansion)为例来进行讨论,而把总需求紧缩(aggregate demand contraction)的情况留给读者自己思考。

下面,我们先讨论一国原处于非充分就业均衡状态时总需求扩张的经济效果,然后再讨论一国原处于充分就业均衡状态时总需求扩张的经济效果。

(一)非充分就业情况下的总需求扩张

我们利用图 10·2-6 来进行说明,
$LRAS$ 曲线和 $SRAS$ 曲线分别为长期总供给
曲线和短期总供给曲线;AD 曲线为原总需
求曲线,它分别与长期总供给曲线和短期总
供给曲线相交于 F 点和 A 点,而该国经济原
处于非充分就业的短期均衡点 $A(y_A, P_A)$。
如果此时该国的总需求扩张,则会使总需求
曲线 AD 右移,当后者右移到 AD' 恰好通过
原短期总供给曲线 $SRAS$ 与长期总供给曲线

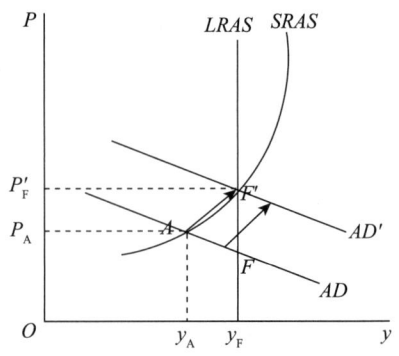

图 10·2-6 非充分就业情况下的总需求扩张

$LRAS$ 的交点 $F'(y_F, P'_F)$ 时,就会促使该国经济从 A 点沿着 $SRAS$ 曲线迅速右上移到 F'
点,加速该国实现充分就业的长期均衡——这时新的长期均衡价格水平则上升到了
P'_F,同时国民收入也达到了充分就业的自然产出水平 y_F。也就是说,当一国经济原处
于非充分就业的短期均衡状态时,采取扩张性的总需求政策,会加速该国经济实现充
分就业的长期均衡状态,但又有着会造成该国长期均衡价格水平上涨的副作用。

(二)充分就业情况下的总需求扩张

我们利用图 10·2-7 来进行说明,$LRAS$
曲线为长期总供给曲线,AD 曲线和 $SRAS$ 曲
线分别为原总需求曲线和原短期总供给曲
线,这三条曲线原相交于充分就业的长期均
衡点 $F(y_F, P_F)$。如果此时该国的总需求扩
张,则会使总需求曲线 AD 右移,不妨设其右
移到了 AD',这样后者与原短期总供给曲线
$SRAS$ 及长期总供给曲线 $LRAS$ 的交点就会分
别相应上移到 $B(y_B, P_B)$ 点及 $F'(y_F, P'_F)$ 点:
这时,在短期内,总需求的外生性扩张会误导

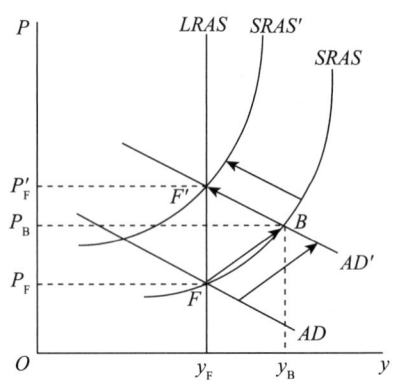

图 10·2-7 充分就业情况下的总需求扩张

厂商们扩张生产投入和产出,达到一个暂时性超充分就业的供需均衡——在短期内,该
国经济会从 F 点沿着 $SRAS$ 曲线右上移到 B 点(短期均衡的价格水平会上升到 P_B,产出
水平则暂时偏离其长期均衡的自然产出水平而增加到 y_B);但是,从长期来看,由于生产
的投入和产出水平一时超过了自然供给水平,必然会使生产的成本要素价格水平迅速上
升,这反过来又会迫使厂商们重新缩减其生产的投入和产出以谋取长期利润的最大
化——这又会使短期总供给曲线相应左上移到 $SRAS'$ 的位置[直至其经过新的总需求曲
线 AD' 与长期总供给曲线 $LRAS$ 的交点 $F'(y_F, P'_F)$]为止,从而使该国经济又从 B 点沿着
AD' 曲线左上移到 F' 点,最终又形成新的长期均衡——最终,产品价格水平上升到 P'_F,而国

民收入则又恢复到其既定的长期自然产出水平 y_F。也就是说,在自然产出水平既定和充分就业情况下,一国总需求的外生性扩张,只是会在短期内暂时增加实际产出;从长期来看,最终只是提升了长期均衡的价格水平,而并不能改变该国的实际产出水平。

三、促进经济增长和调节经济滞胀的宏观经济政策效果分析

在以上讨论中,我们始终假定了一国的自然产出水平保持不变,而没有考虑其他外生经济环境变化以及宏观财政与货币政策也可能会对一国自然产出水平发生影响的问题。本小节我们将放宽上述假定,进一步讨论经济增长(economy growth)和经济滞胀(economy stagflation)的问题。

(一)促进经济增长的宏观经济政策

虽然从中短期来看,宏观经济政策的主要作用是影响总需求,但从长期来看,它们也可以影响总供给:比如,政府将扩张的财政支出用于基础建设、基础研究、改善教育等方面,就不但会增加短期需求(使总需求曲线右移),而且从长期来看还会促进经济增长(使总供给曲线右移);又如,降低投资税收的财政政策或降低利率的货币政策等也有着促进经济增长(使总供给曲线右移)的长期作用。

我们利用图 10·2-8 来说明扩张性宏观经济政策对促进经济增长的长期效果,AD 曲线、$LRAS$ 曲线和 $SRAS$ 曲线分别为原总需求曲线、原长期总供给曲线和原短期总供给曲线,这三条曲线相交于原长期均衡点 $F(y_F,P_F)$。如果现在采取扩张的财政—货币政策,则一方面,会使总需求曲线 AD 右移到 AD',后者与原短期总供给曲线 $SRAS$ 及原长期总供给曲线 $LRAS$ 的交点就会分别相应上移到

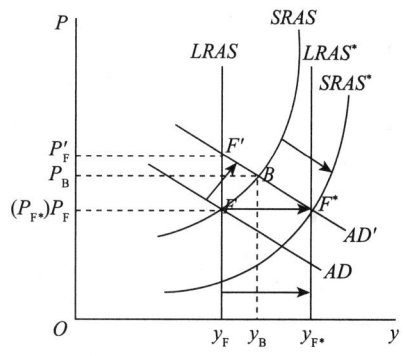

图 10·2-8 促进经济增长的宏观经济政策

$B(y_B,P_B)$ 点及 $F'(y_F,P_F')$ 点;另一方面,在考虑到扩张性宏观经济政策具有促进经济增长作用的情况下,从长期来看:未来的长期总供给曲线和短期总供给曲线也都会有所右移,如分别右移至 $LRAS^*$ 和 $SRAS^*$ 处,与 AD' 曲线共同相交于一个新的长期均衡点 F^*,新的长期均衡价格水平 P_{F^*} 必将低于 P_F',但可能会高于/等于/低于原长期均衡价格水平 P_F——其具体高低取决于旨在促进经济增长的扩张性宏观经济政策能使新长期总供给曲线右移幅度的大小(它右移幅度越大,新的长期均衡价格水平 P_{F^*} 也就越低,在本图中我们姑且假定了 $P_{F^*} = P_F$);同时,新的自然产出水平则增长到了 y_{F^*},它必将高于 y_F——具体能高多少也是取决于新长期总供给曲线右移幅度的大小(它右移幅度越大,新的自然产出水平 y_{F^*} 也越高)。

(二)调节经济滞胀的宏观经济政策

第二次世界大战以后,分别在 1973—1974 年和 1979—1981 年各发生过一次剧烈的石油价格上涨,使得所有石油进口国的生产成本都随之上涨,结果造成了一种前所未有的所谓经济滞胀(Stagflation)现象。我们利用图 10·2-9 来说明这种现象,AD 曲线、LRAS 曲线和 SRAS 曲线分别为原总需求曲线、原长期总供给曲线和原短期总供给曲线,这三条曲线相交于原长期均衡点 $F(y_F, P_F)$。

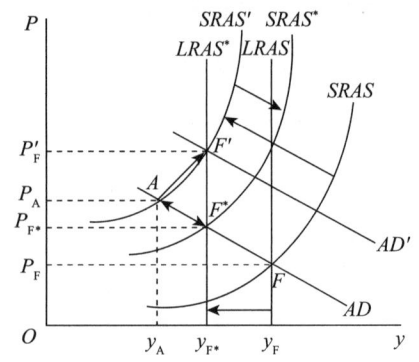

图 10·2-9 调节经济滞胀的宏观经济政策

突发性石油价格飞涨所导致的生产成本上涨,首先在短期内将使短期总供给曲线暂时左移超调至 $SRAS'$ 处,与原总需求曲线 AD 相交于暂时超调了的短期均衡点 A 处(其短期价格水平 P_A 将远高于原价格水平 P_F,短期产出水平 y_A 则将远低于原自然产出水平 y_F),这意味着突发性石油价格飞涨在短期内将引发沿着 AD 曲线左上移趋向于 A 点处的经济衰退与通货膨胀并存的所谓经济滞胀现象。

从长期来看,石油价格上涨所导致的生产成本上升,还会使新的长期总供给曲线也相应左移到 $LRAS^*$ 处,与原总需求曲线 AD 相交于新的长期均衡点 F^* 处——新的自然产出水平将下降到 y_{F^*}。(但 y_{F^*} 将高于短期均衡点 A 处的短期产出水平 y_A),新的长期价格水平则将上升到 P_{F^*}(但 P_{F^*} 又将低于短期均衡点 A 处的短期价格水平 P_A)。这意味着,前期突发性石油价格飞涨导致的短期均衡点 A 其实落在了新的长期总供给曲线左侧的非充分就业区域内,A 点处的生产成本(要素价格水平)相对于新的自然产出水平来说其实又偏低了,这又将反过来使厂商们重新扩张其生产的投入和产出以谋取长期利润的最大化——从而使短期总供给曲线最终又有所右回移到 $SRAS^*$ 的位置[直至其恰好经过总需求曲线 AD 与新的长期总供给曲线 $LRAS^*$ 的交点 $F^*(y_{F^*}, P_{F^*})$]为止,最终使该国经济又从 A 点沿着 AD 曲线右下移到 F^* 点,达到新的长期均衡。这是市场自身对经济滞胀现象的自然调节过程(natural adjustment process),但这一自然调节过程需要较长的时间。

如果此时政府不能容忍这一旷日持久的自然调节过程,急于增加产出以尽快缓解就业压力,而采取扩张性宏观经济政策来刺激经济,使总需求曲线右移到 AD' 处(使其恰好经过超调了的短期总供给曲线 $SRAS'$ 与新的长期总供给曲线 $LRAS^*$ 的交点 F')的话,则 F' 将成为新的长期均衡点,这一新长期均衡点的产出水平将与前述的自发调节时相同(都是 y_{F^*}),但其新的长期价格水平 P_F' 则将远远高于自发调节时的新长期价格水平 P_{F^*}——这是用扩张性宏观经济政策来刺激经济加速调节过程所不得不付出的代价(为加快调节速度而不得不承担更高的通货膨胀代价)。并且显然地,无论是市场自发调节还是扩张性宏观经济政策调节,其实最终都不能避免由于生产成本上涨所导致的自然产出

水平从 y_F 下降到 y_{F*} 的困境。

至于石油价格上涨对一国国际收支的影响则具有很大的不确定性：一方面，石油价格上涨会由于对石油的需求缺乏弹性而导致进口支出增加，但自然产出和国民收入的减少则又会导致其他进口品的减少，因而油价上涨对贸易收支的影响取决于这两种互抵因素究竟谁更强；另一方面，如果石油输出国将其增加的石油收入投资于某个石油进口国的话，则又会改善后者的金融账户。所以，若要考察石油价格上涨对一国国际收支的影响问题，则需要根据各国的具体情况进行具体分析，并没有一个普适性的结论。

第十一章　国际要素流动

本章介绍和探讨经济全球化情况下的各种国际要素流动理论(theory of international factor mobility),包括关于国际资本流动(international capital mobility)的四个重要国际间接投资理论(第一节);关于国际资本流动的国际直接投资理论(第二节);关于国际劳动力流动的两个重要理论(第三节);国际要素流动与国际贸易之间的替代关系理论、互补及促进关系理论(第四节)。

第一节　国际间接投资理论

投资者的对外投资行为会造成资本在国际流动,使资本从一个经济体(国家或地区)转移到另一个经济体(另一个国家或地区)。一般来说,人们按照投资者是否可对国际投资项目的资金运用和经营进行直接干预及其可控程度,而将国际资本流动的方式区分为国际直接投资(Foreign Direct Investment,FDI)和国际间接投资(Foreign Indirect Investment,FII)两大类。其中,前者是指投资者可直接对其国外投资项目的资金运用和经营进行干预并且拥有足够大影响力的国际投资(许多西方国家把拥有10%以上的股权作为区分是否直接投资的统计指标);后者则是指投资者并不直接对其国外投资项目的资金运用和经营进行干预或者其拥有的影响力很有限的国际投资。本章将把有关国际直接投资的理论放在后面的第二节再做介绍,本节首先介绍关于国际资本流动的间接投资理论。

我们可以将国际间接投资看作一种纯粹的金融资产投资行为,并且还可以将其进一步细分为国际借贷、国际证券投资(包括国际债券、股票及其他金融资产投资)等各种不同的间接投资方式,人们通过这些间接投资方式和其组合投资方式来赚取国外金融资产的利息、股息以及证券买卖差价等收益,而并不直接干预其所投资项目的资金运用和经营。主要的国际间接投资理论有新赫克歇尔-俄林的跨期比较优势分析理论、费雪关于均衡利率决定的储蓄—投资分析理论、麦克道格尔的福利分析理论以及马科维茨的金融资产组合分析理论等。

一、国际间接投资的跨期比较优势分析理论

该理论把投资看作一种牺牲一部分当前消费权利以换取未来更多消费权利的跨期

套利行为,李嘉图最早提出所谓跨期比较优势国际资本流动原理,后人又曾沿用赫克歇尔-俄林的要素禀赋贸易理论的分析方法,被称为新赫克歇尔-俄林分析法(New Approach of Heckscher-Ohlin),对该理论进行了改进。其主要前提假设是:有两个国家,生产技术水平相同(这里不考虑规模经济问题)、劳动力规模相同、消费品篮子和消费偏好相同,可以进行自由贸易并完全竞争,资本也可以自由跨国流动,并且不考虑任何交易成本,但两国的要素禀赋有所不同(在前面两国劳动力规模相同的假设下,这意味着两国的资本存量有所不同),而且劳动力不能跨国流动。

(一)一国经济开放对其生产—消费跨期均衡的影响分析

图 11·1-1 中,横坐标 Q_S 表示一国(我们不妨将其记为 A 国)当前的产量或消费量,纵坐标 Q_F 表示其未来的产量或消费量,AA' 曲线代表该国当前和未来产量组合的可能性边界线,U_A 曲线和 U_A' 曲线则分别代表该国在经济开放前后的跨期消费总效用水平无差异曲线。在封闭经济下,见图(a),A 国的生产可能性边界线 AA' 也就是其消费可能性边界线,它与效用无差异曲线 U_A 的切点 E_A 确定了该国的最优跨期生产—消费均衡点。令 $r_A > 0$ 代表该国在封闭经济下的实际利率(其大小取决于该国的资本丰裕度——一国的资本丰裕度越高,其在封闭经济下的实际利率也就越低),则过 E_A 点公切线斜率的绝对值为 $1 + r_A$——它代表该国在封闭经济下,于 E_A 点处放弃 1 单位当前消费所能换得未来消费的数量,也就是该国在封闭经济下当前消费品对未来消费品的相对价格。

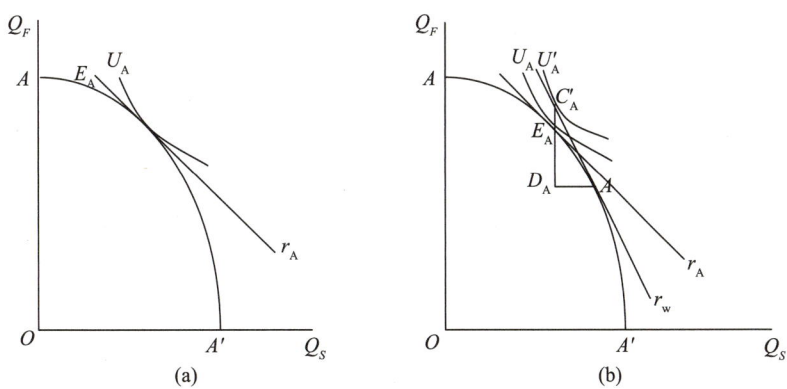

图 11·1-1 一国在封闭经济和开放经济下生产—消费的跨期均衡分析

在开放经济后,见图(b),A 国的跨期消费可能性边界线会变成一条直线——一条跟其跨期生产可能性边界线相切(这里将该切点记为 A)的斜率为 $-(1+r_w)$ 的直线(其中的 r_w 代表实际世界利率水平,本图中不妨假定 $r_w > r_A$,从而该直线 r_w 比直线 r_A 更为陡峭)。A 国在开放经济后的生产均衡点,将会沿其跨期生产可能性边界线从原切点 E_A 处右下移到新切点 A 处(这意味着该国会增加当前消费品的生产和减少未来消费品的生产),其新的消费均衡点则会位于新消费可能性边界线 r_w 与另一条效用无差异曲线 U_A' 的切点 C_A' 处,并且 C_A' 点会位于原 E_A 点的右上方,这意味着该国当前和未来消费都能得到增加($U'_A > U_A$)。这是因为,当 $r_w > r_A$ 时,A 国在开放经济后可以比原封闭时适当增产一定的当前消费品(这需相应减少一些未来消费品的产量),并将增产量中的一部分以高于国内的利率借贷出口给国外,这样在未来就可以从国外得到较多的还贷进口——较高的国外利率能使该国未来得到的还贷进口量大于该国为增加当前产量而损失的未来产量,提高该国的跨期总收入。

另外,如果实际世界利率水平 $r_w < r_A$,则 A 国在开放经济后可以比原封闭时适当减产一定的当前消费品(用于增加当前投资和未来消费品的产量)并通过向外国借贷进口当前消费品来弥补当前消费的缺口,这样在未来只需承担较低的国外利率用于还贷出口,就能提高该国的跨期总收入,其详细分析留给读者自己思考。

(二)两国资本丰裕度和跨期比较优势分析

当 A 国和 B 国的要素禀赋不同时,其各自在封闭经济下的国内实际利率水平(及当前消费品相对价格)将会不相等。比如,当 A 国为资本丰裕国而 B 国为资本稀缺国时,将会有 $r_A < r_B$,此时,两国间就存在进行跨期借贷和互惠贸易的基础,见图 11·1-2。

先单纯从微观经济(跨期贸易)的角度来看,当 $r_A < r_B$ 时,意味着 A 国当前消费品的相对价格低于 B 国,根据李嘉图的比较优势贸易理论,这时 A 国生产当前消费品具有相对优势,B 国生产未来消费品具有相对优势。从而,A 国可以比其封闭经济时适当增加当前消费品生产和减少未来消费品生产,通过向 B 国出口当前消费品和进口未来消费品的跨期贸易来增加其跨期总收入而获益;B 国则可以比其封闭经济时相应减少当前消费品生产和增加未来消费品生产,通过向 A 国进口当前消费品和出口未来消费品的跨期贸易来增加其跨期总收入而获益。而这里能实现两国双赢的前提条件则是:跨期贸易条件 $1 + r_w$ 能满足条件 $1 + r_A < 1 + r_w < 1 + r_B$。

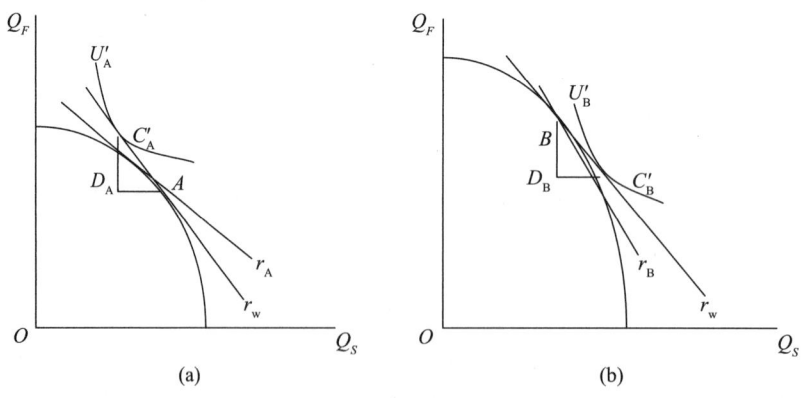

图 11·1-2 两国资本丰裕度和跨期比较优势分析

再从宏观—微观经济(跨期借贷—贸易)综合的角度来看,当 $r_A < r_B$ 时,根据资本会倾向于谋求更大收益率的流动本性,A 国会向 B 国放贷(资本会从 A 国流向 B 国),B 国

则可以利用所得贷款从 A 国进口当前的消费品——结果是,A 国当前的金融账户会出现逆差而经常账户则出现顺差(二者绝对值相等,符号相反);同时,B 国当前的金融账户则出现顺差而经常账户又会出现逆差(二者也是绝对值相等,符号相反)。

而在未来,当 A 国再从 B 国收回到期贷款(资本又从 B 国回流 A 国)时,A 国又可以利用其收回的贷款本息再从 B 国进口未来消费品——结果则是,A 国未来的金融账户又会出现逆差而经常账户则出现顺差(二者同样是绝对值相等,符号相反);同时,B 国未来的金融账户则出现逆差而经常账户又会出现顺差(二者同样也是绝对值相等,符号相反)。

而这里能实现两国双赢的前提条件则是:国际借贷的利率水平 r_w 能满足条件 $r_A < r_w < r_B$。因为此时 A 国可以得到比 r_A 更高的实际利率收益,而同时 B 国则只需承担比 r_B 更低的实际利率支出。

二、费雪关于均衡利率决定的储蓄—投资分析理论

经济学家费雪(1930)在上述跨期比较优势国际资本流动理论(theory of international capital mobility)的基础上,又进一步提出了国际资本流动的储蓄—投资分析理论(savings-investment approach)。他把当前的商品分解成消费类商品和生产资料类商品两大类,并用实际货币来代替生产资料类商品,进而把储蓄解释为当前的实际货币供给,投资解释为当前的实际货币需求,采用其储蓄—投资分析法(savings-investment approach)来讨论均衡利率的决定问题。

(一)一国在开放经济下的储蓄曲线和投资曲线

见图 11·1-3,假设在一国(如 A 国)当前资本存量给定条件下,该国当前的最大可能生产能力为 Y_0;对 $\forall$ 世界利率水平 $r > 0$,设若 $A(r)$ 和 $C(r)$ 分别为此利率水平下该国跨期生产和消费的均衡点——$Y_S(r)$ 和 $C_S(r)$ 分别代表该国当前的产出和消费量,$Y_F(r)$ 和 $C_F(r)$ 则分别代表该国未来的产出和消费量:

该国在此利率水平下的当前储蓄为(为简化问题,这里忽略了政府因素):

$$S(r) = Y_0 - C_S(r) \qquad (11 \cdot 1 - 1)$$

当前投资则为

$$I(r) = Y_S(r) - C_S(r) \qquad (11 \cdot 1 - 2)$$

这里,$S(r) - I(r) = Y_0 - Y_S(r)$ 是该国在此利率水平下储蓄的对外投资(对外放贷)部分。

可以证明(这里从略了),在一定范围内(当世界利率水平 r 偏离该国封闭经济下的均衡利率不太远时),$S(r)$ 是 r 的增函数,$I(r)$ 是 r 的减函数。因此,我们可以描出如(b)图所示的一国在开放经济下的储蓄曲线 $S = S(r)$ 和投资曲线 $I = I(r)$,两曲线的交点则决定着该国在封闭经济时(此时不发生国际借贷,该国当前的储蓄和投资必定相等)的国内均衡利率 r_A。

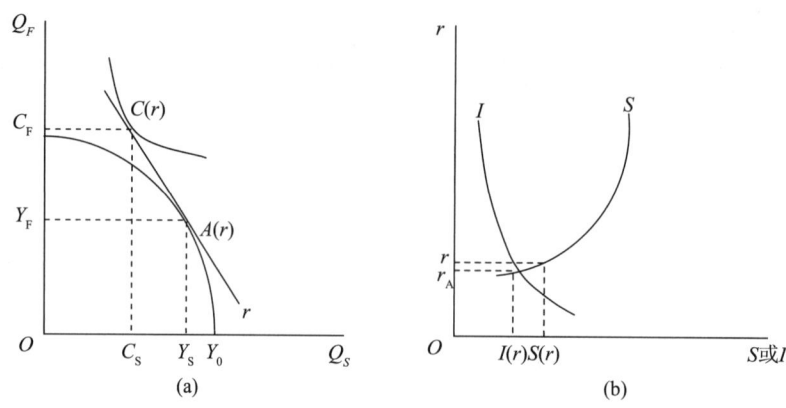

图 11·1-3 一国在开放经济下的储蓄曲线和投资曲线

(二)两国在开放经济下均衡利率决定的储蓄—投资分析法

见图 11·1-4,这里需保留前述跨期比较优势国际资本流动理论的前提假设,并且本图中又不妨假设 $r_A < r_B$。费雪认为,在资本自由流动条件下,实际利率的差异必然会引起资本的跨国流动(在 $r_A < r_B$ 的假设下是 A 国的资本流向 B 国),资本跨国流动的结果则是消除两国之间实际利率的差异,而决定最终均衡利率 r_w 的条件,则是两国经常账户收支差额的代数和为零,即

$$[S_A(r_w) - I_A(r_w)] + [S_B(r_w) - I_B(r_w)] = 0 \qquad (11·1-3)$$

在 $r_A < r_B$ 的假设下,(11·1-3)式的前一项 $S_A(r_w) - I_A(r_w) > 0$,代表着 A 国当前的经常账户为顺差,它恰好跟该国向外放贷(资本流出)的当前金融账户逆差相互平衡;后一项 $S_B(r_w) - I_B(r_w) < 0$,则代表着 B 国当前的经常账户为逆差,它恰好跟该国向外借贷(资本流入)的当前金融账户顺差相互平衡。

很明显,最终的均衡利率 r_w 必定满足条件 $r_A < r_w < r_B$。

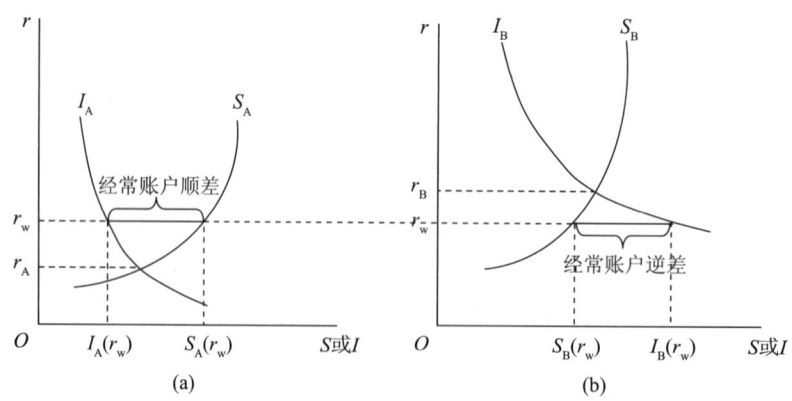

图 11·1-4 两国在开放经济下均衡利率决定的储蓄—投资分析法

三、国际间接投资的麦克道格尔福利分析理论

(一)国际间接投资的麦克道格尔模式福利分析理论

不同于前述的新赫克歇尔-俄林分析法,经济学家麦克道格尔(1960)又采用另外一种原创的新分析方法,被人们称为麦克道格尔模式(Macdougall Model),对国际资本流动的福利效果做了新的阐释。麦克道格尔分析法与费雪分析法的相同之处是,都认为资本谋求最大收益的本性,会使其从实际利率较低的国家和地区流向实际利率较高的国家和地区,而资本跨国流动的结果则会消除两国之间实际利率的差异;两者的不同之处则在于,费雪将资本的实际利率取决于储蓄和投资的均衡,而麦克道格尔则把资本的实际利率取决于其边际产出,并认为,在其他条件相同时,一国资本的边际产出又完全取决于该国的资本丰裕度(在其他条件相同时,一国资本丰裕度越高,则其资本的边际产出越低)。

麦克道格尔认为,设若 A 国资本丰裕,B 国资本稀缺,则在封闭经济下 A 国资本的边际产出和实际利率会低于 B 国,即会有 $MPK_A(\bar{K}_A) = r_A < r_B = MPK_B(\bar{K}_B)$。其中的 $\bar{K}_A$ 和 $\bar{K}_B$ 分别代表 A、B 两国各自的资本存量。在开放经济后,资本会从 A 国流向 B 国,其结果是导致两国的要素禀赋趋同,直至两国资本的边际产出和实际利率达到均衡,即实现

$$MPK_A(K^*) = MPK_B(\bar{K} - K^*) = r^* \qquad (11\cdot1-4)$$

这里的 K^* 代表资本流动后 A 国剩余的资本存量,$\bar{K} = \bar{K}_A + \bar{K}_B$ 代表两国资本的总存量,r^* 则代表资本流动后两国一致的均衡利率。

见图 $11\cdot1-5(a)$,两条纵轴分别代表两国的实际利率,横轴代表两国的资本存量(两原点之间的距离 $O_A O_B$ 等于两国资本的总存量 $\bar{K}$)。由于资本的边际产出递减,所以 A 国资本的边际产出曲线 MPK_A 从左上方向右下方倾斜,而 B 国资本的边际产出曲线 MPK_B 从右上方向左下方倾斜。图中 $O_A C_0$ 的长度等于 $\bar{K}_A$,$O_B C_0$ 的长度等于 $\bar{K}_B$,从而 E_A 和 E_B 两点分别决定着 A、B 两国各自在封闭经济时的均衡

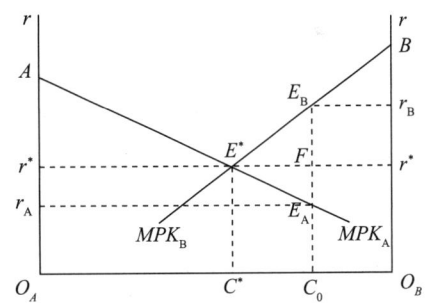

图 $11\cdot1-5(a)$ 国际间接投资的麦克道格尔福利分析

利率 r_A 和 r_B;$O_A C^*$ 的长度等于 K^*(它是资本流动达到均衡后 A 国的资本存量),$O_B C^*$ 的长度等于 $\bar{K} - K^*$(它是资本流动达到均衡后 B 国的资本存量),从而 MPK_A 曲线跟 MPK_B 曲线的交点 E 的纵坐标则决定着资本流动后两国一致的均衡利率 r^*。

可以看出,图中 $O_A C_0 E_A A$ 的面积等于 A 国在封闭经济时的总产出,$O_B C_0 E_B B$ 的面积则等于 B 国在封闭经济时的总产出;而在开放资本流动后,A 国的总产出等于 $O_A C^* E^* A$ 的面积,B 国的总产出等于 $O_B C^* E^* B$ 的面积。这意味着资本流动后,两国的社会总福利

(总产出)净增加了相当于 $E^*E_AE_B$ 所围大三角形的面积 $=\frac{1}{2}(r_B-r_A)(\bar{K}_A-K^*)$,这一净增总福利被两国分享:其中 A 国(资本流出国)国内的产出虽然减少了,但其实际国民收入(GNP)却净增加了相当于 E^*E_AF 所围小三角形的面积 $=\frac{1}{2}(r^*-r_A)(\bar{K}_A-K^*)$;而 B 国(资本流入国)国内的产出则大幅增加,并且其实际国民收入也净增加了相当于 E^*FE_B 所围小三角形的面积 $=\frac{1}{2}(r_B-r^*)(\bar{K}_A-K^*)$。

另外,上面的讨论仅仅说明了资本跨国流动可以同时改善两国社会的总体福利,但其对两国国内不同利益集团福利的影响则并不相同。一般来说,在不考虑特定要素的情况下,对资本丰裕国来说,资本的流出将会提高其国内资本家集团的实际收入[增加了$(r^*-r_A)\bar{K}_A$],降低其国内劳动者集团的实际收入[减少了$\frac{1}{2}(r^*-r_A)(K^*+\bar{K}_A)$];对资本稀缺国来说,资本的流入将会降低其国内资本家集团的实际收入[减少了$(r_B-r^*)(\bar{K}-\bar{K}_A)$],提高其国内劳动者集团的实际收入$\{$增加了$\frac{1}{2}(r_B-r^*)[(\bar{K}-\bar{K}_A)+(\bar{K}-K^*)]\}$。

(二)关于对外投资课税的福利分析

在上述麦克道格尔模式福利分析理论的基础上,肯普(1962)等一些经济学家还进一步提出了最佳对外投资课税理论,认为一国政府可以运用对资本流出征收所得税的办法来调节本国的对外投资。下面我们将介绍资本流出国征收所得利息税对社会福利的影响问题。

具体来说,设若 A 国(资本丰裕国)对资本流出征收税率为 τ 的所得利息税(interest tax),则在资本流动达到新的均衡后两国资本的边际产出应满足以下关系:

$$(1+\tau)\times MPK_A(K^\tau)=MPK_B(\bar{K}-K^\tau) \quad (11\cdot1-5)$$

其中,K^τ 代表 A 国在对资本流出征税后国内的资本存量,并且此时 A、B 两国国内的均衡利率分别为 $r_A^\tau=MPK_A(K^\tau)$ 和 $r_B^\tau=MPK_B(\bar{K}-K^\tau)$。容易看出,在利息税率 $\tau>0$ 下,A、B 两国的均衡利率不同,并有以下均衡关系:

$$r_B^\tau-r_A^\tau=\tau\times r_A^\tau \quad (11\cdot1-6)$$

见图 $11\cdot1-5(b)$,O_AC^τ 的长度等于 K^τ(它是 A 国对资本流出征税后国内的资本存量),O_BC^τ 的长度等于 $\bar{K}-K^\tau$(它是 A 国对资本流出征税后 B 国的资本存量),

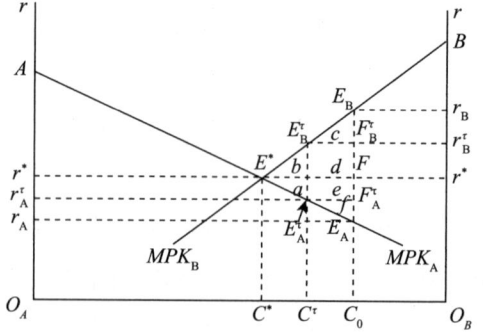

图 $11\cdot1-5(b)$ 关于对外投资课税的福利分析

$C^{\tau}E_A^{\tau}$ 的长度等于 r_A^{τ}（它是 A 国对资本流出征税后国内的均衡利率），$C^{\tau}E_B^{\tau}$ 的长度等于 rx_A^{τ}（它是 A 国对资本流出征税后 B 国的均衡利率），而 $E_A^{\tau}E_B^{\tau}$ 的长度则等于 $r_B^{\tau} - r_A^{\tau} = \tau \times r_A^{\tau}$。

可以看出，A 国对资本流出征税与不征税相比，会使两国社会总福利（总产出）的增加相对减少 $a + b = \frac{1}{2}(r_B^{\tau} - r_A^{\tau})(K^{\tau} - K^*) = \frac{1}{2}\tau \times r_A^{\tau}(K^{\tau} - K^*)$［其中 $a = \frac{1}{2}(r^* - r_A^{\tau})(K^{\tau} - K^*)$ 和 $b = \frac{1}{2}(r_B^{\tau} - r^*)(K^{\tau} - K^*)$ 分别是征税所造成 A 国和 B 国生产扭曲而产生的净福利损失］，此时两国间资本流动所带来社会总福利（总产出）的净增加将缩减成 $c + d + e + f = \frac{1}{2}[(r_B^{\tau} - r_A^{\tau}) + (r_B - r_A)](\bar{K}_A - K^{\tau})$［其中 $f = \frac{1}{2}(r_A^{\tau} - r_A)(\bar{K}_A - K^{\tau})$ 和 $c = \frac{1}{2}(r_B - r_B^{\tau})(\bar{K}_A - K^{\tau})$ 分别是资本流动给 A 国资本家集团和 B 国劳动者集团带来的福利增加，$d + e = \frac{1}{2}(r_B^{\tau} - r_A^{\tau})(\bar{K}_A - K^{\tau})$ 则是 A 国政府的税收］。这里，A 国对资本流出征税需要能使本国的净福利增加大于 0，即该利息税率 $\tau > 0$ 需要能使 $(d + e + f) - a = \frac{1}{2}[(r_B^{\tau} - r_A^{\tau}) + (r_B^{\tau} - r_A)](\bar{K}_A - K^{\tau}) - \frac{1}{2}(r^* - r_A^{\tau})(K^{\tau} - K^*) = \frac{1}{2}[2\tau \times r_A^{\tau} + (r_A^{\tau} - r_A)](\bar{K}_A - K^{\tau}) - \frac{1}{2}(r^* - r_A^{\tau})(K^{\tau} - K^*) > 0$；而且进一步来看，这里还有一个能使 $(d + e + f) - a$ 最大化的最佳利息税率问题。

另外，A 国对资本流出课税对两国国内不同利益集团福利的影响也大不相同，与不课税的情况相比，课税会使 A 国资本家集团的实际收入减少 $(r^* - r_A^{\tau})\bar{K}_A$，劳动者集团的实际收入增加 $\frac{1}{2}(r^* - r_A^{\tau})(K^* + K^{\tau})$；B 国资本家集团的实际收入增加 $(r_B^{\tau} - r^*)\bar{K}_B$，劳动者集团的实际收入减少 $\frac{1}{2}(r_B^{\tau} - r^*)[(\bar{K} - K^{\tau}) + (\bar{K} - K^*)]$。

四、马科维茨的资产组合收益—风险分析理论

前述各种传统国际资本流动理论有一个共同之处，那就是它们都是局限于相对价格原理对投资做单纯的收益分析，而完全没有考虑投资风险因素。因此，传统的国际资本流动理论既无法解释各国利率水平长期存在差异的现象，也无法解释两国资本双向（非单向）流动同时存在的现象。为此，美国经济学家马科维茨（1952）提出一种资产组合分析理论（Portfolio Analysis Theory），打破了传统的分析框架，建立起一种全新的关于投资组合的收益—风险分析法（Income-risk Approach）。

（一）马科维茨的资产组合选择原则

设共有 N 种可供投资的金融资产，以 R_n 代表其中第 n 种资产的可能收益率（$1 \leq n \leq$

N),定义 $\bar{R} = \sum_{n=1}^{N} x_n \times R_n$(其中 $0 \le x_n \le 1$ 代表对第 n 种资产的投资份额,$\sum_{n=1}^{N} x_n = 1$)为某一投资组合的可能收益率,并定义 $\bar{R}$ 的数学期望 $R_p = E(\bar{R})$ 代表该投资组合的预期收益率,$\bar{R}$ 的标准差 $\partial_p = \sqrt{D(\bar{R})} = \sqrt{E(\bar{R} - R_p)^2}$ 代表该投资组合的预期风险。这样,对于每一种可能的投资组合都可以有两个代表其预期收益率和风险的表征参数 R_p 和 ∂_p。

在上述定义的基础上,马科维茨给出了如下资产组合选择原则(selection principle of portfolio):

当两种资产组合的预期收益率相同时,应取预期风险较低的组合;当两种资产组合的预期风险相同时,则应取预期收益率较高的组合。

举例来看,已知有 A、B、C 三种不同的资产组合,它们有

$$R_p^A = R_p^C,但 \partial_p^A > \partial_p^C$$

和

$$\partial_p^B = \partial_p^C,但 R_p^B < R_p^C$$

则根据马科维茨的资产组合选择原则,在这三种资产组合中,当以组合 C 为最优:因为 A 与 C 的预期收益率相同,但 A 的预期风险高于 C;B 与 C 的预期风险相同,但 B 的预期收益率低于 C,见图 11·1-6。

完全等价地,其实我们还可以把马科维茨的资产组合选择原则表述成如下一种更为一般化的形式:

在资产组合的预期收益率—风险坐标图上,左上方的点总是优于右下方的点。

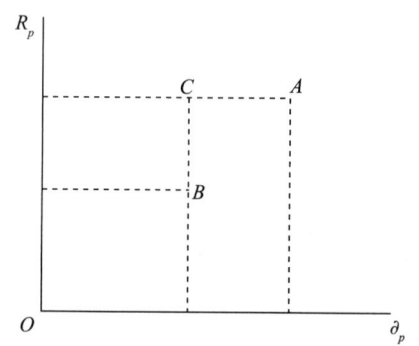

图 11·1-6 马科维茨的资产组合选择原则

根据马科维茨的资产组合选择理论可以解释各国利率水平长期存在差异的现象。

(二)马科维茨的分散化投资原理

根据马科维茨的资产组合选择原则,可以推论出一个重要的分散化投资原理(decentralized principle of investment)——分散化投资可以降低投资风险:可以证明,对于两种预期收益率和风险都相同的相互独立的金融资产来说,将一定金额分散投资于这两种资产的组合时,其组合的预期收益率跟单独投资于其中任何一种资产时相同,但其组合的预期风险则会低于单独投资于其中任何一种资产的情形。

证:设有两种金融资产,其可能收益率分别为 R_1 和 R_2,二者相互独立,并且有着相同的预期收益率 $R_p^1 = R_p^2 = R_p$ 和预期风险 $\partial_p^1 = \partial_p^2 = \partial_p$。若将一定金额分别按权重 x_1 和 x_2 投资于这两种资产的组合,则该资产组合的可能收益率为 $\bar{R} = x_1 \times R_1 + x_2 \times R_2$(其中 $0 < x_1、x_2 < 1, x_1 + x_2 = 1$)。假定该资产组合的预期收益率为 R'_p,预期风险为 ∂'_p,则必有 $R'_p = E(x_1 \times R_1 + x_2 \times R_2) = (x_1 + x_2)R_p = R_p$,该资产组合的预期收益率跟单独投资于

其中任何一种资产时相同；$e'_p = \sqrt{D(x_1R_1 + x_2R_2)} = \sqrt{(x_1)^2 D(R_1) + (x_2)^2 D(R_2)} = \sqrt{(x_1)^2 + (x_2)^2} \times \partial_p < \partial_p$（因为，在 $0 < x_1$、$x_2 < 1$ 和 $x_1 + x_2 = 1$ 条件下，有 $(x_1)^2 + (x_2)^2 < (x_1 + x_2)^2 = 1$），该资产组合的预期风险小于单独投资于其中任何一种资产的预期风险。

根据马科维茨的分散化投资原理还可以解释两国资本同时双向流动等现象。因为，在一个经济系统内部进行分散化投资虽然可以在一定程度上降低投资风险,但这种局限于一个经济系统内部的分散化投资,并不能降低或消除其系统风险（如经济系统整体的周期性波动风险等),也就是说,局限于一个经济系统内部的分散化投资对于降低或消除其系统风险是完全无效的。考虑到不同经济体（不同国家或地区）的经济周期常常不完全同步,从而进行国际化的分散投资常会有助于进一步减轻系统性风险,这可以解释两国资本双向流动同时存在的现象；另外，又考虑到世界财富积累不断增长的因素,国际投资分散化原则还有助于解释即便各国利率水平没发生变化也可以观察到的资本在国际流动的现象。

第二节 国际直接投资理论

有关国际资本流动的国际直接投资理论很多,本节将着重介绍其中几个最为重要的,如垄断优势理论、内部化优势理论和国际生产折中理论等,然后再附带介绍笔者认为较重要的资本化率理论和边际产业扩张理论。

一、国际直接投资的垄断优势理论

最初研究国际直接投资行为的理论是美国经济学家海默（S. Hyme,1960),他在麻省理工学院完成的博士学位论文《国内企业的国际化经营:对外直接投资的研究》中率先提出一个垄断优势理论（Monopolistic Advantage Theory）。海默认为,国际直接投资不同于间接投资,有其自身的特点,必须放弃完全竞争的假设。他以美国的跨国公司为对象,借助于微观经济学中的垄断竞争与寡头竞争理论来研究跨国公司的对外直接投资行为。在海默之后,麻省理工学院的金德尔伯格（1970）又对海默提出的垄断优势理论进行了补充和发展,认为跨国企业在对外直接投资时具有规模优势、市场优势、生产要素优势等。鉴于海默和金德尔伯格对该理论均做出了巨大贡献,有人将他们的理论统称为"海默-金德尔伯格传统"（Hymer-Kindleberger Tradition,简称 H-K 传统)。

（一）国际直接投资的特点与原因

海默认为,国际直接投资主要有以下一些不同于间接投资的特点:其一,国际间接投资只是单纯资本要素的跨国流动方式,而国际直接投资则通常是资本要素直接跟技术、知识、信息及管理人员等关联在一起的混合要素的跨国转移方式;其二,国际间接投资必然伴随着对应资金的跨国流动,而国际直接投资却未必发生对应资金的跨国流动,跨国公司既可以在东道国当地资本市场筹资投入,也可以通过股权交换来入股投入,还可以通过有形的实物资产以及工业产权、专有技术和提供管理等无形资产来折合成股权投入,并且还可以将其所得利润作为再投资;其三,国际间接投资通常是从资本较丰裕的低利率国家流向资本较稀缺的高利率国家,而国际直接投资却未必总是从低利率国家流向高利率国家,有些资本并不丰裕国家的跨国公司也可能会向资本丰裕的国家进行直接投资。

拓展后的垄断优势理论认为,跨国公司进行国际直接投资有内、外两方面的可能原因,其内在的可能原因是拥有某些内在垄断优势的企业为谋取更大规模的垄断利润而需要向国外扩张;其外在的可能原因,则是企业为了获得有关经济区位方面的外在垄断优势而需要水平或纵向一体化地向外扩张,比如为了绕过贸易壁垒及避免过于高昂的运输成本,或是为了获得廉价劳动力等经济区位方面的原因而横向一体化地向东道国扩张,以及为获取廉价矿产资源等方面的原因而纵向一体化地向东道国扩张等。

(二)拥有垄断优势的基础

约翰逊还进一步认为,按照企业拥有内在垄断优势可能基础的不同,还需要进一步考虑不同的内在垄断优势类型,并认为最重要的内在垄断优势类型其实应当是拥有知识资产及其创新能力的内在优势,其次才是拥有传统微观经济学中所强调的规模经济等方面内在垄断优势的类型。约翰逊对前一方面企业拥有知识类软资产内在垄断优势类型的情形进行了深入的补充研究。此外,还有另外一类所谓企业拥有外在垄断优势的类型,其基础是企业拥有经济区位方面的垄断优势。

1. 拥有知识资产的无形优势

拥有知识资产优势还可以再细分为两类不同的情况:一类是对商品市场的知识资产及其创新能力具有优势,如拥有商品品牌和商标的商誉知名度的优势、品质档次的优势、技术档次的优势、销售技术的优势以及产品和销售创新能力的优势等;另一类则是对要素市场的知识资产及其创新能力具有优势,如拥有专利、工商业秘诀、有关信息、管理经验和才能等方面的优势以及技术和管理创新能力方面的优势等。当然,一个企业也可能会同时拥有商品和要素两个市场的多方面知识资产的无形优势。

所有这些知识类软资产的一个重要的共同特性是,其开发具有高成本和高风险,但一旦开发成功后几乎可以多次重复使用的特性则又使其边际使用成本几乎为零,而且这些创新的知识资产成果往往还可以在不同的产品领域和生产领域得到广泛推广和应用。所以,拥有知识资产垄断优势的企业(不论规模大小)在其知识资产开发成果和成本既定的情况下,通过对外直接投资来扩大其生产规模和销售渠道可以更加充分地发挥其既有知识资产的垄断优势,获得更多的垄断利润,因为这时其相应生产成本的增加仅限于新增的硬件投资成本。

2. 拥有规模经济的有形优势

拥有规模经济方面优势的企业,通过对外直接投资的方式可以有效地扩大其生产规模和市场占有份额,谋取更多的规模经济利益和垄断利润。而且,这类拥有规模经济硬资产优势的大型企业通常还能凭借其经济实力再派生出另外两方面的优势:一方面是可以凭借其经济实力和资信直接在投资东道国当地进行筹资的优势;另一方面是凭借其经济实力拥有较大的自主知识资产创新研发能力的优势。

拥有上述两类内在垄断优势的企业,具有内在的向国外直接投资的可能与动力。

3. 拥有经济区位的优势

企业拥有经济区位方面的优势,是指企业所在地的要素禀赋、自然资源、市场规模或潜力、市场环境(包括法律、政策、文化以及外部经济性等)、运输成本等各种区位因素给企业带来的竞争优势[如劳动丰裕国会给劳动密集型产业(labour intensive industry)带来区位优势,而资本丰裕国则会给资本密集型产业(capital intensive industry)带来区位优势……];并且由于各地区经济发展的不平衡,各地的区位优势是会随时间的推移而发生变化的,所以有关行业和企业有时需要进行相应的国际转移以保持其区位优势(如劳动密集型行业需要从发达国家向发展中国家转移……)。

一些企业为谋取某些外在的经济区位优势,也具有外在的向国外直接投资的可能与动力。

二、国际直接投资的内部化优势理论

内部化优势理论(internalization of advantage theory)是 20 世纪 70 年代由英国经济学家巴克莱和卡森(P. J. Buckley, M. Casson, 1976)首先提出来的,后人又对该理论做了一些丰富和发展。

内部化优势理论的基本理念是,企业外部的中间产品交易市场(特别是其中的知识要素资源部分)通常并不完善,而外部市场的不完全会导致其不能有效配置资源;企业和市场分别是组织生产要素和产品交易的两种可供选择的不同组织方式,当企业内部的交易成本低于外部市场的交易成本时,将交易内部化能给企业带来一种"内部化优势"(internalization of advantage),是一种理性选择;而采用对外直接投资的方式来组建跨国公司,将各国子公司之间的交易内部化,则是一种行之有效的内部化组织形式。

(一)中间产品市场交易方式的不完善性

这里所谓的中间产品(intermediate goods)是一个广泛的概念,它不仅包括生产和销售过程中涉及的各种有形的生产资料(资本品、半成品及原材料等),而且还包括生产和销售过程中涉及的各种无形的知识资产(品牌和商标的商誉、专利、工商业秘诀、有关信息、管理经验和才能及人才培训等)。而对中间产品(尤其是知识资产)市场交易方式的不完善性进行深入探讨,则是交易内部化理论的核心内容之一。

1. 中间产品市场交易存在严重的外部性问题

这里所谓中间产品市场交易存在外部性,主要是指知识资产因其自身特点而在一定程度上具有公共物品的属性(所谓公共物品具有可供许多人同时或分别享用而互不影响,使用它的边际成本几乎为零的属性),从而自然具有的各种外部不经济性,包括所有权的外部性(指知识产权如果得不到专利法或商标法的有效保护,则其拥有者一旦将其展示于众,就难以限制别人无偿使用的问题)和技术的外部性(指技术外溢问题,将某项知识产权转让给某个厂商后,难以限制当地其他厂商低成本甚至无成本地跟进模仿而获益的问题)。此外,政府干预市场还会带来非自然的(人为的)外部性问题。

2. 市场交易效率太低而且交易成本过高的问题

由于知识资产包含的信息量很大,所以其交易双方往往存在严重的信息不对称问题,一方面会使其议价变得非常困难,不仅费时费力,旷日持久,而且市场方式很难合理定价(因为知识资产的特殊性,使传统的边际成本以及供需均衡定价法都不再有效),最终的协议成功率也不高,事实表明,知识资产通过市场交易时,其交易效率(transaction efficiency)实在太低;另一方面,又会使知识资产交易的信息成本、协调成本、时间成本等畸高,因为越是信息不完备的市场,其交易成本(transaction cost)就越高,为了尽可能地收集信息、鉴别和分析信息,交易双方都需要付出很多资源代价,事实也表明,知识资产通过市场交易时,其交易成本也实在过高。

3. 市场交易的不确定性风险较大的问题

有形中间产品通过市场交易来投入还存在价格波动(尤其是原材料市场还常发生大幅度的价格波动)、不能确保按时交货、质量不稳定,乃至投机和欺诈等一系列市场风险问题;而无形的知识资产通过市场交易来投入也存在各种市场风险,甚至还会面临"千金难求"或协议失败等窘境。事实又表明,中间产品通过市场交易的不确定性风险较大。

(二)组建跨国公司将中间产品的跨国交易内部化可带来的优势

交易内部化理论另一方面的核心内容,则是进一步深入探讨组建跨国公司将中间产品的跨国交易内部化究竟能带来哪些竞争优势。该理论认为,组建跨国公司不仅可以有效规避中间产品(尤其是知识资产)进行跨国交易时可能产生的外部性问题,而且通常还可以提高中间产品的交易效率并降低其交易成本与风险。

(1)可以有效规避中间产品市场交易的外部性损失。中间产品尤其是知识资产通过市场进行跨国交易时很难避免其外部性损失,而通过组建跨国公司将中间产品的跨国交易内部化,则可以完全规避其自然的及非自然的外部性损失。

(2)可以提高中间产品的交易效率和控制其交易成本。一方面,由于信息的完备与对称,跨国公司可以对其有形中间产品在各国分公司之间的转移采用内外差别定价的办法,方便且合理地确定其内部转移价格,因而其有形中间产品的内部交易(转移)效率是很高的;另一方面,对于无形的知识资产,跨国公司又可以按照内部需要让各分公司共享其研发和创新成果,并合理分摊其研发和创新成本,这样,其无形知识资产的内部交易(转移)效率更是非常高的。而跨国公司的中间产品内部交易(转移)成本则主要是其内部交易(转移)的组织和管理成本,这是可以自主控制的,并且可以通过组织和管理创新来尽量压低。

(3)可以有效消除或大幅减轻中间产品交易的不确定性风险。对于中间产品市场交易的各种不确定性风险,通过组建跨国公司都能予以有效消除或大幅减轻。而且跨国公司还可以通过将研究与开发、原料开采、工业加工直到批发与零售等各个生产与流通环节全部纳入它的经营范围,从而全面消除或减轻所有中间环节产品或要素资源交易(转移)的不确定性风险。

(4)可以利用其内部调拨价格的手段来隐蔽地充分谋取其垄断利润的最大化。跨国公司还可以充分利用其各种中间产品和知识要素资源的内部调拨价格,来隐蔽地转移其国外子公司的利润以合法避税,通过损害其子公司东道国利益的办法来充分谋取其垄断利润的最大化。

内部化优势理论从中间产品交易市场不完全的角度出发,发现国际直接投资把中间产品的市场交易内部化可能会给企业带来新的竞争优势,为对外扩张方式的选择提供了新的分析根据,从而与前述的垄断优势理论共同构成了解释跨国公司对外直接投资行为的两个互为补充的基础理论。

三、国际直接投资的国际生产折中理论

前面介绍的垄断优势理论和内部化优势理论告诉我们,当企业拥有某些内在的垄断优势,以及通过横向或纵向的对外扩张,能够给企业带来某些外在的区位优势或内部化优势时,会具有向国外直接投资的可能与动力。但问题是,上述的个别条件其实都只是企业有可能通过对外直接投资的方式实现利润最大化的一些必要条件,而当条件不够完备时,对外直接投资有可能并不是最优的对外扩张方式。因为,对于一个拥有某些知识产权优势的企业来说,要想通过向国外扩张其生产和销售规模来实现利润最大化时,它可供选择的途径至少有三条:一是可以通过在国内扩大投资再出口到国外的扩张方式来谋求利润最大化;二是可以通过"许可证"贸易将其知识产权有偿转让给国外的方式来谋求利润最大化;三是上面提到的通过向国外直接投资的扩张方式来谋求利润最大化。所以存在的问题是,在什么样的条件下企业选择对外直接投资的扩张方式才是其最优的对外扩张方式?由于前述的垄断优势理论和内部化优势理论均未对这方面的问题做深入探讨,为此,英国经济学家邓宁(J. H. Dunning)在其1989年发表的《国际生产理论》一文中,又提出了一个国际生产折中理论(compromise theory of international production),在综合前述垄断优势理论和内部化优势理论的基础上,把对三种对外扩张方式的综合讨论放在一个统一的理论框架下,重点讨论了企业对外直接投资成为其最优对外扩张方式所需要的重要条件及其充分条件。

首先，邓宁在综合前述垄断优势理论和内部化优势理论的基础上，提出了企业进行国际直接投资应当满足的三个重要条件：

①所有权优势(ownership of advantage)。邓宁把企业拥有某些内在的垄断优势(包括有形资产和无形资产的优势)称为所有权优势(又称企业优势)条件，并认为，企业自身拥有一定的所有权优势这一条件，是其进行对外直接投资所需要满足的第一个重要条件；没有这一条件，对外直接投资肯定不会是企业最优的对外扩张方式。

②内部化优势(internalization of advantage)。邓宁又把企业通过对外直接投资的方式来将其所有权优势的跨国转移内部化，要比其通过外部市场的许可证贸易方式来跨国转让其所有权优势更加有利可图，称为内部化优势条件，并认为，内部化优势条件又是企业进行对外直接投资所需要满足的第二个重要条件；没有这一条件，对外直接投资仍然不会是企业最优的对外扩张方式。

③区位优势(location of advantage)。邓宁还把企业通过对外直接投资的方式能够给其带来额外的区位优势而绝不会是区位劣势，称为区位优势条件，并认为，区位优势条件是企业进行对外直接投资所需要满足的第三个重要条件；没有这一条件，对外直接投资仍然未必是企业最优的对外扩张方式。

其次，邓宁又进一步分析了企业对外直接投资能成为其最优对外扩张方式的充分条件问题：

①当企业只拥有第一个所有权优势条件而不满足其他两个重要条件时，选择对外直接投资肯定不会是最优，这时选择对外出口或许可证贸易会更好。

②当企业虽能满足前两个所有权优势条件和内部化优势条件而不能满足第三个重要条件时，选择对外直接投资也未必就是最优，但这时选择对外进行许可证贸易将更不可取，而选择对外出口则仍可能会优于对外直接投资。

③当企业能同时具备上述所有三项重要条件时，选择对外直接投资就肯定会是最优的对外扩张方式，或者说，当企业能够同时满足上述三项重要条件时，就具备了将对外直接投资作为最优扩张方式的足够充分的条件了，而且还可以进一步强调的是，这时对外直接投资将是一个最能充分利用和全面发挥上述三方面优势的最优对外扩张方式。

需要注意的是，上面提到的各种条件的满足与否，是会随着时间的变迁而发生变化的(如一项知识产权，是否具有内部化优势，在其产品或技术生命周期的不同阶段是会发生变化甚至完全丧失的)。鉴于国际生产综合理论从微观层面较为全面地解释了跨国公司进行国际直接投资的起因和条件，所以被人们视为一个较为一般化的跨国公司理论；但这一理论仍与前述的其他国际直接投资理论一样具有一些重要的缺陷——它们都忽略了国际分工原则的重要作用和宏观经济因素对于国际直接投资影响的分析。所以在此之后，有关跨国公司的国际直接投资理论还继续在不断地充实和发展着。

四、国际直接投资的其他一些重要理论

还有一些较为重要的国际直接投资理论,比如我们在第三章的新贸易理论中曾经介绍过的弗农的产品生命周期贸易理论,其实原本是一种关于国际贸易和直接投资演变过程的理论,邓宁(1980)在其国际生产综合理论的基础上进一步研究对外直接投资与各国经济发展阶段之间关系的经济发展阶段理论等。但我们下面不再逐一介绍上述理论,而是特意选择了两个对于弥补前述国际直接投资理论基本缺陷具有较重要意义的理论予以简介,一个是美国经济学家阿利伯从宏观角度来研究国际投资活动的资本化率理论,另一个是日本经济学家小岛清考虑了国际分工原则和宏观经济因素对于国际直接投资的重要作用和影响的边际产业扩张理论。

(一)资本化率理论

阿利伯(R. Aliber,1970)提出了一个从宏观经济学角度来研究国际投资活动的所谓资本化率理论(theory of capitalization rate)。这里的资本化率,是指一国收益流量的资本化程度,可用公式表示为

$$K = C/I \qquad (11 \cdot 2 - 1)$$

其中,K为一国当前的资本化率,C为该国当前资产的价值存量,I为该国当前的收益流量。一国当前的资本化率越高,意味着该国当前在相同收益流量下的资产存量价值越高——这通常是由于人们对预期该国资产未来收益流量会有较快增长具备信心。一国当前的资本化率较高(阿利伯称之为"强币国"),意味着当前在该国的筹资成本相对较低,同时也意味着当前在该国的投资收益率也会相对较低。

资本化率理论有两个基本假设:一是假设强币国企业拥有产权优势(假设强币国企业拥有的产权潜在有预期收益率会不断提高或预期生产成本会不断下降的竞争优势);二是假设跨国公司在国外新投资子公司的当前收益率则要根据其东道国的资本化率来决定(一般来说,其新投资子公司的当前收益率应低于或不高于东道国当地企业的当前收益率,但又应高于或不低于其母公司的当前收益率)。该理论在此基本假设下,以不同国家的资本化率存在差异来解释国际直接投资活动——认为各国资本化率存在的差异越大,国际直接投资活动也就越活跃,而且,国际直接投资总是会从强币国流向弱币国。因为强币国的厂商拥有资本化方面的优势,使得一方面,强币国的厂商具有向弱币国进行直接投资以提高其总体收益率的动机;另一方面,由于强币国的厂商在跨国并购活动(与新建企业相比,跨国并购已在国际直接投资活动中占据主导地位)中又拥有其国内筹资成本相对较低及"产权优势"等方面的竞购优势,所以它们还拥有比东道国当地厂商出得起更高竞购价码的竞购优势。

由于资本化率理论以及前述所有的国际直接投资理论主要都是根据以美国为代表的拥有硬通货发行优势的老牌发达国家的企业在20世纪五六十年代对外直接投资的情况提出来的,所以它们又都有着完全忽略了国际分工原则对国际直接投资的重要作用和

影响的共同弊病。

（二）边际产业扩张理论

小岛清（1978）在研究 20 世纪 70 年代以前日本企业的对外直接投资行为及其对宏观经济的影响时发现，日本当时的情况跟美国有很大不同，而且用传统的国际直接投资理论完全无法解释这一不同现象，于是他在 20 世纪 70 年代中期又提出一个边际产业扩张理论（marginal industry expansion theory），又称日本式对外直接投资理论（Japanese foreign direct investment theory），对传统理论在这方面存在的重大缺陷做出了一些重要的补充和修正。

小岛清发现美国的对外直接投资主要发生在其拥有垄断优势的制造业部门，但这其实是不符合国际分工原则的，因为它会引起美国贸易收支的恶化和宏观经济的对外失衡——贸易收支的长期性逆差。原因在于，按照国际分工原则，一国应当把拥有比较优势（包括垄断优势）产业部门的生产基地设在国内，这才有利于保持本国的出口竞争优势和贸易收支的平衡；而通过对外直接投资把拥有比较优势（包括垄断优势）产业部门的生产基地转移到国外的行为则是不符合国际分工原则的，后者是一种贸易替代型（会削弱本国出口）甚至还是逆贸易型（还会反逼本国增加进口）的对外直接投资行为，它不但会恶化本国的贸易收支，而且还可能会导致本国宏观经济的长期对外失衡——贸易收支发生长期性逆差。只不过由于在第二次世界大战后直至 20 世纪 70 年代初期美元与黄金脱钩之前，当时美国不仅拥有巨大的出口竞争优势，而且还拥有国际上唯一硬通货美元的发行优势，所以当时的美国政府和经济学家们都缺乏对国际分工原则的足够重视。

而日本的情形则与美国不同，一方面，日本企业在 20 世纪 70 年代以前的对外直接投资，都是在其国内已逐渐失去比较优势的产业部门，通过对外直接投资将这些产业部门的生产基地转移到拥有更大比较优势的国家或地区；另一方面，日本企业不仅把那些在国内仍拥有比较优势（尤其是垄断优势）的产业部门留在国内，而且还进一步扩大了对这些产业部门的国内投资，以更加充分地发挥其出口竞争优势。日本当时的这种对外直接投资行为则是符合国际分工原则的，它是一种贸易创造型（会促进国际贸易）甚至还是顺贸易型（甚至还会加强本国出口竞争力）的对外投资行为，它没有恶化（甚至还改善了）日本的贸易收支，尤其是成功地保持了日本对外贸易的长期顺差。其原因则是，日本当时作为一个后崛起的国家，尚不具备足够大的出口竞争优势，并且更没有国际硬通货的发行优势，这些因素制约了当时的日本必须高度重视和遵守国际分工原则。

小岛清根据以上分析提出了一个边际产业扩张理论，其基本要点是：第一，按照国际分工原则，在国际直接投资中起决定性作用的应当是产业的比较优势，而不应当是垄断优势；第二，对外直接投资应当从在国内已经或即将失去比较优势的边际产业依次进行，这里所谓的边际产业，不仅包括已趋于比较劣势的劳动密集型行业，而且还包括其他行业中的劳动密集型部门；第三，应当把拥有技术垄断优势的产业部门留在国内并大力发展之，努力保持和提高本国的出口竞争优势，以利于改善本国的贸易收支，并保持本国宏观经济和贸易收支的长期对外平衡;第四,一方面对外直接投资产业部门的技术水平跟东道国当地技术水平的差距应当尽量小,要把对外直接投资的主要目的放在充分利用东道国区位经济的优势方面,另一方面对于发展中国家的直接投资还应当是贸易促进型(而不应是贸易替代型)的,即对于发展中国家的投资应当是适应其需要的,有利于促进其经济发展(包括能增加其就业、提高其劳动生产率和经营管理水平等)和提高其出口创汇能力的。

小岛清的边际产业扩张理论较好地解释了以日本为代表的没有硬通货发行优势的后崛起国家在20世纪70年代的对外直接投资的情况,但其还是不能一般化地解释广大发展中国家的引进外国直接投资活动,而且,也不能解释日本在80年代之后(日本经济实力增强和产业结构升级之后)向发达国家制造业的贸易替代型直接投资活动迅速增加的行为,所以该理论仍然有着很大的局限性。

第三节　国际劳动力流动理论

影响国际劳动力流动(international workforce mobility)的因素很多,但主要的还是经济因素。从国际经济学的角度来看影响国际劳动力流动的各种经济因素,首先是各国要素禀赋的差异会引起国际劳动力流动;其次是各国经济周期的差异也会引起国际劳动力的短期流动;最后,国际贸易、投资和其他国际经济活动也会引起国际劳动力流动。经济性的国际劳动力流动大致有以下几种不同的流动形式:一是永久性移民;二是中短期劳务出口;三是进行各种技术性国际劳务合作(包括在国内为外国官方机构或外资机构工作的人员在内)。

印度裔美国经济学家巴格瓦蒂(J. Bhagwati,1987)在这方面做了大量的重要研究。我们下面将介绍两个不同的关于国际劳动力流动的福利分析理论(welfare analysis theory of international workforce mobility):前一个是完全忽略了移民成本因素的边际劳动力均衡分析,后一个则是引入了移民成本因素的劳动力供需均衡分析。同时,我们还需指出这两个理论有一个共同的缺陷——它们都是仅局限于从移民影响一国要素禀赋的角度来考虑其成本和收益并进行福利分析,而完全没有考虑国际移民可能带来的其他一些外在的社会成本和收益问题,为此我们在本节末又补充介绍了其他一些有关国际移民的外在社会成本和收益方面的问题。

一、国际劳动力流动福利影响的边际均衡分析

这里关于国际劳动力流动的边际均衡分析法(marginal equilibrium approach of international workforce mobility)完全忽略了国际劳动力流动的移民成本因素,单纯考虑劳动者为谋求实际劳动报酬最大化,而从实际工资率较低的国家和地区流向实际工资率较高的

国家和地区的问题,认为劳动力跨国流动的结果将会完全消除两国实际工资率的差异;并且,一国的实际工资率取决于其国内劳动力的边际生产力,而在其他条件相同时,一国劳动力的边际生产力则又取决于该国劳动力的丰裕度(在其他条件相同时,一国劳动力丰裕度越高,其劳动的边际产出越低)。

具体来说,设若 A 国劳动力丰裕,B 国劳动力稀缺,则 A 国劳动力的边际产出和实际工资率会低于 B 国,即会有 $MPL_A(\bar{L}_A) = w_A < w_B = MPL_B(\bar{L}_B)$(这里的 $\bar{L}_A$ 和 $\bar{L}_B$ 分别代表 A、B 两国各自的劳动力规模),在劳动力可以自由流动条件下,这时劳动力会从 A 国流向 B 国,其结果是导致两国的要素禀赋趋同,直至两国劳动力的边际产出和实际工资率达到均衡,即实现 $MPL_A(L^*) = MPL_B(\bar{L} - L^*) = w^*$。这里的 L^* 代表劳动力流动达到均衡后 A 国剩余的劳动力规模,$\bar{L} = \bar{L}_A + \bar{L}_B$ 代表两国劳动力的总规模,w^* 则代表两国一致的均衡工资率。

见图 11·3-1,两条纵轴分别代表两国的实际工资率,横轴代表两国的劳动力存量(两原点之间的距离 $O_A O_B$ 等于两国劳动力的总量 $\bar{L}$)。由于劳动的边际产出递减,所以 A 国劳动的边际产出曲线 MPL_A 从左上方向右下方倾斜,而 B 国劳动的边际产出曲线 MPL_B 从右上方向左下方倾斜。图中 $O_A D_0$ 的长度等于 $\bar{L}_A$,代表 A 国的劳动力总量;$O_B D_0$ 的长度等于 $\bar{L}_B$,代表 B 国的劳动力总量。从而 E_A 和 E_B 两点分别决

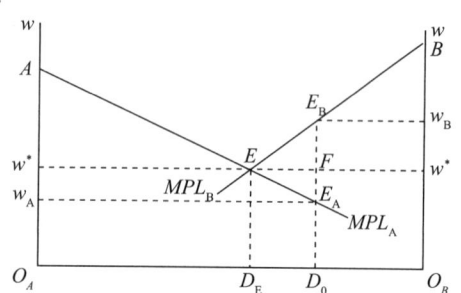

图 11·3-1 国际劳动力流动福利影响的边际生产力均衡分析法

定着 A、B 两国各自在封闭经济时的均衡工资率 w_A 和 w_B。$O_A D_E$ 的长度等于 L^*(它是劳动力流动达到均衡后 A 国的劳动力数量),$O_B D_E$ 的长度等于 $\bar{L} - L^*$(它是劳动力流动达到均衡后 B 国的劳动力数量),从而 MPL_A 曲线跟 MPL_B 曲线的交点 E 则决定着劳动力流动后两国一致的均衡工资率 w^*。

可以看出,图中 $O_A D_0 E_A A$ 的面积等于 A 国在封闭经济时的总产出,$O_B D_0 E_B B$ 的面积则等于 B 国在封闭经济时的总产出;而在劳动力流动后,A 国的总产出等于 $O_A D_E E A$ 的面积,B 国的总产出等于 $O_B D_E E B$ 的面积。这意味着劳动力的流动使两国的社会总福利(总产出)净增加了相当于 $E E_A E_B$ 所围大三角形的面积——这一净增总福利被两国所分享:其中,A 国(劳动力流出国)国内的产出虽然减少了,但其实际国民收入(GNP)却净增加了相当于 $E E_A F$ 所围小三角形的面积;而 B 国(劳动力流入国)国内的产出则大幅增加,并且其实际国民收入(GNP)也净增加了相当于 $E F E_B$ 所围小三角形的面积。

另外,上面的讨论仅仅说明了劳动力跨国流动可以同时改善两国社会的总体福利,但其对两国国内不同利益集团福利的影响则并不相同。一般来说,在不考虑特定要素的情况下,对劳动力丰裕国来说,劳动力的流出将会提高其国内劳动者集团的实际收入[增

加了$(w^* - w_A)\bar{L}_A$]，降低其国内资本家集团的实际收入[减少了$\frac{1}{2}(w^* - w_A)$ $(L^* + \bar{L}_A)$]；对劳动力稀缺国来说，劳动力的流入将会降低其国内劳动者集团的实际收入[减少了$(w_B - w^*)(\bar{L} - \bar{L}_A)$]，提高其国内资本家集团的实际收入 $\{$增加了 $\frac{1}{2}(w_B - w^*)[(\bar{L} - \bar{L}_A) + (\bar{L} - L^*)]\}$。

二、国际移民供需福利影响一般均衡分析

本节我们考虑在国际劳动力流动的福利分析理论中引入移民成本因素，因为在实际进行国际移民时除了要承担一定的经济成本以外，还要承受诸如语言障碍、文化差异、背井离乡的痛苦，甚至遭受种族歧视等种种非经济的成本，所以移民者在进行成本—收益分析时会要求移民后所得工资报酬足以补偿上述一系列经济的和非经济的移民代价，也就是说，在对国际移民进行经济分析时应当把上述的各种移民成本考虑在内。这里我们运用国际劳动力供需的一般均衡分析法（general equilibrium approach of international workforce of supply and demand）来对国际移民进行福利分析，成功地实现了在分析中引入移民成本因素。

（一）考虑移民成本因素的国际劳动力供需均衡分析

在允许劳动力跨国流动条件下，实际工资率的差异会引起劳动力的跨国流动，劳动力跨国流动的结果是缩小两国之间实际工资率的差异，而移民成本（immigration cost）因素的存在则会阻止两国实际工资率趋同。

当A国和B国的要素禀赋不同时，其各自在封闭经济下的国内实际工资率水平将会不相等——如当A国为劳动力丰裕国而B国为劳动力稀缺国时，将会有$w_A < w_B$（这里的w_A和w_B分别为A、B两国的实际工资率），此时就存在A国劳动力流向B国的可能性。

见图11·3-2，纵坐标w代表实际工资率，横坐标L代表劳动力供给量或需求量。图(a)中的S_A曲线和D_A曲线分别为A国在封闭经济下的劳动力供给曲线和需求曲线；图(b)中的S_B曲线和D_B曲线分别为B国在封闭经济下的劳动力供给曲线和需求曲线。L_A和w_A分别为A国在封闭经济下均衡的就业人数和实际工资率；L_B和w_B分别为B国在封闭经济下均衡的就业人数和实际工资率。

设图(a)中A国在封闭经济下的劳动力供给曲线和需求曲线的方程分别为

$$S_A: L = L_A^S(w), w > 0 \quad (11 \cdot 3 - 1)$$

$$D_A: L = L_A^D(w), w > 0 \quad (11 \cdot 3 - 2)$$

则A国在封闭经济下劳动力供需平衡的条件为

$$L_A^S(w_A) = L_A^D(w_A) = L_A \quad (11 \cdot 3 - 3)$$

又设图(b)中B国在封闭经济下的劳动力供给曲线和需求曲线的方程分别为

$$S_B : L = L_B^S(w), w > 0 \qquad (11 \cdot 3 - 4)$$

$$D_B : L = L_B^D(w), w > 0 \qquad (11 \cdot 3 - 5)$$

则 B 国在封闭经济下劳动力供需平衡的条件为

$$L_B^S(w_B) = L_B^D(w_B) = L_B \qquad (11 \cdot 3 - 6)$$

A 国劳动力移民到 B 国将分别使 A 国的劳动力供给曲线左移和 B 国的劳动力供给曲线右移,在数量为 ΔL 的劳动力从 A 国移民到 B 国后,A 国和 B 国的劳动力供给曲线将分别成为

$$S_A' : L = L_A^S(w) - \Delta L, w > 0 \qquad (11 \cdot 3 - 7)$$

$$S_B' : L = L_B^S(w) + \Delta L, w > 0 \qquad (11 \cdot 3 - 8)$$

从而在移民后,A 国和 B 国新的劳动力供需均衡条件分别成为

$$L_A^S(w_A') - \Delta L = L_A^D(w_A') = L_A' \qquad (11 \cdot 3 - 9)$$

$$L_B^S(w_B') + \Delta L = L_B^D(w_B') = L_B' \qquad (11 \cdot 3 - 10)$$

其中,w_A'、w_B' 和 L_A'、L_B' 分别是劳动力移民后两国的实际工资率和就业人数。此外,通常是把 w_B' 与 w_A' 之差看作移民成本(记作 C),即有

$$w_B' - w_A' = C \qquad (11 \cdot 3 - 11)$$

这样,如果我们假定劳动力可以自由移民,并且把移民成本 C 看作外生变量,同时把可能的劳动力移民数量 ΔL 看作内生变量,则可将 $(11 \cdot 3 - 9)$ 式、$(11 \cdot 3 - 10)$ 式和 $(11 \cdot 3 - 11)$ 式中包含的五个方程联立来解出 w_A'、w_B'、ΔL、L_A' 和 L_B' 5 个内生变量;或者,如果我们假定劳动力不能自由移民,并且把可能的劳动力移民数量 ΔL 看作外生变量,同时把移民成本 C 看作内生变量(注意,这时的移民成本中还需额外包括非法移民所需额外承担的偷渡成本以及移民后因为无合法移民身份所要额外承担的各种风险成本在内),则只需将 $(11 \cdot 3 - 9)$ 式和 $(11 \cdot 3 - 10)$ 式中包含的四个方程联立便可解出 w_A'、w_B'、L_A' 和 L_B' 4 个内生变量,然后再进一步利用 $(11 \cdot 3 - 11)$ 式即可求出移民成本 C。

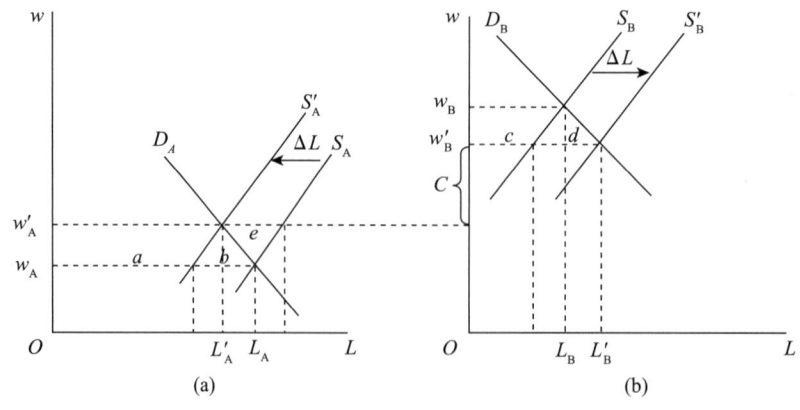

图 $11 \cdot 3 - 2$　国际移民福利影响的劳动力供需均衡分析法

(二) 考虑移民成本因素的国际移民福利影响分析

见图 11·3-2，数量为 ΔL 的劳动力从 A 国移民到 B 国后，第一，A 国工资水平的提高，可使该国剩余劳动者的福利增加 $a = \frac{1}{2}(w'_A - w_A)[(L_A - \Delta L) + L'_A]$；该国厂商的福利损失 $a + b = \frac{1}{2}(w'_A - w_A)(L_A + L'_A)$（包括工资水平上涨和雇工人数下降双重因素所导致的厂商可得剩余价值的损失）。总体来看，劳动力流出对于 A 国剩余居民（包括所有厂商和剩余劳动者）净福利的影响为负——其净福利会损失 $b = \frac{1}{2}(w'_A - w_A)\Delta L$。

第二，B 国工资水平的下降，会使该国原有劳动者的福利损失 $c = \frac{1}{2}(w_B - w'_B)[(L'_B - \Delta L) + L_B]$；该国厂商的福利增加 $c + d = \frac{1}{2}(w_B - w'_B)(L_B + L'_B)$（包括工资水平下降和就业雇工人数上升双重因素所带来的厂商可得剩余价值的增加）。总体来看，劳动力流入对于 B 国原有居民（包括所有厂商和原有劳动者）净福利的影响为正——其净福利会提高 $d = \frac{1}{2}(w_B - w'_B)\Delta L$。

第三，对于 A 国移民劳动者利益集团的净福利影响也为正——其扣除了移民成本后的净福利仍提高了 $b + e = [(w'_B - w_A) - C]\Delta L = [(w'_B - w_A) - (w'_B - w'_A)]\Delta L = (w'_A - w_A)\Delta L$。

第四，A 国劳动力移民对于上述所有利益集团加总的两国社会净福利的影响也为正——两国加总的社会净福利提高了 $-b + d + (b + e) = d + e = \frac{1}{2}[(w_B - w'_B) + (w'_A - w_A)]\Delta L$。

三、国际移民的其他一些外在社会成本和收益问题

前述的国际劳动力流动理论都是仅局限于从移民影响一国要素禀赋的角度来分析其内在的福利影响的；下面，我们再从福利经济学（welfare economics）的角度补充介绍一些国际移民可能带来的其他外在社会成本和收益方面的问题。

(一) 移民输出国的其他一些外在社会成本和收益问题

1. 移民输出国要承担的公共财政净成本

从移民输出国（emigration country）公共财政的角度来看，一方面，由于移民的劳动力大多是净纳税人，他们在移民之前无能力纳税的年轻人时期曾享受了母国提供的公共教育、卫生等各种净财政福利，而到其成为有能力纳税的成年人时期本应作为净纳税人来为公共财政进行净补偿时，他们却又移民到国外而未尽其对母国的纳税义务，这显然给移民输出国的公共财政造成了重大损失；另一方面，少数净纳税人移民国外既不会显著

增加其他人享受公共财政的程度,也不会显著减少政府的公共财政开支,从而并不能给移民输出国的公共财政带来多少收益。所以,总体来看,移民对于其输出国的公共财政一般有负的净效应。对此,以巴格瓦蒂(1976)为代表的一些经济学家提出了征收"移民税"(immigration tax),尤其是应向高技能人才移民他国时征收"人才外流税"(brain drain tax)的政策建议,并认为这一政策具有双重意义:一是可以补偿移民输出国的财政损失;二是还可以提高移民成本,特别是通过向高技能人才移民他国征收较高的"人才外流税"可以在一定程度上减轻人才外流。

2. 移民输出国要承担的人才流失和智力外流等社会净成本

因为移民通常是从低工资地区流向高工资地区,所以移民输出主要发生在发展中国家,而高技能人才流失(brain drain)则不仅会造成如上所述的发展中国家本就紧张的公共财政的净损失,更重要的还在于,人才流失必然伴随着"智力外流"(intelligence outflow),而发展中国家用其本就十分有限的教育资源培养人才,是为其自身未来经济和社会发展对人力和智力资源的需求服务;尤其是其中的高技能人才本就十分稀缺,更是发展中国家未来经济和社会发展的栋梁之材和最为宝贵的人力与智力资源(而能够移民国外的往往还是其中的顶尖人才)。他们的外流会在一定程度上使发展中国家的其他人力、智力和自然资源也不能充分发挥其作用,所以他们的流失会给发展中国家造成重大的人才和智力流出等外在净损失,严重时甚至会造成发展中国家所需高技能人才的严重短缺,从而大大阻碍其经济发展,这样的社会净成本是非常高昂的。

3. 移民输出国可得到未来潜在的"侨汇"(immigrant remittance)流入和技术移民的技术回馈等社会净收益

移民输出国除了要承担上述的各项社会净损失以外,也有一些正面的社会净收益,那就是移民输出通常会带来未来"侨汇"流入的外在净收益,以及技术移民未来对其祖国进行技术支援与合作的外在净收益。尤其是当技术移民在国外学到了国际领先的技能之后又对其祖国进行技术支援与合作等回馈行为更值得重视,这不但可以在一定程度上减轻发展中国家高技能人才紧缺的压力,更重要的是还能给其带来世界上最先进的理念与技能。另外,当技术移民祖国的经济社会发展到一定水平时,其中的一部分移民还可能会重新回流其祖国,这也是移民输出国未来潜在的一个不可忽视的可能净收益。

(二)移民输入国的其他一些外在社会成本和收益

1. 移民输入国可得到的公共财政净收益

从移民输入国(immigration input country)公共财政的角度来看,同样由于移民的劳动力大多是净纳税人,所以从总体来看,移民对其移居国的公共财政一般有正的净效应。即使那些非法移民也大多属于净纳税集团(因为他们并不能免除承担诸如消费税和预扣所得税等纳税义务),而他们作为非法入境者可以享受到的公共财政物品和服务却非常有限,所以他们对移居国公共财政的净贡献大多是正的。

2. 移民输入国可得到的人才、智力和知识流入等社会净收益

移民输入主要发生在发达国家,这不仅会给发达国家带来公共财政的净收益,更为重要的,一是高技能人才及其智力的输入,还会给发达国家本就丰裕的人力和智力资源注入更为丰富和新鲜的血液,这对发达国家经济社会的发展和保持领先地位具有巨大的促进作用;二是新移民的到来还会给发达国家带来新的知识,包括新的思想、观念、技术技能和风俗习惯等,这些新知识的传播对发达国家也具有巨大的经济和社会价值,不但可以丰富和繁荣其经济和社会生活,而且还有助于一部分原居民通过学习和掌握这些新知识而提高其工作能力和收入水平。所以,移民输入可以为发达国家带来重大的人才、智力和知识流入等外在净收益,适当的移民输入政策甚至能成为发达国家经济和社会可持续发展的重要因素之一。

3. 移民输入国要承担的拥挤和社会摩擦加剧等社会净成本

移民输入国除了可以获得上述的各项社会净收益以外,也要承担一些负面的社会净成本,那就是短期内移民的大量输入通常会带来与人口拥挤相关的种种外在净成本(过多的噪声、冲突与犯罪、住房与交通紧张等),以及使社会摩擦(如种族偏见和种族冲突)加剧等外在净成本。而且这些方面的外在成本不但会严重影响到发达国家移民政策的制定,还往往会使移民问题染上浓重的政治色彩,而不再是单纯的成本分析问题。

第四节 国际要素流动与国际贸易的关系

在各国生产技术水平相同而只存在要素禀赋差异的条件下,国际要素流动(international factor movement,包括国际间接投资和劳动力流动)与国际贸易之间具有替代关系;而在各国要素禀赋相同但存在生产技术差距(technology gap)的条件下,跟技术有关的国际要素流动(包括国际直接投资和技术移民)与国际贸易之间却不再是替代关系,而是表现为互补及促进的关系了。①

一、国际要素流动与国际贸易的替代关系

第二章中的赫克歇尔-俄林要素禀赋贸易定理(以下简称 H-O 定理)和赫克歇尔-俄林-萨缪尔森定理(以下简称 H-O-S 定理)的前提假设相同,这里需特别强调其中的两条假设:一是假定生产要素不能跨国流动;二是假定不存在任何贸易壁垒及贸易费用。已证明了国际贸易对于要素流动具有替代关系——在国家之间除了存在要素禀赋差异之外其他所有条件都相同的前提条件下,如果生产要素不能跨国流动的

---

① 本节内容可参看:海闻,等.国际贸易第6章第6.4节[M].上海:上海人民出版社,2003.

话,则通过分工贸易的方法(当不存在任何贸易壁垒及费用时),即可间接实现各国商品价格和要素报酬的均等化,使要素资源在国内外得到优化配置和总体社会福利达到最大化。

蒙代尔(1957)又在 H-O 定理前提假设的基础上(但将上面提到的两条假设改为:一是假定间接投资可以无障碍无费用地跨国流动,但劳动要素不能跨国流动;二是假定可以出现"禁止性"关税之类的贸易障碍以至于国际贸易中断),进一步提出了一个国际间接投资替代贸易定理(substitute trade theorem of international indirect investment)——在国家之间除了存在要素禀赋差异之外其他所有条件都相同的前提条件下,如果存在贸易壁垒或其他不利于贸易的因素,则通过国际间接投资的方法,(当不存在任何投资障碍及费用时)也可间接实现各国商品价格和要素报酬的均等化,使要素资源在国内外得到优化配置和总体社会福利达到最大化。这里国际间接投资的方法与前述自由贸易的方法相比,两者具有完全等价的经济福利效果。

(一)蒙代尔的国际间接投资替代国际贸易定理

我们知道,H-O 定理假定有资本和劳动两种生产要素,以及两个要素密集度不同的生产部门(以下我们假定 X 和 Y 分别代表劳动密集和资本密集的生产部门),为简化问题,蒙代尔姑且假定本国(以下简称 A 国)为一小国(这意味着假定本国只能被动地接受世界商品和要素价格水平,并且本国的对外贸易和资本流出入不会改变世界商品和要素的价格水平)。

图 11·4-1(a)代表本国为资本丰裕国(本国资本丰裕度高于国外)的情况,图 11·4-1(b)则代表本国为劳动丰裕国(本国资本丰裕度低于国外)的情况,两图中的 AA 曲线都是代表本国自有要素的生产可能性边界线。

1. 本国为资本丰裕国的情况

见图 11·4-1(a),当本国为资本丰裕国时,在自由贸易(没有贸易障碍和费用)条件下,根据 H-O 要素禀赋贸易原理,本国将出口资本密集的 Y 产品,进口劳动密集的 X 产品。当达到贸易均衡时,国内外商品的相对价格将达成一致(设此时 X 商品的相对价格为 p_w),图中的 p_w 线代表本国在自由贸易(没有贸易障碍和费用及要素的跨国流动)情况下可能得到的实际收入边界线,此时最优生产和消费均衡点分别是 E_A 和 C_A,贸易三角形是 $\triangle E_A D_A C_A$,本国的社会福利达到了最大化;再进一步根据 H-O-S 要素报酬均等化定理,此时国内外同质要素的实际报酬也将相等,从而要素也完全没有跨国流动的必要和可能。

假如,出现贸易壁垒使本国的对外贸易完全中断,则会使原本需要出口的资本密集的 Y 产品在国内出现过剩,而原本需要进口的劳动密集的 X 产品则在国内出现短缺,这会降低 Y 产品的相对价格,提高 X 产品的相对价格,此时根据罗伯津斯基定理的对偶命题(见第二章第四节),Y 产品所密集使用的资本要素在本国的实际报酬会相应降低,X 产品所密集使用的劳动要素在本国的实际报酬则会相应提高。由于各生产要素在国外的实际报酬固定不变,这意味着国内外同质要素的实际报酬出现了差异——此时在间接投资可以无障碍无费用地跨国流动而劳动要素不能跨国流动条件下,必然会引起本国资本的外流(这里是指对外进行间接投资以谋取更高的实际收益),直至国内各生产要素的边际生产力和实际报酬重新与国外同质要素持平为止:这使资本要素对国内的供给单方面减少,本国生产可能性边界线收缩至 $A'A'$ 的位置(其纵向收缩的程度要大于横向收缩的程度),国内各生产要素的边际生产力和实际报酬重新与国外同质要素持平,国内商品的相对价格亦将恢复与国外持平。此时国内的生产均衡点右下移到 E'_A 的位置,图中的 p'_w 线 $/\!/ p_w$ 线代表本国在贸易中断和资本外流后的实际 GDP' 边界线,但此时把本国对外投资可得回报也考虑在内的实际 GNP' 边界线则仍然是 p_w 线,最优消费均衡点也仍然是 C_A。可见当本国为资本丰裕国时,通过对外间接投资也可以实现国内外商品价格和要素报酬的均等化,使要素资源在国内外实现优化配置和总体社会福利最大化,此时本国实际收入的边界线跟在自由贸易(没有贸易障碍和费用及要素的跨国流动)情况下实际收入的边界线完全相同。

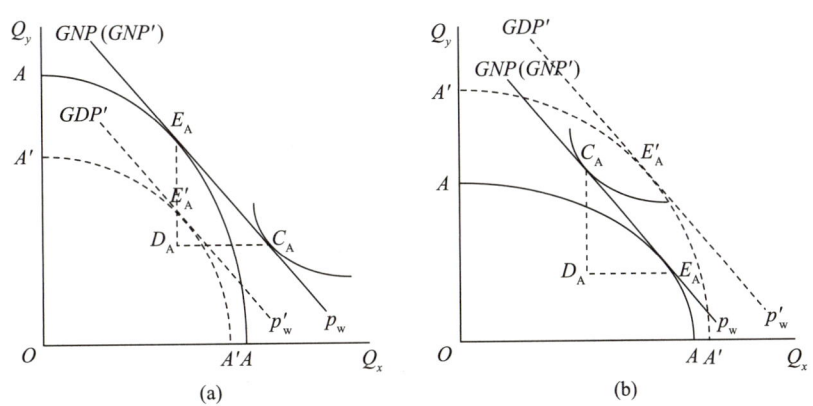

图 11·4-1 蒙代尔关于国际间接投资替代贸易的分析

2. 本国为劳动丰裕国的情况

见图 11·4-1(b),当本国为劳动丰裕国时,在自由贸易(没有贸易障碍和费用)条件下,根据 H-O 要素禀赋贸易原理,本国将出口劳动密集的 X 产品,进口资本密集的 Y 产品。当达到贸易均衡时,国内外商品的相对价格将达成一致(设此时 X 商品的相对价格为 p_w),图中的 p_w 线代表本国在自由贸易(没有贸易障碍和费用及要素的跨国流动)情况下可能得到的实际收入边界线,其最优生产和消费均衡点分别是 E_A 和 C_A,贸易三角形是 $\triangle C_A D_A E_A$,本国的社会福利达到了最大化;再进一步根据 H-O-S 要素报酬均等化定理,此时国内外同质要素的实际报酬也将相等,从而要素也完全没有跨国流动的必要和可能。

假如,出现贸易壁垒使本国的对外贸易完全中断,则会使原本需要出口的劳动密集的 X 产品在国内出现过剩,而原本需要进口的资本密集的 Y 产品则在国内出现短缺,这会降低 X 产品的相对价格,提高 Y 产品的相对价格,此时根据罗伯津斯基定理的对偶命题(见第二章第四节),X 产品所密集使用的劳动要素在本国的实际报酬会相应降低,Y 产品所密集使用的资本要素在本国的实际报酬则会相应提高。由于各生产要素在国外的实际报酬固定不变,这也意味着国内外同质要素的实际报酬出现了差异——此时在间接投资可以无障碍无费用地跨国流动而劳动要素不能跨国流动条件下,必然会引起国外资本流入本国,直至国内各生产要素的边际生产力和实际报酬重新与国外同质要素持平为止:这使资本要素对国内的供给单方面增加,本国的生产可能性边界线扩张至 $A'A'$ 的位置(其纵向扩张的程度要大于横向扩张的程度),国内各生产要素的边际生产力和实际报酬重新与国外同质要素持平,国内商品的相对价格亦将恢复与国外持平。此时国内的生产均衡点左上移到 E'_A 的位置,图中的 p'_w 线 $/\!/$ p_w 线代表本国在贸易中断和资本流入后的实际 GDP' 边界线,但此时把本国对外投资所需付出的回报也考虑在内的实际 GNP' 边界线则仍然是 p_w 线,最优消费均衡点也仍然是 C_A。可见当本国为劳动丰裕国时,通过吸收外来间接投资也可以实现国内外商品间隔和要素报酬的均等化,使要素资源在国内外实现优化配置和总体社会福利最大化,此时本国实际收入的边界线跟在自由贸易(没有贸易障碍和费用及要素的跨国流动)情况下实际收入的边界线也完全相同。

以上论证说明了,在间接投资可以无障碍无费用地跨国流动而劳动要素不能跨国流动条件下,如果一个小国只是国内外要素禀赋有所不同,而国内外生产函数完全相同的话,则国际间接投资与贸易具有完全等价的替代关系:在自由贸易(没有贸易障碍和费用)条件下,要素完全没有跨国流动的必要和可能;而当国际贸易出现障碍时,在间接投资可以无障碍无费用地跨国流动而劳动要素不能跨国流动条件下,则会引起国际资本流动——其效果是可以替代受阻的贸易实现本国社会福利最大化和国内外要素报酬的均等化,与自由贸易的效果完全等价。

此外,蒙代尔还进一步证明了可以把本国对外贸易完全中断的假定放宽成只存在有限程度的贸易壁垒及贸易费用,以及放弃本国为一小国等假定,其定理的要义仍然成立。

(二)关于国际劳动力流动也可以替代国际贸易的推论

在劳动要素可以无障碍无费用地跨国流动而资本要素不能跨国流动条件下,如果一个小国只是国内外要素禀赋有所不同,而国内外生产函数完全相同的话,则国际劳动力流动与贸易也具有完全等价的替代关系。这一推论与上述蒙代尔定理的主要不同之处仅在于:当本国为资本丰裕国时,贸易受阻必然会引起外来劳动力流入本国(它代替了上述的资本流出本国),见图 11·4-2(a);而当本国为劳动丰裕国时,贸易受阻则必然会引起本国劳动力的流出(它代替了上述的资本流入本国),见图 11·4-2(b)。其具体论证则基本与上面类似,这里不再赘述。

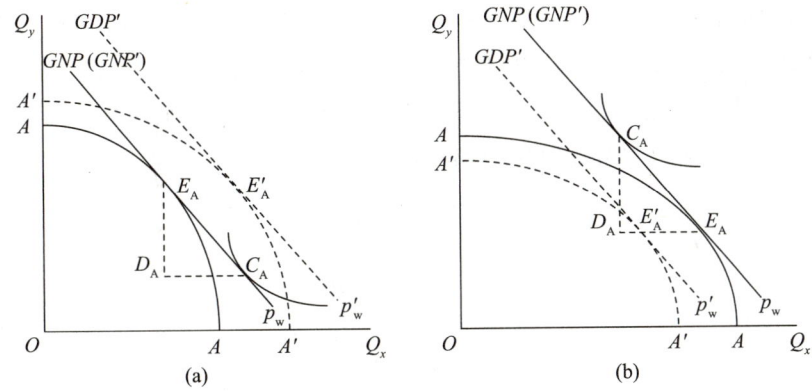

图 11·4-3 关于国际劳动力流动替代贸易的分析

二、国际要素流动与国际贸易的互补及促进作用

第一目中关于国际要素流动与国际贸易的替代关系理论论证了单纯由于要素禀赋差异所引起的国际要素流动与国际贸易具有替代关系。此类理论共同的关键性假定是：国内外要素禀赋有所不同，但同类生产要素具有同质性并且国内外的生产技术水平完全相同（这意味着国内外相同生产部门有着完全相同的生产函数）。

本目则将进一步论证由于生产技术水平差异所引起的国际要素流动与国际贸易具有互补及促进作用。这方面的理论又可分为实质不同的两类：一类是探讨间接跟技术有关的国际要素流动与国际贸易互补及促进作用的理论；另一类则是探讨直接跟技术关联的国际要素流动与国际贸易互补及促进作用的理论。

（一）间接跟技术有关的国际要素流动与国际贸易的互补及促进作用

这方面的理论是由马库森(J. R. Markuson,1983)率先提出的，他除了重新假设国内外要素禀赋完全相同，但生产技术水平有所不同以外，保留了前述要素禀赋差异引起国际要素流动与贸易替代关系理论中所有的其他前提假设，在此基础上论证了由于生产技术水平差异所引起间接与技术有关的国际要素流动与贸易的互补及促进作用。

为简化问题，我们在下面的论证中不妨假定：有 A、B 两个国家，其要素禀赋连同规模完全相同，而且两国的劳动力和资本要素分别是同质的，两国的需求结构和消费偏好也完全相同。又有 X、Y 两个生产部门，X 部门是劳动密集的，A、B 两国 X 部门的生产函数分别为 $Q_x = \alpha f_x(L,K)$ 和 $Q_x = f_x(L,K)$（其中 $\alpha > 1$，这意味着 A 国 X 部门的技术水平高于 B 国）；Y 部门是资本密集的，A、B 两国 Y 部门的生产函数分别为 $Q_y = f_y(L,K)$ 和 $Q_y = \beta f_y(L,K)$（其中 $\beta > 1$，这又意味着 A 国 Y 部门的技术水平低于 B 国）。

见图 11·4-3，其中图(a)代表 A 国的情况，图(b)代表 B 国的情况。

首先，在完全封闭经济条件下，因为两国的要素禀赋及规模完全相同，A 国劳动密集的 X 部门技术水平比 B 国高（资本密集的 Y 部门技术水平又比 B 国低），这时 A 国的生产可能性区域偏向 X 轴呈横扁形状[见图(a)中 AA 曲线所围区域],B 国的生产可能性区域偏向 Y 轴呈竖扁形状[见图(b)中 BB 曲线所围区域]。由于 A 国生产 X 产品的机会成本较低,所以其 X 产品的相对价格将低于 B 国(有 $p_A < p_B$);同时由于 A 国的劳动要素会显得相对丰裕,所以其劳动要素的相对价格也将低于 B 国(又有 $w_A/r_A < w_B/r_B$)。但图中没有把这些全标示出来。

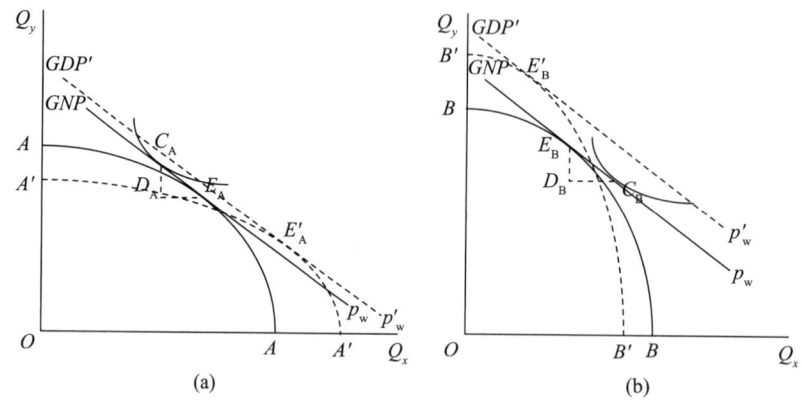

图 11·4-3 间接跟技术有关的国际要素流动与国际贸易的互补及促进作用分析

其次,假定生产要素不能跨国流动,但可以自由贸易并且没有贸易障碍和费用。此时,贸易会使两国分别扩大其具有技术优势的可出口部门的生产和缩小其具有技术劣势的可进口部门的生产——使 A 国的生产均衡点沿其生产可能性边界线向右下移,而使 B 国的生产均衡点沿其生产可能性边界线向左上移,并使两国商品的相对价格完全趋同成 $p_w(p_A < p_w < p_B)$。(a)(b)两图中的 p_w 线分别代表两国自由贸易时的实际收入边界线,E_A 和 C_A 分别代表 A 国的生产和消费均衡点,E_B 和 C_B 分别代表 B 国的生产和消费均衡点;而 △$E_A C_A D_A$ ≌ △$C_B E_B D_B$ 则分别是 A、B 两国的贸易三角形。

但这里由于存在技术差异,所以单纯自由贸易并不能使两国生产要素的相对价格趋同,而是会使两国生产要素相对价格的差异(与封闭经济时相比)发生逆转——因为贸易会使两国各自增加其具有技术优势产品的生产(缩减其具有技术劣势产品的生产),从而会使 A 国由原封闭经济时的劳动相对丰裕逆转成劳动相对紧缺,B 国则由原封闭经济时的资本相对丰裕逆转成资本相对紧缺,最终使两国生产要素的相对价格发生逆转,成为 $w_A/r_A > w_B/r_B$。

最后,在可以自由贸易(没有贸易障碍和费用)的前提下,再进一步假定连劳动要素和间接投资也可以无障碍无费用地跨国流动。这时,在原单纯自由贸易时 $w_A/r_A > w_B/r_B$ 的情况下,资本会从 A 国流入 B 国,而劳动则会从 B 国流入 A 国,直到两国生产要素的相对价格趋同($w_A/r_A = w_B/r_B = w^*/r^*$)为止——要素流动的结果会使两国各自具有技术优势的可出口部门的生产进一步扩大(而具有技术劣势的可进口部门的生产则进一步萎缩),从而 A 国的生产可能性区域会较前更加横扁[成为图(a)中 $A'A'$ 曲线所围区域],

B 国的生产可能性区域则会较前更加竖扁[成为图(b)中 $B'B'$ 曲线所围区域]。A 国新的生产均衡点会右下移到 E'_A 的位置,B 国新的生产均衡点则会左上移到 E'_B 的位置;但这里贸易—要素流动均衡后新的商品相对价格 p'_w 究竟会比单纯自由贸易时的 p_w 上升还是下降则有一定的不确定性(这里为简化问题姑且在图 11·4-3 中假定了商品的相对价格与单纯自由贸易时保持相同,简单地用 p'_w 线 ∥ p_w 线来代表两国在要素流动后的实际 GDP' 边界线)——国际要素流动与国际贸易的互补与促进作用则表现为(a)(b)两图中的实际 GDP' 边界线都将比原实际 GNP 边界线有所右上移。所以,存在技术差异的自由贸易条件下,间接跟技术有关的国际要素流动能进一步优化资源配置,使要素资源在国内外实现最优配置和总体社会福利最大化,并提升要素输出国的实际 GNP 收入(此时,两国新的实际 GNP' 边界线也都将比原实际 GNP 边界线有所右上移,但图中没有画出)和社会福利水平。

(二)直接跟技术关联的国际要素流动与国际贸易的互补及促进作用

在前面第二、第三节介绍的传统要素流动分析理论中,通常都是把各国的劳动力(workforce)和资本要素(capital factor)分别看成完全同质的,无论是在不同的生产部门还是在不同的国家都可以同样使用。但在现实中,在不同国家的相同生产部门的资本往往是不同质的(这跟各国生产技术水平存在差异有关);劳动力也往往是不同质的(如可将劳动力区分为有技术的劳动力和无技术的劳动力等)。因此,国际上还存在大量直接跟技术关联的要素流动:一类是因资本不同质而引起的国际直接投资(FDI),另一类是因劳动力不同质而引起的技术移民。这些不同质要素的国际流动与贸易之间具有更重要的互补及促进作用——它们不但能进一步提升要素输出国的实际收入和社会福利水平(技术移民有所特殊和例外),而且更重要的是它同时还能进一步提升要素输入国的实际收入和社会福利水平。

1. 直接跟技术关联的国际资本流动——国际直接投资

国际直接投资又主要有不同的两类:一类是劳动密集型产业(labour intensive industry)的国际转移;另一类是对于资源型产业(resource industry)的国际直接投资。它们都与国际贸易有着更为重要的互补及促进作用。

(1)劳动密集型产业的国际转移。这通常是发达国家在劳动密集型产业上失去比较优势以后,将其在劳动密集型产业上的投资直接转移到发展中国家去,这种直接跟技术关联的国际资本流动对国际贸易有着巨大的补充作用:它不但能进一步提升直接对外投资的发达国家的实际收入和社会福利,而且还有更重要的——它还能提升引进外来直接投资的发展中国家劳动密集型产业的技术和管理水平及其劳动力的充分就业水平,从而同时也进一步提升了吸收外来直接投资的发展中国家的实际收入和社会福利水平。非常重要的是,在现实中,这种劳动密集型产业的国际转移甚至已经成为促进发展中国家快速实现工业化的一条重要的捷径。此外,显然,这种劳动密集型产业的国际转移对国际贸易又必然有着巨大的促进作用。

(2) 资源型产业的国外直接投资。资源型产业的国外直接投资对国际贸易也有着巨大的补充作用,因为一方面,能源和矿产等资源型产业是工业的基础,无论是发达国家还是想要实现工业化的发展中国家许多都需要从国外大量进口能源和矿产资源。这些资源不足的国家对资源型产业进行国外直接投资具有十分重要的战略意义——在这里,提高投资国实际收入的作用已处于次要地位,更为重要的是这有助于确保投资国进口资源的可靠性和进口成本的稳定性,后者的意义十分重大。另一方面,由于能源和矿产资源型产业多为资本和技术密集型的产业,而许多拥有这方面资源的发展中国家又往往缺乏资本和技术,所以这些拥有资源的国家也常需要引进跟技术关联的外来直接投资,以促进本国资源开采业的发展,并推动本国经济发展和提升实际收入及社会福利水平。此外,显然,这种资源型产业的国际直接投资对国际贸易必然也有着巨大的促进作用。

2. 直接跟技术关联的国际劳动力流动——技术移民(technology immigrate)

在现实中,一般劳动力并不能像资本那样在国际上自由流动,但许多发达国家对具有一定教育背景和知识技能者还是采取了许多积极的技术移民政策。因而技术移民通常是发展中国家的一些特殊技术人才向发达国家移民。这里的技术人才从发展中国家向发达国家移民跟技术资本从发达国家向发展中国家流动相比,二者对发展中国家和发达国家福利的影响是大不相同的,后者通常是可以双赢的,而前者则通常主要是使发达国家获益而使发展中国家受损的。

我们由本章第二节可知,输出技术移民的发展中国家需要蒙受的损失包括公共财政的损失,以及人才流失和智力外流等社会成本,这些严重损失与其未来潜在可得到的"侨汇"流入和技术移民未来可能的技术回馈等社会收益相比,损失远远占了主要方面;而输入技术移民的发达国家可以获得的收益则包括公共财政的收益,以及人才、智力和知识流入等社会收益,这些巨大收益与其可能带来的拥挤和社会摩擦加剧等社会成本相比,则是收益远远占了主要方面。所以,技术移民对国际贸易的补充作用主要是体现在其促进了发达国家技术密集型产业的发展方面,而其对国际贸易的促进作用则也主要是体现在其对发达国家技术密集型产业竞争优势和出口能力的提升对国际贸易产生的间接带动作用方面。

第十二章 国际区域经济一体化理论

本章将概括介绍国际区域经济一体化理论知识(第一节),以及国际区域经济一体化的一些重要的传统理论,包括关税同盟理论(第二节)、自由贸易区理论和共同市场理论(第三节)、最优货币区理论(第四节),以及国际区域经济一体化理论的新发展。

第一节 国际区域经济一体化理论概述

国际经济一体化是从第二次世界大战结束后兴起的,尤其是从 20 世纪 80 年代以来得到迅猛发展的重要经济现象。至今,世界各国经济相互依赖的程度已空前提高,经济一体化(integration of economy),尤其是国际区域经济一体化的发展如火如荼,各种国际区域经济一体化理论也得到了长足的发展。

一、国际经济一体化的概念

所谓国际经济一体化(integration of international economy),包括国际区域经济一体化(integration of international regional economy)和全球经济一体化(integration of global economy)两个层次。其中所谓国际区域经济一体化是指在具有一定地缘优势及政治经济关系优势的某些独立的国家和地区为了利益最大化而在体制上组合成大规模的国际经济集团或各种层次的经济共同体,成员国之间相互取消关税及其他贸易障碍,取消生产要素流动障碍及开展种种互利双赢的经济合作,甚至统一货币乃至组成超国家性质的政治经济同盟,以促进成员国经济共同发展的现象;而所谓全球经济一体化则是指在全球范围内形成各种层次的经济共同体的现象。

经济一体化的深度实现需要在一体化区域内消除阻碍贸易与生产要素流动的各种障碍,需要在区域范围内设立机构,形成共同的管理机制,并需要制定共同的制度规范,为一体化的市场提供有效的制度保证和持续发展一体化的动力。这里,组织性(organizational)和制度性(institutional)是经济一体化的重要特征。

由于国际经济和政治问题互相影响、密不可分,所以国际经济一体化的过程不可避免地会掺杂对政治和经济一体化的一些要求,尤其是终极意义上的经济一体化更要求政治、法律、安全防务等领域内的全面一体化,对成员国有更多的主权让渡和主权共享的要求。这意味着要想建立高度一体化的政经同盟是具有很大难度的。一般而言,参与的国家和地区越多,经济一体化发展越显困难和曲折。因此,涉及全世界的全球经济一体化虽然是人类社会的一个美好理想,但由于需要全世界的成员国达成一致协议,所以经历第二次世界大战后70多年的发展之后,至今仍处于国际经济一体化的初级阶段——经济国际化和全球化阶段(stage of economic internationalization and globalization),而且当前国际贸易组织第九轮协议的谈判陷入困境,阻力重重,进展缓慢;国际金融市场虽然已经高度一体化,但国际货币基金组织在牙买加协议以后关于国际货币体系和国际金融组织协议的改革谈判也是各抒己见,难以推进……与此同时,区域经济一体化则发展得生机勃勃,多种多样的区域经济一体化集团组织层出不穷,尤其是作为区域经济一体化排头兵的欧盟,甚至已经进入了一个所谓经货财同盟的超高级阶段(不过后者又遭遇到某些成员国陷入严重债务危机甚至存在欧元危机的困难局面)。

二、国际区域经济一体化的六种不同形态

我们可以将国际区域经济一体化的形态从低级到高级依次划分为以下六种不同层次:优惠贸易安排、自由贸易区、关税同盟、共同市场、经货联盟、政经联盟。

(一)优惠贸易安排

优惠贸易安排(preferential trading arrangement)是国际区域经济一体化的一种松散的前期形态或早期形态。其特点是:在实行优惠贸易安排的成员国之间,通过协定或者是其他非强制性的官方论坛表态和协调等各种单方面的自我承诺形式,对部分乃至全部商品给予特别的关税和贸易优惠。如第二次世界大战后的欧洲煤钢联盟(European Coal Steel Community,ECSC)、东盟(Association of Southeast Asian Nations,东南亚国家联盟,ASEAN)的早期形态,以及现在的亚太经合组织等均属此类。

(二)自由贸易区

自由贸易区(free trade area)是国际区域经济一体化的一种初级形态。其特点是:在自由贸易区内部通过协定,成员之间相互减免关税,尽最大可能消除贸易壁垒,但每个成员仍保留各自的对非成员的独立关税政策。自20世纪90年代以来,这类自由贸易区发展十分迅速,几乎遍及全世界的各个地区,如北美自由贸易区(North American Free Trade Area,NAFTA)、东盟等,目前都处于自由贸易区的形态。

(三)关税同盟

关税同盟(customs union)是国际区域经济一体化的一种中级形态。其特点则是:在关税同盟内部通过协定,成员之间不仅相互减免关税,消除贸易壁垒,而且实行统一的对外关税政策。一般来讲,关税同盟对内实行减免关税,对外实行统一关税的贸易保护政策。欧盟(European Union,全称欧洲联盟,EU)的早期形态就属于关税同盟形态,安第斯山脉有关国家成立的安第斯条约组织(Andean Pact Organization)又称安第斯集团(Andean Group)的早期形态也属于关税同盟形态。

(四)共同市场

共同市场(common market)是国际区域经济一体化的一种最为基本的高级形态。其特点是:各成员在实现共同对内对外关税政策的基础上,实现各成员之间商品、资本、人员和劳务等生产要素的自由流动,建成一个统一的大市场,并建立协调和制定共同的经贸政策及管理该组织共同事务的权力机构。共同市场一般是从关税同盟或自由贸易区发展升级而来,进一步要求成员之间在自愿协议基础上让渡部分主权。欧共体(European Community,全称欧洲共同体,EC)虽然从成立之初就被称为"欧洲共同市场"(European Common Market,ECM),但实际上它直到1985年以后才逐步实现了真正的统一市场。

(五)经货联盟

经货联盟(economic and monetary union,全称经济与货币联盟),是国际区域经济一体化的一种超高级形态。其特点是:它要求成员国在形成共同市场的基础上,实现统一货币、成立统一的中央银行和实行统一的货币政策,并在一定程度上实现联盟体对区内各成员国的财政和经济政策,实现一体化的预算和管理职能(这超越了联盟体对成员国只具有政策协调、合作与监管的职能)。经货同盟体实际上已经具有了一定程度的"超国家"性质,须建立起一整套立法、司法、行政和监督的联盟机构。1992年,在欧洲联盟条约(Treaty on European Union,又称马斯特里赫特条约,以下简称EU条约)里就已决定要建立经货联盟,但直到2002年1月1日,才在欧盟的部分成员国之间实现了一个共同货币的欧元区(Eurozone)。

欧盟在建立和完善欧洲货币联盟(European Monetary Union,EMU)的发展过程中,由于联盟体对各成员国财政和经济政策进行一体化管理的进程滞后,从而遭遇到了严峻的主权债务危机(sovereign-debt crisis)问题。目前,欧元区正面临着不进则退,甚至有可能被迫解体的严峻局面。以后欧元(Euro)究竟还会遇到何种难以预料和难以化解的困难,能否成功渡过难关?人们还需拭目以待。

(六)政经联盟

政经联盟(Political and Economic Union,全称政治与经济联盟),是指经济与政治的高度一体化,是国际区域经济一体化的最高终极形态。其特点是:它不仅要求各成员国之间在财政、经济和金融政策方面高度一体化,而且还进一步要求各成员国之间在有关政治的福利政策方面实现一体化。一般情况下,当区域经济一体化发展达到一定层级时,政治一体化是必须及时跟进的,否则就必然会遭遇到严重的政治分歧而陷入种种困境,严重时甚至会导致联盟解体。目前的欧盟就由于其政治一体化(integration of policy)进程过于滞后,从而在解决一些成员国面临的主权债务危机问题时显得举步维艰,正深陷于严峻的困境之中。但由于政治一体化的涉及面很广,可能会有各种不同形态的政经一体化联盟形式,而且只能是渐进式发展,所以将来的高度一体化的政经联盟最终会是什么形态,目前尚不清楚。但我们相信,"世界大同"(cosmopolitanism)始终是人类的一个美好理想。

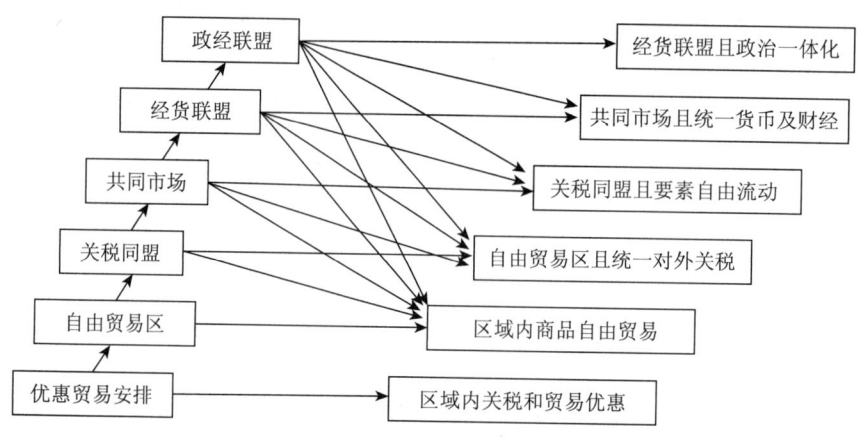

图 12·1-1　国际区域经济一体化形态从低级到高级的六种不同层次

关于上述六类国际区域经济一体化的组织形态和升级层次之间的关系,并不具有十分严格的界限,大致可见图 12·1-1,但在现实中未必是按部就班地逐级上升的。当某种一体化组织形态具备条件时,是可以超越前期的组织形态阶段,而直接组成更高层次的国际区域经济一体化形态的。

第二节　关税同盟理论

国际市场一体化的关税同盟和自由贸易区理论主要考虑成立关税同盟和自由贸易区对成员国福利水平的影响问题,其研究集中在以下三个方面:国际生产专业化及其资源配置效应;规模经济的开发和利用;对于贸易条件的影响。

一、关税同盟的贸易创造效应和贸易转移效应的经典理论

理论界一致认为,美国经济学家瓦伊纳(J. Viner)于 1950 年发表的代表作《关税同盟理论》是国际区域经济一体化理论初步形成的标志性著作。瓦伊纳建立了一个关税同盟的 3×2(三个国家两种产品)局部均衡分析理论模型,被后人称为瓦伊纳模型(Viner Model),它为以后各种国际区域经济一体化理论的发展奠定了坚实的基础。瓦伊纳关税同盟理论认为,成立关税同盟会产生贸易创造和贸易转移两种经济效应,贸易创造带来的福利增加减去贸易转移造成的福利损失决定着关税同盟的净社会福利效应。但这一理论只是对贸易创造和贸易转移效应及其社会福利效应的一种局部均衡分析,而且瓦伊纳主要侧重于对生产效应的分析,忽略了对消费效应的分析,因此后人又对其理论进行了种种拓展。

(一)关税同盟的贸易创造效应和贸易转移效应概念

所谓关税同盟的贸易创造效应(trade creating effect),是指由于关税同盟内部的免税贸易,使其成员国取消或减少在国内生产某种成本较高的产品,改为从同盟内伙伴国免税进口而对成员国生产者、消费者和社会福利水平的影响效果。关税同盟的贸易创造效应能提高成员国的社会福利水平:

贸易创造效应带给增加进口成员国的社会净福利效果 = 消费者剩余的增加 - 转移自生产者剩余的部分 - 转移自关税减免的部分

贸易创造效应带给增加出口成员国的社会净福利效果 = 生产者剩余的增加 - 转移自消费者剩余的部分 - 增加出口所造成生产扭曲的成本损失

关税同盟的贸易转移效应(trade diverting effect),是指由于关税同盟对外统一设立的高关税壁垒,使其成员国将某种商品的进口从更具比较优势的非成员国转移到从同盟内伙伴国免税进口而对成员国关税收入和社会福利水平的影响效果。关税同盟的贸易转移效应会降低成员国的社会福利水平:

贸易转移效应带给关税减免成员国的社会净福利效果 = 转移性关税损失

(二)贸易创造效应和贸易转移效应的局部均衡分析

理论的假设:进出口商品相互独立无替代性,这里考虑一个关税同盟的 3×1(三个国家一种产品)两国模型,谨独立地对其中一种特定商品的供需和经济效应做局部均衡分析;考虑世界上共有三个国家,本国 A 及其关税同盟的贸易伙伴国 B 是两个小国(两国的规模相当,对于该特定商品的需求相同),这里不妨假定 A 国对该特定商品的生产成本稍高于 B 国,W 国是关税同盟的非成员国,是一个对该特定商品的供给完全弹性的出口大国,不妨设其出口供给价格为 P_w(该价格远低于 A、B 两国的生产成本价格),并假定 A、B 两国结成关税同盟后对该特定商品在同盟内贸易免税,对同盟外国家则制定了一个统一的禁止进口的保护性关税税率。

1. 关税同盟对 A 国社会福利水平影响的局部均衡分析

(1)A 国在结盟之前的局部社会福利水平分析

图 12·2-1(a)表示 A 国在与 B 国结成关税同盟之前,该特定商品在 A 国国内的生产、消费和进口所带来的局部社会福利水平。图中的 S_A 和 D_A 分别是 A 国国内对于该商品的供给曲线和需求曲线,S_w 是非成员国 W 对于该商品的完全弹性的供给曲线,P_w 是 W 国的完全弹性的出口价格。

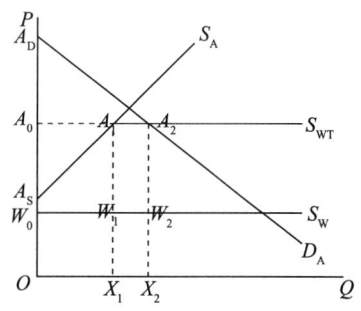

图 12·2-1(a) A 国在结盟前的局部社会福利水平分析

设 A 国在结盟之前对该商品的进口征收 T_A 的从价税税率,但此税率并没有达到禁止性税率的程度,所以 A 国在结盟前须从 W 国以税后价格 $OA_0 = P_w(1+T_A)$ 进口一部分该商品。这样，A 国在与 B 国结成关税同盟之前，该商品在 A 国国内的供给曲线为 $A_S A_1 A_2 S_{WT}$，它与该商品在 A 国国内的需求曲线 D_A 相交于 A_2 点，从而 A 国在结盟前共消费该商品 OX_2，其中由国内生产的产量是 OX_1，从 W 国进口的产量是 $X_1 X_2$。A 国在结盟之前由该商品所带来的社会福利水平为

$$\text{消费者剩余：三角形 } A_0 A_D A_2 \text{ 的面积}$$
$$\text{生产者剩余：三角形 } A_S A_0 A_1 \text{ 的面积}$$
$$\text{关税收入：矩形 } W_1 A_1 A_2 W_2 \text{ 的面积}$$

社会福利水平：消费者剩余 + 生产者剩余 + 关税收入 = $A_0 A_D A_2 + A_S A_0 A_1 + W_1 A_1 A_2 W_2$

（2）A 国在结盟后的局部社会净福利效果分析

如图 12·2 - 1(b) 所示，当 A 国与 B 国结成关税同盟后，将会从 B 国免税进口一部分该商品，而完全不再从 W 国进口该商品。该商品在 A 国与 B 国结盟后的国内总供给曲线成为 $B_S B_X S_{A+BX}$，它与该商品在 A 国国内的需求曲线 D_A 相交于 C_4 点。这样，A 国在结盟后是从 B 国以免税价格 $OC_0 < OA_0$ 进口一部分该商品，OC_0 也是 A 国结盟后该商品在 A 国国内的供需均衡价格，它比 A 国结盟之前的税后进口价格 OA_0 有所下降，这一价格下降，引起 A 国国内对该商品的生产下降到

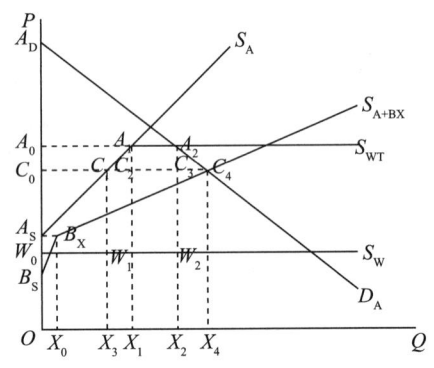

图 12·2 - 1(b)　A 国在结盟后的局部社会净福利效果分析

了 OX_3（国内生产减少了 $X_3 X_1$），而 A 国国内对该商品的消费则增加到了 OX_4，其中从 B 国进口了 $X_3 X_4$（进口量也比结盟前增加了 $X_3 X_1 + X_2 X_4$）。

A 国与 B 国结成关税同盟后跟结盟前相比，A 国在结盟后，通过降低该商品的进口价格和增加进口的贸易创造效应而获得的社会净福利效果是

贸易创造效应的社会净福利效果 = 消费者剩余增加 − 生产者剩余损失 − 关税减免损失
$$= C_0 A_0 A_2 C_4 - C_0 A_0 A_1 C_1 - C_2 A_1 A_2 C_3$$
$$= C_1 A_1 C_2 + C_3 A_2 C_4$$

其中，三角形 $C_1 A_1 C_2$ 的面积代表减轻生产扭曲给 A 国带来的净福利收益，而三角形 $C_3 A_2 C_4$ 的面积则代表减轻消费扭曲给 A 国带来的净福利收益。

A 国与 B 国结盟后由于转移进口和减免关税给 A 国带来的贸易转移效应的社会净福利效果则是

贸易转移效应的社会净福利效果 = 转移性关税损失
$$= W_1 C_1 C_2 W_2$$

其中，矩形 $W_1 C_1 C_2 W_2$ 的面积代表转移性关税损失给 A 国造成的净福利损失。

从而 A 国与 B 国结盟给 A 国带来的社会净福利效果是

社会净福利效果 = 贸易创造效果 − 贸易转移效果
$$= C_1A_1C_2 + C_3A_2C_4 - W_1C_1C_2W_2$$

在本案例给定的前提假设下,A 国加入关税同盟后,可能会发生贸易创造的得利大于贸易转移的损失,从而给该国带来社会净福利水平的提高;但也可能是相反,也可能会发生贸易创造的得利小于贸易转移的损失,从而给该国带来社会净福利水平的降低。这取决于图中两个三角形 $B_1A_1B_2 + B_3A_2B_4$ 的面积之和跟矩形 $W_1B_1B_2W_2$ 面积或大或小的比较。

2. 关税同盟对 B 国社会福利水平影响的局部均衡分析

(1)B 国在结盟之前的局部社会福利水平分析

图 12·2−2(a)表示 B 国在与 A 国结成关税同盟之前,该特定商品在 B 国国内的生产、消费和进口所带来的局部社会福利水平。图中的 S_B 和 D_B 分别是 B 国国内对于该商品的供给曲线和需求曲线,S_W 是非成员国 W 对于该商品的完全弹性的供给曲线,P_W 是 W 国的完全弹性的出口价格。

设 B 国在结盟之前对该商品的进口征收禁止性税率的程度,所以 B 国在结盟前完全在国内自己生产该商品而并不从 W 国进口。这样,B 国在

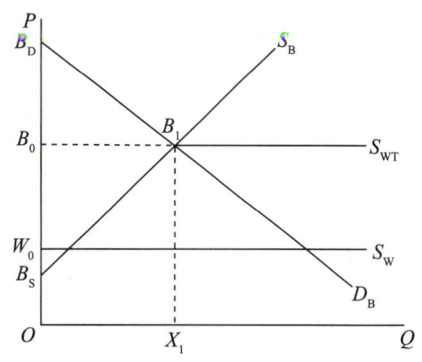

图 12·2−2(a)　B 国在结盟前的局部社会福利水平分析

与 A 国结成关税同盟之前,该商品在 B 国国内的供给曲线为 S_B,它与该商品在 B 国国内的需求曲线 D_B 相交于 B_1 点。从而,B 国在结盟前共消费该商品 OX_1,完全在国内自己生产。B 国在结盟之前由该商品所带来的社会福利水平为

消费者剩余:三角形 $B_0B_DB_1$ 的面积

生产者剩余:三角形 $B_SB_0B_1$ 的面积

关税收入:0

社会福利水平:消费者剩余 + 生产者剩余 + 关税收入
$$= B_0B_DB_1 + B_SB_0B_1$$

(2)B 国在结盟后的局部社会净福利效果分析

如图 12·2−2(b)所示,当 B 国与 A 国结成关税同盟后,将会向 A 国免税出口该商品,而不再是仅仅自给自足地生产该商品,B 国在结盟后同盟内对于该商品的总需求曲线成为 D_{B+AM},它与该商品在 B 国的供给曲线 S_B 相交于 C_2 点。这样,B 国在结盟后是向 A 国以免税价格 $OC_0 > OB_0$ 出口一部分该商品,OC_0 也是 B 国结盟后该

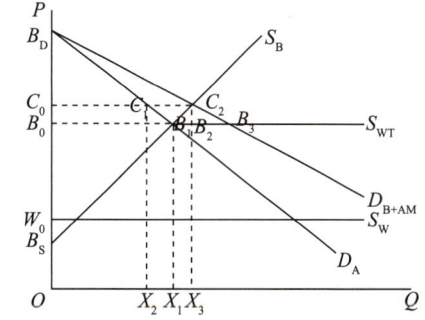

图 12·2−2(b)　B 国在结盟后的局部社会净福利效果分析

商品在 B 国国内的供需均衡价格,它比 B 国结盟之前的国内均衡价格 OB_0 有所上升。这一价格上升,引起 B 国对该商品的生产上升到了 OX_3(国内对该商品的生产增加了 X_1X_3),而 B 国国内对该商品的消费则减少到了 OX_2(国内对该商品的消费减少了 X_2X_1)。

B 国与 A 国结成关税同盟后跟结盟前相比,通过增加该商品的出口和提高其价格的贸易创造效应而获得的社会净福利效果是

贸易创造效应的社会净福利效果

= 生产者剩余的增加 − 消费者剩余的损失 − 生产扭曲的成本损失

= $B_0C_0C_2B_1 - B_0C_0C_1B_1 - B_1C_2B_2$

= $B_1C_1C_2 - B_1C_2B_2$

其中,三角形 $B_1C_1C_2$ 的面积代表贸易创造(价格提升)给 B 国生产者剩余和消费者剩余带来的净剩余收益,而三角形 $B_1C_2B_2$ 的面积则代表贸易创造(生产扩大)给 B 国生产者造成的生产扭曲成本损失。显而易见,这里必定有 $B_1C_1C_2 - B_1C_2B_2 > 0$。

在我们的前提假设下,B 国与 A 国结盟对于 B 国完全不存在该特定商品的贸易转移问题,从而也就完全不存在所谓的贸易转移效应和转移性关税损失。

从而 B 国与 A 国结盟给 B 国带来的社会净福利效果则是

社会净福利效果 = 贸易创造效果

= 净剩余收益 − 生产扭曲成本损失

= $B_1C_1C_2 - B_1C_2B_2$

在本案例给定的前提假设下,B 国加入关税同盟后,所发生的贸易创造效应会提高 B 国的社会福利水平(这一贸易创造效应带给 B 国生产者剩余和消费者剩余的净剩余收益必定大于生产扭曲给 B 国生产者造成的生产扭曲成本损失),同时又不存在因贸易转移而造成的转移性关税损失,从而必定会给该国带来社会净福利水平的提高。

此外,人们还曾进一步对关税同盟的贸易创造效应和贸易转移效应对同盟整体福利水平的净影响,及其对区外国家以及全世界福利水平的净影响等问题,进行过一些分析。

(三)影响关税同盟社会福利效果的一些重要因素

这里,可供总结的一般性意见并不多,一些重要的可供参考的一般性意见如下:

(1)如果参加关税同盟的国家数量较多而且经济规模较大,则在同盟成员国范围内存在低成本生产者的可能性较大,参加同盟所带来的贸易创造的得益将会较大,而贸易转移的损失也将会较小。

(2)如果关税同盟成立后成员国内部的关税水平比结盟前的平均关税水平减免越多,则同盟建立后可能出现的贸易创造效应的规模就越大;如果关税同盟成立后成员国对外的统一关税水平比结盟前的平均关税水平提升越多,则同盟建立后可能出现的贸易转移效应的规模就越大。

(3)某一产业在关税同盟各成员国的生产成本差异越大,该产业在同盟内产生贸易

创造效应的规模就越大。

(4)关税同盟内各成员国在不同产业的比较优势差别越大,则在同盟内能产生显著贸易创造效应的产业就越多。

二、关税同盟理论的种种拓展

(一)关税同盟的一般均衡分析理论

对于关税同盟理论的种种拓展,最先是米德(1955)提出了一种关税同盟的 3×3(三个国家三种产品)一般均衡分析理论;后来瓦尼克(J. Vanek,1965)和肯普(1969)又先后各提出一种关税同盟的 3×2(三个国家两种产品)一般均衡分析模型,之后,关税同盟的 3×2(三个国家两种商品)一般均衡分析模型一时成为"后瓦伊纳主义"(Post Vinerism)的关税同盟标准模型。一般均衡分析法对关税同盟问题的探讨比局部均衡分析具有一定优势,但前者又使问题变得错综复杂,不利于突出贸易创造和贸易转移等关税同盟的重要特征。后来,伯格拉斯(E. Berglas,1979)和科里奥(P. Collier,1979)在对模型选择的思考中,劳埃德(1982)在对三种产品分析法及其衍生方法的比较中,以及在伍顿(I. Wooton,1986)的论著中,都曾综合探讨过这些问题。但我们下面仅有选择地介绍两个具有较重要经济意义的关税同盟一般均衡分析理论。

1. 利普塞的进出口商品有替代性的贸易转移效应一般均衡分析理论

在前述的关税同盟局部均衡分析理论中,假定进出口商品彼此独立,不具有可替代性;但如果进出口商品具有可替代性的话,则关税同盟所造成的贸易转移未必就是减少国际福利,而是有可能增加国际福利的。美国经济学教授利普塞(R. G. Lipsey,1957)在其《关税同盟理论:贸易转移与福利》一文中,又提出一个进出口商品具有可替代性的关税同盟的 3×2(三个国家两种产品)一般均衡分析理论,通过对进出口商品有替代性时贸易转移效应的一般均衡分析,向瓦伊纳模型关于贸易转移一定会降低成员国福利水平的论点提出了质疑。

下面假定,有 X、Y 两种消费品,各国消费者的消费偏好相同。A 国的出口品为 X,进口品为 Y;B、C 两国的出口品均为 Y,进口品均为 X。A 国从 B 国进口 Y 产品的税后相对价格要比从 C 国进口 Y 产品的税后相对价格高,但 A 国从 B 国进口 Y 产品的免税相对价格又比从 C 国进口 Y 产品的税后相对价格低。这样,A 国在与 B 国结成关税同盟之前是以较低的税后相对价格从 C 国进口 X 产品,而在与 B 国结盟之后则会发生贸易转移,改成以更低的免税相对价格从 B 国进口 X 产品。

(1)进出口商品无替代性的贸易转移效应分析

如果 A 国的进出口商品没有替代性,那么该国加入关税同盟所造成的贸易转移的确会降低该国的社会福利水平。如图 12·2-3 所示,其中,A 国的 X 产品产量为 OA,A 国在与 B 国结盟之前以较低的税后相对价格从 C 国进口 Y 产品的税前相对价格线为 AC;而当 A 国与 B 国结盟之后,改成从 B 国以更低的免税相对价格进口 Y 产品的免税相对

价格线为 AB。这里的 AC 线比 AB 线更为陡峭，意味着 A 国出口单位 X 产品所能从 C 国换得的进口 Y 产品的数量要比从 B 国换得的进口 Y 产品的数量多，从而 A 国在与 B 国结盟后所发生的贸易转移恶化了 A 国的贸易条件（A 国与 B 国结盟所导致的贸易转移使 A 国出口单位 X 产品所能换得进口 Y 产品的数量减少了），导致 A 国的实际消费水平从 E 点下降到了 F 点（很明显，OZ 射线上距离原点 O 越近的点所代表的实际消费水平越低）。总之，在进出口商品无替代性的条件下，关税同盟所导致的贸易转移一定会降低其成员国的实际消费水平。

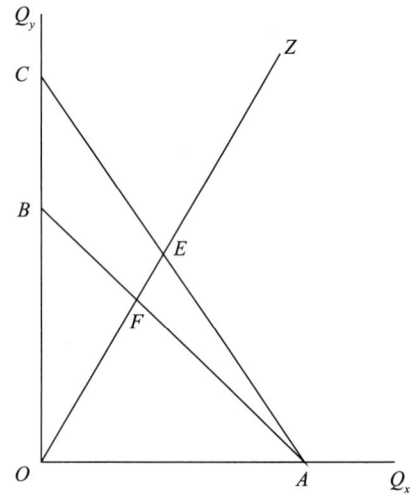

图 12·2-3　进出口商品无替代性的贸易转移效应分析

（2）进出口商品有替代性的贸易转移效应分析

如果 A 国的进出口商品具有替代性，则该国加入关税同盟所造成的贸易转移未必会降低该国的社会福利水平。如图 12·2-4 所示，其中，A 国的 X 产品产量为 OA，首先，A 国在自由贸易条件下，出口 X 产品换取从 C 国进口 Y 产品的免税相对价格线为 AC，不妨设此时 A 国的消费均衡点在点 E，经过 E 点的无差异曲线为 I；其次，如果 A 国对进口 Y 产品征收相对价格关税 CD/OD 的话，则 A 国在与 B 国结盟之前出口 X 产品换取从 C 国进口 Y 产品的税后相对价格线为 AD，不妨设此时 A 国的消费均衡点在点 F，经过 F 点的无差异曲线为 I'；最后，在 A 国与 B 国结成关税同盟之后会发生贸易转移，A 国会改从 B 国免税进口 Y 产品（这个

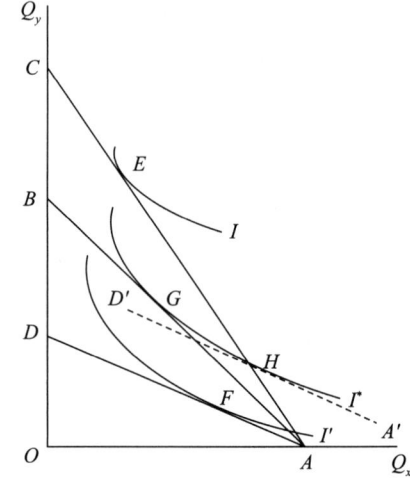

图 12·2-4　进出口商品有替代性的贸易转移效应分析

免税相对价格低于从 C 国进口 X 产品的税后相对价格，但要高于从 C 国进口 X 产品的税前相对价格），若设 A 国出口 X 产品换取从 B 国进口 Y 产品的免税相对价格线为 AB 的话，则这个 AB 线必定位于 AC 线与 AC' 线之间，不妨设此时 A 国的消费均衡点在点 G，经过 G 点的无差异曲线为 I^*（设若无差异曲线 I^* 与 AC 线交点为 H，而直线 $A'D'$ 为经过 H 点的无差异曲线 I^* 的切线的话，则 $A'D'$ 将会平行于 AD）。显然 I^* 的位置要比 I' 更加远离原点——这意味着，在进出口商品具有替代性的条件下，A 国与 B 国结成关税同盟所导致的贸易转移效应则是提高了 A 国消费者的福利水平。其原因是，虽然关税同盟导致的贸易转移会使 A 国进口 Y 产品的相对成本有所增加，但因为进出口商品具有替代性，所

以 A 国消费者可以通过调整其消费结构(减少对进口品 Y 的消费,并增加对出口品 X 的消费),而达到了提高自己的实际总福利水平的目标。

2. 蒙代尔的贸易条件效应和贸易修正效应一般均衡分析理论

蒙代尔(1964)提出了归于"贸易条件效应"(trade term effect)和"贸易修正效应"(trade amending effect)分析理论,认为如果关税同盟存在贸易条件效应和贸易修正效应,则需要对以前的关税同盟理论进行某些修正。

所谓贸易条件效应,是指在发生贸易转移情况下,如果非成员国出口商品的供给弹性很小,供给量又非常大的话,则随着成员国对非成员国商品进口需求量的大幅下降,会造成非成员国的出口供给过剩从而价格下跌,产生成员国对非成员国之间贸易条件的改善效应。

贸易修正效应则是说,某些国家之间成立关税同盟对世界贸易规模的影响既有扩张性的一面,又有收缩性的一面,具有一些不确定性:一方面,成立关税同盟对世界贸易规模的影响取决于关税同盟成员国贸易进出口品中的互补性商品和替代性商品的相对比重,如果成员国的贸易进出口品主要是不可替代的互补性商品,则其成员国的进出口需求量将会是同向变动的(成立关税同盟若导致其成员国出口规模扩张,则会导致其成员国进口规模的同步扩张);如果成员国的贸易进出口品主要是可替代性商品,则其成员国的进出口需求量将会是反向变动的(成立关税同盟若导致其成员国出口规模扩张,则反而会导致其成员国进口规模的收缩)。另一方面,成立关税同盟对世界贸易规模的影响又取决于其成员国对进口品需求弹性的大小,如果其成员国对进口品的需求弹性较大,则成立关税同盟后所导致的成员国进口价格下降会引起进口需求量的显著增加和世界贸易规模的显著扩张,从而此时会具有显著的贸易修正效应;反之,如果其成员国对进口品的需求弹性较小,则成立关税同盟后所导致的成员国进口价格下降不会引起进口需求量的显著增加和世界贸易规模的显著扩张,从而此时不会具有显著的贸易修正效应。

(二)关税同盟的动态效应分析理论

所谓关税同盟的动态效应(dynamic effect),又被称为次级效应(secondary effect),主要有规模经济效应、竞争促进效应、投资促进效应和技术进步效应等。

规模经济效应(scale effect of economy):关税同盟可提高成员国厂商的规模经济。美国经济学家巴拉萨(1966)认为,关税同盟可以使生产厂商获得重大的内部与外部规模经济利益。同盟成立后,所有成员国成为一体,自由市场扩大,可以获得专业与规模生产的利益,降低生产成本。同时,某一部门的发展还可以带动其他部门的发展,从而带来各行业的相互促进。

竞争促进效应(promotion effect of competition):关税同盟可加强成员间的竞争,提高同盟内的资源使用效率和经济效率。西托夫斯基(T. Scitovsky, 1958)认为关税同盟成立后,商品的自由流通可以加强竞争,打破垄断,从而提高经济效率。在不同的市场结构中,在其他条件不变的情况下,市场的竞争越强,专业化程度越深,导致的资源使用效率越高。

投资促进效应(promotion effect of investment)：关税同盟可刺激投资，提高同盟内的资源使用和配置效率。关税同盟可以从三个方面刺激投资：第一，随着市场的扩大，风险与不稳定性降低，会吸引成员中新的厂商进行投资；第二，为了提高竞争力，原有厂商也会增加投资，以改进产品质量，降低生产成本；第三，迫使非成员到同盟区域内设立避税工厂，用直接投资取代出口贸易，以绕开关税壁垒。总之，关税同盟的成立，在推动商品自由流通的同时，也刺激了投资，提高了资本、技术、劳动力等资源的使用效率，降低了要素闲置的可能性，提高了要素的利用率。

技术进步效应(progress effect of technical)：关税同盟可促进同盟内各国的技术进步。关税同盟可使同盟内各国间的技术合作得到加强，同时由于竞争的加剧、生产规模的扩大和投资的增加，生产厂商愿意更多地投资于研究和发展计划，这些因素又促进了技术进步。

下面，我们仅有选择地介绍两个具有较重要经济意义的关税同盟规模经济效应分析理论。

1. 科登的关税同盟规模经济效应分析理论

科登(W. M. Corden)在其1972年发表的《规模经济与关税同盟理论》一文中分析了关税同盟的规模经济效应所带来的局部社会福利效应，该理论是一个具有较重要经济意义的经典理论。关税同盟的规模经济效应本属于关税同盟的动态效应，但科登的关税同盟规模经济效应分析理论则是对规模经济效应进行比较静态分析(他讨论的是厂商内部的规模经济，厂商的单位生产成本随着产出的增加而递减)。虽然在规模经济条件下，其实是不可能在基于比较静态分析的理论框架下预测出关税同盟将达到哪些可能的均衡状态的，但科登的关税同盟规模经济效应分析理论仍然给我们指出了一个非常重要的结论：即便关税同盟的两个成员国的比较成本不存在任何差异，通过专业分工达到一体化而实现规模经济也可以获得效率收益。

科登在一个关税同盟的 3×1(三个国家一种产品)模型中假定各国厂商都具有内部规模经济(其生产成本曲线都是向右下方倾斜的)，某种特定产品在 A、B、C 三个国家的寡头厂商完全垄断的生产成本是 A 国最高，B 国居中，C 国最低，分析了当 A、B 两国要结成关税同盟时，可能发生的规模经济效应的比较静态分析情况如下：

第一种可能情况是，在 A、B 两国结盟之前，两国对该贸易品的进口都进行了高关税保护，所以该贸易品在 A、B 两国都是国内独立生产的。在 A、B 两国结盟之后，同盟国对该贸易品进行了统一的对外高关税保护(同盟内贸易免税)，由于 B 国厂商生产该贸易品的成本低于 A 国厂商，这时 A 国厂商会退出该行业市场，B 国厂商则独占了两国的该行业市场，从而导致规模经济的以下两个派生效应：一个是 B 国厂商的成本递减效应(decreasing effect of cost)；另一个则是 A 国的国内生产被 B 国厂商取代的贸易创造效应(A 国停止昂贵的国内生产而改从 B 国进口这一贸易创造效应既帮助 A 国消费者提高了福利水平,又帮助 B 国厂商获得了更多的垄断利润)。

第二种可能情况是,在 A、B 两国结盟之前,A 国没有对该贸易品进行高关税保护,而是从生产成本最低的 C 国进口;B 国则对该贸易品实施了高关税保护,所以在国内独立生产。在 A、B 两国结盟之后,同盟国对该贸易品进行了统一的对外高关税保护(同盟内贸易免税),这时 B 国厂商会独占两国的该行业市场,从而导致规模经济的以下两个派生效应:一个是 B 国厂商的成本递减效应;另一个则是 A 国把从价格最低的 C 国进口该贸易品转移到从价格较高的 B 国进口的贸易转移效应(这一贸易转移效应会使 A 国的消费者福利受损,而 B 国的厂商则会获得更多的垄断利润)。

第三种可能情况是,在 A、B 两国结盟之前,A 国对该贸易品进行了高关税保护而在国内自行生产,B 国则没有对该贸易品实施高关税保护而从价格最低的 C 国进口;在 A、B 两国结盟之后,同盟国对该贸易品进行了统一的对外高关税保护(同盟内贸易免税),这时 B 国会停止从价格最低的 C 国进口而开始在国内自行生产,并且由于 B 国厂商的生产成本比 A 国厂商低,所以 B 国厂商还会驱逐 A 国厂商而独占该行业的同盟内市场,从而又会导致规模经济的以下两个派生效应:一个是 B 国停止从价格最低的 C 国进口而开始在国内自行生产的贸易抑制效应(这一贸易抑制效应会使 B 国的消费者福利受损,而使 B 国的厂商获得额外的垄断利润);另一个则是 A 国的国内生产被 B 国厂商取代的贸易创造效应(A 国停止昂贵的国内生产而改从 B 国进口这一贸易创造效应,一方面帮助 A 国消费者提高了福利水平,另一方面又帮助 B 国厂商获得了更多的垄断利润)。

之后,科登又曾放弃原先关于每一国家只存在一个生产者的寡头完全垄断行业市场的假设,进一步分析了在同类贸易品存在差异化的寡头竞争行业市场下,关税同盟所导致规模经济的一些派生效应,这里不再赘述。

再后来,伯森和英格拉姆(S. R. Person, W. D. Ingram, 1980)两人还曾通过《规模经济,国内差异和加纳、象牙海岸的经济一体化收益》一文实证检验了,关税同盟分别给加纳和象牙海岸所带来的经济收益中,有 1/5 是来自规模经济所造成的生产成本下降,这里也不再赘述。

2. 小岛清的协议性分工规模经济效应分析理论

日本经济学家小岛清在其 1972 年出版的《对外贸易论》(1987 年中译本)一书中提出的协议性分工规模经济效应分析理论,也值得一提。小岛清认为,在靠比较成本优势来决定国际分工的行业,可以通过厂商在市场上的完全竞争来实现其生产成本低的优势,完全竞争是高效率的;但比较优势原理不能解释规模经济的好处,于是他通过生产成本递减原理来解释规模经济的好处和国际分工的成因。而在靠规模经济优势来决定国际分工的行业,如果通过厂商的垄断竞争来实现其规模经济的优势,由于垄断竞争的负面效应过大,他另辟蹊径,提出一个通过协议性分工来实现规模经济的政策主张。小岛清指出,在同等发展阶段的发达工业化国家之间,垄断竞争可以进行协议性分工的商品范围比较广,规模经济的利益也比较大。另外,在文化和生活水平等比较接近的国家和地区之间也较容易达成可使各方受益的分工协议,这些因素有利于通过协议性分工来建立共同贸易市场;但在工业国与初级产品生产国之间并不具备通过协议性分工来建立共同贸易市场的条件。

第三节 自由贸易区理论和共同市场理论

一、自由贸易区理论

全面系统的自由贸易区理论的研究要大大晚于关税同盟理论,直到1980年,才由英国经济学家罗布森(P. Robson)在其出版的《国际一体化经济学》一书中奠定了自由贸易区理论的基础。书中指出,建立自由贸易区与建立关税同盟的情况一样,也可能存在贸易创造效应和贸易转移效应,但自由贸易区有以下两个不同于关税同盟的自身特征:一是自由贸易区的成员国有权自主决定对于区外国家的进口关税税率(关税同盟的成员国则是统一对外关税的);二是自由贸易区内的免税贸易必须适用区内贸易的原产地原则[该原则的目的是为了限制"间接贸易偏转"(indirect trade deflection),即为了避免区外国家通过把产品出口到区内税率最低的成员国之后又免税转口到区内的其他成员国]。罗布森针对自由贸易区的一种产品的一国模型和两国模型分别分析了自由贸易区的间接贸易偏转效应(deflection effect of indirect trade),认为若将关税同盟与自由贸易区相比较的话,则后者是"次优的",因为后者即便制定了区内贸易免税的"原产地规则"(rule of origin)来限制间接贸易偏转现象,但只要考虑到中间产品的关税差异因素,就会发现"原产地规则"其实难以有效阻止间接贸易偏转现象的发生,也就是说,由于中间产品的关税差异因素所导致的区内生产扭曲会在一定程度上削弱自由贸易区的效益。

二、共同市场理论

所谓共同市场,它与关税同盟的基本区别在于,前者是在后者的基础上进一步实现了生产要素(劳动力、资本以及企业)的自由流动。

(一)共同市场的静态分析理论

1. 新古典主义的共同市场静态分析理论

新古典主义的共同市场理论(theory of common market)起初是一种共同市场的静态分析理论,最早是米德在其1953年出版的《经济同盟问题》一书中,在新古典主义的理论框架下,分析了从关税同盟升级到共同市场可以从资本流动中获得的额外收益及其原因。我们下面采用一个简化了的2×1(两个国家一种产品)的两国模型,依据新古典主义的局部均衡分析法来分析共同市场可以从资本流动中获得的额外收益及其原因。在我们的模型中完全不考虑(或者说是完全排除了)贸易创造和贸易转移因素,假定 A 国和 B 国的要素供给是既定的,原已建立了关税同盟,但在共同市场建立之前区内存在要素流动障碍,从而两国之间存在着人均边际生产率的差异。图 12·3-1(a)和图 12·3-1(b)中的 M_A 曲线和 M_B 曲线分别表示两国在给定劳动供给总量下的资本边际生产率曲线,M_A 与 M_B 平行,但 M_B 高于 M_A(这意味着在两国的资本投入相等时,B 国资本的边际报酬大于 A 国资本的边际报酬),从而当两国建立共同市场后,A 国资本将流向 B 国以谋取利润最大化。

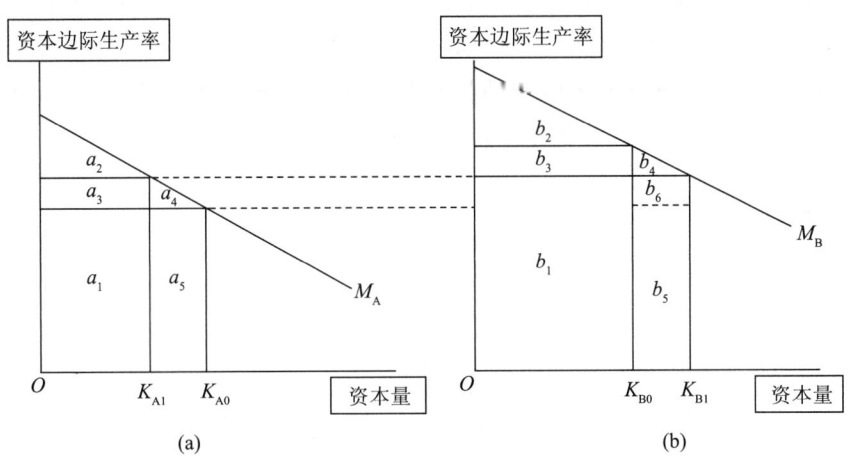

图 12·3-1 区内资本自由流动影响的局部均衡分析

首先,在两国成立共同市场之前的关税同盟阶段,假设 A 国的资本总量为 K_{A0},B 国的资本总量为 K_{B0},资本不能跨国流动,并完全不考虑税收问题。此时 A 国的国内总产出是 $a_1 + a_2 + a_3 + a_4 + a_5$,在完全竞争的模式下,资本的边际利润等于其边际产量,所以 A 国资本的总利润是 $a_1 + a_5$,劳动力的总报酬则是 $a_2 + a_3 + a_4$;同样,B 国的国内总产出是 $b_1 + b_2 + b_3$,B 国资本的总利润是 $b_1 + b_3$,劳动力的总报酬则是 b_2。

其次,在两国成立共同市场,消除了两国之间的资本流动障碍之后,并假定成立共同市场没有改变两国的总投资量(排除来自区外的直接投资的影响),当 A 国资本流向 B 国达到两国资本的边际生产率相等的局部均衡之后,不妨设那时 A 国国内的资本总量下降到了 K_{A1},B 国国内的资本总量则上升到了 K_{B1}(注意这里有,$K_{A0} + K_{B0} = K_{A1} + K_{B1}$,以及 $K_{B1} - K_{B0} = K_{A0} - K_{A1}$),这将使两国均能从共同市场中获得净收益:在两国成立共同市场之后,虽然 A 国的国内总产出下降到了 $a_1 + a_2 + a_3$,但 A 国的国民收入则上升到了 $a_1 + a_2 + a_3 + b_5 + b_6$(其中的 $b_5 + b_6$ 是 A 国投资于 B 国资本的利润收入),其国民收入净增加了 $(a_1 + a_2 + a_3 + b_5 + b_6) - (a_1 + a_2 + a_3 + a_4 + a_5) = b_6 - a_4$;与此同时,B 国的国内总产出则上升到了 $b_1 + b_2 + b_3 + b_4 + b_5 + b_6$,但其中的 $b_5 + b_6$ 是来自 A 国投资的利润,需要扣除,而在扣除了这一项之后,B 国的国民收入也还是净增加了 $(b_1 + b_2 + b_3 + b_4 + b_5 + b_6) - (b_1 + b_2 + b_3) - (b_5 + b_6) = b_4$。容易看出,在两国建立共同市场之后所发生的这一资本流动,对 A 国的资本持有者有利,而不利于 B 国的资本持有者。

再次,伍顿(1988)在其发表的《建立一个共同市场:关税同盟中的要素流动》一文中,对生产两种或三种产品的三国模型做过更普遍的分析,不但考虑了地区内部资本流动带来的影响,而且还分析了大量贸易流动所导致区内生产结构的变化;此外,在伍顿的模型下,资本流动虽然能使共同市场的成员国总体获益,但未必能使区内的每一个成员国都同时获益——这意味着,要想让加入共同市场的所有成员国都能分享到建立共同市场所带来的收益,有时需要在联盟内部制定再分配收益的有关制度和政策。

最后,麦克道格尔(1960)和格鲁贝尔(H. G. Grubel,1982)等先后进一步讨论了,如果成员国在引进外资还要求促进本国的技术进步,即区内资本流动伴随有大规模新技术转让的条件下,又该怎样进一步修正新古典主义关于共同市场的静态分析理论的有关结论,等等。

2. 区内存在外国资本条件下需对传统新古典主义关税同盟理论的修正

当区内存在外国资本时,需要对评估关税同盟利益的传统新古典主义静态分析理论进行一些必要的修正——因为在传统的新古典主义理论下,当区内成员国存在外国资本时,该国的国民收入中需包括其对外投资的利润收入,不包括外来投资在该国内的利润收入,这时仅用贸易创造效应和贸易转移效应是不足以全部表明成员国加入关税同盟的全部成本和收益的。当外国直接投资以外资企业的形式存在于一国经济中时,关税同盟对该东道国和投资母国经济的影响将包括其对外资企业在东道国所获净租金或净利润(在新古典主义的简单局部均衡分析框架下,该租金或利润是以外资厂商的生产者剩余来衡量的)变动的影响。

蒂若尼(E. Tironi,1982)在其发表的论文《存在国外公司的关税同盟理论》中,提出了"外国利润转移效应"(foreign profit diverting effect)和"国外利润创造效应"(abroad profit creating effect)来深入分析,当区内存在外国资本时关税同盟对成员国国民福利的额外影响。

我们利用图 12·3-2 来对关税同盟的外国利润转移效应做一简要说明,S 曲线和 D 曲线分别代表 H 国对一种可进口产品的国内供给曲线和需求曲线。设若在建立关税同盟之前,H 国是以较高的税后价格 P_0 从区外进口该产品,在此价格下 H 国国内的该产品产量为 Q_{S0},国内总需求量为 Q_{D0};而在关税同盟建立之后,H 国改为以降低了的免税价格 P_1 从区内伙伴国进口该产

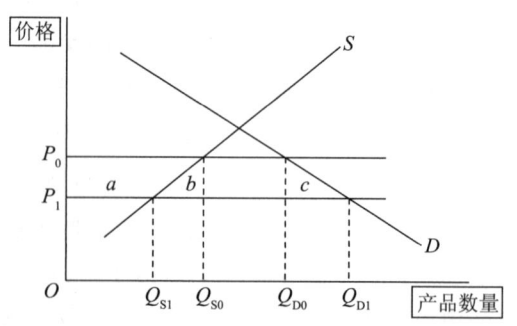

图 12·3-2　区内存在外国资本条件下关税同盟的额外成本—收益的局部均衡分析

品:在此情况下,H 国国内的该产品产量下降到 Q_{S1},国内总需求量则上升到 Q_{D1}。

如果该产品始终是全部由 H 国本国厂商生产的,则 H 国加入关税同盟后该国国民从该产品可获得局部净福利增加 $b+c$(这里的 b 和 c 分别代表该产品在 H 国国内价格降低所带来其国内生产扭曲和消费扭曲减轻的福利增益);而如果该产品始终是全部由外资厂商生产的,则 H 国加入关税同盟后该国国民从该产品所额外获得的局部净福利再增加 a(a 区域代表外资厂商可汇回利润的减少,此即所谓的外国利润转移效应)。

而蒂若尼所谓关税同盟的国外利润创造效应则是指,关税同盟成立后,引起投资母国增加在区内的直接投资从而获得的可汇回国外利润的增加。

此外,还可以显而易见的是,东道国政府通过对境内的外资企业课征各种税收的政策措施是可以分享或者说是抽取外商在东道国所获得的一部分可汇回利润的。

(二)共同市场的动态分析理论

1. 大市场理论

早期的共同市场动态分析理论被称作大市场理论(theory of big market),其代表人物是西托夫斯基和德纽(J. F. Deniau)。

西托夫斯基在其 1958 年出版的《经济理论与西欧一体化》一书中,指出西欧在实行区域经济一体化之前,各国之间推行只顾本国利益的保护贸易政策会使各国只能面对狭隘的国内市场,无法实行规模经济和大批量生产,从而存在着所谓的"小市场与保守的企业家态度的恶性循环",陷入了高利润率、低资本周转率、高价格的恶性循环矛盾;而在建立共同市场之后,通过共同市场条件下的激烈竞争,迫使企业家停止过去那种旧式的小规模生产而转向大规模生产,整个经济将进入由规模经济为主导的市场扩大、竞争加剧的良性循环。

德纽(1962)也认为,由于大市场化可以使大量生产专业化,机器得到充分利用,并加剧竞争,促使企业努力开发和应用最新技术,所有这些因素都会使生产成本和销售价格下跌,在取消关税的基础上价格进一步下降,这一切都将导致购买力的增强和实际生活水平的提高。消费的扩大引起企业利润的增加和投资的扩大,又导致价格进一步下降及工资的提高,购买力的提高。这样一来,经济就开始滚雪球式的扩张。因而,只有通过自由贸易并且允许生产要素尤其是资本的自由流动,将那些被保护主义分割的小市场统一起来,市场规模迅速扩大,然后通过大市场内的激烈竞争,实现大批量生产带来的规模经济等方面的利益。

综合西托夫斯基和德纽的阐述,可以把握大市场理论的核心:通过扩大的共同市场,自由贸易和生产要素的自由流动,达到资源合理配置,获得规模经济,提高经济效率和经济效益,降低产品价格,提高员工收入和消费者购买力,促进经济良性循环和发展。

西托夫斯基和德纽的理论核心,即通过扩大市场,获得规模经济,从而实现经济利益。大市场的形成会促进和刺激经济的良性循环,带动经济蓬勃发展。与此同时,区外国家为了保持原来的市场和产品竞争优势,则会选择将生产转移到区内,绕过关税和非关税壁垒。因此,国际区域经济一体化还会促使外资到区内设厂生产,绕开大市场的壁垒限制,从而吸引了大量资本流入。

但大市场理论作为早期的共同市场动态分析理论,并未对共同市场的发展趋势做深入研究,下述的区域经济趋同理论(theory of regional convergence)与区域经济分异理论(theory of regional differentiation)则是其重要的后续发展。

2. 区域经济趋同理论与区域经济分异理论

作为共同市场动态分析理论的重要后续发展,区域经济趋同理论与分异理论,却是沿着两个相反的发展方向背道而驰的,它们各自有着不同的理论渊源。

趋同理论主要建立在新古典经济增长理论的基础之上,美国经济学家索洛(R. M. Solow,1956)对新古典经济增长理论做出了基础性的贡献。他在新古典的理论框架下,从供给的角度出发,用供给方的区域生产能力投资对区域经济增长建模——该理论提供了一个动态建模的分析方法,将动态的一般均衡分析法引入经济增长的研究中,为后续的区域经济增长趋同理论的研究奠定了强有力的理论基础。后来的趋同理论的研究,将新古典经济增长理论的方法应用到区域经济增长趋同的研究中来,认为生产要素具有收益递减的特征,区域内的贸易和生产要素的流动将导致要素价格的均等化和经济活动的空间扩散,并带动周边的经济发展,逐步形成区域经济增长的趋同。巴罗等(R. J. Barro, et al.,1991)最早通过实证分析发现在某些特定的区域中确实存在着趋同现象;马丁和森利(R. Martin,P. Sunley,1998)曾进一步指出,区域内经济增长的"绝对 β 趋同"速度大约在年均2%。

但建立在新古典增长理论基础上的区域经济趋同理论受到了理论上和实证上两方面的严重质疑。从理论上来看,构成新古典经济增长理论基础的一系列前提假定(如完全竞争的市场、各国的资本要素和劳动要素均同质、生产技术水平和消费偏好均相同等)其实都是很不现实的;从实证上来看,第二次世界大战后,工业化国家与发展中国家经济差距日益扩大的事实,也表明世界上确实有一些区域并不符合趋同理论的预测。这些又为分异理论的产生和发展提供了生存空间。

分异理论最初是作为新古典经济增长理论的对立面发展起来的,早期的区域经济分异理论只是建立在经验主义的所谓积累因果关系理论和增长极理论(后者又称极化理论)的基础上,但由于其经验主义的理论基础不但偏离主流又失之肤浅,而且其政策主张在促进落后地区经济增长的实践中又遭遇失败,所以到20世纪80年代就已被基本抛弃了,我们这里不再赘述。后来的国际区域经济分异理论其实主要是建立在内生增长理论的基础上的。这里所谓的内生增长理论则是在经过修正的新古典经济增长理论的框架下,把技术进步和创新内生化,论证了区域经济增长的根本动力来源于内生因素的作用,强调知识溢出是经济增长的引擎——内生增长理论在修改了新古典经济增长理论的一些前提假定的基础上,通过一般均衡分析又导出了区域经济分异的结论,为后续的区域经济分异理论的研究奠定了坚实的理论基础。后来的区域经济分异理论也正是在上述修正后的新古典经济增长理论框架下对分异理论进行了深入研究,认为生产要素在规模经济和集聚经济的作用下将向少数地区集中,从而在市场经济机制的作用下,国家间经济增长的差距势必将会加大,表现为区域经济增长的分异,这为政府介入和干预区域经济增长提供了理论依据,也得到了一些经验事实的支持。但这种建立在内生增长理论基础上的区域经济分异理论仍存在理论上的一些重要缺陷和实证上的种种不足,于是后述第五节中介绍的新经济地理学理论又后继成为区域经济分异理论在现代的主要研究领域。

(三)国际区域经济一体化与跨国公司的关系理论

美国学者金德尔伯格(1966)发表的《欧洲一体化和跨国公司》一文中,就曾对国际区域经济一体化对跨国公司国际直接投资的影响进行了开创性的研究。他用"投资创造效应"(investment creating effect)和"投资转移效应"(investment diverting effect)来概述区域经济一体化对于跨国公司对外直接投资决策的影响:投资创造效应是指,由于成员国由区外转向区内伙伴国的进口贸易转移而引起跨国公司增加向区内直接投资的总量增加的效应;投资转移效应是指,由于成员国向区内伙伴国的出口贸易创造而引起的跨国公司在区内的直接投资向该成员国的投资地区转移的效应。金德尔伯格认为,国际区域经济一体化对于跨国公司的对外直接投资决策有显著影响,与区外国家相比,一体化能加强区内国家的生产选址优势,刺激 FDI 的增加和要素流入;而且还可能改变区内国家和地区相对于区外国家的相对竞争力,从而影响原来的区外直接投资流入区内。

但在传统的理论框架下,对国际区域经济一体化与跨国公司之间关系的分析,主要是从国家层面来分析问题,而完全忽视了对跨国公司的产业组织特性及其所有权和内部化等问题的分析。直到进入 20 世纪 80 年代后,随着国际贸易、一体化和产业组织新理论的发展,才为系统考虑国际区域经济一体化与跨国公司之间的相互作用关系铺平了道路,经济学家们真正开始关注并展开对国际区域经济一体化与跨国公司关系的种种深入研究,其中最重要的是下述两个理论。

亚诺普洛斯(G. N. Yannopoulos,1990)在其发表的《外商直接投资与欧洲一体化》一文中,从国际贸易的角度,系统地把跨国公司的对外直接投资决策划分为以下四种基本类型:①防御性进口替代投资(又称桥头堡投资,这是区外跨国公司在区内直接建厂以应对区内成员国的贸易转移压力的一种对策);②重组投资(这是区内跨国公司重组其在区内的直接投资以应对区内成员国的贸易创造压力的一种对策);③理性投资(这是跨国公司基于在区内建厂的生产和贸易成本低于区外的区位优势而对区内进行理性直接投资的一种对策);④进攻性进口替代投资或出口导向投资(这是跨国公司基于在区内建厂的效率、增长和创新的区位优势而对区内进行进口替代或出口导向性直接投资的一种对策)。亚诺普洛斯的上述四种分类从国际贸易的角度及成本和效率的因素方面解释了一体化怎样影响跨国公司的投资决策,有助于人们了解跨国公司对一体化的直接投资反应。但由于跨国公司对一体化的直接投资反应行为,并不仅仅局限于成本和效率因素的考虑,而是还有其他一些重要市场驱动力的考虑的,如抢先战略、竞争合并战略、过剩生产力战略等也都是跨国公司对一体化的各种可能的直接投资反应行为,所以亚诺普洛斯的理论实用价值(如是否可以利用它来对一体化对跨国公司的对外直接投资的影响进行预测或事后的实证分析及收益评估等)其实是存在很大疑问的。

邓宁(1989)在其发表的《国际生产理论》一文中,又从国际生产理论中对产业组织分析的角度(而不再是国际贸易的角度),提出了一个被普遍接受的国际生产理论模型——"生产折中模型"。在其分析中强调了跨国公司的组织特性,深入系统地分析了一体化对跨国公司对外直接投资的影响(详细内容可参见本书第十一章第二节,这里不再赘述)。

第四节 最优货币区理论

一、传统的最优货币区理论

(一)蒙代尔的最优货币区原创理论

蒙代尔于1961年发表在《美国经济评论》上的论文《最优货币区理论》是最优货币区理论(theory of optimum currency area)最早的原创。蒙代尔在论文中指出,如果世界上只有两个国家,并且两国的劳动力不能跨国流动、价格刚性且马歇尔-勒纳条件能够得到满足的话,那么,当两国受到经济冲击(蒙代尔是从需求波动的角度来分析经济冲击的)而使两国的国际收支失衡时,调节两国经济保持内外一致均衡的理想货币体制自然应当是浮动汇率制;而对一个受到对称性冲击而发生国际收支失衡影响的两个国家来说,如果该两国允许劳动力和其他生产要素自由流动的话,则其劳动力和资本的高度流动性也同样可以消除国际收支的不平衡并维持两国宏观经济的稳定,而无须再借助于汇率浮动来保持两国经济的内外一致均衡——蒙代尔称达到这一标准的地区可以统一货币,成为一个"最优货币区"(optimum currency area)。这里,蒙代尔率先创造性地提出了以生产要素的高度流动性来作为最优货币区的判断标准。

与此同时,蒙代尔还进一步简要阐释了统一货币的优势和劣势,如统一货币的优势是可以降低贸易中的货币结算成本、消除贸易中的汇率风险等;而统一货币的劣势则是当其中一国遇到有效需求不足的变化之类的不对称冲击而要求该国的实际工资下降时,难以保持该国的充分就业。

蒙代尔对最优货币区理论的原创性论述,引起经济学家们的广泛兴趣。一方面,人们批评了蒙代尔把生产要素的高度流动性作为最优货币区的判断标准,指出,在一个货币区中,劳动力要素是很难以足够的规模和较快的速度从一个地区转移到另一个地区

(这种转移存在诸多障碍,而且劳动要素的调整速度要远远低于汇率浮动的速度),以取代失去的汇率调节机制,充分并及时地调节内外经济失衡的。另一方面,人们又逐步提出了一系列其他的最优货币区判断标准的理论。

(二)传统的最优货币区判断标准分析理论

1. 麦金农的经济开放度判断标准

麦金农(1963)在其发表的《最优货币区》一文中,又提出一个不同于蒙代尔的最优货币区判断标准(judgment standard of optimum currency area),即经济开放度标准(standard of the economy openness)。他所谓的经济开放度,是指一国生产和消费中的可贸易品数量对非贸易品数量之比。麦金农认为,当一个地区高度开放,即可贸易品在总产出和总消费中所占的比重非常高时,浮动汇率调节对外平衡的作用能力就会下降。这是因为,一国在高度开放经济下对消费品进口的需求弹性较低,这样,为纠正国际收支逆差就需要相对较大的本币贬值幅度,这导致用浮动汇率来调节国际收支逆差时的以下两个负面的经济效应:一是本币的大幅度贬值会引起可进口贸易品国内价格的上升以及国内价格水平的全面波动,这会在一定程度上抵消汇率变动对国际收支的改善;二是一国在高度开放经济下缺少货币幻觉,本国货币的大幅度贬值会引起人们明显地感觉到消费支出的增加和实际收入的减少,要求增加工资从而促使生产成本提高,这也会在一定程度上抵消汇率变动对国际收支的改善。据此,麦金农认为,在各贸易伙伴国的价格水平都比较稳定的前提条件下,这些国家可以组成一个经济高度开放的共同货币区,从而更有利于实现内外经济的一致均衡。同时,麦金农还指出,固定汇率制更适合于小型开放经济体。

当一个小型开放国家的主要贸易伙伴是一个大国,而且该小国的货币钉住大国的货币时,麦金农的经济开放度判断标准的确是有效的;但他关于一个经济区内的所有贸易伙伴国的价格水平都比较稳定的前提假设则是缺乏现实基础的,因而遭到了人们的批评。

2. 坎恩的出口产品多样化判断标准

在蒙代尔的最优货币区理论框架中仅涉及两种产品,麦金农的也只涉及三种产品。坎恩(P. Kenen,1969)则进一步提出用出口产品多样化标准(diversification standard of export product)来作为最优货币区的判断标准。坎恩与蒙代尔一样,主要是从需求波动的角度来分析经济冲击和国际收支失衡的。坎恩认为,当个别贸易伙伴国的进口需求发生变化时,出口产品多样化程度越高的国家,将越能抵御外部冲击对本国国内总产出水平的影响。因为,出口产品多样化的国家可以通过跟不同贸易伙伴国进口需求的相互交叉,在很大程度上消除个别国外进口需求的局部波动,从而汇率波动几乎不再需要。据此,坎恩认为,在出口产品多样化的贸易伙伴国之间更适合于实行固定汇率制,组成一个共同货币区。

似乎,坎恩的出口产品多样化判断标准与麦金农的经济开放度判断标准存在矛盾。麦金农指出,主要依附于一个大国的开放程度不是很高的小型经济体将受益于货币同盟;而凯恩的分析结果则是,只有出口产品多样化的大的经济体才会受益于货币同盟。后来,日本经济学家石山(Y. Ishiyama,1975)对两者之间的矛盾进行了调和,他指出,前两位经济学家分析的经济冲击的类型其实是不同的:麦金农分析的是,在外部经济稳定(主要贸易伙伴国价格水平稳定)的前提假设下,开放程度不是很高的小型经济体将受益于跟其主要贸易伙伴大国结成货币同盟;而坎恩分析的则是,外部经济局部波动(区内个别贸易伙伴国的局部进口需求发生变动)的冲击,对出口产品多样化的大的经济体来说,可以通过跟不同贸易伙伴国进口需求的相互交叉,在很大程度上消除,从而汇率波动几乎不再需要,从而将适宜组成一个共同货币区。

3. 因格拉姆的金融市场一体化判断标准

美国经济学家因格拉姆(J. C. Ingram,1969)发表论文时提出,以金融市场一体化(integration of financial market)来作为最优货币区的判断标准。他指出,当一个地区内的国际金融市场高度一体化,特别是长期资本市场高度一体化时,只要国际收支失衡导致利率发生小幅变动,就会引起资本的大规模流动,从而可以降低通过汇率波动来改善国际收支的需要。因此,当一个地区的国际金融市场高度一体化时,适宜组成一个共同货币区。但是,由于影响国际收支的不只是资本和金融账户,还有经常账户也起着重要的作用,所以因格拉姆一味单方面地强调资本流动性而完全忽略了经常账户的作用,把金融市场一体化作为最优货币区单一的判断标准,未免过于片面。

4. 托尔和威利特的政策一体化判断标准

其实在此二人之前,坎恩(1969)就曾强调了财政一体化(fiscal integration)对于最优货币区的重要性。托尔和威利特(E. Tower, T. D. Willett,1970)则更进一步提出了以政策一体化(integration of policy)来作为最优货币区的判断标准。他们认为,造成国际收支失衡的主要原因是各国对失业和通货膨胀率的偏好不一致,而为了能够使货币区正常运行,各国在货币政策、财政政策以及其他经济政策上应该协调一致,让渡一部分主权。他们提出,当一个地区内各国实现政策一体化时,适宜组成一个共同货币区。

5. 哈伯勒和弗莱明的通货膨胀相似性判断标准

哈伯勒(G. Harberler,1970)和弗莱明(1971)又各自先后提出以通货膨胀相似性(similarity of inflation)来作为最优货币区的判断标准。他们认为,各国通货膨胀率的差异会影响汇率和利率的波动以及短期资本流动,从而导致国际收支的失衡。因而,当一个地区内各国的通货膨胀率一致时,可以避免区内汇率的频繁波动,适宜组成一个共同货币区。

上述的一系列早期最优货币区理论都有一个共同特点,那就是各自单方面强调最优货币区的单一的判断标准有失片面性,而且缺乏严谨的实证检验,后来有学者又对这些判断标准做了模型化以及综合化的演绎和再发展。

(三)传统的最优货币区收益成本分析理论

从20世纪70年代开始,最优货币区理论关注的重点开始转向对货币一体化的收益和成本的分析。其中,具有代表性的经济学家主要包括科登(1972)、石山(1975)、托尔(1976)等。根据这一时期的研究成果,可以将加入货币区的收益和成本分别归纳如下。

加入货币区的收益:①区内统一货币,消除了区内的货币兑换成本,降低了区内的交易成本;②区内统一货币,消除了区内的汇率风险,降低了区内的金融风险、贸易风险和投资风险;③区内统一货币,提高了区内的价格透明度和资本自由流动性,有利于提高区内的资源配置效率;④区内统一货币,整合了区内的金融市场,有利于成员国获得区内金融市场的规模收益;⑤区内统一货币,节省了成员国的外汇储备,有利于货币区作为一个整体集中外汇储备来平衡对区外的国际收支失衡;⑥区内统一货币,整合了整个货币区强大的经济实力和广阔的金融市场,有利于提高其共同货币在国际货币体系中的地位,以及货币区对国际金融市场的干预能力和维护自身利益的能力。

加入货币区的成本:①区内成员国放弃了汇率调节工具,并丧失了货币政策的自主权;②区内成员国财政政策及其他相关经济政策的自主权也会受到一定程度的影响;③区内成员国丧失了货币铸造税;④区内成员国还需要承担流通货币的转换成本及区内建立超国家中央银行的管理成本;……

传统的最优货币区的收益和成本分析理论发展和深化了早期的最优货币区理论,引出了一个重要的命题:加入或建立统一货币区必须是收益大于成本的。它有着一种承上启下的作用,为后续的现代最优货币区理论和实证研究的发展指明了方向。

二、现代最优货币区理论

(一) 引入理性预期的最优货币区理论

随着宏观经济学的发展,经济学家开始把理性预期引入最优货币区理论的研究中,重新分析和评价了加入最优货币区的成本和收益。

传统的最优货币区理论主要是基于所谓"货币幻觉"和向右下方倾斜的菲利普斯曲线(Phillips Curve)这一前提假设。在这些传统前提假设下,一国拥有独立的货币政策工具就显得有效且十分重要。但是,这种传统的向右下方倾斜的菲利普斯曲线(通胀和失业此消彼长相互替代)的观点,受到了一些经济学家的质疑。他们认为,长期来看,菲利普斯曲线其实是垂直的——短期来看,失业率是取决于自然失业率而与通货膨胀率无关的;而从长期来看,在平衡失业率和通货膨胀率方面,货币政策是无效的。根据理性预期的观点,即便可能存在短期向右下方倾斜的菲利普斯曲线,实行浮动汇率的唯一好处,也只不过是有利于选择一个与别国不同的通货膨胀率而已;而且理性预期学派还进一步说明,如果人的预期是理性的,而不是货币主义者认为的那样是适应性预期的,那么人们会尽力地从各个方面获取信息,精确地预测到通货膨胀率,这时像货币主义所说的长时期的调整也会变成瞬间,这会使菲利普斯曲线在短期内也变成垂直的(这将使任何试图借助通货膨胀来替代失业的政策都成为无效的)。

引入理性预期的最优货币区理论的开创性研究是由基德兰德和普瑞斯科特(E. E. Kydland, E. C. Prescott, 1991),以及巴罗和戈登(R. J. Barro, D. Gordon, 1977)做出的。基德兰德和普瑞斯科特于1977年撰文指出,政府实施经济政策的过程实际上是政府和私人部门进行博弈的过程,因而私人部门的预期和反应对政府所实施政策的效果十分重要。货币主义者认为私人部门是基于适应性预期的,但实际上私人部门是基于理性预期的,公众对政府政策的应对其实是采取最优策略的。巴罗和戈登则于1983年进一步提出一个所谓巴罗-戈登模型,在理性预期的前提假设下,将政府政策的信誉机制引入模型中,研究了政府政策的可信度与政策规则及政策的时间不一致性之间的关系问题,结果认为:在完全信息的理性预期情况下,单一货币政策规则的可信度尽管不是最理想的,但相机抉择政策规则的可信度其实更差;如果一国一直实行一种时间上不一致的(即缺乏连续性的多变的)高通胀率政策,是会失去公众信任的,而失去了公众信任的政策则必定是没有效力的。据此,巴罗和戈登还提出了一个所谓政府信用的借入政策——政府货币信用低的长期受严重通货膨胀困扰的国家可以通过加入货币联盟来向货币信用高的国家借入信用(加入货币区采用统一货币),可使本国的货币信用得到公众信任的提升,以彻底根除困扰本国的严重通货膨胀问题。

后来,荷兰经济学家格劳威和斯托尔蒂(P. De. Grauwe, C. C. Storti, 2004)又借用巴罗-戈登模型对最优货币区的成本和收益做了进一步的理论分析。他采用理性预期的假定,即只有不被预测到的通货膨胀率才会影响到失业率,按照封闭经济条件下和开放经济条件下的两种不同情况进行了分析,最后得出的结论是:政府政策的可信度是影响货币区成本的重要因素,在封闭经济条件下,如果货币当局采取相机决策的政策规则的话,则当政府宣布零通货膨胀率的政策时,公众会认为它是不可信的;而在开放经济条件下,高通货膨胀国家是可以通过加入货币联盟来提升其货币政策的可信度的(而且高通胀国家与低通胀国家组成一个共同货币区时,低通胀国家不会有什么损失)。

总之,理性预期学派把理性预期引入最优货币区理论,在传统最优货币区理论的基础上对汇率工具和货币政策得出了一些重要的新认识:由于私人部门的理性预期的存在,所以政府部门的相机决策的政策尤其是货币政策其实是不可信的、无效的;在完全信息的理性预期情况下,单一货币政策规则的可信度尽管不是最理想的,但相机抉择政策规则的可信度其实更差;一国可以通过加入货币区来提升本国货币信用。但是,由于现实经济的复杂性和多变性,完全信息的假设其实是脱离实际的,所以公众的预期往往会和现实不符而并非完全理性的,所谓理性预期其实是有一定局限性的;另外,理性预期学派主要从货币政策方面来讨论加入货币区的收益和成本,所以又是有一定片面性的。

(二)现代最优货币区收益成本综合分析理论

20世纪90年代初,最优货币区收益成本分析理论有了新的进展,这主要体现在美国经济学家克鲁格曼(1990)提出的 GG-LL 模型中。克鲁格曼借鉴了因格拉姆(1962)提出的金融市场高度一体化的最优货币区判断标准的思路,综合分析货币区的收益和成本跟货币区经济一体化程度之间的关系。GG-LL 模型基于以下前提假设:货币区内各成员国经济一体化的程度越高,加入该货币区的收益越高且成本越低。克鲁格曼利用该模型导出了一国是否适合加入货币区所需达到的一体化程度的临界标准(可以实现加入货币区的收益大于成本时所需达到的一体化程度临界值)。

我们利用图 12·4-1(a)和图 12·4-1(b)来对克鲁格曼的 GG-LL 模型做一简要说明,横轴表示货币区参加国与货币区经济一体化的程度,纵轴表示货币区参加国加入货币区的收益或成本。GG 曲线表示货币区参加国加入货币区的收益与货币区参加国与货币区经济一体化的程度之间的关系;GG 曲线向右上方倾斜则意味着,货币区参加国与货币区经济一体化的程度越高,货币区参加国加入货币区的收益就越大(因为,货币区参加国与货币区内经济一体化的程度越高,结算和交易的成本损失以及结算和交易的风险损失就越小)。LL 曲线则表示了货币区参加国加入货币区的成本跟货币区参加国与货币区经济一体化的程度之间的关系;LL 曲线向右下方倾斜则意味着,货币区参加国与货币区经济一体化的程度越高,货币区参加国加入货币区的成本就越小(因为,货币区参加国与货币区内经济一体化的程度越高,越能减轻其加入货币区后不能再利用货币政策来自主调节国内经济所承担的代价)。

图(a)中,GG 曲线和 LL 曲线的交点处的横坐标 θ,代表着该货币区参加国适合加入货币区的一体化程度的临界值:在 θ 的左侧,该货币区参加国与货币区经济一体化的程度太低,尚未达到一体化临界值的标准,致使 GG 曲线低于 LL 曲线,意味着该国加入货币区的成本将大于收益;在 θ 的右侧,该货币区参加国与货币区经济一体化的程度已经超过了一体化临界值的标准,已达到使 GG 曲线高于 LL 曲线,意味着该国加入货币区的收益将大于成本。

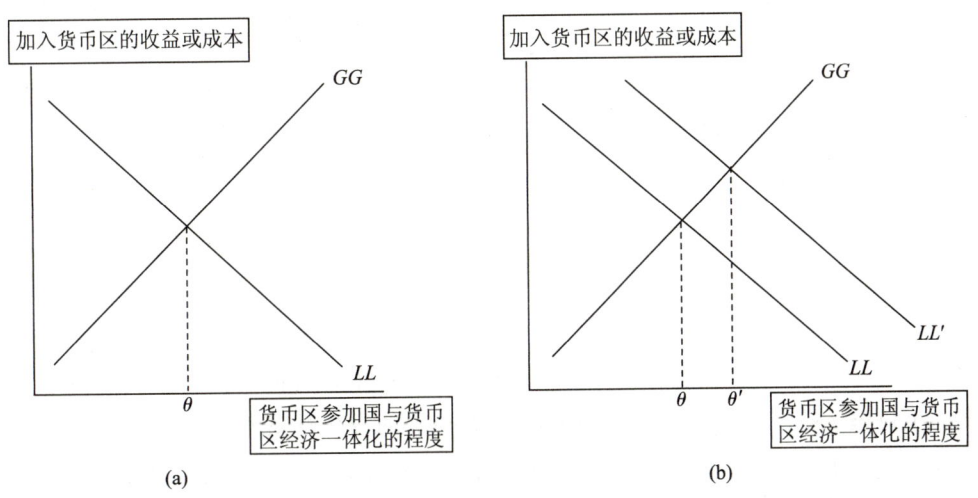

图 12·4-1 GG-LL 模型的收益—成本综合分析

图(b)中,设若外部经济环境的变化推动该国的 LL 曲线右移至 LL',那么在同样一体化水平下,该国加入货币区的成本就会相应有所提高,导致该国加入货币区的一体化临界值也相应地从原来的 θ 右移至 GG 曲线和 LL' 曲线交点处的横坐标 θ'。

GG-LL 模型构建了一个较为完善的理论框架,可以综合分析一国加入货币区的收益和成本,并能具体导出一个一体化程度的临界标准,可用以具体判断一国是否适合加入货币区(具体判断该国加入货币区是否能实现收益大于成本)。它为最优货币区理论日后的模型化和实证化发展提供了理论准备。克鲁格曼的 GG-LL 模型仍不够完善,该模型指出产出波动的频率和范围会影响到 LL 曲线的位置和移动,但克鲁格曼又没有说明具体有哪些因素会影响产出波动的频率和范围;尤其是在现实中,一国很难绘出自己的 GG 曲线和 LL 曲线,因此也就无从得出本国加入货币区的一体化程度临界值,导致该模型缺乏实际应用价值。

(三)最优货币区标准的内生性假定

1. 对称性冲击和非对称性冲击

所谓对称性冲击(symmetric shock),是指外来冲击对不同经济体产生相同的影响;所谓非对称性冲击(asymmetric shock),是指外来冲击对不同经济体产生不同的影响。显然,当外来冲击对区内不同经济体的影响经常具有对称性时,有利于该经济区结成一个共同货币区,可以用统一的宏观经济政策(可以用统一的货币政策)来应对外来的经济冲击;反之,经常受到非对称性冲击的国家之间则是不宜结成一个共同货币区的。显然,外来冲击是否具有对称性是衡量最优货币区的一个非常重要的判断标准。

2. 最优货币区标准的内生性观点和经济一体化的专业化观点

欧盟的最优货币区标准的内生性观点:传统的最优货币区理论通常把最优货币区的判断标准看作是理论中的事前标准(即需要在事前满足的标准条件),但后来欧盟委员会却在现实观察中发现,随着欧盟成员国一体化进程的深入发展,欧洲货币联盟发生非对称性冲击的频率越来越小,从而认识到,区域经济一体化的进程实际上还可以反过来内生地促进区内成员国之间日趋更加满足最优货币区的标准,我们称之为"最优货币区标准的内生性观点"。欧盟委员会的这一观点体现在艾默生等人(M. Emerson, et al)于 1992 年出版的《一个市场、一种货币:组成经货联盟的潜在收益和成本的评估》一书中。该书详细地分析了组建货币区的收益和成本,指出货币的使用区域是由货币交易网络来划分的,也就是说,"一个市场,一种货币",并系统地阐述了"一个市场,一种货币"的思想。书中指出,货币作为一种价值尺度和流通手段,是服务于市场的,无论这个市场有多大,涉及多少个国家,只要市场是统一的,那么实行单一货币得到的收益就最大。而且该书还进一步讨论了欧盟委员会发现的对称性冲击标准的内生性观点,指出,欧盟内部的贸易在很大程度上是建立在规模经济和不完全竞争基础上的产业内贸易,由此造成了各成员国之间贸易结构和产业结构的对称性(如法国既向德国出口汽车,又从德国进口汽车;

反过来,德国也是如此),这样对称的产业结构使得欧盟区内发生的实际冲击大多具有对称性,尤其是随着欧盟市场一体化不断深入的发展进程(欧洲统一市场的形成及单一货币区的建立),产业内贸易不断扩大,促进了区内的实际经济冲击越来越具有对称性,发生非对称性冲击的频率则越来越小。欧盟委员会曾经声明,虽然目前的欧元区并不是一个最优货币区,但其货币和经济一体化的进程将促使欧元区在"事后"成为最优货币区。

克鲁格曼的经济一体化专业化观点,是克鲁格曼在其1991年发表的《收益递增和经济地理》一文中提出的(详见本章第五节)。克鲁格曼认为,基于企业要从规模经济中获益的原理,区域经济一体化会导致产业活动的区域集聚效应(regional grouping effect);而且随着经济一体化的深入,货币区内的产业活动会趋于更加集中,从而各成员国的专业化程度会日益加深,于是区内各国受到非对称性冲击的频率也将会日益增加。

3. 最优货币区标准的内生性假定

欧盟和克鲁格曼上述截然不同的观点引起了学术界的研究兴趣,许多学者对此进行了实证研究,而人们的实证研究事实上更倾向于支持欧盟委员会的观点。弗朗克尔和罗斯(1996)从贸易和商业周期的相关性出发,建模研究了最优货币区条件的内生性问题,得出结论,只要假定需求冲击是可控制的,并且区内各国主要是产业内贸易,那么贸易一体化的加强就会内生地使各国的商业周期趋同,从而更有利于组成一个共同货币区。后来,弗朗克尔和罗斯(1998)更进一步地明确提出了模型化的最优货币区标准的内生性假定,并进行了实证检验。最优货币区条件的内生性假设是对传统最优货币区理论的最具革命性的突破和创新,不但解释了欧元区内许多国家在加入货币区后反而更满足最优货币区条件的现象,而且还为后来建立最优货币区内生性的一般均衡分析模型创造了条件,具有很强的现实意义和理论价值。

(四)最优货币区研究的计量模型化和实证化

进入20世纪90年代以后,随着计量经济学的发展和欧洲一体化进程的加快,经济学家对最优货币区问题的研究开始由将实际问题模型化转向进行计量分析的实证化研究阶段。经济学家们试图用实际数据和计量经济模型来研判一些实际区域是否有条件组成一个共同货币区,以及用实际数据来论证最优货币区标准内生性的现实存在性与合理性等。先后涌现出一批关于各种最优货币区收益成本的一般均衡分析模型、最优货币区标准内生性的一般均衡分析模型,以及各种最优货币区判断标准的实证研究。

1. 最优货币区收益成本的一般均衡分析模型及实证研究

这里介绍以下几个较为重要的、关于最优货币区收益成本的一般均衡分析模型及其实证研究。

巴尤米(T. Bayoumi,1994)发表论文《最优货币区的一个标准模型》,建立了一个货币区对社会福利水平(收益)影响的一般均衡分析模型。该模型假定,世界上每个国家都专门生产一种特定商品,并且在需求低迷时的工资是具有向下刚性的。模型不考虑货币因素,实证分析了劳动力流动性、经济开放度和产品多样化程度等因素对最优货币区收益

（社会福利水平）的影响，得出以下一个重要结论：因为部分国家之间组建货币区以后，交易成本的降低仅限于货币区之内，而工资向下刚性所导致的区内产出下降与区内共同汇率之间相互作用的结果又会殃及区外国家给后者造成福利损失，所以部分国家间组建货币区将有利于提高区内成员国的社会福利水平，却会降低区外国家的社会福利水平。这一结论有助于提升区外国家加入货币联盟的意愿。

里奇（L. A. Ricci, 1997）发表论文《一个最优货币区模型》，对巴尤米的一般均衡分析模型进行了扩展和完善，其新模型是一个 $2 \times 2 \times 1$（两个国家、两种产品和劳动一种生产要素）的一般均衡分析模型，引入了货币因素但不考虑资本市场，并假定名义变量刚性，对一系列最优货币区判断标准（包括成员国通货膨胀偏好的一致性、劳动力流动性、财政政策一体化程度、冲击的对称性和相关性、经济开放度等标准）对最优货币区收益成本的影响进行了较为全面的实证分析，得出以下一些重要结论：一国与货币区内其他成员国的通货膨胀偏好的差异越大，则该国加入货币区的收益越大；对贸易品的需求冲击和货币冲击都会影响货币区成员国的名义收入，并会引起失业或通货膨胀问题，但成员国之间劳动力的自由流动和财政政策的一体化能够抵御对贸易品的需求冲击和货币冲击所带来的负面效应；两国面临的贸易品需求冲击的非对称性越大，加入同一货币区时的成本越高；当两国面临的货币冲击完全正相关时，货币越不稳定的国家所受到的冲击越大，但若其开放程度很高的话，这种冲击也会被转移到另一国去，从而使其加入货币区的收益增加，而当两国面临的货币冲击完全不相关时，加入同一货币区有利于加强货币不稳定国家的货币稳定性同时又无损于货币稳定国家的货币稳定性，而且随着两国开放程度的提高，两国从货币合作中所获得的收益也会越大；一国的开放程度越高其承担的贸易成本和风险也就越大，其加入货币区可以节省和减轻的贸易成本和风险也就越多。另外，里奇又指出，经济开放度提高对货币区成员国福利的影响其实是不确定的：虽然一国加入货币区后对外开放程度的提高有利于节省和减轻其贸易成本和风险，但同时也会加大其遇到冲击时出口商品价格的波动对国内商品价格的冲击，此时又不能像加入货币区以前那样用浮动汇率来隔开外部失衡对内部均衡的冲击，这意味着货币区成员国对外开放程度的提高在有利于节省和减轻其贸易成本和风险的同时，也相应提高了成员国受到贸易品需求冲击时的相关性程度，增加了货币区的加入成本。

里奇的模型是一个静态分析模型，后来贝尼和多基耶（M. Beine, F. Docquier, 1998）又进一步在一般均衡分析模型中增加了时间因素，提出一个工资可以缓慢向下调整（但仍假定了短期工资向下刚性）和劳动力可以在国际缓慢流动的动态分析模型（不考虑金融市场，但个人可支配收入可以在国家间自由流动），其实证分析的主要结论与里奇相似，但也有以下一些不同之处：经济开放度提高对货币区成员国福利的影响并非不确定的，而是正面的；当成员国受到具有不对称性的临时性冲击时，加入货币区的成本就会上升（因为当两国受到贸易品需求的不对称性冲击而引起劳动力的短期流动时，会由于短期工资向下刚性而导致平均失业率上升，不过，当成员国受到具有不对称性的永久性冲击而引起劳动力的长期流动时,则会由于长期工资可以缓慢向下调整而导致平均失业率下降,趋向于平均失业率长期均衡值)。

以上模型都没有考虑资本市场不完全(指资本的不完全流动性使不对称性经济冲击影响到劳动者的工资水平)的问题,赫尔普曼和拉兹因(E. Helpman,A. Razin,1982)曾提出一个资本市场不完全的小国货币单方面钉住大国,大国汇率浮动的两阶段一般均衡分析模型,实证研究发现,资本市场的不完备性和名义工资刚性产生实际影响的渠道在不同条件下其实是互补的:在货币价值的浮动能够及时反映不对称的实际经济冲击条件下,一定程度的浮动汇率其实是有益的,但对不同货币区来说的实际成本则又会有所不同。之后,纽梅耶(P. A. Neumeyer,1998)又提出一个更为完善的资本市场不完全的最优货币区收益成本一般均衡分析模型,实证研究结果表明,采用货币区其实是用减少汇率波动的收益去替代降低经济中占用资产的成本的结果:纽梅耶对实际经济冲击和政府政策冲击进行了区分,一方面,反映实际经济冲击的汇率波动看似过度,但有助于资源的有效配置;另一方面,政府政策冲击引致的汇率波动则削弱了金融市场的效率。纽梅耶指出,"货币区和永久固定的汇率体制可以看作试图通过将货币与国内政治加以隔离来增加福利的一些货币规则"。纽梅耶的主要结论是,当消除过度货币波动的收益超过了经济中减少金融政策工具带来的成本时,选择共同货币将会提高社会福利。

2. 最优货币区标准内生性假定的计量经济模型及实证研究

如前所述,弗兰克尔和罗斯(1998)曾明确提出了一个最优货币区标准的内生性假定,那是关于一个计量经济模型的实证研究。他们分析了20个工业化国家近30年来与德国之间的双边贸易数据以及经济周期数据,建立了反映各工业国与以德国为核心的欧洲货币联盟的经济周期相关程度跟贸易关联程度之间的线性关系的计量经济模型。实证分析证明,双边的贸易联系越紧密,双边商业周期的同步性就越高,这意味着不对称性冲击的减少,更适合建立货币联盟。但坎恩(2000)指出,弗兰克尔和罗斯的研究是有一定局限性的,因为尽管双边商业周期变化的相关性会随其贸易关联度的提升而加强,可这并不必然意味着不对称性冲击的减少。实际上,弗兰克尔和罗斯的模型其实主要适用于产业内贸易占主导地位的情况,他们曾在分析中说明:当产业内贸易在贸易总量中占主导地位时,欧洲货币联盟(EMU)成员国之间的贸易联系将变得更为紧密,从而使其成员国的经济结构更具相似性,商业周期的趋同性提高,从而减少了发生非对称性冲击的可能性。

3. 最优货币区收益成本分析的综合指数模型及实证研究

这方面最具代表性的研究成果是巴尤米和艾肯格林(1996)发表的论文《曾经接近天堂? 一个关于欧洲国家的最优货币区指数》,构建了一个关于EMU的最优货币区综合指数分析(composite index analysis of optimum currency areas)的计量经济模型。他们以欧盟、美国、加拿大、日本、澳大利亚、新西兰等20个经济体分别与德国之间的双边汇率数据为基础,分别对1987年、1991年及1995年的EMU最优货币区指数进行了计算。

他们认为,双边汇率波动所包含的信息,能够比较全面地反映出影响一国选择汇率制度的各种因素,所以模型选择了双边汇率的波动程度(当年两国货币汇率算术平均值的标准差)来作为 EMU 的最优货币区指数,用以反映当年各国与以德国为中心的 EMU 成员国之间经济差别的程度。该指数越小意味着该国与 EMU 的经济差别程度越低,若该指数随着时间的推移而逐步降低则又意味着该国与 EMU 经济之间在逐渐趋同。

他们通过计量经济分析方法构造了各国与 EMU 之间汇率波动程度与下述四个解释变量之间存在的线性函数关系(构建了一个可用以预测各国与 EMU 之间汇率波动程度的计量经济模型):双边实际产量差异的冲击程度(两国实际产量差异算术平均值的标准差)、双边出口贸易结构差异的冲击程度(两国农业、矿业和制造业的出口占总出口比重的绝对差异)、双边贸易联系的紧密程度(两国相互出口额平均值占 GDP 平均值的比重)以及双边的国家规模(两国 GDP 的算术平均值)。

然后,他们利用上述计量经济模型对于 EMU 的最优货币区指数(各国与 EMU 之间汇率波动的程度)的预测值,来讨论各国加入 EMU 的收益和成本。一国该指数的预测值越小,该国与 EMU 的经济差别就越小,加入 EMU 的收益也就越大,成本也就越低。

经过实证分析,他们最终将上述的 20 个经济体划分为以下三组:EMU 的基本候选国(包括澳大利亚、比利时、荷兰、爱尔兰、瑞士等)、正在向 EMU 趋同的国家(如瑞典、意大利、希腊、葡萄牙、西班牙等)、与 EMU 的趋同性很小的国家(如英国等)。

后来,巴尤米和艾肯格林(1998)还曾进一步在上述模型的基础上,又引进了外汇市场干预指标、汇率制度弹性变量、经济开放程度变量、外汇市场管制程度变量、金融体系发展程度、货币政策冲击程度等一系列判断标准作为解释变量,再经过实证检验剔除了其中的一些缺乏解释效力的变量之后,又得出一组新的关于前述 20 个经济体加入 EMU 的最优货币区指数,但这里不再赘述。

此外,还有关于最优货币区各种判断标准及其收益成本分析的大量实证研究,包括劳动力市场一体化标准、价格和工资的弹性标准、金融市场一体化标准、资本市场完全性标准、产品和消费多样化标准、经济开放度标准、通胀相似性标准、经济冲击相关性标准、财政一体化标准等,这里不再详细介绍。

三、关于经货联盟的财政一体化理论

需要事先予以说明的是,所谓经货联盟的财政一体化,是指经货联盟体一级的公共财政预算和管理职能的一体化,它不同于财政协调和财政合作。所谓财政协调,是指各成员国之间就保留对于某些财政工具的使用权限所达成的协议;财政合作则主要是指各成员国对联盟体不能强制实施的国家财政政策目标进行自愿协调。我们知道,欧盟的实践是以实体经济一体化作为起点,再以实体经济一体化的进程来推动货币、财政和政治一体化的进程,这中间遇到了极大的困难与挑战。欧盟的实践经验已经告诉我们,对于

一个经货联盟体来说,在实现了共同货币之后,仅局限于对成员国财政政策的协调与合作是远远不够的,必须要及时跟进财政一体化的进程才行。下面,我们简要介绍一下罗布森在其《国际一体化经济学》一书(2001年中译本)中对财政一体化理论的阐释。

(一)财政预算的公共职能或政策目标

经济学家通常将财政预算的公共职能或政策目标划分为以下三个:资源配置职能(function of resource allocation)、收入再分配职能(function of income redistribution)、稳定经济职能(function of stabilizing economy)。

财政预算的资源配置职能包括社会服务职能和管制性职能,其中,社会服务职能是指为社会提供公共产品的职能;管制性职能的领域广泛,包括实施技术、环境、安全以及卫生标准,税收协调,共同市场以及关税同盟的运作,对某些工业部门的援助事务,对外贸易的政策和谈判事务等职能。

财政预算的收入再分配职能是指使用税收和政府开支政策来改变市场引致的区域性和个人的收入分配的职能。

财政预算的稳定经济职能是指使用财政预算来实现稳定的宏观经济目标,最大限度地缩小实际产出与潜在产出之间差距的职能。

(二)职能分派的经济效率原理

我们知道,经济一体化的中心问题是为了追求效率收益,被人们称为经济效率原理(economic efficiency principle)。有关文献在讨论不同层级的权力机构进行公共职能的有效分派(effective allocation of public function)时,一般提出以下三个主要参考标准:跨国界溢出效应、规模经济效应、政治上的一致性。其中的前两个参考标准可以统称为经济效率标准或经济利益标准。

例如,当一个公共职能政策具有较大的跨国界溢出效应或规模经济效应时,可以考虑将该职能政策的管辖权交给联盟体的高层权力机构,但只有当集中职能克服市场失灵所带来的收益超过了下面几种因素的成本损失时,这一职能政策选派方案才是真正有效率的方案:管理成本上升带来的成本损失;与分散职能的政策质量相比,集中职能的政策质量过低造成的成本损失;集权可能引起成员国的对抗行为所造成的成本损失。

政治上的一致性是指成员国对于公共产品提供的偏好相似,政治、经济和社会的选择标准基本相同。政治本身是较可能支持权力分散的,一般来说,即便一个公共职能政策的集权能得到跨国界溢出效应标准或规模经济效应标准的经济效率原理的支持,也需要更进一步得到政治上一致性标准的支持之后,才能达到最终的成功。

(三)财政联邦主义的职能分派理论

财政联邦主义(fiscal federalism)的职能分派理论(allocation theory of function)认为,财政预算的收入再分配职能和稳定经济职能应当分派给联盟体的高层管理机构;资源配置职能则应该根据其提供特别公共产品的特征以及成员国对此类公共产品偏好的同质或异质性,在联盟体高层或成员国之间进行分派。

财政联邦主义的职能分派理论还提出如下一个关于分派税收管辖权的经济效率原理——把税收管辖权全部统一到联盟体的高层管理机构比之分散到成员国具有更高的经济效率。这是基于以下三个经济效率方面的理由:①税收一体化可以避免各成员国的税收竞争;②如果难以合理界定各成员国的税收的税基,那么税收一体化就更可行;③统一征税可能因规模经济效应而降低征税成本。但因为征税的权力是与国家主权紧密相连的,所以在现实中,由于政治上的不一致因素作怪,却又会否决了上述的经济效率原理。

但对于财政联邦主义的职能分派理论是存在许多重要的反对意见的。

财政联邦主义职能分派理论有很大的局限性:

一是它的现实应用局限性,其实是很难把它的税收分派的经济效力原理运用到现实联盟体中去。由于征税的权力是与国家主权紧密相连的,所以在现实中,现有联盟体的上层权力机构其实都是没有独立的课税权,而是依赖成员国资助其活动的。

二是它的静态分析局限性,即它假定政体和标准都保持不变,而现实中的联盟体其实是处在不断的动态演变过程中的,静态分析理论不能满足要求。

三是它的政治局限性,即在某类财政职能政策一体化(将某些财政职能分派给联盟体高层)比分权化能产生更大经济效率收益的情况下,它也未必就是唯一可行的职能分派方案。一般来说,经济效率原理是必须臣服于政治一致性原则下的,在现实中,只有在财政协调和财政合作等各种替代方案都不可行的条件下,成员国才有可能不得不对其财政一体化达成政治上的一致性。困难的问题是,人们很难对协调和合作政策的协议进行有效的监督,因为监督所需要的信息经常远远多出协议各方所能得到的信息,所以经意或不经意的违约可能成为协议各方采取的策略。其实,欧盟遭遇到的成员国主权债务危机的体制性根源就在于此,经货联盟的财政一体化是需要相当程度的政治一体化的强力支持的。对此我们不再做详细探讨。

第五节 国际区域经济一体化理论的新发展

国际区域经济一体化理论的新发展主要是指新经济地理学理论和新区域主义理论。

一、新经济地理学理论

迪克西特和斯蒂格利茨(A. K. Dixit, J. E. Stiglitz,1977)在《美国经济评论》上发表《垄断竞争与最优产品多样性》一文,标志着新贸易理论及其相应的新经济地理学(New Economic Geography)的诞生。与上述传统的修正新古典假定后的内生增长性分异理论不同的是,该理论从运输成本的降低及由此所引起的聚集经济、递增收益、规模经济性、外部溢出效应(如技术的外部溢出效应)等角度来探讨企业的区位选择和区域经济的增长模式。新经济地理学理论的主要研究领域包括以下两个方面:经济活动的空间聚集理论模型,以及区域经济增长和产业集聚的互动关系和动力。

空间聚集理论模型的研究,沿袭了经济学的传统方法,将现实中经济现象高度模型化,主要有 CP 模型、国际专业化模型、全球产业扩散模型,以及区域专业化模型等。与传统观点不同的是,该理论从运输成本的降低及由此引起的聚集经济、递增收益、规模经济、外部性或溢出效应(如技术的溢出效应)等角度来探讨企业的区位选择,以及区域经济的增长模式等。克鲁格曼在其 1991 年发表的《收益递增和经济地理》一文中提出的新经济地理"核心—边缘模型"(简称 CP 模型),成为新经济地理学空间聚集理论的基础模型,后人(包括克鲁格曼本人)曾不断地对该模型做补充、完善和创新。核心—边缘模型所考虑的经济系统只涉及两要素、两部门、两区域,也可以看成是一个 $2 \times 2 \times 2$ 模型。该模型通过数理分析表明了,一个原本具有对称结构的经济系统是如何通过制造业人口的迁移而内生地演化成核心工业区和边缘农业区结构的。

区域经济增长和产业集聚的互动关系和动力的研究,主要有马丁和罗杰斯(P. Martin, C. A. Rogers,1995)。他们通过引入资本要素将 CP 模型改进为 FC 模型,从而在此基础上讨论了具有宽泛意义的公共基础设施对产业区位和产业集聚的影响。鲍德温和弗斯里德(R. Baldwin, R. Forslid,1999),为了研究经济增长与产业集聚之间的互动关系,率先把新增长理论方法引入新经济地理的 CP 模型,发现资本的内生增长因素会强化 CP 模型中已有的前后向关联效果,带来循环因果效应,形成核心—边缘的生产格局;之后,鲍德温(1999)又对该模型进行了拓展,在假定人员和资本,以及资本拥有者不能跨境流动的条件下,研究了国内保护对产业集聚的影响,建立了"资本创造模型"(在一般均衡框架下建立了一个增长与集聚关系的资本创造模型),指出资本流动是造成区域经济增长和集聚的关键因素,尤其是在不允许资本跨区流动的情况下,刺激资本积累和增长本身就可能会导致极端的空间集聚,产生与 CP 模型中相似的结果。马丁和奥塔维亚诺(P. Martin, G. Ottaviano,1999)则又开创了研究产业集聚与技术溢出之间关系的所谓"新经济地理增长模型"(New Economic Geography Growth, NEGG 模型),建立了一个"全域溢出模型"(Global Spillover, GS 模型),考察了技术的全球性溢出对产业空间布局的影响。之后,鲍德温、弗斯里德、马丁和奥塔维亚诺(2001)四人合作,通过一个"局部溢出模型"(Local Spillover Model, LS 模型)考察了技术的本地溢出对产业空间布局的影响(上述这两个模型综合考量了资本存量产生的技术溢出效应,及其在不同空间的影响,分析了技术溢出效应对经济活动空间分布的影响,以及对内生经济增长率的影响)。

二、新区域主义理论

进入 20 世纪 90 年代以后,世界范围内掀起了第二次区域经济一体化的浪潮,各种区域贸易及经济合作协议不断涌现,被称为"新区域主义"(Neo-regionalism)。与旧的区域主义相比,新区域主义的范围更广,更加注重一体化的纵深层次,不仅涉及贸易领域,而且涉及金融和对外直接投资领域,乃至扩展到政治领域的合作与协调;而且区域性经贸协议被赋予高于多边性经贸协议的政策优先权。此外,新区域主义的发展还表现在发达国家与发展中国家所达成优惠协议的数量和互惠性都有所增强等方面。在"新区域主义"的背景下,建立在完全竞争和比较优势分析基础上的传统区域经济一体化理论框架必须打破,学术研究面临着诸多理论难题和挑战。伴随着区域经济一体化纵深发展所产生的所谓"新贸易理论"(New Trade Theory),超越了基于比较优势、资源重新配置和经济效率的传统分析框架,从规模经济和产品差异化理论、不完全竞争和产业细分理论、政治经济学和利益集团博弈理论、轮轴—辐条一体化模式理论、发展中国家发展战略理论,以及寻租理论、区域主义与多边主义的关系等一系列更为广泛的理论视野下来探讨区域经济整合的问题。

(一)"新区域主义"的产业内贸易理论

欧共体成立以后,成员国之间的产业内差异化产品贸易得到了蓬勃发展,传统的完全竞争市场条件下的比较优势国际区域市场一体化理论无法解释这种现象,即便在传统的理论框架下引入规模经济,也不能解释这种非完全竞争的产业内贸易现象,于是对传统国际区域市场一体化理论进行修正的非完全竞争的产业内贸易理论应运而生。

例如,克鲁格曼(1979),以及迪克西特和诺曼(A. K. Dixit, V. Norman, 1980)曾先后着重用规模经济和产品差异化的相互作用来解释产业内贸易现象;又如,布兰德和克鲁格曼(1983)则着重用不完全竞争和市场细分来分析产业内贸易现象;等等。

事实上,在寡头垄断竞争的市场条件下,新区域主义的产业内贸易理论相当复杂,其结论甚至会模棱两可乃至自相矛盾(由于对偏好、技术等的假定不同,结论也会不同)。因此,要归纳市场细分和不完全竞争情况下通过市场一体化所能获得的收益是比较困难的,但仍可将国际区域市场一体化的潜在好处大体归纳如下:一是通过市场一体化可以依据比较优势增强专业化分工而得益;二是通过降低贸易壁垒的一体化,可以扩大有效市场的规模,降低市场的细分,减少寡头垄断而得益;三是通过市场一体化带来的规模经济效应可以降低生产成本而得益;四是通过市场规模扩大导致贸易规模扩大而得益;五是通过市场一体化还可以降低服务成本。

(二)"新区域主义"的政治经济学与利益集团博弈贸易理论

格罗斯曼和赫尔普曼(G. M. Grossman, E. Helpman, 2002)出版的专著《利益集团与贸易政策》是新区域主义政治经济学与利益集团博弈贸易理论的代表作。他们认为,区域贸易一体化政策是一国政府的政治需要,也是域内各种政治利益与经济利益集团彼此较量的政治产物。由于区域贸易一体化带来的利益或竞争压力在不同利益集团之间存在较大的差异,一些利益集团,尤其是获益者将会尽最大努力游说政府决策者,以便通过有利于自己的区域贸易协议或出台相关的政策措施。

一般来说,对于进出口生产商而言,受进口竞争压力的国内生产商通常易于形成一种利益一致的利益集团,进口替代产业生产商易形成反对进一步自由化协议的联盟;相反,出口生产商则较难形成利益一致的利益集团,从而出口产业部门显得相对弱小,很难影响政府的决策。据此,格罗斯曼和赫尔普曼进一步将自由贸易谈判描述为"一个向各国利益集团提供充分平衡的过程","自由贸易区的设立是为了保证每个成员方都有足够多数量的出口商从贸易协议中获得利益,并给予政治上的支持"。

对国内全体生产商利益集团来说,把区域一体化与单边非优惠贸易自由化相比较,前者是更具吸引力的政策选择,因为:第一,前者使国际竞争仅有限增加,带来的竞争者有限,仅限于区域内的贸易伙伴,而不像单边非优惠贸易协议,不能带来最直接的利益。第二,通常区域协议是互惠的,在开放市场的同时可以获得贸易伙伴市场的开放,而且在区域贸易安排下,相对于区外国家市场而言贸易伙伴市场还是被保护起来的,这种贸易转向有利于生产商集团利益的增加。据此,格罗斯曼和赫尔普曼又进一步认为,"区域贸易协议的政治可行性需要可能与社会可取性相违背",特别是当贸易转移效果带来出口增长,以至于区域贸易协议以牺牲广大纳税人的利益为代价来维护少数生产商集团的狭隘利益时,这种区域贸易协议其实是可能会损害社会净福利的,但由于带有贸易转移效应的区域贸易协议增强了政治上的可行性,所以反而可能会引发各国纷纷签署这种带有贸易转移效应的区域贸易协议的现象。

再者,由于在国际经济领域,大国经济与小国经济在市场规模、经济结构、发展战略、抵御外部冲击的能力、贸易战中的报复能力、参与双边与诸边谈判的交易能力等方面有着很大的差异,所以,它们参与区域经济合作的优劣势及目标函数还是存在差异的,它们参与区域经济合作的成本与收益常体现在不同的领域(包括经济的和政治的以及其他非经济的领域)。

总之,格罗斯曼和赫尔普曼认为,把政治的及其他非经济的目标纳入国家的决策函数之内,使人们对区域贸易协定的净影响(包括经济的和政治的以及其他非经济的)变得更加难以评估,因为,政治收益和非经济收益通常是无法量化的,它们难以成为协定中的明确条款。所以,区域贸易协议对各成员国以及区外国家社会净福利的影响其实是具有很大不确定性的,其带来的收益其实未必能大于其所造成的损失。

此外,新区域主义的轮轴—辐条一体化模式理论、发展中国家发展战略理论,以及新区域主义从寻租理论、区域主义与多边主义的关系等理论视角对于区域经济一体化的理论探讨等,这里不再逐一介绍。

附 录

上篇附录

第一章附录

附录 1·3·1　关于大—小国情形下 A、B 两国进出口供需曲线交点的确定

在 A 为出口大国而 B 为进口小国(或 A 为出口小国而 B 为进口大国)情形下,A 国将不完全生产 X 产品而 B 国则将完全生产 Y 产品(或 A 国将完全生产 X 产品而 B 国则将不完全生产 Y 产品),此时 A 国 X 产品的出口供给曲线 S_x 与 B 国 X 产品的进口需求曲线 D_m 将会相交于前者的中段和后者的第三段(或前者的第三段和后者的中段),见附录图 1·3·1——其交点 E^* 的纵坐标 $p_w^* = p_A$(或 $p_w^* = p_B$)即为均衡的 X 产品贸易条件,横坐标 Q_x^* 则为均衡的 X 产品贸易量。

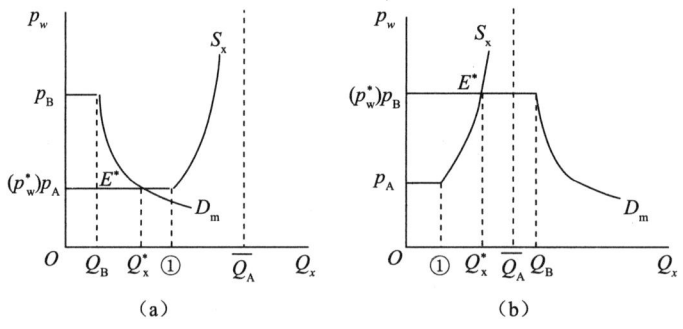

附录图 1·3·1　大—小国情形下 A、B 两国 X 产品进出口供需曲线交点的位置

注:① $= \overline{Q}_A - Q_A$。

图(a)是 A 为出口大国而 B 为进口小国的情形,此时 $p_w^* = p_A$;图(b)是 A 为出口小国而 B 为进口大国的情形,此时 $p_w^* = p_B$。

附录 1·3·2　关于大—小国情形下 A、B 两国总供需曲线交点的确定

在 A 为出口大国而 B 为进口小国(或 A 为出口小国而 B 为进口大国)情形下,A 国将不完全生产 X 产品而 B 国则将完全生产 Y 产品(或 A 国将完全生产 X 产品而 B 国则将不完全生产 Y 产品),此时两国 X 产品的总供给曲线 S_w 与总需求曲线 D_w 将会相交于前者的中段和后者的第三段(或前者的第三段和后者的中段),见附录图 1·3·2——其交点 E^* 的纵坐标 $p_w^* = p_A$(或 $p_w^* = p_B$)即为均衡的 X 产品贸易条件,横坐标 Q_x^* 则为均衡的 X 产品总产量。

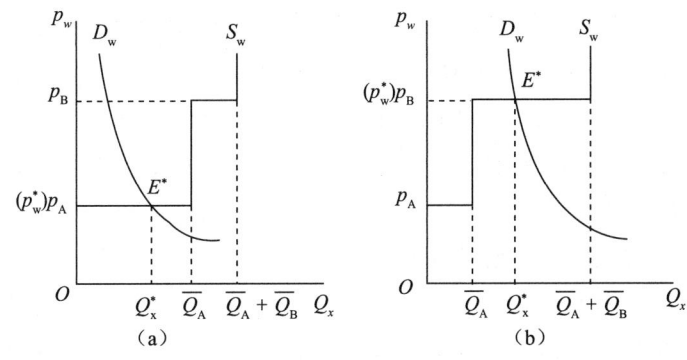

附录图 1·3·2 大—小国情形下 A、B 两国 X 产品总供需曲线交点的位置

注:图(a)是 A 为出口大国而 B 为进口小国的情形,此时 $p_w^* = p_A$;图(b)是 A 为出口小国而 B 为进口大国的情形,此时 $p_w^* = p_B$。

第二章附录

附录 2·1·1 关于两国生产可能性差异导致两国国内均衡相对价格差异的阐释

从生产可能性贸易模型增补的两条新假设出发,我们可以导出此时两种产品在两国的均衡相对价格必不相等,从而根据前述的新古典标准比较价格优势贸易原理可知,此时两国间存在进行分工贸易的基础。

因为我们已经假定两国的消费偏好相同,所以生产可能性边界线的差异会引起两国均衡相对价格的不同。下面我们仅以 A 国的生产可能性区域比 B 国较为横扁一些(即 A 国的生产可能性边界线比 B 国更为偏向 Q_x 轴)的情况为例来进行论证(对于 A 国的生产可能性区域比 B 国较为竖扁一些的情况,留给读者自己思考)——此时 A 国生产 X 产品的机会成本比 B 国低,所以 A 国 X 产品的相对价格也会比 B 国低,从而 A 国生产 X 产品具有比较优势,B 国生产 Y 产品具有比较优势:

见附录图 2·1·1,当 A 国的生产可能性区域比 B 国生产可能性区域的形状更为"横扁"时,在两国消费偏好相同的前提假设下,在封闭经济时必定会有 A 国的生产—消费均衡点 E_A 要比 B 国的生产—消费均衡点 E_B 偏右——图中所画的虚辅助线则可以解释这一推理。由于注意到社会无差异曲线是凸向原点的,从而必定有,A 国 X 产品的均衡相对价格 $p_A = p_A'$(p_A 为 A 国的经过其生产—消费均衡点 E_A 的关于其生产可能性边界线 AA' 和社会无差异曲线 U_A 的公切线斜率的绝对值)小于 B 国 X 产品的均衡相对价格 p_B(即 B 国的经过其生产—消费均衡点 E_B 的关于其生产可能性边界线 BB' 和社会无差异曲线 U_B 的公切线斜率的绝对值),即必有 $p_A < p_B$。从而 A 国生产 X 产品具有比较优势,B 国生产 Y 产品具有比较优势。

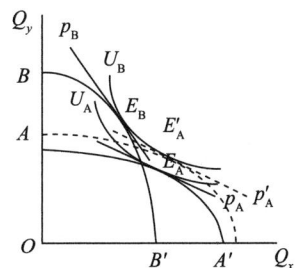

附录图 2·1·1 两国生产可能性差异导致均衡相对价格差异

附录2·1·2　关于一国开放经济下一般均衡分析的供给曲线和需求曲线的推导

我们利用附录图2·1·2来说明，关于一国开放经济下X产品的一般均衡供给曲线和需求曲线的推导。其中，图(a)中生产可能性边界线AA'上的E、E_1、E_2各点分别对应于图(b)中供给曲线S上的E、E_1、E_2各点，而图(a)中的E、C_1、C_2各点则又分别对应于图(b)中需求曲线D上的E、C_1、C_2各点。首先，在图(a)中生产可能性边界线与社会无差异曲线的切点E处公切线斜率的绝对值为p_E(此即该国在封闭经济下X产品的均衡相对价格)，此时该国对X产品的供给量和需求量相等都是Q_E，由此可以导出图(b)中的相应E点；其次，当X产品的相对价格为$p_1 > p_E$时，在图(a)中消费可能性边界线p_1与生产可能性边界线的切点E_1处，该国对X产品的供给量为Q_S^1，需求量为Q_D^1，由此又可以导出图(b)中的相应E_1点和C_1点；再次，当X产品的相对价格为$p_2 > p_1 > p_E$时，在图(a)中消费可能性边界线p_2与生产可能性边界线的切点E_2处，该国对X产品的供给量为Q_S^2，需求量为Q_D^2，由此又可以导出图(b)中的相应E_2点和C_2点；最后，在图(a)中生产可能性边界线的右端点A'处切线斜率的绝对值为$+\infty$，这意味着$p \to 0$时，有$Q_x \to \overline{Q}_x$(这是该国X产品的最大可能产量)和$Q_y \to 0$。这样我们就利用图(a)导出了图(b)中供给曲线和需求曲线的上半段[需要注意的是，这里图(a)中各消费均衡点C_i总是位于其相应生产均衡点E_i的左边]。

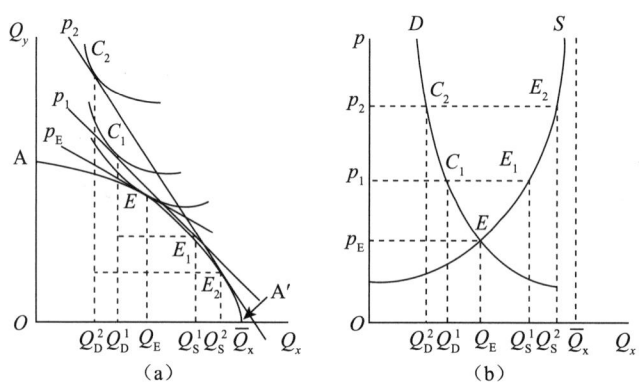

附录图2·1·2　关于一国开放经济下X产品的一般均衡供给曲线和需求曲线的推导

类似地，分别依次考虑$p_E > p_1' > p_2' > \cdots$则还可以利用图(a)进一步导出图(b)中供给曲线和需求曲线的下半段[需要注意的是，这里图(a)中各消费均衡点C_i'总是位于其相应生产均衡点E_i'的右边]，在生产可能性边界线的左端点A处切线斜率的绝对值为0，这又意味着$p \to 0$时，有$Q_x \to 0$和$Q_y \to \overline{Q}_y$，这里不再详述。

附录2·2　关于H-O要素禀赋贸易原理的一个数理论证

这里分别以L_x和K_x代表生产单位X产品的劳动投入和资本投入，L_y和K_y代表生产单位Y产品的劳动投入和资本投入；再分别以W_A和W_B代表A、B两国的劳动工资率，R_A和R_B代表A、B两国的资本利润率。这时X、Y两生产部门的资本密集度分别为$k_x =$

K_x/L_x 和 $k_y = K_y/L_y$，而 A、B 两国劳动对于资本的相对价格则分别为 $\omega_A = W_A/R_A$ 和 $\omega_B = W_B/R_B$。

同样，设 X 产品为劳动密集型，Y 产品为资本密集型，并有 $k_x < k_y$ 固定不变；A 国为劳动丰裕国，B 国为资本丰裕国，A 国的资本丰裕度小于 B 国的资本丰裕度，即又有 $\omega_A < \omega_B$，以下我们只需论证此时必有 $p_A < p_B$，则根据新古典标准比较价格优势贸易原理即可得证 H-O 要素禀赋贸易原理。

因为 A 国 X、Y 产品的成本价格 P_x^A 和 P_y^A 分别为

$$P_x^A = L_x \cdot W_A + K_x \cdot R_A = L_x \cdot W_A \cdot (1 + k_x/\omega_A)$$

$$P_y^A = L_y \cdot W_A + K_y \cdot R_A = L_y \cdot W_A \cdot (1 + k_y/\omega_A)$$

所以有，A 国 X 产品对于 Y 产品的相对价格为

$$p_A = P_x^A/P_y^A = \frac{L_x \cdot (1 + k_x/\omega_A)}{L_y \cdot (1 + k_y/\omega_A)} = \frac{L_x \cdot (\omega_A + k_x)}{L_y \cdot (\omega_A + k_y)} \quad \text{（附录 2·2-1）}$$

类似地，又可得到 B 国 X 产品对于 Y 产品的相对价格为

$$p_B = P_x^B/P_y^B = \frac{L_x \cdot (\omega_B + k_x)}{L_y \cdot (\omega_B + k_y)} \quad \text{（附录 2·2-2）}$$

注意到，由 $k_x < k_y$ 和 $\omega_A < \omega_B$ 可知有 $\dfrac{\omega_A + k_x}{\omega_A + k_y} < \dfrac{\omega_B + k_x}{\omega_B + k_y}$，由此即可得证下式必定成立：

$$p_A = \frac{L_x \cdot (\omega_A + k_x)}{L_y \cdot (\omega_A + k_y)} < \frac{L_x \cdot (\omega_B + k_x)}{L_y \cdot (\omega_B + k_y)} = p_B$$

这样我们就证明了当 A、B 两国的要素禀赋不同（即当 $\omega_A < \omega_B$）时，两国的相对价格必定存在差异（此时必有 $p_A < p_B$）。

附录 2·3　关于两国同质生产要素实际报酬趋于均等化的一个数理论证

对于这一问题的论证需要用到著名的欧拉定理，以下我们对其做一简要的数理论证：

我们已经论证了当两国达到贸易均衡 $p_A = p_E = p_B$ 时，必有 $\omega_A = \omega_E = \omega_B$，此时对于两国的同一生产部门必有

$$MPL_A/MPK_A = MPL_B/MPK_B \quad \text{（附录 2·3-1）}$$

注意到两国的生产技术相同且规模报酬固定不变，由此可以得到

$$K_A/L_A = K_B/L_B \quad \text{（附录 2·3-2）}$$

这意味着当达到贸易均衡时，两国同一生产部门的资本密集度相等。据此并考虑到两国的生产技术相同且规模报酬固定不变还可进一步得到，当达到贸易均衡时，两国同一部门的平均劳动生产率相等（$APL_A = APL_B$），即又有

$$Q_A/L_A = Q_B/L_B \quad \text{（附录 2·3-3）}$$

由于在规模报酬固定不变的完全竞争条件下，每一个生产部门的生产函数都是线性齐次的[这时对于生产函数 $Q = f(L, K)$，$\forall \lambda$ 总有 $f(\lambda L, \lambda K) = \lambda f(L, K)$]，此时利用欧拉定理可知，当达到贸易均衡时，A 国一个生产部门的产量为

$$Q_A = MPL_A \cdot L_A + MPK_A \cdot K_A \qquad (附录 2 \cdot 3 - 4)$$

(附录2·3-4)式中的 L_A 和 K_A 分别代表 A 国投入该部门的劳动量和资本量,由此可知达到贸易均衡时 A 国该部门的平均劳动生产率为

$$Q_A/L_A = MPL_A \cdot [1 + (K_A/L_A) \cdot (MPK_A/MPL_A)] \qquad (附录 2 \cdot 3 - 5)$$

同样可知,达到贸易均衡时 B 国同一部门的平均劳动生产率为

$$Q_B/L_B = MPL_B \cdot [1 + (K_B/L_B) \cdot (MPK_B/MPL_B)] \qquad (附录 2 \cdot 3 - 6)$$

最后,由(附录2·3-5)式和(附录2·3-6)式分别可得

$$MPL_A = \frac{Q_A/L_A}{1 + (K_A/L_A) \cdot (MPK_A/MPL_A)}$$

$$MPL_B = \frac{Q_B/L_B}{1 + (K_B/L_B) \cdot (MPK_B/MPL_B)}$$

再利用(附录2·3-1)式、(附录2·3-2)式和(附录2·3-3)式即可得证:

$$MPL_A = MPL_B$$

这说明当达到贸易均衡时两国同一生产部门劳动的边际生产力将趋于相同。再考虑到达到贸易均衡时一国两生产部门的劳动报酬也应达成一致,从而在达到贸易均衡时两国各部门劳动要素的实际报酬将趋于完全相同。

类似地,可以证明,当达到贸易均衡时,两国各部门资本要素的实际报酬也将趋于完全相同。

第三章附录

附录3·2·1 关于两国垄断竞争联合市场中厂商数目和长期均衡产量的进一步阐释

证:∵ 有 $Q_w = Q_A + Q_B$,其中 $Q_A = n_A q_A, Q_B = n_B q_B, Q_w = n_w q_w$

∴ 有 $n_w q_w = n_A q_A + n_B q_B$

这时必有(注意到 $q_A < q_B < q_w$):

$$n_w = n_A q_A/q_w + n_B q_B/q_w < n_A + n_B$$

而且又有(注意到 $n_w < n_A + n_B$):

$$q_w = n_A q_A/n_w + n_B q_B/n_w < q_A + q_B$$

这是因为当两国市场联合后市场内厂商的长期平均产量将会相应增大(使 $q_A < q_B < q_w$),这时如果两国厂商的数目保持不变,则将发生总产量 $n_A q_w + n_B q_w > n_A q_A + n_B q_B = Q_w$ 超过了联合市场总容量的情况,会导致厂商竞争加剧,迫使联合市场内长期均衡的价格水平下降,从而淘汰一些劣势厂商(又使 $n_w < n_A + n_B$),才能实现新的长期均衡。

附录3·2·2 关于一国单寡头垄断厂商最佳产量的数理阐释

在厂商生产零成本假设下的单寡头垄断市场中,厂商产销量为 q 时的利润为

$$R = (\bar{P} - \frac{\bar{P}}{\bar{Q}} \cdot q) \cdot q = \bar{P} \cdot q - \frac{\bar{P}}{\bar{Q}} \cdot q^2$$

当利润最大化时,有
$$dR/dq = \bar{P} - 2\frac{\bar{P}}{\bar{Q}} \cdot q = 0$$
于是,厂商的最佳产销量、市场售价和最大化利润分别为
$$q_E = \bar{Q}/2$$
$$P_E = \bar{P} - \frac{\bar{P}}{\bar{Q}} \cdot q_E = \bar{P}/2$$
$$R_E = P_E \cdot q_E = \bar{P}\bar{Q}/4$$

附录 3·2·3　关于 A 厂商反应曲线方程的数理阐释

设 A 厂商对于 B 厂商在 A 国的任一销量为 q_B,其对策是在 A 国的销量为 q_A,此时在厂商生产零成本的假设下 A 厂商在 A 国可获利润为
$$R_A = \left[\bar{P} - \frac{\bar{P}}{\bar{Q}} \cdot (q_A + q_B)\right] \cdot q_A = \frac{\bar{P}(\bar{Q} - q_B)}{\bar{Q}} \cdot q_A - \frac{\bar{P}}{\bar{Q}} \cdot q_A^2$$
A 厂商利润最大化的条件为
$$\partial R_A/\partial q_A = (\bar{Q} - q_B)\frac{\bar{P}}{\bar{Q}} - 2\frac{\bar{P}}{\bar{Q}} \cdot q_A = 0$$
由此可求出 A 厂商在 A 国市场的反应曲线方程为
$$\bar{Q} = 2q_A + q_B$$
类似可求出 B 厂商在 A 国市场的反应曲线方程为
$$\bar{Q} = q_A + 2q_B$$

第四章附录

附录 4·1·1　关于完全垄断型进口替代市场关税的局部经济效应分析(进口小国情形)

下面我们对征收从量进口关税进口小国情形的局部经济效应做一分析,见附录图 4·1·1,D_d 曲线是该国国内对该产品(包括进口品及其国内替代品)的总需求曲线,MC 曲线和 AC 曲线分别是垄断厂商对于该产品的边际成本曲线和平均成本曲线,S_m 曲线则是自由贸易情况下该产品的进口供给曲线。在进口小国情形下,该曲线是水平的(图中还假定了当该国实行自由贸易时该国厂商恰好处于既无垄断利润又无亏损的长期均衡状态——S_m 曲线恰好通过 MC 曲线和 AC 曲线的交点),P_m 则为该产品的自由贸易进口价格。在自由贸易时,该产品的国内价格也为 P_m,进口替代品的产量为 Q_S,国内消费总量为 Q_D,进口量则为 $Q_D - Q_S$。

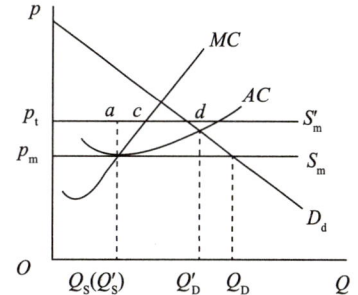

附录图 4·1·1　完全垄断型进口替代市场小国关税的局部经济效应分析

如果国内进口替代品市场为独家垄断,当该国对该产品的进口施以进口关税 t(从量

税率)以后,该产品的国内价格将会上升到 $P_t = P_m + t$。设若该垄断厂商的产量 Q_s' 仍然等于 Q_s(图中假定了 Q_s 恰好是该厂商成本最小化的产量),则该厂商可以从中获得 a 所代表小矩形面积的垄断利润;国内的总消费量会从原来的 Q_D 减少到 Q_D',消费者剩余则相应损失了如图中 $a + c + d$ 所代表的大梯形面积;政府的关税收入为 c 所代表的小矩形面积;其社会净福利效应则为 $a - (a + c + d) + c = -d$,这里的 d 为进口国内消费扭曲所造成的净福利损失。

附录 4·1·2 关于完全垄断型进口替代市场关税的局部经济效应分析(进口大国情形)

下面我们再对征收从量进口关税进口大国情形的局部经济效应做一分析,见附录图 4·1·2,在完全垄断型进口替代市场下,进口大国施行进口关税跟小国的不同之处在于,大国能因关税而导致其进口贸易价格有所下降,从而改善其自身的贸易条件(让国外厂商承担了一部分关税 e),而小国则不能。进口大国施行进口关税虽然会使进口贸易价格有所下降,但也不会使进口国内的垄断厂商实现完全垄断。

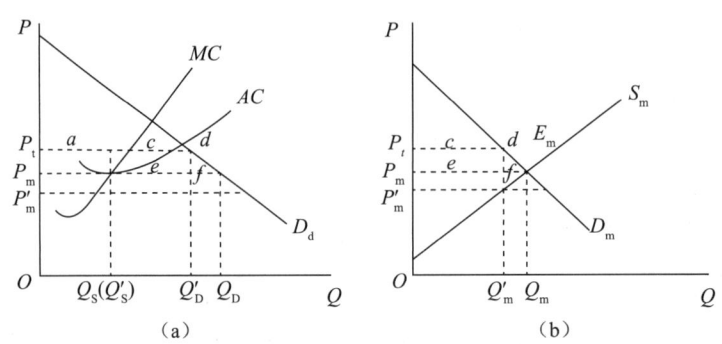

附录图 4·1·2 完全垄断型进口替代市场大国关税的局部经济效应分析

国内的垄断厂商在实行关税后获得垄断利润 a;消费者剩余损失了 $a + c + d$;政府的关税收入则为 $c + e$(其中,e 是由国外厂商来承担的关税);社会净福利效应为 $a - (a + c + d) + (c + e) = e - d$,其中的 d 是由于国内消费扭曲所造成的净福利损失,e 则是由于进口贸易价格下降带来的净福利增加(e 是国外厂商承担的关税,但外国厂商承担的福利损失则为 $e + f/2$,其中的 $f/2$ 是国外厂商生产扭曲的福利损失)。

附录 4·2·1 关于完全垄断型进口替代市场配额的局部经济效应分析(进口小国情形)

下面我们对从量进口配额小国情形的经济效应做一分析,见附录图 4·2·1,D_d 曲线是该国国内对该产品(包括进口品及其国内替代品)的总需求曲线,MC 曲线和 AC 曲线分别是垄断厂商对于该产品的边际成本曲线和平均成本

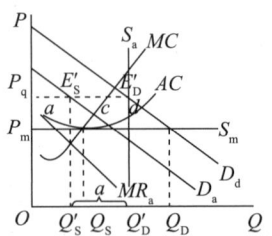

附录图 4·2·1 完全垄断型进口替代市场小国配额的局部经济效应分析

曲线，S_m 曲线则是自由贸易情形下该产品的进口供给曲线（图中假定了该产品在国际市场上是完全竞争的，并且当该国实行自由贸易时该国厂商恰好处于既无垄断利润又无亏损的长期均衡状态——S_m 曲线恰好通过 MC 曲线和 AC 曲线的交点），P_m 则为该产品的自由贸易进口价格。在自由贸易时，该产品的国内价格也为 P_m，进口替代品的产量为 Q_S，国内消费总量为 Q_D，进口量则为 $Q_D - Q_S$。

进口配额的生产效应、价格效应和生产者福利效应：

当该国对该产品的进口施以绝对配额 $q(0 < q < Q_D - Q_S)$ 以后，由于国内进口替代品市场成为独家垄断的，所以该垄断厂商所面临的国内需求曲线和边际收益曲线分别为 D_q 和 MR_q（将 D_d 曲线及其相应的 MR_d 曲线分别向左平移距离 q 可得）。此时，厂商利润最大化的产量 Q'_S 取决于 MC 曲线与 MR_q 曲线的交点（这里的 Q'_S 反而会小于该厂商自由贸易时的产量 Q_S），此时新的国内生产均衡点为 $E'_S(Q'_S, P_q)$；这里，由于进口配额使国内厂商得以实现完全垄断，从而该产品的国内价格将会大幅上升到能使该厂商达到利润最大化的价格 P_q（它取决于该厂商实现利润最大化的产量 Q'_S，此时显然有 $P_q \gg P_m$）。国内垄断厂商可获取 a 所代表小矩形面积的垄断利润。

进口配额的消费效应和消费者福利效应：

在进口配额 q 下的国内外总供给曲线成为一条垂线 $S_q: Q = Q'_S + q$，S_q 曲线与 D_d 曲线的交点 $E'_D(Q'_D, P_q)$ 则成为新的国内总消费均衡点。由于该产品国内价格大幅度提高，从而国内的总消费量大幅减少，从原来的 Q_D 锐减到 $Q'_D = Q'_S + q$，该国的消费者剩余也相应损失了 $a + b + c + d$ 所代表的大梯形面积。

进口配额的贸易效应：

进口配额使该产品的进口量从 $Q_D - Q_S$ 减少到 $Q'_D - Q'_S = q$，对于进口小国来说，实行进口配额也不会改变该产品的进口价格及其贸易条件。

进口配额的租值效应：

这时产生的配额租值为 $c = q(P_q - P_m)$ 所代表的矩形面积。

进口配额的社会净福利效应：

进口配额的社会净福利效应 = 生产者福利的增加 − 消费者福利的损失 + 配额租值
$$= a - (a + b + c + d) + c$$
$$= -(b + d)$$

其中，$b + d$ 为进口国国内生产扭曲和消费扭曲所造成的净福利损失。

显然，对于进口小国来说，对完全垄断型进口替代品市场实行进口配额比征收进口关税造成的净福利损失会大得多——其净福利损失有二：一是生产扭曲所造成的生产者福利损失（它此时很小），二是消费扭曲所造成的消费者福利损失（它此时很大，显得特别重要）。

附录4·2·2 关于完全垄断型进口替代市场配额的局部经济效应分析(进口大国情形)

下面我们再对从量进口配额大国情形的局部经济效应做一个分析,见附录图4·2·2,在完全垄断型进口替代市场下,贸易大国对商品的进口施以绝对配额 $q(0 < q < Q_D - Q_S)$,也会使该商品的进口替代产量从原来的 Q_S 减少到 Q'_S,国内价格则上升到 $P_q > P_m$,进口替代厂商可以从中获得垄断利润 a;国内消费量从原来的 Q_D 减少到 Q'_D,消费者剩余减少 $a + b + c + d$。对进口大国来说,施行进口配额又会使其进口价格从 P_m 下降到 P'_m,贸易条件有所改善;配额租值则为 $c + e + f$($e + f$ 是由国外厂商来承担的配额租值);社会净福利效应为

$$a - (a + b + c + d) + (c + e + f) = (e + f) - (b + d)$$

其中,$b + d$ 是由于进口国生产扭曲和消费扭曲所造成的净福利损失,$e + f$ 则是由于进口价格降低带来的额外福利增加[$e + f$ 是由国外厂商来承担的配额租值,但国外厂商承担的福利损失则为 $(e + f) + (g - f)/2 = e + (f + g)/2$,其中又有 $(g - f)/2$ 是外国厂商生产扭曲的福利损失]。

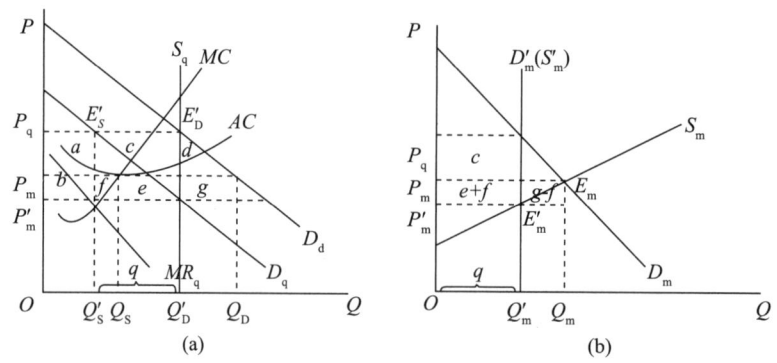

附录图4·2·2 完全垄断型进口替代市场大国配额的局部经济效应分析

注意,在完全垄断型进口替代市场条件下:①进口大国施行进口配额不同于进口小国之处也在于,大国能因配额而导致其进口贸易价格有所下降,从而改善其自身的贸易条件(让国外厂商承担一部分配额租值 $e + f$);而小国则不会因配额而导致其进口贸易价格下降。②进口大国施行进口配额也和征收进口关税一样都会使进口贸易价格有所下降,但两者的不同之处在于,在征收进口关税情况下,进口国内一般不会发生完全垄断——大国进口贸易价格的下降会使其国内价格的升幅有所减轻;而在实行进口配额情况下,进口国内则会发生完全垄断——大国进口贸易价格的下降并不会改变其国内垄断价格的升幅。

第五章附录
附录5·2 关于A厂商反应曲线右移的数理阐释

在厂商生产零成本的假设下,当已知B厂商的产量为 q_B 时,令 q_A 代表A厂商在单位

出口补贴 s 下的销量对策,此时 A 厂商的利润为

$$R_A = \left[\bar{P} - \frac{\bar{P}}{\bar{Q}} \cdot (q_A + q_B) + s\right] \cdot q_A = \left(\bar{P} - \frac{\bar{P}}{\bar{Q}}q_B + s\right) \cdot q_A - \frac{\bar{P}}{\bar{Q}} \cdot q_A^2$$

其利润最大化的条件为

$$\partial R_A / \partial q_A = \left(\bar{P} - \frac{\bar{P}}{\bar{Q}}q_B + s\right) - 2 \cdot \frac{\bar{P}}{\bar{Q}} \cdot q_A = 0$$

由此可得,在单位出口补贴 s 下右移后的 A 厂商在 B 国市场反应曲线的方程将成为

$$\bar{Q} + \frac{\bar{Q}}{\bar{P}} \cdot s = 2q_A + q_B$$

对比 A 厂商在 B 国市场原反应曲线的方程 $\bar{Q} = 2q_A + q_B$,可知在单位出口补贴 s 下 A 厂商在 B 国市场的反应曲线将会水平右移距离 $\frac{\bar{Q}}{\bar{P}} \cdot s$。

注:我们这里的双寡头贸易模型为简化问题而假定了厂商生产有固定不变的零成本,但实际上,垄断厂商生产规模的扩大其实还有着会降低其生产成本的好处。

下篇附录

第六章附录

附录 6·2　关于空间套汇条件的阐释①

鉴于通常教材给出的存在 n 地套汇机会的条件其实只是一个必要条件而并非充分必要条件,为了正本清源,我们下面尝试对空间套汇的条件做一个较为严谨、深入的讨论和分析。

(1) 两地直接套汇的条件

在 A、B 两国外汇市场之间不存在对该两国货币进行两地套汇机会的充分必要条件是

该两地对方国货币买入汇率的乘积 ≤ 1 ≤ 该两地对方国货币卖出汇率的乘积

即有

$$A_B B_A \leqslant 1 \leqslant A^B B^A$$

(2) 三地套汇的条件

在 A、B、C 三国外汇市场之间不存在任何对该三国货币进行三地套汇机会的充分必要条件是

每一该三地交叉循环外汇买入汇率的乘积 ≤ 1 ≤ 每一该三地交叉循环外汇卖出汇率的乘积

即同时有

$$A_B C_A B_C \leqslant 1 \leqslant A^B C^A B^C \qquad \text{(附录 6·2-1)}$$

$$A_C B_A C_B \leqslant 1 \leqslant A^C C^B B^A \qquad \text{(附录 6·2-2)}$$

　　　　(附录 6·2-1)式　　　　　　　　　(附录 6·2-2)式

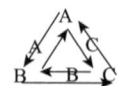 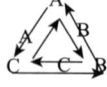

不等式左端:套汇者沿顺时针路径卖出外汇(内环);

不等式右端:套汇者沿逆时针路径买入外汇(外环)。

(3) n 地套汇的条件

一般情形下,我们有如下一个更为严谨的命题。

---

① 本节附录的内容还可参看:程祖伟.空间套汇的条件[J].经济经纬,2005(4).

命题:对于任何 $n(n=2,3,4,\cdots)$ 个国家(或地区)及其 n 种货币而言,在其 n 个外汇市场之间不存在任何 n 地套汇机会的充分必要条件是

每一该 n 地交叉循环外汇买入汇率的乘积 $\leqslant 1 \leqslant$ 每一该 n 地交叉循环外汇卖出汇率的乘积

该命题的正确性是显而易见的,并且由该命题我们还可以得出如下几个重要推论。

推论1:对于任何 $n(n=2,3,4,\cdots)$ 个国家(或地区)及其 n 种货币而言,在其 n 个外汇市场之间存在 n 地套汇机会的充分必要条件是

存在有该 n 地交叉循环外汇买入汇率的乘积 >1

或

存在有该 n 地交叉循环外汇卖出汇率的乘积 <1

此推论很容易由前述命题直接得到而无须再做证明。

推论2:世界某些外汇市场之间存在空间套汇机会的充分必要条件是:

存在有某个或某些交叉循环外汇买入汇率的乘积 >1

或

存在有某个或某些交叉循环外汇卖出汇率的乘积 <1

此推论则也很容易由前述推论1直接得到也无须再做证明。

推论3:若世界上不存在任何二地和三地套汇的机会,并且还有以下的附加条件:

所有二地交叉循环外汇买入汇率的乘积 $=1=$ 所有二地交叉循环外汇卖出汇率的乘积(★)

则必定也不存在任何四地及四地以上空间套汇的机会。

证:这里,不失一般性,我们可以将任意取定的四地(及其货币)分别设定为 A、B、C、D,由已知条件"不存在任何三地套汇的机会"可知有(附录6·2-1)式、(附录6·2-2)式成立,而且另外还有以下的(附录6·2-3)式至(附录6·2-8)式也分别成立:

$$A_B D_A B_D \leqslant 1 \leqslant A^B D^B D^A \qquad (附录6\cdot2-3)$$

$$A_D B_A D_B \leqslant 1 \leqslant A^D D^B B^A \qquad (附录6\cdot2-4)$$

$$A_C D_A C_D \leqslant 1 \leqslant A^C C^D D^A \qquad (附录6\cdot2-5)$$

$$A_D C_A D_C \leqslant 1 \leqslant A^D D^C C^A \qquad (附录6\cdot2-6)$$

$$B_C D_B C_D \leqslant 1 \leqslant B^C C^D D^B \qquad (附录6\cdot2-7)$$

$$B_D C_B D_C \leqslant 1 \leqslant B^D D^C C^B \qquad (附录6\cdot2-8)$$

下面我们先论证在推论3的前提假设下必定也不存在任何四地套汇的机会——这只需论证下面的(附录6·2-9)式至(附录6·2-14)式分别成立即可

$$A_B D_A C_D B_C \leqslant 1 \leqslant A^B C^C C^D D^A \qquad (附录6\cdot2-9)$$

$$A_D B_A C_B D_C \leqslant 1 \leqslant A^D D^C C^B B^A \qquad (附录6\cdot2-10)$$

$$A_B C_A D_C B_D \leqslant 1 \leqslant A^B B^D D^C C^A \qquad (附录6\cdot2-11)$$

$$A_C B_A D_B C_D \leq 1 \leq A^C C^D D^B B^A \qquad (附录6\cdot2-12)$$

$$A_C D_A B_D C_B \leq 1 \leq A^C C^B B^D D^A \qquad (附录6\cdot2-13)$$

$$A_D C_A B_C D_B \leq 1 \leq A^D D^B B^C C^A \qquad (附录6\cdot2-14)$$

我们只需将(附录6·2-1)式和(附录6·2-5)式的左、右两边分别相乘,并注意利用附加条件 $A_C C_A = 1 = A^C C^A$,即可得证(附录6·2-9)式。

再将(附录6·2-2)式和(附录6·2-6)式的左、右两边分别相乘,并注意再利用附加条件 $A_C C_A = 1 = A^C C^A$,又可得证(附录6·2-10)式。

只需将(附录6·2-1)式和(附录6·2-8)式的左、右两边分别相乘,并注意利用附加条件 $B_C C_B = 1 = B^C C^B$,即可得证(附录6·2-11)式。

再将(附录6·2-2)式和(附录6·2-7)式的左、右两边分别相乘,并注意再利用附加条件 $B_C C_B = 1 = B^C C^B$,又可得证(附录6·2-12)式。

只需将(附录6·2-2)式和(附录6·2-3)式的左、右两边分别相乘,并注意利用附加条件 $A_B B_A = 1 = A^B B^A$,即可得证(附录6·2-13)式。

再将(附录6·2-1)式和(附录6·2-4)式的左、右两边分别相乘,并注意再利用附加条件 $A_B B_A = 1 = A^B B^A$,又可得证(附录6·2-14)式。

至此,我们已证明了也不存在任何四地套汇的机会。

然后,我们还可以采用跟上面类似的方法,进一步利用不存在任何三地和四地套汇的机会以及附加条件(★)来推证也不存在任何五地套汇的机会;再进一步利用不存在任何四地和五地套汇的机会以及附加条件(★)来推证也不存在任何六地套汇的机会……

需要注意的是,假若推论3的其他前提条件成立而附加条件(★)式并未能满足的话,则其结论并不能确保成立(此时仍然可能存在四地及四地以上套汇的机会)。我们下面不妨举例来说明之。

[例] 我们把任意取定的四地(及其货币)分别设定为 A、B、C、D,设某日的同一时刻,A、B、C、D 地外汇市场上的外汇买卖报价如下:

外汇市场	A		B		C		D	
	买入汇率	卖出汇率	买入汇率	卖出汇率	买入汇率	卖出汇率	买入汇率	卖出汇率
外币汇率	$A_B=1.9620$	$A^B=1.9640$	$B_A=0.5088$	$B^A=0.5093$	$C_A=0.7610$	$C^A=0.7620$	$D_A=1.0820$	$D^A=1.0840$
	$A_C=1.3130$	$A^C=1.3145$	$B_C=0.6679$	$B^C=0.6689$	$C_B=1.4950$	$C^B=1.4970$	$D_B=2.1220$	$D^B=2.1250$
	$A_D=0.9240$	$A^D=0.9250$	$B_D=0.4710$	$B^D=0.4715$	$C_D=0.7030$	$C^D=0.7040$	$D_C=1.4200$	$D^C=1.4220$

注意,此例中的外币汇率一概采用了关于单位外币的直接标价法。由

$A_B B_A = 1.9620 \times 0.5088 = 0.9982 < 1 < 1.0010 = 1.9640 \times 0.5093 = A^B B^A$;

$A_C C_A = 1.3130 \times 0.7610 = 0.9991 < 1 < 1.0016 = 1.3145 \times 0.7620 = A^C C^A$;

$A_D D_A = 0.9240 \times 1.0820 = 0.9997 < 1 < 1.0027 = 0.9250 \times 1.0840 = A^D D^A$;

$B_C C_B = 0.6679 \times 1.4950 = 0.9985 < 1 < 1.0013 = 0.6689 \times 1.4970 = B^C C^B$;

$B_D D_B = 0.4710 \times 2.1220 = 0.9994 < 1 < 1.0019 = 0.4715 \times 2.1250 = B^D D^B$;

$C_D D_C = 0.7030 \times 1.4200 = 0.9982 < 1 < 1.0010 = 0.7040 \times 1.4220 = C^D D^C$。

可知,本例不存在任何两地套汇的机会,但是前述推论3中的附加条件(★)在这里并不能满足。

再由

$A_B C_A B_C = 1.9620 \times 0.7610 \times 0.6679 = 0.9972 \leqslant 1 \leqslant 1.0010 = 1.9640 \times 0.6689 \times 0.7620 = A^B C^A B^C$;

$A_C B_A C_B = 1.3130 \times 0.5088 \times 1.4950 = 0.9987 \leqslant 1 \leqslant 1.0022 = 1.3145 \times 1.4970 \times 0.5093 = A^C C^B B^A$。

$A_B D_A B_D = 1.9620 \times 1.0820 \times 0.4710 = 0.9998 \leqslant 1 \leqslant 1.0038 = 1.9640 \times 0.4715 \times 1.0840 = A^B B^D D^A$;

$A_D B_A D_B = 0.9240 \times 0.5088 \times 2.1220 = 0.9976 \leqslant 1 \leqslant 1.0010 = 0.9250 \times 2.1250 \times 0.5093 = A^D D^B B^A$;

$A_C D_A C_D = 1.3130 \times 1.0820 \times 0.7030 = 0.9987 \leqslant 1 \leqslant 1.0031 = 1.3145 \times 0.7040 \times 1.0840 = A^C C^D D^A$;

$A_D C_A D_C = 0.9240 \times 0.7610 \times 1.4200 = 0.9984 \leqslant 1 \leqslant 1.0022 = 0.9250 \times 1.4220 \times 0.7620 = A^D D^C C^A$;

$B_C D_B C_D = 0.6679 \times 2.1220 \times 0.7030 = 0.9963 \leqslant 1 \leqslant 1.0006 = 0.6689 \times 0.7040 \times 2.1250 = B^C C^D D^B$;

$B_D C_B C_D = 0.4710 \times 1.4950 \times 1.4200 = 0.9998 \leqslant 1 \leqslant 1.0036 = 0.4715 \times 1.4220 \times 1.4970 = B^D D^C C^B$

又知,本例也不存在任何三地套汇的机会。

然而,由于本例未能满足前述推论3中的附加条件(★),虽然我们已验证了本例中不存在任何二地和三地套汇的机会,但却仍然可能存在四地套汇的机会——比如本例中就确实存在有

$A_C D_A B_D C_B = 1.3130 \times 1.0820 \times 0.4710 \times 1.4950 = 1.0003 > 1$

即仍然存在四地套汇的机会。

第七章附录①

附录7·4·1 关于弹性价格汇率理论的计量分析模型

按照卡甘(P. Cagan,1956)型货币需求函数,可将货币市场的均衡方程式写为

$$M/P = k y^\eta e^{-\lambda R} \qquad (附录7·4·1-1)$$

其中,M代表名义货币供给,P代表价格水平,k为货币流通周期(即货币流通速度的

---

① 本章附录的内容可参看:姜波克,陆前进.国际金融学第2篇第5~6章[M].上海:上海人民出版社,2003.

倒数），y 代表实际收入，R 代表名义利率，e 为自然对数的底，η 为货币需求关于收入的弹性系数，λ 为货币需求关于利率的准弹性系数。

对(附录 7·4·1-1)式两边同时取自然对数可得本国货币市场均衡时的一个对数形式的货币需求函数：

$$\ln M = \ln k + \ln P + \eta \ln y - \lambda R \qquad \text{(附录 7·4·1-2)}$$

同样，外国也有一个类似的对数形式的货币需求函数（这里为简化问题计，我们假定了国内外货币需求函数的结构和参数值完全相同）：

$$\ln M_f = \ln k + \ln P_f + \eta \ln y_f - \lambda R_f \qquad \text{(附录 7·4·1-3)}$$

所以，关于绝对购买力平价汇率 $\varepsilon^* = P/P_f$ 取自然对数可得

$$\ln \varepsilon = \ln P - \ln P_f = (\ln M - \ln M_f) - \eta(\ln y - \ln y_f) + \lambda(R - R_f)$$

$$\text{(附录 7·4·1-4)}$$

再根据国际费雪效应将 $R - R_f = \pi - \pi_f$（式中的 π 和 π_f 分别代表国内、外的预期通胀率）代入(附录 7·4·1-4)式后又可得

$$\ln \varepsilon^* = (\ln M - \ln M_f) - \eta(\ln y - \ln y_f) + \lambda(\pi - \pi_f)$$

$$\text{(附录 7·4·1-5)}$$

(附录 7·4·1-5)式为货币主义弹性价格汇率模型的均衡汇率决定方程。

附录 7·4·2 关于黏性价格汇率理论的计量分析模型

该模型假定有如下的一个当前实际汇率决定方程：

$$e = \frac{\varepsilon}{\varepsilon^*} = \exp\left[-\frac{1}{\theta}\left(\frac{\varepsilon^e - \varepsilon}{\varepsilon} - \frac{\varepsilon^* - \varepsilon}{\varepsilon}\right)\right] \qquad \text{(附录 7·4·2-1)}$$

其中，e 是当前实际汇率，ε 是名义即期汇率，ε^* 是未来长期均衡的购买力平价预期汇率，ε^e 是未来短期均衡的无套补利率平价预期汇率，θ 是实际汇率的调整速度（明显有，当汇率调整速度 θ 趋向于无穷大时，实际汇率 e 趋近于1）。对式两边同时取自然对数可得

$$\ln \varepsilon - \ln \varepsilon^* = -\frac{1}{\theta}\left(\frac{\varepsilon^e - \varepsilon}{\varepsilon} - \frac{\varepsilon^* - \varepsilon}{\varepsilon}\right) \qquad \text{(附录 7·4·2-2)}$$

分别根据汇率短期均衡的无套补利率平价 $\frac{\varepsilon^e - \varepsilon}{\varepsilon} = R - R_f$ 和汇率长期均衡的相对购买力平价 $\frac{\varepsilon^* - \varepsilon}{\varepsilon} = \pi - \pi_f$，由(附录 7·4·2-2)式可得

$$\ln \varepsilon - \ln \varepsilon^* = -\frac{1}{\theta}[(R - R_f) - (\pi - \pi_f)]$$

$$= -\frac{1}{\theta}[(R - \pi) - (R_f - \pi_f)] \qquad \text{(附录 7·4·2-3)}$$

(附录 7·4·2-3)式右边方括号中的表达式代表国内外实际利率之差。再把(附录 7·4·1-5)式代入，最终可得

$$\ln \varepsilon = (\ln M - \ln M_f) - \eta(\ln y - \ln y_f) + \lambda(\pi - \pi_f) - \frac{1}{\theta}\left[(R - \pi) - (R_f - \pi_f)\right]$$

$$= (\ln M - \ln M_f) - \eta(\ln y - \ln y_f) - \frac{1}{\theta}(R - R_f) + \left(\lambda + \frac{1}{\theta}\right)(\pi - \pi_f)$$

(附录 7·4·2-4)

(附录 7·4·2-4)式即为货币主义黏性价格汇率模型的当前汇率决定方程。容易看出,当汇率调整速度 θ 趋向于无穷大时,(附录 7·4·2-4)式就会趋近于(附录 7·4·1-5)式,也就是说,较为简单的(附录 7·4·1-5)式(弹性价格汇率模型的汇率决定方程)其实就是(附录 7·4·2-4)式(黏性价格汇率模型的汇率决定方程)在汇率调整速度 θ 趋向于无穷大时的极限形式。

第八章附录

附录 8·1 关于马歇尔-勒纳条件的一个更为全面的说明

在马歇尔-勒纳条件的前提假设下:

① 当初始条件为 $B = Q_x \cdot P_x - Q_m \cdot P_m \cdot \varepsilon = 0$ 时(即原贸易收支处于平衡状态时),有 $\frac{Q_x P_x}{Q_m \varepsilon \cdot P_m} = 1$,从而有 $\frac{dB}{d\varepsilon} = Q_m \cdot P_m \left(\eta_x \cdot \frac{Q_x P_x}{Q_m \varepsilon \cdot P_m} + \eta_m - 1\right) = Q_m \cdot P_m(\eta_x + \eta_m - 1)$,此时,$\eta_x + \eta_m > 1$ 是 $\frac{dB}{d\varepsilon} > 0$ 的充分必要条件,亦即本币贬值能够改善贸易净收入的充分必要条件;

② 当初始条件为 $B = Q_x \cdot P_x - Q_m \cdot P_m \cdot \varepsilon > 0$ 时(即原贸易收支处于顺差状态时),有 $\frac{Q_x P_x}{Q_m \varepsilon \cdot P_m} > 1$,从而有 $\frac{dB}{d\varepsilon} = Q_m \cdot P_m \left(\eta_x \cdot \frac{Q_x P_x}{Q_m \varepsilon \cdot P_m} + \eta_m - 1\right) > Q_m \cdot P_m(\eta_x + \eta_m - 1)$,此时,$\eta_x + \eta_m > 1$ 只是 $\frac{dB}{d\varepsilon} > 0$ 的一个充分条件,亦即本币贬值能改善贸易净收入的一个充分条件(但不再是必要条件);

③ 当初始条件为 $B = Q_x \cdot P_x - Q_m \cdot P_m \cdot \varepsilon < 0$ 时(即原贸易收支处于逆差状态时),有 $\frac{Q_x P_x}{Q_m \varepsilon \cdot P_m} < 1$,从而有 $\frac{dB}{d\varepsilon} = Q_m \cdot P_m \left(\eta_x \cdot \frac{Q_x P_x}{Q_m \varepsilon \cdot P_m} + \eta_m - 1\right) < Q_m \cdot P_m(\eta_x + \eta_m - 1)$,此时,$\eta_x + \eta_m > 1$ 只是 $\frac{dB}{d\varepsilon} > 0$ 的一个必要条件,亦即本币贬值能改善贸易净收入的一个必要条件(但不再是充分条件)。

附录 8·3 关于固定汇率制下货币政策失效的一个更为具体的说明

在固定汇率制下,长期来看,一国货币当局并无主动地制定其货币政策(这里是指货币供给总额)的自主权,于是人们有时干脆简单地说,在固定汇率制下货币政策失效。

具体来说,假定原来一国处于充分就业的内外一致均衡状态:

$$\begin{cases} s_0 = d_0 \\ B = 0 \\ m \cdot (N_0 + F_0) = M_s^0 = M_d^0 = k \cdot P_0 \cdot y_0 \end{cases}$$

其中，s_0 和 d_0 分别为原国内商品供给和需求，B 为原国际收支，N_0 和 F_0 分别为原源自国内、外的基础货币供给，P_0 和 M_d^0 分别为满足购买力平价的原国内价格水平及其相应的名义货币需求，y_0 为保持不变的实际收入。如果所有其他条件都保持不变而发生了货币供给失衡，比如发生了货币当局进行公开市场操作向公众购进国债使 M 上升到 $M_s' > M_d^0$ 时，情况会怎样？

$$(N\uparrow N_1)\ M_s\uparrow M_s' > M_d^0 \to\ \underset{(\text{商品市场出现需求过热})}{d\uparrow d' > s_0}\ \to P\uparrow P' > P_0\ \begin{array}{l} \to d\downarrow d_0 = s_0 (\text{商品市场恢复原有均衡}) \\ \to B < 0 (\text{国际收支出现逆差}) \to \\ \to M_d\uparrow M_d' = M_s' (\text{货币市场实现短期均衡}) \end{array}$$

$$\to (F\uparrow F_1)\ M_s\downarrow M_s^0 < M_d' \to \underset{(\text{商品市场又需求不足})}{d\downarrow d'' < s_0} \to P\downarrow P_0 \begin{array}{l} \to d\uparrow d_0 = s_0 (\text{商品市场恢复原既定均衡}) \\ \to B = 0 (\text{国际收支又恢复平衡}) \\ \to M_d\downarrow M_d^0 = M_s^0 (\text{货币市场恢复原既定均衡}) \end{array}$$

这时，由于货币的供大于求，基于现金余额效应，人们会扩大消费和投资，因为实际商品供给保持不变，从而会一时引起国内商品市场上需求过热，导致本国价格水平上升（暂时偏离其购买力平价）：国内价格水平的上升，一方面会使国内商品市场的需求降温重新回到既定的实际供给水平上，另一方面又会使名义货币需求跟随着暂时上升（短期偏离其既定的均衡值），再一方面还会使该国产品的国际竞争力下降从而导致出现短期性国际收支逆差——在固定汇率制下，后者意味着货币当局不得不抛售外汇来填补外汇需求缺口以稳定汇率，这样它就把原先超额供给的货币又收回去了，直至货币供给总额重新恢复到原既定长期均衡值为止。但这又造成了货币供不应求的局面，基于反向的现金余额效应，人们又会缩减投资和消费，以至于商品市场上又一时出现需求不足（需求又暂时低于实际供给能力），使本国价格水平又重新回落，直至重新恢复到既定的购买力平价为止。而国内价格水平的回落，一方面会使国内商品市场的需求重新升温又恢复到既定的实际供给水平上；另一方面又会使国内货币需求也随之回落，重新恢复到原来既定的长期均衡值；再一方面，国际收支也重新恢复了平衡。最终，该国经济又重新恢复到原来既定的内外一致均衡状态：

$$\begin{cases} s_0 = d_0 \\ B = 0 \\ m \cdot (N_1 + F_1) = M_s^0 = M_d^0 = k \cdot P_0 \cdot y_0 \end{cases}$$

其中，$N_1 + F_1 = N_0 + F_0$。

反过来，如果出现了 M 下降到 $M_s' < M_d^0$ 时，情况又会怎样？通过类似的分析不难得

知,在固定汇率制下,一时性的货币供给紧缩则具有改善国际收支的短期作用,但由于市场力量的自动调节机制也最终会使其重新恢复到既定的内外一致均衡状态,所以这一作用也不能够长期维持,详细分析留给读者自己思考。

附录 8·4·1 关于央行向公众购买本国债券对内生变量 M 扰动的深入分析

我们不妨将 M 视作一个虚拟外生变量,分别来看在央行扰动之前、之初和最终均衡的变动情况,见附录图 8·4·1-1。

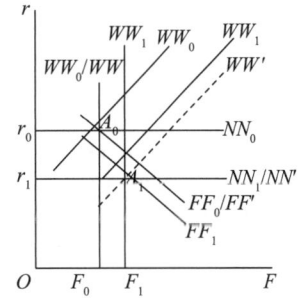

附录图 8·4·1-1 央行向公众购买本国债券对 M 的扰动分析

首先,在央行对内生变量 M 进行外生扰动之前,假定三个外生变量的值分别为 r_f、W_0 和 N_0,其三个内生变量的一致均衡值为 (F_0, r_0, M_0),位于截平面 $M = M_0$ 上。当时各均衡曲面在截平面 $M = M_0$ 上的各截线位置分别是:WW_0、MM_0、NN_0 和 FF_0。这四条截线恰好相交于同一点 $A_0(F_0, r_0, M_0)$,三个金融资产市场处于一致均衡状态。

其次,在央行扰动之初,使 N 下降到 N_1,同时 M 也暂时上升到 $M' = M_0 + (N_0 - N_1)$。这时,各新均衡曲面在截平面 $M = M'$ 上的各截线位置分别是:WW'、MM'、NN' 和 FF'。从图中可以看出,在新截面 $M = M'$ 上,NN' 截线的位置比其在原截面 $M = M_0$ 上的位置 NN_0 有所下移——这意味着国内利率有所下降;MM' 截线的位置(图中的虚线)比其在原截面 $M = M_0$ 上的位置 MM_0 也有所下移,而另外两条截线 WW' 和 FF' 则与其在原截面 $M = M_0$ 上的位置 WW_0 和 FF_0 分别重叠。显然,新截面 $M = M'$ 上的这四条截线未能全部相交于同一点,这说明央行的扰动使得三个金融资产市场处在了一种非一致均衡状态。

最后,金融资产市场的失衡,会导致内生变量的跟进调整:由于国内利率下降,所产生的替代效应导致资本短期外流,这时央行为维持固定汇率而不得不抛售外国债券,被迫把其刚刚因购买本国债券而增加的货币供给又部分回笼——其重新回笼货币的数额恰好等于国内公众新增持外国债券的本币价值,最终应有 $N_0 - N_1 = (M_1 - M_0) + (F_1 - F_0)$,其中,$M_1$、$N_1$ 和 F_1 分别为达到新一致均衡后的货币存量、本国债券存量和外国债券存量。显然有 $M_0 < M_1 < M'$ 和 $F_0 < F_1$,而 $M' - M_1 = F_1 - F_0 > 0$ 则为又重新回笼货币的数额(亦即国内公众增持外国债券的本币价值)。这样,通过自动的内生调整,最终的各均衡曲面在截平面 $M = M_1$ 上的各截线位置分别成为 WW_1、MM_1、NN_1 和 FF_1,而这四条截线又重新全部相交于同一点 $A_1(F_1, r_1, M_1)$,三个金融资产市场又达成了新的一致均衡。在新截面 $M = M_1$ 上各条均衡截线的位置,与其在截面 $M = M'$ 上的位置相比,NN 曲线重叠,WW 曲线有所右移,MM 曲线和 FF 曲线又分别有所左回移;而与在原截面 $M = M_0$ 上的位置相比,则除了 WW 曲线有所右移以外,NN 曲线、MM 曲线和 FF 曲线则都有所下移。最终新的均衡点 $A_1(F_1, r_1, M_1)$ 将会右下移:均衡利率会有所下降,而公众持有外国债券存量则会有所增加。

附录8·4·2 关于央行新发货币增加资产总量对内生变量 M 扰动的深入分析

以下,我们再次将 M 视作一个虚拟外生变量,来分别看看在央行扰动之前、之初和最终均衡的变动情况,见附录图8·4·2-1。

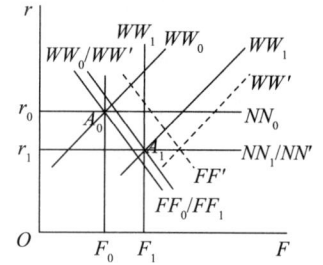

附录图8·4·2-1 央行新发货币增加资产总量对 M 的扰动分析

首先,在央行对内生变量 M 进行外生扰动之前,假定三个外生变量的值分别为 r_f、W_0 和 N_0,其三个内生变量的一致均衡值为 (F_0, r_0, M_0),位于截平面 $M = M_0$ 上。当时各均衡曲面在截平面 $M = M_0$ 上的各截线位置分别是:WW_0、MM_0、NN_0 和 FF_0。这四条截线恰好相交于同一点 $A_0(F_0, r_0, M_0)$,三个金融资产市场处于一致均衡状态。

其次,在央行扰动之初,使 W 上升到 W_1,同时 M 也暂时上升到 $M' = M_0 + (W_1 - W_0)$。这时,各新均衡曲面在截平面 $M = M'$ 上的各截线位置分别是:WW'、MM'、NN' 和 FF'。从图中可以看出,在新截面 $M = M'$ 上,WW' 截线的位置与其在原截面 $M = M_0$ 上的位置 WW_0 重叠;NN' 截线的位置比其在原截面 $M = M_0$ 上的位置 NN_0 有所下移——这意味着国内利率有所下降;MM' 截线和 FF' 截线(图中的虚线)则比其在原截面 $M = M_0$ 上的位置 MM_0 截线和 FF_0 分别有所右移。显然,新截面 $M = M'$ 上的这四条截线未能全部相交于同一点,这说明央行的扰动使得三个金融资产市场处在了一种非一致均衡状态。

最后,金融资产市场的失衡,又会导致内生变量的跟进调整:由于国内利率下降会产生替代效应,而拥有资产总量的增加又会产生财富效应,两者都会导致资本短期外流,这时央行为维持固定汇率而不得不抛售外国债券,被迫把其刚刚增发的货币供给又部分回笼——其重新回笼货币的数额恰好等于国内公众新增持外国债券的本币价值,最终应有 $W_1 - W_0 = (M_1 - M_0) + (F_1 - F_0)$,其中,$W_1$、$M_1$ 和 F_1 分别为达到新一致均衡后的资产总存量、本国货币存量和外国债券存量。显然有 $M_0 < M_1 < M'$ 和 $F_0 < F_1$,而 $M' - M_1 = F_1 - F_0 > 0$ 则为又重新回笼货币的数额(亦即国内公众增持外国债券的本币价值)。这样,通过自动的内生调整,最终,各均衡曲面在截平面 $M = M_1$ 上的各截线位置分别成为 WW_1、MM_1、NN_1 和 FF_1,而这四条截线又重新全部相交于同一点 $A_1(F_1, r_1, M_1)$,三个金融资产市场又达成了新的一致均衡。在新截面 $M = M_1$ 上各条均衡截线的位置,与其在截面 $M = M'$ 上的位置相比,NN 曲线重叠,WW 曲线有所右移,MM 曲线和 FF 曲线又分别有所左回移;而与在原截面 $M = M_0$ 上的位置相比,则除了 WW 曲线有所右移以外,NN 曲线、MM 曲线和 FF 曲线则都有所下移。最终新的均衡点 $A_1(F_1, r_1, M_1)$ 将会右下移:均衡利率会有所下降,而公众持有外国债券存量则会有所增加。

第九章附录[①]

附录 9·2·1 关于改进型克鲁格曼-弗拉德-加伯第一代货币危机模型

由克鲁格曼(1979)原创后经弗拉德和加伯(1984)线性化简化和改进的所谓改进型克鲁格曼-弗拉德-加伯第一代货币危机模型(Advanced Version of Krugman-Flood-Garber of the First Generation of Currency Crisis Model)常被人们简称为克鲁格曼-弗拉德-加伯模型(Krugman-Flood-Garber Model, KFG 模型),是一个小型开放经济随机模型:本国货币按照购买力平价的汇率钉住其主要贸易伙伴国货币(设定外国的价格和利率水平都是固定不变的常数);本国居民有四种可选择的资产(本国货币和本国债券、外国货币和外国债券),国内外资产是完全可替代的;投资者是完全预期的,外汇市场是有效的;国内货币供给总量等于国内信贷与央行持有的外汇储备之和;国内信贷增长率为一固定常数;在本国央行尚有足够的外汇储备之时有义务利用其外汇储备来维护固定汇率。

1. 模型的框架

本国货币市场供需均衡时的实际货币需求量是国内利率的一个线性函数:

$$M(t)/P(t) = a_0 - a_1 R(t) \quad \text{(附录 9·2·1-1)}$$

其中,$M(t)$、$P(t)$ 和 $R(t)$ 分别代表 t 时刻的国内货币存量、国内价格和利率,a_0 和 a_1 则是两个固定常数($a_1 > 0$),$\varepsilon(t)$ 是 t 时刻的汇率。

本国货币存量的构成为

$$M(t) = D(t) + F(t) \quad \text{(附录 9·2·1-2)}$$

即 t 时刻的国内货币供给总量 $M(t)$ 等于当时国内信贷 $D(t)$ 与央行持有的外汇储备 $F(t)$ 之和。

本国信贷的增长速度是一个固定不变的外生常数 $\mu > 0$:

$$\dot{}(t) = \mu \quad \text{(附录 9·2·1-3)}$$

汇率的购买力平价成立:

$$P(t) = P^* \cdot \varepsilon(t) \quad \text{(附录 9·2·1-4)}$$

其中,$\varepsilon(t)$ 是 t 时刻的本国货币汇率(用直接标价法),P^* 是固定不变的外国价格水平。

汇率的无套补利率平价也成立:

$$R(t) = R^* + \dot{\varepsilon}(t)/\varepsilon(t) \quad \text{(附录 9·2·1-5)}$$

其中,R^* 是固定不变的外国利率,$\dot{\varepsilon}(t)/\varepsilon(t)$ 是 t 时刻的本国货币预期贬值率。

将(附录 9·2·1-4)式和(附录 9·2·1-5)式代入(附录 9·2·1-1)式,可以得到本模型的基本方程式——在 t 时刻本国货币市场供需均衡的货币存量与汇率的关系式:

$$M(t) = \beta\varepsilon(t) - \alpha\dot{\varepsilon}(t) \quad \text{(附录 9·2·1-6)}$$

[①] 本章附录的内容可参看:姜波克,陆前进.国际金融学第 3 篇第 11~13 章[M].上海:上海人民出版社,2003.

其中，$\beta \stackrel{\wedge}{=} a_0 P^* - a_1 P^* R^*, \alpha \stackrel{\wedge}{=} a_1 P^*$，都是固定不变的常数。

因为在汇率稳定的 t 时有 $\dot{\varepsilon}(t) = 0$ 和 $\varepsilon(t) = \varepsilon(0) = M(0)/\beta = [D(0) + F(0)]/\beta \stackrel{\wedge}{=} \bar{\varepsilon}$ 固定不变，从而根据(附录 9·2·1-6)式和(附录 9·2·1-5)式可知，在汇率稳定的 t 时有：货币存量 $M(t) = \beta\bar{\varepsilon}$ 和国内利率 $R(t) = R^*$ 都是固定不变的常数。据此可以导出，在汇率稳定的 t 时有如下一个外汇储备函数：

$$F(t) = M(t) - D(t) = \beta\bar{\varepsilon} - D(t) \quad \text{(附录 9·2·1-7)}$$

而且此时(在汇率稳定的 t 时刻)，该国外汇储备的变动速度与其国内信贷的变动速度绝对值相等符号相反，即有 $\dot{F}(t) = -\dot{D}(t) = -\mu$。这说明，实行固定汇率制时，本国央行为了维护汇率稳定而不得不始终保持货币供给总量 $M(t)$ 稳定在 $\bar{M}$，为此也就必须不断地适时相应调整其货币供给的结构(D 与 F 之间的比例结构)以维持货币供给总量 M 保持不变——当国内信贷 $D(t)$ 以固定不变的速度 $\dot{D}(t) = \mu$ 扩张时，央行的外汇储备 $F(t)$ 就必须同时以相反的速度 $\dot{F}(t) = -\mu$ 缩减[即这里有：$F(t) = F(0) - \mu \cdot t$]。而如果国内信贷 D 始终以固定不变的速度 $\dot{D}(t) = \mu$ 扩张，则由于央行原有的外汇储备 $F(0)$ 有限，所以即使在无投机冲击的情况下最终在到达时间 $t = F(0)/\mu$ 时也会发生央行的外汇储备耗尽的情况，我们不妨称这一时间 $t = F(0)/\mu$ 为"央行外汇储备的无冲击耗尽时间"。但在现实中，由于投机者是完全预期的，所以早在央行外汇储备的无冲击耗尽时间之前的某个时刻 $T < F(0)/\mu$ 时就会突发投机冲击，使得该国央行的外汇储备几乎是瞬间归零 $[F(T) = 0]$，其固定汇率制也在瞬间崩溃了；而在 $t \geq T$ 之后显然有：$F(t) = 0, M(t) = D(t) = D(0) + \mu \cdot t$。

2. 投机冲击时机的确定

人们称投机者突发投机冲击使该国央行的外汇储备瞬间归零的时间 T 为固定汇率崩溃时间或危机爆发时间，现在的问题是，如何确定这一时间？为了确定危机爆发的时间，在模型中引入了一个影子汇率的概念——把投资者预期的汇率完全自由浮动条件下的市场汇率水平称作影子汇率。显然，如果影子汇率 $\varepsilon(t)$ 小于固定汇率 $\bar{\varepsilon}$，则投机者是不能从央行以固定汇率购入外汇然后再以市场汇率售出中获利的；但是当影子汇率 $\varepsilon(t)$ 上升到大于固定汇率 $\bar{\varepsilon}$ 时，投机者就能从央行以固定汇率购入外汇然后再以市场汇率售出而获利了。也就是说，能使得影子汇率上升到 $\varepsilon(T) = \bar{\varepsilon}$ 的时间 T，就是危机爆发时间。

为了求出危机爆发的时间 T，先得求出影子汇率的时间方程。注意到影子汇率 $\varepsilon(t)$ 与货币供给存量 $M(t)$ 之间应当存在线性关系：$\varepsilon(t) = \lambda_0 + \lambda_1 M(t)$。据此可知，当 $t \geq T$ 时，有 $M(t) = D(t) = D(0) + \mu \cdot t$，且 $\dot{\varepsilon}(t) = \dot{M}(t) = \dot{D}(t) = \mu$，把它们代入(附录 9·2·1-6)式可求得影子汇率的曲线方程为

$$\varepsilon(t) = [D(0) + \alpha \cdot \mu]/\beta + (\mu/\beta) \cdot t, t \geq T \text{ 时}$$

(附录 9·2·1-8)

再注意到在 $t = T$ 时起初仍有 $\varepsilon(T) = \dot{\varepsilon} = [D(0) + F(0)]/\beta$，将其代入（附录9·2·1-8）式即可求出危机爆发时间 T 为

$$T = F(0)/\mu - \alpha \qquad （附录9·2·1-9）$$

由（附录9·2·1-9）式可以看出：该国货币当局拥有的初始外汇储备 $F(0)$ 越少，投机冲击爆发时间越早；国内信贷增速 $\dot{D}(t) = \mu$ 越大，投机冲击爆发时间越早。

见附录图9·2·1-1，其中的横轴代表时间，纵轴代表汇率。水平直线代表固定汇率水平，从左下方向右上方倾斜的直线代表投资者所预期的影子汇率曲线，这两条线的交点 A 处的横坐标 T 即为投机冲击爆发的时间点。在 $t \leq T$ 时，该国的汇率稳定在 $\varepsilon(t) = \dot{\varepsilon}$ 的固定汇率上；在 $t = T$ 时，突发投机冲击，使该国央行的外汇储备几乎瞬间归零，固定汇率崩溃。

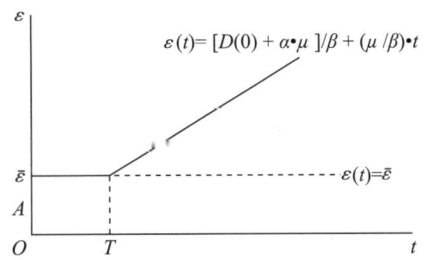

附录图9·2·1-1 危机爆发时间的确定

3. 央行的货币供给曲线和外汇储备曲线在危机发生前后的变化

见附录图9·2·1-2，央行的货币供给曲线是一条以时刻 T 为界的分段曲线，有如下的分段函数：

$$M(t) = \begin{cases} M(0), t \leq T \\ D(0) + \mu \cdot t, t > T \end{cases}$$

$$（附录9·2·1-10）$$

其中，$M(0) = D(0) + F(0)$，是该国起初的货币供给总量。在投机冲击爆发之前的 $t \leq T$ 时，该国的货币供给一直维持在起初的货币供给水平上：

$$M(t) = M(0), t \leq T \text{ 时}$$

$$（附录9·2·1-11）$$

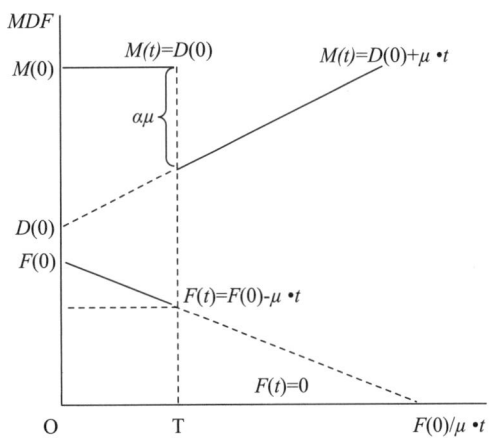

附录图9·2·1-2 央行的货币供给曲线和外汇储备曲线

但在 $t = T$ 时爆发货币危机之后，该国央行的外汇储备瞬间归零之后的国内货币供给就完全取决于国内信贷了（图中从左下方向右上方倾斜的那段斜线就是此后的国内货币供给曲线了）：

$$M(t) = D(0) + \mu \cdot t, t > T \text{ 时} \qquad （附录9·2·1-12）$$

央行的外汇储备曲线也是一条以时刻 T 为界的分段曲线，有如下的分段函数：

$$F(t) = \begin{cases} F(0) - \mu \cdot t, t \leq T \\ 0, t > T \end{cases} \qquad （附录9·2·1-13）$$

在投机冲击爆发之前的 $t \leq T$ 时，该国央行的外汇储备曲线是图中从左上方向右下

方倾斜的那段斜线,即 $F(t) = F(0) - \mu \cdot t (t \leq T$ 时$)$;但在 $t = T$ 时爆发货币危机之后,该国央行的外汇储备瞬间归零之后的外汇储备曲线就落在了横坐标轴上,成为 $F(t) = F(0)(t > T$ 时$)$。将(附录 $9 \cdot 2 \cdot 1 - 9$)式代入(附录 $9 \cdot 2 \cdot 1 - 13$)式中可以求得 $F(T) = \alpha\mu$,这意味着直到投机冲击爆发前的 $T = F(0)/\mu - \alpha$ 时,央行当时尚拥有 $\alpha\mu$ 的外汇储备。不过在投资者完全预期的前提假设下,人们已经预期到此时 $[T = F(0)/\mu - \alpha$ 时$]$ 的影子汇率恰好上升到了等于原固定汇率,这正是可以实现投机收益最大化的一个发动冲击的最佳时机。

附录 $9 \cdot 2 \cdot 2$ 关于预期自我实现的奥博斯特费尔德第二代货币危机模型

在预期自我实现的奥博斯特费尔德第二代货币危机模型(forecast self-fulfilled version of Obstfeld of second generation of currency crisis model, by M. Obstfeld, 1996)中,将私人预期的自我实现视为决定因素,具体有两个子模型:在其第一个子模型(国内实际利率或政府债务冲击模型)中,人们对于本国货币贬值预期的自我实现机制是,本国货币贬值的预期将会引起国内利率水平上升,导致政府公共债务负担加重,给政府造成偿债压力而倾向于接受公众预期贬值率的"自我实现";在其第二个子模型(劳动力工资水平或总需求冲击模型)中,人们对于本国货币贬值预期的自我实现机制是,本国货币贬值的预期将会引起国内劳动者要求提高工资水平,高工资导致国内生产成本上升和低就业、低产出,给政府造成总需求不足的压力而倾向于接受公众预期贬值率的"自我实现"。

1. 关于国内实际利率或政府债务冲击模型

模型的框架:该模型将时间段分成两个时期(1 期和 2 期)。在这两个时期中,政府需偿付的债务分别为 $_0D_1$ 和 $_0D_2$(未消除通胀因素的用本币表示的名义值),政府的外汇收入分别为 $_0F_1$ 和 $_0F_2$(用外币表示的名义值),政府的真实消费支出分别为 g_1 和 g_2(消除了通胀因素的用外本币表示的实际消费支出);并且政府只在第 2 期征收税率为 τ 的可得税,第 1 期的汇率固定为 ε_1,第 2 期的汇率固定为 ε_2。又令 $_1D_2$ 和 $_1F_2$ 分别代表在第 1 期内发生的需在第 2 期偿付的政府债务和可在第 2 期得到的政府外汇收入,则可以有如下一个关于第 1 期财政收支的约束方程式:

$$_1D_2 = (1 + r)\left(_0D_1 + \varepsilon_1 \cdot g_1 - \varepsilon_1 \cdot {_0F_1} + \frac{\varepsilon_1 \cdot {_1F_2}}{1 + r_f}\right)$$

(附录 $9 \cdot 2 \cdot 2 - 1$)

其中,r 和 r_f 分别为债务市场上的国内实际利率和国外实际利率(r 是本模型的内生解释变量)。此外,还可以有如下一个关于第 2 期财政收支的约束方程式:

$$_1D_2 + {_0D_2} - \varepsilon_2 \cdot ({_1F_2} + {_0F_2}) + \varepsilon_2 \cdot g_2 = \varepsilon_2 \cdot \tau \cdot y + M_2 - M_1$$

(附录 $9 \cdot 2 \cdot 2 - 2$)

其中,y 为每期固定不变的实际总收入(用外币表示),M_1 和 M_2 分别代表两个时期的货币需求,并假定货币需求函数为 $M_t = k\varepsilon_t \cdot y(t = 1,2)$。

令 $_id_j$ 代表相应 $_iD_j$ 的用外币表示的真实值(消除了通胀因素的值),综合两期的财政约束,可得到如下一个前后两期合计的财政收支约束方程式:

$$\rho(_1d_2 + _0d_2 + k \cdot y) + \tau \cdot y = _1d_2 + _0d_2 + g_2 - _1f_2 - _0f_2$$

(附录 9·2·2-3)

其中,ρ 为第 2 期本币汇率的贬值率:

$$\rho = (\varepsilon_2 - \varepsilon_1)/\varepsilon_1 \quad \text{(附录 9·2·2-4)}$$

$$_1d_2 = (1 + r)\left(_0d_2 + g_1 - _0F_1 + \frac{_1F_2}{1 + r_f}\right) \quad \text{(附录 9·2·2-5)}$$

该模型认为,政府主要关心的是公众预期本币汇率贬值时本币贬值率和税率能产生的消费扭曲效应的大小,所以将公众预期本币贬值时政府相机调整汇率政策会给政府带来的损失函数设定为

$$L = \frac{1}{2}\tau^2 + \frac{\theta}{2}\rho^2 \quad \text{(附录 9·2·2-6)}$$

其中,θ 代表本币贬值率扭曲效应相对于税率扭曲效应的权重系数。

(1)相机抉择汇率制下的政府意愿贬值率和公众预期的"自我实现"机制

在相机抉择汇率制度下,政府进行相机汇率调整的目标是,在(附录 9·2·2-3)式的财政约束下使(附录 9·2·2-6)式所代表的政府损失 L 达到最小化。将(附录 9·2·2-6)式关于 r 求导,可得到满足政府损失达到最小化的下述必要条件:

$$\frac{\theta \cdot \varepsilon}{_1d_2 + _0d_2 + k \cdot y} = \frac{\tau}{y} \quad \text{(附录 9·2·2-7)}$$

(附录 9·2·1-7)式意味着:本币贬值率上升的边际成本等于税率上升的边际成本,是政府损失达到最小化的必要条件。这正是政府的意愿贬值率(使得政府损失达到最小化的最优本币贬值率)。将(附录 9·2·2-7)式代入财政收支约束方程(附录 9·2·2-3)式可以求得政府的意愿贬值率所需满足的条件:

$$\varepsilon = \frac{(_1d_2 + _0d_2 + k \cdot y)(_1d_2 + _0d_2 + g_2 - _1f_2 - _0f_2)}{(_1d_2 + _0d_2 + k \cdot y)^2 + \theta \cdot y^2}$$

(附录 9·2·2-8)

由(附录 9·2·2-5)式可知,本国实际利率 r 是政府债务 $_1d_2$ 的决定因素,政府债务 $_1d_2$ 是决定政府意愿贬值率的一个重要因素。

将利率平价条件 $\varepsilon = (1 - r_f)/(1 + r)$ 与(附录 9·2·2-8)式联立,可求得本币实际利率 r 和政府意愿贬值率 ε 的两对均衡解:一对均衡解的利率和意愿贬值率(r_1, ε_1)较低,另一对均衡解的利率和意愿贬值率(r_2, ε_2)较高。在理论上来说,这似乎应当是一个可以由政府相机抉择的本币贬值率的决策问题;但在现实中,虽然在较低水平的利率和本币贬值率下政府的损失比较小,却往往会由于公众对于本币贬值率的预期较高而导致在现实中的均衡点是(r_2, ε_2)。也就是说,现实往往会打破政府的相机抉择而实际形成公众预期的"自我实现"机制。因为金融市场上的投资人会对本币的贬值率进行理性预期,

当公众预期的本币贬值率较大时,这种预期会引起本国债务市场的实际利率相应上升,导致政府公共债务负担加重,给政府造成偿债压力,通过(附录9·2·2-9)式的机制而迫使政府不得不接受较大的公众预期贬值率。

(2)固定汇率制下的政府损失函数和汇率政策抉择问题

在固定汇率制下,如果政府选取放弃原来的固定汇率制而改为相机贬值的汇率政策的话,则还需要再额外承担一定的调整固定汇率制的成本损失,我们不妨假定这一调整成本损失为 C,则可以将公众预期本币汇率贬值时,政府放弃固定汇率制而改为采取相机贬值的汇率政策给政府带来的损失函数设定为

$$L' = \frac{1}{2}\tau^2 + \frac{\theta}{2}\rho^2 + C \qquad (附录9·2·2-9)$$

将(附录9·2·2-9)式与(附录9·2·2-7)式相对比可知,在固定汇率制下,当公众预期本币汇率贬值时,政府放弃固定汇率制而改为采取相机贬值的汇率政策给政府带来的损失 L' 要大于相机抉择汇率制下的政府损失 L,而且这种损失差距还会随着国内实际利率 r 的上升而不断扩大。人们通常认为,可以把

$$L = \frac{1}{2}\tau^2 + \frac{\theta}{2}\rho^2 > C \qquad (附录9·2·2-10)$$

作为政府选择将固定汇率制调整为相机抉择汇率政策的一个损失成本临界条件。因为如果政府在其需承受的相机抉择汇率政策的损失成本已超过了固定汇率制的调整成本损失之后才肯放弃固定汇率制而改为采取相机抉择的汇率政策,则其所需承受的损失成本就已大于 $2C$ 而显得太高了。

2. 关于劳动力工资水平或总需求冲击模型

模型的框架:这是一个多期随机模型,假设各期实际汇率 e_t 为随机变量(e_t 是本模型的内生解释变量),第 t 期的实际工资水平 w_t 是早在第 $t-1$ 期就先期决定了的对于 t 期实际汇率 e_t 的一个数学期望值:

$$w_t = E_t - 1(e_t) \qquad (附录9·2·2-11)$$

第 t 期的实际汇率 e_t 和实际工资水平 w_t 共同决定着第 t 期的实际总产出 y_t:

$$y_t = a(e_t - w_t) - u_t \qquad (附录9·2·2-12)$$

其中,u_t 则是在第 t 期中来自外国的消费需求的随机扰动项。

该模型认为,政府主要关心的是公众预期本币汇率贬值时当期实际产出和实际汇率能产生的消费扭曲效应的大小,所以将公众预期第 t 期本币汇率贬值而政府不能相机调整汇率时给政府带来的当期损失函数设定为

$$\begin{aligned} L_t &= (y_t - y^*)^2 + \frac{\theta}{2}(e_t - e_{t-1})^2 \\ &= \frac{1}{2}[a(e_t - w_t) - u_t - y^*]^2 + \frac{\theta}{2}(e_t - e_{t-1})^2 \end{aligned}$$

$$(附录9·2·2-13)$$

其中，y^* 为各期固定不变的理想实际产出，θ 代表实际汇率扭曲效应相对于实际产出扭曲效应的权重系数。

(1) 相机抉择汇率制度下的均衡贬值率确定方程

在相机抉择汇率制度下，政府进行相机汇率调整的目标是，使（附录 9·2·2-13）式所代表的政府损失 L 达到最小化。关于 e_t 求偏导，可得到满足第 t 期政府损失 L_t 最小化的下述必要条件

$$\frac{\partial L_t}{\partial e_t} = a[a(e_t - w_t) - u_t - y^*] + \theta(e_t - e_{t-1}) = 0$$

（附录 9·2·2-14）

再令 $\lambda = a^2/(\theta + a^2)$，可以导出政府为使其损失尽量最小化的反应函数为

$$e_t - e_{t-1} = \lambda(u_t/a) + \lambda(w_t - e_{t-1}) + \lambda(y^*/a)$$

（附录 9·2·2-15）

由（附录 9·2·2-15）式可知，政府可以通过调整汇率来抵消来自国外的消费需求扰动 u_t 对实际总产出的影响，以使第 t 期的政府损失 L_t 尽量最小化；而且，由于第 t 期的工资水平其实是早在第 $t-1$ 期就已经提前决定了的，因此政府为避免高工资可能带来通胀从而会削弱本国国际竞争力的风险，这时的最优政策选择其实就是本币贬值。

与此同时，私人则会对政府政策进行预期，并采取相应的对策——劳动者会根据（附录 9·2·2-15）式的政府反应函数所预期的本币汇率调整，按照（附录 9·2·2-11）式确定的实际工资水平期望值来要求将其在第 t 期的工资水平调整为

$$w_t = e_{t-1} + \frac{\lambda}{1-\lambda} E_{t-1}(u_t/a) + \frac{\lambda}{1-\lambda}(y^*/a) \quad （附录 9·2·2-16）$$

根据（附录 9·2·2-16）式，当 $E_{t-1}(u_t) = 0$ 时，有

$$w_t = e_{t-1} + \frac{\lambda}{1-\lambda}(y^*/a) \quad （附录 9·2·2-17）$$

综合（附录 9·2·2-15）式和（附录 9·2·2-17）式可知，若人们在第 $t-1$ 期时预期第 t 期的外国消费需求扰动 $E_{t-1}(u_t) = 0$ 时，政府和私人各自的相机决策会有如下一个相机决策均衡贬值率的确定方程：

$$e_t - e_{t-1} = \lambda u_t + \frac{\lambda}{1-\lambda}(y^*/a) \quad （附录 9·2·2-18）$$

这在实质上也相当于迫使政府倾向于接受公众预期贬值率的"自我实现"。

(2) 固定汇率制下的政府损失函数和汇率政策抉择问题

同样，在固定汇率制下，如果政府采取放弃原来的固定汇率制而改为相机贬值的汇率政策，则需要再额外承担一定的固定汇率制的调整成本损失，不妨也假定这一调整成本损失为 C。

令 $\pi_t = w_t - e_{t-1} = E_{t-1}(e_t) - e_{t-1}$ 代表预期通胀率，则当公众预期本币汇率贬值而政府继续维持固定汇率制时的损失函数成为

$$L'_t = \frac{1}{2}(a\pi_t + u_t + y^*)^2 \quad \text{（附录 } 9 \cdot 2 \cdot 2 - 19\text{）}$$

当公众预期本币汇率贬值而政府选择调整固定汇率制为相机抉择汇率政策时的损失函数则为

$$L''_t = \frac{1}{2}(1-\lambda)(a\pi_t + u_t + y^*)^2 + C \quad \text{（附录 } 9 \cdot 2 \cdot 2 - 20\text{）}$$

由此可知,当继续维持固定汇率制的损失不大于将固定汇率制调整为相机抉择汇率政策的损失时,即 $L'_t - L''_t = \frac{1}{2}\lambda(a\pi_t + u_t + y^*)^2 - C \leq 0$ 时,政府尚可选择继续维持固定汇率制;而当维持固定汇率制的损失已大于调整为相机抉择汇率政策的损失时,即 $L'_t - L''_t = \frac{1}{2}\lambda(a\pi_t + u_t + y^*)^2 - C > 0$ 时,则政府宜选择将固定汇率制调整为相机抉择汇率政策。简言之,可以将

$$L'_t = \frac{1}{2}\lambda(a\pi_t + u_t + y^*)^2 > C \quad \text{（附录 } 9 \cdot 2 \cdot 2 - 21\text{）}$$

作为政府可以承受的继续维持固定汇率制的损失成本 L'_t 的临界值,因为当政府维持固定汇率制需承受的损失成本 $L'_t > C$ 之后,政府继续维持固定汇率的成本损失将会高于将固定汇率制调整为相机抉择汇率政策的成本损失。

其实,当一国实行固定汇率制时,在通常情况下就排除了劳动者会预期本币贬值而要求提高工资从而引起内生性通胀的可能性;与此同时,固定汇率制在通常情况下也排除了政府对来自国外的消费需求扰动 u_t 做出相机调整本币汇率以避免输入性通胀的可能性。在现实中,政府往往是在大部分时间里(在通常情况下)维持固定汇率政策,但当遭遇外来扰动项 u_t 的冲击力过大时(在特殊情况下),则会被迫选择将固定汇率制调整为相机抉择汇率政策(这其实可以视为固定汇率制下政府被迫接受公众预期贬值率"自我实现"的一种极端机制)。

附录 9·2·3　关于双危机型戈德法因-瓦尔德斯第三代货币危机模型

双危机型戈德法因-瓦尔德斯第三代货币危机模型(double crisis version of Goldfajn - Valdes of third generation of currency crisis model, by I. Goldfajn, R. Valdes, 1995)强调了金融中介化的资本内流机制具有以下两个重要的经济效应:第一,金融中介化的资本内流机制增加了资本流入,增强了对外资的吸引力;第二,金融中介化的资本内流机制对于资本外流的突发冲击具有放大效应,可能导致爆发双危机——银行挤兑危机和大量资本外流引致的货币危机(本币汇率崩溃)同时爆发。

该模型解释了在金融中介化的资本内流机制下引发金融双危机的以下三点特征:第一是银行危机和货币危机高度相关;第二是银行中介化隐含着爆发挤兑危机和大量资本外流的风险;第三是挤兑危机和大量资本外流又有引致货币危机(本币汇率崩溃)的风险。

模型的框架如下。金融市场中共有三类参与者：国外投资者、国内金融中介和中央银行。金融市场中同时存在两种可能的金融资产：第一种资产是流动性国外储蓄资产（一种高流动性的低风险资产，以下假定其每期有固定不变的收益率 $R_f > 0$）；第二种资产则是以下两种国内高风险资产中的一种：或者是未被金融中介化的非流动性国内技术资产（一种流动性成本很高的高风险资产），或者是被金融中介化了的准流动性国内技术资产（一种流动性成本相对较低的高风险资产）。模型假定有连续两个时期（以下用 $t=0$ 代表两个时期开始时，$t=1$ 代表第 1 期内，$t=2$ 代表第 2 期内）。模型把国外投资者分为以下两类：①早期消费者：指在开始（$t=0$）时就已确知其肯定会中途退出对于国内技术资产的高风险投资的（包括未被金融中介化的或被金融中介化了的）国外投资者，设定这类人在全部国际投资者中所占比例是一个已知常数 θ，他们的效用函数是 $U(W_1)$，其中的 W_1 是早期消费者所能挣得的财富；②后期消费者：指在开始（$t=0$）时不能确知其是否会中途退出对于国内技术资产的高风险投资的国外投资者（他们既可能长期持有这一风险资产，也可能只是短期持有而会在中途清算这一风险资产），这类人在全部国外投资者中所占比例也是一个已知常数 $1-\theta$，他们的效用函数是 $U(W_2)$，其中的 W_2 是后期消费者所能挣得的财富。

假定对非流动性国内技术资产进行直接投资的收益率为

$$\tilde{R}_t = \begin{cases} q, & t = 1 \text{ 时} \\ \tilde{R}, & t = 2 \text{ 时} \end{cases} \quad (\text{附录} 9 \cdot 2 \cdot 3 - 1)$$

这里，对于非流动性国内技术资产进行第 1 期直接投资的短期收益率是一固定常数 q（并设定有 $q < R_f$），而对于非流动性国内技术资产进行长期直接投资的最终收益率则是一个随机变量 $\tilde{R}$（这里设定有 $q < \tilde{R} < \overline{R}$，$q$ 和 $\overline{R}$ 分别是随机变量 $\tilde{R}$ 的下界和上界，并且还假定有 $q < R_f < \overline{R}$）。

所谓金融中介化的作用是提供"流动性转变"——将非流动性的国内风险资产打包转变成准流动性（流动性相对较高）的金融中介化了的国内技术资产，给潜在的非流动性投资者提供相对较高的流动性。

假定金融中介化的国内技术资产的收益率为（这是指没有发生挤兑的通常情况下的正常收益率）：

$$\tilde{r}_t = \begin{cases} Q, & t = 1 \text{ 时} \\ \tilde{r}, & t = 2 \text{ 时} \end{cases} \quad (\text{附录} 9 \cdot 2 \cdot 3 - 2)$$

这里，投资于金融中介化资产的短期收益率 Q 是一个固定不变的常数（金融中介通常会设定：$Q > q$）；投资于金融中介化资产的长期收益率 $\tilde{r}$ 则是一个关于 $\tilde{R}$ 的函数 $\tilde{r}(\tilde{R})$。

这里，金融中介设定 $Q > q$ 的目的是让投资者购买金融中介化资产可以比直接投资于非流动性国内技术资产获得更高的流动性：假定将投资的"非流动性成本"定义为资产的短期清算成本（短期退出成本），则由于投资者购买金融中介化资产的短期收益率 Q 比直接投资非流动性国内技术资产的短期收益率 q 要高,这意味着相对于直接持有非流动性国内技术资产而言,投资者持有金融中介化资产的短期清算成本(短期退出成本)要相对较低。

与此同时,金融中介通过向投资者出售其金融中介化的国内技术资产则可能获得一定的差价收益——有利于金融中介的长期收益率差价 $\tilde{R} - \tilde{r} > 0$ 很可能会在抵消了不利于金融中介的短期收益率差价 $Q - q < 0$ 之后还有余。

金融中介化的国内技术资产的短期收益率 Q 和长期收益率 $\tilde{r}$ 之间是有一定的资源约束关系的——它们受到后期消费者总人数中短期内退出了对于金融中介化国内技术资产投资的人数所占比例 λ 的约束(λ 为一随机变量)——后期消费者投资于金融中介化国内技术资产的短期收益率 Q 和长期收益率 $\tilde{r}$ 之间受到以下一个资源约束方程式的制约:

$$\lambda \frac{Q}{q} + (1 - \lambda) \frac{\tilde{r}}{\tilde{R}} = 1 \qquad (附录 9 \cdot 2 \cdot 3 - 3)$$

由(附录 9·2·3-3)式可以导出后期消费者投资于金融中介化的国内技术资产的短长期收益率为

$$\tilde{r} = \frac{1 - \frac{Q}{q}\lambda}{1 - \lambda} \cdot \tilde{R} \qquad (附录 9 \cdot 2 \cdot 3 - 4)$$

由(附录 9·2·3-4)式可以看出,金融中介在确定了其中介资产的短期清算收益率 Q 满足条件 $Q > q$ 之后,其实也就约束了其中介资产最终的长期收益率 $\tilde{r}$ 相应地必定会满足条件:$\tilde{r} < \tilde{R}$。

金融中介的流动性转换使金融中介易于遭遇挤兑风险:因为短期持有金融中介化国内技术资产的国外投资者在后期消费者中所占比例 λ 是一个具有不确定性的随机变量,一旦发生 λ 过大的情况时,就会引起投资者预期到在第 2 期的技术投资将会后继乏力,进而又预期到如果自己继续坚持对于金融中介化资产的长期投资将会面临极大风险,从而引发投资者群起退出对于金融中介化资产的长期投资,造成挤兑潮。而且,尤其是当全部后期消费者都预期到将会发生 $\tilde{r} < Q + R_f$ 的情况时,则全部后期消费者无一例外地都会认为马上退出成为其最优选择,这时发生"全挤兑"现象就成为概率 100% 的均衡结果。

在遭遇"全挤兑"的情况下,金融中介就不得不完全中断和撤出其对于国内技术资产的投资以支付挤兑。这时,如果假定金融中介仍有能力按照其中介资产合约的规定来支付挤兑,则每位金融中介化资产投资者在挤兑时可以得到的收益率都将是 Q。

假定该国实行固定汇率政策,$e_t(t = 0, 1, 2)$ 代表各期的实际汇率,并且假定有 $e_0 = 1$。央行事先规定有一个用本币表示的每期最低储备限额 RX_{low},$RX_t > RX_{low}(t = 0, 1, 2)$ 代表央行在第 t 期持有的用本币表示的国际储备量,$F_t(t = 0, 1, 2)$ 代表用本币表示的在

第 t 期里发生的资本外流量(正值代表当期为资本外流,负值代表当期为资本内流):若某期的资本外流量 F_t 不超过既定的最低储备限额 RX_{low} 时,可以确保在当期继续维持固定汇率;若某期遭遇资本大量外流,则一旦当期的资本外流量 F_t 超过了既定的最低储备限额 RX_{low} 时,就有了一定概率可能会发生本币汇率贬值了。

模型假定国外投资者都是厌恶风险的,在开始时他们会对国外储蓄资产和国内风险资产(后者可能是未被金融中介化的,也可能是被金融中介化了的)实行预期效用最大化的资产组合投资,国外投资者的效用函数是 $U(W)$,其中的 W 是其所得到的财富,并假定每位国外投资者在开始($t=0$)时对于国内技术资产的风险投资占其原始资本金的比例为一相同常数 α。

1. 无金融中介且无汇率风险的情况

这里不考虑金融中介问题(从而也无须考虑金融中介遭遇挤兑的问题),金融市场上共有以下两种金融资产——流动性国外储蓄资产和无金融中介的非流动性国内技术资产——而且这里还假定无汇率风险:该国央行持有足够的第 1 期国际储备(处于 $F_1 \leq RX_{low}$ 的情况下),可以确保该国在第 1 期继续维持固定汇率 $e_1 = 1$。

在无金融中介的无汇率风险的情况下,一位国外投资者所得财富的效用函数是

$$U(W_1) = U[\alpha q + (1-\alpha)R_f], 若其为早期消费者(概率为 \theta) \quad (附录 9 \cdot 2 \cdot 3 - 5)$$

$$U(W_2) = \int_q^{\bar{R}} U[\alpha \tilde{R} + (1-\alpha)R_f^2] dG(\tilde{R}), 若其为后期消费者(概率为 1-\theta)$$

$$(附录 9 \cdot 2 \cdot 3 - 6)$$

此时,一个国外投资者在开始($t=0$)时的预期效用最大化的最优资产组合的目标函数如下:

$$\max_\alpha \{E[U(W_1)] + [E(W_2)]\} = \theta \cdot U[\alpha q + (1-\alpha)R_f] + (1-\theta) \cdot$$
$$\int_q^{\bar{R}} U[\alpha \bar{R} + (1-\alpha)R_f^2] dG(\tilde{R})$$

$$(附录 9 \cdot 2 \cdot 3 - 7)$$

由此可以解出,一位国外投资者最初对于国内技术资产的风险投资占其原始资本金的比例函数 a 在无金融中介的无汇率风险时的最优解 a^* 为

$$a^* = a^*(q, \tilde{R}, \theta, R_f) \quad (附录 9 \cdot 2 \cdot 3 - 8)$$

依据这一比例函数还可以进一步导出,在无金融中介无汇率风险的情况下,每一位国外投资者在不同时期里流出该国国内的资本金占其原始资本金的最优比例函数 γ_t^*(即 γ_t^* 代表无金融中介的无汇率风险时各期的资本外流比例函数,正值代表当期是资本外流,负值代表当期是资本内流):

$$\gamma_t^* = \begin{cases} -a^*, t=0 \text{ 时} \\ \theta q a^* + (1-\theta)\lambda q a^*, t=1 \text{ 时} \\ (1-\theta)(1-\lambda)\tilde{R}a^*, t=2 \text{ 时} \end{cases} \quad (附录 9 \cdot 2 \cdot 3 - 9)$$

2. 有金融中介但无汇率风险的情况

国外投资者在通过金融中介来间接投资国内技术资产的情况下,金融市场上共有以下两种金融资产——流动性国外储蓄资产和被金融中介化的非流动性国内技术资产;而且这里也假定无汇率风险:该国中央银行持有足够的第 1 期国际储备(处于 $F_1 \leq RX_{low}$ 的情况下),可以确保该国在第 1 期继续维持固定汇率 $e_1 = 1$。

这时,国外投资者需要重新计算其开始时通过金融中介进行的国内技术资产投资占其原始资本金的最优比例 α 及其最优撤出决策。因为,相对于前述的对于国内技术资产的直接投资而言,国外投资者在通过金融中介来间接投资国内技术资产时,还必须把遭遇挤兑风险的可能性纳入计算中(挤兑风险对于收益率有极大影响)。

这里我们把挤兑现象定义为发生了所有国外投资者都在第 1 期退出其通过金融中介的国内技术资产投资的现象。所以,挤兑现象发生的可能性取决于国外投资者对其投资于国内技术资产的可能收益率的具体计算和预期——当国外投资者认为其长期投资的收益率可能会少于短期清算后再用于国外储蓄的综合收益率时,他们就可能会选择及时在第 1 期退出其通过金融中介的国内技术资产投资——当国外投资者预期到可能发生下述情况时,则意味着已经具备了发生挤兑现象的可能性:

$$\tilde{r} < Q \cdot R_f \qquad (附录 9 \cdot 2 \cdot 3 - 10)$$

(附录 $9 \cdot 2 \cdot 3 - 10$)式是后期消费者们可能会全体选择中途退出其通过金融中介的国内技术资产投资的一个关键条件。

考虑到通过金融中介对国内技术资产投资的长期收益率 $\tilde{r}$ 受制于金融中介所受到的资源约束条件,参考(附录 $9 \cdot 2 \cdot 3 - 4$)式(将该式中的 λ 替换成 θ),可以得出以下一个重要关系式:

$$\tilde{r} = \frac{1 - \frac{Q}{q}\theta}{1 - \theta} \cdot \tilde{R} < Q \cdot R_f \qquad (附录 9 \cdot 2 \cdot 3 - 11)$$

依据(附录 $9 \cdot 2 \cdot 3 - 11$)式,国外的后期消费者可以把

$$\tilde{R} < \frac{1 - \theta}{1 - \frac{Q}{q}\theta} \cdot Q \cdot R_f \qquad (附录 9 \cdot 2 \cdot 3 - 12)$$

作为判断可能会发生挤兑现象的一个"关键条件"——据此可以给出如下一个关于国内技术资产直接投资长期收益率的所谓"关键值" R^*(这里的 R^* 代表无汇率风险的有金融中介时的长期收益率"关键值"):

$$R^* = \frac{1 - \theta}{1 - \frac{Q}{q}\theta} \cdot Q \cdot R_f \qquad (附录 9 \cdot 2 \cdot 3 - 13)$$

根据上述这一长期收益率关键值,在无汇率风险的有金融中介的情况下,国外投资者可以将其关于国内技术资产直接投资长期收益率 $\tilde{R}$ 小于 R^* 这一事件可能发生的概率

(事件"$\tilde{R} < R^*$"可能发生的概率)作为发生挤兑现象的可能概率。

由于本模型并不能内生地推导(计算)出有金融中介情况下发生挤兑的可能性概率,所以不得不再特意外生地设定了如下一个有金融中介时的关于国内风险投资长期收益率 $\tilde{R}$ 的概率分布函数:

$$G(R) = P\{\tilde{R} < R\}, (q \leq R \leq \bar{R}) \quad (附录 9 \cdot 2 \cdot 3 - 14)$$

假定 $G(R)$ 是关于 R 的一个连续的单调增函数。这样就有了,国外投资者在有金融中介的无汇率风险情况下间接投资于国内技术资产时:$G(R^*) = P\{\tilde{R} < R^*\}$ = "收益率 $\tilde{R}$ 低于关键值 R^*"事件发生的概率 = 遭遇挤兑的可能概率。

在有金融中介的无汇率风险情况下,一位国外投资者所得财富的效用函数是

$$U(W_1) = \theta \cdot U[\alpha Q + (1 - \alpha) R_f], 若其为早期消费者(概率为 \theta)$$
(附录 9·2·3-15)

或者是

$$U(W_2) = [1 - G(R^*)](1 - \theta) \int_{R^*}^{\bar{R}} U\left[\alpha \cdot \frac{1 - \frac{q}{Q}\theta}{1 - \theta} \cdot \tilde{R} + (1 - \alpha) R_f^2\right] dG(\tilde{R}) +$$

$$G(R^*)(1 - \theta) U[\alpha Q R_f + (1 - \alpha) R_f^2], 若其为后期消费者(概率为 1 - \theta)$$
(附录 9·2·3-16)

其中的 $G(R^*)$ 和 $1 - G(R^*)$ 分别代表发生挤兑的概率和未发生挤兑的概率。

此时,一个国外投资者在开始($t = 0$)时预期效用最大化的最优资产组合的目标函数如下:

$$\max_\alpha \{E[U(W_1)] + [E(W_2)]\} = \theta \cdot U[\alpha Q + (1 - \alpha) R_f] + G(\hat{R})(1 - \theta) U[\alpha Q R_f + (1 - \alpha) R_f^2] + [1 - G(R^*)](1 - \theta) \int_{R^*}^{\bar{R}} U \left[\alpha \cdot \frac{1 - \frac{q}{Q}\theta}{1 - \theta} \tilde{R} + (1 - \alpha) R_f^2\right] dG(\tilde{R})$$

(附录 9·2·3-17)

由此也可以解出,一位国外投资者最初对于国内技术资产的风险投资占其原始资本金的比例函数 a 在有金融中介无汇率风险时的最优解 a^{**} 为

$$a^{**} = a^{**}(q, \tilde{R}, \theta, R_f) \quad (附录 9 \cdot 2 \cdot 3 - 18)$$

这时,金融中介势必会根据上述的国外投资者的资本内流比例函数来谋求能使自己收益最大化的短期利率 Q,但由于金融中介相互之间的伯特兰(Bertrand)竞争会导致金融中介的零利润均衡,最终达到一个能让国外投资者实现效用最大化的短期均衡利率——即满足(附录 9·2·3-18)式条件的能使(附录 9·2·3-17)式的目标函数达到

效用最大化的短期利率均衡解 Q^*（这里的 Q^* 代表有金融中介无汇率风险时的金融中介短期均衡利率）：

$$Q^* = Q^*(q, \theta, R_f) \quad\quad (附录9\cdot2\cdot3-19)$$

再依据前述的开始时资本内流比例函数也可以进一步导出，在有金融中介无汇率风险的情况下，一位国外投资者在不同时期里流出该国国内的资本金占其原始资本金的可能最优比例函数 γ_t^{**}（γ_t^{**} 代表有金融中介无汇率风险时各期的资本外流比例函数，正值代表当期是资本外流，负值代表当期是资本内流）：

$$\gamma_0^{**} = -a^{**} \quad\quad (附录9\cdot2\cdot3-20)$$

$$\gamma_1^{**} = \begin{cases} [\theta + (1-\theta)\lambda] \cdot Qa^{**}, & 未发生挤兑冲击时[概率为 1 - G(R^*)] \\ Qa^{**}, & 发生挤兑冲击时[概率为 G(R^*)] \end{cases}$$
$$(附录9\cdot2\cdot3-21)$$

$$\gamma_2^{**} = \begin{cases} (1-\theta)(1-\lambda)\tilde{r}a^{**}, & 未发生挤兑冲击时[概率为 1 - G(R^*)] \\ 0, & 发生挤兑冲击时[概率为 G(R^*)] \end{cases}$$
$$(附录9\cdot2\cdot3-22)$$

将（附录9·2·3-20）式至（附录9·2·3-22）式与（附录9·2·3-9）式相对比可知，在有金融中介无汇率风险的情况下（相对于无金融中介无汇率风险的情况而言）有 $\gamma_1^{**} > \gamma_1^*$：即便在第1期中未发生挤兑冲击，由于有 $Q > q$，所以在第1期中也会有更多的资本外流；如果在第1期中发生了挤兑冲击，则还会引发更大量的资本外流；尤其是如果金融中介化导致了最初的资本内流 a^{**} 大于无金融中介时的最初资本内流 a^*（如果又有 $a^{**} > a^*$），则还会使在第1期中发生挤兑冲击之时，引起更加激烈的挤兑和超大规模的资本外流。

（3）有金融中介且有汇率风险的情况

这时，金融市场上与有金融中介但无汇率风险时一样，也是共有以下两种金融资产——流动性国外储蓄资产和被金融中介化的非流动性国内技术资产；同时这里又假定有汇率风险。假定该国中央银行没有足够的第1期国际储备（已处于 $F_1 \geq RX_{low}$ 的情况下），不能确保该国在第1期继续维持固定汇率 $e_1 = 1$：

在 $RX_{low} \leq F_1 \leq RX_1$ 的情况下，第1期的本币汇率存在有一定的有限贬值风险，会有

$$e_1 = \begin{cases} 1, & (概率为 \beta) \\ 1 + \dfrac{F_1 - RX_{low}}{RX_1 - RX_{low}}, & (概率为 1 - \beta) \end{cases}$$
$$(附录9\cdot2\cdot3-23)$$

其中，概率 $\beta = RX_{low}/F_1$。

（附录9·2·3-23）式告诉我们：当第1期的资本外流量 F 超过了 RX_{low} 但尚不超过 RX 时，仍有一定概率 β 可能继续在第1期维持原来的固定汇率 $e_1 = 1$，但第1期的资本外流量 F_1 越大（不超过 RX 之前），能够继续在第1期维持固定汇率的概率 β 就相应越小；同

时又有一定概率 $1-\beta$ 可能使第 1 期本币汇率贬值到 $e_1 = 1 + \dfrac{F_1 - RX_{low}}{RX_1 - RX_{low}}$,而且第 1 期的资本外流量 F_1 越大,e_1 发生贬值的概率 $1-\beta$ 和可能达到的贬值幅度都会相应越大。

尤其是在达到 $F_1 > RX_1$ 的情况下,则意味着该国在第 1 期已存在了发生本币汇率崩溃(货币危机)的极大风险。

在有汇率风险的有金融中介的情况下,一方面,有汇率风险时国外投资者可能会存在贬值预期对其投资行为产生不利影响:因为本币汇率贬值对于金融中介化的该国国内技术资产的收益有不利影响,所以贬值预期会导致国外投资者重新计算和调整其开始时投资于金融中介化的国内技术资产的资本占其原始资本金的最优比例 α 及其最优撤出决策——贬值预期会增加发生挤兑冲击和大量资本外流的可能性。另一方面,资本外流反过来又会对汇率稳定产生不利影响:即便是在没有发生银行挤兑的正常资本外流情况下,如果该国中央银行的第 1 期国际储备偏低使 $RX_{low} \leqslant F_1 \leqslant RX_1$ 时,就已经存在了发生本币汇率有限贬值的可能性;更如果发生了银行挤兑的不正常大规模资本外流以至达到了 $F_1 > RX_1$ 的情况下,则必然发生本币汇率的大幅度贬值,以至于还存在了发生本币汇率崩溃和货币危机的可能性。

(1) 贬值预期增强了发生挤兑冲击和大量资本外流的可能性

在有汇率风险的有金融中介的情况下,若用 R^{**} 代表有汇率风险的有金融中介时发生挤兑的长期风险投资收益率"关键值",则当人们预期有 $E(e_t) > 1$ 时,需要相应提高关于发生挤兑的长期风险投资收益率的"关键值",我们不妨假定将其提高到了 R^{**}:

$$R^{**} > R^* = \dfrac{1-\theta}{1 - \dfrac{Q}{q}\theta} \cdot Q \cdot R_f \qquad (附录 9 \cdot 2 \cdot 3 - 24)$$

则由于前面已经设定,关于收益率 $\tilde{R}$ 的概率分布函数 $G(R)$ 是一个关于 R 的单调增函数,所以必有 $G(R^{**}) > G(R^*)$。这意味着在有汇率风险的情况下,一旦存在贬值预期,则会发生挤兑冲击和大量资本外流的可能性概率会相应有所提高。

(2) 资本外流反过来又会对汇率稳定产生不利影响

假定 K_0 代表用本币表示的全部外国投资者在最初($t=0$ 时)的资本金总额,则在第 1 期的资本外流量为

$$F_1 = \gamma_1^{**} \cdot K_0 \qquad (附录 9 \cdot 2 \cdot 3 - 25)$$

由 $(9 \cdot 2 \cdot 3 - 21)$ 式可知,发生挤兑冲击时所导致的第 1 期资本外流比例为

$$\gamma_1^{**} = Qa^{**}$$

未发生挤兑冲击时的正常第 1 期资本外流比例为

$$\gamma_1^{**} = [\theta + (1-\theta)\lambda] \cdot Qa^{**}$$

从而发生挤兑冲击时所导致的第 1 期资本外流量为

$$F_1 = Qa^{**} \cdot K_0$$

未发生挤兑冲击时的正常第 1 期资本外流量为

$$F_1 = [\theta + (1-\theta)\lambda] \cdot Qa^{**} \cdot K_0$$

前者要比后者增加：

$$\Delta F_1 = (1-\theta)(1-\lambda)Qa^{**} \cdot K_0 \quad\quad （附录 9 \cdot 2 \cdot 3-26）$$

由此可知，如果第 1 期发生挤兑冲击导致当期的资本外流量 $F_1 = [\theta + (1-\theta)\lambda] \cdot Qa^{**} \cdot K_0$，达到了 $RX_{low} \leq F_1 = [\theta + (1-\theta)\lambda] \cdot Qa^{**} \cdot K_0 \leq RX_1$ 的程度，则该国在第 1 期的本币汇率就已存在有一定的有限贬值风险[见(附录 $9 \cdot 2 \cdot 3-23$)式]。

尤其是如果金融中介化还导致了国外投资者最初对于国内技术资产的风险投资占其原始资本金的比例 a^{**} 远大于无金融中介时的比例 a^*，则更会使一旦在第 1 期中发生挤兑冲击时，发生超激烈的挤兑和超大规模的资本外流，会使第 1 期发生挤兑冲击时所导致的当期资本外流量 $F_1 = [\theta + (1-\theta)\lambda] \cdot Qa^{**} \cdot K_0$ 超大，甚至达到 $[\theta + (1-\theta)\lambda] \cdot Qa^{**} \cdot K_0 > RX_1$ 的程度——使该国在第 1 期的本币汇率必定贬值(概率为 100%)，同时还潜在有发生本币汇率崩溃(货币危机)的极大风险。

第十章附录

附录 $10 \cdot 2 \cdot 1$ 关于资本非自由流动的固定汇率制下国际收支失衡的货币—价格调节机制

见附录图 $10 \cdot 2 \cdot 1$，这里假定一国资本非自由流动，国内经济原处于充分就业但存在国际收支逆差的均衡状态(将存在国际收支顺差的情形留给读者自己思考)，其中图(a)是 BP 曲线比 LM 曲线更为陡峭的情形，图(b)是 BP 曲线比 LM 曲线更为平缓的情形。假定国内经济的初始状态原处于 $A(y_A, r_A)$ 点(IS_A 曲线与 LM_A 曲线的交点)，位于充分就业线 $y = y_F$ 上，处于 BP 曲线的右下方，存在国际收支逆差。

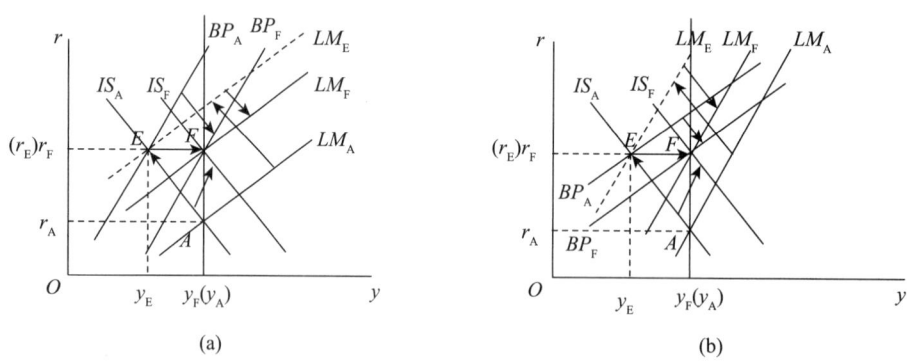

附录图 $10 \cdot 2 \cdot 1$　固定汇率制下国际收支失衡的货币—价格调节机制(资本非自由流动)

固定汇率制下，这会引起政府干预外汇市场抛售外汇弥补外汇供给缺口，以维持固定汇率，因而会导致本国货币供给减少。

首先，从短期来看，由于国内价格水平一时黏住不变，本国货币供给减少立即会使

LM 曲线左移超调到 LM_E 的位置（直至其经过 IS_A 曲线与 BP_A 曲线的交点 E）为止，此时货币供给减少的利率效应（利率上升消除资本流出）和收入效应（收入下降减少进口）会率先发挥作用，消除国际收支逆差，先暂时达到非充分就业的短期均衡点 $E(y_E,r_E)$。

其次，从长期来看，本国货币供给减少滞后还会导致国内物价水平下降：国内物价滞后下降，一方面意味着本国实际货币供给又有所回升，会使此前过度超调了的 LM 曲线又有所右回移到 LM_F 的位置（LM_F 曲线与充分就业线的交点为 F 点——与资本自由流动条件下有所不同的是，这里资本非自由流动的条件会使 F 点位置的高低具有一定不确定性，为简化问题，本图中姑且假定了 F 点与 E 点保持在同一水平线上）；另一方面还意味着本国货币的实际汇率贬值，它又会使 IS 曲线和 BP 曲线同时右移到 IS_F 和 BP_F 的位置（直至它们也同时经过 F 点）为止，此时本国货币供给减少的一般价格效应又会滞后发挥作用，价格水平下降提升总需求，最终使本国经济达到内外一致均衡的充分就业均衡点 $F(y_F,r_F)$。

附录 10·2·2 关于资本非自由流动的浮动汇率制下国际收支失衡的汇率—价格调节机制

见附录图 10·2·2，这里也假定一国资本非自由流动，国内经济原处于充分就业但存在国际收支逆差的均衡状态（也将存在国际收支顺差的情形留给读者自己思考），其中图（a）是 BP 曲线比 LM 曲线更为陡峭的情形，图（b）是 BP 曲线比 LM 曲线更为平缓的情形。假定国内经济的初始状态原处于 $A(y_A,r_A)$ 点（IS_A 曲线与 LM_A 曲线的交点），位于充分就业线 $y=y_F$ 上，处于 BP 曲线的右下方，存在国际收支逆差。

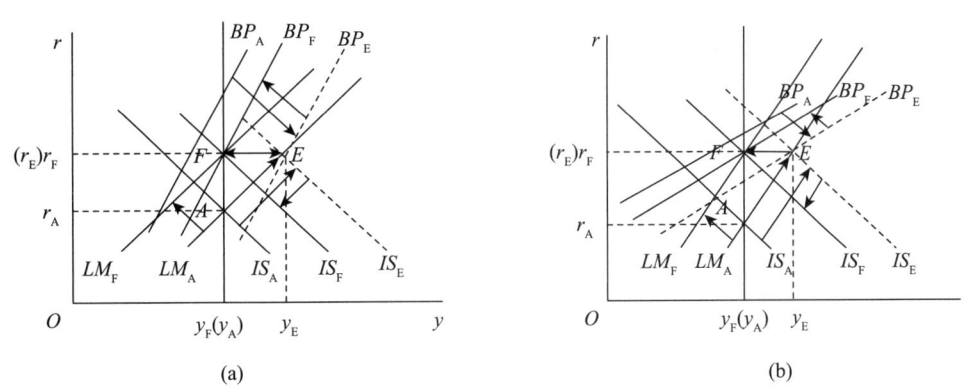

附录图 10·2·2 浮动汇率制下国际收支失衡的汇率—价格调节机制（资本非自由流动）

浮动汇率制下，这会引起本币汇率自动贬值。

首先，从短期来看，由于价格水平一时黏住不变，从而会导致本币汇率的超额贬值，使 IS 曲线和 BP 曲线同时右移分别超调到 IS_E 和 BP_E 的位置（直至它们的交点 E 落在 LM_F 曲线上）为止，此时本币贬值的相对价格效应会率先发挥作用，增加净出口消除国际收支逆差，先暂时达到超充分就业的短期均衡点 $E(y_E,r_E)$。

其次,从长期来看,由于本国需求扩张到了超充分就业的 E 点,所以滞后还会导致国内物价水平上升:国内物价滞后上升,一方面意味着本国实际货币供给量下降,会使 LM 曲线左移到 LM_F 的位置(LM_F 曲线与充分就业线的交点为 F 点——这里也与资本自由流动条件下有所不同,资本非自由流动的条件也会使 F 点位置的高低具有一定不确定性,为简化问题,本图中也姑且假定了 F 点与 E 点保持在同一水平线上);另一方面还意味着本国货币的实际汇率又重新有所升值,它又会使前期过度超调了的 IS 曲线和 BP 曲线又有所左回移到 IS_F 和 BP_F 的位置(直至它们也同时经过 F 点)为止,此时本币贬值的一般价格效应又会滞后发挥作用,价格水平上升消除超额需求,最终使本国经济达到内外一致均衡的充分就业均衡点 $F(y_F, r_F)$。

参考文献

[1] [美] D. 萨尔瓦多. 国际经济学:理论与政策[M]. 北京:清华大学出版社,2008.

[2] [美] P. 克鲁格曼. 国际经济学[M]. 北京:中国人民大学出版社,2008.

[3] [意] G. 甘道尔夫. 国际经济学(第一、二卷)[M]. 北京:中国经济出版社,1999,2001.

[4] [英] P. 罗布森. 国际一体化经济学[M]. 上海:上海译文出版社,2001.

[5] 海闻,等. 国际贸易[M]. 上海:上海人民出版社,2003.

[6] 姜波克,等. 开放经济下宏观金融管理(第1~4卷)[M]. 上海:复旦大学出版社,1999.

[7] 姜波克,陆前进. 国际金融学[M]. 上海:上海人民出版社,2003.

中英文对照人名索引表

（以下人名按其英文姓氏字母排序）

A

亚历山大/Alexander, S. S.　　218
阿利伯/Aliber, R.　　311
阿尔盖/Argy, V. E.　　192

B

巴拉萨/Balassa, B.　　76
鲍德温/Baldwin, R.　　359
巴纳基/Banerjee, A.　　261
巴罗/Barro, R. J.　　344
巴斯塔布尔/Bastable, C.　　129
巴尤米/Bayoumi, T.　　353
贝尼/Beine, M.　　354
伯格拉斯/Berglas, E.　　335
巴格瓦蒂/Bhagwati, J.　　313
毕克欠丹尼/Bikhchandani, S.　　261
布兰德/Brander, J. A.　　71
布兰森/Branson, W. H.　　198
巴克莱/Buckley, P. J.　　307

C

卡甘/Cagan, P.　　377
卡尔沃/Calvo, G. A.　　262
卡塞尔/Casell, G.　　179
卡森/Casson, M.　　307
乔尔里/Choueiri, N.　　262
科里奥/Collier, P.　　335
科登/Corden, W. M.　　338

D

德纽/Deniau, J. F.　　343
迪克西特/Dixit, A. K.　　358
多基耶/Docquier, F.　　354
杜利/Dooley, M. P.　　256
多恩布什/Dornbusch, R.　　196
邓宁/Dunning, J.　　309

E

埃奇沃思/Edgeworth, F. Y.　　16
艾肯格林/Eichengreen, B.　　263
爱因齐格/Einzig, P. F.　　186
艾默生/Emerson, M.　　352

F

法尔维/Falvey, R. E.　　66
费雪/Fisher, I.　　190
弗莱明/Fleming, J. M.　　271
弗拉德/Flood, R. P.　　252
弗斯里德/Forslid, R.　　359
弗兰克尔/Frankel, J. A.　　194

G

加伯/Garber, P. M.　　252
格拉克/Gerlach, S.　　262
戈德法因/Goldfajn, I.　　258
戈登/Gordon, D.　　350
葛逊/Goschen, G. J.　　191
格劳威/Grauwe, P. De.　　350
格罗斯曼/Grossman, G. M.　　360
格鲁贝尔/Grubel, H. G.　　342

H

哈伯勒/Haberler, G. V.　　12

哈伯勒/Haberler, G.	348
汉密尔顿/Hamilton, A.	128
赫克歇尔/Heckscher, E.	22
赫尔普曼/Helpman, E.	355
希克斯/Hicks, J. R.	51
赫希/Hirsch, S.	78
赫舒拉发/Hirshleifer, D.	261
休谟/Hume, D.	212
海默/Hyme, S.	305

I

因格拉姆/Ingram, J. C.	348
英格拉姆/Ingram, W. D.	339
石山/Ishiyama, Y.	348

J

詹尼/Jeanne, O.	253
约翰逊/Johnson, H. G.	194
琼斯/Jones, R.	41

K

卡明斯基/Kaminsky, G.	258
肯普/Kemp, M. C.	62
坎恩/Kenen, P.	347
凯恩斯/Keynes, J. M.	128
金德尔伯格/Kindleberger, C. P.	263
小岛清/Kojima, K.	129
库利/Kouri, P. J. K.	194
克莱默/Kramer, C.	253
克鲁格曼/Krugman, P. R.	68
基德兰德/Kydland, E. E.	350

L

里昂惕夫/Leontief, W.	36
勒纳/Lerner, A. P.	213
林德/Linder, S. B.	74
利普塞/Lipsey, R. G.	335
李斯特/List, F.	128
劳埃德/Lloyd, P. J.	76

M

麦克道格尔/Macdougall, G. D. A.	296
马克卢普/Machlup, F.	131
马吉/Magee, S. P.	214
曼尼尔斯/Manias, P.	263
马里恩/Marion, N.	253
马科维茨/Markowitz, H.	205
马库森/Markuson, J. R.	323
马歇尔/Marshall, A.	11
马丁/Martin, P.	344
马森/Masson, P. R.	259
毛戈/Maug, E.	262
麦金农/Mckinnon, R. I.	198
米德/Meade, J. E.	30
门多萨/Mendoza, E. G.	262
穆勒/Mill, J. S.	2
米什金/Mishkin, F. S.	257
莫瑞斯/Morris, S.	256
蒙代尔/Mundell, R. A.	223
穆萨/Mussa, M. L.	194

N

奈克/Naik, N.	262
纽梅耶/Neumeyer, P. A.	355
诺伊/Noe, T. H.	140
诺曼/Norman, V.	360

O

奥博斯特费尔德/Obstfeld, M.	254
俄林/Ohlin, B.	34
奥尔森/Olson, M.	140
奥塔维亚诺/Ottaviano, G.	359

P

伯森/Person, S. R.	339
皮尔/Pill, H.	258
波斯纳/Posner, L.	77
普瑞斯科特/Prescott E. C.	350

R

拉兹因/Razin, A.	355	
雷恩哈特/Reinhart, C.	258	
李嘉图/Ricardo, D.	2	
里奇/Ricci, L. A.	354	
罗布森/Robson, P.	340	
罗德瑞克/Rodrik, D.	138	
罗杰斯/Rogers, C. A.	359	
罗斯/Rose, A. K.	263	
罗伯津斯基/Rybczyski, T. M.	48	

S

萨缪尔森/Samuelson, P. A.	34
斯恰弗斯特因/Scharfstein, D. S.	262
西托夫斯基/Scitovsky, T.	337
谢克德/Shaked, A.	73
沈/Shin, H. S.	256
斯梅茨/Smets, F.	262
斯密/Smith, A.	2
索洛/Solow, R. M.	344
斯潘瑟/Spencer, B.	136
斯泰因/Stein, J. C.	262
斯蒂格利茨/Stiglitz, J. E.	358
斯托尔普/Stolper, W.	40
斯托尔蒂/Storti, C. C.	350
森利/Sunley, P.	344
萨顿/Sutton, J.	73
斯旺/Swan, T. W.	280

T

丁伯根/Tinbergen, J.	279
蒂若尼/Tironi, E.	342
托宾/Tobin, J.	198
托尔/Tower, E.	348
特雷夫勒/Trefler, D.	38
特里芬/Triffin, R.	246

V

瓦尔德斯/Valdes, R.	258
瓦尼克/Vanek, J.	335
维拉斯科/Velasco, A.	257
弗农/Vernon, R.	78
瓦伊纳/Viner, J.	330

W

韦尔奇/Welch, I.	261
威利特/Willett, T. D.	348
伍顿/Wooton, I.	335
怀普洛兹/Wyplosz, C.	263

Y

亚诺普洛斯/Yannopoulos, G. N.	345

重要术语索引表

（以下术语按其汉语拼音排序）

A

艾肯格林-罗斯-怀普洛兹模型	263
安第斯条约组织（又称安第斯集团）	328

B

巴拉萨指数	76
保护措施	96
保护对象	128
保护公平竞争论	144
保护公平贸易论	144
保护国家安全论	145
保护就业论	144
保护社会公平论	145
保护性关税	82
保税区	82
报复性关税	92
北美自由贸易区（NAFTA）	328
被制裁国	124
本币实际贬值	267
本币实际汇率贬值	265
本币实际汇率升值	266
本币实际升值	267
比较成本优势贸易模型	25
比较价格优势贸易模型	25
比较静态—动态分析模型	197
比较静态分析	189
比较静态分析理论	183
比较优势	8
比较优势分析法	61
边际产出递减	22
边际产业扩张理论	305
边际分析法	2
边际生产力递减	24
边际吸收倾向	219
标准比较优势贸易理论	22
补偿性交易	169
补贴成本	136
簿记惯例	157
伯特兰德非合作型	73
布雷顿森林体系	193
不完全同质	65
不正当贸易	97

C

财富观	2
财富价值论	3
财富论	3
财富效应	201
财政—货币政策搭配	282
财政紧缩	266
财政扩张	265
财政联邦主义	357
财政收入	82
财政效应	86
财政性关税	82
财政一体化	348
财政政策	141

产品标准化	65	乘数效应	144
产品不完全同质化	65	持久性倾销	107
产品差异化	65	持久性收入失衡	176
产品垂直化差异	65	赤字	169
产品范畴	76	充分竞争的	99
产品水平化差异	65	充分就业	6
产品同质化	65	冲销	253
产业间贸易	38	冲销干预	277
产业间贸易理论	61	重叠需求贸易理论	65
产业结构	58	从价配额	93
产业结构升级	109	从价税	83
产业—贸易政策	111	从价税率	83
产业内垄断竞争	68	从量配额	93
产业内贸易	38	从量生产税	121
产业内贸易理论	61	从量税	83
产业政策	64	从量税率	83
长期均衡	68	出口补贴	102
长期均衡分析	204	出口产品	44
长期均衡汇率	180	出口产品多样化标准	347
长期均衡曲线	70	出口创汇	105
长期性保护税种	83	出口供给—进口需求曲线一般均衡	19
长期性失衡	177	出口关税	83
长期总供给曲线（LRAS 曲线）	290	出口加工区	82
长远利益	128	出口扩张型生产增长	55
厂商群体	139	出口退税	102
超充分就业	287	储备货币体系	250
超借	258	储备资产	160
超买	151	储蓄—投资分析法	299
超卖	151	储蓄—投资分析理论	296
成本递减效应	338	传染机制	259
成本函数	68	传染效应	259
成本和价格完全竞争贸易阶段	80	传染性货币危机	259
成本曲线	64	传统的国际资本流动理论	303
成本溢出	133	传统的贸易理论	61
乘数分析法	216	传统的幼稚产业保护理论	128

创新	4	独立金汇兑本位制	242
创新产品	77	短期均衡	69
创新出口国	77	短期均衡分析	193
创新国	77	短期均衡汇率	185
创新精神	80	短期总供给曲线（简称 SRAS 曲线）	290
创新资源	78	对称性冲击	346
纯粹传染型	259	对偶命题	48
纯粹经济学	82	对偶性	49
纯贸易政策	111	对外贸易扭曲	134
次级效应	337	多边协议	96
促进经济增长	257	多边有效汇率（简称有效汇率）	150
存量均衡分析	205	多地套汇	154
		多点套汇	154
D		多寡头价格博弈	71
贷方	159	多寡头价格博弈型产业内贸易模型	71
贷方记录（贷记）	159	多头	151
单式税则	84		
单一货币制	207	**E**	
第二代货币危机理论	253	恶化贸易条件效应	221
第二代货币危机模型	253	恶性倾销	107
第三代货币危机理论	256	恩格尔定律	57
第三代货币危机模型	256		
第一代货币危机理论	252	**F**	
第一代货币危机模型	252	发展中国家	38
掉期抛补套利	154	反补贴	96
掉期外汇交易	153	反补贴税	83
等产量曲线	22	反倾销	96
等价交换原理	6	反倾销措施	109
等容曲线	70	反倾销税	83
丁伯根原则	279	反应曲线	72
钉住汇率制	206	放大效应	41
东盟（全称东南亚国家联盟，ASEAN）	328	非充分竞争的	99
动态的外部经济性	62	非充分就业	13
动态的演变过程	34	非对称性冲击	352
动态分析	129	非关税贸易壁垒（NTB）	93
动态效应	337	非合作型纳什均衡	74

非完全竞争	38	工资冲击型预期自我实现模型	254
非制裁国	124	公共职能的有效分派	357
菲利普斯曲线	349	公开拍卖	99
费雪方程	190	公开市场操作	201
费雪效应	190	公平竞争	144
分工贸易	10	公平贸易	144
分工贸易利益	10	供给—需求曲线一般均衡分析法	11
封闭经济	13	供给调整政策	236
风险报酬	77	供给曲线	17
风险偏好的	188	供需均衡	86
风险投资	78	供需均衡价格论	11
风险厌恶的	187	共同冲击效应	260
风险中性的	188	共同市场	327
浮动汇率	194	共同市场理论	340
浮动汇率体系	193	共同要素	43
浮动汇率制	192	购买力平价理论（"PPP"理论）	179
浮动价格水平	286	古典贸易学说	3
福利经济学	138	古诺非合作型	72
福利溢出	133	鼓励出口	82
负号项目	159	鼓励进口	82
复合税（又称混合税）	83	固定汇率	185
复式簿记原理	159	固定汇率体系	193
复式税则	84	固定汇率制	206
附庸金汇兑本位制	242	顾客	152
G		寡头厂商	102
轧平头寸	151	寡头垄断	65
改善国际收支论	141	关键货币	149
改善贸易条件论	141	关境	82
高科技人才	78	关贸总协定（GATT）	95
格鲁贝尔-劳埃德指数（G-L指数）	76	关税	82
工会	140	关税结构	90
工业革命（又称产业革命）	2	关税配额	93
工业经济	2	关税区域	82
工业经济时代	3	关税升级结构	90
工业资本家	3	关税收入	136

术语	页码
关税税则（又称海关税则）	84
关税同盟	82
关税同盟理论	327
关税同盟区	82
关税战	93
官方结算差额（OSB）	171
管理浮动汇率制	206
管制政策	236
广义外汇	148
规模报酬	24
规模报酬递增	61
规模经济	61
规模经济效应	337
国别配额	93
国产化程度要求	95
国防安全	145
国际本位货币	238
国际储备	141
国际储备体系	249
国际费雪效应	190
国际分工	3
国际分工格局	64
国际宏观经济学	148
国际汇率体系	205
国际汇率制度	238
国际货币合作	244
国际货币基金组织（IMF）	161
国际货币体系（又称国际货币制度或国际货币秩序）	198
国际间接投资（FII）	296
国际间接投资替代贸易定理	320
国际借贷说	191
国际金融	149
国际金融机构	244
国际经济一体化	327
国际竞争力	138
国际劳动力供需的一般均衡分析法	315
国际劳动力流动	296
国际劳动力流动的边际均衡分析法	313
国际劳动力流动的福利分析理论	313
国际贸易	2
国际贸易市场	10
国际清偿力	238
国际区域经济一体化	327
国际生产折中理论	309
国际收支	148
国际收支的货币分析理论	228
国际收支的弹性分析理论	215
国际收支的资产组合分析理论	228
国际收支平衡	94
国际收支平衡曲线（BP 曲线）	265
国际收支失衡	175
国际投资	209
国际微观经济学	1
国际要素流动	296
国际要素流动理论	296
国际债务	153
国际直接投资（FDI）	210
国际资本流动理论	299
国家安全	145
国家的要素禀赋	35
国家垄断专营	94
国境	82
国民生产总值（GNP）	172
国民收入（NI）	172
国内生产扭曲	133
国内生产总值（GDP）	172
国内消费扭曲	134
国内消费需求	75
国内要素市场扭曲	134

过境关税	83

H

海默-金德尔伯格传统(H-K 传统)	305
海关估价障碍	95
海关手续障碍	95
行业市场	61
行业累计总产量	62
行业内贸易指数(IIT 指数)	65
行政调节	101
核心—边缘模型(CP 模型)	359
荷兰病	59
赫克歇尔-俄林-萨缪尔森定理(H-O-S 理论)	40
赫克歇尔-俄林贸易理论(H-O 理论)	34
赫克歇尔-俄林贸易模型(H-O 模型)	35
赫克歇尔-俄林要素禀赋贸易定理(H-O 理论)	35
宏观经济	131
宏观经济基本面	252
宏观经济基本因素理论	252
宏观经济内外一致均衡	264
宏观经济学	128
宏观贸易保护理论	128
后瓦伊纳主义	335
互惠贸易	4
互通有无	2
滑准税	83
环境标准壁垒	96
黄金非货币化	179
黄金非货币化的美元本位货币体系	249
黄金输出点	179
黄金输入点	179
黄金输送点	179
汇率	148
汇率—价格调节机制	288

汇率超调	196
汇率超调模型	196
汇率的铸币平价	179
汇率决定的国际收支分析法	192
汇率决定的绝对购买力平价分析法	180
汇率决定的相对购买力平价分析法	182
汇率调节机制	251
汇率指数	182
汇率制度	205
汇率制度安排的"三难选择"(又称汇率制度安排的"三元悖论")	277
货币—价格调节机制	287
货币—银行双危机型的货币危机模型	257
货币分析法	194
货币供给乘数	224
货币过剩	266
货币合同阶段	214
货币幻觉效应	221
货币紧缺	266
货币紧缩	254
货币局汇率制(简称货币局制)	206
货币扩张	258
货币联盟	207
货币联盟汇率制	207
货币市场供需均衡曲线(LM 曲线)	266
货币数量论	180
货币调节机制	264
货币危机	177
货币危机的传染理论	238
货币需求乘数	224
货币政策	227
货币制度	206

J

J 曲线效应	214
基本差额(BB)	171

术语	页码	术语	页码
基本汇率	149	价格歧视	108
机会成本	12	价格弹性	56
机会成本理论	12	价格完全弹性	190
积极的重商主义	131	价格效应	213
即期对远期	153	价格支持	111
即期汇率	149	价格支持政策	115
即期抛补套利	154	间接标价法	150
即期外汇交易	152	间接出口补贴	102
集体行动	140	间接金融关系渠道	260
集体行动规律	140	间接贸易关系渠道	259
集体行动理论	139	间接贸易偏转	340
挤出效应	272	间接贸易偏转效应	340
季风效应	259	间接税	102
技术标准壁垒	96	间接套汇	154
技术差距	77	交易成本	256
技术差距贸易	77	交易效率	308
技术差距贸易理论	77	结构性失衡	175
技术差距贸易模型	77	借方	159
技术成长期	79	借方记录（借记）	159
技术创新	77	金本位制	179
技术进步	3	金币本位国际货币体系	240
技术进步效应	337	金币本位制	179
技术扩散期	80	金汇兑本位制	239
技术垄断优势	77	金块本位制	241
技术普及期	80	金融关系渠道	259
技术水平	65	金融市场一体化	348
技术水平差异	66	金融危机	209
技术移民	318	金融账户	163
技术转移生命周期	81	紧急保障措施	96
记账外汇	148	进出口价格水平	180
价格	6	进口抵制	124
价格—铸币流动机制	212	进口关税（关税）	82
价格标价法	150	进口关税政策	100
价格传导阶段	214	进口配额	93
价格黏性	196	进口配额政策	100

进口替代行业	111	静态—比较静态分析理论	188
进口替代扩张型生产增长	56	静态—比较静态分析模型	199
进口许可证	93	静态分析	200
近乎标准化	65	静态分析理论	180
禁止性关税	91	居民	158
经常账户	161	局部经济效应分析	84
经常账户差额（CAB 或 CA）	161	局部均衡分析	17
经货联盟（全称经济与货币联盟）	329	局部溢出模型（LS 模型）	359
经济分析规范	11	绝对成本优势贸易理论	3
经济国际化和全球化阶段	328	绝对从量出口配额	120
经济交易	158	绝对购买力平价汇率	180
经济结构	129	绝对配额	93
经济开放	250	绝对优势	5
经济开放度	347	均衡贸易三角形	14
经济开放度标准	347	均衡贸易条件	12
经济利益	124	**K**	
经济全球化	81	开放经济	30
经济剩余	39	开放经济的凯恩斯主义宏观经济模型	
经济衰退	131	（$IS-LM-BP$ 模型）	264
经济特区	82	凯恩斯主义宏观经济模型（$IS-LM$ 模型）	
经济调整政策	235		264
经济稳定增长	131	科技政策	236
经济效率	4	可出口品	43
经济效率原理	357	可出口行业	138
经济一体化	250	可进口替代品	43
经济增长	22	可调整钉住汇率制	207
经济增长率	184	可调整钉住中心汇率制	207
经济增长率效应	260	可调整目标区汇率制	207
经济滞胀	264	克鲁格曼-弗拉德-加伯模型（KFG 模型）	
经济资源	3		252
经贸关系波及型	259	肯普标准	129
经贸关系传染机制	259	空间套汇（简称套汇）	154
竞选贡献模型	139	空头	151
竞选因素	140	跨国公司	81
竞争性拍卖	99	扩容曲线	70

L

劳动报酬	41
劳动成本	6
劳动成本优势	79
劳动丰裕国	35
劳动价值	6
劳动价值论	3
劳动节约型技术进步	52
劳动力	4
劳动密集型	23
劳动密集性	23
劳动生产率	8
劳动要素	6
劳工标准壁垒	96
累计产出	62
里昂惕夫之谜（又称里昂惕夫悖论）	37
李嘉图点	16
理性羊群效应	261
理性羊群效应分析模型	261
理性预期	198
利率冲击型预期自我实现模型	254
利率平价说	185
利率弹性	265
利率效应	264
利息税	302
利益集团	138
利用外资政策	234
利用效率	129
联合浮动汇率机制	208
联合市场	71
两地套汇	154
两点套汇	154
两国合计的总供给—总需求曲线一般均衡分析法	19
临时附加性保护税种	83

零和游戏	2
流动借贷	191
流动要素	43
流量	158
流量均衡分析	204
垄断价格	77
垄断竞争	65
垄断竞争的产品水平差异化产业内贸易模型	68
垄断竞争的产业内贸易理论	67
垄断利润	77
垄断优势理论	305
垄断专营	94
垄断组织专营	94
罗伯津斯基定理	48

M

马歇尔-勒纳条件	213
买空	157
买空卖空	157
买入汇率	150
麦克道格尔模式	301
卖出汇率	150
卖空	157
贸易保护	82
贸易保护论调	128
贸易保护政策	128
贸易保护政策制定	128
贸易壁垒	37
贸易差额（TB）	171
贸易创造效应	330
贸易费用（又称贸易成本）	6
贸易关系渠道	259
贸易环节	111
贸易激励效应	77
贸易竞争力效应	260

贸易扭曲	133	目标区汇率制	207
贸易扭曲理论	132	穆勒标准	129

N

贸易顺差理论	131		
贸易提供曲线	17	内部规模经济	61
贸易提供曲线均衡分析法	16	内部化优势	305
贸易条件	2	内部化优势理论	307
贸易条件效应	88	内部均衡	264
贸易效应	99	内部扭曲性	133
贸易修正效应	337	内部性缺陷	133
贸易政策	135	内生变量	200
贸易政策壁垒	102	内在机制	101
贸易政策扭曲	140	黏性价格货币模型	194

O

贸易制裁	82		
贸易制裁政策	124	偶然性倾销	107
贸易转移效应	330	偶然性失衡	177
贸易自由化政策	137	欧共体（全称欧洲共体，EC）	329
美元—黄金本位国际货币体系	244	欧盟（全称欧洲共体，EU）	328
美元本位—金汇兑国际货币体系	244	欧元	148
美元本位—金汇兑制	244	欧元区	150
蒙代尔-弗莱明模型（M-F模型）	271	欧洲共同市场（ECM）	329
蒙代尔不可能-可能三角模型	278	欧洲货币联盟（EMU）	329
蒙代尔不可能三角	277	欧洲联盟条约（又称马斯特里赫特条约，EU条约）	329
弥补政策	234		
米德冲突	279	欧洲煤钢联盟（ECSC）	328

P

免费分配	99		
民间团体	139	爬行钉住汇率制	207
民主选举	140	帕累托最优	132
民族工业	143	帕累托最优均衡状态	132
民族自强	143	判定标准	129
民族自尊	143	配额租值	99
民族自尊论	143	配置得益	15
名义保护率（NRP）	89	批发物价水平	180
名义汇率	182	品牌和规模垄断竞争贸易阶段	80
明日对次日	153	品牌和规模优势	79
模仿国	78		

品质等级	65	人力资本	37
品质等级差异	66	日本式对外直接投资理论	312
普遍排除令	97	**S**	
瀑布式关税结构	90	萨缪尔森定理（S-S 定理）	49
Q		三地套汇	154
期汇	149	三点套汇	154
期汇交易	152	"337"条款	97
期汇平价	149	商会	140
期汇升水	149	商品	6
期汇升水率	149	商品过剩	265
期汇贴水	149	商品紧缺	265
期汇贴水率	149	商品市场供需均衡曲线（IS 曲线）	265
期汇投机	157	商品套利机制	180
其他发达国家	79	商品套利论	180
歧视性政府采购	95	商业策略	97
企业家	80	商业汇率	150
前期的保护成本	129	商业资本家	3
潜在的发展优势	128	社会标准壁垒	96
潜在生产优势	64	社会财富	3
乔尔里模型	262	社会分工的深化	3
侨汇	159	社会福利	22
倾销	102	社会福利效应	330
琼斯模型	49	社会经济体制	3
区位优势	307	社会净福利	71
区域集聚效应	353	社会净福利效应	85
区域经济分异理论	344	社会均衡	133
区域经济趋同理论	344	社会生产力	3
全球经济一体化	327	社会舆论	139
全球配额	93	升水年率	149
全域溢出模型（GS 模型）	359	生产补贴	111
R		生产补贴政策	111
人才流失	318	生产成本	5
人才外流税	317	生产成本曲线	129
人均资本存量	35	生产函数	22
		生产环节	111

生产均衡点	14	市场稳定性	264
生产可能性边界线	24	事后交易	169
生产可能性差异贸易模型	25	事前交易	169
生产力财富论	3	收入分配	22
生产力论	3	收入分析法	216
生产—贸易双扭曲	134	收入水平	55
生产—消费均衡点	13	收入水平差异	66
生产—消费可能性边界线	24	收入弹性	57
生产—消费双扭曲	134	收入—吸收分析法	218
生产能力	3	收入—支出效应	59
生产效率	3	收入效应	215
生产效应	86	收入性失衡	176
生产许可证	79	收入再分配职能	357
生产要素	6	收益—风险分析法	205
生产折中模型	346	收益曲线	68
生产者福利效应	86	数量标价法	150
生产者剩余	39	数量调整阶段	215
时滞	77	数量管制措施	236
实际购买力	41	双边汇率	150
实际汇率	182	双寡头产量博弈	71
实际净出口	265	双寡头产量博弈产业内贸易模型	71
实际净资本流入	266	双危机型第三代货币危机模型	257
实际收入水平	47	双赢	5
实证检验	36	双赢交易	2
史密森协定	248	税赋	82
世界大同	146	顺差	171
世界货币	238	私下拍卖	99
世界贸易组织（WTO）	95	斯旺图	264
市场经济	130	斯旺图原则	281
市场经济理论	5	所有权优势	310
市场均衡	132	锁定效应	64
市场均衡条件	132	**T**	
市场扭曲	132	弹性分析法	212
市场失灵	128	弹性汇率制	206
市场调节	101	弹性价格货币模型	194

术语	页码
套补的利率平价分析法	186
套算汇率	149
特别进口许可证	94
特别提款权（SDRs）	148
特定要素	43
特里芬难题（又称特里芬悖论）	246
提供曲线	16
提供曲线均衡分析法	16
替代效应	201
调节性交易	169
贴水年率	149
通货紧缩	209
通货膨胀	185
通货膨胀率	183
通胀预期效应	221
同质性	6
投机性失衡	177
投资创造效应	345
投资促进效应	337
投资和研发风险	77
投资应急效应	260
投资者的主观预期	255
投资转移效应	345
托宾税	236

W

术语	页码
瓦伊纳模型	330
外部冲击效应	260
外部规模经济	61
外部经济性	61
外部经济性贸易理论	61
外部均衡	264
外部性缺陷	132
外国利润转移效应	342
外汇掉期保值	153
外汇掉期套汇	156
外汇掉期套利（简称外汇套利）	156
外汇掉期套息	156
外汇供需流量	193
外汇管制	94
外汇管制政策	184
外汇柜台交易市场	151
外汇缓冲政策	234
外汇经纪人	152
外汇零售市场	151
外汇流量	192
外汇牌价	149
外汇批发市场	151
外汇市场	151
外汇套期保值	153
外汇投机	156
外汇银行	152
外汇银行同业交易市场	151
外生变量	200
完全分工	10
完全竞争	12
完全竞争的产业内贸易理论	66
完全竞争的要素禀赋差异产业内贸易模型	66
完全竞争型进口替代市场	84
完全垄断贸易阶段	79
完全垄断型进口替代市场	87
完全同质	65
稳定经济职能	357
物价稳定	264
伪羊群效应	261

X

术语	页码
希克斯定理	59
吸收分析法	218
狭义外汇	148
下游产业	109

闲置资源效应	220	消费均衡点	14
现汇	153	消费可能性边界线	24
现汇交易	152	消费偏好差异贸易模型	25
现汇投机	152	消费偏好多样化	65
现金余额效应	221	消费税	111
现实的生产优势	64	消费税政策	117
限制出口	82	消费物价水平	181
限制进口	2	消费需求	74
限制进口的价格支持政策	115	消费需求结构	75
线上项目	170	消费者福利效应	86
线下项目	170	消费者群体	138
相对成本优势分析法	25	消费者剩余	39
相对成本优势贸易学说（又称相对成本优势贸易理论）	5	消费政策	82
		小岛清标准	129
相对独立性	223	新古典经济学	2
相对购买力平价汇率指数	182	新赫克歇尔-俄林模型（新 H-O 模型）	66
相对价格	5	新技术产品	77
相对价格效应	220	新技术产品净出口三阶段演变周期模型	79
相对价格优势分析法	25		
相对劳动成本	6	新技术产品净出口演变周期贸易理论	78
相对优势	8	新技术产品贸易	77
相对有效性	282	新技术产品生命周期贸易理论	78
相互需求	2	新技术产品生命周期五阶段贸易模型	78
相互需求价值	10	新技术扩散	77
相互需求价值的均衡	11	新技术贸易理论	76
相互需求价值均衡方程	10	新经济地理学	345
相互需求曲线	16	新经济地理增长模型（NEGG 模型）	359
相互需求曲线均衡分析法	16	新贸易理论	34
相机保护措施	96	新区域主义	358
相似性预期唤醒	261	新重商主义	128
相似性预期唤醒机制	261	信息收集成本	262
项目	159	需求管理	235
消费—贸易双扭曲	134	需求强度	11
消费等效用曲线	13	需求曲线	17
消费结构和偏好	26	选择税	83

术语	页码
学习曲线	62
寻租	99

Y

术语	页码
牙买加协议	239
牙买加协议体系	248
研究开发经费（R&D 经费）	78
羊群效应	261
要素报酬	41
要素禀赋	26
要素禀赋悖论	38
要素禀赋差异	38
要素禀赋贸易理论	22
要素丰裕度	34
要素价格定义法	35
要素价格均等化定理（又称赫克歇尔-俄林-萨缪尔森定理，H-O-S 定理）	40
要素流动	296
要素密集度	23
要素密集度逆转	23
要素密集型	23
要素实际报酬趋近定理（又称斯托尔普-萨缪尔森定理，S-S 定理）	40
要素市场	132
要素数量定义法	35
要素政策	135
要素资源转移效应	59
一般不正当贸易	97
一般价格水平	181
一般价格效应	215
一般进口许可证	94
一般经济效应分析	87
一般均衡分析	12
一价定律	180
一体化货币体系	207
一致均衡	41
移民成本	313
移民输出国	317
移民输入国	318
移民税	317
议会	140
意愿贸易三角形	14
溢出效应	259
银行同业汇率	150
银行危机	257
引致吸收效应	220
盈余	169
优惠贸易安排	328
有关知识产权的不正当贸易	97
有限排除令	97
有效保护率（ERP，又称实际保护率或真实保护率）	89
有效市场分类原则	264
有效需求	131
有效需求不足	131
幼稚产业保护理论	64
预期收益的贴现值	129
预期自我实现模型	254
预期自我实现型第二代货币危机模型	254
原产地	93
原产地规则	340
远期差价	149
远期对远期	153
远期汇率	149
远期外汇交易	152
运输成本	6

Z

术语	页码
增加政府收入论	143
增强效应	272
债务危机	176
战略性出口补贴贸易政策	136

战略性出口补贴贸易政策理论	136	职能分派理论	357
战略性进口关税贸易政策	136	制裁国	124
战略性进口关税贸易政策理论	136	智力外流	318
战略性贸易保护理论	128	中间产品	90
账户	159	中间汇率	150
真羊群效应	261	中性的	51
正常的垄断性倾销	107	中性的技术进步	51
正号项目	159	中性的生产增长	55
政策搭配	279	中央银行	152
政策搭配理论	223	重金主义	2
政策干预	131	重商主义	2
政策一体化	348	周期性收入性失衡	2
政策制定机制	139	诸边协议	96
政党竞选	140	主权债务危机	329
政府采购协议（GPA）	95	铸币平价汇率理论	179
政经联盟（全称政治与经济联盟）	329	专利	79
政治经济学分析理论	128	专利权	77
政治体制	139	转移补贴	106
政治一体化	329	转移福利	106
政治因素	130	赚取金钱	2
支持出口的价格支持政策	116	资本报酬	41
支出变更—支出转换政策搭配	281	资本丰裕度	34
支出变更政策	235	资本丰裕国	35
支出转换政策	235	资本和金融账户	161
执政党政治利益	140	资本化率理论	305
直接标价法	150	资本节约型技术进步	52
直接出口补贴	102	资本流动	170
直接从量进口补贴	122	资本流动型货币危机模型	257
直接从量生产补贴	111	资本密集度	23
直接从量消费税	117	资本密集型	23
直接金融关系渠道	260	资本密集性	23
直接贸易关系渠道	259	资本要素	49
直接税	102	资本账户	163
直接套汇	154	资本自由流动	192
直接吸收效应	220	资产市场分析法	193

术语	页码	术语	页码
资产市场说	193	自由外汇	148
资产组合分析法	194	自主性交易	169
资产组合分析理论	228	总供给曲线(AS 曲线)	21
资产组合选择原则	303	总收入效应	219
资源配置职能	357	总统	140
资源型产业	325	总吸收效应	219
资源优化配置	5	总需求曲线(AD 曲线)	20
自动出口限制(又称自愿出口限制)	94	综合差额(OB)	171
自动调节机制	212	租值	99
自然产出水平	290	租值耗散效应	99
自然调节过程	294	租值流失效应	99
自然资源产业	60	租值效应	99
自然资源要素	37	最优关税	91
自适应常态	130	最优货币区	327
自我调节机制	212	最优货币区标准	352
自由浮动汇率制	206	最优货币区理论	346
自由贸易	3	最优货币区判断标准	347
自由贸易理论	3	最优货币区综合指数分析	355
自由贸易区	82	最优贸易曲线	17